HISTÓRIA
NOTURNA

CARLO GINZBURG

HISTÓRIA NOTURNA
Decifrando o Sabá

Tradução
Nilson Moulin Louzada

2ª reimpressão

Copyright © 1989 by Giulio Einaudi Editore S.P.A., Torino.

Grafia atualizada segundo o Acordo Ortográfico da Língua Portuguesa de 1990, que entrou em vigor no Brasil em 2009.

Título original
Storia notturna
Una decifrazione del sabba

Capa
Jeff Fisher

Preparação
Mário Vilela

Índices de nomes e lugares
Gabriela Morandini

Revisão
Renato Potenza Rodrigues
Juliane Kaori

Atualização ortográfica
Verba Editorial

Dados Internacionais de Catalogação na Publicação (CIP)
(Câmara Brasileira do Livro, SP, Brasil)

Ginzburg, Carlo
 História noturna / Carlo Ginzburg ; tradução Nilson Moulin Louzada. — São Paulo : Companhia das Letras, 2012.

 Título original: Storia notturna : una decifrazione del sabba.
 ISBN 978-85-359-2042-0

 1. Feitiçaria — Europa 2. Magia — Europa 3. Sabá I. Título.

11-14865	CDD -133.43094

Índices para catálogo sistemático:
1. Europa : Feitiçaria e magia : Ocultismo 133.43094
2. Europa : Magia e feitiçaria : Ocultismo 133.43094
3. Europa : Sabá : Ocultismo 133.43094

2023

Todos os direitos desta edição reservados à
EDITORA SCHWARCZ S.A.
Rua Bandeira Paulista, 702, cj. 32
04532-002 — São Paulo — SP
Telefone: (11) 3707-3500
www.companhiadasletras.com.br
www.blogdacompanhia.com.br
facebook.com/companhiadasletras
instagram.com/companhiadasletras
twitter.com/cialetras

À memória de meu pai
À minha mãe

SUMÁRIO

Introdução 9

PARTE I
1. Leprosos, judeus, muçulmanos *48*
2. Judeus, hereges e bruxas *78*

PARTE II
1. Acompanhando a deusa *106*
2. Anomalias *137*
3. Combater em êxtase *164*
4. Disfarçar-se de animais *194*

PARTE III
1. Conjecturas eurasiáticas *218*
2. Ossos e peles *234*

Conclusão *294*
Notas *312*
Índice de nomes *447*
Índice de lugares *471*
Sobre o autor *479*

INTRODUÇÃO

1. Bruxas e feiticeiros reuniam-se à noite, geralmente em lugares solitários, no campo ou na montanha. Às vezes, chegavam voando, depois de ter untado o corpo com unguentos, montando bastões ou cabos de vassoura; em outras ocasiões, apareciam em garupas de animais ou então transformados eles próprios em bichos. Os que vinham pela primeira vez deviam renunciar à fé cristã, profanar os sacramentos e render homenagem ao diabo, presente sob a forma humana ou (mais frequentemente) como animal ou semianimal. Seguiam-se banquetes, danças, orgias sexuais. Antes de voltar para casa, bruxas e feiticeiros recebiam unguentos maléficos, produzidos com gordura de criança e outros ingredientes.

São esses os elementos fundamentais que se repetem na maior parte das descrições do sabá. As variantes locais — sobretudo quanto aos nomes com que se designavam os encontros — eram muito comuns. Junto ao termo "sabá", de etimologia obscura e difusão tardia, encontramos expressões doutas, como *sagarum synagoga* ou *strigiarum conventus*, que traduziam uma miríade de epítetos populares, como *striaz*, *barlòtt*, *akelarre* e assim por diante.[1] Porém, a essa variedade terminológica se contrapõe a extraordinária uniformidade das confissões dos participantes das reuniões noturnas. Dos processos por feitiçaria realizados entre o princípio do século XV e o final do século XVII de um extremo a outro da Europa, bem como dos tratados de demonologia que naqueles processos se baseavam de forma direta ou indireta, emerge uma imagem do sabá substancialmente análoga à que descrevemos de maneira sumária. Ela sugeria aos contemporâneos a existência de uma verdadeira seita de bruxas e feiticeiros, bem mais perigosa que as figuras isoladas, conhecidas havia séculos, dos portadores de malefícios ou dos encantadores. Considerava-se a uniformidade das confissões uma prova de que os sequazes dessa seita estavam espalhados por toda a parte e por todos os lados e praticavam os mesmos ritos horrendos.[2] Portanto, era o estereótipo do sabá o que sugeria aos juízes a possibilidade de arrancar dos imputados, por meio de pressões físicas e psicológicas, denúncias em série, as quais, por sua vez, desencadeavam verdadeiras ondas de caça às bruxas.[3]

Como e por que se cristalizou a imagem do sabá? Que se esconde por trás disso? Dessas duas perguntas (que me conduziram, como se poderá ver, em direções totalmente imprevistas) nasceu minha pesquisa. Queria reconstruir, por um lado, os mecanismos ideológicos que permitiram a perseguição da feitiçaria na Europa; por outro, as crenças das mulheres e dos homens acusados de bruxaria. Os dois temas estão intimamente entrelaçados. Mas é do segundo que trata este livro, como já antes *Os andarilhos do bem* (1966), do qual é uma retomada e um aprofundamento, em posição marginal quanto às densas discussões sobre feitiçaria que estão em curso entre os historiadores há mais de vinte anos. Nas páginas seguintes, trato de explicar por quê.

2. Aquilo que, ainda em 1967, K. Thomas podia justamente definir como "um argumento que a maior parte dos historiadores considera periférico, para não dizer bizarro",[4] tornou-se, neste meio-tempo, um tema historiográfico mais que respeitável, cultivado até mesmo por estudiosos pouco apreciadores das excentricidades. Quais são os motivos dessa sorte imprevista?

A primeira impressão é que se trata de razões tanto científicas quanto extracientíficas. Por um lado, a tendência cada vez mais difusa de investigar comportamentos e atitudes de grupos subalternos ou pelo menos não privilegiados, como os camponeses e as mulheres,[5] induziu os historiadores a encontrar-se com os temas (e às vezes também com os métodos e as categorias interpretativas) dos antropólogos. Na pesquisa antropológica britânica (e não somente ali), a magia e a feitiçaria, observava Thomas no ensaio já citado, têm por tradição um lugar central. Por outro lado, as duas últimas décadas viram emergir não apenas o movimento das mulheres mas também uma insatisfação crescente com os custos e riscos ligados ao progresso tecnológico. Renovação historiográfica, feminismo, redescoberta de culturas arruinadas pelo capitalismo contribuíram — em vários níveis e em diversas medidas — para o sucesso e, se quisermos, a moda dos estudos de história da feitiçaria.

Contudo, ao se examinarem mais de perto as pesquisas surgidas nos últimos anos, o nexo agora indicado parece muito mais tênue. Impressiona sobretudo o fato de que essas pesquisas, com pouquíssimas exceções, continuaram, como no passado, a concentrar-se de forma quase exclusiva na perseguição, dedicando interesse menor ou nenhuma consideração às atividades e aos comportamentos dos perseguidos.

3. A justificativa mais explícita para essa opção interpretativa foi dada, em ensaio muito conhecido, por H. R. Trevor-Roper. Como é possível, perguntou ele, que uma sociedade culta e desenvolvida como a europeia tenha desencadeado, exatamente na época da chamada revolução científica, uma perseguição baseada numa delirante noção de feitiçaria (*witch-craze*), fruto da reelaboração sistemática, levada a cabo pelos clérigos do período medieval tardio, de uma série de crenças populares? Estas últimas foram liquidadas por Trevor-Roper com palavras de desprezo: "esquisitices e superstições", "distúrbios de natureza psicopata", "fantasias de matutos", "ideias absurdas, nascidas da crueldade camponesa e da histeria feminina". Aos que o reprovavam por não ter investigado com menos preconceitos a mentalidade camponesa, Trevor-Roper objetou, ao reeditar o próprio ensaio, que não examinara "as crenças na feitiçaria [*witch-beliefs*], que são universais, mas a delirante teoria da feitiçaria [*witch-craze*], que está limitada no espaço e no tempo". A segunda, observava, é diferente da primeira, assim como "o mito dos Sábios Anciães do Sião é diferente da pura e simples hos-

tilidade contra os judeus — a qual, decerto, pode ser pesquisada com empatia [*sympathetically*] por quantos considerem que um erro, embora partilhado pelas classes subalternas, seja inocente e digno de respeito".[6]

Anteriormente, Trevor-Roper propusera ver nas bruxas e nos judeus os bodes expiatórios de tensões sociais difusas (hipótese à qual retornaremos). Mas é evidente que a hostilidade camponesa em relação às feiticeiras pode ser analisada desde seu interior — não diversamente do antissemitismo popular —, sem que isso implique, de modo obrigatório, adesão ideológica ou moral a seus pressupostos. Mais significativo é o fato de Trevor-Roper ter ignorado as atitudes dos indivíduos acusados de bruxaria — comparáveis, no âmbito da analogia por ele proposta, às dos judeus perseguidos. As crenças nos encontros noturnos, facilmente reconhecíveis nas "alucinações" e nas "ideias absurdas, nascidas da credulidade camponesa e da histeria feminina", tornam-se objeto legítimo de investigação historiográfica só a partir do momento em que inquisidores e demonólogos, "homens cultos", souberam transformar em "bizarro, porém coerente, sistema intelectual" a informe, "desorganizada credulidade camponesa".[7]

4. Publicado em 1967, o ensaio de Trevor-Roper é, além de discutível,[8] estranho — pelo menos aparentemente — à orientação das pesquisas sobre feitiçaria surgidas nos vinte anos que se seguiram. Trata-se de uma apresentação de caráter geral, que busca traçar as linhas fundamentais da perseguição à bruxaria no âmbito europeu, descartando de maneira desdenhosa a possibilidade de utilizar a contribuição dos antropólogos. Limitação do campo de pesquisa e apelo às ciências sociais caracterizam, ao contrário, investigações mais recentes, como a de A. Macfarlane sobre a feitiçaria em Essex (*Witchcraft in Tudor and Stuart England*, 1970), apresentada por E. Evans-Pritchard. Associando-se ao célebre livro deste último sobre a feitiçaria entre os azandes, Macfarlane declarava que não havia se perguntado "por que as pessoas acreditavam em feitiçaria", mas sim "de que modo a bruxaria *funcionava*, numa situação caracterizada por determinadas atitudes de fundo sobre a natureza do mal, os tipos de causalidade e as origens do 'poder' sobrenatural". Portanto, a análise versava, substancialmente, acerca dos mecanismos que alimentavam as acusações de feitiçaria no interior da comunidade, embora Macfarlane não excluísse (remetendo ao livro, então iminente, de K. Thomas) a legitimidade de "uma pesquisa sobre as bases filosóficas das crenças na feitiçaria e suas relações com as ideias religiosas e científicas da época".[9] Na realidade, Macfarlane examinava a idade e o sexo dos acusados de bruxaria, os motivos da acusação, suas relações com os vizinhos e a comunidade de modo geral; porém, quase não se detinha nas coisas em que aqueles homens e mulheres acreditavam, ou declaravam acreditar. Nem mesmo o contato com a antropologia induzia a analisar internamente as crenças das vítimas da perseguição. Essa substancial falta de interesse emerge, de maneira taxativa, em relação aos processos, ricos de descrições do sabá, realizados em Essex em 1645. No célebre livro *The witch-cult in western Europe* (1921), M. Murray sustentara, baseando-se amplamente nesses processos, que o sabá (*ritual witchcraft*), diversamente dos malefícios comuns (*operative witchcraft*), era a cerimônia central de um culto organizado, relacionado à religião pré-cristã de fertilidade difundida em toda a Europa. Macfarlane objetava: 1) que a autora, Murray, lera em chave equivocada as confissões dos imputados nos processos de feitiçaria, vendo como transcrições de eventos reais o que seriam crenças; 2) que a documentação de Essex não fornece nenhuma prova da existência de um culto organizado como o descrito por Murray. De modo geral, concluía Macfarlane, "o quadro do culto de bruxaria" traçado por Murray "parece excessivamente refinado e articulado [*sophisticated and articulate*] para a sociedade de que nos estamos ocupando".[10]

Esta última afirmação reiterava, de maneira mais nuançada, a superioridade cultural sobre os acusados de feitiçaria expressa por Trevor-Roper. A primeira (e justa) objeção dirigida a Murray permitiria a Macfarlane decifrar, nas descrições do sabá feitas pelos imputados nos processos de 1645, um documento de *crenças* complexas, inseridas num contexto simbólico a ser reconstruído. Mas crenças de quem? Dos acusados? Dos juízes? De ambos? É impossível dar uma resposta *a priori*: os acusados não foram submetidos à tortura, mas por certo sofreram dos juízes forte pressão cultural e psicológica. Segundo Macfarlane, esses processos foram "excepcionais", "anormais", repletos de elementos "estranhos", "bizarros", atribuíveis à "influência (sobre os juízes, é óbvio) de ideias provenientes do continente".[11] Trata-se de hipótese mais que verossímil, dada a raridade de testemunhos sobre o sabá na Inglaterra — embora disso não resulte necessariamente que todos os detalhes referidos pelos acusados tivessem sido sugeridos pelos juízes. Em todo o caso, num livro que desde o subtítulo se apresenta como pesquisa "regional e comparada", poderíamos esperar a essa altura um confronto analítico das descrições do sabá recorrentes nesses processos de Essex com aquelas contidas nos tratados de demonologia e nos processos da Europa continental. Mas a comparação, à qual Macfarlane dedicava uma seção inteira do livro, era feita apenas com dados extraeuropeus, sobretudo africanos. Não fica claro como um confronto com a feitiçaria dos azandes, por exemplo, poderia substituir, nesse caso, uma comparação com a europeia; afinal, a presumível influência das doutrinas demonológicas continentais coincidiu, como indicava o próprio Macfarlane, com uma elevação brusca no número de processos e condenações por feitiçaria em Essex.[12] De qualquer modo, os detalhes "estranhos" ou "bizarros" referidos pelos acusados nos processos de 1645 eram considerados "anomalias", curiosidades desprezíveis para quem se colocasse numa perspectiva de fato científica.

5. O direcionamento e os limites da pesquisa de Macfarlane são típicos de uma historiografia muito influenciada pelo funcionalismo antropológico e, por isso, substancialmente não interessada — até há bem pouco — na dimensão simbólica das crenças.[13] Também a sólida pesquisa de K. Thomas,

Religion and the decline of magic [Religião e o declínio da magia] (1971), não se afasta, no fundo, dessa tendência. Uma vez mais, a discussão, ou a falta de discussão, de determinados aspectos da bruxaria — em primeiro lugar, o sabá — acaba sendo reveladora.

Sobre a crença na feitiçaria na Inglaterra dos séculos XVI e XVII, Thomas reuniu, como sobre os outros fenômenos por ele trabalhados, uma documentação vastíssima. Examinou-a de três pontos de vista: *a*) psicológico ("explicação [...] dos motivos dos participantes no drama das acusações da feitiçaria"); *b*) sociológico ("análise [...] da situação em que as acusações costumavam ser feitas"); *c*) intelectual ("explicação [...] das concepções que as tornavam plausíveis").[14] Como se vê, falta nessa lista um exame do significado que as crenças na feitiçaria tinham não para as vítimas dos malefícios, para os acusadores e para os juízes, mas para os acusados. Nas confissões deles (quando confessavam), deparamos muitas vezes com uma riqueza simbólica que não parece redutível às necessidades psicológicas de tranquilização, às tensões entre vizinhos ou às ideias gerais sobre a causalidade difundidas na Inglaterra de então. É claro que, quanto mais as confissões coincidiam com as doutrinas dos demonólogos do continente, mais se torna provável (observa Thomas) que fossem solicitadas pelos juízes. Logo depois, porém, ele mesmo reconhece que às vezes se encontram nos processos elementos demasiado extravagantes (*unconventional*) para ser atribuídos à sugestão.[15] Será que uma análise sistemática desses elementos não teria lançado alguma luz sobre as crenças na bruxaria por parte dos feiticeiros e bruxas (reais ou imaginários)?

Uma crítica cerrada ao reducionismo psicológico e ao funcionalismo sociológico de *Religion and the decline of magic* foi formulada por H. Geertz.[16] Ao responder, Thomas admitiu ter sido menos sensível do que deveria "aos significados simbólicos e poéticos dos ritos mágicos" (objeção análoga, em certo sentido, já lhe fora dirigida também por E. P. Thompson),[17] observando, como uma espécie de desculpa, que os historiadores têm certa familiaridade com a noção de "estruturas sociais profundas" mas estão muito menos habituados a questionar as "estruturas mentais invisíveis, sobretudo quando estas se referem a sistemas de pensamento rudimentares, mal documentados, expressos apenas de maneira fragmentária". Acrescentou: "Num nível menos inacessível, todavia, reconheço que é preciso atribuir mais justiça ao simbolismo da magia popular. A mitologia da feitiçaria — o voo noturno, a escuridão, a metamorfose em animais, a sexualidade feminina — nos diz algo sobre os critérios de valor das sociedades que nela acreditavam, os limites que pretendiam manter, o comportamento dos instintos que imaginavam dever reprimir [...]".[18]

Com essas palavras, Thomas indicou, sob o impulso das críticas de Geertz, uma via para superar a imagem demasiado funcionalista da bruxaria proposta em *Religion and the decline of magic*.[19] É significativo que sua escolha tenha recaído sobre o sabá. Igualmente significativo é o fato de ter sido descartada de maneira tácita a possibilidade de, pelo menos em parte, alcançar por meio do sabá as "estruturas mentais invisíveis" da magia popular. Sem dúvida, o sabá é revelador — mas revelador de um estrato cultural "menos inacessível": o da sociedade circunstante. Por intermédio do simbolismo do sabá, essa sociedade formulava em negativo os próprios valores. A escuridão que envolvia os encontros das bruxas e feiticeiros exprimia uma exaltação da luz; a explosão da sexualidade feminina nas orgias diabólicas, uma exortação à castidade; as metamorfoses animalescas, uma fronteira claramente traçada entre o animal e o humano.

Essa interpretação do sabá em termos de reviravolta simbólica é, sem dúvida, plausível;[20] todavia, conforme admitido pelo próprio Thomas, tal interpretação ocorre em nível relativamente superficial. É fácil, mas um tanto apriorístico, sustentar que a visão do mundo expressa pela magia popular não podia ser comparada, em termos de coerência, à dos teólogos;[21] na realidade, o fundo das confissões de bruxas e feiticeiros permanece envolto em trevas.

6. Como se viu, todos esses estudos partem de uma constatação hoje óbvia: ou seja, que nos testemunhos sobre bruxaria europeia foram sobrepostos estratos culturais heterogêneos, cultos e populares. Uma tentativa de distinguir analiticamente uns dos outros foi efetuada por R. Kieckhefer (*European witch-trials, their foundations in popular and learned culture, 1300-1500*, 1976). Ele classificou a documentação anterior a 1500 segundo sua (vamos chamá-la assim) taxa de poluição culta: máxima nos tratados de demonologia e nos processos inquisitoriais; mínima nos processos dirigidos por juízes laicos, sobretudo na Inglaterra, onde a coerção era menos forte; enfim, quase nula nos testemunhos dos acusadores e nos processos por difamação movidos por pessoas que se consideravam injustamente acusadas de feitiçaria.[22] Porém, ignorou a documentação posterior a 1500, afirmando que nela os elementos cultos e os populares já estariam confundidos de forma inextricável. Tudo isso o levou a concluir que, ao contrário do malefício e da invocação do demônio, o sabá (*diabolism*) não tinha raízes na cultura popular.[23]

Essa conclusão é refutada pela difusão, no âmbito folclórico, de crenças que depois confluiriam parcialmente no sabá. Existe, por exemplo, uma rica série de testemunhos sobre voos noturnos, voos de que algumas mulheres afirmavam participar em êxtase, na companhia de uma misteriosa divindade feminina, chamada de diversos nomes, dependendo da região (Diana, Perchta, Holda, Abundia e assim por diante). De acordo com Kieckhefer, tais testemunhos, quando registrados pelos autos penitenciais da Alta Idade Média ou pelas coleções canônicas, devem ser considerados estranhos à bruxaria, a menos que se entenda esta última numa acepção "insolitamente ampla"; quando contidos em textos literários, tornam-se irrelevantes, pois não dão indicações acerca da difusão real das crenças mencionadas; quando transmitidos pela tradição folclórica, constituem meras sobrevivências, que não permitem reconstruir situações anteriores.[24] Mas acontece que, não obstante essa filtragem preventiva das fontes, Kieckhefer depara com um documento como as sentenças proferidas no final do século XIV contra duas mulheres de Milão que haviam confessado encontros periódicos com uma "senhora" misteriosa: *"madona* Horiente". Aqui, não se trata de tradições folclóricas tardias, nem de texto literário, nem de crenças consideradas estranhas à feitiçaria (as duas mulheres foram condenadas exatamente por bruxaria). Kieckhefer escapa pela tangente ao afirmar, com evidente embaraço, que os dois casos não cabem na categoria do malefício nem na do sabá propriamente dito (*typical diabolism*): num acesso passageiro de "murrayismo", ele interpreta como descrições de ritos ou festas populares os encontros de *"madona* Horiente", sem captar o evidente parentesco, percebido de imediato pelos inquisidores, entre essa figura e a multiforme divindade feminina (Diana, Holda, Perchta...) que povoava as visões das mulheres mencionadas pela tradição canonista.[25] Documentos como esses contradizem de forma evidente a tese, ainda hoje difundida, que vê no sabá uma imagem elaborada exclusiva ou quase exclusivamente pelos perseguidores.

7. Essa tese foi reiterada, com argumentos em parte novos, por N. Cohn (*Europe's inner demons*, 1975). Segundo Cohn, a imagem do sabá retomava um estereótipo negativo mais que milenar, baseado na orgia sexual, no canibalismo ritual e na adoração de uma divindade em forma animal. Tais acusações seriam a expressão de obsessões e medos antiquíssimos, amplamente ignorados. Após terem sido lançados contra os judeus, os primeiros cristãos, os heréticos medievais, tais obsessões e medos teriam por fim se cristalizado em torno das bruxas e dos feiticeiros.

Em minha opinião, a sequência que conduziu à sedimentação da imagem do sabá elaborada por juízes e inquisidores é outra. Como tentarei mostrar mais adiante (parte I, capítulos 1 e 2), atores, tempos e lugares foram em grande parte diferentes.[26] Aqui, urge notar que essa imagem implicava a irrupção de elementos de proveniência folclórica, evidentemente estranhos ao estereótipo analisado por Cohn. Este os mencionou quase de passagem, a propósito dos processos de feitiçaria instaurados no Delfinado por volta de 1430, em que as descrições do sabá teriam surgido pela primeira vez. (Uso o condicional porque, como se verificará, a cronologia que proponho é outra.) As autoridades eclesiásticas e seculares, empenhadas na perseguição aos hereges valdenses, "depararam muitas vezes com pessoas — sobretudo mulheres — que acreditavam, a respeito de si próprias, em coisas que coincidiam perfeitamente com as narrações atribuídas, havia séculos, às seitas heréticas. O elemento comum era constituído da noção de infanticídio canibalesco. Existia a crença difusa de que nas reuniões noturnas dos hereges fossem devoradas crianças ou recém-nascidos. De maneira análoga, também se difundira a crença de que determinadas mulheres matavam ou devoravam, sempre à noite, crianças ou recém-nascidos; e algumas mulheres acreditavam fazê-lo de fato". A "extraordinária conformidade [*congruence*] das duas crenças teria dado aos juízes a prova de que as crueldades tradicionalmente atribuídas aos hereges eram verdadeiras; a confirmação do antigo estereótipo teria oferecido as bases para a posterior elaboração da imagem do sabá.[27] Segundo essa reconstrução, tratou-se de uma transição historicamente decisiva; mas o comentário é bastante inadequado, assim como a referência às mulheres "iludidas [*deluded*]" que surge em seguida, mulheres que, ignora-se a razão, acreditavam vagar pela noite devorando recém-nascidos. O capítulo dedicado por Cohn à "Bruxa noturna na imaginação popular" não é mais esclarecedor. Afirmar que a explicação dessas fantasias não deve ser procurada, como sustentam muitos estudiosos, na farmacologia — ou seja, no uso de substâncias psicotrópicas por parte das feiticeiras —, mas sim na antropologia,[28] significa formular um problema sem resolvê-lo. A confissão de uma bruxa africana que se autoacusa de canibalismo noturno é utilizada por Cohn somente para reiterar que, em ambos os casos, tratava-se de eventos meramente oníricos e não — como defendido por Murray — reais.

À refutação da velha tese de Murray é dedicado não só um capítulo[29] mas, em certo sentido, todo o livro de Cohn, destinado a demonstrar a inexistência, na Europa, de uma seita organizada de feiticeiras. Trata-se de uma polêmica levada adiante com argumentos particularmente eficazes mas, hoje, superada. O fato de ainda perdurar é sintoma (e, em parte, causa) da unilateralidade que caracteriza muitos estudos sobre a história da feitiçaria. Vejamos por que razões.

8. Em seu livro *The witch-cult in western Europe*, Murray, egiptóloga e estudiosa de antropologia na linha de Frazer, afirma: 1) que as descrições do sabá contidas nos processos de bruxas não eram mentiras extorquidas pelos juízes nem narrativas de experiências interiores com caráter mais ou menos alucinatório, mas sim descrições precisas de ritos de fato ocorridos; 2) que tais ritos, deformados pelos juízes para um sentido diabólico, estavam na realidade conectados a um culto pré-cristão de fertilidade, o qual talvez remontasse à Pré-história, tendo sobrevivido na Europa até a Idade Moderna. Embora vários resenhadores logo lhe criticassem duramente a falta de rigor e a inverossimilhança, *The witch-cult* também obteve amplo consenso. À autora (que reformulou as próprias teses de maneira cada vez mais dogmática), a *Encyclopaedia britannica* confiou a redação do verbete "Witchcraft", reeditado sem mudanças durante quase meio século.[30] Porém, a nova edição de *The witch-cult*, em 1962, coincidiu com o aparecimento de uma crítica sistemática (E. Rose, *A razor for a goat*), acompanhada nos anos seguintes por uma série de polêmicas sempre mais ásperas contra Murray e seus seguidores, reais ou presumíveis. Hoje, quase todos os historiadores da feitiçaria concordam em definir os livros de Murray (como já o haviam feito os primeiros resenhadores) como diletantes, absurdos, privados de qualquer valor científico.[31] Contudo, essa polêmica mais que justificada teve o efeito de desencorajar implicitamente as pesquisas sobre os elementos simbólicos do sabá que fossem estranhos a estereótipos eruditos. Como se viu, uma investigação do gênero foi negligenciada até por historiadores como Thomas e Macfarlane, com base na inexistência (ou, pelo menos, na falta de provas) de um culto organizado.[32] De maneira paradoxal, a confusão entre

comportamentos e crenças acertadamente reprovada nos textos de Murray voltou-se contra seus críticos.

No prefácio a *Os andarilhos do bem*, fiz uma afirmação que ainda mantenho em sua plenitude, embora me tenha valido a inscrição *ex-officio* na hipotética (e desacreditada) seita dos "murrayistas": ou seja, que a tese de Murray, apesar de "formulada de maneira totalmente acrítica", continha "algo de verdadeiro".[33] Evidentemente, isso não deve ser buscado nos dois primeiros pontos em que, como foi visto, aquela tese se articula. É sintomático que, na tentativa de sustentar a realidade dos eventos mencionados nas descrições do sabá, Murray fosse obrigada a silenciar sobre os elementos mais embaraçantes — o voo noturno, as transformações em animais —, recorrendo a cortes que se configuravam como autênticas manipulações textuais.[34] Por certo, não se pode excluir em absoluto a possibilidade de que, em alguns casos, homens e mulheres dedicados a práticas mágicas se reunissem para celebrar ritos que previam, por exemplo, orgias sexuais; mas quase todas as descrições do sabá deixam de fornecer provas de eventos do gênero. Isso não quer dizer, é óbvio, que essas descrições não possuam valor documental: acontece que documentam mitos, e não ritos.

Uma vez mais, devemos perguntar-nos: crenças e mitos de quem? Conforme já foi dito, uma longa tradição, que remonta às polêmicas iluministas contra os processos de feitiçaria e ainda está bem viva, identificou nas confissões das bruxas a projeção das superstições e obsessões dos juízes, extraída dos acusados por meio de tortura e pressões psicológicas. A "religião diânica" — isto é, o culto pré-cristão de fertilidade que Murray reconheceu, sem aprofundar-se, nas descrições do sabá — sugeria uma interpretação diferente e mais complexa.[35]

Aquele "algo de verdadeiro" da tese de Murray está aqui. Consiste, de forma genérica, na decisão de tomar a sério, contra qualquer redução racionalista, as confissões das bruxas — como já haviam feito predecessores bem mais ilustres (paradoxalmente negligenciados), a começar por Jakob Grimm. Mas a vontade, também racionalista, de buscar naquelas confissões descrições precisas de ritos conduziu Murray a um beco sem saída. A isso somou-se a incapacidade de isolar, nos testemunhos sobre o sabá, as incrustações geradas ao longo dos séculos por intervenções práticas e doutrinais dos juízes, inquisidores e demonólogos.[36] Em vez de tentar distinguir os estratos mais antigos das sobreposições sucessivas, Murray assumiu acriticamente (excetuando-se as manipulações textuais já referidas) o estereótipo já consolidado do sabá, como base para a sua própria interpretação, tornando-a de todo inaceitável.

9. O que me induzira a reconhecer uma intuição acertada na desqualificada tese de Murray (ou melhor, em parte dela) fora a descoberta de um culto agrário de caráter extático difundido no Friul entre o século XVI e o XVII. Tal culto está documentado por cerca de cinquenta processos inquisitoriais tardios (de 1575 a 1675, aproximadamente), assaz atípicos, provenientes de uma zona culturalmente marginal — elementos que contradizem todos os critérios externos fixados por Kieckhefer para isolar, indo além das sobreposições eruditas, o perfil da feitiçaria popular. Contudo, dessa documentação emergem componentes sem dúvida estranhos aos estereótipos dos demonólogos. Homens e mulheres que se autodefiniam *benandanti* ["andarilhos do bem"] afirmavam que, tendo nascido "empelicados" (isto é, envoltos na bolsa amniótica), se viam obrigados a combater "em espírito", quatro vezes por ano, à noite, munidos de ramos de erva-doce, contra bruxas e feiticeiros armados com varas de sorgo; o que estava em jogo nas batalhas noturnas era a fertilidade dos campos. Os inquisidores, visivelmente estupefatos, trataram de canalizar tais narrativas para o esquema do sabá diabólico; mas, não obstante suas pressões, passaram-se mais de cinquenta anos antes que os *benandanti* se decidissem, entre hesitações e arrependimentos, a modificar suas confissões para o sentido solicitado.

A realidade física das reuniões de feitiçaria não recebe nenhuma confirmação (nem mesmo por via analógica) dos processos contra os *benandanti*. Estes declaravam de forma unânime que saíam à noite "invisivelmente, com o espírito", abandonando o corpo. Só num caso os misteriosos desmaios deixam perceber a existência de relações reais, cotidianas, talvez de tipo sectário.[37] Não se pode comprovar em termos definitivos a possibilidade de que os *benandanti* se reunissem de maneira periódica antes de enfrentar as experiências alucinatórias, de caráter individual, descritas em suas confissões. Graças a um equívoco curioso, foi exatamente aqui que alguns estudiosos localizaram o sumo de minha pesquisa. Os *benandanti* foram definidos por J. B. Russell como "a prova mais evidente já apresentada da existência da feitiçaria"; H. C. E. Midelfort falou no "único culto relativo à feitiçaria até hoje documentado na Europa nos primeiros séculos da Idade Moderna". Expressões como "existência da bruxaria" e "culto relativo à feitiçaria documentado" (pouco felizes, pois assumem o ponto de vista dos inquisidores) traem, como resultado do contexto em que foram formuladas, a já recordada confusão entre mitos e ritos, entre complexo coerente e difuso de crenças e grupo *organizado* de pessoas que as praticariam. Isso fica bem visível no caso de Russell, que fala das batalhas noturnas com os "membros do culto de bruxaria local", negligenciando o fato de que os *benandanti* declaravam participar "invisivelmente, com o espírito"; de modo mais ambíguo, Midelfort refere-se à dificuldade de encontrar, na pista dos *benandanti*, outros casos de "rituais de grupo".[38] A objeção que me foi dirigida por N. Cohn, ou seja, que "as experiências dos *benandanti* [...] eram todas de tipo extático [*trance experiences*]" e constituíam "uma variante local do que havia sido, séculos antes, a experiência comum dos sequazes de Diana, Herodíade e Holda", deve ser endereçada a Russell e, em parte, a Midelfort. A mim parece bastante aceitável — mesmo porque coincide quase literalmente com o que eu escrevera no livro.[39]

Em minha opinião, o valor da documentação friulana deve ser procurado em outras direções. A propósito da feitiçaria (trata-se de um dado óbvio, mas não é demais repeti-lo) dispomos apenas de testemunhos hostis, que provêm de demonólogos, inquisidores e juízes ou foram por eles filtrados. As vozes dos acusados nos chegam sufocadas, alteradas, distorcidas; em muitos casos, perderam-se. Donde — para quem não queira resignar-se a escrever pela enésima vez a história dos vencedores — a importância das anomalias, das lacunas que se abrem por vezes (muito raramente) na documentação, rompendo sua unidade.[40] Do desvio acentuado entre as falas dos *benandanti* e os estereótipos dos inquisidores, aflora um estrato profundo de mitos camponeses, vivido com extraordinária intensidade. Pouco a pouco, por meio da lenta introjeção de um modelo cultural hostil, esse estrato foi transformado no sabá. Ocorrências análogas se haviam verificado em outros lugares? Até que ponto era possível generalizar o caso — excepcional, em termos documentais — dos *benandanti*? Naquele momento, eu não estava em condições de responder a tais questões. Mas a mim elas pareciam implicar "uma formulação em grande parte nova do problema das origens populares da feitiçaria". [41]

10. Hoje, falaria de bom grado em "raízes folclóricas do sabá". O juízo sobre a novidade da formulação parece-me, ao contrário, necessitar de endosso. Com poucas exceções, a pesquisa sobre a feitiçaria percorreu caminhos muito diversos daquele que eu então visualizava. Como orientador da atenção dos estudiosos mais para a história da perseguição da bruxaria, certamente contribuiu em muitos casos um preconceito (nem sempre inconsciente) de sexo e classe.[42] Termos como "esquisitices e superstições", "credulidade camponesa", "histeria feminina", "comportamentos estranhos", "extravagâncias" — como se viu, recorrentes em alguns dos estudos mais autorizados — refletem uma opção preliminar de natureza ideológica. Mas também uma estudiosa como Larner, que partia de pressupostos bem diferentes, acabou por concentrar-se na história da perseguição.[43] De fato, a atitude de solidariedade póstuma com as vítimas é muito diversa da ostensiva superioridade em relação a sua rudeza cultural; porém, mesmo no primeiro caso o escândalo intelectual e moral constituído pela caça às bruxas quase sempre monopolizou a atenção. As confissões dos perseguidos, mulheres e homens — sobretudo quando se referem ao sabá —, apareceram, segundo os casos, como intrinsecamente irrelevantes ou contaminadas pela violência dos perseguidores. Quem procurou entendê-las de forma literal, como documento de uma cultura feminina separada, terminou ignorando seu denso conteúdo mítico.[44] Na verdade, foram raríssimas as tentativas de aproximar-se desses documentos com o instrumental analítico oferecido pela história das religiões e pelo folclore — disciplinas das quais geralmente até os mais sérios dentre os historiadores da feitiçaria se mantiveram distantes, como se se tratasse de campos minados.[45] Medo de cair no sensacionalismo, incredulidade em relação aos poderes mágicos, desconcerto perante o caráter "quase universal" de crenças como a da transformação em animais (sem falar, naturalmente, na inexistência de uma seita de feiticeiros organizada) estiveram entre os motivos adotados para justificar uma drástica e, com o passar do tempo, estéril delimitação do campo de pesquisa.[46]

Ao contrário, tanto os perseguidores quanto os perseguidos encontram-se no centro da investigação que agora apresento. No estereótipo do sabá, considerei ser possível reconhecer uma "formação cultural de compromisso":[47] resultado híbrido de um conflito entre cultura folclórica e cultura erudita.

11. A heterogeneidade do objeto modelou a estrutura do livro. Ele compõe-se de três partes e um epílogo. Na primeira, reconstruo o emergir da imagem inquisitorial do sabá; na segunda, o profundíssimo estrato mítico e ritual do qual nasciam as crenças populares depois forçadas a confluir no sabá; na terceira, as possíveis explicações dessa dispersão de mitos e ritos; no epílogo, a afirmação do estereótipo, já cristalizado, do sabá como compromisso entre elementos de origem culta e elementos de origem popular. A primeira parte tem andamento narrativo linear: os âmbitos cronológico e geográfico examinados estão circunscritos; a rede documental é relativamente densa. O corpo central do livro, ao contrário, abandona várias vezes o fio da narração e chega a ignorar sucessões cronológicas e continuidades espaciais, na tentativa de reconstruir por meio de afinidades algumas configurações míticas e rituais, documentadas num espaço de milênios, por vezes a milhares e milhares de quilômetros de distância. Nas páginas conclusivas, história e morfologia, apresentação narrativa e exposição (idealmente) sinóptica se alternam, acavalando-se.

12. Começa-se com o tempo breve, febril, recortado na lâmina dos dias, da ação política, ou melhor, do complô. Com o andar do trabalho, isso pôs em movimento mecanismos imprevisíveis. O enredo que, ao longo de meio século, levou da perseguição de leprosos e judeus aos primeiros processos centrados no sabá diabólico é, em certos aspectos, análogo ao que foi reconstruído por Marc Bloch em seu esplêndido livro *Les rois thaumaturges* [Os reis taumaturgos]. Foi de fato uma conspiração que difundiu, em benefício das monarquias francesa e inglesa, a crença que atribuía aos soberanos legítimos dos dois países o poder de curar com o toque das mãos os doentes de escrófula. Mas essa maquinação conseguiu impor-se de forma duradoura pelo fato de ter-se sustentado em atitudes profundamente difundidas na Europa pré-industrial: a necessidade de proteção, a atribuição de poderes mágicos ao soberano.[48] Os motivos de fundo que garantiram, no início do século XIV, o sucesso da conspiração contra judeus e leprosos eram diferentes: a insegurança gerada por profunda crise econômica, social, política e religiosa; a hostilidade crescente em face de grupos marginais; a procura compulsiva de um bode expiatório. Mas a inegável analogia entre os dois fenômenos coloca um problema geral.

As explicações de cunho conspiratório para os movimentos sociais são sempre simplistas, quando não grotescas — a começar por aquela, lançada pelo abade Barruel no final do século XVIII, da Revolução Francesa como conspiração maçônica.[49] Mas os complôs existem: são, sobretudo hoje, uma realidade cotidiana. Conspirações de serviços secretos, de terroristas ou de ambos: qual é seu peso efetivo? Quais dão certo, quais fracassam em seus verdadeiros objetivos e por quê? A reflexão acerca desses fenômenos e de suas implicações parece curiosamente inadequada. No final das contas, o complô é apenas um caso extremo, quase caricatural, de um fenômeno muito mais complexo: a tentativa de transformar (ou manipular) a sociedade. As dúvidas crescentes sobre a eficácia e os resultados de projetos quer revolucionários quer tecnocráticos obrigam a repensar tanto o modo pelo qual a ação política se insere nas estruturas sociais profundas quanto sua real capacidade de modificá-las. Vários indícios fazem supor que os historiadores atentos aos tempos longos da economia, dos movimentos sociais, das mentalidades, tenham recomeçado a refletir sobre o significado do evento em si (também, mas não necessariamente, político).[50] A análise de um fenômeno como o nascimento da imagem inquisitorial do sabá se insere nessa tendência.

13. Mas, no estereótipo do sabá que emergiu por volta da metade do século XIV nos Alpes ocidentais, afloram também elementos folclóricos estranhos à imagem inquisitorial, difundidos numa área muito mais vasta. Os historiadores da feitiçaria, conforme foi visto, quase sempre ignoraram esses elementos. Na maior parte dos casos, deduziram, implícita ou explicitamente, os objetos de suas pesquisas das categorias interpretativas dos demonólogos, dos juízes ou das testemunhas de acusação. Quando, por exemplo, Larner identifica a bruxaria com o "poder de fazer o mal [...] de origem sobrenatural",[51] propõe uma definição que pode ser tudo exceto neutra. Numa sociedade atravessada por conflitos (ou seja, presumivelmente, qualquer sociedade), o que é mal para um indivíduo pode ser considerado um bem por seu inimigo; quem decide o que é o "mal"? Quem decidia, quando as bruxas eram caçadas na Europa, que determinados indivíduos eram "feiticeiras" ou "bruxos"? A identificação desses indivíduos era sempre o resultado de uma relação de força, tanto mais eficaz quanto mais seus resultados se difundiam de maneira capilar. Mediante a introjeção (parcial ou total, lenta ou imediata, violenta ou aparentemente

espontânea) do estereótipo hostil proposto pelos perseguidores, as vítimas acabavam perdendo a própria identidade cultural. Quem não quiser limitar-se a registrar os resultados dessa violência histórica deve atribuir maior importância aos raros casos em que a documentação tem caráter dialógico não apenas do ponto de vista formal — isto é, em que sejam identificáveis fragmentos (relativamente imunes a deformações) da cultura que a perseguição se propunha cancelar.[52]

Já disse por que motivos os processos friulanos me pareceram uma fenda na crosta espessa e aparentemente indecifrável do sabá. Deles emergem dois temas: as procissões dos mortos e as batalhas pela fertilidade. Os que declaravam delas participar em êxtase eram, no primeiro caso, sobretudo mulheres; no segundo, principalmente homens. Ambos se autodefiniam *benandanti*. A unicidade dos termos deixa transparecer um fundo de crenças comuns; mas, enquanto as procissões dos mortos estão sem dúvida relacionadas a mitos difundidos em grande parte da Europa (os seguidores de Diana, a "caça selvagem"), as batalhas pela fertilidade me pareceram, num primeiro momento, um fenômeno limitado ao Friul. Mas com uma exceção extraordinária: um velho lobisomem da Livônia[53] que, no final do século XVII, confessara sair à noite com os companheiros para, periodicamente, lutar contra os feiticeiros, a fim de retomar os brotos dos frutos da terra que eles, feiticeiros, haviam roubado. A hipótese que eu apresentara para explicar essa imprevisível aproximação — um substrato comum, talvez eslavo — era, como se verá, exata só em parte. Ela já implicava uma ampliação notável do âmbito da pesquisa. Mas a constatação, ineludível, da unidade subjacente às duas versões do mito dos *benandanti* — a agrária e a fúnebre — colocava a exigência de uma comparação muitíssimo mais ampla. De fato, em ambos os casos a saída da alma para fora do corpo — rumo às batalhas noturnas ou às procissões das almas errantes — fazia-se preceder por um estado cataléptico que sugere, irresistivelmente, uma comparação com o êxtase xamânico. De modo mais genérico, as tarefas que os *benandanti* atribuíam a si mesmos (a relação com o mundo dos mortos, o controle mágico das forças da natureza para assegurar a sobrevivência material da comunidade) parecem identificar uma função social muito semelhante àquela desempenhada pelos xamãs.

Há muitos anos, eu propusera essa conexão (depois confirmada por Mircea Eliade), definindo-a como "não analógica mas real";[54] contudo, não ousara lançar-me a ela. Lembro ter experimentado, ao refletir sobre as perspectivas de pesquisa que essa conexão implicava, uma sensação vagamente semelhante à vertigem. De forma ingênua, eu perguntava a mim mesmo se um dia teria a competência necessária para encarar um tema tão vasto e complexo. Hoje, sei que não sou capaz de tanto. Porém, os documentos friulanos que o acaso me fizera encontrar propunham questões que exigiam uma resposta, mesmo que inadequada e provisória. Neste livro, tento apresentá-la.

14. Nele, as partes mais discutíveis (a segunda e a terceira) são também, creio, as mais novas. É necessário explicar o que me sugeriu uma estratégia analítica e expositiva pouco frequente em livros de história.

É óbvio que uma investigação acerca das raízes do sabá na cultura folclórica deve ser conduzida numa perspectiva comparada. Só inibindo a comparação com a Europa continental (A. Macfarlane) ou a comparação *tout court* (K. Thomas) foi possível, por exemplo, deixar de indagar se os vestígios de crenças análogas às dos seguidores de Diana seriam identificáveis também no âmbito inglês.[55] Mas as analogias entre as confissões dos *benandanti* e as do lobisomem da Livônia, bem como, com mais razão, a analogia de ambos com os testemunhos sobre xamãs eurasiáticos, mostravam que a comparação devia ser estendida também a áreas e períodos diferentes daqueles em que se desenvolveu a perseguição à bruxaria. Fazer coincidir as crenças que afloravam repentinamente nas redes da documentação (aquelas das mulheres extáticas seguidoras de Oriente, dos *benandanti*, do lobisomem Thiess, e assim por diante) com os anos de 1384, 1575, 1692 — ou seja, os momentos em que inquisidores e juízes as registraram — teria sido, sem dúvida, uma simplificação indébita. Testemunhos talvez muito recentes podiam conservar traços de fenômenos bem mais antigos; ao contrário, testemunhos remotos podiam lançar luz sobre fenômenos muito mais tardios.[56] Tal hipótese não autorizava, evidentemente, a projeção automática dos conteúdos da cultura folclórica numa antiguidade demasiado remota; impedia, contudo, que se utilizasse a sucessão cronológica como um fio condutor. O mesmo argumento valia para a contiguidade geográfica: o aparecimento de fenômenos análogos em áreas muito distantes poderia explicar-se mediante contatos culturais que remontavam a um período muito mais antigo. A reconstrução de uma cultura que, por um lado, era extremamente fluida e, por outro, estava documentada de maneira fragmentária e casual implicava, pelo menos em caráter provisório, a renúncia a alguns dos postulados essenciais à pesquisa histórica: em primeiro lugar, o de um tempo linear e uniforme.[57] Nos processos, não se chocavam apenas duas culturas, mas também dois tempos radicalmente heterogêneos.

Durante anos, partindo da documentação a respeito dos *benandanti*, procurei aproximar — tendo por base afinidades puramente formais — depoimentos sobre mitos, crenças e ritos, sem ter a preocupação de inseri-los em alguma espécie de moldura histórica plausível. A natureza das afinidades que eu confusamente andava procurando só *a posteriori* se esclareceu para mim. Nessa andança, encontrei, além das esplêndidas páginas de Jakob Grimm, as pesquisas de W. H. Roscher, M. P. Nilsson, S. Luria, V. Propp, K. Meuli, R. Bleichsteiner — para citar apenas alguns nomes de uma longa lista. Muitas vezes, estudos realizados de maneira independente acabavam convergindo. Pouco a pouco, delineou-se uma constelação de fenômenos assaz compacta do ponto de vista morfológico e bem heterogênea do ponto de vista cronológico, espacial e cultural. Parecia-me que os mitos e os ritos que recolhera desenhavam um contexto simbólico no interior do qual os elementos folclóricos incrustados no estereótipo do sabá resultavam menos indecifráveis. Todavia, periodicamente surgia a dúvida de estar acumulando dados destituídos de sentido, buscando analogias irrelevantes.

Só com a pesquisa já bem adiantada encontrei, na base de tentativas, a justificação teórica do que andara fazendo durante anos. Ela está contida em algumas daquelas reflexões extremamente densas que Wittgenstein fez a respeito do *Ramo de ouro* de Frazer: "A explicação histórica, a explicação como hipótese de desenvolvimento é apenas *um* modo de coletar os dados — a sua sinopse. É igualmente possível ver os dados em sua relação recíproca e resumi-los numa imagem geral que não tenha a forma de um encadeamento cronológico". Essa "representação clara [*übersichtliche Darstellung*]", observava Wittgenstein, "perpassa a compreensão, que consiste justamente em 'ver as conexões'. Daí a importância de encontrar *elos intermediários*".[58]

15. Este fora o caminho que, sem perceber, eu seguira. É certo que nenhuma hipótese histórica (referente a um âmbito religioso, institucional, étnico etc.) me teria permitido reunir as imprevisíveis constelações documentais apresentadas na segunda parte deste livro. Mas uma exposição pouco menos que a-histórica dos resultados alcançados seria suficiente? A resposta de Wittgenstein era clara: a "representação perspícua" constituía um modo de expor os dados não só alternativo mas, implicitamente, também superior à apresentação histórica, por ser *a*) menos arbitrário e *b*) imune a hipóteses evolutivas não demonstradas. "Uma relação interna entre círculo e elipse", observava, é ilustrada "transformando gradualmente a elipse num círculo, *não para afirmar que determinada elipse tenha saído efetiva e historicamente de um círculo* (hipótese evolutiva), mas apenas para tornar nosso olho sensível a uma conexão formal".[59]

Esse exemplo me parecia *demasiado* comprobatório. Em vez de círculos e elipses (por definição, entes subtraídos a um âmbito temporal), devia operar com homens e mulheres — *benandanti* do Friul, por exemplo. Caso me tivesse limitado a descrever em termos apenas formais sua gradual transformação em feiticeiros, teria acabado por negligenciar um elemento decisivo: a violência cultural e psicológica exercida pelos inquisidores. Tudo o que ocorreu teria resultado absolutamente transparente, mas também absolutamente incompreensível. Pondo entre parênteses, no estudo dos fatos humanos, a dimensão temporal, obtém-se um quadro inevitavelmente deformado, pois depurado das relações de força. A história humana não se desenvolve no campo das ideias, mas sim no mundo sublunar em que os indivíduos, de modo irreversível, nascem, infligem sofrimentos ou são a eles submetidos, e morrem.[60]

Portanto, parecia-me que a investigação morfológica não poderia (por motivos ao mesmo tempo intelectuais e morais) substituir a reconstrução histórica. Contudo, poderia recorrer a essa investigação — especialmente em áreas ou períodos pouco e mal documentados. Eu não tinha dúvidas acerca da natureza histórica das conexões que reconstruíra. Servira-me da pesquisa morfológica como de uma sonda, para examinar um estrato profundo, inatingível por outros meios.[61] Assim, a tese de Wittgenstein deveria ser posta ao contrário: no âmbito da história (claro que não no da geometria), a conexão formal pode ser considerada uma hipótese evolutiva, ou melhor, genética, formulada de maneira diferente. Servindo-me da comparação, era preciso tentar traduzir em termos históricos a distribuição dos dados, até então apresentados na base de afinidades internas, formais. Portanto, a morfologia — embora atemporal — terminaria fundando, na linha de Propp, a diacronia.[62]

16. A natureza conjectural — declarada também num título (parte III, capítulo 1) — dessa tentativa era inevitável, dada a escassez de documentação. Porém, a convergência dos testemunhos permitia delinear alguns trâmites históricos: embora não fosse comprovada de forma exaustiva, uma antiquíssima circulação de mitos e ritos ligados ao êxtase, provenientes das estepes asiáticas, surgia como mais que verossímil. Na superfície, aflorava um complexo de fenômenos substancialmente ignorados. Mas esse resultado, além de provisório, era muito inadequado. A enorme dispersão e, sobretudo, a persistência daqueles mitos e ritos em contextos culturais tão diversos continuavam inexplicáveis. O reaparecimento de formas simbólicas análogas, separadas por milênios, em âmbitos espaciais e culturais de todo heterogêneos, podia ser analisado em termos puramente históricos? Ou, ao contrário, tratava-se de casos-limite que faziam aparecer na urdidura da história uma trama atemporal?

Por bastante tempo, debati-me com esse dilema paralisante.[63] Aparentemente, só uma decisão preliminar, de natureza ideológica, teria permitido optar por uma das alternativas. No final, procurei subtrair-me à chantagem construindo uma espécie de experimento (parte III, capítulo 2). Tendo como ponto de partida um detalhe enigmático, surgido em alguns documentos já discutidos, reuni um conjunto — certamente incompleto — de mitos, lendas, fábulas, ritos tantas vezes encontrados num âmbito cronológico e espacial muito vasto e, apesar disso, caracterizados por elevado grau de "semelhanças de família".[64] Com algumas exceções parciais (O. Gruppe, S. Luria, A. Brelich), os componentes singulares da série haviam sido analisados como entidades separadas. Direi mais adiante qual fio une — só para dar alguns exemplos — Édipo, Aquiles e Cinderela, o uso mítico de um único pé de sandália (monossandalismo) e a coleta ritual dos ossos de animais sacrificados. Por enquanto, basta dizer que a análise abrangente da série permitiu-me superar em parte o dilema inicial, chegando a conclusões que talvez não sejam irrelevantes mesmo do ponto de vista teórico.

17. A riqueza potencial do experimento brotava, em primeiro lugar, da extraordinária distribuição no tempo e no espaço que marca, como foi dito, quase todas as unidades singulares da série. Que eu saiba, nenhum dos estudiosos intervenientes liquidou essa característica encarando-a como fenômeno casual; muitos se limitaram a registrá-la como a um dado de fato; alguns tentaram

explicá-la. As principais hipóteses formuladas — quase sempre de maneira independente — são as seguintes.

a) A persistência e a difusão de fenômenos similares constituiriam a prova de uma continuidade histórica semicancelada, a qual teria sedimentado reações psicológicas primordiais — donde, segundo K. Meuli, as analogias entre os ritos dos caçadores do Paleolítico (parcialmente reconstruíveis por meio de testemunhos sobre os xamãs da Ásia setentrional) e o sacrifício grego. Acentuando o elemento de continuidade psicológica, W. Burkert acenou com arquétipos atemporais, remetendo às teorias de Jung. O mesmo fez R. Needham a propósito do mito do homem unilateral ou dividido ao meio, localizável em contextos culturais extremamente heterogêneos.

b) A hipótese de Meuli, sobretudo na formulação de Burkert, foi refutada por J.-P. Vernant e M. Detienne porque se baseava necessariamente sobre "um arquétipo psíquico ou qualquer estrutura fixista". Em consequência, consideraram sem cabimento uma comparação com culturas diferentes e mais antigas que a grega. Nesse contexto polêmico, reiteraram, por um lado, a recusa de uma "história vertical" (M. Detienne); e, por outro, uma "aposta a favor da sincronia" (J.-P. Vernant),[65] que inspirou também alguns ensaios sobre um mito incluído na série aqui proposta: o de Édipo.

c) Um estudioso (C. Lévi-Strauss) se deteve no tema da coxeadura mítica e ritual, observando que sua enorme distribuição geográfica parece implicar uma gênese remota (o Paleolítico) e, por isso, impossível de verificar. Daí, como veremos, uma proposta de explicação em termos formais, baseada numa comparação sumária, porém ampla.

d) A gênese em época pré-histórica ou proto-histórica de alguns dos fenômenos que tomei em consideração foi várias vezes levantada como hipótese, mas raramente se buscaram argumentos para ela. Dentre as exceções, está L. Schmidt, que tratou de precisar o quadro histórico e geográfico no qual se propagaram o mito de animais que ressuscitavam dos próprios ossos e outros mitos afins.

Trata-se de formulações muito diversas — nos pressupostos gerais, nos critérios usados para identificar o objeto da pesquisa, nas implicações. Uma avaliação deve distinguir todos esses elementos, sem limitar-se às fáceis etiquetas ideológicas que identificariam a primeira interpretação como arquetípica, a segunda e a terceira como estruturalistas, a quarta como difusionista.

É comum falar-se genericamente de arquétipos, sem pretensões explicativas. Mas, quando o termo remete de forma mais ou menos explícita a uma transmissão hereditária de caracteres culturais adquiridos, jamais demonstrada (*a*), suas pretensões explicativas parecem não só inconsistentes mas também potencialmente racistas. Todavia, afastar um problema porque as soluções propostas são insatisfatórias (*b*) parece-me um procedimento inaceitável. Afora isso, falar de "herança do Paleolítico", como faz Detienne, significa circunscrever de forma arbitrária, desqualificando-as, as soluções possíveis. A hipótese *c*, segundo a qual o reaparecimento de fenômenos similares em culturas diversas estaria ligado a estruturas imutáveis da mente humana, na realidade implica constrições formais inatas, e não herança nem arquétipos — mesmo que, como se verá, a solução proposta no caso específico seja insatisfatória de qualquer ponto de vista, teórico e factual. A escolha *d* levanta uma objeção de princípio, aplicável a qualquer teoria difusionista: o contato ou a continuidade são eventos externos, que não bastam para explicar a transmissão dos fenômenos culturais no espaço e no tempo — sobretudo se essa objeção assume, como nos casos em questão, proporções macroscópicas.

Consideremos agora os critérios usados em cada caso para identificar o objeto da pesquisa. Nas investigações sobre o mito ou o rito inspiradas no estruturalismo, o objeto é construído (e reconstruído) com antecedência, decompondo os dados superficiais e, depois, elaborando séries baseadas num retículo de isomorfismos profundos.[66] O alvo polêmico dessa formulação é o costume positivista de, com base em unidades isoladas, procurar analogias que impliquem transmissões ou filiações. Também é fato que os teóricos do estruturalismo nem sempre põem em prática os próprios princípios; pelo contrário, estudiosos com orientação positivista demonstraram saber captar a afinidade profunda que liga mitos e ritos aparentemente diversos. Mas, para além das etiquetas, o caminho por seguir me parece claro: o isomorfismo cria a identidade, e não vice-versa. Isso implica uma divergência radical, tanto no método quanto nos pressupostos, para quem pretende atingir intuitivamente os símbolos imutáveis — os arquétipos — por meio dos quais seriam expressas as epifanias do inconsciente coletivo (Jung) ou as manifestações primordiais do sagrado (Eliade).[67]

Em conclusão, à indagação posta pela continuidade e pela dispersão de mitos e ritos similares, as pesquisas baseadas numa diacronia ampla e numa vasta comparação respondem formulando hipóteses inconsistentes (arquétipos) ou simplificadoras (difusão mecânica); aquelas baseadas numa formulação sincrônica eludem, afora a comparação, o próprio problema. Por outro lado, a solução, em certo sentido intermediária, rapidamente delineada por Lévi-Strauss — análise a um só tempo sincrônica e comparada de fenômenos transculturais — levanta, como se verá, objeções que são ao mesmo tempo de princípio e de fato. Mas será mesmo inevitável a opção entre alternativas que implicam, respectivamente, respostas inaceitáveis e perguntas insuficientes? Perspectiva diacrônica e rigor metodológico são mesmo incompatíveis?

18. Tais questões permitem entender por que o livro que apresento contém, sobretudo no capítulo mais nitidamente teórico (parte III, capítulo 2), um diálogo ora implícito ora explícito com os estudiosos que nos últimos decênios renovaram, de pontos de vista só em parte coincidentes, as pesquisas sobre o mito (C. Lévi-Strauss) e, de modo especial, sobre o mito grego (J.-P. Vernant, M. Detienne). Começarei por delinear os termos da discussão com estes últimos.

Conforme já referido, J.-P. Vernant falou de "aposta a favor da sincronia", contra um "comparatismo retrospectivo" que trataria de identificar as "etapas de uma gênese hipotética". De forma igualmente nítida, M. Detienne recusou uma "história vertical" projetada em direção às "brumas do Paleolítico". A documentação examinada por Vernant e Detienne é, de fato, muito mais circunscrita no tempo e no espaço: vai (para limitar-se aos textos) de Homero aos mitógrafos helenísticos. O que permite falar de impostação "sincrônica" é a consideração unitária desse *corpus* textual quase milenar.[68] Reivindicação da originalidade da civilização grega e vontade de estudar sua religião e mitos enquanto "sistema organizado" são duas faces do mesmo projeto.[69] Dessa perspectiva, como Vernant viu com lucidez, a relação entre sincronia e diacronia se configura uma aporia não resolvida.[70]

Por certo, originalidade não é sinônimo de autoctonia. No passado, Vernant tomara seriamente em consideração a hipótese — esboçada por Rohde e depois desenvolvida por Meuli e outros estudiosos — de que fenômenos religiosos gregos ligados ao êxtase constituíssem uma reelaboração de temas presentes no xamanismo eurasiático.[71] A série que reconstruí sobre bases morfológicas insere essa conexão numa perspectiva cronológica ainda mais ampla, chegando a incluir, por exemplo, os seguidores de Oriente, os *benandanti* friulanos, o lobisomem da Livônia. Considerar a reincidência de determinados fenômenos no interior de culturas diversas um indicador de relações históricas testemunhadas de forma imperfeita, ou não testemunhadas de modo algum, significa afastar-se da opção rigorosamente sincrônica consumada, no âmbito grego, por Vernant e Detienne. Também é verdade que a polêmica desses estudiosos contra o "comparatismo retrospectivo" admite algumas exceções, visto que ambos se inspiraram repetidas vezes nas investigações de Dumézil e, em menor escala, de Benveniste.[72] Mas as línguas indo-europeias haviam fornecido a Dumézil e a Benveniste a prova indubitável de um quadro de filiações históricas. No caso das relações entre as línguas urálicas e as indo-europeias, por exemplo, falta essa prova. É claro que, se eu me tivesse limitado a traduzir em termos históricos, mesmo que apenas conjecturais (parte III, capítulo 1), as séries de dados que de início apresentara na base de analogias internas (parte II), poderia ter sido acusado de repropor implicitamente uma envelhecida interpretação difusionista, tendo como eixo apenas filiações e relações genéticas.[73] Mas a experiência que segue (parte III, capítulo 2) isola um tema com o objetivo de reexaminar toda a questão de um ponto de vista mais complexo, o qual toma em consideração o ponto forte da "aposta a favor da sincronia" lançada por Vernant: a formulação sistemática.

Sem dúvida, o nexo indissolúvel entre "sincronia" e "sistema" deriva, para além das formulações de Lévi-Strauss, de Saussure.[74] É certo que o uso analógico do termo "sistema" em âmbitos extralinguísticos ("sistema cultural", "sistema mítico-religioso" etc.) apresenta riscos; de fato, nesses casos, as unidades constitutivas não podem ser individualizadas de maneira rigorosa. Um confronto entre a noção de "mitema" introduzida de início por Lévi-Strauss e a de "fonema", sobre a qual fora calcada, indica claramente que para obter o mesmo rigor não basta deduzir modelos conceituais da linguística.[75] Tanto o sistema fonológico de uma língua morta (ou da fase crepuscular de uma língua viva) quanto o "sistema latente" de um mito[76] devem ser reconstruídos sobre a base de um conjunto documental intrinsecamente limitado, embora (mediante renovações arqueológicas, papirológicas etc.) com potencialidades de expansão. Mas a natureza muitas vezes casual, indireta ou fragmentária da documentação sobre o mito implica a possibilidade — menos frequente no âmbito linguístico — de que elementos cruciais para a interpretação tenham ou não sido descobertos ou se tenham perdido para sempre.[77] Um descuido (seguido de uma reconsideração feliz) de Lévi-Strauss ilustrará os mecanismos seletivos do processo de transmissão e suas consequências.[78]

Tais considerações sugerem que se adote com prudência a noção de sistema mítico-religioso. A insistência numa formulação puramente sincrônica suscita perplexidades mais graves. O risco de empobrecer desse modo a complexidade dos fenômenos foi sublinhado não apenas por historiadores profissionalmente interessados, mesmo que não de forma inevitável, na sucessão temporal.[79] Preocupações análogas foram formuladas por semiólogos como Lotman e seus colaboradores, quando propuseram um estudo da cultura baseado numa noção ampla de "texto", que incluísse também mitos, ritos, ícones, produtos manufaturados etc.: "na existência real da cultura, junto aos novos textos sempre funcionam outros, transmitidos por determinada tradição cultural ou introduzidos de fora. Isso confere a todo estado sincrônico da cultura as características do multilinguismo cultural. A partir do momento em que, em diferentes níveis sociais, a velocidade do desenvolvimento cultural possa ser desigual, um estrato sincrônico da cultura pode incluir a sua diacronia e a reprodução ativa de 'velhos textos'".[80] Nessas palavras, percebe-se o eco da polêmica de R. Jakobson contra a drástica antítese que Saussure formulou entre sincronia e diacronia.[81] O próprio Jakobson, ao repensar sua experiência juvenil de estudioso de folclore, observou que,

> quando se submetem a interpretações sistemático-sincrônicas os atos e as crenças mágicas dos grupos folclóricos atuais, [...] parece convincentemente atestada a antiguidade pré-histórica de grande parte de tudo o que se oculta nos elementos que chegaram até nós. Então nos damos conta, e nos persuadimos com mais força, de quanto os testemunhos folclóricos têm raízes num tempo muito mais distante e possuem uma difusão no espaço bem mais ampla do que se imaginava. Se antes conclusões similares não puderam ser sustentadas de maneira convincente, é porque os procedimentos mecanicistas das pesquisas precedentes não haviam criado espaço para a análise estrutural da difusão do patrimônio folclórico.[82]

Para descrever e compreender situações conflitantes, essa perspectiva parece muito mais apropriada que o postulado (substancialmente monolítico, além de estático) de um "sistema único" que garantiria "o campo das representações" culturais.[83] Na seção transversal de qualquer presente, estão incrustados também muitos passados, com diferente espessor temporal, que (sobretudo no caso de testemunhos folclóricos) podem remeter a um contexto espacial bem mais vasto.

19. Das pesquisas fonológicas de Jakobson, como se sabe, Lévi-Strauss derivou no início dos anos 1940 um método para analisar os fenômenos sociais (em primeiro lugar, as estruturas de parentesco). É bastante significativo que, naquela época e depois, Lévi-Strauss negligenciasse de forma absoluta a exigência formulada por Jakobson de ultrapassar a antítese entre sincronia e diacronia. Mas a interpretação corrente, segundo a qual a opção sincrônica de Lévi-Strauss implicaria uma atitude agressivamente anti-histórica, é superficial. Num primeiro momento, Lévi-Strauss, fazendo eco a uma frase célebre de Marx, atribuíra aos historiadores a esfera da consciência ("os homens fazem a história") e aos antropólogos, a do inconsciente ("mas não sabem que a fazem") — uma divisão de campos que admitia a possibilidade de hibridismos fecundos, como as pesquisas de L. Febvre sobre fenômenos obscuros ou inconscientes de mentalidade.[84] Mais tarde, Lévi-Strauss formulou a relação entre antropologia e história em termos de dilema: o confronto repetido entre mitos homólogos ligados a culturas não conectadas historicamente (ou, pelo menos, sem conexões documentadas) acabava sempre reconduzindo as analogias a constrições formais, em vez de atribuí-las a empréstimos culturais.[85] Pelo contrário, há pouco tempo, retomando desde o título um ensaio escrito mais de trinta anos antes, Lévi-Strauss insistiu — como então — nas possibilidades de colaboração entre historiadores e antropólogos. "Também o difusionismo", escreveu,

> e com mais razão qualquer pesquisa histórica, tem importância fundamental para as análises estruturais; por vias diversas e com possibilidades desiguais, tais perspectivas tendem ao mesmo fim — ou seja, tornar inteligíveis, evidenciando sua unidade, fenômenos superficialmente heterogê-

neos. A análise estrutural converge com a história quando, para além dos dados empíricos, capta estruturas profundas que, por ser profundas, no passado podem também ter sido patrimônio comum [*des structures profondes qui, parce que profondes, peuvent aussi avoir été communes dans le passé*].[86]

Essas considerações introduzem uma reflexão densa, sugerida pelo sistema de classificação biológica conhecido como cladística. A classificação tradicional dispunha as espécies ao longo de uma escala evolutiva, segundo suas características mais ou menos complexas, ao passo que a cladística estabelece uma pluralidade de ordenações (ou cladogramas) baseadas em homologias que não remetem necessariamente a relações genealógicas. A cladística, observa Lévi-Strauss, abriu "uma via intermediária entre o nível da estrutura e o do evento", e de tal modo que pode ser percorrida também por quem se ocupa da espécie humana; as homologias, identificadas graças à análise estrutural, entre fenômenos pertencentes a sociedades diversas deverão ser posteriormente submetidas ao crivo do historiador para isolar aquelas que correspondem a nexos reais e não apenas possíveis.

As convergências entre o programa de pesquisa delineado por Lévi-Strauss e o livro que escrevi me parecem bastante fortes. Mas as divergências são igualmente importantes. A primeira consiste na recusa da função, circunscrita e marginal, que Lévi-Strauss atribui à historiografia: a de responder, mediante a verificação de uma série de dados de fato, às questões propostas pela antropologia. Para quem, ao contrário de Lévi-Strauss, trabalha com documentos datados ou datáveis, pode ocorrer também o inverso — e não só quando (como na pesquisa aqui apresentada) morfologia e história, descoberta de homologias formais e reconstrução de contextos espaçotemporais constituem aspectos da pesquisa realizada por um único indivíduo. Desse entrelaçamento também nasce outra diferença. As séries isomorfas analisadas na segunda e na terceira parte do livro pertencem a um âmbito situado entre a profundidade abstrata da estrutura (privilegiada por Lévi-Strauss) e a concretude superficial do evento.[87] Nessa faixa intermediária, provavelmente se joga, em meio a convergências e contrastes, a verdadeira partida entre antropologia e história.

20. Há muito tempo, eu me propusera a demonstrar experimentalmente, de um ponto de vista histórico, a inexistência da natureza humana; 25 anos depois, acabei por sustentar uma tese exatamente oposta. Como veremos, a partir de certo ponto a pesquisa se transformou em reflexão — conduzida por meio do exame de um caso talvez extremo — sobre os limites do conhecimento histórico.

Antes de mais nada, porém, estou bem consciente dos limites de *meus* conhecimentos. Para que se fizessem mais graves, contribuiu a decisão de trabalhar numa perspectiva ao mesmo tempo diacrônica e comparada. Isso tornava obviamente impossível uma ampliação da investigação do "campo da mitologia para o conjunto das informações que dizem respeito a todos os registros da vida social, espiritual e material do grupo humano considerado".[88] Em termos de conhecimento específico, o preço pago acabava por transformar-se em parte da experiência. Mais desagradável foi a renúncia forçada a incluir na análise (com poucas exceções) uma dimensão às vezes negligenciada, por ser dificilmente documentável ou por ser considerada, o que é um erro, irrelevante: a dimensão subjetiva. Em sua grande maioria, os testemunhos que reuni são fragmentários e, sobretudo, indiretos — muitas vezes, de terceira ou de quarta mão. De modo geral, escapam-nos os significados que os atores atribuíam tanto aos mitos que reviviam em êxtase quanto aos ritos de que participavam. Também a esse propósito, a documentação sobre os *benandanti* mostra-se preciosa. Em suas narrações, vemos indivíduos diferentes articularem de maneira diversa, cada um com suas próprias marcas, um núcleo de crenças comuns. Essa riqueza da experiência vivida é quase sempre impossível de encontrar nos concisos resumos elaborados pelos mitógrafos helenísticos, pelos autores dos penitenciais da Alta Idade Média ou pelos estudiosos do folclore oitocentistas. Porém, mesmo que possam ser descritos mediante oposições formais abstratas, os mitos encarnam-se, transmitem-se e agem em situações sociais concretas, por intermédio de indivíduos de carne e osso.

Contudo, também agem independentemente da consciência que os indivíduos tenham deles. Aqui, salta de modo irresistível a analogia (por definição, imperfeita) com a linguagem. Tentou-se comparar as variantes individuais dos mitos a atos linguísticos singulares: os xamãs lapões e siberianos, os lobisomens bálticos, os *armiers* do Ariège pirenaico, os *benandanti* friulanos, os *căluşari* romenos, os *táltos* húngaros, *os burkudzäutä* caucasianos, uma população variegada, dispersa no tempo e no espaço, falantes de línguas míticas diversas mas ligados por parentescos bem estreitos. Para reconstruir em nível supraindividual o significado de seus mitos e ritos, é necessário seguir, no âmbito linguístico, o caminho traçado por Benveniste: "Por meio da comparação e de uma análise diacrônica, trata-se de fazer surgir uma significação onde, a princípio, só tínhamos uma designação. Assim, a dimensão temporal torna-se uma dimensão explicativa".[89] Além do uso que pode ser reconstruído sincronicamente (*désignation*) e está ligado a condições locais, emerge, graças ao "comparatismo retrospectivo", um significado que Benveniste chama de "primário" (*signification première*) — no sentido, puramente relativo, de o mais antigo que se pode atingir.[90] No caso dos fenômenos aqui considerados, o núcleo primário é constituído pela viagem do vivo ao mundo dos mortos.

21. A esse núcleo mítico ligam-se também temas folclóricos, como o voo noturno e as metamorfoses animalescas. Da fusão desses temas com a imagem da seita hostil que pouco a pouco fora projetada sobre os leprosos, os judeus, as bruxas e os feiticeiros, surgiu uma formação cultural de compromisso: o sabá. Sua difusão a partir do arco alpino ocidental, onde se cristalizara pela primeira vez, começou nas primeiras décadas do século XV. Graças aos sermões de são Bernardino de Siena, uma seita considerada até então periférica era descoberta em Roma, o próprio coração da cristandade. Durante mais de dois séculos, descobertas análogas estavam destinadas a repetir-se em toda a Europa. Em todos os casos, circunstâncias locais e externas explicam a intensificação da caça às bruxas; com certeza, o estereótipo do sabá — imutável, apesar das variações superficiais — contribuiu bastante para intensificá-la.

Com o fim da perseguição, o sabá se dissolveu. Negado como evento real, relegado a um passado não mais ameaçador, alimentou a imaginação de pintores, poetas e filólogos. Mas os mitos antiquíssimos que, por um período que afinal se pode considerar breve (três séculos), confluíram naquele estereótipo compósito sobreviveram ao desaparecimento do sabá. Ainda estão ativos. A experiência inacessível que, durante milênios, a humanidade expressou simbolicamente por meio de fábulas, ritos e êxtases permanece como um dos centros ocultos de nossa cultura, de nosso modo de estar no mundo. A tentativa de conhecer o passado também é uma viagem ao mundo dos mortos.[91]

ἀλλ᾽ εἰ χεῖρας ἔχον βόες <ἵπποι τ᾽> ἠὲ λέοντες
["Mas se os bois (os cavalos e) os leões tivessem mãos..."]
XENOFONTE, frag. 15

um sie kein Ort, noch weniger eine Zeit
["não existe espaço em torno deles e ainda menos tempo"]
GOETHE, *Fausto*, parte II, cena das Mães

PARTE I

1. LEPROSOS, JUDEUS, MUÇULMANOS

1. Em fevereiro de 1321, lê-se numa crônica do mosteiro de Santo Estéfano de Condom, caiu enorme quantidade de neve. Foram exterminados os leprosos. Antes que se chegasse ao meio do período da Quaresma, tornou a cair muita neve; depois, veio uma grande chuva.[1]

Ao extermínio dos leprosos, o anônimo cronista dedica a mesma atenção distante reservada a insólitos eventos meteorológicos. Outras crônicas do mesmo período falam dos acontecimentos com mais emoção. Os leprosos, diz uma, "foram queimados em quase toda a França porque tinham preparado veneno para matar toda a população".[2] Uma outra, a crônica do mosteiro de Santa Catarina *de monte Rotomagi*: "Em todo o reino da França, os leprosos foram aprisionados e condenados pelo papa; muitos foram mandados para a fogueira; os sobreviventes foram encerrados nas próprias casas. Alguns confessaram ter conspirado para matar todos os sãos, tanto nobres quanto não nobres, e para ter o domínio sobre o mundo inteiro [*ut delerent omnes sanos christianos, tam nobiles quam ignobiles, et ut haberent dominium mundi*]".[3] A narração do dominicano Bernard Gui é ainda mais ampla. Os leprosos, "doentes no corpo e na alma", haviam espalhado pós envenenados nas fontes, nos poços e nos rios, para transmitir a lepra aos sãos e fazê-los adoecer ou morrer. Parece incrível, diz Gui, mas aspiravam ao domínio das cidades e dos campos; já haviam dividido o poder e os cargos de condes e barões. Depois de caírem prisioneiros, muitos confessaram ter participado de reuniões secretas ou capítulos, que, com o objetivo de preparar o complô, seus chefes promoveram durante dois anos seguidos. Mas Deus teve piedade de seu povo: em muitas cidades e aldeias, os culpados foram descobertos e queimados. Em outros lugares, a população horrorizada, sem esperar um julgamento regular, cerrou com travas as casas dos leprosos e pôs fogo a elas e aos moradores. Em seguida, porém, decidiu-se proceder de maneira menos precipitada: a partir daquele momento, os leprosos sobreviventes que fossem considerados inocentes ficariam prudentemente reclusos em lugares nos quais deveriam permanecer em caráter perpétuo, até a consumação final. Para que não pudessem mais causar danos nem reproduzir-se, os homens foram rigidamente separados das mulheres.[4]

Tanto o massacre quanto a reclusão dos leprosos foram autorizados por Filipe V, o Longo, rei da França, num édito exarado em Poitiers no dia 21 de junho de 1321. Uma vez que os leprosos — não apenas na França, mas em todos os reinos da cristandade — haviam tentado matar as pessoas sãs envenenando águas, fontes e poços, Filipe fizera encarcerar e queimar os réus confessos. Contudo, alguns permaneciam sem punição — e eis que surgem as medidas tomadas contra eles. Todos os leprosos sobreviventes que haviam confessado o crime deveriam ser queimados. Os que não quisessem confessar deveriam ser torturados — e, quando tivessem confessado a verdade, seriam queimados. As mulheres leprosas que haviam confessado o crime, espontaneamente ou sob tortura, deveriam ser levadas à fogueira, a menos que estivessem grávidas; nesse caso, tinham de ficar segregadas e, após o parto, ser conduzidas ao fogo. Os leprosos que, não obstante tudo isso, recusassem confessar a participação no crime deveriam ser segregados nos locais de origem; os homens tinham de ser rigorosamente separados das mulheres. A mesma sorte caberia aos filhos que viessem a nascer. Os menores de catorze anos deveriam ser segregados, sempre se mantendo separados os meninos das meninas; os maiores de catorze anos que confessassem o crime seriam queimados. Além disso, já que os leprosos haviam cometido crime de lesa-majestade e se conduzido contra o Estado, todos os seus bens seriam confiscados até nova ordem: aos frades, às freiras e a todos os que pudessem tirar benefícios daqueles bens se deveria dar o necessário para viver. Todos os procedimentos judiciários contra os leprosos eram arrogados à Coroa.

Essas determinações foram em parte modificadas por dois éditos pouco posteriores, publicados respectivamente nos dias 16 e 18 de agosto do mesmo ano. No primeiro, ante os protestos de prelados, barões, nobres e comunidades que reivindicavam o direito de administrar os bens dos leprosos submetidos a custódia, Filipe V ordenou a suspensão do confisco. No segundo, reconheceu a bispos e juízes de tribunais inferiores a faculdade de julgar os leprosos, deixando não prejulgada a questão (sobre a qual se registravam pareceres diferentes) da presença ou da ausência de crime de lesa-majestade. Essa renúncia às prerrogativas da Coroa era motivada explicitamente pela necessidade de punir os culpados o mais rápido possível. Portanto, continuavam os processos e a segregação dos leprosos. Um ano depois, Carlos, o Belo, sucessor de Filipe V, confirmou que os leprosos deveriam ficar reclusos (*renfermés*).[5]

Pela primeira vez na história da Europa, estabelecia-se um programa de reclusão tão maciço. Nos séculos seguintes, aos leprosos se seguiriam outras personagens: loucos, pobres, criminosos, judeus.[6] Mas os leprosos abriram o caminho. Até então, apesar do medo de contágio, que inspirava complexos rituais de separação (*De leproso amovendo*), os leprosos viviam em instituições de tipo hospitalar, quase sempre administradas por religiosos, bastante abertas para o exterior, nas quais se entrava voluntariamente. Na França, a partir daquele momento, passaram a ser segregados em caráter perpétuo em lugares fechados.[7]

2. A ocasião para essa mudança dramática se oferecera, como vimos, pela providencial descoberta da conjuração. Mas sobre esta outras crônicas apresentam uma versão diferente.

Um cronista anônimo que escrevia naqueles anos (sua narrativa termina em 1328) repetiu a versão habitual, cuja origem afirmou ignorar, da tentativa de envenenamento das fontes e dos poços levada a cabo pelos leprosos. Acrescentou novos detalhes acerca da divisão de poderes que eles haviam projetado (um deveria tornar-se rei da França; outro, rei da Inglaterra; e outro ainda, conde de Blois), mas introduziu um elemento novo. "Dizia-se", escreveu, "que nesse crime os judeus seriam cúmplices dos leprosos [*consentans aux méseaux*]; por isso, muitos deles foram queimados junto com os leprosos. O populacho fazia justiça pelas próprias mãos, sem chamar nem preboste nem bailio; trancava as pessoas nas casas, junto com o gado e seus trastes, e ateava fogo."

Aqui, judeus e leprosos são apresentados como igualmente responsáveis pela conspiração. Mas trata-se de uma voz quase isolada;[8] um grupo de cronistas apresenta a terceira versão dos fatos, mais complexa que aquelas mencionadas até agora. São os anônimos continuadores das crônicas de Guillaume de Nangis e Girard de Frachet; de Giovanni da San Vittore; do autor da crônica de Saint-Denis; de Jean d'Outremeuse; do autor da *Genealogia comitum Flandriae*.[9] Exceto o último, todos remetem explicitamente a uma confissão entregue a Filipe V por Jean l'Archevêque, senhor de Parthenay. Nela um dos chefes dos leprosos declarara ter sido corrompido com dinheiro por um judeu, o qual lhe entregara veneno para ser espalhado nas fontes e nos poços. Os ingredientes eram sangue humano, urina, três ervas indefinidas, hóstia consagrada — tudo desidratado, reduzido a pó e colocado em saquinhos providos de pesos para fazê-los ir mais facilmente ao fundo. Mais dinheiro fora prometido para envolver outros leprosos na combinação. Mas sobre esta, sobre sua natureza, as versões divergiam. A mais difundida e confiável (*verior*) era, segundo a crônica à qual nos estamos referindo, a que atribuía a responsabilidade ao rei de Granada. Este, incapaz de vencer os cristãos pela força, decidira desfazer-se deles por meio da astúcia. Dirigira-se então aos judeus, oferecendo-lhes enorme quantidade de dinheiro para que engendrassem um projeto criminoso capaz de destruir a cristandade. Os judeus haviam aceitado, mas declararam não poder agir diretamente por serem demasiado suspeitos; melhor confiar a execução aos leprosos, que, por frequentarem sempre os cristãos, teriam condições de envenenar as águas sem dificuldade. Então, os judeus reuniram alguns dos chefes dos leprosos e, com a ajuda do diabo, os induziram a abjurar a fé e a triturar nas poções pestíferas a hóstia consagrada. Depois, os chefes dos leprosos convocaram quatro concílios, dos quais participaram representantes de todos os leprosários (exceto dois da Inglaterra). Por instigação dos judeus (que, por sua vez, eram inspirados pelo diabo), dirigiram este discurso aos leprosos reunidos: os cristãos vos tratam como se fôsseis gente vil e abjeta; seria preciso matar a todos ou contagiá-los com a lepra; se todos fossem iguais (*uniformes*), nenhum desprezaria o outro. Tal projeto criminoso fora acolhido com grande entusiasmo e transmitido aos judeus das várias províncias, junto com a promessa de reinos, principados e condados que se tornariam disponíveis após a morte ou o contágio dos sãos. Os judeus, diz Jean d'Outremeuse, haviam reservado para si as terras de certos príncipes; os leprosos, diz o continuador da crônica de Guillaume de Nangis, já se atribuíam títulos que acreditavam estar ao alcance da mão (um, queimado em Tours por volta do final de junho, designava-se abade do mosteiro maior). Mas a conjuração fora descoberta; os leprosos culpados, queimados; os outros, presos segundo as prescrições do édito real. Em várias partes da França, sobretudo na Aquitânia, os judeus foram mandados indiscriminadamente para a fogueira. Em Chinon, nas proximidades de Tours, cavara-se uma grande fossa, onde foram lançados e queimados 160 judeus, homens e mulheres. Muitos, diz o cronista, atiravam-se na fossa cantando, como se fossem a um casamento. Algumas viúvas jogavam ao fogo os próprios filhos, para impedir que fossem batizados e levados embora por nobres que assistiam à cena. Próximo de Vitry-le--François, quarenta judeus que haviam sido encarcerados decidiram degolar-se uns aos outros, para não cair nas mãos dos cristãos; o último sobrevivente, um jovem, tentou fugir com um embrulho que continha o dinheiro tirado dos mortos, mas quebrou uma perna, foi preso e acabou também por ser morto.

Em Paris, os judeus culpados foram queimados, e outros, exilados para sempre; os mais ricos tiveram de entregar ao fisco as próprias riquezas, num montante de 150 mil *livres*.[10] Em Flandres, os leprosos (e talvez também os judeus) foram primeiro encarcerados e depois libertados — "para desprazer de muitos", anota o cronista.[11]

3. Portanto, três versões: os leprosos, instigados pelos judeus, por sua vez induzidos pelo rei muçulmano de Granada; ou, então, os leprosos e os judeus; ou, ainda, os leprosos sozinhos. Por que essa discordância entre as crônicas? Para responder à questão, é necessário rever a cronologia e a geografia da descoberta do complô. Todo o caso surgirá com uma luz mais clara.

As primeiras notícias sobre o envenenamento das águas, logo seguidas de acusações, prisões e fogueiras, começaram no Périgord, na Quinta-feira Santa (16 de abril) de 1321.[12] Rapidamente, espalharam-se por toda a Aquitânia. No ano anterior, haviam pululado pela região os chamados "pastorzinhos", provenientes de Paris: bandos de jovens com cerca de quinze anos, descalços e malvestidos, que caminhavam empunhando a bandeira dos cruzados. Diziam pretender embarcar para a Terra Santa. Não tinham nem chefes, nem armas, nem dinheiro. Muita gente os acolhia amigavelmente e, por amor a Deus, lhes aplacava a fome. Tendo chegado à Aquitânia, "para ganhar o favor popular", afirma Bernard Gui, os pastorzinhos trataram de tentar batizar à força os judeus. Destes, os que se recusavam eram roubados ou mortos. As autoridades se preocuparam. Em Carcassone, por exemplo, intervieram em defesa dos judeus, que seriam "servos do rei". Porém, muita gente (é Giovanni da San Vittore quem escreve) aprovava as violências dos pastorzinhos dizendo que "não era bom opor-se aos fiéis em nome dos infiéis".[13]

Pois de Carcassone, provavelmente por volta de 1320 (de qualquer forma, antes de fevereiro de 1321), os cônsules da senescalia haviam enviado um protesto ao rei. Abusos e excessos de vários gêneros perturbavam a vida das cidades a eles sujeitas. Os funcionários reais, violando as prerrogativas dos tribunais locais, obrigavam as partes em causa a viajar até Paris, com grave dano e despesas, para o andamento dos processos; além disso, coagiam os comerciantes a pagar pesadas multas, acusando-os injustamente de agiotagem. Os judeus, não contentes por praticar empréstimos usurários, prostituíam e estupravam as mulheres daqueles cristãos pobres que não estivessem em condições de pagar os penhores: vilipendiavam a hóstia consagrada, recebida da mão dos leprosos e de outros cristãos; cometiam todo tipo de monstruosidade, como manifestação de desprezo por Deus e pela fé. Os cônsules solicitavam a expulsão dos judeus do reino, a fim de que os fiéis cristãos não fossem punidos por tais pecados nefandos. Além disso, denunciavam os propósitos execráveis dos leprosos, que se preparavam para espalhar a doença de que eram vítimas "com venenos, poções pestíferas e sortilégios". Para impedir a difusão do contágio, os cônsules sugeriam ao rei segregar os leprosos em construções especiais, separando os homens das mulheres. Declaravam-se prontos a prover à manutenção dos reclusos, administrando as rendas, as esmolas e as heranças pias a estes destinadas no presente e no futuro. Desse modo, concluíam, os leprosos finalmente deixariam de multiplicar-se.[14]

4. Livrar-se definitivamente do monopólio do crédito exercido pelos judeus; administrar as polpudas rendas de que dispunham os leprosários. No protesto enviado ao rei, explicitavam-se com clareza brutal os objetivos dos cônsules de Carcassone. Alguns meses antes, aqueles mesmos cônsules haviam procurado defender as comunidades judaicas dos saques e massacres executados pelos bandos de pastorzinhos. Provavelmente, não se tratara de um gesto humanitário desinteressado. Por trás da lista de lamentações transmitidas ao rei da França, é possível perceber a lúcida determinação de um segmento mercantil agressivo, desejoso de eliminar uma concorrência — a dos judeus — considerada então insuportável. Pode ser que os projetos de centralização administrativa (aliás, destinados ao fracasso) que Filipe V tentava pôr em prática justamente naqueles meses contribuíssem para intensificar essas tensões. A tentativa do governo central de enfraquecer as identidades locais alimentava, na periferia, as hostilidades contra os grupos menos protegidos.[15]

O apoio da população da Aquitânia a eventuais medidas antijudaicas era provável. Já se fez referência à simpatia com que fora acolhida a "multidão desordenada e matuta" dos pastorzinhos.[16] A terrível carestia de 1315-8 decerto exasperara a hostilidade contra os judeus que emprestavam dinheiro.[17] Em outras regiões, as tensões provocadas em todos os níveis sociais pela afirmação de uma economia monetária também tendiam, já havia tempos, a extravasar sob a forma de ódio antijudaico.[18] Em várias partes da Europa, os judeus eram acusados de envenenar os poços, de praticar homicídios rituais, de profanar a hóstia consagrada.[19]

Essa última acusação é recorrente, como vimos, no protesto feito pelos cônsules de Carcassone e das cidades circunstantes. Todavia, nesse caso eram associados, como cúmplices dos judeus, os leprosos — apresentados logo a seguir com as vestes de envenenadores. Trata-se de uma associação plena de implicações simbólicas, as quais, portanto, não podem ser reduzidas ao desejo declarado das autoridades de apropriar-se das heranças pias deixadas aos leprosos.

5. A conexão entre judeus e leprosos é antiga. Desde o primeiro século depois de Cristo, o historiador judeu Flávio Josefo polemizava em seu texto apologético *Contra Apione* com o egípcio Manetão, o qual sustentara que entre os antepassados dos judeus havia também um grupo de leprosos expulsos do Egito. Na narração perdida do assim chamado Manetão, aparentemente intrincada e contraditória, sem dúvida haviam confluído tradições antijudaicas, talvez de proveniência egípcia. No período medieval, a difusão do *Contra Apione* pôs em circulação no Ocidente essa lenda injuriosa, junto a outras também refuta-

das por Josefo (a adoração do asno, o homicídio ritual), destinadas a tornar-se parte mais ou menos durável da propaganda antijudaica.[20]

Com certeza, foi considerável a influência que essa tradição exerceu sobre a cultura erudita. Para as pessoas comuns, no entanto, muito mais importante era a tendência convergente que fizera dos judeus e leprosos, entre o século XIII e o XIV, dois grupos relegados às margens da sociedade. O concílio lateranense de 1215 prescrevera aos judeus usar sobre as roupas um círculo, geralmente em tons de amarelo, vermelho ou verde. Também os leprosos deviam usar roupas especiais: uma capa cinzenta ou (mais raro) preta; um boné e um capuz escarlates; por vezes, a matraca (*cliquette*) de madeira.[21] Tais sinais de reconhecimento estendiam-se aos *cagots*, ou "leprosos brancos" (na Bretanha, identificados com os judeus), que no senso comum só se distinguiam dos sãos pela falta dos lobos das orelhas e pelo hálito fedorento; o concílio de Nogaret (1290) decretou que levassem um distintivo vermelho no peito ou nas costas.[22] A imposição de signos distintivos para que judeus e leprosos fossem imediatamente identificáveis, decidida pelo concílio de Marciac (1330), mostra até que ponto o estigma comum da infâmia atingia a ambos os grupos. "Defende-te da amizade de um louco, de um judeu ou de um leproso", lia-se numa inscrição na porta do cemitério parisiense dos Santos Inocentes.[23]

O estigma costurado nas roupas exprimia um estranhamento profundo, sobretudo físico. Os leprosos são "fétidos"; os judeus fedem. Os leprosos difundem o contágio; os judeus contaminam as comidas.[24] Mas a repulsão que ambos inspiravam e os mantinha à distância inseria-se numa atitude mais complexa e contraditória. A tendência à marginalização atingia justamente esses grupos, pois sua condição era ambígua, limítrofe.[25] Os leprosos são objeto de horror porque a doença, entendida como símbolo carnal de pecado, desfigura-lhe os traços, quase dissolvendo sua aparência humana, mas o amor a eles demonstrado por são Francisco de Assis ou por Luís IX é apresentado como testemunho sublime de santidade.[26] Os judeus são o povo deicida, ao qual, porém, Deus decidiu revelar-se; seu livro sagrado está indissoluvelmente ligado ao dos cristãos.

Tudo isso colocava leprosos e judeus numa zona situada ao mesmo tempo no interior e no exterior da sociedade cristã. Mas, entre o final do século XIII e o princípio do século XIV, a marginalidade transformou-se em segregação. Em toda a Europa, surgiam pouco a pouco os guetos; no começo, eram desejados pelas próprias comunidades judaicas para defender-se das incursões hostis.[27] Em 1321, com impressionante paralelismo, também os leprosos foram postos em reclusão.

6. *A posteriori*, a associação de leprosos e judeus na imagem do complô parece quase inevitável. Contudo, tal vínculo tardou a cristalizar-se. É verdade que no protesto dos cônsules da senescalia de Carcassone os leprosos eram acusados, junto com outros cristãos não bem especificados, de dar as hóstias aos judeus, para que estes as profanassem; mas de uma participação dos judeus nos projetos dos leprosos, destinados a difundir seu mal com venenos e sortilégios, não se fazia referência. É um silêncio ainda mais surpreendente porque, cerca de um século e meio antes, a acusação de envenenar as águas fora lançada várias vezes, numa lenta marcha de oriente para ocidente, justamente contra os judeus.[28] A própria data da descoberta da conspiração — a Semana Santa, período tradicional de massacres judaicos — parecia convidar a incriminar os judeus como autores da trama. Mas, ao contrário, a cólera da população e a repressão das autoridades dirigiram-se para outro lado.

Em 16 de abril de 1321, Quinta-feira Santa, o prefeito de Périgueux mandou reunir num único lugar, separando homens de mulheres, os doentes alojados nos leprosários das redondezas. As primeiras informações sobre o envenenamento de poços e fontes — disseminadas por quem, não o sabemos — evidentemente já circulavam. Os leprosos foram interrogados e, sem dúvida, torturados. Os processos se concluíram com uma fogueira geral (27 de abril). Representantes da cidade de Périgueux partiram de Tours, no dia 3 de maio, para informar ao rei o que

ocorrera.[29] Mas, desde o dia da Páscoa, também em Isle-sur-
-Tarn começara uma investigação sobre os envenenadores. Os
interrogatórios eram conduzidos por um grupo de cidadãos de
Toulouse, Montauban e Albi. Leprosos e *cagots* dos leprosários
de Isle-sur-Tarn, Castelnau de Montmirail, Gaillac, Montauban e outros lugares foram acusados de espalhar veneno e sortilégios (*fachilas*), interrogados e torturados.[30] Nesse caso, des-
conhecemos a conclusão dos processos. Entretanto, graças ao
registro de Caen, sabemos que entre maio e junho os leprosos
das dioceses de Toulouse, Albi, Rodez, Cahors, Agen, Périgueux e Limoges, bem como de várias outras regiões da França, foram todos mandados para a fogueira, "exceção feita a
umas poucas mulheres grávidas e crianças incapazes de fazer o
mal".[31] Declaração certamente estereotipada e enfática, mas
talvez não muito distante da verdade, a julgar por um caso como o de Uzerche, na diocese de Limoges. Ali, os processos,
iniciados em 13 de maio, terminaram em 16 de junho com a
morte de 44 pessoas entre homens e mulheres — três quartos
dos leprosos do lugar. As mães, escreve o cronista, arranca-
vam os recém-nascidos dos berços e os levavam consigo ao fogo, protegendo-os das chamas com o corpo.[32]

De Carcassone, a notícia do iminente complô dos leprosos se difundira. Por toda a parte, os culpados eram descobertos e punidos. Suas confissões alimentavam a perseguição. A
notícia queimava como uma mecha, dominando a França até
chegar ao rei.

7. Mas não eram apenas as autoridades seculares que se
moviam. Jacques Fournier, bispo de Pamiers (mais tarde papa
Benedito XII), confia a Marc Rivel, seu representante, a missão
de investigar os venenos e os pós maléficos (*super pocionibus
sive factilliis*) espalhados pelos leprosos de língua occitânica
[*langued'oc*]. Pamiers fica muito perto do epicentro da iniciati-
va, Carcassone, de onde os cônsules da senescalia haviam lançado o alarme a propósito dos *venenis et potionibus pestiferis et
sortilegiis* com os quais os leprosos se preparavam para difundir

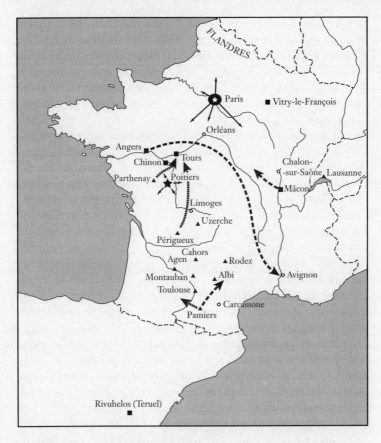

▲ Localidades em que a responsabilidade pelo complô é atribuída aos leprosos.
■ Localidades em que a responsabilidade pelo complô é atribuída aos judeus.
★ Édito de Filipe v contra os leprosos (Poitiers, 21 de junho de 1321).
✪ Édito de Filipe v contra os judeus (Paris, 26 de julho de 1321).
······▶ Tentativas de dirigir a repressão contra os leprosos.
− −▶ Tentativas de dirigir a repressão contra os judeus.

Mapa 1
1321: o complô dos leprosos e dos judeus.

o malefício. Em Pamiers, no dia 4 de junho, comparece como acusado perante Rivel o clérigo Guillaume Agassa, responsável (*comendator*) pelo vizinho leprosário de Lestang. O processo contra Agassa, que chegou até nós integralmente, dá uma ideia do que foram as centenas de processos, perdidos ou ainda não encontrados, promovidos em toda a França contra os leprosos naquele verão de 1321.[33]

Agassa logo se mostra arrependido; declara querer contribuir para que os culpados sejam punidos; começa a confessar. No ano anterior, em 25 de novembro de 1320, dois leprosos, Guillaume Normanh e Fertand Spanhol, entraram em acordo com ele para ir a Toulouse conseguir os venenos. De volta a Lestang, declararam-lhe ter posto os venenos nos poços, fontes e cursos d'água de Pamiers, para difundir a lepra ou a morte. Em outros lugares, disseram a ele, os leprosos haviam feito o mesmo.

Passada uma semana, o processo recomeça. Dessa vez, as confissões são muito mais detalhadas. "Espontaneamente, e não por ter sido ameaçado de tortura" (são palavras do tabelião), Agassa conta que no ano anterior se apresentara a ele um jovem desconhecido com uma carta do responsável por outro leprosário, o da porta Arnaud-Bernard de Toulouse. Convidava-o a ir a Toulouse no domingo seguinte, para discutir coisas que lhe trariam vantagens e honras. Na data estabelecida, encontraram-se cerca de quarenta pessoas, entre leprosos e responsáveis pelos leprosários de Toulouse e arredores. Todos haviam recebido cartas semelhantes à que fora entregue a Agassa. A pessoa que convocara a reunião (Agassa ignorava seu nome) dissera: "Vejam como os cristãos com saúde desprezam a nós, doentes, como nos mantêm apartados, riem de nós, nos odeiam, nos maldizem". Os chefes dos leprosários de toda a cristandade, prosseguira, deveriam induzir os doentes a administrar venenos, encantos e pós maléficos aos cristãos sadios, de modo a matá-los todos ou transmitir-lhes a lepra. Assim, os doentes e seus chefes teriam o governo e a administração, quem sabe até a propriedade das terras dos sãos. Para obter tudo isso, deveriam aceitar o rei de Granada como protetor e defensor — papel que esse rei se empenhara em assumir depois de um encontro com alguns dos chefes dos leprosos. Terminado o discurso, com o auxílio de alguns médicos foram preparados os venenos que seriam colocados nas águas dos poços, das fontes e dos rios de toda a cristandade. Todos os presentes ao encontro receberam uma sacola de couro ou de pano, contendo o veneno a ser distribuído na própria região. Por dois dias consecutivos, domingo e segunda-feira, discutiram. No final, todos se declararam de acordo e juraram levar a cabo a missão que lhes fora confiada. Depois, o grupo se dissolvera.

A essa altura, Agassa, que no primeiro interrogatório negara ter posto diretamente o veneno, indica os lugares em que jogara os pós; descreve minuciosamente o modo pelo qual amarrara o pequeno saco às pedras para que a água não o levasse embora; dá o nome de outros cúmplices que também haviam participado do encontro. Alguns dias depois, é reconduzido perante os juízes. Entre eles, está Jacques Fournier, bispo de Pamiers. Com sua presença em vestes de inquisidor, o processo deixa de ser, como até então, um processo criminal comum. Agassa declara ter feito a primeira confissão "logo depois de haver sido submetido à tortura" (nas atas precedentes, não há nenhuma indicação do gênero) e tê-la repetido sem ser torturado. Confirma a veracidade de tudo o que dissera até aquele momento. Depois, durante mais um interrogatório, repete a descrição do encontro de Toulouse, acrescentando muitos detalhes novos. Voltara-lhe à mente o nome — Jourdain — de quem o convocara. Ao discurso que este teria pronunciado, comparece, junto ao rei de Granada, também o sultão da Babilônia. Além disso, as promessas se tinham tornado precisas: todo chefe de leprosário se tornaria senhor da localidade correspondente. Em troca, os soberanos sarracenos haviam imposto uma condição que não fora mencionada na confissão precedente e que, por si só, justificava a transferência da causa para um tribunal inquisitorial. Os chefes dos leprosários deveriam "abjurar a fé em Cristo e sua lei e receber um pó contido numa panela em que havia hóstia consagrada misturada com serpentes, sapos, lagartixas, lagartos verdes, morcegos, excremento humano e outras coisas", preparada em Bordeaux por ordem do rei de Granada e do sultão da Babilônia. Se alguém se recusasse a renegar a fé em Cristo, seria decapitado por "um homem alto e moreno, com uma couraça e um elmo na cabeça, armado de cimitarra", que assistia à reunião. Jourdain dissera que no próximo encontro compareceriam, além dos chefes de todos os leprosários da cristandade, também o rei de Granada e o sultão da Babilônia. Na presença desses soberanos, todos teriam de cuspir na hóstia e na cruz e pisá-las — tal era o compromisso assumido pelo chefe do leprosário de Bordeaux, que mantinha os contatos com os sarracenos, para obter o apoio destes. Alguns dos sarracenos presentes ao encontro se comprometeram a transmitir tudo aos respectivos soberanos. Jourdain havia dito que o rei de Granada e o sultão da Babilônia visavam apoderar-se de todos os domínios dos cristãos, quando estes tivessem sido mortos ou contagiados pela lepra.

Com minúcias, Agassa descreve o veneno, a panela que o continha, a maneira como fora espalhado nas fontes e nos poços, as localidades em que o jogara. Dessa vez, sustenta ter agido sozinho. Isenta de culpa Guillaume Normanh e Fertand Spanhol, citados no primeiro interrogatório, dizendo tê-los acusado falsamente. Do mesmo modo, absolve o chefe do leprosário de Savardun, "já queimado", e o dos leprosários de Unzent e de Pujols, mencionados entre os participantes do convênio de Toulouse, declarando-os inocentes. Sobre si mesmo, declara, respondendo a uma pergunta dos juízes, ter abjurado a fé em Cristo e sua lei pensando "que não valiam nada". Permanece três meses nessa situação.

Em 20 de maio, perante o bispo Fournier e alguns frades dominicanos, Agassa confirma ter dito a verdade. Declara-se arrependido dos crimes praticados e disposto a aceitar as penitências que lhe serão impostas. Como seria óbvio num processo inquisitorial, abjura apenas os crimes cometidos contra a fé: a apostasia, o ultraje à hóstia e à cruz, toda a heresia e blasfêmia. Não se menciona mais o envenenamento das águas. Um ano depois, em 8 de julho de 1322, é condenado à prisão perpétua entre paredes estreitas (*in muro stricto in vinculis seu conpedibus*) junto com um grupo de homens e mulheres que seguiam as doutrinas heréticas dos beguinos.[34]

8. Nesse processo, é claro que a tortura e as ameaças tiveram peso decisivo. Agassa foi submetido à tortura antes mesmo do início dos interrogatórios.[35] Mas os primeiros resultados são decepcionantes. Agassa denuncia uma dupla de cúmplices, traça as linhas gerais do complô mas não demonstra grande imaginação. Depois, evidentemente sob a pressão dos juízes, emergem pouco a pouco novos detalhes: a assembleia dos leprosos, as promessas do rei de Granada e do sultão da Babilônia. Por fim, com o terceiro interrogatório, o quadro se completa. Agassa admite ter abjurado a fé, pisado a cruz, profanado a hóstia consagrada sob o olhar ameaçador do mouro armado de cimitarra. Para convencê-lo a fazer tais confissões, os juízes provavelmente se comprometeram a salvar-lhe a vida. Por isso, antes do final do processo, Agassa nega o que admitira de início, quando envolvera pessoas inocentes ou pelo menos a memória destas (um já morrera na fogueira).

No curso do processo, muda-se a versão de Agassa para que coincida aos poucos com a dos juízes, preexistente. Se a confrontarmos com as versões postas em circulação pelas crônicas contemporâneas, veremos que ela é um compromisso entre a mais simples, que atribuía a conspiração apenas aos leprosos, e a mais complexa, segundo a qual os leprosos haviam sido instigados pelos judeus, por sua vez induzidos pelo rei de Granada. Nas confissões de Agassa, encontramos este último acompanhado pelo sultão da Babilônia; encontramos os leprosos, naturalmente; faltam, uma vez mais, os judeus.

Em nível prático, a presença ou a ausência dos judeus nas várias versões do complô era decisiva. À semelhança dos leprosos, os judeus podiam ser apontados pela população como culpados, processados e mandados para a fogueira ou, então, massacrados sem processo. Os reis sarracenos, distantes e inalcançáveis, eram elemento secundário, operando só num plano simbólico. A esse respeito, pode-se notar que entre os juízes que em 8 de julho de 1322 pronunciaram a sentença contra Agassa estava também o inquisidor Bernard Gui. É verossímil que nessa ocasião ele tenha lido os autos do processo. Não sabemos se naquele momento Gui já teria redigido a narração do complô de 1321, com a qual terminam, numa parte da tradição manuscrita, suas *Flores chronicarum*. Em todo o caso, nem àquela altura nem depois ele sentiu necessidade de incluir uma referência aos reis sarracenos mencionados por Agassa, embora reproduzisse as confissões em alguns pontos essenciais: as reuniões secretas, durante dois anos, dos chefes leprosos; a divisão antecipada do domínio sobre cidades e campos; o envenenamento das águas. Da mesma forma que Agassa, Bernard Gui não fazia referência à participação dos judeus.[36]

9. Também no feroz édito real promulgado em 21 de junho em Poitiers, só os leprosos eram apontados como responsáveis pela trama. À primeira vista, isso é surpreendente, uma vez que desde 11 de junho explodiram tumultos em Tours, seguidos de prisões, contra os judeus considerados cúmplices dos leprosos envenenadores.[37] Não longe de Tours, em Chinon, talvez nos mesmos dias, teve lugar o massacre recordado pelas crônicas, atingindo 160 judeus enviados à fogueira e depois sepultados numa fossa comum. As autoridades, com métodos presumivelmente análogos aos utilizados no caso de Agassa, tiveram pressa em arrancar as provas da culpa dos judeus. Como foi dito, essa culpa teria sido revelada pela confissão de um dos chefes dos leprosos, encarcerado e processado nos domínios de Jean l'Archevêque, senhor de Parthenay.[38] Este enviou o documento, devidamente lacrado, ao rei, o qual se encontrava nas proximidades, em Poitiers. Ali, em 14 de junho, ocorreu uma assembleia de representantes de cidades da França centro-meridional para discutir um vasto programa de reformas administrativas. A reunião teria durado nove dias; em 19 de junho, informa uma crônica parisiense, a responsabilidade dos judeus foi comunicada ao rei.[39] Se essa notícia é exata, por que o rei, no édito emanado dois dias depois, acusou só os leprosos?

A explicação para esse silêncio deve ser procurada, com grande margem de acerto, num evento ocorrido imediatamente antes. Em 14 ou 15 de junho, as comunidades judaicas do reino da França haviam sido condenadas a pagar, pelos crimes de usura cometidos, uma multa exorbitante: 150 mil *livres tournois*, a serem rateados segundo as disponibilidades financeiras de cada uma.[40] Perante a explosão (devidamente orquestrada do alto) da cólera popular, os representantes das comunidades trataram de evitar o pior cedendo às exigências de dinheiro feitas por Filipe V.[41] Trata-se de uma reconstrução conjectural, pois dessa negociação não existem, como é óbvio, provas documentais diretas — mas há um vestígio indireto.

10. Trata-se de uma longa carta que Filipe de Valois, conde de Anjou (mais tarde rei da França, com o nome de Filipe VI), fez chegar às mãos do papa João XXII. Depois de ser lida pelos cardeais reunidos num consistório em Avignon — cidade que então fazia parte dos domínios feudais dos Anjou —, o papa inseriu-a numa carta pontifícia que exortava os cristãos à cruzada.[42] Foi assim que a missiva chegou até nós.

Eis o que Filipe de Valois escrevera. Na sexta-feira depois da festa de são João Batista (isto é, 26 de junho), ocorrera nos condados de Anjou e Touraine um eclipse do sol.[43] Durante o dia, por quatro horas, o sol aparecera inflamado e vermelho como o sangue; durante a noite, a lua fora vista coberta de manchas e negra como um saco de crina. Essas ocorrências pontuais (estava implícita no texto a remissão ao *Apocalipse* 6, 12-3) fizeram pensar que o fim do mundo estava próximo. Houve terremotos; bolas de fogo haviam caído do céu, incendiando os tetos de palha das casas; um dragão terrível aparecera no ar, matando muita gente com seu bafo pestilento. No dia seguinte, as pessoas começaram a atacar os judeus por causa das maldades cometidas contra os cristãos. Durante buscas na casa de um judeu chamado Bananias, encontrou-se num quarto isolado, dentro de um escrínio no qual ele guardava dinheiro e segredos, uma pele de bode escrita dos dois lados em caracteres hebraicos, lacrada. O cordão do sigilo era de seda púrpura. O sigilo, de ouro puríssimo, com peso de dezenove florins florentinos, era um crucifixo esculpido com grande arte, representando um judeu ou sarraceno monstruoso sobre uma escada apoiada à cruz, no ato de cagar sobre a doce face do Salvador. Isso chamara a atenção sobre a escrita: dois judeus convertidos haviam traduzido o conteúdo. Nesse ponto, Bananias, junto com outros seis correligionários capazes de ler bem o hebraico, foram presos e submetidos a torturas. A interpretação que deram para o texto era mais ou menos a mesma (*satis sufficienter unum et idem dicebant, vel quasi similia loquebantur*). Três teólogos cristãos traduziram-no para o latim, com toda a diligência possível. Dessa tradução, Filipe de Anjou apresentava o texto integral.

Era uma carta, dirigida ao glorioso e potentíssimo Amicedich, rei de 31 domínios (Jericó, Jerusalém, Hebron etc.); a Zabim, sultão de Azor; a sua magnificência, Jodab de Abdon e Semeren, e a seus vice-reis e assessores. A todos eles, Bananias, com todo o povo de Israel, declarava sujeição e obediência, prosternando-se. Várias vezes, desde o ano 6294 da criação do mundo, sua majestade, o rei de Jerusalém, dignara-se (servindo-se de seu intermediário, o vice-rei de Granada) a firmar um pacto perpétuo com o povo judeu, enviando-lhe uma mensagem. Nesta, dizia-se que Enoque e Elias haviam aparecido aos sarracenos no monte Tabor, para ensinar-lhes a lei hebraica; numa fossa do vale do Sinai, fora encontrada a arca perdida do Velho Testamento, a seguir conduzida com grande júbilo por infantes e cavaleiros à cidade de Ay; dentro da arca, foram descobertos o maná enviado por Deus no deserto, ainda íntegro, junto aos bastões de Moisés e Arão e às tábuas da Lei esculpidas com o próprio dedo de Deus; diante desse milagre, todos os sarracenos declararam querer a circuncisão, convertendo-se à fé do Deus hebraico. A estes seriam restituídas Jerusalém, Jericó e Ay, sede da arca; em troca, porém, os judeus deveriam entregar aos sarracenos o reino da França e a ilustre cidade de Paris. Tendo o vice-rei de Granada conhecido tal exigência, continuava Bananias, nós, judeus, concebemos um estratagema muito astuto: nos poços, nas fontes, nas cisternas e nos rios, derramar pós confeccionados com ervas amargas e sangue de répteis venenosos, para exterminar os cristãos, fazendo-nos ajudar nessa empreitada pelos leprosos, que havíamos corrompido com ingentes somas de dinheiro. Mas os pobres, infelizes leprosos comportaram-se ingenuamente (*se simplices habuerunt*); primeiro, acusaram a nós, judeus; depois, enganados por outros cristãos, confessaram tudo. Exultamos com a matança dos leprosos e o envenenamento dos cristãos saudáveis, pois as divisões conduzem à destruição dos reinos. Quanto ao martírio que sofremos pela acusações dos leprosos, nós o suportamos com paciência por amor a Deus, que nos pagará cem vezes no futuro. Decerto teríamos sido exterminados, caso nossas grandes riquezas não tivessem tornado os cristão tão ávidos em pedir-nos um resgate, como sabeis pelo vice-rei de Granada (*et procul dubio credimus depopulati fuisse, nisi grandis noster thesaurus corda eorum in avaritia obdurasset: unde aurum et argentum nostrum et vestrum nos redemit, prout valetis scire ista omnia per praedictum subregem vestrum de Granada*). Agora, mandem-nos ouro e prata; os venenos não atingiram plenamente o efeito desejado, mas esperamos fazer melhor de outra vez, passado certo tempo. Assim, podereis superar o mar, chegando ao porto de Granada, estender seus domínios às terras dos cristãos e apossar-se do trono de Paris; e teremos a posse da terra dos antepassados que nos foi prometida por Deus e viveremos todos juntos sob uma única lei e um único Deus. Não existirão mais dores, nem haverá mais opressão eterna, segundo as palavras de Salomão e de Davi. Para os cristãos, tornar-se-á verdadeira a profecia de Oseias: "o coração deles está dividido, e por isso perecerão" (*Oseias*, 10). Bananias concluía advertindo que o documento seria confiado, para fazê-lo chegar ao Oriente, a Sadoch, grande sacerdote dos judeus, e Leão, especialista da Lei, que pessoalmente poderia explicá-lo melhor.

11. Segundo o calendário hebraico, corria o ano de 5081. A data inserida na carta de Bananias — o ano 6294 da criação do mundo — devia-se a um descuido? Ou se tratava de um erro deliberado, introduzido pelos judeus envolvidos à força na elaboração da carta, com o objetivo de indicar aos correligionários a falsidade do documento?[44] Nunca saberemos. Filipe de Anjou entregou ao papa a carta de Bananias e comunicou a intenção (não materializada) de partir para a cruzada.[45] A ele e a todos que o seguissem João XXII concedeu a absolvição de rito. Naquele momento, por causa do avanço muçulmano que ameaçava Chipre e a Armênia, desaparecera a indiferença que o papa antes havia demonstrado pela cruzada.[46] Daí, possivelmente, a decisão não só de avalizar mas também de difundir um documento que provava como os muçulmanos, com a cumplicidade dos judeus, visavam até mesmo ao trono da França. Em relação às comunidades judaicas, João XXII manifestara benevolência inclusive em passado recente, intervindo a favor delas contra os bandos de pastorzinhos; mas a prova da cumplicidade dos judeus com os leprosos, transmitida por Filipe de Valois, talvez lhe tenha parecido irrefutável. É impossível determinar quanto pesou nisso tudo a gratidão que o papa devia a Filipe, o qual conduzira um ano antes, na Itália, uma desastrada expedição contra os guibelinos.[47] O certo é que em 1322, após uma mudança brusca (e até aqui não explicada), João XXII expulsou os judeus de seus domínios.[48]

A proveniência de uma falsificação tão complexa e elaborada como a carta de Bananias nos é desconhecida. Trata-se de um documento que espelha preocupações muito diferentes daquelas decifráveis nas confissões extorquidas a Agassa no processo iniciado em Pamiers, cerca de um mês antes. O prolongamento em retrocesso da cadeia evocada a fim de explicar o complô (leprosos-judeus-vice-rei de Granada-rei de Jerusalém etc.) servia para chamar a atenção sobre os intermediários mais próximos. A culpa dos leprosos era considerada um fato consumado, que foi superado pela sequência dos eventos. Procurava-se alimentar outra onda de perseguições contra os judeus, dirigindo-se ao papa para encobrir as hesitações do rei. Essas hesitações eram censuradas de modo indireto, pela referência de Bananias (ou melhor, de quem escrevia em seu nome) à avidez dos cristãos que preferiram cobrar um resgate dos judeus a exterminá-los.

12. Provavelmente, remonta ao mesmo período a fabricação de outras provas da participação dos judeus no complô: duas cartas em pergaminho escritas por uma única mão e guarnecidas com um sigilo, ambas em francês, seguidas de um apêndice em latim.[49] A primeira, do rei de Granada, é dirigida a "Sansão, filho de Helias, judeu"; a segunda, do rei de Túnis, "a meus irmãos e a seus filhos". O rei de Granada declarava ter recebido a notícia de que Sansão pagara os leprosos com o dinheiro que lhe fora entregue; recomendava pagá-los bem, visto que pelo menos 115 deles haviam jurado fazer o que deviam. Impunha que pegassem os venenos já enviados e os depositassem nas cisternas, nos poços e nas fontes. Se os pós não fossem suficientes, mandaria mais. "Prometemos entregar-lhes a Terra Prometida", escrevia, "e sobre isso serão informados." Expedia "mais uma coisa, que lançarão na água de que bebe e de que se serve o rei". Não deviam pensar nas despesas — insistia — com todos os que se haviam comprometido a executar a tarefa, mas era preciso levá-la logo a cabo. A carta devia ser mostrada ao judeu Arão; o rei de Granada concluía recomendando que permanecessem unidos na operação.

O rei de Túnis era mais expedito.

Tratai de fazer bem o negócio que conheceis, pois vos darei ouro e prata suficientes para os gastos; se quiserdes entregar-me os filhos, cuidarei deles como se fossem carne de minha carne. Como sabeis, o acordo entre nós, os judeus e os doentes teve lugar há pouco tempo, no dia da Páscoa. Procurai envenenar no menor prazo possível os cristãos, sem pensar nas despesas. Como sabeis, o sacro juramento foi presenciado por 75 pessoas, entre judeus e doentes. Saudamos a vós e a seus irmãos, pois somos irmãos pela mesma lei. Cumprimentamos pequenos e grandes.

As duas cartas eram acompanhadas, como foi dito, por uma declaração em latim, datada de Mâcon, 2 de julho de 1321, em que o médico Pierre *de Aura* jurava, na presença do bailio local, François *de Aveneriis*, do juiz Pierre Majorel e de vários clérigos e tabeliães, ter traduzido fielmente os textos do árabe para o francês. Seguiam-se as assinaturas dos tabeliães acompanhadas do carimbo cartorial, que garantiam a autenticidade do ato.

O original autenticado dessa dupla falsificação não se encontra em Mâcon, mas sim em Paris. Em meados do século XVII, era conservado no Trésor des Charles; hoje, figura entre os tesouros dos Archives Nationales.[50] É muito provável que Paris fosse sua destinação originária: o ameaçador convite do rei de Granada ao judeu Sansão para que despejasse uma substância não bem definida "na água de que bebe e de que se serve o rei" devia chegar necessariamente às mãos deste último. Em resumo, de vários lados pressionava-se Filipe V para que tomasse posição, denunciando publicamente a participação dos judeus no complô.

13. Essa denúncia chegou afinal. Filipe V enviou aos provedores e bailios uma carta em que declarava enfaticamente ter "feito capturar todos os judeus de nosso reino" por causa dos crimes horrendos que cometeram, de modo especial sua "participação e cumplicidade nos encontros e conspirações realizadas nos últimos tempos pelos leprosos para pôr venenos mortais nos poços, fontes e outros lugares [...] a fim de matar o povo e os súditos de nosso reino". Com tal objetivo, os judeus haviam providenciado os referidos venenos, distribuindo também grandes somas em dinheiro. Portanto, era preciso interrogá-los sem demora, tanto aos homens quanto às mulheres, para descobrir os responsáveis pelo malefício e puni-los conforme a lei. Só os suspeitos que fossem mais perigosos e os que tivessem sido denunciados por outros judeus ou leprosos deviam ser submetidos à tortura; quem se declarasse inocente seria preservado. Por outro lado, deviam ser requisitados todos os bens que os judeus mantinham escondidos, evitando deixar-se enganar como o foram os precedentes reis da França: os condenados à morte seriam abordados por quatro cidadãos de bem (*bourgeois prudhommes*), que procurariam por todos os meios possíveis recuperar os bens citados.[51]

A carta estava datada de Paris, 26 de julho; em 6 de agosto, foi transmitida ao provedor de Carcassone — aquele que, junto com os colegas das cidades vizinhas, acendera, com a mensagem enviada ao rei meses antes, a centelha destinada a fazer andar a conspiração. Assim, fechava-se o círculo. Outras cópias da carta regia foram expedidas, entre outros, aos provedores do Poitou e de Limoges, ao de Toulouse, aos bailios da Normandia, de Amiens, de Orléans, de Tours e de Mâcon e ao preboste de Paris.

14. Portanto, a soma de 150 mil *livres tournois* que Filipe V extorquira aos judeus em meados de junho, como preço de seu silêncio, servira para evitar a perseguição apenas por poucas semanas. No máximo, servira a que se inserisse na carta régia o pedido às autoridades para não praticar a tortura de forma indiscriminada. Um escárnio trágico, destinado a repetir-se muitas vezes (também em nossos tempos). Os processos, seguidos de fogueira, contra os judeus réus confessos de cumplicidade com os leprosos prosseguiram, paralelamente à cobrança da enorme multa (depois reduzida para 100 mil *livres*) por outros dois anos. Na primavera ou no verão de 1323 (antes de 27 de agosto), o sucessor de Filipe V, Carlos IV, expulsou os judeus do reino da França.[52]

15. Segregação dos leprosos e expulsão dos judeus era o que haviam pedido os provedores de Carcassone e das cidades circunstantes na mensagem enviada a Filipe V entre o final de 1320 e o princípio de 1321. Pouco mais de dois anos depois, ambos os resultados tinham sido alcançados, graças à intervenção do rei, do papa, de Filipe de Valois (futuro rei da França), de Jacques Fournier (futuro pontífice), de Jean l'Archevêque, senhor de Parthenay, de inquisidores, juízes, tabeliães, autoridades políticas locais — e, naturalmente, das multidões anônimas que massacravam leprosos e judeus, "sem esperar", como escrevia o cronista, "nem preboste nem bailio". Cada um fizera a própria parte: quem fabricara as provas falsas do complô e quem as difundira; quem incitara e quem fora açulado; quem julgara, quem fora torturado, quem matara (quer segundo os rituais previstos pela lei, quer não). Perante a congruência entre o ponto de partida e o de chegada dessa rapidíssima série de eventos, parece inevitável concluir que não um mas dois complôs se verificaram na França entre a primavera e o verão de 1321. A onda de violências contra os leprosos, desencadeada pela primeira conspiração, espalhou-se pelo Sul e pelo Sudoeste, com uma ramificação para leste, na zona de Lausanne.[53] A outra agitação, pouco posterior, suscitada pelo complô contra os judeus, atingiu sobretudo o Norte e o Nordeste.[54] Em algumas localidades, entretanto, é provável que a perseguição tenha atingido de modo indiscriminado tanto uns quanto outros.[55]

Ao falar de complô, não se pretende simplificar indevidamente um enredo causal complexo. Pode até ter acontecido que as primeiras acusações tenham nascido de forma espontânea, vindo de baixo. Mas, por um lado, a rapidez com que a repressão se difundiu, numa época em que as notícias viajavam a pé, no dorso de mulas, no máximo a cavalo, e, por outro, a ramificação geográfica do presumível epicentro de Carcassone (cf. mapa 1, p. 59) revelam a intervenção de ações deliberadas e coordenadas, visando orientar em direção predeterminada uma série de tensões que já estavam em curso.[56] Complô significa isso e nada mais. Supor a existência de uma única central coordenadora, composta de uma ou mais pessoas, seria sem dúvida absurdo; de qualquer modo, tal hipótese é desmentida pelo emergir tardio e contrastado da acusação contra os judeus. Igualmente absurdo seria supor que todos os atores da encenação (excluídas as vítimas) agissem de má-fé. Na realidade, nesse contexto, a má-fé acaba por ser irrelevante — além de inverificável. O uso da tortura nos processos, para arrancar uma versão já preparada, ou a produção de falsificações com escopos mais ou menos piedosos são (então como hoje) operações que é possível realizar também com perfeita boa-fé, tendo a convicção de certificar uma verdade sobre a qual, desgraçadamente, faltam as provas. Aqueles que ordenaram, solicitaram ou fabricaram as provas da presumível conjuração — dos saquinhos cheios de ervas venenosas às confissões falsas e cartas apócrifas — podiam também estar convencidos da culpa de leprosos e judeus. Que se tratava da maior parte da população parece mais que provável. Quanto às autoridades (o rei da França, o papa etc.), não saberemos nunca até que ponto acreditavam na inocência daqueles que perseguiam. Mas sua intervenção foi decisiva. Seria uma mistificação descrever toda a montagem como a uma obscura convulsão na mentalidade coletiva que atingiu todos os estratos da sociedade. Sob a aparente unanimidade dos comportamentos, pode-se entrever um campo de forças de intensidades diversas, ora convergentes ora conflitantes.[57]

16. Pelo menos num caso — além dos confins do reino da França, além dos Pireneus —, sabemos que a acusação lançada contra os supostos envenenadores encontrou imediata resistência. Em 29 de julho, em Rivuhelos, não longe de Teruel, foi descoberto um homem que jogava pós venenosos nas fontes. Submetido a torturas "para conhecer a verdade", esse homem (chamava-se Diego Perez) de início confessou ter recebido pós e ervas venenosas de um bretão; depois, corrigindo as declarações precedentes, acusou dois ricos judeus, Simuel Fatos e Yaco Alfayti, moradores da vizinha aldeia de Serrion. O juiz e os alcaides de Teruel logo mandaram prendê-los, suscitando a reação do bailio, que, menos de um mês depois, enviou ao rei de Aragão um relatório sobre todo o caso. Suspeitando da falta de fundamentos para a acusação contra Perez, o bailio pedira que lhe entregassem Fatos e Alfayti, baseado num direito que reservava a ele ou ao rei procedimentos contra os judeus. O conselho da cidade se opusera: Simuel Fatos fora torturado várias vezes mas nada confessara. (Não se sabe o que teria acontecido a Alfayti.) Já que Perez continuava a repetir a mesma versão, mandaram-lhe um homem vestido de padre, que fingira confessá-lo. Perez caíra na armadilha e admitira que o judeu era inocente; se continuava a acusá-lo, era só "por medo dos grandes tormentos que sofrera" e porque em troca lhe haviam garantido a fuga. Inutilmente, o bailio tentara reaver Fatos: "no conselho, havia gente com muita vontade de matar o judeu, embora não houvesse confissões nem provas contra ele". Os juízes tinham condenado Diego Perez à morte; já Simuel Fatos fora entregue à multidão, que o havia massacrado, cortado em pedaços e queimado. Apesar de tudo, repetia o bailio, o judeu "fora morto injustamente".[58]

17. As autoridades e os juízes que pressionam para que a acusação recaia sobre aqueles que já são candidatos a bode expiatório; o acusado que cede aterrorizado pela tortura; a multidão enfurecida contra os supostos culpados; tudo isso parece previsível, quase óbvio — embora documentado, nesse caso, com incomum riqueza de detalhes, graças às divergências entre os poderes públicos de Teruel. Por contraste, a resistência oposta pelo bailio faz ressaltar a disponibilidade geral de acolher imediatamente os rumores sobre a conspiração dos envenenadores. Na França, como vimos, as coisas aconteciam da mesma maneira. A versão das autoridades pôde difundir-se e afirmar-se porque todos os estratos da população estavam prontos a aceitar ou até a antecipar a culpa de leprosos e judeus.

Acusações semelhantes não eram novas. Podemos encontrá-las formuladas em crônicas desde o século precedente. Vicente de Beauvais atribuía a cruzada das crianças de 1212 a um plano diabólico do Velho da Montanha, chefe da misteriosa seita dos Assassinos, o qual prometera a liberdade a dois clérigos presos se estes conduzissem até ele todos os rapazes da França.[59] Segundo a crônica de Saint-Denis, a cruzada dos pastorzinhos de 1251 era fruto de um pacto entre o sultão da Babilônia e um húngaro professor de artes mágicas. Este (após se comprometer a levar ao sultão, por meio de encantamentos, todos os jovens da França, pelo preço de quatro bizantes de ouro por cabeça) dirigira-se à Picardie, onde fizera um sacrifício ao diabo, jogando um pó pelos ares; todos os pastorzinhos o haviam seguido, deixando os animais pelos campos. De posse de outro dos chefes da mesma cruzada (acrescentava Mateus Paris), foram encontrados pós venenosos e cartas do sultão escritas em árabe e em caldeu, as quais prometiam enormes somas de dinheiro caso a empresa tivesse êxito.[60] Talvez alguém tivesse interpretado do mesmo modo a cruzada dos pastorzinhos de 1320; certamente, no ano seguinte, o mesmo esquema ressurge não apenas nas crônicas mas nas cartas falsificadas e nas confissões extraídas sob tortura a leprosos e judeus.

Em todas essas narrativas, entrevê-se o temor suscitado pelo mundo desconhecido e ameaçador que existia além dos limites da cristandade.[61] Todo evento inquietante ou incompreensível era atribuído às maquinações dos infiéis. Na origem, há quase sempre um soberano ou chefe muçulmano, eventualmente inspirado pelo demônio: o Velho da Montanha (Vicente de Beauvais), o sultão da Babilônia (M. Paris, crônica de Saint-Denis, processo de Agassa), o rei de Jerusalém (carta de Bananias), os reis de Túnis e de Granada (processo de Agassa, cartas apócrifas de Mâcon, o continuador de Guillaume de Nangis e seus imitadores). Direta ou indiretamente, tais personagens entram em acordo com figuras isoladas ou com grupos marginais do ponto de vista geográfico ou étnico-religioso (o mestre húngaro, os judeus), prometendo-lhes dinheiro em troca da execução do complô. Este é executado materialmente por outros grupos que, em razão da idade (as crianças), da inferioridade social (os leprosos) ou de ambos os motivos (os pastorzinhos) são presa fácil de falsas miragens, como promessas de riqueza e poder. Essa cadeia causal pode ser longa ou breve — em Teruel, por exemplo, a procura das responsabilidades para nos judeus (na primeira versão, tratava-se de um bretão). Podem-se saltar algumas passagens (na confissão de Agassa, os reis muçulmanos firmam um pacto com os leprosos, ignorando os judeus). Outras podem desdobrar-se (na carta de Bananias, o rei de Jerusalém corrompe os judeus por intermédio do rei de Granada). De modo geral, porém, a corrente que descrevemos implica uma graduação de passagens que conduzem do inimigo externo ao inimigo interno, seu cúmplice e, digamos assim, sua emanação — sendo esta uma figura destinada a longo sucesso.[62] Se o primeiro era, por definição, impossível de agarrar, o segundo estava ao alcance da mão, pronto para ser massacrado, preso, torturado, queimado.

Uma série de casos rumorosos descobertos na França nas primeiras décadas do século XIV contribuiu para difundir esse medo da conspiração. Dentre as múltiplas acusações levantadas contra a ordem dos templários, estava também a de ter feito acordos secretos com os sarracenos.[63] Guichard, bispo de Troyes, e Hugues Géraud, bispo de Cahors, foram processados em 1308 e em 1317 porque acusados, respectivamente, de tentar matar com meios mágicos a rainha Joana de Navarra e o papa João XXII.[64] São casos que parecem antecipar em escala reduzida a conspiração atribuída alguns anos depois aos leprosos e judeus. Aqui, pela primeira vez se desdobraram plenamente as enormes potencialidades de purificação social encerradas no esquema da conspiração (todo complô fantasioso tende a gerar um complô real, de sinal contrário). Perante o medo de um contágio físico e metafórico, os guetos, as marcas infamantes sobre as roupas já não bastavam.[65]

18. No verão de 1321, a primeira onda da perseguição, a qual se dirigiu contra os leprosos, atingira seu ponto culminante. Em 27 de agosto, conforme o édito régio, quinze homens e mulheres, sobreviventes das fogueiras que haviam exterminado três quartos dos leprosos de Uzerche, na diocese de Limoges, foram marcados no pescoço com ferro em brasa (para que fossem reconhecidos em caso de fuga) e encerrados numa casa de propriedade do leprosário. Deveria ter sido uma reclusão perpétua; mas, depois de um mês, foram inesperadamente libertados.[66] Não fica claro de que modo essa informação se combina com aquelas que falam da persistência da prisão dos leprosos nos anos seguintes. Todavia, ela indica que as acusações formuladas no início do verão não eram mais consideradas válidas. A segunda onda da perseguição, que se abateu sobre os judeus, durou, como vimos, mais tempo; porém, pouco a pouco as referências ao envenenamento das águas inseridas nos registros da Tesouraria foram acompanhadas de uma fórmula acauteladora: "segundo se diz [*ut dicitur*]".[67] É evidente que nem mesmo as autoridades continuavam dispostas a subscrever sem reservas a versão oficial do complô.

É improvável que as acusações contra os judeus fossem retiradas de modo formal; em todo o caso, isso não impediu que fossem expulsos da França. No caso dos leprosos, as coisas correram de maneira diferente. Não sabemos se em 1325 (quando a visionária beguina Prous Boneta, processada em Carcassone como herética, comparou beguinos e leprosos mandados para a fogueira pelo papa João XXII às crianças assassinadas por ordens de Herodes)[68] a inocência dos leprosos já tinha sido oficialmente reconhecida. Mas em certo momento isso ocorreu, como se depreende de uma bula enviada pelo papa Benedito XII, em 31 de outubro de 1338, ao arcebispo de Toulouse. Os leprosos da diocese haviam se dirigido ao papa para que este apoiasse suas tentativas de reaver os bens temporais (impostos, casas, terras, vinhas, objetos sacros) confiscados pelo poder secular. O papa apoiava esses pedidos e convidava o arcebispo a fazer o mesmo, recordando que em juízo os leprosos tinham sido considerados "inocentes e inculpáveis" dos crimes dos quais foram acusados, a ponto de obter a restituição formal (depois evidentemente não levada a cabo) dos bens confiscados.[69] O papa que escrevia essas palavras era o mesmo Jacques Fournier que, menos de vinte anos antes, na qualidade de bispo e inquisidor da diocese de Pamiers, presenciara ao interrogatório no qual Agassa descrevera docilmente o complô contra a cristandade engenhado pelos leprosos reunidos.

Assim, um parêntese se fechava: leprosos mortos e vivos recebiam absolvição dos perseguidores. Para os judeus, ao contrário, tudo estava a ponto de recomeçar.

2. JUDEUS, HEREGES E BRUXAS

1. Em 1347, no final de setembro, doze galeras genovesas provenientes de Constantinopla aportaram em Messina. Em meio às mercadorias desembarcadas no cais, havia ratos portadores do bacilo da peste. Após quase seis séculos, o flagelo voltava ao Ocidente. Da Sicília, a epidemia se difundiu rapidamente, até atingir quase todo o continente.[1] Poucos eventos convulsionaram tão profundamente as sociedades europeias.

Sabe-se que, em vários lugares, procuraram atribuir aos judeus a responsabilidade pela epidemia. Igualmente conhecida é a analogia entre essas acusações e aquelas dirigidas a leprosos e judeus menos de trinta anos antes.[2] Mas, também aqui, só uma reconstrução analítica da geografia e da cronologia das perseguições faz emergir o enredo de pressões de baixo e intervenções do alto que levou a identificar nos judeus os culpados pela pestilência.

2. A primeira explosão de hostilidade contra os judeus se verificou, segundo o costume, no início da Semana Santa: na noite entre 13 e 14 de abril de 1348, Domingo de Ramos, o gueto de Toulon foi invadido; as casas, saqueadas; cerca de quarenta pessoas, entre homens, mulheres e crianças, foram massacradas enquanto dormiam. Naquele momento, a peste já grassava pela cidade. Três anos depois, os responsáveis pela matança foram anistiados: na situação de despovoamento que se seguiu à epidemia, a preocupação dominante entre as autoridades era preservar a mão de obra cancelando as eventuais pendências judiciais em curso.[3]

Os fatos de Toulon não ficaram isolados. Na muito próxima Hyères e depois em várias localidades da Provença — Riez,

Digne, Manosque, Forcalquier —, verificou-se, entre abril e maio, uma sequência de saques e de agressões, ora mais ora menos sanguinárias, contra as comunidades hebraicas. A onda atingiu o ápice em 16 de maio em La Baume, onde todos os judeus foram exterminados, com exceção de um único — Dayas Quinone, que por acaso se encontrava em Avignon.[4] No mesmo período (17 de maio), em Barcelona, um incidente banal transformou o enterro de uma vítima da peste num massacre de judeus. Nos meses seguintes, episódios semelhantes ocorreram em outros centros da Catalunha.[5]

Aquém e além dos Pireneus, encontramos fenômenos similares: explosões inesperadas de fúria popular, à qual se segue a condenação por parte das autoridades. Os soberanos (a rainha Joana na Provença, Pedro III na Catalunha) e seus representantes locais são unânimes em condenar as violências.[6] Obviamente, a peste serve de pano de fundo a essa maré de perseguições antijudaicas; mas nas localidades que citamos a difusão da epidemia não é atribuída aos judeus.

3. Em outras regiões, porém, o medo da conspiração já se manifestara, com as previsíveis consequências. É provável que já em março, quando a pestilência penetrara na Provença mas ainda não tocara a Catalunha,[7] as autoridades de Gerona tenham escrito a seus colegas de Narbone pedindo informações: a doença se propagava porque havia gente que espalhava pós e poções ou por outros motivos? A carta que continha essas perguntas perdeu-se; contudo, temos a resposta, enviada em 17 de abril por André Benezeit, vicário do visconde Aymeric, senhor de Narbone. No final da Quaresma, a peste dominava Narbone, Carcassone e os lugares vizinhos, matando cerca de um quarto dos habitantes. Em Narbone e nas redondezas, haviam sido capturados pobres e mendigos de diversas proveniências, munidos de pós que espalhavam nas águas, nas comidas e nas igrejas para difundir a morte. Alguns haviam confessado espontaneamente; outros, sob tortura. Declararam ter recebido os pós, junto com somas de dinheiro, de indiví-

duos cujos nomes ignoravam; isso fizera nascer a suspeita de que os instigadores fossem inimigos do reino da França. Em Narbone, quatro culpados confessos tinham sido torturados com ferros em brasa, esquartejados, mutilados e, por fim, queimados. Em Carcassone, haviam sido justiçados cinco; em Grasse, dois; muitos outros tinham sido aprisionados. Alguns estudiosos sustentam (prosseguia a carta) que a peste é provocada por causas naturais, ou seja, pela conjunção em curso dos dois planetas dominantes;[8] mas pensamos que os planetas e os pós contribuem para provocar a pestilência. Sabei (concluía) que a doença é contagiosa — de modo geral, os servidores, os familiares e os parentes das vítimas morrem no período de três a quatro dias.[9]

Hoje, essa conclusão pode parecer paradoxal; seria de esperar que o reconhecimento do caráter contagioso da peste levasse a excluir a intervenção dos astros ou dos agentes humanos. Na realidade, como se depreende também de outros testemunhos de médicos ou cronistas contemporâneos, as três interpretações pareciam, em princípio, perfeitamente conciliáveis, talvez distinguindo da causa da doença a sua propagação. A primeira era atribuída aos astros, à poluição do ar ou das águas ou a ambas; a segunda, ao contato físico.[10] Mas reconhecer que as águas envenenadas haviam contribuído para a origem da peste significava inevitavelmente retomar os boatos difundidos em 1321. A tese do complô era reapresentada justamente em Carcassone e nas cidades circunstantes, de onde partiram, trinta anos antes, as primeiras e nebulosas acusações contra leprosos e judeus. O esquema era o de sempre: personagens pertencentes a grupos socialmente suspeitos confessavam ter sido corrompidas com dinheiro de inimigos externos, a fim de espalhar pós venenosos capazes de difundir o contágio. Mas a identidade das personagens mudara. Os leprosos tinham desaparecido do cenário (de resto, a lepra estava desaparecendo, não só na França);[11] os reis muçulmanos foram substituídos por inimigos não nomeados, mas talvez ingleses, por causa da guerra em curso (depois chamada de Cem Anos);

no lugar dos judeus, havia outros grupos marginais — os pobres e os mendigos.

Essa versão do complô logo se propagou no rumo leste. Em 27 de abril (ou seja, dez dias depois da mensagem de André Benezeit enviada de Narbone), um anônimo escrevia de Avignon, onde a peste se manifestara desde janeiro, que certos pós tinham sido encontrados com alguns pobres (*homines* [...] *miseri*). Estes, acusados de tê-los jogado nas águas, foram condenados à morte. Outras fogueiras eram preparadas. Se as acusações são justas ou injustas, comentava o anônimo, só Deus sabe.[12] Em 1321, não houvera nenhuma epidemia (os únicos testemunhos são muito tardios para que se os tome em consideração);[13] o medo de ser contagiado pela lepra fora suficiente para desencadear a perseguição, devidamente guiada pelas autoridades. Em 1348, a peste se espalhava, as pessoas morriam como moscas. Ao identificar responsáveis humanos, criava-se a ilusão de poder fazer algo para bloquear a epidemia. Mas a realidade da doença não se prestava a ser docilmente modelada com base em esquemas preexistentes. As teorias do complô crescem melhor no terreno da imaginação.

4. Como numa reação química, os elementos dispersos que se haviam manifestado nessa primeira fase — os massacres das comunidades judaicas da Provença efetuados por multidões enfurecidas, a tese da conspiração dos mendigos lançada pelas autoridades de Narbone e Carcassone e retomada em Avignon — se encontraram e deflagraram. Isso ocorreu ainda mais a leste, no Delfinado, provavelmente na segunda metade de junho. Sabemos que, no princípio de julho, dois juízes e um tabelião munidos de cartas especiais do delfim conduziram uma investigação em Vizille, não distante de Grenoble, contra um grupo de judeus — sete homens e uma mulher — acusados publicamente (*publice diffamati*) de espalhar pós venenosos nas fontes, nos poços e nos alimentos.[14] Não sabemos como terminou o inquérito mas podemos imaginá-lo com facilidade. Outros judeus, em diversas localidades do Delfinado, foram mandados para a fogueira depois das costumeiras acusações, às quais se acrescentou, pelo menos num caso, outra (também recorrente) de homicídio ritual.[15]

A confluência de tensões provenientes de baixo e intervenção das autoridades políticas foi, como em 1321, decisiva. A partir daquele momento, é possível acompanhar o rápido difundir-se, quase por contágio, da perseguição contra os supostos envenenadores judeus, que ora segue ora antecipa (presumivelmente com a intenção de preveni-lo ou bloqueá-lo) o contágio da peste.[16] As confissões no Delfinado, obtidas sob tortura, serviram de modelo: uma cópia dos fascículos do processo é adquirida por certo tabelião pelo preço de um florim de ouro, seguindo ordem de Amadeu VI de Savoia, depois que em Chambéry a multidão investira sobre os judeus para massacrá-los.[17] Em 10 de agosto, Amadeu VI e Ludovico, senhor do Pays de Vaud, ordenaram nos respectivos domínios uma devassa contra os judeus, os quais a opinião pública considerava envenenadores.[18]

No dia 6 de julho, porém, o papa Clemente VI publicara em Avignon uma bula que condenava imediatamente, com bastante clareza, a tese da conspiração. Muitos judeus e cristãos haviam sido mortos sem culpa: a peste, declarava o papa, é fruto não de ações humanas mas de conjunturas astrais ou da vingança divina. A bula não teve nenhum efeito, tanto é que dali a alguns meses, em 16 de outubro, Clemente VI divulgou outra, ainda mais áspera, destinada apenas a proclamar a inocência dos judeus injustamente executados por cristãos ímpios e temerários. Ante a concentração sobre os judeus das acusações de difundir a peste espalhando venenos, Clemente VI recordava, de um lado, que os próprios judeus morriam de peste, como os cristãos, e, de outro, que a epidemia se propagara também em regiões onde não havia sinais de judeus.[19]

5. Mas no Delfinado e na Savoia, onde começara a onda persecutória, concentrara-se grande número de judeus expulsos da França em 1322-3.[20] É possível que nas violências popu-

lares[21] a hostilidade contra uma imigração relativamente recente exacerbasse a tradicional animosidade antijudaica. As autoridades, como vimos, haviam avalizado as violências oferecendo uma justificação legal e uma prova: as confissões dos culpados.

Em pelo menos um caso, essas confissões sobreviveram. Não se trata dos atos integrais de um processo, como aquele contra Guillaume Agassa analisado acima, mas do resumo, mandado preparar pelo castelão de Chillon, das confissões feitas entre meados de setembro e princípio de outubro de 1348 por um grupo de judeus (onze homens e uma mulher). Todos os acusados moravam em Villeneuve ou em outros centros situados às margens ou nas proximidades do lago Leman; todos haviam sido torturados; todos, após uma resistência mais ou menos longa, acabaram por admitir a própria culpa, descrevendo com grande abundância de detalhes a conspiração da qual participaram. Uma vez mais, a inspiração do complô vinha de longe: o cirurgião Balavigny, morador de Thonon, recebera o veneno de um judeu de Toledo, junto com uma carta com instruções emanadas em nome dos mestres da lei hebraica. Cartas análogas haviam sido transmitidas a outros judeus de Evian, Montreux, Vevey, St. Moritz. O comerciante de seda Agimet recebera o encargo de espalhar o veneno em Veneza, onde estivera a negócios, na Calábria e na Apúlia. Os acusados descreveram os venenos (pós negros ou vermelhos), os invólucros que os continham (saquinhos de couro ou de tecido, cones de papel), a quantidade usada (um ovo, uma noz), os lugares onde os jogaram. Mamson de Villeneuve declarou que todos os judeus de mais de sete anos participaram da ação criminosa. Mas na carta que acompanhava as confissões, enviadas às autoridades de Estrasburgo, o castelão de Chillon informava que também alguns cristãos haviam sido descobertos e punidos pelos mesmos motivos.[22]

A partir desse momento, a difusão das acusações contra os judeus e das confissões que as acompanhavam coincide com a história da difusão da peste (cf. mapa 2, p. 84). Em dezenas de

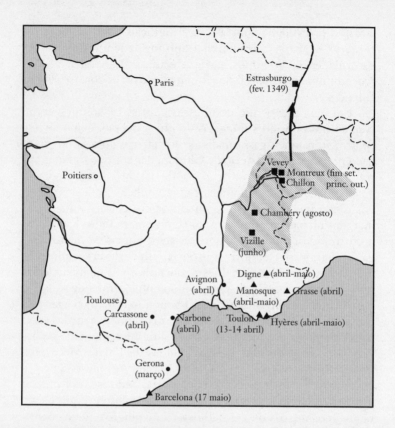

- Localidades em que indivíduos não judeus foram acusados de difundir a peste.
▲ Localidades em que se verificaram tumultos contra judeus.
■ Localidades em que judeus são acusados de difundir a peste.
▒ Zona na qual se verificam os primeiros processos centrados no sabá (segunda metade do século XIV).
→ Tentativas de orientar a perseguição dos supostos difusores da peste.

Mapa 2
1348: a identificação dos supostos responsáveis pela Peste Negra.

cidades situadas ao longo do Reno (da Basileia a Estrasburgo e Mainz) ou na Alemanha central e oriental (de Frankfurt a Erfurt e Breslau), houve fogueiras e massacres de judeus.[23] Em Estrasburgo, a oposição que parte das autoridades contrapôs às perseguições suscitou embates muito violentos. Inutilmente, o burgomestre Chonrad von Winterthur escreveu aos magistrados da cidade exortando-os a comportar-se com "razão e discrição", sem avalizar os falatórios populares. Dois mil judeus foram mortos.[24]

6. Tanto em 1321 quanto em 1348, os rumores sobre o complô cresceram a partir de Carcassone e das cidades vizinhas. Em ambos os casos, o alvo final da perseguição — os judeus — emergira numa fase posterior, substituindo-se ao inicial (os leprosos em 1321, os pobres e mendigos em 1348). A mudança de alvo coincidira com um deslocamento geográfico da perseguição, rumo ao norte e ao leste, em 1321, e ao leste, em 1348. As analogias entre as duas marés de violência são óbvias mas ocultam diferenças que não podem ser negligenciadas. Em 1321, as autoridades políticas e religiosas, embora estivessem em conflito, haviam orientado para alvos precisos — primeiro, os leprosos; depois, os judeus — as hostilidades latentes da população. Em 1348-9, os detentores do poder tinham assumido, em relação ao suposto complô, atitudes muito diferentes: alguns lhe fizeram oposição, outros cederam às pressões da massa, e outros se antecipararam a elas. Dessa vez, porém, as pressões de baixo tiveram peso muito maior. Tem-se a impressão de que, num período de trinta anos, após o intervalo de uma geração, a obsessão do complô se sedimentara na mentalidade popular. O propagar-se ou, com mais frequência, o simples aproximar-se da peste trouxera-a para a luz do dia.[25]

Cerca de meio século depois, justamente dos Alpes ocidentais, onde pela primeira vez se cristalizara em torno dos judeus a acusação de difundir a peste, partiu outra onda persecutória. Mas dessa vez o papel de vítima, que antes recaíra fugazmente sobre os judeus, coube a outros.

7. Em junho de 1409, no auge do cisma que dilacerava a Igreja do Ocidente, um concílio reunido em Pisa resolveu o litígio entre os dois papas em disputa, elegendo um terceiro, o franciscano Pietro Filargis, arcebispo de Milão, que tomou o nome de Alexandre V. No dia 4 de setembro, o novo pontífice enviou de Pisa uma bula dirigida ao franciscano Ponce Fougeyron, o qual exercia as funções de inquisidor-geral numa região muito vasta, abrangendo as dioceses de Genebra, Aosta e Tarantasia, o Delfinado, o Condado Venassino, as cidades e a diocese de Avignon. A bula, evidentemente redigida à base de informações recebidas pelo inquisidor, lamentava que nas regiões mencionadas alguns cristãos tinham, junto com pérfidos judeus, instituído e difundido de forma clandestina novos ritos e seitas proibidos, contrários à religião cristã (*nonnulli Christiani et perfidi Iudaei, infra eosdem terminos constituti, novas sectas et prohibitos ritus, eidem fidei repugnantes, inveniunt, quos saltem in occulto dogmatizant, docent, praedicant et affirmant*). Além disso, prosseguia a bula, existem nas mesmas regiões muitos cristãos e judeus que praticam bruxarias, adivinhações, invocações dos demônios, exorcismos mágicos, superstições, artes malvadas e proibidas, com as quais pervertem e corrompem muitos cristãos ingênuos; judeus conversos que de modo mais ou menos disfarçado retornam ao antigo erro, além do mais buscando difundir entre os cristãos o *Talmude* e outros livros de sua lei; enfim, cristãos e judeus que afirmam não constituir pecado o empréstimo com usura. É necessário manter a vigilância sobre os cristãos e judeus culpados desses erros, concluía o pontífice. Um mês depois, Ponce Fougeyron recebeu trezentos florins de ouro, que deviam permitir-lhe desenvolver de maneira mais adequada sua atividade inquisitorial.[26]

Nessa lista, bastante variada, figuram alguns elementos de acusação conhecidos e outros menos notórios: crenças e práticas de tipo mágico, tentativas de propaganda subterrânea a favor do judaísmo, tentativas de justificar os empréstimos com juros. Percebe-se um tecido denso de trocas culturais e sociais entre comunidades religiosas diversas, numa zona para a qual confluíram grande parte dos judeus expulsos da França e de Avignon. A essa contiguidade excessiva, com eventuais desvios de caráter sincrético, o pontífice tratava de pôr freios. Mas é evidente que o fenômeno condenado no início da bula (e por isso com particular relevo) possuía características diferentes. As não bem definidas seitas clandestinas eram consideradas "novas" e, por outro lado, estranhas à religião cristã. Como interpretar essa referência obscura?

8. Entre os incunábulos da literatura demonológica, existe um texto até agora mais citado que analisado: o *Formicarius*.[27] O dominicano alemão Johannes Nider o escreveu entre 1435 e 1437 na Basileia, aonde fora participar do concílio; parece até que teria lido algumas de suas partes aos padres reunidos, durante as pausas nos trabalhos.[28] É uma obra em forma de diálogo: às insistentes perguntas de um "preguiçoso", um teólogo responde traçando um paralelo minucioso, na tradição dos bestiários medievais, entre as virtudes e os vícios dos homens e os costumes das formigas. O quinto livro é todo ele dedicado às superstições, à magia e à feitiçaria. Para redigi-lo, Nider utilizou, além dos conselhos dos teólogos da ordem a que pertencia, as informações obtidas no decurso de longos e numerosos colóquios com dois informadores: o juiz Peter von Greyerz, castelão de Blankenburg no Simmenthal de Berna, e o inquisidor dominicano de Evian, reformador do convento de Lyon.[29] Ambos haviam conduzido muitos processos contra bruxas e feiticeiros, mandando não poucos para a fogueira. Essas fontes orais, sempre escrupulosamente indicadas, dão ao quadro traçado por Nider uma vitalidade incomum. Junto às narrativas de malefícios extraídos de Gregório Magno ou de Vicente de Beauvais, surgem testemunhos precisos, delimitáveis geográfica e temporalmente porque derivados da experiência concreta dos juízes.

Como era de esperar, Nider insiste muito na difusão dos malefícios considerados tradicionais: dos destinados a provocar a doença ou a morte aos usados para favorecer o amor. Mas em suas páginas se desenha também a imagem ainda desconhecida de uma seita de bruxas e feiticeiros, bem distinta das figuras isoladas dos invocadores de malefícios ou dos encantadores registradas na literatura penitencial ou homilética medieval. É uma imagem ainda em vias de elaboração: Nider transcreve seus elementos (em parte incertos e contraditórios) em ordem esparsa.

Por intermédio do inquisidor de Evian e do juiz Peter von Greyerz, ele soube que na região de Berna existem "maléficos" de ambos os sexos que, mais semelhantes a lobos que a homens, devoram crianças. Aliás, soube pelo inquisidor que na região de Lausanne alguns desses feiticeiros haviam cozinhado e devorado os próprios filhos; além disso, reuniram-se e evocaram um demônio, o qual surgiu em forma de homem. Quem quisesse acompanhá-lo devia jurar renunciar à fé cristã, não mais venerar a hóstia consagrada e, em todas as ocasiões possíveis, pisar às escondidas a cruz. Pouco tempo antes, Peter von Greyerz processara e mandara para a fogueira alguns feiticeiros que haviam devorado treze crianças; por meio de um desses "parricidas", soubera que era seu costume atacar os menores (desde que ainda não fossem batizados ou protegidos por orações ou crucifixos) nos berços ou nas camas ao lado dos pais. Os cadáveres das crianças mortas com cerimônias mágicas eram subtraídos dos túmulos em que estavam sepultados; os feiticeiros colocavam-nos para cozinhar numa panela, até que a carne se dissolvia, destacando-se dos ossos. A parte mais sólida era usada como unguento destinado às práticas mágicas e às metamorfoses (*nostris voluntatibus et artibus et transmutationibus*); a parte mais líquida era despejada num frasco ou odre e dada para beber, com o acréscimo de algumas cerimônias, a quem quisesse tornar-se mestre da seita. Esse último detalhe fora revelado ao juiz Peter von Greyerz por um jovem feiticeiro arrependido, pouco antes de morrer na fogueira. A cerimônia de admissão de novos adeptos acontecia na igreja, domingo, antes da consagração da água benta. Perante os mestres, o futuro discípulo renegava Cristo e a fé, o batismo e a Igreja católica; depois, rendia homenagem ao *magisterulo*, ou seja, pequeno mestre, termo com que os membros da seita designavam o demônio; por fim, bebia o líquido já referido.[30]

Alguns elementos essenciais daquilo que se tornará o estereótipo do sabá já estão presentes: a reverência ao demônio, a abjuração de Cristo e da fé, a profanação da cruz, o unguento mágico, as crianças devoradas. Outros elementos não menos importantes ainda faltam ou estão presentes de forma apenas embrionária: leve referência às metamorfoses, sem especificar se se trata de metamorfose em animais; o voo mágico não é de modo algum mencionado, como não se mencionam os encontros noturnos, com seus contornos de banquetes e orgias sexuais. Mas tinha sido dado o passo decisivo na direção do sabá, com o desenhar-se da noção de uma ameaçadora seita de feiticeiros e bruxas.

9. Segundo o juiz Peter von Greyerz (informa Nider), esses malefícios eram praticados por muitos, na região de Berna e nos territórios adjacentes, havia cerca de sessenta anos. Quem os iniciara fora certo Scavius, que se vangloriava com os companheiros de saber transformar-se em rato (eis um traço mais preciso do tema das metamorfoses em animais).[31] Nider escreveu o *Formicarius* em 1435-7; portanto, a referência de Peter von Greyerz remete a uma data por volta de 1375. Uma indicação tão precisa poderia basear-se, mais que em tradições orais, no exame de autos processuais.[32] No princípio do século XVI, após ter consultado os processos então conservados nos arquivos da Inquisição de Como, o inquisidor Bernardo Rategno concluiu, em seu *Tractatus de strigibus*, que a seita das feiticeiras começara a pulular 150 anos antes.[33] A convergência entre as duas cronologias induz a concluir que a imagem da nova feitiçaria, praticada por grupos de homens e mulheres em vez de por indivíduos isolados, emergiu nas duas vertentes dos Alpes ocidentais mais ou menos no mesmo período: pouco depois de meados do século XIV.

Fica-se muito tentado a ligar tal fenômeno às *novas sectas et prohibitos ritus* identificadas nos Alpes ocidentais pelo inquisidor Ponce Fougeyron no princípio do século XV.[34] Assim, deparamos com uma série documental notavelmente compacta do ponto de vista cronológico, geográfico e temático. Cronológico: acusações contra leprosos e judeus (1321); acusações contra judeus (1348); cristalização de uma seita de bruxas e feiticeiros, por volta de 1375; acusações contra judeus e cristãos por terem dado vida, não sabemos por quanto tempo, a "novos ritos e seitas proibidos", contrários à fé de Cristo (1409); testemunhos, registrados por Nider, acerca de uma seita de bruxas e feiticeiros em que se entra graças a cerimônias iniciáticas bem definidas (1435-7). Geográfico: a perseguição, que em 1321 se desenvolvera contra leprosos e judeus, em 1438 se concentra sobre os judeus, deslocando-se junto com estes para o Delfinado, a Savoia, o lago Leman — justamente onde se denuncia o aparecimento de novas seitas, nas quais se misturam judeus e cristãos, e onde começa a perseguição contra a nova seita das bruxas e feiticeiros (cf. mapa 2, p. 84). Temático: o elemento unificador dessas ondas persecutórias é, com a modificação dos alvos (leprosos e judeus; judeus; judeus e bruxas), a imagem obsessiva do complô montado contra a sociedade.

10. Trata-se, está claro, de uma reconstrução em parte conjectural: por causa do desaparecimento dos primeiros processos contra a seita de feitiçaria, um dos elos intermediários da corrente, aquele constituído pela fusão de judeus e feiticeiras nos Alpes ocidentais (Delfinado, Savoia, Valais), não é testemunhado diretamente. Só podemos construir hipóteses, tendo como base a referência contida na bula de Alexandre V ou em documentos ainda mais tardios. Em investigação conduzida em 1466 contra um grupo de judeus de Chambéry, a acusação tradicional de matar cristãos (adultos e, sobretudo, crianças) com fins rituais é acompanhada pela de praticar magias e sortilégios. Nesses documentos, não se fala de sabá, embora exista uma alusão obscura a certo rito misterioso entrevisto por uma testemunha: num quarto gradeado, um judeu e duas judias haviam colocado uma moça sobre um monte de palha em chamas, na presença de um "monstro" indefinido e de dois sapos.[35] Indícios muito vagos, como se vê, e destinados a assim permanecer, em vista da ausência de testemunhos mais precisos. Talvez não venhamos nunca a saber de que modo se passou das confissões extraídas dos judeus sob tortura em 1348 àquelas arrancadas (provavelmente por meios análogos) de bruxas e feiticeiros poucos anos depois, segundo a cronologia referida por Nider no *Formicarius*. Embora os detalhes dessa fase nos fujam, o significado abrangente da série documental parece claro. De um segmento social relativamente circunscrito (os leprosos) passa-se a um grupo mais amplo, mesmo que delimitado étnica e religiosamente (os judeus), até desembocar numa seita potencialmente sem limites (feiticeiros e bruxas). De maneira análoga aos leprosos e judeus, os bruxos e as feiticeiras situam-se nas margens da comunidade; sua conspiração é, uma vez mais, inspirada num inimigo externo — o inimigo por excelência, o diabo. Enfim, os inquisidores e os juízes laicos procuraram nos corpos dos feiticeiros e das bruxas a prova física do pacto estipulado com o diabo: o estigma que leprosos e judeus levavam costurado nas roupas.

Vista *a posteriori*, aquela sucessão de eventos parece ditada por uma coerência implacável. Mas tramas potencialmente tão coerentes como essa não se desenvolveram, ou definharam, ao nascer. Em Estrasburgo, em 1348, entre os cristãos que foram envolvidos junto com os judeus na acusação de ter espalhado os venenos que disseminavam a peste, também havia uma beguina.[36] Ora, as beguinas — mulheres que viviam em comum, numa condição ambígua entre vida laica e sacerdócio, entre artesanato e mendicância, e eram suspeitas de heresia — apresentavam todos os pré-requisitos para que fossem envolvidas nos fatos que, em menos de um século, levaram da perseguição aos leprosos à caça às bruxas. Mas o caso de Estrasburgo permaneceu sem sequência. Quando começaram os processos centrados na imagem do sabá, a ação das beguinas já estava declinando. Bruxas e beguinas se mantiveram como realidades sociais distintas.[37]

11. Vimos que, nas descrições coletadas por Nider em 1435-7, as transformações em animais eram apenas referidas de passagem e o voo das feiticeiras e as reuniões noturnas não apareciam de maneira nenhuma. Mas no mesmo período, no Delfinado e no cantão do Valais, os mesmos ingredientes já haviam confluído na imagem da seita diabólica. É o que se depreende do texto datado de 1348 de um cronista de Lucerna, Jüstinger von Königshofen, que retomava quase literalmente a crônica escrita dez anos antes por Johann Fründ.[38] Os processos, iniciados nos vales de Henniviers e de Hérens, prosseguiram em Sion, concluindo-se com a queima de mais de cem pessoas, entre homens e mulheres. Submetidos à tortura, os acusados acabaram confessando ter feito parte de uma seita ou sociedade (*gesellschaft*) demoníaca. O diabo aparecia-lhes sob a forma de animal negro — por vezes, um urso; em outras ocasiões, um bode.[39] Após renunciar a Deus, à fé, ao batismo e à Igreja, os membros da seita aprendiam a buscar com meios mágicos morte e doenças para adultos e crianças. Alguns disseram saber transformar-se temporariamente em lobos, para devorar o gado; outros, tornar-se invisíveis comendo ervas especiais indicadas pelo diabo. Iam às reuniões voando sobre bastões ou vassouras; depois, paravam nas cantinas, bebiam o melhor vinho e cagavam nos tonéis. Segundo os acusados, a seita, iniciada cinquenta anos antes (referência que nos remete, uma vez mais, a cerca de 1375), contava então com setecentos adeptos. Dentro de um ano, diziam, tornar-se-iam senhores e patrões da região, com um rei próprio.

A essa altura, o estereótipo achava-se completo; durante cerca de 250 anos, não mudaria mais. Os mesmos elementos reaparecem em dois pequenos tratados redigidos na Savoia por volta de 1435: o do jurista Claude Tholosan, baseado em mais de cem processos de feitiçaria levados a cabo nos vales em torno de Briançon, e o anônimo *Errores Gazariorum*.[40] Os mesmos elementos — mas não o último: do extraordinário projeto de conspiração política confessado pelos membros da seita diabólica do Valais não existia traço nem no Delfinado nem nos

inúmeros processos de feitiçaria movidos em grande parte da
Europa nos séculos seguintes. É um dado excepcional; porém,
à luz da série documental que reconstruímos, não é incompreensível. Recorde-se que, em 1321, os leprosos haviam confessado já ter dividido os títulos de conde e barão, nas vésperas
da conspiração urdida contra a sociedade dos sãos.[41]

12. Assim, através de sucessivas reencarnações no lapso de
pouco mais de meio século, a imagem do complô se sedimentara nos Alpes ocidentais. Com o correr do tempo, como vimos,
o grupo agressor se ampliara, pelo menos potencialmente. De
maneira paralela, vinha sendo alargado o leque de suas agressões à comunidade: os acusados do Valais haviam confessado
provocar cegueira, loucura, abortos, impotência sexual; devorar crianças; acabar com o leite das vacas; destruir as colheitas.
Pouco a pouco, a imagem da seita tornara-se mais específica: a
apostasia da fé (que, conforme a narração de Agassa, já havia
sido imposta aos leprosos) fora sendo enriquecida com novos e
macabros detalhes; o diabo, inspirador oculto das conspirações
dos leprosos e dos judeus, saltara para o primeiro plano, em
pavorosas formas animalescas. A sinistra ubiquidade do complô, de início expressa pelo fluxo das águas envenenadas, afinal
se traduzira, simbolicamente, na viagem aérea de bruxas e feiticeiros rumo ao sabá.

Porém, nesse meio-tempo, algo mudara. Em 1321 e 1348,
os acusados, devidamente estimulados pela tortura, haviam dito aquilo que os juízes esperavam deles. As confissões do leproso Agassa ou aquelas, cerca de trinta anos depois, do médico
judeu Balavigny eram a projeção, em larga medida não contaminada por dados estranhos, de uma imagem proposta por representantes da autoridade laica e eclesiástica. Nos processos
contra os adeptos da seita demoníaca, a relação entre juízes e
imputados é bem mais complexa.

13. Antes de analisá-la, é necessário abrir um parêntese.
Foi afirmado que o sabá seria o ponto de chegada de um este-

reótipo hostil, projetado sucessivamente, ao longo de um período de um milênio e meio, sobre judeus, cristãos, hereges medievais e bruxas.[42] Em parte, trata-se de uma interpretação complementar da delineada até aqui — e, em parte, pelo contrário, em nítida divergência com ela.

Sabe-se que muito cedo (e depois com muito mais intensidade, no curso do segundo século de nossa era), os cristãos foram acusados de crimes horrendos: cultos canibalescos, antropofagia, incestos.[43] A quem entrava na seita (esta era a versão corrente) impunha-se degolar uma criança; após devorar-lhe a carne e beber-lhe o sangue, apagavam as lanternas e celebravam uma orgia incestuosa. Em sua segunda *Apologia*, escrita pouco depois do ano de 150, o grego convertido Justino rechaçou essas histórias infamantes, atribuindo-as à hostilidade dos judeus contra a nova religião. De resto, insinuações semelhantes haviam sido dirigidas contra os próprios judeus: em Alexandria, no primeiro século antes de Cristo, dizia-se que adoravam uma cabeça de burro e praticavam homicídios rituais, seguidos de atos de canibalismo.[44] Esta última acusação era recorrente: vamos encontrá-la em referências, entre outros, a Catilina e seus sequazes. No caso dos cristãos, contribuiu para reforçá-la o acréscimo de outros elementos, em primeiro lugar um mal-entendido mais ou menos deliberado da eucaristia: a mesma acusação de antropofagia ritual de crianças ou jovens talvez fosse uma distorção de *João* 6, 53 ("se não comerdes a carne do Filho do Homem e não beberdes seu sangue, não tereis a vida em vós").[45] Chegou-se a supor que na elaboração desse estereótipo agressivo confluíssem também ecos de rituais efetivamente praticados naquela época por algumas seitas. Uma descrição impressionante de antropofagia iniciática, seguida de orgia sexual, surge no fragmento de um romance grego (*Phoinikika*) ambientado no Egito; mas não sabemos se o texto (escrito, provavelmente no segundo século depois de Cristo, por certo Loliano) faz referência a uma cena verídica.[46] Em todo o caso, durante cerca de cinquenta anos, de Minúcio Felício a Tertuliano, os autores cristãos se empenharam em refutar as afirmações criminosas difundidas pelos pagãos. Os mártires, de Lyon a Cartago, reagiram com desdém aos verdugos que as repetiam. Em meados do século V, Salviano, em seu *De gubernatione Dei*, recordava tudo isso como a uma ignomínia ligada a um passado havia muito tempo superado.[47]

No que concerne aos cristãos, Salviano sem dúvida tinha razão. Mas, enfim, os próprios cristãos, a começar por santo Agostinho, renovaram as velhas acusações de antropofagia ritual contra catafrígios, marcionitas, carpocracianos, borborianos e outras seitas heréticas espalhadas pela África ou pela Ásia Menor.[48] Mudavam os alvos, mas não o conteúdo. Num sermão pronunciado por volta de 720, João IV de Ojun, chefe da igreja armênia, escreveu que os paulicianos, seguidores de Paulo de Samosata, reuniam-se nas trevas para cometer incesto com as próprias mães; praticavam a idolatria e, com a boca espumante, ajoelhavam-se adorando o demônio; empastavam uma hóstia com o sangue de um menino e a comiam, superando em voracidade os porcos que devoram as próprias crias; punham os corpos dos mortos sobre os telhados e invocavam o sol e os demônios do ar; costumavam passar de mão em mão um recém-nascido, atribuindo a dignidade suprema da seita àquele em cujas mãos a vítima exalasse o último suspiro. Elementos estereotipados como idolatria, incesto e antropofagia se misturavam a ecos deformados de ritos talvez praticados de fato.[49]

Após o ano 1000, o estereótipo hostil voltou a emergir no Ocidente. Antes (segundo a interpretação que estamos discutindo), foi aplicado aos hereges queimados em Orléans em 1022; depois, aos cátaros, valdenses e *fraticelli* [fradinhos]. Também se atribuíram ritos similares aos bogomilos da Trácia, num tratado *Sobre as operações dos demônios*, considerado por muito tempo obra do escritor bizantino Miguel Psello (na realidade, foi redigido por alguém que viveu dois séculos depois dele, por volta de 1250, se não mais tarde).[50] Mas só no Ocidente o estereótipo encontrou nova formulação: a imagem da cerimônia noturna, em que bruxas e feiticeiros antropófagos promoviam desenfreadas orgias sexuais, devoravam crianças e reverenciavam o demônio em forma de animal.[51]

14. Essa reconstrução se torna tanto mais inadequada quanto mais se aproxima do fenômeno que tenta explicar: o sabá. A continuidade entre estereótipos anticlericais e estereótipos contra a feitiçaria é apenas elemento secundário de um fenômeno bem mais complexo. Isso resulta também da sorte diferente que tiveram as acusações de promiscuidade sexual, em relação àquelas centradas no homicídio ritual e na antropofagia. Enquanto as primeiras foram monotonamente associadas a hereges de todos os tipos, as segundas foram primeiro modificadas e depois, durante vários séculos, esquecidas por completo.

Segundo Adémar de Chabannes, os cônegos queimados como "maniqueus" em Orléans, em 1022, haviam sido enganados por um camponês que afirmava possuir poderes extraordinários, provavelmente de caráter mágico. Ele carregava as cinzas de um menino morto; no mesmo instante em que se comesse um pouco dessas cinzas, passava-se a fazer parte da seita.[52] Nessa narração, evidentemente baseada em informações indiretas, não se mencionavam nem orgias nem homicídios rituais, embora Ademaro se referisse de forma obscura a coisas abomináveis que era melhor não relatar. A comparação entre os ritos antropofágicos da seita e a eucaristia, implícita no verbo usado por Ademaro para designar a ingestão do pó macabro ("comungar"), repisava acusações análogas formuladas muitos séculos antes na literatura anti-herética.[53] Por volta de 1090, o monge beneditino Paulo de Saint-Père de Chartres retornou aos mesmos temas. Comentando a narrativa de uma testemunha ocular, afirmou que os hereges de Orléans, depois de queimar, como faziam os antigos pagãos, os filhos nascidos das próprias orgias incestuosas, recolhiam as cinzas e delas cuidavam religiosamente, tal como os cristãos fazem com os ingredientes eucarísticos. O poder dessas cinzas era tão grande que os que delas provavam não conseguiam mais abandonar a seita.[54] Ressurgia o antigo estereótipo, mas com uma variante que não se pode negligenciar: em vez de preceder a orgia, o homicídio ritual seguia-se a ela, eliminando os frutos pecaminosos.[55] Já que os ritos canibalescos eram praticados exclusivamente no interior da seita, os hereges se configuravam antes de mais nada como um grupo separado, que agredia a sociedade de forma simbólica, indireta — negando as próprias leis da natureza. Alguns anos mais tarde, Guibert de Nogent referiu-se a acusações análogas que foram feitas aos hereges dualistas processados em Soissons em 1114, acrescentando outro detalhe proveniente, não se sabe por quais vias, do sermão de João de Ojun: os membros da seita sentavam-se em torno de um fogo, jogando de um para outro, através das chamas, uma das crianças nascidas da orgia, até matá-la.[56] Mas depois dessa data a acusação de homicídio ritual passa a ser usada, durante séculos, exclusivamente com referência aos judeus. Na furibunda polêmica contra os grupos heréticos, essa acusação quase não aparece.[57] Será preciso esperar 350 anos para reencontrar, numa das confissões arrancadas aos *fraticelli* da região das Marcas processados em Roma em 1466, uma descrição do infanticídio que acompanhava, após nove meses, a orgia incestuosa. Nas versões (talvez reelaboradas numa fase subsequente) que circularam logo depois, tornou a aflorar um elemento mencionado no sermão de João de Ojun contra os paulicianos: o chefe da seita passava a ser aquele em cujas mãos a criança, lançada através das chamas, deixava de viver.[58] Mas esse reaparecimento é posterior à cristalização do sabá e, portanto, não tem condições de explicá-lo. Naquela época, já havia mais de um século eram movidos processos contra a seita das bruxas e dos feiticeiros antropófagos — uma antropofagia dirigida mais para o exterior, não apenas contra os filhos dos membros da seita.

Ver nessa perseguição o último elo de uma cadeia de acusações que perduraram por um milênio e meio significa negar a evidente descontinuidade da imagem da seita de feiticeiros. As características marcadamente agressivas que lhe eram atribuídas pelos inquisidores e juízes laicos fundiam traços antigos com elementos novos, ligados a um contexto — cronológico, geográfico, cultural — assaz específico. Tudo isso implica um complexo fenômeno de interação, que não pode ser reduzido a pura e simplesmente projetar sobre os acusados obsessões antiquíssimas e recorrentes.

15. Até agora, detivemo-nos em apenas um desses elementos: a imagem do complô. Seguimos sua trajetória da França aos Alpes ocidentais. Justamente aqui, na segunda metade do século XIV, os inquisidores estavam levando a cabo verdadeira ofensiva contra grupos consistentes de heréticos. O nome com o qual eram designados — "valdenses" — identificava-os como seguidores tardios da pregação religiosa conduzida por Pietro Valdo (o Valdês) dois séculos antes. Porém, a fragmentária documentação que chegou até nós delineia uma fisionomia diversa, mais matizada e contraditória.

Trata-se de processos movidos pela Inquisição por volta de 1380, contra artesãos e pequenos comerciantes (alfaiates, sapateiros, taberneiros), alguns camponeses e várias mulheres, habitantes dos vales situados na vertente italiana dos Alpes ocidentais ou na zona baixa próxima às montanhas.[59] As confissões desses indivíduos testemunham, antes de mais nada, crenças e atitudes difundidas havia muito tempo entre os grupos heterodoxos, então intensificadas pelo cisma que rachava a Igreja em duas partes: a polêmica contra a hierarquia eclesiástica corrupta; a recusa dos sacramentos e do culto dos santos; a negação do Purgatório. Em segundo lugar, posições mais propriamente cátaras, frequentes sobretudo na zona de Chieri, onde um dos chefes da comunidade era originário "da Esclavônia"; alguns membros da seita tinham até se dirigido à Bósnia para entrar em contato com os bogomilos.[60]

Nesse período, os Alpes uniam mais que dividiam. Homens e ideias circulavam pelas estradas que através do Grande e do Pequeno São Bernardo, do Monginevro e do Moncenisio ligavam o Piemonte e a Lombardia ao Valais, à Savoia, ao Delfinado e à Provença.[61] Essas trocas, confiadas também a figuras de verdadeiros pregadores itinerantes como Antonio Galosna, ex-

-membro da Ordem Terceira de São Francisco, ou Giovanni Bech, natural de Chieri (ambos mortos na fogueira como hereges), punham em contato, na desagregação das velhas divisões sectárias, experiências diferenciadas. Bech, por exemplo, unira-se a princípio ao grupo dos "apostólicos" em Florença; depois, afastara-se para ir a Perugia e Roma; voltara a Chieri; tentara em vão alcançar os bogomilos da Sérvia. Por fim, passara para o Delfinado, ligando-se ao grupo dos "pobres de Lyon". Esses episódios de sincretismo herético, fruto de uma inquietação que misturava doutrinas heterogêneas, não podem ser colocados em dúvida.[62] Ao contrário, bem pouco crédito pode ser dado às admissões de promiscuidade sexual que pontilham os processos contra os "valdenses" do Piemonte. Obviamente, é impossível controlar a veracidade de afirmações como aquela, feita por Antônio Galosna e outros, segundo a qual os membros da seita, após ter comido e bebido, apagavam as lanternas e começavam uma orgia dizendo "quem tem, aguente-se". Mas a estereotipia da descrição e sua coincidência com as expectativas preexistentes (e documentáveis) dos juízes sugerem a intervenção de pressões físicas ou psicológicas por parte destes últimos.[63]

Igualmente justificada parece a hipótese inversa: quanto mais um detalhe se afasta dos estereótipos, tanto mais é verossímil que faça aflorar um estrato cultural imune às projeções dos juízes.[64] Mas nos documentos dos quais estamos falando nem sempre é fácil isolar tal extrato. Bastarão alguns exemplos. Antonio Galosna contou que 22 anos antes, em 1365, participara em Andezeno, perto de Chieri, de uma orgia com outros membros da seita. Antes da orgia, certa Billia la Castagna dera a todos os participantes um líquido de aspecto repulsivo; quem o bebesse uma vez não poderia mais abandonar a seita. Dizia-se que o líquido havia sido preparado com o esterco de um grande sapo que Billia alimentava debaixo da cama com carne, pão e queijo. Outra mulher, Alasia de Garzo, fora acusada de misturar à bebida cinzas de cabelos e pelos pubianos. O chefe da comunidade herética do Val di Lanzo, Martino da Presbitero, disse que criava em casa um gato preto; este era "grande como um carneiro", "o melhor amigo que tinha no mundo".[65] Por trás desses detalhes aparentemente bizarros ou insignificantes, deixam-se entrever antigos lugares-comuns da propaganda anti-herética. A respeito dos "maniqueus" queimados em Orléans em 1022, dizia-se, como se recordará, que ao comer as cinzas de um menino morto entravam na seita para valer; aos cátaros (cujo nome dizia-se derivar de *cattus*) era atribuída a adoração do diabo em forma de gato ou, então, a celebração de cerimônias orgiásticas na presença de um gato gigantesco.[66] Mas nas palavras de Antônio Galosna e Martino da Presbitero tais estereótipos surgem filtrados e reelaborados por uma cultura diversa, uma cultura folclórica.

O inquisidor Antonio da Settimo limitou-se a registrar essas misturas de crenças, catalogando os acusados como "valdenses". Nossos conhecimentos, mais indiretos e fragmentários que os dele, são inevitavelmente mais extensivos no espaço e no tempo. Sabemos que naqueles anos, nas regiões de Berna e Como, a perseguição à seita dos feiticeiros já começara ou estava começando. Sabemos que, meio século depois, o juiz Peter von Greyerz teria coletado (para referi-la depois a Nider) a descrição do rito ao qual eram submetidos os novos adeptos: após terem bebido um líquido feito de carnes dissolvidas de crianças, adquiriam conhecimento dos mistérios da seita. Sabemos que o gato, como animal diabólico, entraria de forma duradoura nas confissões das bruxas. As confissões dos "valdenses" dos vales do Piemonte aparecem agora como um momento da interação de estereótipos inquisitoriais e cultura folclórica que teria conduzido ao sabá.

16. Numa situação assim tão fluida, a percepção da nova seita de feitiçaria abriu caminho lentamente, mesmo entre aqueles — os inquisidores — que contribuíam de forma ativa para cristalizá-la. Excepcional por sua precocidade é uma passagem contida nos *Errores haereticorum Waldensium*, conservados num único manuscrito monacense, que foi redigido nos derradeiros anos do século XIV.[67] Essa datação se baseia numa referência, logo no início do texto, à conversão de seiscentos valdenses, ocorrida ao longo de um único ano por obra de certo "frei Pietro", no qual foi reconhecido o frade celestiniano Peter Zwicker, perseguidor dos hereges "luciferanos" na marca de Brandemburgo e na Pomerânia entre 1382 e 1394 e depois (com ferocidade muito maior) dos valdenses na Estíria, entre 1395 e 1398.[68] O anônimo autor, além dos erros dos valdenses, fez a lista dos sequazes de outra seita não nomeada: concepções dualísticas ("adornam Lúcifer e o consideram irmão de Deus, injustamente expulso do céu e destinado a reinar"), recusa dos sacramentos e da virgindade de Maria, sacrifício ritual dos próprios filhos ("*pueros eorum ei*" — ou seja, Lúcifer — "*immolant*"), orgias sexuais. Estas eram celebradas em lugares subterrâneos, de modo geral conhecidos como *Buskeller* — termo que o anônimo declarava não entender. Trata-se de uma expressão dialetal suíça, que significa literalmente "cantina cheia".[69] Portanto, o autor dos *Errores* (provavelmente redigidos em área próxima da Stiria, onde estava em curso a perseguição contra os valdenses) tinha sobre a seita não nomeada informações deformadas e também indiretas. Em grande parte, essas informações repisam os lemas que emergiram, de maneira mais ou menos confiável, das confissões dos "valdenses" do Piemonte: heterodoxia genérica, dualismo de origem cátara, promiscuidade sexual. Mas a presença de dois elementos ulteriores induz a identificar na seita ainda sem nome espalhada pelos Alpes ocidentais a nova seita de feiticeiros. A acusação de matar os próprios filhos com finalidades rituais, havia tempos desaparecida da propaganda anti-herética, antecipa os falatórios sobre os bruxos "parricidas" coletados por Nider no *Formicarius*. Provavelmente, o obscuro termo *Buskeller* é uma alusão derrisória à macabra cerimônia iniciática baseada na ingestão de pós ou líquidos de carne de criança contidos num frasco ou odre. Alguns anos depois, na vertente italiana, o odre seria substituído por um barril, e os da "cantina cheia" tornar-se-iam "aqueles do *barlotto*" ou do barrilote.[70]

De modo geral, porém, para definir a nova seita preferiam-se velhos nomes. Distinções como aquela estabelecida pelo autor dos *Errores*, entre valdenses e hereges da "outra péssima seita", permaneceram isoladas; termos novos como *scobaces* (os que andam a cavalo nas vassouras) tiveram pouco futuro.[71] No decurso de poucas décadas, "valdenses", "cátaros" ou, mais genericamente, "hereges" tornaram-se sinônimos de "participantes de encontros diabólicos". É possível seguir as pistas dessa progressiva assimilação terminológica: desde os *Errores Gazariorum* [Erros dos cátaros] redigidos na Savoia antes de 1437, passando pela sentença de 1453 contra o teólogo Guillaume Adeline, réu confesso de participação na *secte des Vaudois* que se reunia de noite nas montanhas perto de Clairvaux, até um processo celebrado em Friburgo em 1498, do qual se depreende que insultos como *herejoz* e *vaudey* eram usados correntemente para designar quem fosse suspeito de dirigir-se à *chète* (o sabá).[72] A identificação proposta pelos inquisidores se difundira até tornar-se parte da linguagem corrente. Mas, como vimos, ela não surgira do nada. Uma convergência de temas heterodoxos, dualistas e folclóricos se delineara efetivamente entre os "valdenses" do Piemonte da segunda metade do século XIV.[73]

17. Este último dado induz a repropor com cautela a possibilidade, hoje geralmente recusada, de que para a cristalização da imagem do sabá tenha contribuído também um filão de crenças ligadas ao dualismo cátaro.[74] Antonio Galosna disse ao inquisidor que Lorenzo Lormea, o qual o introduzira na seita valdense, pregava que Deus criara somente o céu; que a terra fora criada pelo dragão; que, na terra, o dragão era mais poderoso que Deus. Outro companheiro de seita dissera a Galosna que o dragão devia ser adorado.[75] Naturalmente, tratava-se do dragão do *Apocalipse* (12, 9): "*draco ille magnus, serpens antiquus, qui vocatur Diabolus et Satanas*" (o grande dragão, a antiga serpente que tem por nome Diabo e Satanás). Deve ter sido grande o peso das torturas e das pressões psicológicas nos processos, hoje perdidos, que forneceram pela primeira vez as provas da existência de uma seita de feitiçaria. Mas a presença de crenças dualistas nos Alpes ocidentais provavelmente não foi estranha à formulação, por parte dos inquisidores, da acusação de adorar o diabo em forma de animal, bem como à introjeção da mesma acusação por parte dos imputados.

18. Em conclusão, a antiquíssima imagem hostil centrada no incesto, na antropofagia, na adoração de uma divindade animalesca não explica por que o sabá tenha emergido justamente naquele período, naquela região e com aquelas características — as quais, em parte, não são passíveis de ser atribuídas ao estereótipo. Por outro lado, a sequência aqui proposta — leprosos, judeus, bruxas — permite responder à primeira pergunta (por que naquele período?): a emergência do sabá pressupõe a crise da sociedade europeia no século XIV e as carestias, a peste, a segregação ou expulsão dos grupos marginais que a acompanharam. A mesma sequência dá uma resposta à segunda questão (por que ali?): a área em que se verificaram os primeiros processos centrados no sabá coincide com aquela em que foram construídas as provas do suposto complô judaico de 1348, por sua vez modelado na presumível conspiração engendrada por leprosos e judeus em 1321.

A presença, nos dialetos do Delfinado e da Savoia, de termos como *gafa*, "bruxa", etimologicamente conexo com o espanhol *gafo*, "leproso" (na zona de Briançon), ou *snagoga*, "dança noturna de seres míticos imprecisos", de *synagogue*, no sentido de "reunião de hereges" (no Vaux-en-Bugey), recapitulam, junto às já referidas assimilações dos *vaudois* aos feiticeiros, os complexos acontecimentos que reconstruímos.[76] Por outro lado, a interação das expectativas dos juízes e das atitudes dos imputados fornece uma resposta inicial à pergunta acerca das características específicas assumidas pela imagem do sabá (por que dessa forma?). Recorde-se que desde 1321 a passagem do processo contra Guillaume Agassa para as mãos de Jacques Fournier, inquisidor de Pamiers, fizera aflorar na descrição do complô dos leprosos dois crimes tradicionalmente atribuídos às seitas heréticas: a apostasia da fé e a profanação da cruz.[77] Décadas de atividade inquisitorial nos Alpes ocidentais completaram a convergência entre hereges e adeptos da seita de feiticeiros: a adoração do diabo em forma de animal, as orgias sexuais e os infanticídios entraram, de modo duradouro, no estereótipo do sabá.

Mas nessa lista de ingredientes falta alguma coisa: as metamorfoses animalescas, o voo rumo aos encontros noturnos. Com tais elementos, integrados tardiamente, a mistura heterogênea atingiu a temperatura de fusão. Eles se originavam de um estrato cultural bem mais profundo e remoto que aqueles analisados até agora.

PARTE II

1. ACOMPANHANDO A DEUSA

1. Ao voltar dos encontros noturnos (contavam os montanheses do Valais processados por feitiçaria em 1428), parávamos nas cantinas para beber o melhor vinho; depois, cagávamos nos tonéis.[1] Cento e cinquenta anos depois, em 1575, no extremo oposto do arco alpino, o nobre friulano Troiano de Attimis referiu ao inquisidor frei Giulio d'Assisi e ao vigário-geral Jacopo Maracco ter escutado do leiloeiro municipal Battista Moduco, na praça de Cividale, "que [Moduco] era *benandante* e que à noite, em geral nas quintas-feiras, junta-se a outros e se reúnem em certos locais para copular, dançar, comer e beber; que quando retornam os *mali andanti* vão às cantinas, bebem e depois urinam nos tonéis; e que, se ali não fossem depois os *benandanti*, o vinho se estragaria e outras bobagens semelhantes...".[2] Voltemos 250 anos. Em 1319, um sacristão de uma pequena aldeia dos Pireneus, Arnaud Gélis, conhecido como Botheler, contou a Jacques Fournier, bispo e inquisidor de Pamiers, ser um *armier*: alguém que tinha o dom de ver as almas e falar com elas. "Embora as almas dos mortos não comam", explicara, "bebem vinho do bom e se aquecem ao fogo quando encontram uma casa com muita lenha; mas o bom vinho não diminui quando os mortos o bebem."[3]

Três testemunhos dispersos no tempo e no espaço. Existe ligação entre eles?

2. Para responder, partiremos de um texto muito conhecido, que Regino de Prüm incluiu, por volta de 906, numa coletânea de instruções destinadas aos bispos e a seus representantes (*De synodalibus causis et disciplinis ecclesiasticis libri duo*). Em meio a uma lista de crenças e práticas supersticiosas que deveriam ter sido erradicadas das paróquias, surge uma passagem provavelmente derivada de um capitular franco mais antigo: *Illud etiam non est omittendum, quod quaedam sceleratae mulieres, retro post Sathanam conversae* (1 Tim. 5, 15), *daemonum illusionibus et phantasmatibus seductae, credunt se et profitentur nocturnis horis cum Diana paganorum dea et innumera moltitudine mulierum equitare super quasdam bestias, et multa terrarum spatia intempestae noctis silentio pertransire, eiusque iussionibus velut dominae obedire, et certis noctibus ad eius servitium evocari* ["Não se pode negar o fato de que certas mulheres celeradas, transformadas em sequazes de Satã (1 Tim. 5, 15), seduzidas pelas fantásticas ilusões dos demônios, afirmam cavalgar de noite certos animais junto com Diana, deusa dos pagãos, e com grande quantidade de mulheres; percorrer grandes distâncias no silêncio da noite profunda; obedecer às ordens da deusa como se esta fosse sua senhora; e serem chamadas a servi-la em determinadas noites"].[4] Cem anos depois, em seu *Decretum*, Burcardo, bispo de Worms, retomou com variantes mínimas esse cânone, atribuindo-o por engano ao concílio de Ancira (314) e agregando ao nome de Diana o de Herodíade (*cum Diana paganorum dea vel Herodiade*). Indicado geralmente como *Canon episcopi*, por causa do título que o precedia (*Ut episcopi de parochiis suis sortilegos et maleficos expellant*, isto é, "A fim de que os bispos expulsem de suas paróquias feiticeiros e encantadores"), o texto teve ampla circulação na literatura canônica.[5]

Não se tratava de um texto isolado. No 19º livro do *Decretum*, intitulado *Corrector*, encontramos um grupo de passagens que remetem explícita ou implicitamente àquele sobre seguidores de Diana na versão de Regino ou têm conexão com as mesmas crenças.[6] Algumas mulheres afirmavam ter sido constrangidas, em determinadas noites, a acompanhar um bando de demônios transformados em mulheres, bando a que a massa ignara dá o nome Holda (XIX, 60). Outras diziam sair pelas portas fechadas no silêncio da noite, deixando para trás os maridos adormecidos; após percorrer espaços intermináveis com outras mulheres vítimas do mesmo erro, matavam, cozinhavam e devoravam homens batizados, aos quais restituíam uma aparência de vida, enchendo-os de palha ou madeira (XIX, 158). Outras, ainda, garantiam voar, depois de atravessar portas fechadas, junto com outras sequazes do diabo, combatendo entre as nuvens, recebendo e provocando feridas (XIX, 159).[7] A essas passagens do *Corrector* deve ser acrescentado um cânone que Burcardo atribuía erroneamente ao concílio de Agde de 508: as participantes da imaginária cavalgada noturna asseveravam saber preparar encantamentos capazes de fazer com que as pessoas passassem do ódio ao amor e vice-versa.[8] Todos esses textos se referem a mulheres, por vezes referidas como "celeradas". Em todos reaparecem, de forma idêntica ou com variantes mínimas, expressões usadas no *Canon episcopi*: *retro post Satanam conversae* (XIX, 158), *certis noctibus equitare super quasdam bestias* (X, 29; XIX, 60); *terrarum spatia* [...] *pertransire* (XIX, 159), *noctis silentio* (XIX, 159). Tais paralelos formais sublinham uma indubitável unidade de conteúdo. O alvo não é constituído de superstições isoladas, mas sim de uma sociedade imaginária, da qual os seguidores da deusa se consideram participantes (*et in eorum consortio* [*credidisti*] *annoveratum esse*, XIX, 60) e para a qual tratam de conseguir outras adeptas. Graças a esse trabalho de proselitismo diurno, uma multidão de mulheres de carne e osso acabou partilhando a mesma ilusão (X, 29). Dizem ser movidas não por livre escolha, e sim pela necessidade (*necessario et ex praecepto*, XIX, 60). Voos, batalhas, homicídios seguidos de atos de canibalismo e da ressurreição das vítimas: eis os ritos imaginários que, durante determinadas noites, a deusa impõe a suas seguidoras.

Aos olhos de Regino e de Burcardo, tudo isso eram fantasias diabólicas. As punições previstas para as mulheres que compartilhavam tais ilusões eram relativamente brandas: quarenta dias, um ano, dois anos de penitência. O maior castigo (a expulsão da paróquia) reservado àquelas que se vangloriavam de provocar amor e ódio talvez se devesse à presença, nesse caso, de rituais, pois estes, embora ineficazes, eram mais que meras crenças. Mas, nas primeiras décadas do século XV, teólogos e inquisidores assumiram ante as confissões dos seguidores da seita de feitiçaria uma atitude bem diferente: o sabá era um evento real — um crime passível de punição na fogueira. Sentiu-se a necessidade de levar em conta o *Canon episcopi*, que desde a metade do século XII confluíra na grande sistematização canônica de Graciano. Alguns negaram a identidade existente entre seguidoras de Diana e bruxas modernas; pelo contrário, outros defenderam, apoiando-se na autoridade do cânone, que o sabá era mera ilusão, eventualmente inspirada pelo diabo.[9]

3. Agora, deixemos de lado essa discussão (embora, no final, seja preciso retornar ao problema da realidade do sabá). Limitemo-nos a observar que o apelo ao *Canon episcopi* sugerido pelos demonólogos é tudo menos absurdo. As crenças descritas naquele texto (e nos outros a ele relacionados) apresentam de fato analogias circunscritas, mas evidentes, com a imagem do sabá que se cristalizou muitos séculos depois — basta pensar no voo noturno e no canibalismo ritual. Porém, assumir tais analogias como prova de uma continuidade de crenças seria obviamente prematuro. As coletas canônicas nos oferecem descrições estereotipadas, filtradas por olhares externos. Não é fácil destrinçar das atitudes daquelas mulheres anônimas as possíveis deformações introduzidas pelos clérigos. Muitos elementos parecem enigmáticos; o nome da deusa que conduzia o bando de mulheres "celeradas", incerto.

Nas atas de um concílio diocesano ocorrido em 1280 em Conserans, no Ariège, é chamada Bensozia (provável corruptela de *Bona Socia*).[10] O concílio de Trèves de 1310, por sua vez, colocou Diana ao lado de Herodiana.[11] Em outros casos, encontramos figuras pertencentes à cultura folclórica (Bensozia, Perchta ou Holda, sendo que este último termo aparece no *Corrector* para nomear o cortejo completo de mulheres);[12] à mitologia pagã (Diana) e à tradição das Escrituras (Herodíade).[13] A presença dessas variantes indica que tradições similares, ou percebidas como tal, foram detectadas em tempos e lugares diferentes. Isso poderia confirmar a difusão dessas crenças; contudo, permanece a dúvida sobre se canonistas e bispos (como mais tarde os inquisidores) forçavam para dentro de módulos preestabelecidos as crenças que combatiam. Por exemplo, a referência a Diana, "deusa dos pagãos", faz suspeitar logo da presença de uma *interpretatio romana*, de uma lente deformante, derivada da religião antiga.[14]

4. A dúvida é mais que legítima. Em 1390, o inquisidor milanês frei Beltramino da Cernuscullo registrou em suas atas que uma mulher chamada Sibillia (talvez um sobrenome)[15] confessara a seu predecessor que participava regularmente do "jogo de Diana que chamam [*quam appelant*] Herodíade". Sempre em 1390, frei Beltramino inseriu na sentença que fechava o processo contra outra mulher, Pierina, ré confessa dos mesmos crimes, uma referência ao "jogo de Diana, que vós chamais [*quam appellatis*] Herodíade".[16] Na realidade, nas atas processuais que chegaram até nós, Sibillia e Pierina falam somente de "*madona* Horiente"; sua identificação a Diana fora provavelmente sugerida a Sibillia pelo primeiro inquisidor e, depois, atribuída sem dúvida a Pierina pelo segundo, junto com a explicação ("*quam appellant Herodiadem*") que remetia ao texto do *Canon episcopi*. Mas as próprias atas dos dois processos (ou melhor, o que delas resta) fazem emergir um quadro mais complexo.

Em 1384, Sibillia, mulher de Lombardo de Fraguliati di Vicomercato, e Pierina, mulher de Pietro de Bripio, compareceram, separadamente, perante o dominicano frei Ruggero da Casale, inquisidor da Lombardia superior. Não sabemos se as duas mulheres se conheciam. Após interrogá-las, frei Ruggero, em face dos "enormes delitos" confessados (de modo especial, os de Sibillia), pediu a assistência do arcebispo de Milão, Antonio de Saluzzo, e de dois outros inquisidores. Mais tarde, ambas foram condenadas a várias penitências como hereges (Sibillia como "herege manifesta"). Em 1390, o novo inquisidor, frei Beltramino da Cernuscullo, também ele dominicano, processou-as mais uma vez, condenando-as à morte por serem reincidentes (*relapsae*). Desses quatro processos, restaram apenas as duas sentenças de 1390; aquela contra Sibillia reproduz também a sentença pronunciada seis anos antes; a outra, contra Pierina, limita-se a citar alguns trechos do processo precedente. Portanto, trata-se de fragmentos documentais que faziam parte de conjuntos mais amplos.

Os crimes confessados por Sibillia foram os que seguem. Desde jovem, saía toda semana, na noite de quinta-feira, com Oriente e sua "sociedade". Havia reverenciado Oriente, sem imaginar que isso fosse pecado. No processo seguinte, especificou que abaixava a cabeça em sinal de respeito, dizendo *"Ben stage, Madona Horiente"*; Oriente respondia "Bem-vindas, minhas filhas [*Bene veniatis, filie mee*]". Sibillia acreditara que todo tipo de animal viesse à sociedade, pelo menos dois de cada espécie; a exceção eram os asnos, porque carregam a cruz; se faltasse um único animal, o mundo inteiro acabaria destruído. Oriente respondia às perguntas dos membros da sociedade, predizendo coisas futuras e ocultas. A ela, Sibillia, dissera sempre a verdade; isso, por sua vez, lhe permitira responder às perguntas de muitas pessoas, dando-lhes informações e ensinamentos. A esse respeito, nada dissera ao confessor. Durante o processo de 1390, informou que nos últimos seis anos só estivera duas vezes na sociedade; da segunda vez, acontecera-lhe jogar uma pedra em certa água da qual ia-se afastando; por isso, não pudera mais voltar. Respondendo a uma pergunta do inquisidor, disse que na presença de Oriente não se pronuncia nunca o nome de Deus.

Os trechos das confissões de Pierina que chegaram até nós coincidem substancialmente com as de Sibillia e acrescentam novos detalhes. Desde os dezesseis anos, Pierina ia à sociedade todas as noites de quintas-feiras. Oriente respondia a sua saudação dizendo "A paz esteja convosco, boa gente [*Bene stetis, bona gens*]". Além dos asnos, as raposas também estavam excluídas da sociedade; os enforcados e os decapitados apareciam por lá, envergonhados, sem ousar erguer a cabeça. Oriente (contou Pierina) passeia com seu grupo pelas casas, sobretudo as dos ricos.[17] Ali, comem e bebem; alegram-se quando encontram casas bem limpas e ordenadas, e Oriente as bendiz. Oriente ensina aos membros da sociedade as utilidades das ervas (*virtutes herbarum*), remédios para curar as doenças, o modo de encontrar as coisas roubadas e afastar os malefícios. Mas devem guardar segredo sobre todas essas coisas. Pierina pensava que Oriente fosse a senhora da "sociedade" da mesma forma que Cristo é senhor do mundo. Além do mais, também Oriente tinha o poder de devolver a vida às criaturas mortas (mas não aos seres humanos). De fato, às vezes suas seguidoras matavam bois e comiam a carne destes; depois, recolhiam os ossos e os colocavam dentro das peles dos animais mortos. Então, Oriente tocava as peles com a ponta de sua varinha, e os bois ressuscitavam de imediato — mas não conseguiam mais trabalhar.

5. Para o *Canon episcopi*, como dissemos, as sequazes de Diana eram vítimas de sonhos e ilusões diabólicas. Guiado por esse texto, o inquisidor frei Ruggero da Casale condenara Sibillia por esta ter acreditado que houvesse ido (*"credidisti* [...] *quod* [...] *ivisti"*) "ao jogo de Diana que é chamada Herodíade" — ou seja, ao grupo de Oriente. Seu sucessor, o inquisidor frei Beltramino da Cernuscullo, escreveu que Pierina, como se concluía do processo realizado seis anos antes, estivera (*fuisti*) "no jogo de Diana, que vocês chamam Herodíade". Esse abandono implícito da posição do *Canon episcopi* por parte do juiz coincidia com uma transformação nas confissões da acusada. Nelas, junto à imagem da sociedade de Oriente, aflorava a do sabá — a qual começara a cristalizar-se algumas décadas antes, não longe dali, na diocese de Como.[18] Pierina (talvez submetida a tortura) confessou que se entregara a um espírito de nome Lucifello; dera a esse espírito um pouco do próprio sangue, para redigir um pacto de dedicação, e ele a conduzira ao "jogo". Antes, havia afirmado, como Sibillia, que fazer parte do grupo de Oriente não era pecado; agora, implorava ao inquisidor que lhe salvasse a alma.

6. Mulheres (1) que acreditam e dizem (2) andar à noite (3) no séquito de Diana (4) na garupa de animais (5) percorrendo grandes distâncias (6) obedecendo às ordens da deusa como se esta fosse uma patroa (7) servindo-a em noites determinadas (8): todos estes elementos são recorrentes nas confissões de Sibillia e Pierina, exceto dois (4, 5). O nome da deusa é diferente, e os animais, embora presentes (quase todos participam da sociedade de Oriente), não são usados como cavalgaduras. Mas a distância parcial que separa das narrativas das duas mulheres o texto do *Canon episcopi* é, do ponto de vista interpretativo, muito mais preciosa que uma coincidência absoluta, pois exclui a eventualidade de uma adequação coagida a um esquema preexistente. Portanto, tinha razão o padre Giovanni de Matociis, administrador da Igreja em Verona, ao afirmar, numa passagem de suas *Historiae Imperiales* (1313), que "muitos leigos" acreditavam em certa organização noturna dirigida por uma rainha: Diana ou Herodíade.[19] Na Itália setentrional, as crenças registradas esquematicamente por Regino de Prüm estavam, após mais de quatrocentos anos, ainda bem vivas.

A essa altura, também as tentativas de padres, canonistas e inquisidores de traduzir os múltiplos nomes da deusa noturna surgem-nos sob luz diferente. Coerção e esforço interpretativo eram duas faces da mesma medalha. Diana e Herodíade forneciam aos clérigos um fio para orientar-se no labirinto das crenças locais. Desse modo, um eco fosco e alterado daquelas vozes de mulheres chegou até nós.

7. Em nenhum caso, provavelmente, a distância cultural entre juízes e acusados foi tão grande como num processo instaurado em Bressanone em 1457. O processo se perdeu; podemos reconstruir parte dele, graças à versão latina de um sermão pronunciado pelo bispo, Niccolò Cusano, durante a Quaresma do mesmo ano.[20] O tema da pregação (decerto reelaborado pelo autor ao traduzi-la) eram as palavras dirigidas por Satanás a Cristo para tentá-lo: "Se te prostrares diante de mim, tudo isso será teu" (Lucas 4, 7). Cusano ilustrou-as para os fiéis com um caso recente. Três velhas do vale de Fassa haviam sido conduzidas até ele; duas confessaram pertencer à "sociedade de Diana".

Porém, essa era uma interpretação de Cusano. As duas velhas haviam simplesmente falado de uma "boa senhora [*bona domina*]". Mas sua identificação oferecia a Cusano o estímulo para uma rica série de articulações, que permitiam reconstruir o complexo filtro cultural por meio do qual se captaram os discursos das duas velhas. Naturalmente, a ligação com Diana — a divindade adorada em Éfeso, da qual falam os *Atos dos Apóstolos* (19, 27 e seguintes) — era sugerida pelo *Canon episcopi*, citado numa versão da qual resultava que as seguidoras da deusa "veneram-na como se fosse a Fortuna [*quasi Fortunam*] e são chamadas, em língua vulgar, *Hulden*, derivado de Hulda".[21] Seguia-se uma referência ao tratado composto com base nas informações de Pedro de Berna (trata-se do *Formicarius* de Nider), no qual se fala de um "pequeno mestre", que é Satanás. Enfim, uma passagem da vida de são Germano (lida provavelmente na *Legenda aurea* de Jacopo da Varazze) sobre certos espíritos chamados "boas mulheres que circulam de noite", de quem o santo havia desmascarado a natureza diabólica.

Num inciso rápido, Cusano pronunciou o nome que o demônio assumira no vale de Fassa. "Aquela Diana que dizem ser a Fortuna" era chamada pelas duas velhas, "em língua italiana, *Richella*, ou seja, a mãe da riqueza e da boa sorte." Richella, prosseguiu com erudição inexaurível, não passava de uma tradução de Abundia ou Satia (figura mencionada por Guilherme de Auvergne e Vicente de Beauvais). "Das reverências que lhe são feitas e das estúpidas cerimônias dessa seita" Cusano preferia não falar. No final da pregação, porém, não se conteve. Contou ter interrogado as duas velhas e ter concluído que eram meio loucas (*semideliras*); não sabiam direito nem o *Credo*. Haviam dito que a "boa senhora", isto é, Richella, chegara até elas de noite, numa carroça. Tinha o aspecto de uma mulher bem vestida; mas não chegaram a vê-la de frente (mais adiante, diremos por quê). As duas tinham sido tocadas por ela e, daquele momento em diante, haviam sido obrigadas a segui-la. Após lhe terem prometido obediência, renunciaram à fé cristã. Depois, chegaram a um lugar cheio de gente que dançava e festejava; alguns homens cobertos de pelos haviam devorado homens e crianças que não tinham sido batizados conforme as regras. Continuaram a ir lá durante alguns anos, no período dos quatro tempos, até fazer bem o sinal da cruz; daí em diante, haviam parado.

Para Cusano, tudo isso eram bobagens, loucuras, fantasias inspiradas pelo demônio. Tratou de convencer as duas velhas de que haviam sonhado — mas foi inútil. Então, condenou-as a uma penitência pública e à prisão. Em seguida, decidira como comportar-se com gente igual a elas. No sermão, explicou os motivos de sua atitude tolerante. Quem acredita na eficácia dos malefícios alimenta a ideia de que o diabo seja mais poderoso que Deus; a perseguição passa a dominar, e o diabo atinge seu objetivo, pois existe o risco de trucidar como bruxa qualquer velha desmiolada, completamente inocente. Por isso, em vez de usar a força, é preciso proceder com cautela, para não aumentar o mal na tentativa de erradicá-lo.

Essa exortação à tolerância era introduzida por uma amarga indagação retórica. Nestas montanhas (dissera Cusano aos fiéis reunidos para escutá-lo), Cristo e os santos não seriam talvez venerados e festejados quase que só para que se tivessem mais bens materiais, mais colheitas, mais gado? Com disposição bem diferente (ele dava a entender), as duas velhas do vale de Fassa se dirigiram a Richella, em vez de Cristo e aos santos. Para Cusano, rezar a Deus com o coração impuro já significava fazer sacrifícios ao demônio.

Mas a erudição, a vontade de compreender, a misericórdia cristã de Cusano não podiam superar o abismo que o separava das duas velhas. Para o bispo, a obscura religião delas estava destinada, no fundo, a permanecer incompreensível.

8. O caso que acabamos de apresentar coloca-nos diante de uma dificuldade recorrente nessas pesquisas. Não obstante a solidariedade emocional que sentimos pelas vítimas da perseguição, tendemos a identificar-nos, de um ponto de vista intelectual, com os inquisidores e os bispos — mesmo quando não eram Niccolò Cusano. O escopo que nos move é em parte diverso, mas nossas perguntas coincidem em boa parte com aquelas que também eles faziam a si mesmos. À diferença deles, não temos condição de interrogar diretamente os acusados. Em vez de produzir a documentação, defrontamo-nos com ela, como com um dado. Somos obrigados a trabalhar sobre cadernos que registram as investigações de campo realizadas por etnógrafos mortos há séculos.[22]

É claro que a comparação não pode ser tomada ao pé da letra. Muitas vezes, os acusados, oportunamente guiados pela sugestão ou pela tortura, confessam uma verdade que os juízes não buscavam, dado que já eram dela detentores. A convergência forçada entre as respostas de uns e as perguntas ou expectativas de outros torna grande parte desses documentos monótona e previsível. Só em casos excepcionais verificamos uma diferença entre perguntas e respostas que faz aflorar um substrato cultural substancialmente não contaminado pelos estereótipos dos juízes. Quando isso acontece, a falta de comunicação entre os interlocutores exalta (por um paradoxo apenas aparente) o caráter dialógico dos documentos, assim como sua riqueza etnográfica.[23] Os processos contra os sequazes da deusa noturna configuram um caso intermediário entre essas duas possibilidades extremas. Então, a embaraçosa contiguidade do intérprete moderno com artífices da repressão revela as suas implicações contraditórias. De maneira sutil, as categorias cognitivas dos juízes contaminaram a documentação; mas não podemos prescindir dessas categorias. Tentamos distinguir de Oriente ou Richella as traduções, mais ou menos deformadoras, sugeridas pelos inquisidores milaneses ou por Cusano; mas, como eles (e também graças a eles), acreditamos que o confronto com Diana ou Habonde se baseia numa analogia iluminadora. Nossas interpretações são em parte resultado da ciência e da experiência daqueles homens. Nem uma nem outra, como sabemos, eram inocentes.

9. As incrustações diabólicas que emergem no final dos relatos das duas velhas do vale de Fassa fazem eco ao pacto com

Lucifello que fora estabelecido meio século antes por Pierina, seguidora de Oriente. Entre meados do século XV e o princípio do século XVI, registra-se nos dois extremos do arco alpino e na planície padana um deslizamento forçado das velhas crenças, rumo ao estereótipo do sabá. No Canavese, no vale de Fiemme, em Ferrara e nos arredores de Módena, a "mulher do bom jogo", a "sábia Sibilla" e outras figuras femininas análogas assumem pouco a pouco traços demoníacos.[24] Também na região de Como o sabá se sobrepõe a outro estrato de crenças semelhantes: os encontros noturnos, como registrou o inquisidor Bernardo da Como, ali eram chamados de "jogo da boa sociedade [*ludum bonae societatis*]".[25]

Fenômeno análogo se verificou, muito mais tarde, em outra região da Europa: na Escócia, entre o final do século XVI e o final do século XVII. Várias mulheres processadas como bruxas relataram ter ido em espírito encontrar-se com fadas — a "boa gente", os "bons vizinhos" — e com sua rainha, às vezes secundada por um rei. "Estava nas Dawnie-hills", disse uma das mulheres, Isabel Gowdie, "e a Rainha das Fadas me ofereceu carne, mais do que eu poderia comer. A Rainha das Fadas veste-se de forma esplêndida, com tecidos delicados, roupas brancas e vermelhas... e o Rei das Fadas é um homem bonito, forte, com rosto afilado..." As reticências assinalam os momentos em que o escrivão, certamente sob indicação dos juízes (o pastor e o xerife de Auldern, uma aldeia nas margens do Moray Firth), considera inútil transcrever essas fantasias. Corria o ano de 1662. Não saberemos nunca a continuação da história. Os juízes queriam saber das bruxas, do diabo; e Isabel Gowdie contentou-os sem se fazer de rogada, restabelecendo a comunicação momentaneamente interrompida.[26]

Às vezes (mas mais raramente), essa mistura de velhas e novas crenças surge em processos contra homens. Em 1597, Andrew Man contou ao juiz de Aberdeen ter reverenciado a rainha dos elfos e o diabo, o qual lhe aparecera em forma de cervo, saindo da neve num dia de verão, durante a colheita. Chamava-se Christsonday (Domingo de Cristo). Andrew Man lhe beijara o rabo. Pensava que fosse um anjo, filhinho de Deus, e que "tivesse todo o poder abaixo de Deus". A rainha dos elfos era inferior ao diabo, mas "conhecia bem o ofício [*has a grip of all the craft*]". Os elfos tinham mesas servidas, tocavam e dançavam. Eram sombras, mas com o aspecto e as roupas de seres humanos. Sua rainha era muito bonita; a ela Andrew Man se unira carnalmente.[27]

Os juízes de Aberdeen consideraram tais relatos "pura e simples bruxaria e coisas do diabo [*plane witchcraft and devilrie*]". Aí, identificamos uma estratificação mais complexa. A sutil crosta diabólica que envolve esses relatos é facilmente explicada pela circulação europeia dos tratados de demonologia, baseados nos estereótipos que se vinham cristalizando nos Alpes ocidentais entre o final do século XIV e a primeira metade do século XV. É provável que fossem os juízes de Aberdeen que solicitaram, por meio de perguntas e torturas durante os interrogatórios (os quais infelizmente se perderam), detalhes como a reverência ao demônio. Mas os elementos cristãos que afloram de maneira contraditória nas confissões de Andrew Man (o diabo Christsonday, anjo e filhinho de Deus) não podem ser explicados por uma circulação de textos. Nas confissões de alguns *benandanti* do Friul ou de um velho lobisomem da Livônia, encontramos afirmações análogas; combatemos, diziam, "pela fé de Cristo", somos "cães de Deus". Parece difícil atribuir tais afirmações convergentes a expedientes defensivos extemporâneos, descobertos no decorrer dos processos; é provável que se tratasse de uma reação mais profunda e inconsciente, que estendia um véu cristão sobre um estrato de crenças mais antigo, submetido a um ataque frontal que o desnaturava em sentido demoníaco.[28] No caso de Andrew Man, tratava-se das crenças centradas nos "bons vizinhos" — os elfos, as fadas. Sobre esse mundo de sombras, em que as pessoas se banqueteiam, tocam, dançam, domina a rainha dos elfos, reduzida (como a "mulher do bom jogo" nos processos trentinos do começo do século XVI) a uma posição subalterna ao diabo.

10. Também a Joana d'Arc os juízes de Rouen haviam perguntado (era o dia 18 de março de 1430) se sabia algo sobre aqueles que "andavam pelos ares com as fadas". Ela rechaçou a insinuação: jamais fizera nada do gênero mas ouvira falar disso; sabia que os dias escolhidos eram as quintas-feiras e que se tratava só de um "sortilégio [*sorcerie*]".[29] É apenas um dentre inúmeros testemunhos da lenta demonização, levada adiante durante séculos, de um estrato de crenças que chegou até nós apenas de maneira fragmentária, por intermédio de textos produzidos por canonistas, inquisidores e juízes. O guia fossilizado que nos permite identificar esse estrato é constituído das referências a misteriosas figuras femininas, veneradas sobretudo pelas mulheres.

Em meados do século XIII, Vicente de Beauvais citou em seu *Speculum morale* o *Canon episcopi*, agregando a Diana e Herodíade "outras pessoas", a quem as mulheres iludidas chamam "boas coisas [*bonae res*]". O *Roman de la Rose* falou das *"bonnes dames"* que seguiam *dame* Habonde.[30] Jacopo da Varazze mencionou, na vida de são Germano já recordada, as "boas senhoras que caminham à noite".[31] Um cânone de um concílio em Conserans, no Ariège, decalcado sobre o *Canon episcopi*, inseriu, como dissemos, uma referência a Bensozia ("Boa Sócia"). Sempre na região do Ariège, uma das clientes do *armier* Arnaud Gélis explicou ao inquisidor que a interrogava que as *"bonnes dames"* haviam sido na terra mulheres ricas e poderosas, que agora passeavam em carros conduzidos por demônios através de montes e vales.[32] *Madona* Oriente dirigia-se às suas seguidoras chamando-as "boa gente [*bona gens*]". As velhas do vale de Fassa dirigiam-se a Richella chamando-a "Boa Senhora". No vale de Fiemme, a deusa noturna era conhecida como "a mulher do bom jogo". "Boa gente" ou "bons vizinhos" eram, na Escócia e na Irlanda, as fadas. A esse grupo podemos acrescentar as *benandanti* friulanas; uma delas, Maria Panzona, processada pela Inquisição no começo do século XVII, reverenciara, "abaixando a cabeça" (como Sibillia e Pierina), "certa mulher sentada em majestade na beira de um poço e chamada de abadessa".[33] Nesse adjetivo recorrente — "boa" —, captamos um matiz ambíguo, de caráter propiciatório. Vêm à mente epítetos como

Viagens extáticas em companhia de divindades predominantemente femininas.
Fadas (Escócia); Diana Habonde, "abadessa" dos *benandanti*, *Matres*, fadas etc. (França, Renânia, Itália centro-setentrional); "mulheres de fora" (Sicília).
(Parte II, capítulos 1 e 2.)

Batalhas travadas em êxtase tendo como escopo principal a fertilidade.
Benandanti (Friuli); *mazzeri* (Córsega); *kresniki* (Ístria, Eslovênia, Dalmácia, Bósnia, Herzegovina, Montenegro): *táltos* (Hungria); *burkudzäutä* (Ossetia); lobisomens (Livônia); xamãs (Lapônia).
(Parte II, capítulo 3.)

Aparições semianimalescas durante os doze dias.
Kallikantzaroi (Grécia).
(Parte II, capítulo 3.)

Grupos de jovens disfarçados de animais, principalmente durante os doze dias.
Regôs (Hungria), *eskari* (Bulgária macedônica); *surovaskari* (Bulgária oriental); *căluşari* (Romênia); *koljadanti* (Ucrânia).
(Parte II, capítulo 4.)

Batalhas rituais pela fertilidade.
Punchiadurs (grisões).
(Parte II, capítulo 4.)

Aparições dos mortos a indivíduos predestinados.
Benandanti (Friul); *armiers* (Ariège); *mesultane* (Geórgia).
(Parte II, capítulos 1 e 4.)

Mapa 3
Cultos, mitos, ritos com fundo xamânico na Eur...

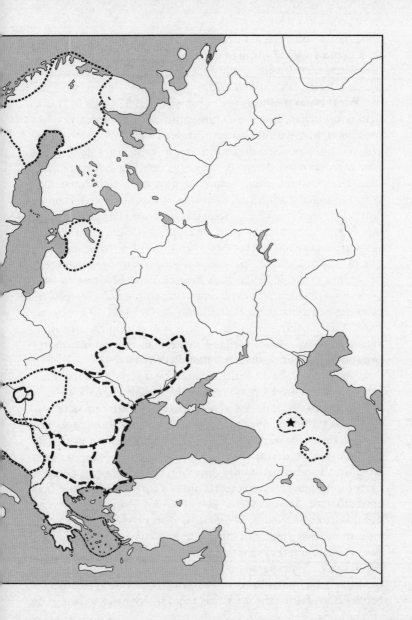

"boa deusa" ou "plácida", referidos respectivamente a Hécate — a deusa fúnebre intimamente ligada a Ártemis — e a uma divindade identificada como Hécate, venerada em Novae, na Mésia inferior (século III d.C.).[34]

Por trás das mulheres (e dos raros homens) ligadas às "boas" deusas noturnas, percebe-se um culto de caráter extático. As *benandanti* afirmavam cair em êxtase durante os quatro tempos, o mesmo período do ano em que as velhas do vale de Fassa iam encontrar sua deusa. As supostas deusas escocesas entravam periodicamente em *"extaseis and transis"*, abandonando o corpo exangue e adquirindo a forma de espírito invisível ou de animal (uma gralha).[35] Dos sequazes de *dame* Habonde dizia-se que caíam em catalepsia antes de empreender em espírito suas viagens, superando portas e paredes.[36] Já o *Corrector* declarava que portas gradeadas e paredes não impediam os voos noturnos. Uma experiência extática surgirá como hipótese mesmo onde não é mencionada explicitamente, como, por exemplo, no caso das seguidoras de Richella ou de Oriente. O acesso ao mundo das benéficas figuras femininas que propiciam prosperidade, riqueza e saber torna-se possível mediante uma morte provisória. O mundo delas é o mundo dos mortos.[37]

Essa identidade é confirmada por uma série de convergências. O hábito, até há pouco tempo registrado numa área geográfica muito vasta, de deixar água para os mortos em determinados dias, a fim de que pudessem matar a sede, remete ao uso, condenado e ironizado por Guilherme de Auvergne e Vicente de Beauvais, de deixar ofertas propiciatórias às *bonae res* ou a Abundia. Também Abundia distribui, como Oriente, bênçãos às casas em que se banqueteou com seu cortejo invisível.[38] Nas confissões de Arnaud Gélis, essas bênçãos são reservadas, como no caso de Oriente, às moradias bem varridas: "Os mortos entram de bom grado nos lugares limpos e visitam as casas limpas, mas não querem saber de penetrar em lugares sórdidos ou casas sujas".[39] Inesperadamente, o significado da analogia da qual havíamos partido torna-se claro. Podemos aproximar às bruxas e aos feiticeiros do Valais tanto os *benandanti* quanto os bandos de almas do Ariège, pois o voo noturno rumo aos encontros diabólicos repercutia, agora sob forma alterada e irreconhecível, um tema antiquíssimo: a viagem extática dos vivos rumo ao mundo dos mortos. O núcleo folclórico do estereótipo do sabá encontra-se aqui.

11. Nos *Sermones* do pregador dominicano Johannes Herolt, redigidos em 1418 ou pouco antes e várias vezes reeditados na segunda metade do século XV, figura uma longa lista de superstições. Em 19º lugar, na edição publicada em Colônia em 1474, incluem-se aqueles que acreditam que "Diana, chamada em língua vulgar *Unholde*, isto é, *die selige Frawn* (a mulher beata), passeia pela noite com seu exército, percorrendo grandes distâncias [*cum exercitu suo de nocte ambulet per multa spacia*]". Outras edições pouco posteriores da mesma coletânea (Estrasburgo, depois de 1478; e Estrasburgo, 1484) acrescentaram à lista dos sinônimos de Diana primeiro *Fraw Berthe* e depois *Fraw Helt* (no lugar de *Unholde*).[40] Tratava-se, evidentemente, de uma variação sobre o texto do *Canon episcopi*. Alguns elementos eram negligenciados: os animais usados como cavalgaduras, a obediência à deusa e a viagem em determinadas noites. Outros eram acrescentados, como os sinônimos já referidos. Mas e o "exército"?

A partir do século XI, uma série de textos literários em latim e em língua vulgar, provenientes de grande parte do continente europeu — França, Espanha, Itália, Alemanha, Inglaterra, Escandinávia —, fala das aparições do "exército furioso" (*Wütischend Heer, Mesnie furieuse, Mesnie Hellequin, exercitus antiquus*), também chamado "caça selvagem" (*Wilde Jagd, Chasse sauvage, Wild Hunt, Chasse Arthur*). Nessas aparições, reconhece-se a tropa dos mortos; às vezes, mais precisamente, o batalhão dos mortos antes do tempo — soldados caídos em combate, crianças não batizadas. Como seus guias, alternam-se personagens míticas (Herlechinus, Wotan, Odin, Artur e assim por diante) ou mitificados (Dietrich von Bern).[41] Como se observa desde os testemunhos mais antigos, um tema identificável em culturas muito afastadas umas das outras — o ameaçador aparecimento de mortos inquietos — é reinterpretado em sentido cristão e moralizante, tendo estreita afinidade com a imagem do Purgatório que estava sendo elaborada naquele período.[42] Porém, as características marcadamente folclóricas da crença transparecem nas figuras que conduzem a "caça selvagem".

A referência de Herolt ao exército de Diana misturava a essas tradições aquelas condenadas pelo *Canon episcopi*. Não fica claro se Herolt registrava uma crença anotada em sua atividade como pregador itinerante ou se ele propunha uma interpretação pessoal de algumas das superstições que tratava de erradicar. Decerto, os casos em que figuras míticas femininas (Berchtholda, Perchta) surgem à frente do "exército furioso" são pouquíssimos e todos posteriores de um século e meio ou mais ao texto de Herolt.[43] A nossos olhos, contudo, as palavras "Diana com seu exército" são importantes, pois identificam implicitamente com as mulheres iludidas do *Canon episcopi* os batalhões dos mortos. Isso confirma a interpretação do núcleo folclórico do sabá como viagem ao além;[44] mas, ao mesmo tempo, sugere a possibilidade de estender a pesquisa aos testemunhos sobre as aparições dos mortos.

12. O dilema que surge aqui tem implicações não apenas intelectuais. As tradições sobre o "exército furioso" foram interpretadas como uma configuração mítica e ritual coerente, na qual se exprimiria, por meio da referência explícita ou implícita à figura de Wotan, a remota e persistente vocação guerreira dos machos germânicos.[45] Os processos milaneses contra Sibillia e Pierina, as duas seguidoras de Oriente, foram entendidos como testemunho de uma aspiração feminina a um mundo separado, composto só de mulheres, governado por uma deusa materna e sábia.[46] A passagem de Herolt parece sugerir que tais imagens tão diversas na aparência eram percebidas (por ele mesmo ou por outros) como aspectos de uma imagem mítica. Portanto, faz-se necessário um confronto entre as duas séries documentais.[47]

13. Partamos dos textos literários. Trata-se de um conjunto heterogêneo, que cobre um arco cronológico compreendido entre os séculos X e XVIII: pregações, escritos de devoção, coletâneas de cânones, manuais para confessores, tratados de demonologia, romances em verso, poemetos para um público popular etc.[48] Mas a contraposição que daí emerge é muito nítida. O agrupamento dos mortos, composto de homens e mulheres, como vimos, de modo geral conduzidos por figuras masculinas míticas ou mitificadas, manifestava-se quase exclusivamente a homens (caçadores, peregrinos, viajantes) em aparições ocasionais, mais frequentes no período compreendido entre o Natal e a Epifania. O cortejo das mulheres extáticas, guiado por figuras femininas, manifestava-se quase sempre a mulheres,[49] por meio de êxtases que se repetiam com regularidade, em datas definidas.

Um exame da documentação não literária — sobretudo processual — complica o quadro. Em alguns casos, encontramos homens que se dirigem em êxtase ao encontro da rainha dos elfos (na qual reconhecemos uma variante da deusa noturna); mulheres que, como as *benandanti* friulanas, assistem em êxtase às procissões dos mortos; homens que, como veremos, participam em êxtase das batalhas pela fertilidade dos campos. A conexão entre *a*) homens, aparições e grupos de mortos guiados por personagens masculinas; e *b*) mulheres, êxtases e cortejos que seguem divindades femininas rompe-se em parte, sem contudo alterar a divisão sexual dos papéis que parece regular essas relações com o além. As aparições dos mortos são definidas, por todos os lados, como "caça" (*Jagd*, *chasse*), "exército" (*Heer*, *mesnie*, *exercitas*), "sociedade" (*societas*), "séquito" (*familia*); os encontros entre a deusa e seus sequazes, pelo menos nos testemunhos provenientes da Itália setentrional, como "sociedade" (*societas*), "jogo" (*ludus*), "jogo da boa sociedade" (*ludus bonae societatis*).[50] À parte o uso promíscuo de um termo neutro como "sociedade" (*societas*), vemos delinear-se uma contraposição entre atividades reservadas aos homens (guerra, caça) e atividades a que as mulheres também eram admitidas (jogo).

A referência de Herolt ao exército de Diana pode ser considerada uma variante isolada. Ele nos recorda que aparições e êxtases, enquanto modos diversos de comunicação entre os vivos e o mundo dos mortos, germinavam de um fundo de crenças comuns. Mas o culto extático das divindades femininas noturnas, na grande maioria dos casos praticados pelas mulheres, recorta-se como um fenômeno específico e relativamente mais circunscrito. A distribuição geográfica dos testemunhos o confirma.

14. Esses testemunhos se referem à Renânia, de onde provêm os penitenciais e os sínodos recordados acima, com exceção da zona de Toulouse (sínodo de Conserans); à França continental; ao arco alpino e à planície padana; à Escócia. A essa lista deve ser acrescentada a Romênia, onde, como veremos, eram praticados rituais semiextáticos sob a proteção de *Doamna Zînelor*, também conhecida como *Irodiada* ou *Arada* — ou seja, respectivamente Diana e Herodíade, dois nomes que testemunham a introjeção pelo menos verbal das interpretações sugeridas pelos clérigos.[51] Trata-se de áreas heterogêneas só na aparência; o que têm em comum é o fato de terem sido durante centenas de anos (em todo o caso, desde o século V a.C.) habitadas por celtas.[52] No mundo germânico, imune a infiltrações célticas, o culto da deusa noturna parece ausente. Ele deveria, portanto, ser identificado como um fenômeno subjacente, reaparecendo com mais de um milênio de distância nos processos milaneses do final do século XIV ou nos escoceses de três séculos depois. Só assim se explicam, por exemplo, as desconcertantes analogias entre as fanfarronices dos *benandanti* friulanos e as do "rapaz das fadas" que (como informa um relato do final do século XVII), todas as quintas-feiras, ia tocar tambor ao pé da colina entre Edimburgo e Leith: por portas invisíveis, homens e mulheres entravam em salas suntuosas e, depois de se banquetearem em meio a músicas e folguedos, dirigiam-se voando rumo a terras distantes como a França ou a Holanda.[53]

Até agora, usamos — na mesma ótica dos inquisidores — o chamado *Canon episcopi* como uma chave para decifrar testemunhos cada vez mais recentes. Mas, se tentarmos decifrar o próprio cânone (a princípio, como dissemos, uma capitular franca), descobriremos ser ele o ponto de chegada de uma série documental que implica, mais que um fenômeno de substrato, uma verdadeira continuidade com fenômenos religiosos celtas.

No início do século V, num sermão contra os pagãos, Máximo de Turim descreveu um camponês embriagado pronto a mutilar-se em honra de uma deusa inominada (talvez Cibele) e comparou-o a um *dianaticus* ou a um adivinho. O termo *dianaticus*, introduzido pela especificação "como dizem as pessoas [*sicut dicunt*]" era, portanto, uma palavra de uso corrente; à semelhança de seu sinônimo *lunaticus*, provavelmente significava "endemoninhado", "possesso", presa de um frenesi religioso.[54] Gregório de Tours fala de uma estátua de Diana venerada nas proximidades de Trèves; ainda no final do século VII, as populações da Francônia, segundo uma biografia de são Ciliano, manifestavam hostilidade contra os missionários cristãos homenageando a "grande Diana" — uma referência do hagiógrafo à passagem nos *Atos dos Apóstolos* sobre a grande deusa de Éfeso, recordada também por Cusano. Mas sem dúvida a própria divindade romana, Diana, se sobrepusera a uma ou mais divindades célticas; só excepcionalmente afloram o nome e a fisionomia delas.[55] Num sepulcro do final do século IV ou princípio do século V d.C., descoberto em Roussas, no Delfinado, foi encontrada uma telha quadrangular; na superfície, está desenhada de forma grosseira uma personagem na garupa de um animal com longos chifres, acompanhada das palavras FERA COM ERA, "com a cruel Era".[56] Inscrições do mesmo período dedicadas a Era, Hera ou Haerecura foram encontradas na Ístria, na Suíça, na Gália Cisalpina.[57] Ainda no começo do século XV, os camponeses do Palatinado acreditavam que uma divindade com o nome de Hera, portadora da abundância, vagasse voando durante os doze dias entre o Natal e a Epifania, período consagrado ao retorno dos mortos.[58] Em meio a tais testemunhos cronologicamente tão distantes, a figura feminina gravada na telha encontrada no sepulcro de Roussas se insere como um elo intermediário. Ela confirma, por um lado, a velha hipótese que explicava como uma percepção parcial de "Hera, Diana" a presença de "Herodiana" (depois normalizada como Herodíade) entre os sinônimos da deusa noturna.[59] Por outro lado, a interpretação em chave funerária da crença nas "mulheres iludidas" que cavalgam "sobre certos animais" no séquito de "Diana, deusa dos pagãos".

Assim, a casca romana encerrava uma polpa céltica. De resto, a cavalgada noturna é substancialmente estranha à mitologia grega e romana.[60] Nem os deuses nem os heróis homéricos, por exemplo, costumam cavalgar; servem-se dos cavalos quase exclusivamente para atrelá-los aos carros. As imagens de Diana (ou de Ártemis) a cavalo são raríssimas.[61] Supôs-se que essas imagens tivessem podido inspirar aquelas, muito numerosas, de uma divindade céltica quase sempre associada aos cavalos: Épona. Ora, os mais antigos testemunhos da cavalgada de Diana provêm de Prüm, de Worms, de Trèves — isto é, de uma zona em que foi encontrada grande quantidade de representações de Épona, a cavalo ou ao lado de um ou mais cavalos. Na *"Diana paganorum dea"* da capitular franca retomada por Regino de Prüm poderá então ser reconhecida uma *interpretatio romana* de Épona ou de alguma equivalente local.[62] Como a Era de Roussas, Épona constituía uma divindade mortuária, muitas vezes representada com uma cornucópia, símbolo de abundância.[63] Ambos os elementos, como vimos, reaparecem nos nomes e nas características de figuras como Abundia, Satia, Richella. Portanto, a representação de Épona, talvez calcada na de Diana, alimentou cultos locais que, depois, foram interpretados como cultos a Diana. O jogo de espelhos entre as interpretações e reelaborações da cultura hegemônica e sua recepção por parte da cultura subalterna continuou por muito tempo. Em meados do século XIII, uma palavra como *genes* (derivada de Diana) ainda designava uma entidade ambígua, uma espécie de fada. Duzentos anos depois, *ianatica* já era sinônimo de bruxa.[64]

15. Mas Épona, protetora dos cavalos e das estrebarias, é apenas uma dentre as divindades que alimentaram as crenças que, mais tarde, confluíram na descrição estereotipada da cavalgada de Diana. De fato, associavam-se a Épona outras figuras do enigmático mundo religioso céltico, o qual já estava em processo de dissolução, sob a ofensiva do cristianismo.[65] Em pleno século XIII, essas figuras reaparecem numa passagem de Guilherme de Auvergne, que precede imediatamente a página sobre as "senhoras noturnas" guiadas por Abundia. Trata-se de espíritos que surgem sob a forma de donzelas ou de matronas vestidas de branco, ora nos bosques ora nas estrebarias, onde fazem pingar velas de cera nas crinas dos cavalos, cuidadosamente entrelaçadas por elas — um detalhe que retorna na descrição de Queen Mab (uma outra divindade noturna) feita por Mercutio em *Romeu e Julieta* (I, 4).[66] Essas *matronae* vestidas de branco são um eco tardio das *Matrae*, *Matres* ou *Matronae*, a quem é dedicada grande quantidade de inscrições, muitas vezes encomendadas por mulheres, encontradas no baixo Reno, na França, na Inglaterra e na Itália setentrional.[67] Num dos casos — uma inscrição localizada no território entre Novara e Vercelli —, tais divindades estão associadas a Diana.[68] Os baixos-relevos que amiúde acompanham as epígrafes representam as *Matronae* sob a forma de três mulheres sentadas (mais raramente, duas; por vezes, só uma). Também elas, como Épona, exibiam símbolos de prosperidade e fertilidade: uma cornucópia, um cesto com frutas, uma criança envolta em panos. A natureza extática desses cultos é testemunhada pela frequência com que, nas inscrições dedicadas às *Matres* ou *Matronae*, surgem expressões que aludem a um contato direto com as divindades, seja visual (*ex visa*) seja auditivo (*ex imperio*, *ex iussu*).[69]

É muito provável que se refira a essas divindades a expressão *modranicht* (noite das mães), que segundo Beda, o Venerável, designava na Britânia pagã a noite de vigília — talvez consagrada também a Épona — correspondente no calendário cristão à noite de Natal.[70] Ora, no calendário céltico as noites compreendidas entre 24 de dezembro e 6 de janeiro tinham uma função intercalar comparável à dos *Zwölften*, os doze dias durante os quais, no mundo germânico, pensava-se que os mortos andassem pela terra.[71] Também as *Matres*, como Épona, eram, além de protetoras das parturientes, provavelmente ligadas ao mundo dos mortos: uma inscrição britânica e alguns monumentos de proveniência renana dos primeiros séculos depois de Cristo associam-nas às parcas. Logo após o ano 1000, Burcardo de Worms identificou às parcas pagãs as três divindades (certamente as *Matres*) a quem as pessoas deixavam, em determinadas noites, comida e três facas.[72]

As *Fatae* a quem se dedicou um altar encontrado em Colonia Claudia Savaria (hoje Szombathely), localidade povoada pelos gauleses boi, foram identificadas com uma variante local das *Matres*.[73] Por muito tempo — séculos, até milênios —, matronas, fadas e outras divindades benéficas e mortuárias habitaram, invisíveis, a Europa de influência céltica.[74]

16. Tudo isso ilumina com luz inesperada uma página do historiador bizantino Procópio de Cesareia, escrita provavelmente por volta de 552 ou 553. Talvez seja a página mais famosa da *Guerra gótica*. Procópio está falando de uma ilha que se chama Brítia. De repente, a narrativa se interrompe para dar lugar a uma digressão, introduzida por palavras cautelosas e solenes:

"Tendo chegado a este ponto da história, é inevitável fazer referência a um fato que se acha mais relacionado à superstição e que a mim parece absolutamente inacreditável, apesar de muitas vezes recordado por tantas pessoas, as quais garantem ter realizado o que estou a ponto de contar com as próprias mãos e ter ouvido as palavras com as próprias orelhas [...]". Trata-se dos habitantes de certas aldeias de pescadores, situadas em frente à Brítia, na costa do Oceano. São súditos dos francos, mas desde tempos bem remotos estão isentos de pagar qualquer tributo, como recompensa pelo trabalho que fazem. Eis em que consiste esse trabalho. Todas as almas dos mortos acabam na ilha de Brítia. Os habitantes das aldeias costeiras são encarregados de transportá-las, em turnos: "Os homens que sabem que deverão realizar tal trabalho durante a noite, fazendo turno com os precedentes, mal caem as trevas retiram-se para casa e vão dormir, à espera de quem deverá chamá-los para aquela tarefa. De fato, a altas horas da noite, ouvem bater à porta e escutam uma voz abafada que os chama para a labuta; sem hesitar, saltam da cama e dirigem-se para a margem, sem dar-se conta de qual força misteriosa os obriga a agir assim, mas sentindo-se forçados a fazê-lo". Na margem, encontram barcas especiais, vazias. Mas, quando sobem a elas, afundam quase até o nível da água, como se estivessem carregadas. Agarram os remos; em cerca de uma hora, chegam à Brítia (ao passo que, em geral, a viagem dura um dia e uma noite). Após ter descarregado os passageiros, regressam com as embarcações leves. Não viram ninguém, exceto uma voz que comunica aos barqueiros a posição social dos passageiros, o nome do pai ou, no caso de serem mulheres, o do marido.[75]

Não sabemos por meio de quais informantes Procópio chegou a essa tradição local.[76] A identificação da Brítia com a Britânia parece muito provável, embora tenham sido formuladas hipóteses alternativas (a Jutlândia, Helgoland). As aldeias de pescadores que transportavam almas, distantes da Brítia um dia e uma noite de remo em condições normais, deviam estar situadas nas costas da Armórica (a moderna Bretanha).[77] Desde a Antiguidade, essas terras foram envoltas em nebuloso halo de lendas. No início do século V, Claudiano escrevia que na Armórica, às margens do oceano, indicava-se o lugar onde Ulisses encontrara o povo das sombras; lá, "os camponeses veem circular as sombras pálidas dos mortos".[78] Plutarco (que talvez reelaborasse tradições célticas) já fizera referência a um mito segundo o qual, numa ilha situada além da Britânia, jazia adormecido o deus Cronos.[79] No século XII, o erudito bizantino Tzetzes ainda considerava, baseado na passagem de Procópio resumida por ele, que as ilhas Afortunadas, isto é, a ilha dos Beatos, se encontrassem além do oceano.[80]

Mas as discussões provocadas pelas indicações geográficas de Procópio, vagas e em parte fabulosas, deixaram de lado o elemento mais singular de toda a história: as viagens noturnas realizadas periodicamente pelos transportadores de almas.[81] Esse detalhe, se inserido na série de testemunhos que estamos analisando, parece menos excepcional. "A altas horas da noite [...], ouvem bater à porta e escutam uma voz abafada que os chama para a labuta", diz Procópio. "Apareceu-me certa coisa invisível durante o sono, a qual tinha semelhança com um homem e parecia dormir mas não dormia [...], e parecia que me dizia: 'Tu hás de vir comigo. [...]'" "Sem hesitar, saltam da cama e dirigem-se para a margem, sem dar-se conta de qual força misteriosa os obriga a agir assim, mas sentindo-se forçados a fazê-lo", continua Procópio. "Temos de ir [...]"; "e assim eu disse que, se era preciso ir, havia de ir [...]."

As vozes em contraponto são as de dois *benandanti* friulanos processados no final do século XVI.[82] Os anônimos informadores de Procópio, que asseguravam ter participado pessoalmente do transporte de almas, terão talvez usado palavras análogas para descrever a força desconhecida que os impelia. As tarefas executadas em espírito por aqueles *benandanti* eram, como veremos, várias. Nenhum dos relatos menciona divindades femininas (no de Procópio, a voz que diz o nome dos mortos na praia escura não tem sexo). Mas, em ambos, ressalta o eco inconfundível, mais ou menos reelaborado, de uma experiência extática. Mil anos separam esses testemunhos. Somos tentados a aproximá-los supondo em ambos os casos a presença de um substrato céltico que, na Bretanha como no Friul, combinando-se com tradições diversas, continuou a alimentar por muito tempo uma religião popular dos mortos.[83]

17. Contudo, ao longo da Idade Média, esse núcleo mítico nutriu também uma tradição de gênero bem diferente, que não era oral, mas escrita (em língua vulgar); que não era popular, mas cortês; ligada a uma experiência que não era extática, mas literária. Trata-se dos romances do ciclo arturiano. Neles, como já foi observado, Artur às vezes surge como um verdadeiro rei dos mortos. Sua representação na garupa de uma espécie de bode ("super quandam bestia*m*", poderíamos dizer, parafraseando o *Canon episcopi*) no grande mosaico pavimental de Otranto, datado de 1163-5, bem como seu aparecimento, cem anos depois, à frente da "caça selvagem", testemunha a contiguidade de reelaborações literárias com crenças folclóricas centradas na comunicação com o além.[84] Na viagem de heróis como Erec, Percival e Lancelot rumo a castelos misteriosos, dos quais uma ponte, um prado, uma charneca ou o mar separam o mundo dos homens, foi identificada uma viagem em direção ao mundo dos mortos. Às vezes, os próprios topônimos (*Limors, Scahstel le mort*) declaram essa identidade.[85] Trata-se de lugares em que a existência é subtraída ao fluir do tempo. O viajante deve prestar atenção à comida que ali se consome — o alimento dos mortos, que uma tradição antiquíssima veta aos seres vivos.[86] Em alguns textos irlandeses (*echtrai*, isto é, aventuras), foram reconhecidos os precedentes literários dessas narrativas.[87] Mas as analogias com a tradição extática de que estamos falando remetem a um fundo comum de mitos celtas. A irmã de Artur, *Morgain la fée*, a fada Morgana, é a reencarnação tardia (se bem que enriquecida por novos elementos) de duas deusas célticas: a irlandesa Morrígan, ligada a Épona, e a galesa Modron.[88] Esta última não é outra senão uma das *Matronae* veneradas desde os primeiros séculos da era cristã.[89] Entre as fadas que encontramos nas confissões das bruxas escocesas dos séculos XVI e XVII e as fadas que povoam os romances arturianos, o parentesco é muito estreito.

Tudo isso confirma a importância dos elementos do folclore céltico que, misturando-se a temas cristãos, confluíram na "matéria da Bretanha".[90] A essa tradição será reconduzido o tema, que emerge com frequência nos romances arturianos, da viagem do herói ao mundo dos mortos.[91] Mas a contraposição mítica entre a corte de Artur e o universo circunstante, povoado de presenças mágicas e hostis, prestava-se também para exprimir em formas atemporais uma situação histórica precisa: o enrijecimento dos cavaleiros num grupo fechado, ante uma sociedade em rápida transformação.[92]

18. Essa tradição literária cortês sem dúvida era desconhecida para as velhas camponesas do vale de Fassa. Mas Zuan delle Piatte, homem condenado como feiticeiro no início do século XVI, no vale de Fiemme, coloca-nos diante de um caso de hibridismo mais complicado.[93] Confessou aos juízes ter ido com um frade ao monte da Sibila, próximo de Norcia, também referido como *"el monte de Venus ubi habitat la donna Herodiades"*, para ser iniciado na confraria das bruxas. Chegando a um lago, os dois haviam encontrado "um grande frade que estava vestido de negro e era negro", o qual, antes de fazê-los atravessar, tentara induzi-los a renunciar à fé cristã e entregar-se ao diabo. Depois, entraram na montanha, passando através de uma porta fechada por uma serpente; aqui, um velho, "o fiel Eckhart", advertiu-os de que, se permanecessem naquele lugar por mais de um ano, não poderiam voltar. Entre as pessoas fechadas na montanha, haviam visto um velho adormecido, "o Tonhauser", e "dona Vênus". Com esta, Zuan delle Piatte fora ao sabá, onde encontrara também a "mulher do bom jogo". Os elementos diabólicos que permeiam essas confissões podem ser atribuídos ao uso da tortura durante o processo; mas a Sibila, "dona Vênus", "o fiel Eckhart" e "o Tonhauser" vinham de mais longe. Quase cem anos antes, as tradições locais úmbricas sobre o monte da Sibila, reelaboradas num romance popular de grande sucesso, o *Guerin Meschino* de Andrea da Barberino, haviam-se fundido às tradições alemãs que tinham como eixo a figura de Tannhäuser.[94] Nos relatos de Zuan delle Piatte, porém, os ecos de uma leitura provável do *Guerin Meschino* se misturavam a elementos ligados a uma cultura oral, marcadamente folclórica. Zuan declarou ter ido "com aquela mulher [Vênus] e seu grupo numa noite de quinta-feira dos quatro tempos de Natal, montados em cavalos negros que cruzavam os ares, e em cinco horas haviam percorrido o mundo inteiro".[95] Reencontramos a cavalgada de Diana (ou de seus sinônimos), a viagem em êxtase que durante os quatro tempos faziam os seguidores de Richella ou as *benandanti* friulanas. Um século depois, em 1630, um mágico de Hesse, Diel Breull, confessou ter estado por alguns anos em espírito, durante os tempos, no Venusberg, onde *"fraw* Holt" (Holda ou Holle, outra das personificações da deusa) lhe mostrara os mortos e suas penas, refletidos numa bacia cheia de água: cavalos esplêndidos, homens prontos para banquetear-se ou sentados entre as chamas.[96] Algum tempo antes, em 1614, Heinrich Kornmann publicara seu *Mons Veneris*, no qual narrava a lenda de Tannhäuser.[97] Como Breull, Kornmann era originário de Hesse; mas, como vimos, essas tradições não podem ser circunscritas a um âmbito regional. Além disso, mesmo se Breull tivesse lido o *Mons Veneris*, essa leitura não bastaria para explicar a letargia em que caíra, num momento de intensa infelicidade (havia perdido mulher e filhos), para encontrar-se depois no Venusberg. Todavia, é significativo que os raros casos nos quais o tema da viagem extática aparece misturado a elementos provenientes da tradição escrita se refiram a homens, mais facilmente alfabetizados, e não a mulheres. Também nas confissões feitas por Arnaud Gélis, no começo do século XIV, as descrições das fileiras de almas se juntam a afirmações que fazem eco a textos hagiográficos irlandeses (também eles entremeados de elementos folclóricos) sobre a viagem de são Patrício ao Purgatório.[98]

19. A confluência de tradições célticas relacionadas a elfos e fadas na imagem da feitiçaria elaborada pelos demonólogos foi reconhecida há bastante tempo (e, depois, substancialmente esquecida).[99] O contexto geográfico e cronológico reconstruído até aqui permite precisar e complicar essa trama. Aos elementos, mais ou menos recentes, que contribuíram para a cristalização do estereótipo do sabá nos Alpes ocidentais, entre o Delfinado, a Suíça francesa, a Lombardia e o Piemonte — a presença de grupos heréticos em fase de desagregação, o temor da difusão do complô —, agora podemos acrescentar outro muito mais antigo: a sedimentação de cultura céltica. Uma sedimentação material (as jazidas arqueológicas de La Tène, nas proximidades do lago de Neuchâtel, deram nome ao núcleo mais antigo da civilização celta) e metafórica. Nos voos noturnos descritos pelas bruxas e pelos feiticeiros do Valais processados no início do século XV — estranhos, como foi dito, aos estereótipos inquisitoriais —, a esta altura temos condições de reconhecer o eco transformado de um culto extático de tradição céltica. A localização no tempo e no espaço dos primeiros processos centrados na imagem do sabá parece-nos (*a posteriori*) inevitável. Não é só. Uma impressionante convergência de dados linguísticos e geográficos sugeriu a hipótese de que grande parte dos nomes de pessoas e de lugares que recorrem no ciclo arturiano deve reconduzir a topônimos concentrados na região do lago Leman.[100] Dir-se-ia que a reelaboração literária e a reelaboração inquisitorial do antigo mito celta da viagem ao mundo dos mortos foram difundidas, em tempos e modos diferentes, a partir da mesma zona e de um material folclórico semelhante. Todos os fios parecem combinar-se no mesmo tecido.

2. ANOMALIAS

1. Testemunhos provenientes de um extremo a outro da Europa, num intervalo de tempo mais que milenar, fizeram emergir os traços de uma religião extática com predominância feminina, dominada por uma deusa noturna de muitos nomes. Nessa figura, reconhecemos uma filiação híbrida, tardia, de divindades célticas. Uma hipótese talvez discutível, por basear-se numa documentação dispersa no espaço e no tempo; sem dúvida, insuficiente, pois incapaz de explicar os motivos de uma continuidade tão viscosa. Não apenas isso: essa continuidade parece desmentida por outros documentos, dos quais ainda não falamos.

Trata-se de uma série de processos instaurados pelo Santo Ofício na Sicília, a partir da segunda metade do século XVI, contra mulheres (chegando a incluir meninas) que afirmavam encontrar-se periodicamente com misteriosos seres femininos: as "mulheres de fora". Com elas, passavam a noite voando, indo banquetear-se em castelos remotos ou nos prados. Vestiam-se de forma rebuscada mas tinham patas de gato ou cascos equinos. No centro de suas "companhias" (dos romanos, de Palermo, de Ragusa etc.), havia uma divindade feminina com muitos nomes: a Matrona, a Mestra, a Senhora Grega, a Sábia Sibila, a Rainha — às vezes acompanhada por um rei das fadas. Ensinava suas seguidoras a curar as vítimas de malefícios.[1] Esses relatos, tão similares aos das mulheres que se dirigiam em êxtase ao encontro da deusa noturna, nasciam de tradições especificamente sicilianas. Desde meados do século XV, uma vulgarização, redigida na ilha, de um manual para confessores referia-se às "mulheres de fora que vagueiam de noite".[2] Não obstante a atitude hostil do clero, a crença se manteve por longo tempo. Em 1640, uma mulher de Palermo, Caterina Buní, "que andava com as *mulheres de fora* durante a noite, prometia levar as pessoas com ela e pretendia fazê-las cavalgar um castrado, como fazia ela própria", foi processada e condenada pelo Santo Ofício. Em pleno século XIX, mulheres de fora (*Donni di fuora*), mulheres da região (*Donni di locu*), mulheres da noite (*Donni di notti*), domésticas (*Donni di casa*), belas senhoras (*Belli Signuri*), donas de casa (*Patruni di casa*) continuavam a apresentar-se a homens e mulheres: figuras ambíguas, de tendência benéfica mas prontas a provocar danos a quem não lhes desse a atenção devida. Um detalhe como o favor reservado pelas "mulheres de fora" às casas bem varridas sublinha a analogia com as "boas senhoras", as fadas, as sequazes de Oriente. Tentou-se reconhecer o penteado característico das *Matronae* célticas nas "três moças vestidas de branco, tendo na cabeça uma espécie de turbante vermelho" que apareceram em meados do século XIX a uma velha de Modica, Emanuela Santaéra, convidando-a para dançar.[3] Porém, estamos na Sicília. A presença na ilha de tropas mercenárias celtas, contratadas por gregos e cartagineses no século IV a.C., foi um evento ocasional, que não pôde criar premissas para uma continuidade cultural tão tenaz.[4] Nas "mulheres de fora", somos levados a reconhecer um fenômeno anômalo, decididamente incompatível com a hipótese histórica que formulamos.

Poderíamos tentar remover o obstáculo usando, por via analógica, outra tradição, cuja fisionomia céltica (embora reelaborada) parece óbvia. Trata-se de narrativas lendárias, documentadas na Sicília desde o século XIII, segundo as quais o rei Artur, ferido em batalha, jazia adormecido numa caverna do Etna. Essas lendas remontariam à difusão (não documentada, mas plausível) dos temas da epopeia arturiana, que teriam sido levadas à Sicília no final do século XI por cavaleiros bretões, desembarcados com os invasores normandos. Também o epíteto tardio "fada Morgana", com o qual são designadas as miragens que se veem no estreito de Messina, proviria dessa circulação cultural.[5] De resto, a associação de Morgana à Sicília e, de modo especial, ao Etna já foi registrada em alguns poemas franceses e provençais.[6] As fadas que surgem nos relatos das mulheres ou das meninas processadas pelo Santo Ofício de Palermo não poderiam, por sua vez, ser associadas à importação da *"matière de Bretagne"*? Se assim fosse, voltaríamos a encontrar um substrato celta — apesar de muito mais recente e bem mais profundamente modificado que o imaginado até agora. Os êxtases das seguidoras das "mulheres de fora" teriam trazido à tona o conteúdo folclórico latente na tradição literária, transmitida oralmente, que os havia alimentado.

É uma suposição difícil de aceitar. Mas a surpreendente presença, na Sicília, de tradições ligadas a Morgana também sugeriram outra hipótese, que remete a um passado bem mais longínquo. Tanto a céltica Morrígan quanto a siciliana Morgana seriam inseridas numa tradição que remonta a uma grande deusa mediterrânica pré-grega, a qual teria inspirado também figuras de magas como Circe ou Medeia. Essa filiação cultural explicaria a presença de nomes e topônimos semelhantes (inclusive do tipo *morg-*) no âmbito mediterrânico ou céltico.[7] Trata-se, como se vê, de conjecturas genéricas e frágeis, que resolvem as dificuldades documentais projetando-as num passado nebuloso. A mesma "grande deusa" é uma abstração, que unifica de modo arbitrário cultos com características heterogêneas.[8] Todavia, essa hipótese, embora formulada de maneira inaceitável, sugere indiretamente uma pista para pesquisa, muito diferente daquelas seguidas até aqui.

2. De Posidônio de Apameia — talvez de sua grande obra histórica e etnográfica, hoje perdida — Plutarco extraiu, como explicitou, o capítulo 20 da *Vida de Marcelo*.[9] Os fatos nele referidos remontam a 212 a.C.; Posidônio escrevia por volta do ano 80 a.C.; Plutarco, entre os séculos I e II d.C. O capítulo conta o expediente usado por Nícias, primeiro cidadão de Engyon (cidade da Sicília oriental, identificada com a moderna Troina),[10] para esconder-se de Marcelo, o general romano que com seu exército invadira a ilha. Engyon era famosa pela aparição de

certas deusas, chamadas Mães; a elas era dedicado um célebre santuário. Nícias começa a fazer discursos hostis contra as Mães, dizendo que suas aparições são invencionices. Durante uma assembleia pública, de repente se deixa cair ao chão, feito morto. Pouco depois, fingindo retomar a consciência, diz com voz débil e soluçante que as Mães o atormentam. Como um louco, arranca as roupas e, aproveitando-se do espanto geral, foge em direção ao campo romano. Por seu lado, a mulher dele finge dirigir-se ao templo das Mães para implorar perdão e alcança Nícias...

Outros dados sobre o culto das Mães emergem de uma página de Diôdoros, baseada nas tradições locais (talvez derivadas de Timeu) e em informações de primeira mão, para além do provável conhecimento da obra de Posidônio.[11] A fama do santuário de Engyon era grande: várias cidades sicilianas, por sugestão de oráculos inspirados em Apolo, reverenciavam, com sacrifícios, honras e ofertas votivas em ouro e prata, as deusas Mães propiciadoras de prosperidade aos indivíduos e ao Estado. Também Agyrion (onde Diôdoros nascera) havia contribuído, embora distasse quase cem estádios, para a construção do grande templo de Engyon, enviando carros carregados de pedras. Ninguém se preocupara com os custos, pois o santuário das Mães era riquíssimo: até pouco tempo antes (afirma Diôdoros), possuía 3 mil bois sagrados e grande quantidade de terras, das quais retirava lucros consideráveis.[12]

No templo de Engyon (informa Plutarco, retomando Posidônio), eram conservadas as armas do herói cretense Meríon, mítico colonizador da Sicília. Diôdoros sublinha que os fundadores de Engyon — cretenses — haviam trazido de sua terra de origem o culto das Mães. Cícero, por sua vez, afirma (*Verr.*, IV, 97; V, 186) que Engyon era famosa pelo templo dedicado à Grande Mãe, Cibele. Porém, a mesma oscilação entre plural e singular ressurge em testemunhos arqueológicos provenientes da Sicília oriental: em dois projéteis de chumbo que remontam à Segunda Guerra Servil, encontrados em Siracusa e Lenitini, leem-se, respectivamente, as palavras "vitória das Mães [*nikē metērōn*]" e "vitória da Mãe [*nikē materos*]".[13] O desdobramento ou a triplicação de divindades singulares são fenômenos largamente documentados, inclusive no âmbito mediterrânico.[14] Cibele era venerada, além de na Sicília oriental, também em Creta (sob o nome de Reia), com rituais tumultuosos que se assemelham aos comportamentos imitados por Nícias. As divergências entre Posidônio e Diôdoros, de um lado, e Cícero, do outro, seriam insignificantes.[15]

Imaginou-se que esse culto, presumivelmente de origem cretense, tenha sido gerado de um preexistente, autóctone; apoiando-se numa afirmação de Pitágoras, referida por Timeu, que identificava as Mães às ninfas e às *korai*, reconheceram-se as deusas de Engyon em tríades de ninfas representadas em relevos ou moedas siciliotas.[16] Mas as páginas de Posidônio e de Diôdoros parecem referir-se a divindades específicas. Tentou-se identificá-las nas três figurinhas femininas envolvidas num manto, encontradas numa tumba de Chipre, ou naquelas, de dimensões muito maiores, que se veem num baixo-relevo (de 52 × 42 × 37 cm) descoberto em Camàro, perto de Messina.[17] Mais recentemente, as mães de Engyon foram evocadas a propósito das ninfas representadas em alguns ex-votos, encontrados no santuário trácio de Saladinovo.[18]

3. Esse santuário é indicado popularmente como "cemitério das fadas"; as tríades de ninfas usam penteados em forma de turbante, similares aos das *Matronae* célticas — ou àqueles das "mulheres de fora" surgidas em meados do século XIX com a velha de Modica. No que concerne a Saladinovo, nada de estranho: a presença de instalações célticas está documentada na Trácia nos séculos IV-III a.C.[19] Mas essa explicação, como vimos, não vale para a Sicília.

A analogia entre as enigmáticas deusas Mães de Engyon e as *Matronae* célticas, já assinaladas por um arqueólogo setecentista, foi interpretada das maneiras mais diversas. Algumas vezes, viu-se nela uma derivação de divindades femininas indo-europeias não bem identificadas; em outras ocasiões, uma mera coincidência; em outras mais, a prova da presença, no âmbito tanto celta quanto siciliano, de divindades maternas plurinominais, não identificáveis nem com a Mãe Terra nem com a Mãe dos deuses venerada na Ásia Menor.[20] Que esta última hipótese seja a mais justa resulta de um dado até hoje negligenciado. Numa inscrição votiva, que talvez remonte ao século I a. C., conservada num santuário perto de Allan (uma localidade do Delfinado), certo Niger — provavelmente um escravo —, intendente do despenseiro de uma grande propriedade, dirigia-se num latim grosseiro "às mães vitoriosas" (*Matéria V[ic]tricibus*).[21] Impossível deixar de pensar nas expressões de bom augúrio gravadas nos projéteis usados pelos fundeiros sicilianos nas Guerras Servis: "vitória das Mães" (ou "da Mãe"). Essa convergência, embora de difícil interpretação, confirma as conjecturas, formuladas de maneira independente, acerca das raízes ao mesmo tempo célticas e sicilianas de figuras como a fada Morgana ou as "mulheres de fora".[22]

4. A esta altura, parece inevitável a hipótese de uma continuidade subterrânea, em âmbito siciliano, entre as Mães de Engyon e as "mulheres de fora". É claro que continuidade não significa identidade. Diversamente das "mulheres de fora", as Mães estavam no centro de um culto público, não de experiências de êxtases privados. Mas o desfalecimento, que se seguia a uma exaltação frenética, teatralizadas por Nícias, bem como a referência às aparições das Mães, indica que essas divindades costumavam manifestar-se a indivíduos imersos em estado de êxtase. Os tormentos que as Mães infligiam aos que, como Nícias, negavam suas aparições também lembram as reações hostis das "mulheres de fora" contra quem lhes faltava com o respeito. Contudo, a fisionomia das Mães de Engyon permanece obscura. As notícias convergentes sobre sua proveniência cretense complicam o quadro. Segundo o mito, Reia se ocultara em Creta para fugir de Cronos, que pretendia devorar o filho deles, Zeus, recém-nascido, como já o fizera com os filhos precedentes. Duas ursas (ou, segundo outras fontes, duas ninfas),

Helike e Kynosura, haviam cuidado da criança, escondendo-a numa gruta do monte Ida. Zeus, em sinal de agradecimento, transformara-as em constelações: a Ursa Maior e a Ursa Menor.[23] Citando uma passagem (vv. 30-5) dos *Fenômenos*, o poema de divulgação astrológica redigido por Arato por volta de 275 a.C., Diôdoros identificou às Mães de Engyon as duas ursas nutrizes.

Segundo outras versões, quem criara Zeus havia sido uma ninfa (ou uma cabra) chamada Amaltea, depois também transformada em constelação; uma cadela; uma porca; um enxame de abelhas.[24] O deus recém-nascido criado por animais (depois antropomorfizados) é uma figura bem diferente do senhor do Olimpo, divindade celeste seguramente indo-europeia; portanto, os mitos cretenses remontariam a um estrato cultural mais antigo.[25] Deve-se considerar que não estavam localizados só em Creta. Próximo de Cizico, na Propontide (o moderno mar de Mármara), existia um monte que, como informa um comentário à *Argonáutica* de Apolônio Ródio (I, 936), era chamado "das ursas" em memória das nutrizes de Zeus.[26] Numa região montanhosa e isolada do Peloponeso, a Arcádia, esses mitos haviam sido entrelaçados com tradições locais, registradas por Pausânias no século II a.C. Essas tradições proclamavam que Zeus não nascera em Creta, mas sim numa parte da Arcádia chamada Creteia; que uma das amas de leite, Helike, era filha do rei árcade Licáon — enquanto outras versões a identificavam a Fênix, ninfa que Ártemis transformara em pássaro por ser ela, Fênix, culpada de deixar-se seduzir por Zeus.[27] Percebe-se uma contaminação, já assinalada por Calímaco, entre os mitos sobre o nascimento cretense de Zeus e os mitos sobre Calisto, filha (pelo menos em algumas versões) de Licáon, rei da Arcádia; amante de Zeus; mãe do herói epônimo Arcas; transformada em ursa e assim morta por Ártemis; elevada ao céu para formar a constelação da Ursa.[28] Entre os dialetos gregos, o arcádico-cipriota é o mais similar à língua adotada pela população que conquistou Creta por volta de meados do segundo milênio a.C.: o micênico (mais precisamente, a variante, chamada Linear B, em que estão redigidos os documentos administrativos encontrados em Pylos e Cnossos).[29] A convergência, talvez tardia em parte, dos dois grupos de mitos, o cretense e o arcádico, desenvolvia-se com base em relações culturais muito antigas. Os elementos são mais ou menos os mesmos (ursas-ninfas-Zeus-constelações), mas diferentes são a combinação e a função imediata. Em vez de duas nutrizes ursas, uma amante transformada em ursa; no lugar da fabulosa infância de um deus, a afirmação da origem divina de Arcas. A ligação entre os descendentes e o filho do iniciador da linhagem dos pelasgos, Licáon, que Zeus havia transformado em lobo porque praticava sacrifícios humanos, era atenuada para dar lugar a uma nova genealogia mítica. Pelo mito de Calisto (um verdadeiro mito de refundação), os pelasgos, como observou Pausânias (VIII, 3, 7), haviam-se tornado árcades — nome que uma etimologia popular reconduzia ao da ursa (*arktos, arkos*).[30] Está fora de dúvida que o culto siciliano das deusas Mães pressuponha os mitos cretenses centrados nas nutrizes-ursas; a relação entre mitos cretenses e mitos arcádicos a respeito da ninfa-mãe transformada em ursa parece menos clara, mesmo que a anterioridade dos primeiros surja como provável.[31] Mas a reelaboração arcádica coloca novas dificuldades. Por muito tempo, Calisto foi considerada uma projeção, ou hipóstase, de Ártemis; em sua metamorfose, viu-se o signo de uma antiquíssima natureza ursina da deusa, núcleo totêmico depois parcialmente cancelado pela sobreposição de elementos de gênero bem diverso. Nos últimos tempos, o uso de categorias discutíveis como "hipóstase" ou "totemismo" induziu a recusar em bloco tal linha interpretativa.[32] Todavia, esta, além de apoiar-se sobre dúbios postulados teóricos, baseia-se em dados documentais incontestáveis, como os restos de um santuário ateniense dedicado a Ártemis "Kaliste",[33] ou a célebre e discutida passagem de Aristófanes (*Lisístrata*, vv. 641-7) da qual resulta que Ártemis era venerada no santuário de Brauron por meninas chamadas "ursas", que vestiam roupas cor de açafrão.[34] Não é possível excluir *a priori* que tais testemunhos de uma conexão íntima entre Ártemis e a ursa exprimissem, de forma atenuada, uma relação mais antiga de identificação.[35] Justamente numa região como a Arcádia, muito conservadora do ponto de vista cultural, existiam traços consistentes, ainda no século II a.C., de cultos ligados a divindades parcial ou totalmente animalescas.[36] Além disso, como para outros fenômenos religiosos (ou linguísticos), os dados arcádicos são esclarecidos pelo confronto com Creta. Na costa norte-ocidental da ilha, existia, segundo parece, uma cidade micênica chamada Kynosura — o nome de uma das nutrizes de Zeus. Com o mesmo nome era também designada a península em que a cidade estava situada: a atual Akrotiri. Ali, pode-se ver ainda uma "gruta da ursa" (*Arkoudia*), assim designada por causa de uma imponente estalagmite que sugere a imagem de um animal. Na gruta, foram encontrados fragmentos de imagens de Ártemis e de Apolo que remontam ao período clássico e helenístico. Hoje, venera-se a "Virgem da Gruta da Ursa" (*Panaghia Arkoudiotissa*): segundo uma lenda local, Nossa Senhora penetrara na gruta para refrescar-se, deparara com uma ursa e a petrificara. Sob a reelaboração cristã, é possível entrever o culto, talvez existente já no segundo milênio a.C., na era minoica, de uma deusa nutriz com aspecto ursino — uma ancestral distante das Mães de Engyon.[37]

É muito provável que o nome dessa deusa permaneça ignorado por nós. Sabemos, porém, que o de outra ama de leite de Zeus — Adrasteia — designava uma divindade traco-frígia, venerada em Atenas junto com a deusa trácia Bendis. Que Heródoto (V, 7) identificasse Bendis a Ártemis é muito provável; que Pausânias (X, 27,8) assimilasse Adrasteia a Ártemis é certo.[38] Aos olhos de observadores gregos, figuras díspares de divindades femininas estrangeiras lembravam irresistivelmente o nome de Ártemis. Talvez com algum fundamento. Na *Ilíada*, Ártemis é a "senhora dos animais" (*potnia thērōn*, XXI, 470), epíteto que evoca figurações, provenientes do Mediterrâneo e da Ásia Menor, de uma deusa secundada por animais, muitas vezes aos pares (cavalos, leões, cervos etc.).[39] Sobre esse núcleo arcaico, pré--grego, desenvolveram-se cultos e prerrogativas que foram encaminhados para um motivo comum: a relação com realidades marginais, intermediárias, transitórias. Virgem caçadora, na fronteira entre a cidade e a selva informe, entre o humano e o bestial, Ártemis era também venerada como alimentadora de crianças (*kourotrophos*) e protetora de moças.[40] A ela se dirigiam também as mulheres grávidas: ex-votos que representam seios e vulvas foram encontrados no santuário de Ártemis Kaliste. Por Eurípides (*Ifigênia em Táuris*, 1462 e seguintes), sabemos que a Ifigênia, sacerdotisa no santuário de Ártemis Braurônia, eram dedicadas as roupas das mulheres que morriam de parto — enquanto à deusa, provavelmente, cabiam as roupas de quem terminara o trabalho com êxito.[41] Em ambos os casos, como vimos, Ártemis, virgem e nutriz — dois elementos obstinadamente entrelaçados no imaginário religioso mediterrânico —, estava estreitamente associada à ursa. A solicitude da ursa para com os filhos era proverbial entre os gregos.[42] É até provável que o aspecto humanoide da ursa, animal plantígrado, tornasse-a indicada a simbolizar, como Ártemis, situações intermediárias e liminares.

5. No segundo ou terceiro século depois de Cristo, uma mulher chamada Licínia Sabinila dedicou à deusa Ártio um grupo votivo de bronze. Reencontrado em fragmentos, em Muri, perto de Berna, em 1832, só foi recomposto em 1899. A disposição atual no Museu Histórico de Berna mostra uma divindade feminina sentada, com uma tigela na mão direita e o colo cheio de frutas (alt. 15,6 cm); junto dela, à esquerda, outras frutas afloram de um cesto apoiado numa pilastra; em frente, uma ursa (alt. 12 cm) de cócoras perto de uma árvore (alt. 19 cm). O pedestal (alt. 5,6 cm, larg. 28,6 cm, esp. 5,2 cm) contém a inscrição DEAE ARTIONI LICINIA SABINILLA. Epígrafes com dedicatórias à deusa Ártio foram encontradas no Palatinado Renano (perto de Bitburg), na Alemanha setentrional (Stockstadt, Hedderheim), talvez na Espanha (Sigüenza ou Huerta). A distribuição dos testemunhos e o nome designam uma divindade céltica, cujo nome evoca o urso (em gaulês, *artos*; em antigo irlandês, *art*).⁴³ Um exame mais aprofundado revelou que na origem o grupo era constituído só da ursa — Ártio — acocorada em frente à árvore. A deusa em forma humana é um acréscimo posterior, embora antigo. Sua imagem reproduz a das *Matronae* ou *Matres* célticas e também (de maneira mais genérica) a de Deméter sentada.⁴⁴

A fisionomia atual do grupo é, portanto, o fruto de uma estratificação dupla, a que corresponde um desdobramento de Ártio, representada primeiro em forma animal e, depois, humana. Voltamos a encontrar o nexo deusa ursina-deusa nutriz, já emerso no culto de Engyon e nos mitos cretenses que o haviam inspirado, assim como nos cultos de Ártemis Kaliste e de Ártemis Braurônia. Para quem relute em reconhecer na ursa um símbolo independente dos contextos culturais, essa convergência de testemunhos célticos e gregos pode, à primeira vista, parecer desconcertante. A possibilidade de uma relação linguística (e, portanto, histórica) entre *Ártio* e *Ártemis* complica ainda mais o quadro. Supôs-se que a divindade céltica tivesse filiação com a grega, uma vez que *artos* derivaria de *arktos*, por intermédio do latino *arctus* ("urso").⁴⁵ Mas, por motivos tanto linguísticos quanto culturais, parece inverossímil que *artos* constitua um empréstimo.⁴⁶ Por outro lado, o significado do nome *Ártemis* é obscuro (a conexão com *arktos* é uma etimologia popular, liguisticamente inaceitável).⁴⁷ Foi então formulada uma hipótese que inverte a precedente: a deusa grega derivaria de uma deusa celto- (ou dácio-) ilírica, introduzida no Peloponeso pela suposta invasão dórica (1200 a.C.).⁴⁸ Um testemunho anterior a esta última, ou seja, os nomes *A-te-mi-to* e *A-ti-mi-te* escritos em Linear B em tabuletas de uma cidade micênica, Pylos, parecia refutar também essa hipótese. Mas o significado daqueles nomes é obscuro; a possibilidade de identificá-los a Ártemis, contestada.⁴⁹ A relação entre Ártio e Ártemis permanece um problema não resolvido.

6. A tentativa de explicar a anômala presença na Sicília de "mulheres de fora" impôs uma longa digressão. Em seu decorrer, encontramos as Matronas célticas intimamente ligadas às Mães transplantadas de Creta para a Sicília; os mitos e os cultos cretenses ligados a deusas nutrizes de aspecto ursino; os cultos de Ártemis Kaliste e Ártemis Braurônia em que a deusa com funções de ama de leite aparece estreitamente associada à ursa; enfim, Ártio, representada como ursa e Matrona. Aqui, de forma imprevista, o círculo se fecha. Voltamos ao âmbito do qual havíamos partido. Reencontramos não só as raízes do culto extático que estamos reconstruindo mas até, talvez, suas reelaborações literárias — se o nome de Artur, por via de *Artoviros*, deriva (como se supôs) de Ártio.[50] Mas a anomalia dos testemunhos sicilianos fez emergir um estrato mais profundo, mais antigo, em que se misturam elementos célticos, gregos, talvez mediterrânicos. Fragmentos desse estrato estão incrustados nas confissões dos seguidores da deusa noturna.

7. Pareceram-me decrépitas e loucas, disse Cusano em seu sermão aos fiéis de Bressanone, falando a respeito das duas velhas do vale de Fassa. Entregaram oferendas a Richella, acrescentou; tocaram-lhe as mãos, como se faz ao estabelecer um contrato. Dizem que a mão dela é peluda. Com as mãos peludas tocara as bochechas das mulheres.[51]

8. Esse detalhe chegou até nós por caminhos tortuosos: a tradução latina do sermão feito por Cusano em língua vulgar, baseado no processo perdido (talvez também em latim) em que um tabelião terá registrado, de forma presumivelmente sumária, as confissões que as duas velhas, intimidadas e amedrontadas, terão mastigado no dialeto de seu vale, talvez perante um padre que fazia as vezes de intérprete, tentando descrever em palavras o evento misterioso que as visitara — o manifestar-se da deusa noturna de muitos nomes.

Para as duas velhas, a deusa era apenas Richella. Não obstante a insistência do bispo de Bressanone, tão erudito e poderoso, haviam teimado em não renegá-la. Fizeram-lhe oferendas; dela receberam carícias afetuosas e promessas de riqueza;

com ela haviam esquecido periodicamente, durante anos, as canseiras e a monotonia da vida cotidiana. Um *exemplum* inserido num manuscrito quatrocentista da biblioteca de Breslau conta que uma velha, profundamente desfalecida, sonhava ser transportada em voo até "Herodiana": num ímpeto de alegria (*leta*), abrira os braços, derrubara uma jarra de água destinada à deusa e despertara deitada no chão.[52] Um adjetivo que escapou de um narrador que ostentava, com irônico distanciamento, a própria superioridade cultural nos comunica por um instante a intensidade emocional que terá acompanhado também os êxtases das duas sequazes de Richella.

Em seu sermão, Cusano falara de Diana, ou melhor, de Ártemis, a grande deusa de Éfeso. Só agora começamos a entender quanta verdade encerrava, apesar de tudo, essa identificação. Atrás de Diana-Ártemis, vimos tomar forma Richella, a deusa doadora de prosperidade, ricamente vestida, que tocava com a pata hirsuta as bochechas enrugadas das velhas em êxtase do vale de Fassa. Em Richella, entrevemos uma deusa semelhante a Ártio, representada na outra vertente dos Alpes, mais de mil anos antes, na dupla forma de ursa e de matrona propiciadora de prosperidade, com o colo cheio de frutas. Atrás de Ártio, abre-se um abismo temporal vertiginoso, no fundo do qual surge outra vez Ártemis, a "senhora dos animais", talvez; ou, quem sabe, ainda uma ursa.

9. Apenas uma mediação diurna, verbal, pôde perpetuar por tanto tempo uma religião privada de estruturas institucionais e de locais de culto, feita de silenciosas iluminações noturnas. Regino de Prüm já lamentava que as seguidoras da deusa, falando das próprias visões, ganhavam novas adeptas para a "sociedade de Diana". Sob as descrições de tais experiências extáticas, devemos imaginar uma corrente longuíssima, feita de relatos, de confidências, de conversas fiadas, com força para ultrapassar intermináveis distâncias cronológicas e espaciais.

Um exemplo pode ilustrar a complexidade (reconstruível só em ínfima parte) desse mecanismo de transmissão. Num processo mantuano do final do século XV, fala-se de um tecelão, Giuliano Verdena, que realizava práticas mágicas com o auxílio de algumas crianças. Após tê-las feito olhar num jarro cheio de água (contou uma testemunha), Giuliano pedia que dissessem o que viam. Havia aparecido uma quantidade de gente: alguns a pé, outros a cavalo, e outros sem mãos. São espíritos, dissera Giuliano, sem dúvida fazendo alusão à procissão dos mortos. Depois, surgira na superfície da água uma figura isolada que, pela boca das crianças interrogadas, afirmara poder revelar a Giuliano o "poder das ervas e da natureza dos animais [*potentiam herbarum et naturam animalium*]". Nessa figura, Giuliano reconhecera a "senhora do jogo [*domina ludi*]", "vestida com tecidos pretos, de cabeça inclinada [*cum mento ad stomacum*]".[53] Em certos aspectos, o testemunho é anômalo: não se fala de êxtases femininos mas de adivinhação masculina, executada por meio de crianças (enquanto tal, sexualmente neutras). Mas os detalhes que mencionamos não são inteiramente novos. A "senhora do jogo" de Mântua faz pensar em Oriente, a misteriosa senhora noturna que os processos milaneses do final do século XIV descreviam circundada de animais, pretendendo ensinar às seguidoras as "virtudes das ervas". No caso de Richella ou das "mulheres de fora", a contiguidade com os animais que caracteriza essas figuras torna-se natureza semianimal, revelada por patas hirsutas, cascos equinos, patas de gato. Mesmo quando estão à testa de uma fileira de animais, as protagonistas dos êxtases noturnos nos aparecem como variações de um tema mítico semelhante: o da "senhora dos animais".

Que essa inegável semelhança implicasse uma conexão histórica verdadeira é, por enquanto, uma conjectura. Observe-se, contudo, que tal semelhança também explica de maneira plausível o detalhe da cabeça inclinada da "senhora do jogo". A atribuição de um poder, muitas vezes letal, ao olhar da divindade (e ao olhar de um modo geral) retorna nas culturas mais díspares.[54] Um poder similar aproximava Gorgó, Ártemis e a deusa da qual ambas, em certo sentido, derivavam: a "senhora dos animais".⁵⁵ Gorgó petrificava os seres humanos com seu olhar tremendo; lendas ameaçadoras circundavam as estátuas de Ártemis. A de Palene, escondida durante o ano inteiro, era mostrada ao público só durante muito poucos dias, mas ninguém podia encará-la: dizia-se que os olhos da deusa faziam secar os frutos nas árvores, tornando-as estéreis para sempre. A autenticidade do simulacro de Ártemis Órtia era demonstrada, segundo Pausânias (III, 16, 7), também pela loucura que atingira os seus descobridores.⁵⁶ No templo de Éfeso, havia uma estátua de Hécate (a deusa fúnebre intimamente associada a Ártemis) tão esplendorosa que quem a encarava tinha de cobrir os olhos — comportamento ligado, com grande probabilidade, a uma proibição de cunho religioso.⁵⁷ Ora, alguns testemunhos dos primeiros anos do século XVI, provenientes de uma área compreendida entre a planície padana e os Alpes orientais, mostram que a cabeça inclinada da "senhora do jogo" mantovana tinha implicações análogas àquelas registradas na antiga Grécia. Em Ferrara, algumas supostas feiticeiras contaram que, para não serem mortas, foram obrigadas a desviar o rosto da "sábia Sibila" (a deusa que seguiam), enfurecido pelo enorme esforço de alcançar a água do rio Giordano.⁵⁸ No vale de Fiemme, outra mulher processada como bruxa, Margherita, dita Tessadrella, declarou que a "mulher do bom jogo" tinha duas pedras em volta dos olhos, "isto é, uma de cada lado, que se abrem e fecham em continuação". "Trazia uma ligadura preta em volta da cabeça com dois protetores de cada lado, sobre as orelhas e os olhos, a fim de não ver nem ouvir nada", confirmou Caterina della Libra de Carano: "e, em tudo que ela ouve ou vê, é preciso que esteja sozinha, se for possível".⁵⁹ "Voa sempre e tem duas pedras em volta dos olhos uma de cada lado, a fim de que não possa ver nada; e, se ela pudesse ver alguma coisa", explicou Margherita dell'Agnola, conhecida como Tommasina, "haveria de fazer muito mal ao mundo."⁶⁰

Também a incapacidade parcial de dever da "mulher do bom jogo" e de sua homônima mantuana nos reconduz à "senhora dos animais". Nas fábulas, a maga que controla o ingresso no reino dos animais e dos mortos é muitas vezes cega, em sentido tanto passivo quanto ativo: invisível para os vivos e igualmente incapaz de vê-los.[61] De qualquer forma, a substancial identidade das várias versões não é atribuível a uma intervenção dos juízes. Da tradição canônica eles podiam depreender, como no vale de Fiemme, o nome da "mulher do bom jogo" — Herodíade —, mas não seu aspecto. As bruxas do vale de Fiemme descreveram-no com abundância de detalhes: "uma grande mulher feia [...] [que] tinha uma cabeçona" (Margherita, dita Tessadrella); "uma feia mulher negra com uma camisola preta e um lenço preto, estranhamente amarrado em volta da cabeça" (Margherita, dita a Vanzina); "uma negra horrível, disfarçada de mulher, com um lenço preto enrolado em volta da cabeça, da maneira alemã" (Bartolomea del Papo).[62] Essas concordâncias acompanhadas de variantes marginais são típicas da transmissão oral, bem como o possível subentendido (das acusadas, dos juízes, dos notários?) pelo qual as "duas pedras" colocadas "em volta dos olhos" da "mulher do bom jogo", no vale de Fiemme, tornam-se, a pouca distância (Fié allo Sciliar) e nos mesmos anos (1506-10), "olhos grandes como dois pratos".[63] Mas a tradição oral era periodicamente alimentada por uma experiência vivíssima, direta, de tipo extático.

Segundo Caterina della Libra de Carano, os olhos e as orelhas da deusa estavam cobertos por duas pedras ou *"taiere"*. Essa descrição pouco clara é iluminada por um testemunho proveniente do vale vizinho. Cinquenta anos antes, em meados do século XV, as duas velhas do vale de Fassa interrogadas por Cusano haviam dito que Richella escondia o rosto: não tinham podido vê-la de perfil "por causa de certas saliências de um enfeite semicircular aplicado nas orelhas" (*propter quasdam protensiones cuiusdam semicircularis ornamenti ad aures applicati*).[64] Palavras de uma precisão visionária. O enfeite devia ter proporções muito grandes. Se o imaginássemos em forma de círculo, em vez de semicírculo, encontraríamo-nos perante uma imagem como da *Dama de Elche*.

10. Entre a chamada *Dama de Elche* e as visões extáticas de um grupo de mulheres que viveram nos vales do Trentino 2 mil anos depois não existem conexões históricas diretas.[65] É claro que a *Dama* suscita muitas perguntas, em parte surgidas pela falta de documentação arqueológica sobre as circunstâncias de sua descoberta.[66] Não está claro se originalmente ela era, como hoje, um busto ou, como parece mais provável, uma figura inteira — sentada, como a chamada *Dama de Baza*, ou em pé, como a estátua de mulher encontrada no Cerro de los Santos.[67] A cronologia é discutida, embora a maioria dos estudiosos se incline para uma data entre meados do século V e princípio do século IV a.C.[68] Ainda mais discutível é a proveniência da estátua: ibérica, segundo alguns; jônica (talvez de Rodes), segundo outros.[69] Mesmo que de feitura local, a *Dama de Baza* foi reunida, de um ponto de vista tipológico, com as estatuetas da Magna Grécia, sobretudo sicilianas, que representam uma deusa sentada, às vezes com uma criança no colo.[70] Estender tal conjectura à *Dama de Elche* seria arriscado, dado que não se tem certeza acerca de sua fisionomia originária. Em todo o caso, a presença de uma cavidade na parte posterior, provavelmente usada para recolher cinzas, parece indicar um uso funerário.[71]

A identidade da *Dama de Elche* (deusa, sacerdotisa, ofertante?) permanece obscura. Ao contrário, nada há de misterioso nas duas enormes rodas, apertadas por uma faixa, que lhe ladeiam as têmporas. Trata-se de um ornamento que aparece em várias figuras femininas votivas encontradas no santuário de Castellar; um objeto análogo, de prata, foi descoberto na Estremadura.[72] As rodas, de maior ou menor dimensão, serviam para segurar as tranças, naturais ou postiças. Na Antiguidade, a extravagância dos penteados ibéricos era notória, como se depreende de uma passagem de Estrabão (III, 4, 17) baseada em testemunhos de Artemidoro.[73] Contudo, penteados semelhantes também são encontrados na estatuária grega, da Sicília à Beócia.[74] A coincidência entre o penteado da *Dama de Elche* e o da deusa noturna no vale de Fiemme — "uma faixa negra em torno da cabeça com duas pedras laterais" — talvez oculte um nexo histórico que nos escapa.

11. As explicações até aqui apresentadas são, em parte, conjecturais; mas os fatos a que se referem, muito menos. A existência de continuidades reais baseadas no êxtase parece inegável. Em seus desmaios noturnos, homens e mulheres — sobretudo mulheres, talvez habitantes de perdidos vilarejos de montanha — reviviam, sem sabê-lo, mitos oriundos de tempos e espaços remotíssimos. De repente, por meio da reconstituição desse contexto, detalhes incompreensíveis revelam seu significado. Numa das sentenças milanesas pronunciadas no final do século XIV — aquela contra Pierina —, diz-se que Oriente devolvia a vida aos bois (que tinham sido mortos e devorados por suas seguidoras) tocando-lhes com uma vareta os ossos, encerrados nos couros. Ora, segundo a *Historia Brittonum* de Nênio (cerca de 826), retomada na *Legenda aurea* de Jacopo da Varazze (redigida no final do século XIII), um milagre semelhante, baseado na ressurreição de certos bois mortos, a partir dos ossos, fora feito por são Germano d'Auxerre na Britânia, durante o trabalho de conversão dos celtas. Foi demonstrado que a narrativa de Nênio deriva de uma fonte mais antiga.[75] Na Irlanda, ou numa área evangelizada por monges irlandeses como a Flandres ou o Brabante, o reaparecimento do mesmo tema hagiográfico — cervos ou patos que ressuscitam dos próprios ossos — testemunha, uma vez mais, a presença de um substrato céltico.[76] Até aqui, nada de surpreendente. Mas na *Edda* de Snorri Sturlusson (primeira metade do século XIII), o prodígio é atribuído ao deus germânico Thor, que ressuscita algumas cabras (animais a ele consagrados) batendo nos ossos desses bichos com a arma que a tradição lhe atribui: o martelo. A relação entre essas versões, a celta cristianizada e a germânica pré-cristã, não fica clara. A segunda deriva da primeira? Ou é o contrário? Ou ambas derivam de uma versão mais antiga?[77]

O que leva a preferir esta última hipótese é a distribuição geográfica de mitos e ritos centrados na coleta dos ossos (na medida do possível, íntegros) dos animais mortos, a fim de fazê-los reviver.[78] Tais mitos estão documentados na região alpina, onde o prodígio é realizado pela procissão dos mortos ou pela deusa noturna que a conduz.[79] Dentre os muitos nomes que eram atribuídos à deusa, estava também Pharaildis, a santa padroeira de Gand que, segundo uma lenda, ressuscitara um pato reunindo os ossos deste.[80] Num âmbito cultural completamente diferente, entre os abkhazi do Cáucaso, quem devolve o sopro vital aos bichos mortos (em vez de fazê-lo com um animal de trabalho como o boi) é uma divindade masculina da caça e da floresta.[81] Nessas crenças, documentadas em inúmeras culturas (também na África continental), inspiram-se alguns ritos praticados pelas populações de caçadores que vivem na interminável faixa subártica compreendida entre a Lapônia e as ilhas setentrionais do arquipélago japonês, habitadas pelos ainos. Os ossos de animais maiores (ursos, alces, cervos) são empilhados em cestos ou colocados sobre plataformas; às vezes, as peles são recheadas com palha ou aparas de madeira.[82] Em meados do século XVIII, os xamãs lapões (*no 'aidi*), aos quais era confiada a preparação das vítimas para o ritual, explicaram aos missionários dinamarqueses que os ossos deviam ser recolhidos e ordenados com cuidado, pois assim o deus a quem o sacrifício era dirigido voltaria a conceder a vida aos animais mortos, tornando-os ainda mais produtivos que no passado.[83] Testemunhos desse gênero são muito numerosos. Os iucaguires da Sibéria oriental, por exemplo, recolhem os ossos de ursos, alces e cervos a fim de que ressuscitem; depois, depositam-nos numa plataforma, junto aos crânios cheios de aparas ("agora pomos o cérebro", dizem), com um pedaço de madeira substituindo a língua.[84] Dessas efêmeras construções rituais derivam evidentemente as misteriosas esculturas lígneas, provenientes de Ch'angsha (província de Hunan, China, séculos III-IV a.C.), que representam um rosto humano com uma longa língua proeminente e a cabeça coroada por chifres de cervo.[85]

12. Veremos mais adiante se tais convergências podem ser atribuídas ao acaso, ao efeito independente de circunstâncias similares ou a outros elementos. A título provisório, admitamos que a ideia (expressa em mitos ou em cerimônias) de ressuscitar os animais recolhendo seus ossos intactos seja um traço cultural específico — tão específico a ponto de implicar, dada sua presença em tempos e lugares muito diversos, ou um fenômeno de contato ou, então, um fenômeno de substrato. A esta altura, apresenta-se uma dificuldade que já havíamos percebido ao aproximar o milagre de são Germano ao prodígio operado por Thor. A cronologia absoluta dos testemunhos não coincide necessariamente com a cronologia relativa das crenças ou dos ritos que esses testemunhos documentam. Como traduzir numa sucessão histórica a dispersão espacial dos dados?

Os lapões veneram um deus do raio, armado de martelo ou bastão. A analogia com o germânico Thor é evidente, até no nome: Horagalles. Portanto, achamo-nos diante de um empréstimo, fruto dos contatos com as populações escandinavas.[86] Mas pode acontecer que o empréstimo linguístico esconda uma realidade mais complexa.[87] Como Ruto, a deusa dos lapões que encarna a peste, Horagalles talvez proviesse da Eurásia setentrional.[88] Ambas as divindades são mencionadas no relato, que acabamos de recordar, dos missionários dinamarqueses que evangelizaram a Lapônia em meados do século XVIII; o cesto feito com ramos de bétula em que eram recolhidos os ossos dos animais sacrificados era encimado por um tronco esculpido, em que figurava Horagalles com o martelo, a arma com a qual o "ídolo [*deaster*] aterroriza bruxas e feiticeiros".[89] Portanto, também Horagalles estava associado à ressurreição dos animais. Sem dúvida, é absurdo supor que o eco do prodígio de Thor se tenha propagado em toda a faixa subártica, até as ilhas do arquipélago japonês; é igualmente absurda a hipótese inversa, isto é, que o mito se tenha difundido no âmbito europeu graças à mediação dos lapões. Parece inevitável reconhecer em Horagalles, Thor, são Germano d'Auxerre e Oriente outras tantas variantes de um mito que mergulha suas raízes num remoto passado eurasiático: uma divindade, às vezes masculina, porém mais frequentemente feminina, geradora e ressuscitadora de animais.[90] A presença do rito correspondente em âmbito eurasiático, bem como sua ausência no âmbito céltico e germânico, parece confirmar essa derivação. Assim, é bastante plausível que a crença na ressurreição dos animais mortos tenha nascido numa cultura de caçadores.

13. O âmbito espacial e temporal da pesquisa ampliou-se ainda mais. Os testemunhos sobre a deusa noturna aparecem como um palimpsesto em que se sobrepõem fragmentos semiapagados de escritas diferentes: Diana, "divindade dos pagãos", recordada pelos canonistas e inquisidores; Habonde, Oriente, Richella e seus sinônimos; as matronas e as fadas; as deusas Mães; Ártemis; a "senhora dos animais"; as divindades eurasiáticas da caça e da floresta.

A este último e, provavelmente, mais profundo estrato cultural chegamos por via quase apenas morfológica — contudo, baseada na identificação de traços específicos, em vez de em convergências genéricas, de ordem tipológica. A possibilidade de inserir tanto Ártemis (sob alguns aspectos) quanto as divindades dos caçadores eurasiáticos numa categoria denominada "senhores dos animais" não basta, evidentemente, para provar a existência de um nexo histórico entre essas figuras.[91] Mais significativo, embora hipotético, parece o vínculo etimológico entre *Ártemis* (em dórico, *Artamis*) e *artamos*: o "açougueiro" ou, com maior precisão, "aquele que corta as articulações". O termo, menos comum que o sinônimo *magheiros*, era adotado tanto na linguagem da cozinha quanto na do sacrifício.[92] O nome de Ártemis conservaria um traço da proibição, difusa no contexto eurasiático (ela aflora também no Velho Testamento), de quebrar os ossos das vítimas sacrificais.[93] Uma proibição do gênero talvez fosse associada à Despoina (ou seja, a Senhora): a mais venerada entre todas as deusas da Arcádia, em certos aspectos semelhante a Ártemis, apesar de tardiamente assimilada a Core, a filha de Deméter. Segundo Pausânias (VIII, 37, 8), os sacrifícios em louvor de Despoina seguiam um ritual bastante insólito. Não se cortava a garganta da vítima; os membros eram cortados "ao acaso", isto é, sem ordem preestabelecida, mas respeitando as articulações.[94] A esse tipo de sacrifício foram associadas algumas gemas minoicas e uma ânfora tebana arcaica, na qual está representada uma divindade feminina circundada por membros cortados de animais.[95] Talvez as divindades eurasiáticas que ressuscitavam os animais a partir dos ossos recolhidos não estejam distantes dessas imagens. Em todo o caso, o tema da ressurreição dos ossos estava presente também na cultura grega; trataremos deles mais adiante, ao analisar o mito de Pélope.

14. Nos testemunhos sobre a deusa noturna provenientes de grande parte do continente europeu, a presença de elementos que remetem aos mitos e rituais dos caçadores siberianos constitui um dado desconcertante mas não isolado. Também os êxtases das seguidoras das deusas lembram de forma irresistível os dos xamãs — homens e mulheres — da Sibéria ou da Lapônia.[96] Em ambos, encontramos os mesmos elementos: o voo da alma rumo ao mundo dos mortos, em forma de animal, na garupa de animais ou de outros veículos mágicos. O *gandus* ou bastão dos xamãs lapões foi associado ao bastão em forma de cavalo usado pelos xamãs buriatos e, por outro lado, ao cabo da vassoura com o qual as bruxas afirmavam dirigir-se ao sabá.[97] O núcleo folclórico do sabá — voo mágico e metamorfoses — parece derivar de um remoto substrato eurasiático.[98]

15. Uma conexão desse tipo já fora vagamente captada por um dos mais ferozes dentre os perseguidores de bruxas: o juiz Pierre de Lancre. No início do século XVII, refletindo sobre os processos conduzidos por ele próprio no Labourd, na vertente francesa dos Pireneus, De Lancre associou aos sequazes de Diana mencionados no *Canon episcopi* os lobisomens, por um lado, e, por outro, os "magos", isto é, os xamãs da Lapônia descritos por Olao Magno e Peucer. Neles, De Lancre identificava uma característica comum: a capacidade de entrar em êxtase diabólico, que alguns interpretaram erroneamente como sendo a alma a separar-se do corpo. Erro compreensível, comentava De Lancre: "É preciso admitir que os feiticeiros algum dia foram muito menos numerosos que hoje. Isolavam-se nas montanhas e nos desertos ou, então, nas aldeias do Norte, como, por exemplo, na Noruega, Dinamarca, Suécia, Gótia, Irlanda, Livônia; por isso, suas idolatrias e malefícios eram amplamente desconhecidos e, muitas vezes, considerados fábulas ou histórias de velhas". Entre os incrédulos do passado, estava também santo Agostinho; havia mais de cem anos (observava De Lancre) inquisidores e juízes leigos haviam lançado luzes sobre tais argumentos.[99]

Esse tom de orgulho era, de certo modo, justificado. Com olhares afiados pelo ódio, De Lancre observava o objeto de sua perseguição com uma acuidade que, de modo geral, estava ausente nos mais destacados observadores dos séculos seguintes.[100] Eventos mesquinhos em pequenas comunidades bascas eram logo inseridos num quadro geográfico vastíssimo, teatro da ofensiva lançada por Satanás contra o gênero humano. De Lancre estava convencido de que os lobisomens eram capazes de abandonar os despojos humanos para assumir formas animais, assim como as bruxas tinham meios de dirigir-se fisicamente ao sabá; admitia, porém, a possibilidade de que às vezes metamorfoses e voos só acontecessem em sonho. Mas não se tratava de sonhos inocentes: quem os suscitava, nas mentes corruptas de bruxas, feiticeiros e lobisomens, era o demônio em pessoa. Para um cientista como Della Porta, o êxtase constituía um fenômeno natural, provocado pelos ingredientes (escrupulosamente elencados) dos unguentos da feitiçaria.[101] Para De Lancre, o êxtase era o elemento que unificava os vários cultos idólatras inspirados pelo diabo — e o sabá era o primeiro deles.

A reflexão de De Lancre passou completamente despercebida. Porém, meio século mais tarde, quando a perseguição à feitiçaria, cercada por crescente descrédito cultural, começou a atenuar-se, a extraordinária variedade das crenças que no passado haviam sido etiquetadas como diabólicas passou, pouco a pouco, a ser considerada sob nova luz. Justamente na Alemanha, onde a caça às bruxas atingira extremos de particular ferocidade, desenvolveu-se em relação a esses fenômenos uma curiosidade de caráter arqueológico. Em 1668, J. Praetorius publicou em Leipzig um livro em que extraía de escritos anteriores e de tradições orais as informações sobre voos de bruxas e os sabás da noite de santa Valpúrgia, em razão dos quais se tornara famosa uma montanha da Turíngia: o Blocksberg. Nesse contexto, era também registrada a lenda sobre o fiel Eckhart como guia da legião demoníaca. No título do livro (*Blockes-Berges Verrichtung oder ausfürlicher geographischer Bericht* [A questão do Blockes-Berg, ou uma relação geográfica detalhada]), transparecia um propósito de realce científico, evidente de modo especial no apêndice geográfico, baseado no controle executado quinze anos antes por uma comitiva composta de quinze pessoas e doze cavalos. Algum tempo depois, numa obra dedicada às crenças, antigas e recentes, ligadas ao início do ano (*Saturnalia*), Praetorius inseriu seções sobre os lobisomens da Livônia e da Lapônia, sobre o exército de Diana, sobre Holda.[102] Desses escritos utilizou-se P. C. Hilscher, pastor luterano e professor, para uma dissertação erudita (*De exercitu furioso, vulgo Wuetenden Heer*), discutida em Leipzig sob sua orientação, em 1688, e depois traduzida ao alemão.[103] Ali, a erudição arqueológica era colocada a serviço de uma polêmica anticatólica em que se percebe o eco dos escritos do iluminista Thomasius. Das salas dos tribunais, onde em algumas partes da Europa continuavam a ser objeto de repressão judicial, as crenças relacionadas à feitiçaria haviam alcançado os espaços universitários. Hilscher associava às procissões das almas as entidades fictícias imaginadas pelos escolásticos e a invenção do Purgatório, que os reformadores, guiados pelas Escrituras, haviam sepultado. Meio século depois, o italiano Girolamo Tartarotti, um iluminista moderado influenciado por Muratori, sublinhava que no passado as crenças em torno da "brigada de Diana", definida por ele como "feitiçaria da Idade Média", foram ironizadas mas não perseguidas.[104] Das duas margens confessionais, a polêmica erudita fazia emergir tradições que o estereótipo do sabá diabólico havia deformado e cancelado durante séculos. Não é casual que no mais antigo estudo sobre as *Matronae* célticas — a *Dissertatio de mulieribus fatidicis veterum Celtarum*, do antiquário J. G. Keysler — fosse inserido um áspero ataque contra a perseguição à bruxaria.[105]

A grande poesia e a grande filologia do romantismo alemão fizeram do sabá um tema destinado a alimentar de forma durável a imaginação de estudiosos e poetas. Goethe inspirou-se na *Blockes-Berges Verrichtung* de Praetorius para a cena do *Fausto* sobre a noite de santa Valpúrgia.[106] Na *Deutsche Mythologie* (1835), Jakob Grimm traçou o inventário de uma tradição mítica em grande parte centrada na "caça selvagem" e nas figuras que a conduziam. Uma das pistas oferecidas ao leitor para orientar-se no enorme acúmulo de materiais levados à luz era a hipótese de uma continuidade entre crenças pagãs e feitiçaria diabólica. No final da seção dedicada às bruxas antropófagas, essa hipótese foi formulada de maneira particularmente densa, quase cifrada.[107] Com um corte brusco, Grimm passou a falar da outra crença, também antiga e recorrente em grande número de lendas, segundo a qual a alma, sob a forma de borboleta, pode abandonar o corpo de quem dorme. O historiador longobardo Paulo Diácono, que viveu no século VIII, conta que certo dia um animal, uma espécie de pequena serpente, saiu da boca do rei burgundo Guntram, que dormia vigiado por um escudeiro. A serpente dirigiu-se a um riacho que não ficava distante dali e tentou atravessá-lo. Passou para o outro lado e desapareceu atrás de uma colina; após algum tempo, percorreu o caminho contrário, penetrando na boca do adormecido. O rei despertou e disse ter sonhado que atravessara uma ponte de ferro, entrando depois numa montanha onde se conservava um tesouro (o qual foi efetivamente encontrado). Nas versões mais recentes da mesma lenda, muda o animal: no lugar da serpente, encontramos uma doninha, um gato ou um rato. Tudo isso não estará ligado — perguntou-se Grimm — de um lado às metamorfoses das bruxas em ratos e, de outro, à ponte estreita como um fio que a alma deve atravessar para atingir o outro mundo?

Nessa interrogação, a qual pareceria dirigir-se mais a si

próprio que ao leitor, Grimm viu, no clarão de um relâmpago que se apaga, a mesma desconcertante conexão que já se apresentara dois séculos antes a Pierre de Lancre, o perseguidor das bruxas do Labourd. É muito provável que se tratasse de uma convergência inconsciente.[108] Aparentemente, De Lancre falara de coisa bem diferente: dos lobisomens, das sequazes de Diana, dos magos lapões. Mas o elemento unificador das duas séries analógicas era o mesmo: o êxtase. Logo após ter formulado a pergunta citada, Grimm voltava à catalepsia das feiticeiras da Sérvia: sob a forma de borboleta ou de galinha, a alma sai dos corpos exânimes, que por isso, quando se acham nessa condição, não podem ser virados. O êxtase ou *trance* também lembrava o exemplo, o mais sublime de todos, de Odin, o qual, segundo célebre passagem do *Ynglingasaga* de Snorri, tinha o poder de assumir formas diferentes: deixando o corpo adormecido, num bater de olhos dirigia-se rumo a terras distantes, transformado em pássaro, peixe ou serpente.

16. Inúmeras vias partem dessa página crucial e ignorada. Os componentes xamânicos da figura de Odin ou da lenda do rei Guntram.[109] A difusão nos romances arturianos do tema céltico da espada como ponte rumo ao mundo dos mortos e, de modo mais geral, a presença de temas xamânicos em textos literários celtas.[110] Os *benandanti* friulanos que, antes de cair em catalepsia, pedem às mulheres que não revirem seus corpos, pois senão a alma, tendo saído sob a forma de *sorzetto* [camundongo], não poderá entrar no corpo e despertá-lo.[111] Os xamãs lapões velados durante o êxtase, a fim de que os corpos inanimados não sejam tocados por moscas ou pernilongos (como referiu Olao Magno) ou assaltados pelos demônios (como afirmou Peucer).[112] A viagem da alma em êxtase sob a forma de animal e as transformações em animais de bruxas e feiticeiros. E assim por diante. Figuras e temas se espelham, remetem um para o outro, até constituir, mais que uma corrente, uma espécie de campo magnético, que explica por que, partindo de pontos de vista diversos e procedendo de forma independente, tenha sido possível fazer conjecturas análogas.[113] Mas a pergunta formulada por Grimm não teve ainda uma verdadeira resposta. A pesquisa posterior dispersou-se por atalhos disparatados, perdendo de vista o nexo unitário que Grimm havia entrevisto. Êxtases, metamorfoses animalescas, viagens míticas rumo ao além, ritos e crenças conexas com as procissões dos mortos — e, naturalmente, o sabá — foram analisados separadamente.[114] É preciso entrelaçar de novo os múltiplos fios que os ligavam.

3. COMBATER EM ÊXTASE

1. Em Jürgensburg, na Livônia, em 1692, um velho de oitenta anos chamado Thiess, que os conterrâneos consideravam um idólatra, confessou aos juízes que o interrogavam ser um lobisomem. Três vezes por ano, disse, nas noites de santa Lúcia antes do Natal, de são João e de Pentecostes, os lobisomens da Livônia vão até o inferno, "no fim do mar" (mais tarde, corrigiu-se: "debaixo da terra"), para lutar com o diabo e os feiticeiros. Também as mulheres combatem os lobisomens; mas as moças, não. Os lobisomens alemães dirigem-se a um inferno separado. Parecidos com cães (são os cães de Deus, disse Thiess), os lobisomens perseguem, armados de açoites de ferro, os demônios e os bruxos, que, por sua vez, estão armados de cabos de vassoura envoltos em rabos de cavalo. Anos antes, explicou Thiess, um feiticeiro (um camponês chamado Skeistan, agora morto) arrebentara-lhe o nariz. A finalidade das batalhas era a fertilidade dos campos: os bruxos roubam os brotos de trigo, e, caso não se consiga arrancá-los deles, vem a carestia. Porém, naquele ano, os lobisomens tanto livônios quanto russos haviam vencido. As colheitas de cevada e de centeio teriam sido abundantes. Também teria havido peixe para todos.

Em vão, os juízes trataram de induzir o velho a admitir ter feito um pacto com o diabo. Thiess continuou a repetir com obstinação que os piores inimigos do diabo e dos feiticeiros eram os lobisomens como ele; depois de mortos, esses lobisomens iriam ao paraíso. Já que se recusava a arrepender-se, foi condenado a dez chicotadas.[1]

Podemos imaginar o desconcerto dos juízes ao se defrontarem com um lobisomem que, em vez de assaltante de gado, era protetor das colheitas. Alguns estudiosos modernos reagiram de maneira semelhante. Os relatos do velho Thiess, de fato, não se limitavam a inverter um estereótipo antigo. Eles punham em xeque um esquema interpretativo relativamente recente, que inseria os lobisomens num conjunto mítico mais amplo, de base germânica, por natureza belicoso, tendo como eixo o tema do "exército dos mortos" (*Totenheer*). Os testemunhos sobre esse conjunto mítico haviam sido encarados como prova da existência, durante séculos e séculos, de rituais praticados por grupos de homens dominados por furor demoníaco e convencidos de representar o exército dos mortos.[2] Ora, a referência de Thiess às batalhas pela fertilidade, das quais também participavam mulheres, parecia contradizer o primeiro ponto; a extravagância de detalhes como a luta contra as bruxas "no fim do mar", o segundo. Daí o impulso para desvalorizar de forma mais ou menos sutil o testemunho. As confissões do velho lobisomem foram consideradas ecos de eventos reais misturados a fragmentos de mitos, a mentiras, a fanfarronices; ou, então, uma mescla desordenada de superstições e ritos; ou, ainda, uma sobreposição de elementos de sagas e de remotas recordações de vivências.[3] Perante essa variante báltica tão excêntrica e incoerente, tentou-se reiterar a pureza original do mito guerreiro germânico centrado no "exército dos mortos".[4]

2. Desde o século V a.C., Heródoto falava de homens capazes de transformar-se periodicamente em lobos. Na África, na Ásia, no continente americano, foram localizadas crenças análogas, referidas a metamorfoses temporárias de seres humanos em leopardos, hienas, tigres, jaguares.[5] Supôs-se que nesses mitos paralelos, dispersos num âmbito espacial e temporal tão vasto, se exprimisse um arquétipo agressivo profundamente radicado na psique humana, transmitido por via hereditária sob a forma de disposição psicológica, do Paleolítico em diante.[6] Trata-se, como é óbvio, de uma hipótese não demonstrada. Mas às perplexidades de caráter geral que ela suscita agregam-se outras, específicas. No caso que estamos discutindo, por exemplo, a imagem dos lobisomens como protetores

da fertilidade contradiz o presumido núcleo agressivo do mito. Que valor atribuir a esse testemunho isolado, que aparenta ser excepcional?

Os romances em verso e em prosa, as sagas, os penitenciais, os tratados demonológicos e teológicos, as dissertações filosóficas e médicas que falam de *loup-garous, werwölfen, werewolves, lobishomem, lupi mannari* etc. são numerosos e bem conhecidos. Mas nos textos medievais — sobretudo os literários —, os lobisomens são representados como vítimas inocentes do destino ou até como personagens benéficas. Só por volta de meados do século XV o halo contraditório que circunda esses seres ambíguos, ao mesmo tempo humanos e bestiais, vai sendo progressivamente cancelado pela sobreposição de um estereótipo feroz — o do lobisomem devorador de rebanhos e crianças.[7]

Mais ou menos no mesmo período, cristalizou-se a imagem hostil da bruxa. Não se trata de uma coincidência casual. No *Formicarius*, Nider fala de feiticeiros que se transformam em lobos; nos processos do Valais, do início do século XV, os acusados confessaram ter assumido temporariamente a forma de lobos e atacado o gado. Desde os primeiros testemunhos sobre o sabá, as conexões entre feiticeiros e lobisomens parecem, portanto, ser muito fortes. Mas também aqui testemunhos anômalos, talvez tardios, como o de Thiess, permitem romper a crosta do estereótipo, fazendo aflorar um estrato mais profundo.

3. As dificuldades interpretativas levantadas pelas confissões de Thiess desaparecem no momento em que associamos às batalhas contra bruxas e feiticeiros descritas por ele os combates em êxtase dos *benandanti*. Com esse termo, como já dissemos, eram designados no Friul, entre o século XVI e o XVII, aqueles (tratava-se, em sua maioria, de mulheres) que afirmavam assistir periodicamente às procissões dos mortos. Mas do mesmo modo eram chamados também outros indivíduos (em grande parte homens) que afirmavam combater de tempos a tempos, armados com ramos de erva-doce, pela fertilidade dos

campos, contra bruxas e feiticeiros armados de caules de cevada. O nome, o signo que identificava materialmente um e outro gênero de *benandanti* (ter nascido com o pelico); o período (os quatro tempos) em que, de modo geral, executavam as proezas a que estavam destinados; o estado de letargia que as precedia eram, em ambos os casos, idênticos. O espírito dos (ou das) *benandanti* deixava por algum tempo o corpo exânime, às vezes em forma de rato ou borboleta, em outras ocasiões na garupa de lebres, gatos e outros animais, para dirigir-se em êxtase rumo às procissões dos mortos ou às batalhas contra bruxas e feiticeiros. Nos dois casos, a viagem da alma era comparada pelos próprios *benandanti* a uma morte provisória. No final da viagem, ocorria o encontro com os mortos. Nas procissões, estes compareciam de forma cristianizada, como almas em purgação; nas batalhas, de forma agressiva e provavelmente mais arcaica, como *"malandanti"*, inimigos da fertilidade, identificados a bruxas e feiticeiros.[8]

As batalhas em prol da fertilidade, porém, não são o único ponto de contato entre o lobisomem Thiess e os *benandanti*. No mundo eslavo (da Rússia à Sérvia), acreditava-se que estivesse destinado a tornar-se lobisomem quem nascia com o pelico. Uma crônica contemporânea conta que um mago implorou à mãe do príncipe Vseslav de Polock, morto em 1101, após ter sido por breve tempo rei de Kiev, que amarrasse no menino a membrana na qual estava envolto ao nascer, de modo que pudesse tê-la sempre consigo. Por isso, comenta o cronista, Vseslav foi tão impiedosamente sanguinário. No *Canto da gesta de Igor*, Vseslav é representado como verdadeiro lobisomem. Características similares tem o protagonista de outra *bylina* (talvez uma das mais antigas): Volch Vseslavevič, que, além de em lobo, tinha a capacidade de transformar-se em falcão e formiga.[9]

Também os *benandanti* friulanos carregavam em volta do pescoço, por vontade das mães, o pelico dentro do qual haviam nascido.[10] Mas em seu futuro de camponeses não havia gloriosos empreendimentos principescos — só o impulso obscuro, incoercível, para lutar periodicamente "em espírito" pelas colheitas, na garupa de animais ou sob formas animalescas, empunhando maços de erva-doce contra bruxas e feiticeiros. A batalhas semelhantes afirmava ter ido, armado de um açoite de ferro e transformado em lobo, o velho Thiess. Ele não disse, é verdade, tê-las combatido "em espírito"; a respeito de êxtases ou catalepsia não disse uma palavra (nem sabemos se nascera com o pelico). Mas seus relatos certamente se referem a uma dimensão mítica, não ritual — sem diferença da afirmação feita pela *benandante* Maria Panzona, de ter ido ao paraíso e ao inferno *in anima e corpo*, acompanhada pelo tio, que assumira a forma de borboleta.[11] Em ambos os casos, percebe-se a tentativa de exprimir uma experiência extática captada como absolutamente real.

4. O processo contra Thiess é um documento extraordinário; mas não é único. Outros testemunhos confirmam, em parte, seu conteúdo.

Num tratado surgido em Heidelberg em 1585, com o título *Christlich Bedencken und Erinnerung von Zauberey* ("Consideração cristã e memória sobre a magia"), o autor, que ocultava o verdadeiro nome — Hermann Witekind — sob o pseudônimo de Augustin Lercheimer, discutiu num capítulo especial "se as bruxas e os magos transformam-se em gatos, cães, lobos, asnos etc.". A resposta que dava — ou seja, que se tratava de ilusão diabólica — não era então particularmente original, embora entre os eruditos fosse difundida também a tese contrária: isto é, que as transformações de bruxas e lobisomens em animais fosse um fenômeno físico indiscutível. A singularidade do *Christlich Bedencken* deve ser buscada alhures. Em parte, o tratado baseava-se num colóquio que Witekind, livônio de nascimento e professor na Universidade de Riga (posteriormente, na de Heidelberg), tivera com um lobisomem seu conterrâneo. (Na Livônia, terra de lobisomens, nascera também, como se recordará, o velho Thiess.) De fato, tempos antes, Witekind dirigira-se ao governador da província, que o fizera encontrar-se com um lobisomem encarcerado. "O homem", relembrou Witekind, "comportava-se como um louco, ria, pulava, como se viesse de um lugar de prazeres e não de uma prisão." Na noite de Páscoa (contou ao interlocutor espantado), transformara-se em lobo; depois de livrar-se dos grilhões, fugira pela janela, dirigindo-se a um rio imenso. Mas, perguntaram-lhe, por que voltara para a cadeia? "Precisava fazê-lo, o mestre quer assim." Desse mestre ele falava (notou Witekind retrospectivamente) com grande ênfase. "Um mestre malvado", objetaram. "Se forem capazes de dar-me um melhor, eu o seguirei", respondera. Aos olhos do professor Witekind, autor de livros de história e astronomia, o inominado lobisomem aparecia como um ser incompreensível: "conhecia Deus tanto quanto um lobo conheceria. Vê-lo e ouvi-lo era penoso".[12] Talvez o lobisomem tenha pensado que, do misterioso "mestre", o outro sabia tanto quanto um professor saberia. Certamente, a alegre insolência do prisioneiro recorda a segurança, mesclada de sarcasmo, com que os *benandanti* às vezes enfrentavam os inquisidores.[13]

Um eco dessa conversa pode ser identificado numa rápida referência de Caspar Peucer ao diálogo entre um *"homo sapiens"* (sem dúvida Witekind) e um lobisomem, definido em forma erudita como "Licáon rústico", por causa do mítico rei da Arcádia que, em razão de sua antropofagia, Zeus transformara em lobo.[14] A referência surge na reedição ampliada do *Commentarius de praecipuis generibus divinationum* de Peucer, publicada em 1560, ou seja, 25 anos *antes* do *Christlich Bedencken*. É fácil explicar essa aparente esquisitice cronológica: por volta de 1550, Witekind, então estudante, passara certo tempo em Wittenberg, onde por certo contara a Peucer seu encontro com o desconhecido lobisomem.[15] O texto latino de Peucer fica muito distante da leveza quase etnográfica da conversa citada, a tantos anos de distância, por Witekind. No *Commentarius*, a brutalidade daquele lobisomem camponês, documento precioso acerca de um estranhamento não só psicológico mas cultural, volatilizou-se. Mas, não obstante a pedante alusão a Licáon, o tratado de Peucer transmite uma série de detalhes (só em parte retomados no escrito de Witekind) que contradizem a imagem corrente dos lobisomens. Estes se vangloriam de manter distantes as bruxas e de combatê-las quando elas se transformam em borboletas; assumem (ou melhor, creem assumir) forma de lobos durante os doze dias compreendidos entre o Natal e a Epifania, induzidos pela aparição de um menino manco; são empurrados aos milhares por um homem alto, armado de uma maça de ferro, rumo às margens de um rio enorme, que atravessam enxutos, pois o homem separa as águas com uma chicotada; atacam o gado, mas não podem fazer nenhum mal aos seres humanos.[16] Sobre tais assuntos, falou em aula outro professor da universidade de Wittenberg: Filippo Melantone (que era genro de Peucer). Por intermédio de um ouvinte, sabemos que Melantone citara como fonte uma carta recebida de certo "Hermannus Livonus", "homem respeitabilíssimo" e muito confiável.[17] Ao redigir seu *Commentarius*, Peucer talvez tenha tido sob os olhos também a carta escrita a Melantone por Hermann Witekind.[18] Graças a esse precioso informante, que pelo nascimento e pela língua estava próximo das tradições populares bálticas, chegou-nos uma informação — a hostilidade dos lobisomens contra as bruxas — que num ponto substancial coincide com as confissões de Thiess, atenuando seus aspectos anômalos. Pode-se entrever um fundo de crenças bem distantes do estereótipo negativo do lobisomem.

5. Entre os citas e os gregos habitantes da Cítia, Heródoto recolhera dados (os quais registrou, mesmo não acreditando neles) sobre uma população que conhecia só indiretamente: os neuras. Todo ano, durante alguns dias, eles se transformavam em lobos. Não temos certeza acerca de quem foram esses neuras e de onde viviam. No século XVI, pensava-se que tivessem habitado uma região correspondente à Livônia; hoje, alguns estudiosos consideram-nos uma população protobáltica.[19] Mas essa suposta continuidade étnica, que está longe de ser demonstrada, não explica por que crenças análogas sobre lobisomens estavam presentes em áreas culturais heterogêneas — mediterrânica, celta, germânica, eslava — ao longo de enorme intervalo de tempo.

Podemos perguntar se de fato se trata de crenças análogas. Certamente, de tempos a tempos a capacidade de transformar-se em lobos é atribuída a grupos de consistência muito diferente. A populações inteiras, como os neuras, segundo Heródoto; aos habitantes de uma região, como Ossory, na Irlanda, segundo Geraldo Cambrense; a determinadas famílias, como os Anthi, na Arcádia, segundo Plínio; a indivíduos predestinados a isso pelas parcas (identificáveis às *Matres*),[20] como escrevia Burcardo de Worms no início do século XI, condenando a crença como supersticiosa. Contudo, essa variedade é acompanhada de alguns elementos recorrentes. Em primeiro lugar, a transformação é sempre temporária, embora de duração variável; na Arcádia, nove anos, segundo Pausânias e Plínio; na Irlanda medieval, sete anos ou, por determinado período, a cada sete anos; nas terras germânicas e bálticas, doze dias. Em segundo lugar, é precedida de gestos com sabor ritual: o lobisomem despe-se e pendura as roupas nos ramos de um carvalho (Plínio) ou as coloca no chão, urinando em volta (Petrônio); depois, atravessa águas estagnadas (na Arcádia, segundo Plínio) ou um rio (na Livônia, segundo Witekind).[21]

Nessa travessia e nos gestos que a acompanhavam, viu-se um rito de passagem — mais precisamente, uma cerimônia iniciática ou, então, um equivalente da travessia do rio infernal que separava do mundo dos vivos aquele dos mortos.[22] As duas interpretações não se contradizem, desde que se reconheça, por um lado, que a morte é a passagem por excelência e, por outro, que todo rito iniciático tem como eixo uma morte simbólica.[23] Sabe-se que no mundo antigo o lobo era associado ao mundo dos mortos: na tumba etrusca de Orvieto, por exemplo, Hades traz como capuz uma cabeça de lobo.[24] Vários elementos induzem a estender essa conexão para além dos confins espaciais, cronológicos e culturais do mundo antigo mediterrânico. O período preferido pelos lobisomens para suas correrias pelas aldeias germânicas, bálticas e eslavas — as doze noites entre o Natal e a Epifania — corresponde àquele em que as almas dos mortos vagavam pelo mundo.[25] No antigo direito germânico, os proscritos, expulsos pela comunidade e considerados simbolicamente mortos, eram indicados com o termo *wargr* ou *wargus*, isto é, "lobo".[26] Uma morte simbólica — o êxtase — transparece sob as narrativas do velho lobisomem Thiess, tão parecidas com aquelas dos *benandanti* friulanos. A transformação em animal ou a cavalgada na garupa de animais expressavam que a alma distanciava-se temporariamente do corpo exânime.[27]

6. Em sua *Historia de gentibus septentrionalibus* (1555), Olao Magno, bispo de Upsala, após ter descrito os assaltos sanguinários aos homens e ao gado efetuados durante a noite de Natal por lobisomens na Prússia, na Livônia e na Lituânia, acrescenta: "entram nos depósitos de cerveja, esvaziam os tonéis de vinho e hidromel e depois colocam no meio da adega, um sobre o outro, os recipientes vazios".[28] Nesse comportamento, o bispo via um traço característico que distinguia dos lobos verdadeiros os homens transformados em lobos Ele não tinha a menor dúvida sobre a realidade física das metamorfoses e a reiterava contra a autoridade de Plínio. Um século depois, as dissertações acerca de lobisomens feitas nas universidades de Leipzig e Wittenberg sustentaram, ao contrário, também baseando-se em informações coletadas nos países bálticos, teses que concordavam mais com a de Witekind: a metamorfose era precedida por um sono profundo ou êxtase e, portanto, deveria ser considerada sempre, ou quase sempre, puramente imaginária (natural ou diabólica, conforme os intérpretes).[29] Alguns estudiosos modernos preferiram seguir a opinião de Olao Magno e usaram seu relato para reforçar a interpretação já relembrada a propósito da narração do velho Thiess: na realidade os supostos lobisomens teriam sido jovens adeptos de seitas, formadas por encantadores ou indivíduos mascarados de lobo, que nos rituais se identificavam ao exército dos mortos.[30] Esta última conexão é indubitável, mas deve ser entendida num sentido puramente simbólico As incursões dos lobisomens bálticos nas adegas deverão ser associadas àquelas realizadas "em espírito" pelos *benandanti* friulanos que, "montando a cavaleiro dos tonéis, bebiam com uma gaita" — vinho, naturalmente, em vez de cerveja ou hidromel como seus companheiros do Norte. Em ambos, captamos o eco de um mito, o da sede insaciável dos mortos.[31]

7. Da sede dos feiticeiros do Valais, dos *benandanti* do Friul dos mortos do Ariège, havíamos partido para reconstruir um estrato de crenças que depois confluíram, em forma parcial e distorcida, no sabá. Voltamos ao ponto de partida, seguindo um percurso diverso. Graças a testemunhos sobre as batalhas noturnas, travadas por lobisomens e *benandanti* contra bruxas e feiticeiros, começamos a entrever uma versão simétrica, predominantemente masculina, do culto extático que, até agora, tinha predominância feminina.

No Friul, a deusa que conduzia o batalhão dos mortos surge num único testemunho;[32] mas as duas versões estavam presentes de modo simultâneo. A analogia subterrânea que as ligava era sublinhada pela unicidade do termo — *benandanti* — com o qual eram designados aqueles que executavam suas ações em êxtase. Trata-se de um caso quase único (como veremos, só o dos *căluşari* romenos pode ser associado a ele). Os testemunhos sobre as seguidoras das divindades noturnas provinham de um âmbito celto-mediterrânico, que o tema dos animais que ressuscitavam dos próprios ossos inscrevia numa moldura muitíssimo mais vasta. Os testemunhos sobre as batalhas noturnas desenham, como veremos, uma geografia diversa: mais fragmentária e, pelo menos à primeira vista, incoerente. O Friul será então considerado uma espécie de terra de confins, em que se sobrepunham, fundindo-se, as duas versões do culto extático, geralmente separadas (cf. mapa 3, pp. 120-1).

Até agora, foram os inquisidores, os pregadores e os bispos a guiar nossa pesquisa; as analogias que o olho deles, quase sempre infalível, havia descoberto acompanhando o fio condutor de Diana, "deusa dos pagãos", tinham sugerido uma primeira organização do material. As batalhas extáticas, ao contrário, deixaram traços muito débeis tanto na literatura canônica quanto na demonológica.³³ Os inquisidores, na única zona em que se defrontaram com tais crenças — o Friul —, consideraram-nas uma incompreensível variante local do sabá. A impossibilidade de recorrer aos esforços comparativos dos perseguidores dificultou não só a interpretação mas também a própria reconstituição da série documental. Aqui, a estratégia morfológica, que fizera brilhar a possibilidade de um substrato eurasiático sob o culto extático da deusa noturna, era a única utilizável.

Reconhecer uma semelhança formal não é jamais uma operação óbvia. Os períodos em que Thiess e os *benandanti* travavam seus combates extáticos eram diferentes; também diversas eram as armas adotadas por uns e outros contra bruxas e feiticeiros. Mas, por trás dessas divergências superficiais, reconhecemos uma analogia profunda, pois em ambos os casos se fala de *a*) batalhas periódicas *b*) travadas em êxtase *c*) pela fertilidade *d*) contra bruxas e feiticeiros. Os maços de erva-doce empunhados pelos *benandanti* e os açoites de ferro brandidos pelos lobisomens devem ser entendidos não como elementos diversos, e sim isomorfos. O nexo, documentado no âmbito do folclore eslavo, entre nascer com o pelico e tornar-se lobisomem configura-se então como inesperado elo intermediário de caráter formal.³⁴ Nesse caso, tal nexo é reforçado por um dado histórico: a presença de um componente eslavo na etnia e na cultura friulanas.

8. Uma série de crenças identificadas na Ístria, na Eslovênia, na Croácia e ao longo da costa dálmata até Montenegro, análogas àquelas sobre os *benandanti* protetores das colheitas, inscrevem-se perfeitamente nessa configuração.³⁵ Desde o século XVII, o monsenhor G. F. Tommasini observava, de maneira um tanto confusa, que na Ístria as pessoas acreditam, "e não se pode tirar-lhes isso da cabeça, que existem alguns homens, os quais nascem sob certas constelações, e especialmente os que nascem vestidos com certa membrana (estes são chamados de *chresnichi* e aqueles de *vucodlachi* [isto é, vampiros]), que erram de noite pelas estradas, cruzadas com o espírito, e ainda

pelas casas a provocar medo ou algum dano, e costumam reunir-se em algumas encruzilhadas, particularmente no período dos quatro tempos, e lutam uns contra os outros pela abundância ou carestia de alguma espécie de entrada [...]".[36] Aqui, não se fala de mulheres. O *kresnik* (ou *krestnik*) na Ístria e na Eslovênia, chamado de *krsnik* na Croácia, corresponde na Croácia setentrional ao *mogut*, na Dalmácia meridional ao *negromanat*, na Bósnia, na Herzegovina e sobretudo no Montenegro ao *zduhač*. Quase sempre é um homem.[37] No geral, é marcado por alguma particularidade ligada ao nascimento. O *kresnik* e o *zduhač* nascem com o pelico; o *negromanat* tem rabo; o *mogut* é filho de uma mulher que morreu ao lhe dar à luz e teve uma gravidez mais longa que o normal. Todos estão destinados a lutar contra feiticeiros e vampiros, às vezes em períodos preestabelecidos, como os tempos ou a noite de Natal, para expulsar os malefícios ou proteger as colheitas. Tais combates são choques selvagens entre animais — barrões, cães, bois, cavalos, muitas vezes de cores contrapostas (pretos os feiticeiros; brancos ou malhados seus adversários). Os animais são os espíritos dos contendores. Às vezes, trata-se de animais pequenos: dos *kresniki* se diz que, enquanto dormem, o espírito lhes sai pela boca sob a forma de uma mosca negra.

Também dos feiticeiros (*strigoi*) se diz que nascem com o pelico; mas o invólucro deles é preto ou vermelho, ao passo que o dos *kresniki* é branco. Na Ístria, as parteiras costuram esses invólucros sobre os pequenos *kresniki*, embaixo das axilas; na ilha de Krk (Vigília), seca-se o pelico, que depois é misturado aos alimentos, para que o futuro *kresnik* o coma. Mais tarde, aos sete anos (mais raramente, aos dezoito ou 21), começam as batalhas noturnas. Mas sobre elas os *kresniki* (como os *benandanti*) devem manter segredo.

Em Krk se diz que todo povo, toda estirpe é protegida por um *kresnik* e assediada por um *kudlak* (vampiro). Em outros lugares, os feiticeiros inimigos são estrangeiros: na ilha dálmata de Dugi Otok, os italianos; perto de Dubrovnik, os venezianos; no Montenegro, os turcos ou aqueles que vêm do além-mar. De modo mais geral, eles são o que existe de mais absolutamente hostil: o morto não aplacado, com ciúme dos vivos — o vampiro (*vukodlak*), que entre os eslavos ocidentais confunde seus traços terrificantes com os da bruxa.[38] De resto, também no Friul bruxas e feiticeiros, homens e mulheres de carne e osso, eram obscuramente assimilados aos *malandanti*, isto é, às almas errantes dos mortos sem paz.[39]

9. No caso de *benandanti* e *kresniki*, analogias formais e conexões históricas convergem. Mas testemunhos de proveniência diversa complicam o quadro. Na multidão de bruxas e encantadores que povoam o folclore húngaro, destacam-se pela singularidade algumas figuras que foram aproximadas a tradições orientais provavelmente muito antigas. A mais importante dessas figuras é o *táltos*. Com esse nome, talvez de origem turca, desde o final do século XVI eram designados homens e mulheres processados por bruxaria.[40] Mas os *táltos* rechaçavam com firmeza as acusações que lhes eram dirigidas. Uma mulher, András Bartha, processada em Debrecen em 1725, declarou ter sido designada chefe dos *táltos* pelo próprio Deus: porque Deus forma os *táltos* quando ainda estão no ventre da mãe, depois os coloca sob as próprias asas e os faz voar no céu como pássaros, para combater "pelo domínio do céu" contra bruxas e feiticeiros.[41] Grande quantidade de testemunhos posteriores, encontrados até quase nossos dias, confirma essa contraposição fundamental, enriquecendo-a e, também, modificando-a: as mulheres *táltos* tornam-se cada vez mais raras. Os *táltos* são sobretudo homens, caracterizados desde o berço por alguma particularidade física, como ter nascido com dentes, com seis dedos numa das mãos ou, mais raramente, com o pelico.[42] Enquanto crianças, são silenciosos, melancólicos, muito fortes, ávidos por leite (depois, já adultos, também por queijo e ovos). Em certa idade (de modo geral, aos sete anos; às vezes, aos treze), vem a eles uma aparição: um *táltos* mais velho, em forma de animal — quase sempre um garanhão ou um touro. Entre os dois começa uma luta; se o jovem sucumbe, permanece *táltos* pela me-

tade; se vence, torna-se um verdadeiro *táltos*. Em algumas localidades, diz-se que os *táltos* homens iniciam as moças (desde que virgens) e vice-versa. Geralmente, a iniciação é precedida por um "sono" que dura três dias; diz-se que nesse período o futuro *táltos* "se esconde". Às vezes, sonha que é esquartejado, ou então supera provas extraordinárias — por exemplo, subir em árvores muito altas. Os *táltos* lutam periodicamente (três vezes por ano, uma vez a cada sete anos etc.) sob a forma de garanhões, touros ou chamas. É mais comum que lutem entre si; mais raramente, enfrentam bruxas e feiticeiros, às vezes de origem estrangeira, como, por exemplo, turcos ou alemães, transformados também eles em animais ou chamas multicoloridas. Antes de transmutar-se em animal, o *táltos* é invadido por uma espécie de calor e gagueja palavras desconexas, entrando em contato com o mundo dos espíritos. Muitas vezes, a batalha se desenrola entre nuvens e é acompanhada por tempestades; quem vence assegura ao próprio grupo colheitas abundantes por sete anos ou para o ano seguinte. Por isso, quando há seca, os camponeses levam dinheiro e oferendas aos *táltos* para que façam chover. Por sua parte, os *táltos* extorquem dos camponeses leite e queijo, ameaçando desencadear uma tempestade ou vangloriando-se das próprias proezas: descobrir tesouros ocultos; curar as vítimas de malefícios; identificar as bruxas existentes na aldeia, tocando tambor (ou, como alternativa, uma peneira). Trata-se, porém, de uma profissão que não escolheram: não podem resistir ao chamado. Depois de algum tempo (aos quinze anos, segundo um testemunho, mas amiúde muito mais tarde), abandonam suas atividades.

Também desse quadro esquemático emerge, de forma clara, a analogia entre *táltos* e *benandanti*. Em ambos os casos, encontramos a iniciação ou chamado como tarefa de um adepto mais antigo, as transformações em animais, as lutas pela fertilidade, a capacidade de descobrir as bruxas e de curar as vítimas dos malefícios, a consciência da inelutabilidade de sua extraordinária missão e sua justificação em termos também religiosos.[43] Apesar de participantes dessa analogia, os *kresniki* parecem configurar, formal e geograficamente, um termo intermediário; por exemplo, nasceram com o pelico como os *benandanti* mas, à semelhança dos *táltos*, lutam sob a forma de animais contra outros *kresniki*, transformados também eles em animais.[44] Porém, essa inegável coesão formal da série contrasta com a heterogeneidade dos fenômenos nela incluídos: os *táltos* húngaros conduzem-nos evidentemente para fora do âmbito linguístico indo-europeu.

10. Ao contrário, nesse âmbito cabem de maneira plena os ossetas, como reconheceu no princípio do século XIX, viajando entre as montanhas do Cáucaso setentrional, o orientalista Julius Klaproth. Desses distantes descendentes dos citas da Antiguidade, dos alanos e rossolanos da Idade Média, Klaproth estudou sobretudo a língua, identificando sua ligação com o tronco irânico; mas interessou-se também pela religião deles, que definiu como "bizarra mistura de cristianismo e antigas superstições".[45] Descreveu a intensa devoção que dirigiam ao profeta Elias, a quem consideraram sumo protetor.[46] Nas cavernas que lhe são consagradas, sacrificam cabras das quais comem a carne; depois, estendem os couros sob uma grande árvore e os veneram de maneira particular no dia festivo do profeta, a fim de que este se digne a afastar a geada e propiciar uma colheita abundante. Nessas cavernas, os ossetas vão muitas vezes para inebriar-se com a fumaça dos *Rhododendron caucasicum*, que os faz mergulhar no sono; os sonhos tidos nessas circunstâncias são considerados presságios. Contudo, os ossetas possuem também áugures profissionais, que habitam as rochas sagradas e, em troca de presentes, pregam o futuro. "Entre eles", observou Klaproth, "existem velhos e velhas que, na noite de são Silvestre, caem numa espécie de êxtase, permanecendo imóveis no chão, como se dormissem. Quando acordam, dizem ter visto as almas dos mortos, ora num grande palude, ora montados em porcos, cães ou bodes. No caso de ver uma alma que colhe o trigo nos campos e o leva para a aldeia, isso é o auspício de uma colheita abundante."[47]

As pesquisas realizadas no final do século XIX pelos folcloristas russos confirmaram e enriqueceram tais testemunhos. No período compreendido entre o Natal e o Ano-Novo, afirmam os ossetas, alguns indivíduos, deixando o corpo imerso no sono, vão em espírito à terra dos mortos. Trata-se de um grande prado, chamado *burku*, no dialeto *digor*, e *kurys*, no dialeto *iron*; aqueles que têm a capacidade de chegar lá são chamados, respectivamente, *burkudzäutä* e *kurysdzäutä*. Para alcançar o prado dos mortos, utilizam-se das cavalgaduras mais variadas: pombas, cavalos, vacas, cães, crianças, falcões, vassouras, bancos, pilões. As almas que fizeram a viagem várias vezes já dispõem dos veículos necessários; os não especialistas roubam-nas dos vizinhos. Por isso, na iminência do Natal, os ossetas dirigem orações solenes a Uazila (isto é, Elias) para que este proteja crianças, cavalos, cães e objetos caseiros das incursões predatórias de "gente velhaca e impura", contra as quais invocam as maldições do profeta. Quando chegam ao grande prado, as almas aprendizes se deixam atrair pelo perfume das flores e dos frutos, de que aquele campo está cheio; assim, colhem equivocadamente uma rosa vermelha que provoca tosse, uma rosa branca que traz resfriados, uma grande maçã vermelha que produz febre etc. Ao contrário, as almas mais sábias apanham as sementes de trigo e de outros frutos da terra, promessa de uma colheita rica. Enquanto fogem com o butim, as almas são perseguidas pelos mortos, que tentam atingi-las disparando flechas; a caçada só termina às portas da aldeia. Essas flechas não provocam feridas, mas sim manchas pretas impossíveis de eliminar; alguns dos *burkudzäutä* se curam sozinhos; outros morrem após grandes sofrimentos. Quem traz do mundo dos mortos as sementes dos frutos da terra conta as próprias gestas aos conterrâneos, que manifestam sua gratidão. Às almas que trouxeram doenças cabem as maldições de quem pega a febre ou fica com tosse.[48]

11. Segundo parece, outras populações vizinhas dos ossetas partilhavam crenças análogas. Em 1666, no vigésimo dia do décimo mês (28 de abril, conforme o calendário gregoriano), o geógrafo e viajante turco Evliyâ Çelebi encontrava-se numa aldeia circassiana. Soube pelos habitantes do lugar que aquela era "a noite dos *karakondjolos* (vampiros)". Como contou mais tarde, saíra do acampamento com outras oitenta pessoas. Logo viu aparecerem os feiticeiros dos abkhazi: atravessavam o céu cavalgando árvores arrancadas pela raiz, cântaros de cerâmica, machados, rodas de carroça, paletas de forno etc. De repente, do lado oposto, levantaram voo centenas de bruxos (*uyuz*) circassianos, com os cabelos desgrenhados, os dentes rangendo, lançando raios de fogo pelos olhos, orelhas e boca. Montavam barcos de pesca, carcaças de cavalos ou de bois, camelos enormes; sacudiam serpentes, dragões, cabeças de ursos, de cavalos e de camelos. A batalha durara seis horas. Em determinado momento, começaram a cair do céu pedaços de cavalgaduras, assustando os cavalos. Sete feiticeiros circassianos e sete feiticeiros abkhazi haviam caído ao chão, lutando e tentando chupar o sangue uns dos outros. Os moradores do lugar tinham vindo em auxílio de seus campeões, ateando fogo nos adversários. Ao cantar do galo, os contendores se dispersaram, tornando-se invisíveis. O terreno estava coalhado de cadáveres, de objetos, de carcaças de animais. No passado, Evliyâ não dera crédito a tais histórias. Agora, voltava atrás: a batalha acontecera de verdade, como podiam confirmar os milhares de soldados que haviam assistido à cena. Os circassianos juraram que havia quarenta ou cinquenta anos não viam nada do gênero. De modo geral, os combatentes eram cinco ou dez; após se defrontar no chão, levantavam voo.[49]

Também os *kresniki* balcânicos e os lobisomens livônios lutavam periodicamente, como se recordará, contra bruxos estrangeiros. As cavalgaduras aéreas que Evliyâ, em seu relato enfático e mirabolante, atribui aos feiticeiros abkhazi são mais ou menos idênticas às dos *burkudzäutä* ossetas (não às dos adversários, como seria de esperar).[50] Todavia, não existem evidências de que nas batalhas entre feiticeiros se apostasse a abundância das colheitas. Limitemo-nos então, por prudência, à documentação osseta; nela, as semelhanças com os fenômenos que estamos investigando saltam aos olhos. O êxtase; o voo rumo ao mundo dos mortos na garupa de animais (aos quais se somam, aqui, crianças e utensílios domésticos); a luta contra os mortos (em outros lugares, identificados aos feiticeiros) para arrancar as sementes da fertilidade — tudo isso assimila claramente os *burkudzäutä* ossetas aos *benandanti* friulanos, aos lobisomens bálticos como Thiess, aos *kresniki* balcânicos, aos *táltos* húngaros. Pelo menos num caso, essa analogia estrutural chega a incluir também coincidências superficiais. Um jovem vaqueiro friulano, Menichino da Latisana, processado em 1591, contou que alguns anos antes, numa noite de inverno durante os tempos, havia sonhado que saíra com os *benandanti* (sonho destinado a repetir-se três vezes por ano). "E eu tinha medo, e me parecia caminhar num prado grande, largo e bonito; e cheirava bem, espalhava bom perfume, e me parecia que estivesse cheio de flores e rosas [...]" Ali, em meio ao perfume das rosas — não conseguia vê-las, tudo estava envolto em fumaça — combatera e vencera as bruxas, obtendo uma boa colheita.

Esse prado era o "prado de Josafá", disse Menichino: o prado dos mortos, cheio de rosas, aonde as almas dos *burkudzäutä* dirigiam-se em êxtase. Também segundo Menichino, só num estado de morte temporária era possível atingi-lo: "se alguém tivesse virado nosso corpo enquanto estávamos fora [...], teríamos morrido".[51]

12. As experiências extáticas dos *burkudzäutä* encontram eco na epopeia osseta dos nartos. Um dos heróis desse ciclo lendário, Soslan, vai à terra dos mortos. É uma planície em que crescem todos os cereais do mundo e vagam todos os animais existentes, domésticos ou selvagens. Ao longo de um rio, há donzelas que bailam com a dança dos nartos. Diante delas, há mesas postas com alimentos raros. Desse lugar de delícias Soslan consegue fugir com muito custo: os demônios (que aqui substituem os mortos), instigados por seu antagonista, Syrdon, perseguem-no lançando flechas de fogo.[52] Assim, no Cáucaso como no Ocidente, o tema da viagem ao mundo dos mortos alimentou ao mesmo tempo os êxtases de alguns indivíduos predestinados e uma série de composições poéticas.⁵³ Talvez não se trate de coincidência. Presumiu-se que os singulares paralelismos entre a epopeia osseta e a epopeia céltica (reelaborada nos romances do ciclo arturiano) demandam relações históricas precisas.⁵⁴

Retomaremos tudo isso mais adiante. Antes, é necessário examinar mais de perto a série que construímos.

13. O único elemento que associa todos os componentes da série é a capacidade de cair periodicamente em êxtase. Mesmo sob os relatos do velho Thiess, parece razoável supor uma experiência extática (que, de qualquer maneira, durante o decorrer do século XVII foi, cada vez mais, atribuída aos lobisomens).⁵⁵ Durante o êxtase, todas as personagens consideradas lutam pela fertilidade dos campos; só entre os *táltos* esse tema possui um relevo menor.⁵⁶ Todos, exceto os *burkudzäutä*, estão predestinados ao êxtase por algum sinal físico (ter nascido com o pelico, com dentes, com seis dedos numa das mãos, com rabo) ou alguma circunstância ligada ao nascimento (a mãe morta de parto, uma gravidez excepcionalmente longa). Dentre todos (também aqui, com exceção dos *burkudzäutä*), os homens parecem prevalecer. Para *benandanti*, *kresniki* e *táltos*, o início da vocação ocorre numa idade variável, entre os sete e os 28 anos. Aos *benandanti* e *táltos* o anúncio da vocação é feito por outro membro da seita, o qual surge sob a forma, respectivamente, de espírito e de animal. O êxtase é acompanhado pela saída da alma, sob a forma de pequenos animais (ratos ou moscas para *benandanti* e *kresniki*); ou, então, pela transformação em animais maiores (barrões, cães, bois, cavalos para os *kresniki*; pássaros, touros, garanhões para os *táltos*; lobos ou, excepcionalmente, cães, asnos, cavalos para os lobisomens);⁵⁷ por uma viagem na garupa de animais (cães, lebres, porcos, galos para os *benandanti*; cães, pombas, cavalos, vacas para os *burkudzäutä*); por uma viagem cavalgando crianças ou objetos variados (bancos, pilões, foices, vassouras para os *burkudzäutä*); por uma transformação em chamas (*táltos*) ou em fumaça (*benandanti*). O sono extático coincide com prazos marcados, às vezes precisos, como os quatro tempos (*benandanti, kresniki*) ou os doze dias (lobisomens, *burkudzäutä*), às vezes mais genéricos, como três vezes por ano ou uma vez a cada sete anos (*táltos*).⁵⁸ Para os *kresniki* e os *táltos*, os inimigos da fertilidade dos campos, contra os quais são travadas as batalhas, são os *kresniki* e os *táltos* de outras comunidades ou até de outros povos; para os *benandanti*, os *kresniki* e os lobisomens (estes últimos especificam que seus adversários se transformam em borboletas), são as bruxas e os feiticeiros; para os *burkudzäutä*, são os mortos.

Todas essas informações provêm, de maneira mais ou menos direta, dos próprios protagonistas de tais cultos extáticos: *benandanti*, lobisomens, *kresniki*, *táltos*, *burkudzäutä*. Conforme vimos, apresentam-se como figuras benéficas, depositárias de um poder extraordinário. Aos olhos da comunidade circunstante, porém, esse poder era intrinsecamente ambíguo, pronto a transformar-se em seu contrário. A crença de que os *burkudzäutä*, por descuido, pudessem trazer das viagens noturnas doenças (e não prosperidade) põe em foco uma ambivalência simbólica que talvez caracterizasse também os comportamentos diurnos dessas personagens. Ao pretender identificar as bruxas da vizinhança, os *benandanti* provocavam ressentimentos e hostilidades; os *táltos* chantageavam os camponeses, ameaçando desencadear tempestades.

14. Mais que a um objeto de contornos bem definidos, a série de que estamos falando poderia ser comparada a um adensamento de energia distribuída de maneira desigual. É verdade que todo componente da série se caracteriza pela presença simultânea de alguns elementos ou traços distintivos: *a*) as batalhas periódicas *b*) travadas em êxtase *c*) pela fertilidade *d*) contra bruxas e feiticeiros (ou seus contrapontos, os mortos).⁵⁹ Ao redor desse núcleo sólido, circulam outros elementos, cuja presença é flutuante, aleatória: por vezes, estão ausentes; em outras, estão presentes de forma atenuada. Sua sobreposição e cruzamento dá às figuras que compõem a série (*benandanti, tál-*

tos etc.) um ar de família.⁶⁰ Daí a tentação quase irresistível de integrar por via analógica uma documentação que, em outros casos, parece lacunosa. Na Romênia, por exemplo, diz-se que os *strigoi* nasceram com o pelico (ou, alternativamente, com rabo); quando se tornam adultos, passam a usá-lo e se tornam invisíveis. Transformados em animais ou montados na garupa de cavalos, vassouras ou tonéis, vão em espírito rumo a um prado no fim do mundo (no fim do mar, dizia o velho Thiess) onde não cresce capim. Ali, retomam a forma humana e lutam munidos de bastões, machados e foices. Após ter lutado toda a noite, reconciliam-se. Não obstante a ausência de referências às lutas pela fertilidade, a contiguidade com a série de que estamos falando parece enorme.⁶¹

Em outras ocasiões, percebemos uma relação de proximidade morfológica mais complexa. Em várias partes da Córsega (Saternais e montes circunstantes, Niolo), diz-se que determinadas pessoas, chamadas *mazzeri* ou *lanceri, culpatori, culpamorti, accaciatori, tumbatori*, durante o sono costumam vagar em espírito, sozinhos ou em grupos, pelos campos, sobretudo nas proximidades dos cursos d'água, da qual, porém, têm medo. Podem ser tanto homens quanto mulheres; mas os homens têm poder maior. Impulsionados por uma força irresistível, assaltam animais (javalis, porcos, cães etc.), matando-os — os homens, com tiros de fuzil ou golpes de bastão ou mesmo faca; as mulheres, estraçalhando-os com os dentes. No animal morto, os *mazzeri* por um instante reconhecem um rosto humano — a face de um conterrâneo, às vezes até de um familiar. Este está destinado a morrer em breve. Os *mazzeri* (de modo geral, trata-se de pessoas que não foram bem batizadas) são mensageiros de morte, inocentes instrumentos do destino. Alguns cumprem o próprio papel com alegria; outros, com resignação; outros, ainda, buscam o perdão dos padres pelos assassinatos perpetrados em sonho. Todavia, não terminam aí as atividades oníricas dos *mazzeri*. Em certas localidades, acredita-se que uma vez por ano, usualmente na noite entre 31 de julho e 1º de agosto, os *mazzeri* de aldeias vizinhas lutam entre si. Trata-se de comunidades separadas por obstáculos geográficos (uma colina, por exemplo) ou por diferenças étnicas. Nessas batalhas, usam-se armas convencionais; só numa aldeia (Soccia) os contendores utilizam ramos de asfódelo, a planta que, segundo os antigos, crescia nos prados do além. A comunidade de que fazem parte os *mazzeri* derrotados terá, durante o ano seguinte, o maior número de mortos.[62]

Este último elemento talvez seja identificável numa passagem obscura das confissões de Florida Basili, uma *benandante* interrogada em 1599 pelo inquisidor de Aquileia e Concordia: "Fingi", disse, mentindo, "ter nascido vestida e que é forçoso que eu vá toda quinta-feira à noite à pracinha de San Christofaro, onde se combate contra os feiticeiros; e que aquele que leva o estandarte, onde tremula o estandarte, morre alguém".[63] Certamente os *mazzeri*, como os *benandanti*, saem de noite "em espírito"; como eles, pelo menos num caso, brandem durante os combates armas vegetais, mesmo que se trate de ramos de asfódelo e não de maços de erva-doce. Seus adversários, em vez de bruxas e feiticeiros, são (como para os *kresniki* e os *táltos*) outros *mazzeri*. Mas, em vez de serem expulsos pelos mortos, como sucede aos *burkudzäutä*, os *mazzeri* perseguem os que estão para morrer.

Perante esse enredo em parte contraditório, poderíamos ser tentados a pôr em dúvida o fato de os *mazzeri* pertencerem à série que delineamos. Contudo, não parece forçado assimilar aos sonhos recorrentes dos *mazzeri* os desmaios provocados por êxtases e considerar o escopo de suas batalhas oníricas — infligir à comunidade adversária o maior número possível de mortos no ano seguinte — uma variante formal das lutas pela fertilidade dos campos. A presença simultânea dos dois elementos que havíamos identificado como traços pertinentes da série permitiria então resolver, com uma resposta positiva, a dúvida classificatória que tínhamos formulado.

15. A esta altura, poderíamos concluir que pelo menos os casos em que falte alguma referência ao êxtase e às lutas pela fertilidade devam ser excluídos da análise. Mas às vezes, como já sugeria o relato do viajante turco Evliyâ Çelebi, também essa decisão não é de todo pacífica.

Em 1587, uma lavadeira de Monfalcone, Caterina Domenatta, "tendo uma mulher gerado uma criança com os pés para a frente [...] persuadiu a mãe de que, se esta não quisesse que a criança se tornasse *benandante* ou bruxo, devia enfiar-lhe um espeto e girá-lo no fogo não sei quantas vezes". Por ter dado tal conselho, que chegou aos ouvidos das "velhas comadres", Domenatta foi denunciada ao inquisidor de Aquileia e Concordia pelo pároco local, que a acusou de ser bruxa, uma "fatochiera". Portanto, na mesma região, acreditava-se que nascer com os pés para a frente fosse, de forma análoga a nascer com o pelico, uma particularidade que predestinava o recém-nascido a perambular de noite com bruxas e feiticeiros.[64] Para segui-los ou para combatê-los? "A fim de que não participem do *strighezzo*" (isto é, do sabá), disse Domenatta, fazendo eco à ambígua formulação da denúncia. Não está excluída a possibilidade de que suas palavras constituam um documento relativamente precoce da assimilação forçada dos *benandanti* aos feiticeiros seus adversários. Mas alguns costumes, vivos até há pouco tempo na Ístria, aludem à vocação, a princípio indiferenciada, de quem tiver a sorte de nascer vestido: em Momiano, a parteira chega à janela gritando "Nasceu um *kresnik*, um *kresnik*, um *kresnik*!", para evitar que a criança se torne um bruxo (*fudlak*).[65]

O ritual que consistia em "pôr no espeto" e girar em volta do fogo ("três vezes", especificou Domenatta) a criança nascida com os pés para a frente é, ao contrário, aparentemente desconhecido na Ístria e no Friul.[66] Porém, é testemunhado em meados do século XVII na ilha de Quios. Quem o descreve, com palavras de áspera condenação por semelhante crendice, é o célebre erudito Leone Allacci, que nasceu e passou a infância em Quios. As crianças nascidas no dia de Natal (mas antes Allacci falara do período compreendido entre a véspera de Natal e o último dia do ano) estão predestinadas a tornar-se *kallikantzaroi*: seres quase bestiais, sujeitos a fúrias periódicas coincidentes com a última semana de dezembro, durante a qual correm desgrenhados de um lado para outro, sem encontrar paz. Mal veem uma pessoa, saltam-lhe em cima, derrubam-na e com as unhas (que trazem aduncas e muito compridas, pois jamais são cortadas) arranham-lhe o rosto e o peito, perguntando: "Estopa ou chumbo?". Se a vítima responde "Estopa", é libertada; se responde "Chumbo", é espancada e largada no chão, meio morta. Para evitar que se torne *kallikantzaros*, continua Allacci, um menino é levado ao fogo seguro pelos calcanhares, de modo a queimar-lhe a planta dos pés. O menino urra e chora pelas queimaduras (logo depois, elas serão aliviadas com um pouco de óleo); mas as pessoas pensam que dessa forma se diminui o tamanho das unhas, tornando inofensivo o futuro *kallikantzaros*.[67]

Essa conclusão, não sabemos se partilhada pelos habitantes de Quios ou se sugerida por Allacci, parece ditada pela vontade de explicar um costume já então percebido como incompreensível.[68] Entretanto, suas pistas se perderam. A figura do *kallikantzaros* está, ao contrário, bem viva no folclore do Peloponeso e das ilhas gregas.[69] Os *kallikantzaroi* são seres monstruosos, negros, peludos, ora gigantescos ora ínfimos, de modo geral dotados de membros parcialmente animalescos: orelhas de burro, patas caprinas, cascos equinos. Muitas vezes são cegos ou mancos; quase sempre são machos, dotados de enormes órgãos sexuais. Aparecem durante as doze noites entre o Natal e a Epifania, depois de terem permanecido debaixo da terra o ano inteiro, ocupados em serrar a árvore que sustenta o mundo; mas nunca conseguem terminar sua obra. Circulam assustando as pessoas; entram nas casas, comendo os alimentos, às vezes urinando sobre eles; erram pelas aldeias, guiados por um chefe manco, o "grande *kallikantzaros*", na garupa de galos ou cavalinhos. É famosa sua capacidade de transformar-se em todo tipo de animal. São, em resumo, seres sobrenaturais; mas se diz também (segundo uma tradição já registrada, de forma ligeiramente diversa, por Allacci) que os meninos nascidos entre o Natal e a Epifania tornam-se *kallikantzaroi*; e fama análoga cerca, ou cercava, os habitantes da Eubeia meridional.

Conforme uma proposta etimológica que provocou muitas objeções, o termo *kallikantzaros* derivaria de *kalos-kentauros* (belo centauro). Na Antiguidade, os centauros representados como metade homens e metade cavalos eram apenas uma variante equina — os *hippokentauroi* — de vasta família mitológica, que também compreendia centauros em forma de asno (*onokentauroi*) e, com grande probabilidade, centauros em forma de lobo (*lykokentauroi*). Este último termo não está documentado; ao contrário, aparece (na Messênia, na Lacônia meridional, em Creta) o termo *lykokantzaroi*, como sinônimo de *kallikantzaroi*. Por isso, estes últimos seriam, como os centauros de que derivam, figuras nascidas da remota crença de que determinados indivíduos tenham condições de transformar-se periodicamente em animais.[70]

A essa interpretação foram contrapostas outras, às vezes baseadas em propostas etimológicas mais ou menos plausíveis. Foi sugerida, por exemplo, uma derivação de *kantharoi* (escaravelhos), ou uma identificação com as almas dos mortos, dado que também aos *kallikantzaroi* são feitas ofertas de comida durante as doze noites em que vagabundeiam.[71] Este último elemento, unido às particularidades físicas ligadas ao nascimento e à capacidade de transformar-se em animais, parece sugerir uma assimilação dos *kallikantzaroi* — seres humanos e míticos ao mesmo tempo — à série que havíamos construído. Deveríamos, então, rever os critérios que tínhamos fixado (*a posteriori*) dado que os *kallikantzaroi* não surgem associados nem ao êxtase nem às batalhas pela fertilidade.

16. Os feiticeiros circassianos, os *strigoi* romenos, os *mazzeri* corsos e, sobretudo, os *kallikantzaroi* gregos colocam-nos perante uma encruzilhada. Excluindo-os da análise, deparamos com uma série definida pela presença de dois elementos: o êxtase e as batalhas pela fertilidade. Se os incluirmos, veremos desenhar-se uma série caracterizada pela sobreposição e pelo cruzamento de uma rede de semelhanças, que combinam parte dos fenômenos considerados (nunca todos). O primeiro tipo de classificação, chamado monotético, parecerá mais rigoroso para quem privilegie (por razões também estéticas) uma pesquisa sobre fenômenos de contornos nítidos. O segundo, dito politético, alarga a investigação de maneira talvez indefinida e, portanto, em direções dificilmente previsíveis.[72]

Por motivos que se tornarão mais claros no decorrer da pesquisa, decidimos seguir o critério politético. É claro que toda classificação contém um elemento de arbítrio: os critérios que a orientam não são dados. Mas não parece contraditório fazer essa consciência nominalística acompanhar a pretensão realista de trazer à luz — mediante conexões puramente formais — relatos de fatos que deixaram escasso ou nenhum traço documental.[73]

17. A presença dos *táltos* (bem como aquela, mais discutível, dos feiticeiros circassianos) mostra, como já dissemos, que as batalhas travadas em êxtase pela fertilidade não são um traço cultural limitado ao âmbito linguístico indo-europeu. Se experimentarmos seguir esse fio morfológico, chegaremos uma vez mais aos xamãs. De resto, a eles foram comparados de tempos em tempos, no passado, os *benandanti*, os lobisomens, os *táltos* (e, por intermédio destes, os *kresniki*), os *burkudzäutä*, os *mazzeri*; jamais, porém, a série inteira aqui proposta.[74] Convém recordar que um fundo xamânico emergira da análise das crenças ligadas à deusa noturna. Essa convergência reitera as estreitas ligações entre as duas versões do culto extático que estamos reconstruindo.

Pois justamente o êxtase foi identificado, há tempos, como traço característico dos xamãs eurasiáticos.[75] Em meados do século XVI, Peucer descreveu com estas palavras a forma com que os "magos" lapões saíam da catalepsia: "passadas 24 horas, quando o espírito retorna do que parece um sono profundo, o corpo exânime desperta com um gemido, como se, da morte na qual caíra, fosse chamado de volta à vida".[76] Trinta anos depois, o autor de um testemunho anônimo sobre o *benandante* Toffolo di Buri, "pastor" de uma aldeia próxima de Monfalcone, utilizou termos bem similares: "sendo obrigado a partir para o combate, cai num sono muito profundo, e, enquanto dorme de barriga para cima, ao sair o espírito ouvem-se três gemidos, como costumam fazer os que morrem".[77] Por todos os lados, temos sonos, letargias, catalepsias, explicitamente comparados a estados de morte temporária, porém destinados a tornar-se definitivos no caso de o espírito demorar a reentrar no corpo.[78]

Sobre essa analogia constroem-se outras, cada vez mais específicas. Também os êxtases dos xamãs eurasiáticos (lapões, samoiedas, tunguses) são povoados de batalhas. Mergulhados na catalepsia, homens lutam contra homens, e mulheres, contra mulheres; suas almas chocam-se sob a forma de animais (em geral renas), até que uma sucumbe, provocando a enfermidade e a morte do xamã perdedor.[79] Na *Historia Norwegiae*, escrita no século XIII, narra-se como o espírito (*gandus*; literalmente, "bastão"), transformado em baleia, de um xamã lapão tombado em êxtase era ferido de morte pelo *gandus* de um xamã hostil, que assumira a forma de estacas pontiagudas.[80] Sempre na Lapônia, algumas sagas coletadas em épocas contemporâneas descrevem dois xamãs (*no 'aidi*) que duelam após cair em êxtase, tratando de atrair para seu lado o maior número possível de renas.[81] Como não pensar nas lutas pela prosperidade das colheitas que eram travadas pelos *kresniki* e *táltos* em forma de animal, pelo velho lobisomem Thiess — ou, então, na garupa de animais, por *benandanti* e *burkudzäutä*? Torna-se inevitável concluir que um único esquema mítico foi retomado e adaptado em sociedades muito diferentes entre si, do ponto de vista ecológico, econômico e social. Em comunidades de pastores nômades, os xamãs caem em êxtase para conseguir renas. Seus colegas, em comunidades de agricultores, fazem o mesmo para obter — conforme os climas e as latitudes — centeio, trigo, uva.

Mas num ponto crucial tais analogias acabam sendo imperfeitas. A catalepsia dos xamãs eurasiáticos é pública; a dos *benandanti*, dos *kresniki*, dos *táltos*, dos *burkudzäutä*, dos *mazzeri* é sempre privada. Às vezes, as mulheres podem presenciá-la; mais raramente, os maridos; porém, trata-se de casos excepcionais. Nenhuma dessas personagens faz do próprio êxtase o centro de uma cerimônia espetacular como é a sessão xamânica.[82] À guisa de compensação, durante as catalepsias públicas os xamãs eurasiáticos travam duelos isolados; durante as catalepsias privadas, seus colegas europeus participam de verdadeiras batalhas.

18. Num fundo predominantemente homogêneo, essa divergência recorta-se com grande destaque. Entre os xamãs encontramos, de fato, grande parte das características que havíamos identificado nos protagonistas das batalhas travadas em êxtase.[83] Por vezes, a analogia transforma-se em verdadeira identidade. Em algumas partes da Sibéria, tornar-se xamã é hereditário; mas entre os yurak-samoiedas o futuro xamã é designado por uma particularidade física — ter nascido com o pelico, como um *benandante* ou um lobisomem eslavo.[84] Mais frequentemente, encontramos isomorfismos ou semelhanças de família. Também para os xamãs, o início da vocação ocorre numa idade variável; geralmente, coincide com a maturidade sexual, mas pode ser muito mais tardio.[85] Com frequência, o manifestar-se da vocação faz-se acompanhar de desordens psicológicas — fenômeno complexo, que no passado alguns observadores europeus simplificaram para um sentido patológico, falando de "histeria ártica".[86] No âmbito europeu, as reações individuais parecem mais variadas: vai-se do desespero da obscura mulher friulana que se dirigira a uma feiticeira para livrar-se da obrigação de "ver os mortos" ao orgulho do *benandante* Gasparo, o qual manifestava ao inquisidor seu ódio pelos feiticeiros, e à alegria e aos sentimentos de culpa vividos, conforme os casos, pelos *mazzeri* que, em sonho, eram assassinos.[87] Numa sociedade cristianizada, a posição desses indivíduos tornava-se inevitavelmente mais difícil. Mas, pelo fato de os contextos culturais diferirem de maneira tão marcada, as semelhanças entre os êxtases dos xamãs eurasiáticos e os de seus colegas europeus parecem impressionantes. A alma do xamã abandona o corpo exânime, transformada em lobo, urso, rena, peixe, ou montada na garupa de um animal (cavalo ou camelo) que, no rito, é simbolizado pelo tambor. Após algum tempo (às vezes mais longo, às vezes menos), o xamã sai da catalepsia e conta aos espectadores do rito o que viu, o que percebeu, o que fez no outro mundo; os "magos" lapões, relatou Olao Magno, chegavam a trazer um anel ou uma faca como prova tangível da viagem feita.[88] No tambor dos xamãs, reconheceu-se em muitos casos uma representação do mundo dos mortos.[89] Mas também os protagonistas do culto extático, escassamente documentado no continente europeu, consideravam-se e eram considerados mediadores entre os vivos e os mortos. Em ambos os casos, as metamorfoses em animais e as cavalgadas na garupa exprimiam simbolicamente o êxtase: a morte temporária marcada pela saída da alma, que, sob a forma de animal, desprende-se do corpo.

19. Estes últimos elementos retornam, embora de modo distorcido, nos processos realizados no Valais no início do século XV e, depois, em inúmeras confissões de bruxas e feiticeiros de um extremo a outro da Europa. Pelo contrário, o tema das batalhas pela fertilidade — considerando-se as exceções já referidas — quase desapareceu. Às vezes, captamos um eco distorcido, em detalhes mínimos. Em 1532, três mulheres — Agnes Callate, Ita Lichtermutt e Dilge Glaserin — foram processadas por bruxaria. Moravam em Pfeffingen, localidade então sujeita ao bispo da Basileia. Uma depois da outra, segundo parece "sem sofrer constrangimentos ou torturas", contaram, quase com as mesmas palavras, a história que segue. Numa primavera, sentadas com outra mulher embaixo de um pessegueiro, viram dois corvos, os quais lhes perguntaram o que desejavam comer. Cerejas, disse uma delas; passarinhos, falou outra; vinho, disse a terceira. Por isso, explicaram no decorrer do processo, naquele ano haveria muitas cerejas, muitos passarinhos e muito vinho. Chegaram três diabos — seus amantes —, trazendo comida e vinho; juntos, banquetearam-se e fizeram amor; depois, as mulheres voltaram para casa a pé. Os atos do processo chegaram até nós numa versão evidentemente abreviada e empobrecida.[90] Todavia, a incongruente conexão entre o pedido feito aos corvos e a prosperidade das colheitas e da caça parece repercutir temas antigos, desenvolvidos num esquema diabólico já consolidado. Assim, quando tomamos conhecimento de que, num tempo e num lugar bem diferentes (em 1727, em Nosovki, perto de Kiev), certo Semjon Kalleničenko confessou ter nascido vampiro; saber identificar quais mulheres eram bruxas e quais não; haver ficado imune, enquanto vampiro, aos assaltos das bruxas, até os doze anos; ter ido depois ao sabá, do qual as feiticeiras participavam organizadas militarmente — então, reconhecemos nesse vampiro ucraniano um parente dos *táltos* húngaros, dos *kresniki* dálmatas, dos *benandanti* friulanos.[91] Testemunhos fragmentados, distantes no tempo e no espaço, que registram, uma vez mais, a profundidade do estrato cultural que tratamos de trazer à luz.

4. DISFARÇAR-SE DE ANIMAIS

1. Sob a pressão de bispos, pregadores e inquisidores, as crenças a respeito das procissões de mortos, já consideradas superstições mais ou menos inócuas, foram à força assimiladas ao estereótipo do sabá. O halo diabólico que o circundava começou a desaparecer depois de meados do século XVII, com a atenuação das perseguições à feitiçaria. Só então aquelas crenças começaram a ser examinadas com distanciamento, numa perspectiva histórica. No final de sua dissertação *De exercitu furioso* (1688), o pastor luterano P. C. Hilscher observou que os testemunhos mais antigos sobre a procissão das almas remontavam ao período em que o cristianismo, já difundido na Turíngia, na Francônia e na Suábia, começara a corromper-se como efeito dos erros introduzidos pela Igreja romana.[1] A superstição continuara, por todo o século XVI; segundo um anônimo informador de Hilscher — talvez o pastor de Erfurt —, as aparições tinham-se tornado, havia algum tempo, muito mais raras. A essa altura, Hilscher referiu-se a um costume enraizado em Frankfurt, não sabemos desde quando. Todo ano, alguns jovens eram pagos para conduzir à noite, de porta em porta, uma grande carroça cheia de ramos, com acompanhamento de canções e vaticínios que, para não cometer enganos, haviam aprendido com especialistas. O vulgo (concluía Hilscher) diz que desse modo é celebrada a memória do exército de Eckhart.[2]

2. Portanto, os espectadores reconheciam na cerimônia de Frankfurt uma representação do "exército furioso" — as procissões dos mortos, em cuja direção se alternavam variadas figuras míticas, estando entre elas, como se recordará, também o velho Eckhart. A reação desses espectadores nos permite reconhecer, na mesma cerimônia, um rito. Claro, os jovens que eram pagos para representar a procissão dos mortos sob a instrução de terceiros fazem pensar mais em atores profissionais que em adeptos de associações secretas juvenis tomadas de furor demoníaco.[3] Mas o que para alguns era quase um roteiro sobre o qual montar uma espécie de representação teatral, para outros fazia parte de um núcleo de memórias que podiam ser reativadas e transmitidas.

Esse exemplo precoce de descoberta ou reinvenção de uma tradição prova, uma vez mais, que a cultura popular (sobretudo urbana) da Europa pré-industrial era tudo menos imóvel.[4] Porém, isso sugere uma reflexão mais geral. Todo rito (incluindo aqueles nascidos de uma ruptura revolucionária) busca sua legitimidade num passado real ou imaginário.[5] Já que a invenção de um rito se apresenta sempre como reinvenção, a aparente artificialidade da situação descrita por Hilscher não tem nada de excepcional. A instituição de um rito — evento intimamente contraditório, uma vez que o rito é por definição subtraído ao fluir do tempo — pressupõe o contraste entre quem se liga a uma tradição, geralmente apresentada como imemorável, e quem é estranho a ela.

Infelizmente, Hilscher não diz quando a cerimônia de Frankfurt foi instituída, nem em qual período do ano tinha lugar, nem quem dava instruções aos jovens que a celebravam. Tratava-se, talvez, de velhos que repropunham, valendo-se de longa experiência vivida, costumes já então em desuso? Ou, talvez, eruditos que, baseados numa competência livresca, cuidavam de ressuscitar ritos antigos, verdadeiros ou imaginários?

3. Esta última hipótese não pode ser descartada de imediato. Naquele período, a relação entre usos natalinos ou carnavalescos e festividades gregas e romanas havia provocado a curiosidade dos arqueólogos alemães. Em 1670, quase simultaneamente aos *Saturnalia* de Praetorius, surgira em Leipzig uma douta obra de M. Lipen (Lipenius), intitulada *Integra strenarum civilium historia*. Dentre os numerosos testemunhos nela discutidos, havia um sermão contra a festa das calendas de janeiro, feita no dia da Epifania do ano 400 por Astério, bispo de Amaseia, na Capadócia. Além da tradição, em uso também em Roma, de trocar presentes no início do ano, Astério condenava duramente alguns ritos difundidos em sua diocese. Histriões, prestidigitadores e gente do povo (*demotai*) dividiam-se em grupos e circulavam de porta em porta; entre gritos e aplausos, auguravam prosperidade aos habitantes da casa e exigiam dinheiro; o assédio só se encerrava quando, por cansaço, as exigências dos importunos eram satisfeitas. A coleta continuava até a noite; crianças também participavam, distribuindo maças em troca de somas que representavam o dobro do valor da fruta. Na mesma ocasião, num carro semelhante aos que se viam no teatro, entronizava-se, entre soldados vestidos de mulher, um rei fictício, o qual era alvo de risos e escárnio.[6] Que as tropas sediadas na Mésia inferior e na Capadócia, costumavam nomear um rei no período das calendas de janeiro é também comprovado pelos textos sobre a vida de são Dásio, soldado cristão martirizado em 303 em Durostorum, no mar Negro (hoje Silístria, na Bulgária), por ter recusado assumir aquele papel.[7]

Grupos de jovens que uma vez por ano (não sabemos quando) iam de porta em porta, à noite, entoando canções e vaticínios: os escárnios particulares que nos foram transmitidos por Hilscher deixam entrever uma possível semelhança com alguns dos ritos da Capadócia condenados por Astério. O carro coberto de árvores não poderia ser uma alusão à carroça que transportava o efêmero rei dos saturnais? A cerimônia de Frankfurt não seria uma evocação erudita, inspirada por algum estudioso menos inclinado que Lipenius a condenar de forma moralista as cerimônias pagãs?[8] O que induz a descartar essa hipótese é a reação dos espectadores. Se o vulgo, como observava Hilscher (Astério falara de *demotai*, gente do povo), estava em condições de decifrar o significado abrangente da cerimônia, esta não podia estar baseada numa série de referências eruditas. A carroça que acompanhava o bando de jovens talvez seja a mesma de Holda, que aparece também numa descrição quinhentista do carnaval de Nuremberg.[9]

4. A esta altura, também a vaga analogia entrevista com os ritos descritos por Astério pode parecer irrelevante. Contudo, a questão é mais complexa do que se disse até agora. Diversamente das tradições ligadas à entronização temporária do rei dos saturnais, as caminhadas para pedir dinheiro prosseguiram bem além do século V. Até há algumas décadas, numa área vastíssima que inclui parte da Europa, da Ásia Menor e da Ásia central, bandos de crianças e jovens, durante os doze dias entre o Natal e a Epifania (mais raramente, em meados da Quaresma), costumavam ir de casa em casa, muitas vezes disfarçados de cavalos ou outros animais, repetindo estribilhos e mendigando doces e pequenas quantias em dinheiro. Os impropérios e maldições que acompanhavam uma recusa eventual conservavam a antiga conotação agressiva da coleta registrada por Astério. De modo geral, porém, a esmola era concedida; os pedintes saudavam-na com cantos de bons augúrios para os habitantes da casa. Em alguns casos o hábito conservou-se até nossos dias.[10]

Nos grupos de crianças e adolescentes disfarçados que corriam pelas aldeias, identificou-se uma representação das procissões dos mortos, que, segundo a tradição, apareciam com mais frequência durante os doze dias.[11] As brincadeiras das crianças dos países de língua inglesa nos dois lados do Atlântico, durante a noite de Halloween (31 de outubro), constituem um exemplo vivo de um costume semelhante. O rito aparentemente jocoso da coleta teria provocado sentimentos ambíguos — medo, culpa, desejo de obter favores por meio de penitências —, ligados à imagem ambivalente dos mortos.[12] Essas implicações psicológicas são conjecturais; a identificação dos pedintes com os mortos, pelo contrário, parece inegável.[13] Mas ela deixa na obscuridade uma questão decisiva: o significado do rito era sempre explicitamente partilhado pelos atores e espectadores? No caso de Frankfurt, porém, a consciência destes últimos está fora de discussão: os jovens, não sabemos se pedintes, que circulavam de casa em casa entoando canções augurais ("*non sine cantionibus et vaticiniis*", escrevia Hilscher) eram claramente identificados pelo vulgo à procissão dos mortos.

5. Todo ano, a cerimônia repetia-se em Frankfurt; que ela ocorresse no período dos doze dias é apenas uma hipótese. Mas o testemunho, embora sumário, é precioso. As reações do povo nos oferecem um pretexto para reconstruir os ritos correspondentes aos mitos explorados até aqui. Contudo, mitos e ritos referem-se a níveis de realidade diferentes; sua relação, apesar de estreita, jamais é especular. Podemos considerá-los linguagens heterogêneas que se traduzem reciprocamente, sem sobrepor-se de maneira completa. Em vez de coincidências, falaremos de isomorfismos, mais ou menos parciais.

Desde os primeiros séculos da era cristã, a festa das calendas de janeiro era acompanhada por cerimônias não testemunhadas antes. Na Capadócia, como resulta do sermão feito por Astério no ano 400, os soldados costumavam disfarçar-se de mulher. Por volta de 420, Máximo de Turim referiu-se, embora genericamente, a travestismos análogos, ocorridos nas mesmas circunstâncias. Um século depois, Cesário de Arles fez o mesmo, de forma mais específica (mais uma vez, com referência a soldados). Mas trata-se de uma convergência isolada; no conjunto, os testemunhos sobre ritos que eram praticados durante as calendas de janeiro, mesmo indicando todos uma atmosfera genérica de feitiçaria festiva, apresentam divergências substanciais. No Ocidente, e mais precisamente no âmbito céltico-germânico, encontramos o hábito de disfarçar-se em animais e deixar sobre mesas postas ofertas noturnas de alimentos, destinados a seres femininos invisíveis. No Oriente, encontramos os passeios de coletas feitos por crianças e jovens e, entre os soldados, a entronização (talvez de origem sírio-fenícia) do efêmero rei dos saturnais.[14]

Esse resumo esquemático não lança muita luz sobre o significado, ou significados, de tais ritos. Mas tentemos examiná-los de perto. Segundo Cesário de Arles, na noite das calendas os camponeses preparavam mesas cheias de comida a fim de obter um ano próspero. O uso durou bastante: quinhentos anos mais tarde, Burcardo de Worms ainda sentia necessidade de condená-lo, esclarecendo que a mesa era arrumada com três facas, destinadas às parcas. Vimos que estas não eram senão as *Matronae* célticas, longamente veneradas como boas senhoras (*bonnes dames, bonae dominae*). Junto à deusa da prosperidade e dos mortos que as conduzia — Habonde, Satia, Richella —, essas figuras, associadas aos êxtases noturnos, recebiam de seus seguidores (ou seguidoras) ofertas de alimentos e bebidas.[15] Entre os ritos praticados durante as calendas de janeiro e os cultos extáticos que tentamos reconstruir existe, portanto, uma ligação, a qual parece lícito estender a outro costume, difundido no mesmo período. Nenhuma pessoa sensata poderia acreditar — é de novo Cesário de Arles quem fala —, mas há indivíduos com mente saudável que se disfarçam de cervos (*cervulum facientes*); outros envergam peles de ovelhas ou cabras; outros, ainda, camuflam-se com máscaras animalescas (*alii vestiuntur pellibus pecudum, alii assumunt capita bestiarum*), exultando porque, assumido um aspecto animal, não mais parecem homens (*gaudentes et exsultantes, si taliter se in ferinas species transformaverint, ut homines non esse videantur*). Desde meados do século IV, deparamos com proibições desse gênero, que junto ao cervo geralmente mencionam a novilha (*vetula*) e, talvez num caso, a égua (*hinnicula*).[16] Nesses travestimentos animalescos, propomos ver um rito correspondente às metamorfoses em animais vividas em êxtase — ou às cavalgadas extáticas em garupas de animais que delas constituíam uma variante. Se for aceita tal hipótese, pode-se colocar num quadro coerente a maior parte dos ritos praticados durante as calendas de janeiro tanto no Ocidente quanto no Oriente. Coletas infantis, mesas arrumadas para as divindades noturnas e disfarces animalescos representavam modos diversos de entrar em contato com os mortos, ambíguos doadores de prosperidade, no período crucial em que o ano velho termina e o novo começa.[17]

6. Chegamos a essa conclusão, ainda provisória, decifrando textos precoces, lacunosos ou estereotipados (sempre enigmáticos) mediante testemunhos muito mais tardios. Descartar de forma absoluta essa via significaria fechar toda a possibilidade de ordenar em séries homogêneas documentos não sincrônicos — e, assim, toda a possibilidade de interpretar o passado.[18] Todavia, objetou-se que os animais evocados nas festas mascaradas — o cervo, a novilha, talvez a égua — não são mencionados nos testemunhos acerca das viagens extáticas em que se acompanham as divindades noturnas. Mas essa discordância é um dado superficial: a variedade das montarias associadas ao êxtase (ou, como alternativa, dos animais implicados nas metamorfoses) esconde mitos substancialmente homogêneos.[19] Maiores dificuldades levanta a ampliação do quadro geográfico que se segue ao confronto com as coletas infantis de início do ano, coletas acompanhadas de disfarces de animais. O testemunho mais antigo provém da Capadócia; os recentes ou recentíssimos cobrem, como dissemos, uma área bastante vasta e heterogênea, que vai da França à Ásia central, passando pelas comunidades gregas, armênias e turcas da Ásia Menor. Como conciliar com essa distribuição o âmbito rigorosamente celta ou céltico-germânico do qual emergem os testemunhos (da Alta Idade Média) sobre os disfarces em animais? Parece excluída a possibilidade de que se trate de convergências genéricas. Os disfarces com peles de cabra, feitos na península balcânica (Albânia, Tessália, Macedônia, Bulgária) por ocasião das pantomimas com fundo erótico e burlesco celebradas no início de janeiro, relembram o hábito, condenado por Cesário de Arles, de vestir no mesmo período peles de ovinos ou caprinos (*alii vestiuntur pellibus pecudum*).[20] As "obscenas deformações" das festas com máscaras de animais — uma provável alusão fálica —, que Cesário considerava vergonhosas e deploráveis (*in quibus quidem sunt quae primum pudenda, aut potius dolenda sunt*), talvez dessem também no Ocidente, e já no século VI, o estímulo a pantomimas rituais. Tudo isso convida a prosseguir a análise, estendendo a comparação à Europa central e oriental.

7. Da península balcânica à Ucrânia, as cerimônias que acompanham o final e o princípio do ano são celebradas por grupos jovens de tipo iniciático, compostos quase sempre de homens, os quais são designados com nomes diversos, segundo a região: *ceăta* nos Cárpatos; *eskari* na Bulgária macedônica; *surovaskari* na Bulgária oriental; *coledari* (de *calendae*) na Sérvia e na Bulgária ocidental; *regös* na Hungria; *koljadanti* na Ucrânia; e assim por diante.[21] Os *coledari*, por exemplo, são geralmente solteiros ou recém-casados; às vezes, são aceitos no grupo só até o nascimento do primeiro filho. Reúnem-se algumas semanas antes do Natal na presença de um chefe; na véspera, à noite, andam disfarçados pelas ruas da aldeia, entoando canções especiais (*colinde*). Fazem votos de riqueza e de aumento do rebanho; na frente das casas nas quais morreu alguém, entoam cantos fúnebres e dão notícias do defunto. São recompensados com alimento e, por vezes, dinheiro. Os *koljadanti* apresentam suas exigências em tom ameaçador; os *eskari* parece que impõem verdadeiros tributos. Às vezes, cometem pequenos furtos, sem que ninguém se preocupe com isso. As dimensões desses grupos variam muito: os *surovaskari* são até quarenta ou cinquenta; os *koljadanti*, não mais que três ou cinco. Todos usam máscaras; os *surovaskari* têm grandes asas, além de chapéus com dois metros de altura. Quase sempre, as procissões compreendem um animal (chamado cabra ou cavalo), de maneira geral representado por algumas pessoas que caminham em fila, cobertas por um manto.

Esses ritos hibernais encontram eco em certos rituais primaveris. Aqui também, trata-se de tradições seculares: um testemunho de 1230 informa que na Bulgária macedônica, durante o Pentecostes, grupos de jovens corriam pelas aldeias, cantando, fazendo representações obscenas e extorquindo oferendas.[22] Entre os romenos da Macedônia, os *căluşari* desenvolvem suas atividades entre 1º de janeiro e a Epifania; na Romênia, por ocasião do Pentecostes (*rusaliile*). Sob essa oscilação, é possível entrever a provável correspondência entre dois calendários diversos, o solar e o lunar.[23] Ela é sublinhada pelas conotações funerárias que a festa primaveril das rosas em flor assumira já no período pagão. Como os doze dias, também o Pentecostes — reencarnação cristã das antigas *Rosalia* — é um período consagrado aos mortos.[24] Todas essas figuras podem ser definidas, tal qual foi feito com os *coledari*, como personificações dos mortos.[25] À luz da documentação da qual partimos, é preciso especificar: personificações dos mortos e, ao mesmo tempo, mediadores com o além. À semelhança dos *benandanti*, por exemplo, os *coledari* ou os *regös* dão notícias sobre os defuntos. Tudo isso reforça a conclusão que já se formulou de maneira provisória: pelo menos parte dos costumes ligados às calendas de janeiro ou ao Pentecostes exprimia, na linguagem do rito, os mitos revividos por homens e mulheres que visitavam periodicamente, em êxtase, o mundo dos mortos.

8. Um denso entrelaçamento de dados convergentes confirma esse isomorfismo. Em Driskoli, na Tessália, as figuras mascaradas que recitavam pantomimas entre 1º de janeiro e a Epifania eram chamadas de *karkantzaroi* — um dos tantos sinônimos com que eram indicados os *kallikantzaroi*.[26] Nesse caso, a correspondência entre vida cotidiana (crianças nascidas durante os doze dias), mito (seres que vagabundeavam durante os doze dias) e rito (jovens encarregados de representar os seres que vagavam durante os doze dias) parece perfeita, embora distribuída num arco de três séculos (entre o princípio do século XVII e o começo do século XX) numa área bastante vasta (a ilha de Quios, o Peloponeso, a Tessália). Porém, como se recordará, não se havia demonstrado cabalmente o fato de os *kallikantzaroi* pertencerem ao grupo dos mediadores com o além. É necessário buscar elementos com maior força comprobatória. Para fazê-lo, existe uma série de testemunhos romenos.

Em meados do século XVII, o frade menor Marco Bandini, arcebispo de Marcianópolis (na Mésia inferior) e de Durostorum e Tomis (no mar Negro), descreveu de maneira detalhada as extraordinárias proezas dos encantadores e magas da Moldávia.[27] As pessoas se dirigem a eles para conhecer o futuro, curar doenças ou encontrar objetos roubados. Após escolher um espaço apropriado, esses encantadores começam a murmurar, contorcer a cabeça, arregalar os olhos e escancarar a boca, fazer caretas, o corpo todo tremendo; depois, caem ao chão com mãos e pés abertos e permanecem imóveis, parecendo mortos, por uma hora (às vezes, três ou quatro). No momento de voltar a si, oferecem aos espectadores um espetáculo horrível: primeiro, erguem-se nos membros trêmulos como se estivessem agitados pelas fúrias infernais; depois ao despertar, revelam, como se fossem oráculos, os próprios sonhos. Não sabemos se essa página se basearia numa observação direta; em todo o caso, a referência isolada às fúrias clássicas não invalida o valor etnográfico.[28] Sem nenhuma dúvida, o que se descreve consiste num rito: uma cerimônia pública, que se realizava em lugar específico (*certo* [...] *loci spatio*) e também num tempo determinado, tendo homens e mulheres como atores. Por sua vez, testemunhos romenos bem mais próximos de nós indicam uma propensão ao êxtase sobretudo feminina. Em algumas aldeias, havia mulheres que regularmente caíam em êxtase no Pentecostes (*rusaliile*); voltando a si, afirmavam ter conversado com Deus, com os santos, com vivos e mortos. De uma delas, que prescrevia remédios sem receber nada, dizia-se que desde criança se tornava *rusalie* (ou, alternativamente, bruxa). Ora, as *rusalii* são os espíritos dos mortos (no âmbito eslavo, identificadas a divindades aquáticas femininas).[29] Para além da divergência de calendário (no Friul, por exemplo, os êxtases se verificavam durante os tempos), encontramos fenômenos que já são familiares. Após atingir por meio do êxtase uma condição de morte temporária, também as colegas romenas das mulheres friulanas levavam a seus clientes notícias do além, ganhando, por causa desse poder, fama de feitiçaria. A mesma coisa acontecia, até há poucas décadas, numa aldeia da Macedônia, Velvendos, onde um grupo de mulheres que se autodefiniam *angeloudia* ou *angeloudes* (anjos) dava informações sobre os mortos da comunidade, afirmando tê-las obtido, em êxtase, diretamente dos anjos. Nesse caso, as reuniões eram secretas, no mais das vezes à noite.[30] Já em Duboka, aldeia nas montanhas da Sérvia oriental, nos confins com a Romênia, os êxtases eram (e talvez sejam ainda) públicos, como aqueles descritos por Bandini três séculos atrás. Durante o Pentecostes, mulheres jovens e velhas caem em catalepsia, circundadas por um grupo de homens que dançam em ritmo frenético; o chefe deles, empunhando uma faca ornada com alho, camomila e outras plantas medicinais, borrifa no rosto das mulheres exânimes, para despertá-las, água de rio misturada a sumo de ervas trituradas.[31] O rito está intimamente ligado aos mortos: pessoas mortas há pouco tempo são evocadas de forma indireta, exibindo-se presentes destinados a elas ou executando-se suas músicas favoritas.[32]

Junto com três *kraljevi*, participam do rito de Duboka três *kralijce*, ou seja, "rainhas": um grupo feminino presente na Sérvia oriental e no Banato sérvio.[33] Ele se alterna com um grupo masculino análogo, mais propriamente romeno: os *călușari*, cujos ritos foram associados aos de Duboka.[34] Dentre todas as associações de jovens balcânicos, a dos *călușari* é a única que permite aprofundar, não só por via conjectural, as crenças que servem de fundo aos ritos regulados pelas estações. As múltiplas atividades dos *călușari* — danças, pantomimas, curas, desfiles com espadas e bandeiras — desenvolvem-se sob a proteção de uma imperatriz mítica, a quem reverenciam. Ela é chamada Irodeasa ou Arada, Doamna Zînelor, a senhora das fadas (*zîne*). São os nomes com os quais os autores dos penitenciais da Alta Idade Média, seguidos por bispos e inquisidores, haviam designado a divindade noturna que no Ocidente conduzia as procissões dos mortos: Herodíade e Diana.[35] É bastante óbvio que fórmulas idênticas, elaboradas pela cultura dos clérigos, circularam durante séculos em grande parte da Europa. Menos óbvia é a unidade profunda dos comportamentos e das crenças que aquelas fórmulas se esforçavam por interpretar. O nexo fugidio entre os tumultuosos ritos ligados às estações do ano e os mitos vividos na imobilidade do êxtase deixou, na documentação romena, um traço irrefutável.

9. Parece evidente o parentesco de Irodeasa, Arada, Doamna Zînelor com as deusas noturnas rastreadas nas regiões europeias de influência céltica. Aqueles termos indicam que a dupla tradução — a das Escrituras e a pagã — sugerida pelo clero acabou sendo introjetada pelos leigos, a ponto de cancelar os nomes ou o nome da divindade local. Esta foi hipoteticamente identificada a uma divindade autóctone daco-gética;[36] mas os dados recolhidos até aqui fazem supor uma proveniência mais remota. Em todo o caso, a assimilação de um invólucro lexical imposto do exterior não deve enganar: a ofensiva da Igreja ortodoxa contra as superstições foi mais débil que a lançada no Ocidente pela Igreja romana.[37] Talvez isso explique a prolongada vitalidade de ritos que, em outros lugares, foram eliminados ou, então, introjetados na solidão de um êxtase privado.

Da Moldávia (na qual, como se recordará, o minorita Marco Bandini havia registrado em meados do século XVII a presença de magos e encantadoras capazes de cair em êxtase), provém o primeiro, e talvez contemporâneo de Bandini, testemunho sobre os *căluşari*. Descrevendo a região, o príncipe Cantemir falou do que designou *caluczenii*, de seus ritos, das crenças que os cercavam. Reuniam-se em grupos de sete, nove, onze; vestiam-se de mulher, falseando uma voz feminina; envolviam o rosto com faixas brancas; saltavam como se voassem, com as espadas desembainhadas; curavam os doentes; se matassem alguém, não eram punidos.[38] Idêntica impunidade, circunscrita a pequenos furtos, é garantida ainda hoje, como dissemos, aos grupos de jovens nos quais reconhecemos uma transposição ritual dos mortos errantes: entidades ao mesmo tempo hostis e benéficas, portadoras de prosperidade e de malefícios. Trata-se de uma analogia reveladora. Segundo Cantemir, os *caluczenii* deviam desenvolver durante nove anos as tarefas rituais que lhes eram confiadas; caso contrário, eram perseguidos pelos espíritos (*frumosi*). Por outro lado, a documentação posterior fala de míticos seres femininos (*rusalii*) que vagam à noite durante o Pentecostes (*rusaliile*); para defender-se dessas criaturas, no mesmo período os *căluşari* circulam pela aldeia carregando alho e losna. Mas quem é atingido pelas *rusalii* começa a saltar e gritar como os *călușari*. Contraposição e identificação se misturam, num relacionamento ambíguo.[39] Na Bulgária setentrional, de resto, grupos análogos aos *călușari* são chamados *russalzi*.[40] Ora, as *rusalii* eram, como dissemos, almas dos mortos; as *frumosaele*, versões femininas dos *frumosi*, foram associadas a figuras mortuárias como as *bonae res* ou fadas célticas.[41] A deusa que preside aos ritos dos *călușari* — Irodeasa, Arada, Doamna Zînelor — era certamente, como suas contrapartidas ocidentais, uma deusa dos mortos.

10. Nos textos célticos sobre o disfarçar-se em animais nas calendas de janeiro, jamais se fala de mulheres — um silêncio que, nesse caso, tem valor de prova, pois a participação feminina teria sublinhado, aos olhos dos clérigos, o caráter escandaloso daqueles costumes. Ignoramos se de tais festas participavam grupos organizados de jovens, semelhantes àqueles que aparecem nos ritos periódicos balcânicos e eslavos. Quase sempre, trata-se de grupos masculinos, no máximo fantasiados de mulher, como os *caluczenii* da Moldávia. As *kralijce* servo-croatas, grupos de mulheres sempre em números pares, travestidas de homens, armadas de espadas e associadas ao Pentecostes (como os *călușari*, cujas características parecem reproduzir de forma simétrica e invertida), representariam um caso excepcional.[42] Impossível dizer se este último exemplo nos restitui um estágio mais antigo, no qual tanto homens quanto mulheres participavam publicamente do rito, cada um negando em âmbito simbólico a própria identidade sexual.

Também na experiência privada do êxtase, vimos delinear-se uma tendência à especialização sexual: por um lado, os cortejos — femininos, na maioria dos casos — que acompanham divindades noturnas; por outro, os batalhões — de modo geral, masculinos — empenhados nos combates pela fertilidade. Entre os *călușari*, esse último elemento está presente de maneira mais episódica; mas um confronto com os *benandanti* masculinos fez emergir uma série de correspondências parciais bem nítidas.[43] Ambos os grupos se configuram como curadores especializados nos malefícios provocados, respectivamente, pelas *rusalii* e pelas bruxas. Ambos são obrigados, por um número definido (embora variável) de anos, que de modo geral coincide com a juventude, a participar (materialmente, os primeiros; "em espírito", os segundos) de ritos coletivos, envoltos em segredo. A sociedade (respectivamente, ritual e mítica) da qual começamos a participar é, em ambos os casos, uma associação de tipo iniciático, organizada de forma militar e conduzida por um chefe provido de bandeiras, de instrumentos musicais, de armas vegetais — alho e losna para uns, ramos de erva-doce para os outros. Os disfarces de animais dos *căluşari* podem ser considerados um correspondente real das imaginárias metamorfoses animalescas (ou das cavalgadas aéreas na garupa de animais) descritas pelos *benandanti*. Como impõe seu nome, os *căluşari* (isto é, "cavalinhos") envergam crinas e carregam um bastão enfeitado com uma cabeça de cavalo; antigamente, eram acompanhados por um dançarino disfarçado de cervo ou lobo.[44] Os saltos altíssimos que ponteiam suas danças imitam tanto o voo das *rusalii* quanto os pulos dos cavalos. De fato, a sociedade dos *căluşari* é modelada por aquela, mítica, constituída dos *sântoaderi*, os cavaleiros providos de caudas e cascos equinos que durante a semana de carnaval, por ocasião da festa de são Teodoro (santo associado aos mortos), movem-se à noite pelos caminhos da aldeia, ameaçando as pessoas e arrastando correntes e tocando tambor.[45] Uma homologia subterrânea une *rusalii* e *sântoaderi*: diz-se que durante outra festa de são Teodoro, 24 dias depois da Páscoa, seus batalhões se encontram, brincam juntos e, no final, trocam um maço de melissa dos bosques (*todoruse*).[46] *Căluşari* e *benandanti* — para proteger-se, respectivamente, de *rusalii* e *sântoaderi* e de bruxas e feiticeiros — procuravam, pelas vias divergentes do rito e do mito (travestismos e metamorfoses em animais), identificar-se com os próprios adversários, transformando-se em espíritos e tornando-se mortos por algum tempo. Recorde-se que havíamos chegado à mesma conclusão analisando outros casos de grupos sectários míticos — lobisomens, *táltos* — baseados numa transformação periódica em animais, destinada a repetir-se por um número definido, embora variável, de anos. Em todos esses casos, o que torna possível a identificação com os mortos é uma iniciação, real ou simbólica; porque a iniciação é sempre, simbolicamente, uma morte.

11. A presença de uma dimensão iniciática talvez explique a aura mortuária que circunda, em sociedades bem diferentes, os comportamentos de certos grupos de jovens, às vezes associados por formas de violência ritual e às vezes reunidos em organizações guerreiras. Os mais antigos testemunhos sobre um rito como os *charivari*, destinado a controlar os costumes (sobretudo sexuais) da aldeia, identificavam às fileiras agitadas de jovens disfarçados a procissão dos mortos, guiada por seres míticos como Hellequin.[47] Aos olhos de atores e espectadores, os excessos das "farras" juvenis devem ter alimentado por longo tempo tais conotações simbólicas.[48] Com toda a probabilidade, essas conotações explicam o direito de furto que, no Löschental suíço, é tacitamente reconhecido ao grupo dos *Schurtendiebe* ("ladrões de saias curtas"), os quais irrompem do bosque para saquear a aldeia durante o carnaval, com o rosto mascarado, o corpo envolto em peles de ovelha, a cintura enfeitada com guizos de vacas.[49] Fenômenos similares estavam presentes também nas sociedades antigas: basta pensar nas provas (furtos, homicídios de hilotas encontrados ao acaso) que os membros de um grupo de caráter iniciático como a *kryptia* espartana deviam enfrentar, depois de um período de isolamento transcorrido em lugares selvagens às margens da cidade.[50] Os fócios (contam Heródoto e Pausânias) combatiam à noite contra os tessálios, com o rosto e as armas cobertos de gesso; os harios — que Tácito comparava a um exército de mortos (*exercitus feralis*) porque, a fim de aterrorizar os inimigos, entravam em campo com os escudos e o rosto pintados de preto — foram comparados a grupos iniciáticos.[51] A situação de furor guerreiro e as metamorfoses em animais ferozes descritas pelas sagas islandesas faziam dos *berserkir* (literalmente, "bainha de urso") uma encarnação viva da fileira de mortos conduzida pelo chefe Odin.⁵² Em todos esses casos, entrevê-se uma atitude agressiva associada a uma identificação com as procissões de mortos. Aparentemente, estamos distantes da violência jocosa das coletas infantis — mas a matriz mítica é a mesma.

12. Vimos que nas cerimônias dos *căluşari* faltam ecos precisos das dramáticas lutas travadas em êxtase pelos *benandanti*. É certo que a atmosfera de violência, não sempre (ou não apenas) jocosas, em que se desenvolviam os ritos desses grupos de jovens possuía aspectos vagamente rituais. Os *koledari* e os *eskari* da Bulgária macedônica, sobretudo, eram animados por enorme hostilidade contra os colegas provenientes das aldeias vizinhas. Quando dois grupos de *eskari* se encontravam, explodiam rixas sanguinárias, às vezes mortais; porém, quando estas se verificavam no dia 1º de janeiro, eram cercadas de total impunidade, semelhante à que ainda hoje circunda infrações menores ou mínimas, como furtos ou brincadeiras maldosas praticados por cortejos de jovens que participam das coletas de dinheiro e comida.⁵³ Mas essas formas de hostilidade territorial, diversamente daquelas vividas em êxtase ou em sonho pelos *kresniki* dálmatas, não parecem nunca estar associadas de forma simbólica ao incremento do bem-estar material da comunidade.

13. Ao contrário, esse bem-estar constituía o objetivo declarado de um rito praticado no início do século XVI, não sabemos desde quando, em algumas aldeias alpinas. Num pequeno trabalho histórico e geográfico sobre os grisões (*Die uralt warhafftig Alpisch Rhetia*), publicado na Basileia em 1538, o erudito suíço Gilg Tschudi inseriu a descrição de uma cerimônia que era celebrada todos os anos, em localidades como Ilanz e Lugnitz: grupos de homens mascarados chamados *stopfer* (literalmente, "pungidores"), armados com grandes bastões, iam de uma aldeia a outra, dando grandes saltos e chocando-se violentamente. O reformador Durich Chiampel, que assistira à mesma cerimônia em Surselva, alguns anos mais tarde retomou a página de Tschudi, especificando que no mais das vezes os *punchiadurs* (assim designados em língua romanche) reuniam-se, por um costume "quase hereditário", durante as festas religiosas (*in bacchanalibus quae vocantur sacris*). Os dois testemunhos concordam sobre o que constituía a finalidade da cerimônia: obter colheita de trigo mais abundante. Uma superstição, comentava Tschudi; bobagens pagãs, reiterava Chiampel. Os testemunhos concordantes não deixam dúvidas: estamos diante de um rito de fertilidade, indicado como tal pela viva voz dos atores ou dos espectadores. O distanciamento, perfeitamente reconhecível, entre a interpretação destes e a dos observadores hostis que a registraram exclui a possibilidade de deformações. Os sequazes do culto insolente dos *punchiadurs*, observou Chiampel, diziam com toda a seriedade (*omnino serio asserentes*) que, na contagem feita ao final da cerimônia, sempre faltava um dos participantes. Este comparte invisível era, para Chiampel, um demônio.[54]

Pastores protestantes e párocos católicos trataram de erradicar esses ritos de fertilidade camponeses. No caso dos *punchiadurs*, o desaparecimento foi total.[55] Outros mais ou menos similares foram transformados em festividades inócuas. Em todo o arco alpino, cerimônias sazonais celebradas por grupos de homens disfarçados prolongaram-se até os nossos dias. Os guizos que, como refere Chiampel, pendiam das costas dos *punchiadurs* enfeitam ainda hoje as máscaras suíças e tirolesas.[56] Até o século passado, grupos de Perchtas "bonitas" e "feias" enfrentavam-se no carnaval, em algumas localidades da Áustria e da Baviera; depois, só as "belas" permaneceram. O nome conserva a marca dos antigos cultos: Perchta (que cônegos e inquisidores identificavam a Diana ou Herodíade) era um dos apelativos da divindade noturna, portadora de prosperidade, a quem as mulheres em êxtase rendiam homenagem. No Tirol, a crença de que as corridas das Perchtas propiciam abundância manteve-se por muito tempo.[57] Na Romênia, como vimos, Irodeasa e Doamna Zînelor sobrevivem nas cerimônias dos *căluşari*.

É esse fundo mítico que permite interpretar os escassos dados sobre os *punchiadurs*. Em muitas localidades do arco alpino, frequentemente ligadas a santuários ou lugares de peregrinação, permaneceu o hábito de celebrar determinadas festividades com disputas jocosas entre grupos de jovens; mas tais batalhas rituais (pois disso se trata, sem dúvida) ocorrem apenas depois da colheita — e não antes, para favorecer os resultados.[58] Uma analogia específica com os ritos de fertilidade praticados pelos *punchiadurs* deve ser procurada em outro lado, nas batalhas em prol da fertilidade travadas em êxtase, durante os mesmos anos, pelos *benandanti* friulanos da vertente oposta dos Alpes.[59] Mas uma comparação limitada ao arco alpino seria insuficiente: os *benandanti* carregam atrás de si os *kresniki* balcânicos, os *táltos* húngaros, os lobisomens bálticos, os *burkudzäutä* do Cáucaso iraniano.[60]

14. Entre as populações do Cáucaso, emerge com particular clareza o isomorfismo das duas versões (agonística ou não) dos mitos e ritos analisados até aqui. Na Geórgia, verificam-se verdadeiras lutas entre grupos contrapostos, às vezes correspondentes a duas partes da cidade ou da aldeia. Em ocasiões variáveis segundo as localidades — durante o carnaval, na primavera, no princípio de janeiro —, os contendores entram em campo cobertos de peles de animais, com o rosto pintado de fuligem, executando pantomimas eróticas. Seguem-se lutas e pugilatos (numa aldeia perto de Tbilissi, as armas de metal são explicitamente proibidas), muitas vezes precedidas por danças e procissões com máscaras. As pessoas acham que os vencedores terão uma boa colheita.[61] Entre os ossetas, como se recordará, os *burkudzäutä* afirmam combater nos prados do além para arrancar dos mortos os brotos de trigo. Mas na Geórgia encontramos também as *mesultane* (de *suli*, alma): mulheres ou meninas com idade superior aos nove anos, que têm a faculdade de dirigir-se em espírito até o além. Após caírem numa letargia interrompida por balbucios, elas despertam descrevendo a viagem realizada e comunicando as exigências feitas pelos mortos aos indivíduos ou à comunidade; por isso, recebem honras e prestígio.[62] De modo paralelo (e inverso) entre os ossetas, os pschavi e os chevsuri, grupos de pedintes, sempre com o rosto coberto por máscaras de pano, circulam pelas casas no começo de janeiro, ameaçando arrombar a porta de quem não der os presentes exigidos; de noite, penetram às escondidas, bebem um pouco de licor, mordiscam pedaços de carne. Pouca coisa: apanhar mais seria uma vergonha. Às vezes, os donos acordam, mas também acontece de continuarem a dormir. Os ladrões ganham o que comer e beber; quando clareia, os habitantes da aldeia fingem espancá-los.[63]

15. Nesses simbólicos ladrões noturnos, podem ser reconhecidas as contrapartes rituais dos mortos do Ariège, dos *benandanti* do Friul, dos bruxos do Valais. Sua sede, suas incursões "em espírito" até as adegas nos haviam conduzido pelo duplo labirinto dos mitos sobre as procissões de almas e sobre as batalhas pela fertilidade. Em torno dessas procissões e batalhas, buscamos construir uma série documental morfologicamente compacta, sem preocupar-nos em justificá-la em termos históricos. A contraposição, provisória, de morfologia e história tinha a finalidade puramente heurística de delimitar, de modo tentativo, os contornos de um objeto fugidio. Pouco a pouco, um detalhe bizarro, uma convergência aparentemente negligenciável fizeram aflorar uma miríade de fenômenos díspares, dispersos no tempo e no espaço. As oferendas de alimento e bebidas às *Matronae*, a presença de Irodeasa à frente dos *căluşari*, as batalhas alpinas e caucasianas pela fertilidade forneceram as provas de um isomorfismo entre mitos revividos no êxtase e ritos no geral conectados ao ciclo dos doze dias ou ao Pentecostes. Por trás de relatos, coletas de presentes, disfarces, deciframos um conteúdo comum: a identificação simbólica, na imobilidade do êxtase ou no frenesi do rito, com os mortos.

16. No caso dos *benandanti*, *táltos* etc., o confronto com os xamãs eurasiáticos, sugerido pela presença de uma série de analogias específicas, chocava-se com a ausência de êxtases públicos de caráter ritual. Vimos, porém, que tais êxtases eram praticados, em meados do século XVII, pelos magos e encantadores da Moldávia descritos por Marco Bandini, os quais tentavam falar com os mortos ou recuperar objetos perdidos — exatamente como os xamãs lapões ou siberianos. Supôs-se que Bandini se referisse a práticas difundidas entre uma população que não romena mas sim magiar, ética e culturalmente ligada às estepes da Ásia — os tchangö dos Cárpatos moldavos.[64] Mas a hipótese está longe de ser comprovada. Como dissemos, até poucas décadas atrás, na aldeia sérvia de Duboka grupos de mulheres caíam publicamente em êxtase durante o Pentecostes. Embora raros, fenômenos como esse parecem conservar traços persistentes de rituais propriamente xamânicos no âmbito europeu.[65]

Pelo contrário, parece difícil estender tal conclusão a cerimônias como as dos *căluşari*.[66] De maneira mais geral, a proposta de ver nas danças e cerimônias sazonais uma derivação dos ritos xamânicos, baseando-se em elementos como o uso do bastão com cabeça de cavalo (*hobby-horse*), parece não ter fundamentos suficientes.[67] Aqui, não encontramos homens e mulheres marcados por vocação extática precisa, anunciada desde o nascimento por particularidades físicas ou de outro tipo; em vez disso, deparamos com grupos predominantemente masculinos, compostos de meninos ou jovens (os testemunhos mais antigos falam de bandos heterogêneos, dos quais as mulheres parecem excluídas).[68] No primeiro caso, a relação simbólica com o mundo dos mortos era delegada a especialistas; no segundo, aos componentes de um grupo etário.

17. Porém, as duas alternativas não eram incompatíveis, como se depreende, por exemplo, das descrições da grande festa chinesa Ta No, um rito sazonal que era celebrado em janeiro, entre o final do ano velho e o 15º dia do ano novo, num período consagrado aos espíritos dos mortos. Uma personagem vestida de vermelho e negro, envolta numa pele de urso com quatro olhos de metal amarelo, conduzia 120 crianças entre dez e doze anos, com um boné vermelho na cabeça e uma túnica metade vermelha e metade preta. Para expulsar das cercanias do palácio imperial as pestilências do ano velho, atiram flechas de espinheiro com arcos de pessegueiro. As pestes eram representadas por doze máscaras de animais, correspondentes aos doze meses do ano; outras máscaras animais (dentre as quais o tigre) figuravam nas fileiras adversárias. Da cerimônia participavam também bruxas e feiticeiros, munidos de vassouras de junco. A fisionomia xamânica da personagem travestida de urso, que chefiava o bando de crianças, foi sublinhada várias vezes, bem como a afinidade entre exorcizadores e exorcizados.[69] Ficamos tentados a associar a essa cerimônia chinesa os ritos, extáticos ou não, em que — do Friul ao Cáucaso — surgem grupos contrapostos, mas intimamente assemelhados, em luta pela fertilidade: *benandanti* contra feiticeiros, *kresniki* contra *kresniki*, Perchtas "bonitas" contra Perchtas "feias", *burkudzäutä* contra mortos, e assim por diante.

18. Referimo-nos cautelosamente à possibilidade de que a presença de formas míticas análogas em contextos culturais heterogêneos fosse o resultado de relações históricas não de todo canceladas. De modo especial, havíamos suposto que os êxtases tomados como ponto de partida fossem um fenômeno especificamente (mesmo sem ter caráter de exclusividade) eurasiático. Agora, essa hipótese parece confirmada pela identificação de algumas presumíveis correspondências rituais — mas, ao mesmo tempo, inserida num âmbito de pesquisa muito mais amplo. As procissões com máscaras que simbolizam as almas dos mortos, as batalhas rituais e a expulsão dos demônios foram associadas a outros comportamentos (iniciações, orgias sexuais) que, nas sociedades tradicionais, acompanhavam o início do ano, solar ou lunar. Do Oriente Próximo ao Japão, esses ritos, modelados sobre arquétipos meta-históricos, simbolizaram, com a ruptura da ordem costumeira, a periódica irrupção de um caos primordial, seguida de regeneração temporal ou refundação cósmica.[70] A dispersão dos testemunhos no espaço induziu a supor que essa recorrente anulação ritual da história remonte a um período extremamente arcaico, até mesmo pré-histórico. Pelo contrário, sua fisionomia cultural levou a pensar que se trata de um fenômeno muito mais recente, surgido no âmbito das sociedades produtoras de cereais.[71] Mas ambas as hipóteses arriscam dissolver o entrelaçamento específico de mitos e ritos dos quais partíramos. Não é fácil, por exemplo, isolar na massa da documentação as batalhas rituais destinadas a provocar fertilidade, distinguindo-as tanto dos ritos genéricos pela fertilidade quanto das batalhas rituais genéricas. A cerimônia anual em que, segundo duas inscrições hititas que remontam a cerca de 1200 a.C., defrontavam-se uma coluna munida de armas de bronze e outra com armas de caniço certamente comemorava um evento histórico, a vitória dos hatos sobre os masas; talvez fosse também um rito religioso, visto que, segundo parece, encerrava-se com um sacrifício humano; mas é inquestionável que constituía, como supusemos, um rito ligado à vegetação, embora uma das inscrições afirme que ele ocorria na primavera.[72] Sobre bases similares a essas ou até mais tênues, os traços dispersos de batalhas rituais no mundo antigo foram associados, no passado, a cerimônias sazonais do folclore moderno, como a expulsão do inverno ou a fogueira da velha. Todavia, não sabemos por que, em determinadas — e desconhecidas para nós — épocas do ano, grupos de pessoas da mesma cidade ou da mesma família (irmãos, pais, filhos) combatiam entre si, de forma feroz, atirando pedras uns nos outros durante dias, procurando, como conta santo Agostinho, destruir-se mutuamente.[73] É certo que se tratava de combate ritual (*sollemniter dimicabant*), como aquele que fazia contrapor-se em Roma, em meados de outubro, na tentativa de conquistar a cabeça de um cavalo sacrifical, os bandos (*catervae*) pertencentes à Via Sacra e à Suburra. Nesse caso, é provável que a cerimônia não se propusesse garantir a prosperidade das colheitas.[74] Pelo contrário, a fertilidade era o escopo declarado de outra festa romana, a de Lupercália, que se celebrava todos os anos em 15 de fevereiro. Dois grupos de jovens, chamados Lupércios (*Quinctiales* e *Fabiani*), disputavam uma corrida em torno do monte Palatino, tocando as mulheres, para torná-las fecundas, com tiras feitas de couro de cabra. Embora muitos detalhes sejam indecifráveis para nós, parece significativo que a cerimônia se desenrolasse durante os nove dias (de 13 a 21 de fevereiro) nos quais, segundo o calendário romano, os mortos vagabundeavam, nutrindo-se de alimentos que os vivos haviam preparado para eles.[75] A afinidade entre os dois grupos de Lupércios não poderia ser comparada à existente entre os lobisomens bálticos (ou os *benandanti* e os *burkudzäutä*) e os mortos-feiticeiros seus adversários?

19. Nosso itinerário morfológico levou-nos a sociedades, tempos, espaços cada vez mais distantes do âmbito cultural em que o sabá se cristalizara. Talvez esse resultado fosse previsível. Imprevisto, ao contrário, é o contraste entre a heterogeneidade dos contextos e a homogeneidade morfológica dos dados. Isso coloca questões das quais não podemos fugir.[76] Mas para buscar uma resposta será necessário testar uma possibilidade que ainda não se levou em consideração: isto é, que tais convergências formais devam-se a conexões de caráter histórico.

PARTE III

1. CONJECTURAS EURASIÁTICAS

1. Dois homens barbudos enfrentam-se com os escudos erguidos, brandindo os punhais. Um deles usa elmo, e o outro luta de cabeça nua. Envergam túnicas cingidas por um cinturão e amplos calções bordados. Entre eles, um homem a cavalo, o peito coberto por uma couraça feita de escamas, empunha uma lança curta voltando-se contra um dos homens a pé. Também ele enverga calções, porém mais apertados. Por terra, jaz um cavalo revirado. As barbas, os cabelos, as escamas da couraça, os bordados das roupas, os corpos musculosos do cavalo morto e do vivo resplandecem com uma luz dourada uniforme. Cinco minúsculos leões agachados sustentam os combatentes. Do pedestal em que se apoiam os leões, partem os longos dentes paralelos de um pente. Também de ouro são os leões e os dentes do pente.

Três séculos antes de Cristo, um artesão grego, que provavelmente vivia numa das cidades do mar Negro, cinzelou e fundiu esse pente para a mulher, a concubina ou a filha de algum chefe cita. Os detalhes da cena representada no punho (com pouco mais de cinco centímetros de altura) são gravados para obter execução mais nítida. Mas o efeito de conjunto é, não obstante as dimensões reduzidas, majestoso. Aqui, a linguagem da escultura grega monumental foi adaptada para figurar realidades estrangeiras.[1] Talvez a cena de batalha que enfeita o pente aludisse a uma lenda cita, sugerida ao artesão pelo anônimo autor da encomenda. Decididamente, os calções que os três guerreiros vestem não têm nada de grego.

2. Os gregos chamavam "citas" um conjunto de populações, nômades e seminômades, com os quais haviam entrado em contato na região do mar Negro. Os citas não sabiam escrever. O que deles sabemos provém das escavações arqueológicas e das descrições de observadores externos, sendo Heródoto o primeiro deles. Na massa de objetos encontrados nos túmulos, os manufaturados citas (broches, ornamentos de carroças, taças) juntam-se aos de produção grega. Dentre estes últimos, o pente de ouro com a cena de batalha. O contraste entre o código estilístico e a realidade designada faz lembrar, de imediato, os relatos e as descrições contidas no quarto livro de Heródoto, consagrado justamente aos citas.[2] Que toda descrição seja culturalmente condicionada e, portanto, jamais neutra é (ou deveria ser) óbvio. A voraz curiosidade de Heródoto era guiada, ao reunir e apresentar informações e notícias, por esquemas e categorias sólidos (e potencialmente deformantes), embora muitas vezes inconscientes. Seria ingênuo ignorar esse dado; mas deduzir disso a impossibilidade de ultrapassar o horizonte do texto de Heródoto seria simplesmente absurdo. Fragmentos preciosos de conhecimento, por exemplo, emergiram de um confronto entre as descrições contidas no quarto livro de Heródoto e outras séries documentais, selecionadas ao acaso ou segundo esquemas culturais e mentais diferentes dos seus: de um lado, descobertas arqueológicas e, de outro, tradições provenientes de uma população de língua iraniana como os ossetas, descendentes dos alanos e dos rossolanos, que, por sua vez, descendiam dos citas. A objetividade da reconstrução é, aqui como em outras partes, garantida pelo cruzamento, nem sempre convergente, de testemunhos diversos.[3]

3. Conta Heródoto (IV, 73-5) que os citas, depois de ter enterrado seus mortos, purificam-se assim: erguem três varas, inclinando uma em direção à outra, cobrem-nas com panos de feltro e sentam-se embaixo, em torno de uma vasilha cheia de pedras em brasa, sobre as quais jogaram sementes de cânhamo. A fumaça aromática que se solta do cânhamo provoca-lhes gemidos de prazer. Um confronto entre essa passagem e as descrições, redigidas por viajantes e etnógrafos, de cerimônias siberianas análogas permitiu supor a existência, entre os citas que habitavam a região ao norte do mar Negro, de práticas xamânicas destinadas a alcançar o êxtase.[4] Para sustentar essa hipótese, podemos citar um documento arqueológico excepcional. Em Pazyryk, nas montanhas do Altai oriental, foram trazidos à luz alguns túmulos, que remontam a dois ou três séculos antes de Cristo, conservados sob o gelo. Neles, além de um cavalo disfarçado com chifres de rena, foram recuperadas algumas sementes de cânhamo, tanto da variedade *Cannabis sativa* (maconha) quanto da *Cannabis ruderalis Janisch*. Parte delas estava guardada num estojo de couro; outra parte, queimada entre as pedras contidas numa pequena bacia de bronze com base cônica, com as asas envoltas em casca de bétula. Na mesma tumba, foram encontrados um tambor e um instrumento de corda, parecidos com aqueles usados, 2 mil anos mais tarde, pelos xamãs siberianos.[5]

4. A partir do século VIII a.C., populações nômades provenientes da Ásia central começaram a realizar incursões nos confins do altiplano iraniano, a oeste, e na faixa compreendida entre a Mongólia e a China, a leste. Não está claro qual fato teria provocado essas duas ondas migratórias, opostas, através do continente eurasiático — a primeira, seguramente documentada por uma série destinada a repetir-se com intervalos regulares durante cerca de 2 mil anos.[6] Apresentou-se a hipótese de que, por volta do ano 1000 a.C., um período de seca prolongada tenha provocado em grande parte da Ásia central o abandono das terras cultiváveis menos férteis, fazendo emergir um regime de pastoreio nômade até então apenas latente.[7] A essas populações nômades pertenciam os citas que, entre os anos 800 e 700, estabeleceram seu domínio no altiplano iraniano. Após a ascensão do império dos medas, foram deslocados rumo ao Cáucaso e ao mar Negro. Deles os gregos adquiriam ouro, âmbar e peles.

É possível (mas não é certo) que entre os citas existissem também grupos de estirpe mongólica.[8] Em todo o caso, os ele-

mentos xamânicos que foram identificados tanto na religião
dos citas quanto (mas aqui o parecer é muito controverso) na de
Zoroastro derivariam de contatos com as culturas das estepes
da Ásia central.[9] Sabemos que entre os citas havia adivinhos especializados que prediziam o futuro com varas de salgueiro ou
com cascas de tília. Esses adivinhos, diz Heródoto (IV, 67; I,
105) eram chamados *enarei*, isto é, não homens, homens-mulheres — um apelativo que fez pensar no transexualismo e no
travestismo frequentes entre os xamãs siberianos.[10] Informações mais ricas, embora duplamente indiretas, foram transmitidas pelas lendas sobre um grego do Helesponto, Aristeu de
Proconeso (uma ilhota do mar de Mármara), que talvez tenha
vivido no século VIII a.C. Num poema, os *Cantos arimaspos*, dos
quais restam só poucos versos, Aristeu contara como, possuído
por Apolo, se dirigira para o norte, entre os issedônios antropófagos, dos quais tivera notícias sobre seres que habitavam
ainda mais ao norte: os arimaspos de um olho só, os grifos
guardiães de tesouros, os hiperbóreos. Heródoto (IV, 13-6), que
apresenta a viagem como real, atribui a Aristeu traços miraculosos, como a morte numa lavanderia, seguida pelo misterioso
reaparecimento do cadáver e por uma ressurreição dupla, seis
anos depois em Proconeso e também 240 anos depois no Metaponto. Aqui, Aristeu mandara construir uma estátua ao lado
daquela de Apolo, que costumava acompanhar em forma de
corvo. Na tradição mais tardia, essas características mágicas
foram reelaboradas. Segundo Máximo de Tiro (século II d.C.),
a alma de Aristeu deixara temporariamente o corpo exânime
para voar através dos céus como um pássaro; as terras, os rios,
as populações vistas do alto haviam constituído, mais tarde, o
argumento para seu poema. Plínio (*Naturalis historia*, VII, 174)
menciona uma estátua que representava Aristeu no ato de fazer
sair a alma pela boca, em forma de corvo. Segundo outros testemunhos, Aristeu era capaz de cair em catalepsia quando quisesse; ao retornar de tais viagens extáticas, predizia pestilências, terremotos, inundações.[11] Tudo isso mostra que as colônias
gregas, estabelecidas desde o final do século VII a.C. às mar-

gens do mar Negro, haviam absorvido alguns traços xamânicos presentes na cultura cita.[12]

Vimos que ainda no final do século XIX existiam entre os ossetas, longínquos descendentes dos citas, indivíduos (os *burkudzäutä*) que caíam periodicamente em êxtase, dirigindo-se em espírito ao mundo dos mortos.[13] O além no qual penetra Soslan, um dos protagonistas das lendas osséticas dos nartos, faz lembrar de maneira impressionante aquele que é descrito nas lendas dos povos altaicos (tátaros, buriatos). Em ambos os ciclos, o herói e a heroína reconhecem uma série de personagens dedicadas a atividades incompreensíveis, depois decifradas como penas ou recompensas por ações praticadas na terra. Às vezes, até os detalhes coincidem: o casal que vivia em desacordo, por exemplo, briga por uma coberta de couro de boi; os esposos felizes descansam tranquilamente sobre peles de lebres.[14] Convergências tão precisas, embora provenientes de uma documentação tardia, confirmam que os citas, antes de começar sua migração para o Ocidente (século VIII a.C.), haviam passado um longo período em contato estreito com as populações nômades da Ásia central. Na cultura desses pastores, como na dos caçadores estacionados mais ao norte, na taiga siberiana coberta de abetos e de bétulas, as práticas xamânicas ocupavam um lugar importante.[15]

5. Para reconstruir as raízes folclóricas do sabá de feiticeiros, havíamos partido dos testemunhos sobre o culto extático da misteriosa deusa noturna. À primeira vista, sua dispersão geográfica parecia circunscrever um fenômeno céltico. Mas essa interpretação cedera ante uma série de testemunhos excêntricos de proveniência mediterrânica. Novas hipóteses ganharam força. Detalhes anômalos como a ressurreição a partir dos ossos haviam sugerido a eventualidade de que na fisionomia da deusa noturna — e, de modo mais geral, no multiforme estrato de crenças que confluíram no estereótipo do sabá — estivessem incrustados elementos muito mais antigos, provenientes de populações nômades da Ásia central, por sua vez ligados às cul-

turas dos caçadores estabelecidos nas regiões do extremo Norte. Também a distribuição de fenômenos como as batalhas travadas em êxtase pela prosperidade da comunidade ou os ritos sazonais centrados nos disfarces em animais ultrapassava os confins da área linguística indo-europeia. Emergiam zonas de contato — a Lapônia, a Hungria que, todavia, não pareciam em condições de explicar a presença, precoce e dispersa, de traços xamânicos no continente europeu.

Quanto mais o âmbito da pesquisa se ampliava, até incluir tempos, lugares e culturas nitidamente heterogêneos, mais parecia distanciar-se a possibilidade de adotar uma perspectiva histórica. Limitar-se a uma análise rigorosamente morfológica parecia a única via possível. Agora, a conexão entre citas e populações nômades da Ásia central permite enfim vislumbrar a possibilidade de inserir num contexto histórico plausível, embora conhecido só de maneira fragmentária, os dados reunidos até aqui.

6. No início do século VI a.C., núcleos consideráveis de citas deixaram as margens do mar Negro, dirigindo-se para ocidente. Após ter superado o Dniester e o Danúbio, estabeleceram-se de forma estável na Dobrúgia. Os trácios, que ali habitavam, reconheceram a supremacia dos citas. Por causa disso, a região — uma planície parcialmente coberta de pântanos — foi chamada "pequena Cítia". Para aqui confluíram, no começo do século IV, populações celtas carregadas por um impulso expansionista que, depois de apossar-se de parte da península balcânica, terminou com a fundação de colônias gálatas na Ásia Menor. Podemos perguntar se a confluência de trácios (ou traco-getas), citas e celtas na zona do baixo Danúbio — limite extremo do imenso corredor que une a Ásia à Europa — não forneceria uma chave para decifrar, de um lado, a fisionomia da deusa seguida por uma procissão de almas e, de outro, a distribuição geográfica de seu culto extático.[16]

Na imagem múltipla da divindade noturna, havíamos identificado uma complexa estratificação cultural. Por trás de Diana e Herodíade, mencionadas nos penitenciais da Alta Idade Média, emergiram as protagonistas de uma série de cultos locais — Bensozia, Oriente, Richella etc. —, rememorando divindades célticas como Épona, as *Matres*, Ártio. Porém, as representações de Épona, a deusa celta montada a cavalo, remetem à deusa trácia Bendis — provavelmente, a deusa "rainha" que Heródoto assimilou a Ártemis. Bendis era venerada em Atenas junto com uma deusa traco-frígia, Adrasteia, homônima de uma das nutrizes cretenses de Zeus que Diôdoros Sículo identificava às deusas Mães de Engyon. Estas últimas foram associadas às ninfas de fisionomia céltica veneradas no santuário trácio de Saladinovo.[17] Foi levantada a hipótese de que Brauron, o santuário em que Ártemis era venerada por donzelas vestidas de ursas, fosse um nome trácio.[18] Ártemis Agrotera (isto é, selvagem) herdara alguns traços de uma divindade feminina, uma "grande deusa" reverenciada em época pré-histórica nas costas setentrionais do mar Negro; desse culto, tinham-se apropriado os cimérios que, no início da Idade do Ferro, invadiram a região.[19] Os citas, que por volta do ano 700 a.C. expulsaram os cimérios da Rússia meridional, empurrando-os em direção ao Ocidente, veneravam uma deusa meio mulher meio serpente, circundada por casais de serpentes — imagem imediatamente assimilável à da chamada "senhora dos animais", que na *Ilíada* é o epíteto de Ártemis.[20] Esse entrelaçado de associações, sinonímias e hibridismos parece reforçar a hipótese, cautelosamente apresentada antes, de que a fisionomia antiquíssima de Ártemis, expressa pelo apelativo homérico "senhora dos animais", seja de derivação eurasiática.[21] As representações no Oriente Médio e no Mediterrâneo de uma divindade muitas vezes semianimal, quase sempre cercada por duplas de cavalos, pássaros, peixes, serpentes, foram associadas à "mãe dos animais" que algumas populações siberianas (iacutes, unguses) veneraram sob a forma de pássaros, alce ou cabra, considerando-a progenitora dos xamãs.[22]

Na deusa noturna semibestial ou circundada por animais, no centro de um culto extático de tipo xamânico, identificada a Diana por canonistas e inquisidores, havíamos reconhecido uma distante herdeira das divindades eurasiáticas protetoras da caça e da floresta.[23] Essa aproximação, que supera com um pulo de 2 mil anos e milhares de quilômetros de taiga e estepe (aquela estepe que, já foi dito, une em vez de dividir), havia sido formulada em bases puramente morfológicas. Agora, entrevemos a possibilidade de traduzi-la numa sequência histórica: nômades das estepes-citas-trácios-celtas. Vimos que temas xamânicos como o êxtase, o voo mágico e a metamorfose em animais estavam presentes tanto no âmbito cita quanto no celta. Até a gralha que abandonava o corpo das bruxas escocesas mergulhadas em *"extaseis and transis"* poderia ser associada ao corvo que representava a alma de Aristeu.[24] Recorde-se que o corvo era um animal consagrado a Apolo, a divindade à qual Aristeu estava intimamente ligado.[25] Mas também o reino dos elfos descrito nos processos de feitiçaria escoceses tem indubitável fisionomia céltica. A presença de variantes ou reelaborações ligadas a contextos culturais específicos não contradiz a hipótese de um esquema comum: a viagem extática pelo mundo dos mortos, de modo geral realizada sob a forma animal.

7. Ovídio (*Met*. XV, 356 e seguintes) referiu-se, com evidente incredulidade, a indivíduos capazes de transformar-se em pássaros, colocando-os contra o fundo de uma paisagem setentrional compósita, em que a península calcídica (Palene) relembrava a Trácia (o lago Tritão) e a Cítia. "Na Palene hiperbórea, vivem homens que, após mergulhar nove vezes no lago Tritão, cobrem-se de penas leves. Não acredito nisso; porém, dizem que as mulheres citas são capazes de fazer a mesma coisa, untando os membros com unguentos mágicos."[26] A imersão, provavelmente ritual, repetida nove vezes num lago trácio faz lembrar aquela, também ritual, realizada por lobisomens num estanque da Arcádia, antes de assumir por nove anos formas de fera. De resto, os neuras, aos quais (como sabemos por intermédio da cética referência de Heródoto) era atribuída a capacidade de transformar-se periodicamente em lobos, talvez fossem uma população trácia.[27]

Das planícies da Trácia, essas crenças de caráter xamânico poderiam ter-se propagado no rumo leste e norte. Sabe-se com segurança que os citas chegaram até o Báltico, passando pela Romênia, Hungria, Silésia, Morávia e Galícia — esta ainda conserva no nome os traços da colonização gálica, isto é, céltica, ocorrida no século III a.C.[28] Ao contato entre citas e celtas na região do baixo Danúbio e na Europa central talvez pudessem ser associados fenômenos de difícil explicação, como a maciça presença na Irlanda de lendas ligadas aos lobisomens, o aflorar de elementos xamânicos em algumas sagas célticas, as convergências entre epopeia osseta e romances arturianos.[29] Com esse pano de fundo, também a analogia entre as batalhas pela fertilidade travadas em êxtase, respectivamente, pelos *burkudzäutä* ossetas e pelos lobisomens da Livônia parece menos inexplicável.

8. Por um itinerário puramente morfológico, havíamos chegado à hipótese de um *continuum* eurasiático que compreende, ao lado de xamãs tunguses, *no 'aidi* lapões e *táltos* húngaros, também personagens provenientes do âmbito cultural indo-europeu, como *kresniki*, *benandanti*, mulheres seguidoras da deusa noturna e outros. A série fora reconstruída por meio de comparações, selecionando um conjunto de traços como o êxtase, as lutas pela fertilidade, a mediação com o mundo dos mortos, a convicção de que existiam indivíduos providos desde o nascimento com poderes especiais. Nenhum desses traços era específico; específica era sua combinação (às vezes, só parcial). Formas análogas de classificação já foram propostas no âmbito linguístico.[30] Ora, a sequência nômades siberianos-citas-trácios-celtas introduz, numa apresentação que permanecera até aqui deliberadamente acrônica, um elemento não só temporal mas também genético.[31] Perante convergências culturais da amplitude que descrevemos, as explicações possíveis em teoria são três: *a*) difusão; *b*) derivação de uma fonte comum; *c*) derivação de características estruturais da mente humana.[32] A que apresentamos cabe na categoria *a*: a presença de crenças xamânicas no âmbito europeu é atribuível a um processo de difusão. Trata-se de uma explicação aceitável?

9. Antes de responder, é necessário dizer algo sobre a natureza da documentação. Classificar crenças ou práticas da cultura folclórica, conhecidas por intermédio de testemunhos indiretos, casuais, muitas vezes estereotipados, separados por vazios e silêncios, é, como vimos, difícil. Em muitos casos, porém, parece impossível traduzir em termos históricos essas classificações. Uma série de convergências entre a cultura folclórica dos Cárpatos romenos e a do Cáucaso, por exemplo, fez supor que as relações entre as duas regiões tenham sido muito intensas no passado — mas quando? No começo deste século, época em que os pastores dos Cárpatos possuíam numerosos rebanhos na Crimeia? Ou num período bem mais antigo, graças a contatos indiretos? Nesse caso, quem teriam sido os intermediários? Talvez os alanos, parte dos quais, no século XIII, abandonou as estepes para migrar rumo ao Ocidente?[33] Incertezas dessa dimensão são frequentes. É verdade que os testemunhos linguísticos permitem, às vezes, chegar a conclusões mais precisas. Também aqui, limitemo-nos a um exemplo. A presença no húngaro de empréstimos do osseta pressupõe que no passado as duas comunidades linguísticas, hoje separadas, tenham sido geograficamente contíguas. Não sabemos quando isso possa ter ocorrido. Baseando-se nas características dos empréstimos, afirmou-se que o contato ocorreu com uma população que falava língua similar a um dos dialetos ossetas, o *digor*: os alanos.[34] A função de intermediários culturais por eles desenvolvida parece, nesse caso, bastante fundada. Talvez indícios linguísticos possam fornecer uma base mais sólida também à tentativa de reconstruir crenças de tipo xamânico. Como vimos, estas eram partilhadas por populações que falavam línguas tanto indo-europeias quanto urálicas. O exemplo do húngaro e do osseta indica que isso não excluía trocas linguísticas. Junto com as palavras, podiam circular também crenças, ritos, costumes.[35] E, naturalmente, coisas.

10. Uma via para superar o obstáculo constituído pela escassez de notícias datadas (ou datáveis com segurança) sobre crenças e práticas xamânicas nos é oferecida pelas próprias coisas. Mais precisamente, pelos produtos da arte animalista, ou arte das estepes. Com esses termos, convencionou-se indicar objetos, muitas vezes ornados de decorações zoomorfas, vindos de um âmbito geográfico compreendido entre a China e a península escandinava, por volta dos anos 1000 a.C. e 1000 d.C.[36] Amuletos chineses do período Chou, enfeites de bastões cerimoniais da Mongólia interior, braceletes de ouro provenientes da Ásia central ou da Sibéria, alfinetes iranianos, vasos de prata traco-géticos, discos decorados célticos (*phalerae*), fíbulas visigóticas e lombardas apresentam — para além dos detalhes que as distinguem — desconcertante aspecto familiar, do ponto de vista tanto estilístico quanto iconográfico.[37]

Da Europa medieval, fomos lançados à interminável estepe eurasiática, atravessada por nômades a cavalo. Vemos desenhar-se uma experiência infindável de intrincadas trocas culturais — mas a partir de quando e de onde? A discussão sobre a origem da arte animalista permanece bem acesa; contudo, a função de ponte entre Ásia e Europa desempenhada, também nesse caso, pelos citas está fora de discussão.[38] Seus contatos com a arte do Oriente Médio, sobretudo iraniana, são evidentes. É mais controversa, porém verossímil, a hipótese de que utilizassem também temas e esquemas figurativos provenientes das estepes da Ásia central, ou até das florestas da Sibéria setentrional.[39] Pela mediação direta ou indireta dos citas, elementos da arte das estepes transmigraram provavelmente para a sarmática, a escandinava e a céltica.[40] Entre tais contatos, aquele que uniu a cultura trácia (ou sedimentada nas planícies da Trácia) e a cultura céltica parece ser dos mais estreitos. É significativo que o lugar de origem do célebre caldeirão de Gundestrup (séculos II-I a.C.) tenha sido buscado, com alternâncias, na Trácia e na Gália setentrional.[41]

Caçadores siberianos, pastores nômades da Ásia central, citas, trácios, celtas: a cadeia que havíamos sugerido para explicar a difusão das crenças xamânicas da Ásia à Europa, das estepes ao Atlântico, foi proposta (com várias contestações) para explicar a difusão dos temas e das formas da arte animalista. Trata-se, também aqui, de uma reconstrução (em parte, conjectural) que trata de justificar em termos históricos uma série de semelhanças formais. Sem dúvida, a soma de duas hipóteses — apesar de serem hipóteses convergentes, sugeridas por séries documentais diversas — ainda não constitui uma prova. Porém, devemos destacar que, à diferença dos testemunhos sobre crenças xamânicas, os produtos da chamada arte animalista são uma fonte direta, de primeira mão, não filtrada por olhares ou esquemas culturais externos (excetuando os nossos, é claro). Esses produtos confirmam que a transmissão histórica que havíamos proposto como hipótese é, se não certa, ao menos verossímil. Não é só. Pode acontecer que a ligação entre os dois circuitos (o dos objetos e o das crenças) seja ainda mais íntima. De fato, nas lutas entre animais, verdadeiros ou imaginários (ursos, lobos, cervos, grifos), representadas na arte dos povos nômades, foi proposto reconhecer uma figuração das lutas entre as almas, transformadas em animais, dos xamãs eurasiáticos (aos quais poderíamos juntar, no âmbito europeu, os *táltos* húngaros ou os *kresniki* balcânicos). Com boa dose de simplificação, procurou-se direcionar para uma ideologia xamânica a arte animalista.[42]

11. Chegamos a uma primeira conclusão: a série que construímos tendo como base considerações puramente morfológicas é compatível com uma trama documentada por relações históricas. A hipótese do empréstimo pareceria confirmada. Mas "compatível" não significa "conectado de fato". No caso de fenômenos como aqueles de que estamos falando, a relação entre testemunhos existentes, testemunhos possíveis e realidades testemunhadas é extremamente aleatória. Eloquente é o caso do extraordinário sucesso de um motivo iconográfico: o chamado "galope voador", que representa um cavalo com a barriga no chão, quase esmagado contra o solo. Objetos de proveniência e fisionomia muito diversas são adornados com esse motivo: uma caixa micênica de madeira recoberta de ouro (século XVI a.C.), uma fivela cita (séculos VIII-VII a.C.), uma placa de ouro siberiana (séculos VI-IV a.C.), um camafeu da Pérsia dos sassânidas (século III d.C.), um vaso chinês do período Ming (1500 d.C.) etc. Sabemos com certeza que o motivo do "galope voador" retornou ao Ocidente em meados do século XVIII, graças a Giuseppe Castiglione, um pintor genovês, jesuíta, que o retirou da arte chinesa para entregá-lo a Stubbs e Géricault.[43] Ao contrário, ignoramos onde e quando o "galope voador" teve origem e como se propagou. Naturalmente, não se pode excluir a possibilidade de o motivo ter sido inventado várias vezes em civilizações diversas, de maneira autônoma. Mas o que levou a supor o contrário foi sua convencionalidade: trata-se de uma fórmula ao mesmo tempo extremamente eficaz e sem equivalente na realidade.[44] A analogia de fundo com as questões colocadas pelos mitos e ritos que examinamos até aqui (surgiram de maneira independente? Propagaram-se a partir de um ponto e de um lugar precisos?) é evidente. A ela, porém, agrega-se uma ainda mais específica, ligada à presença do motivo do "galope voador" na arte animalista. Que a difusão — se é que difusão houve — tenha ocorrido de oeste para leste, de Creta para Micenas e de Micenas rumo à Ásia, como se supôs, parece bem pouco verossímil.[45] As datas dos testemunhos que chegaram até nós têm valor relativo: objetos mais antigos, sobretudo quando feitos de materiais facilmente perecíveis como aqueles usados pelos nômades (madeira, couro, feltro), poderiam ter sido destruídos. As populações que, vindas do Oriente, se estabeleceram na Grécia na Idade do Bronze não poderiam ter levado consigo objetos análogos aos das artes das estepes e igualmente frágeis?[46] Uma eventualidade do gênero implicaria uma inversão — de oriente para ocidente, em vez de ocidente para oriente — da difusão do "galope voador". Seja como for, ela repropõe uma hipótese muito mais geral: a possibilidade de que as culturas fugidias e tenazes dos nômades das estepes tenham deixado traços, profundos embora dificilmente documentáveis, em outras culturas mais próximas de nós, a começar pela grega. Talvez a circulação de imagens e crenças que delineamos se tenha tornado possível graças a uma sedimentação preexistente.

12. Em decorrência de retroceder rumo a um passado sempre mais remoto, fomos levados insensivelmente de uma explicação em termos de empréstimo ou difusão (*a*) a uma explicação em termos de derivação de uma fonte comum (*b*). Essa segunda hipótese não apresenta nenhuma novidade. Um estrato linguístico indo-urálico foi postulado, de maneira apenas hipotética, para explicar uma série de concordâncias entre línguas indo-europeias e línguas urálicas.[47] De forma totalmente autônoma, a presença nos poemas védicos de traços xamânicos análogos aos siberianos foi atribuída, também aqui como hipótese, a uma fase remotíssima de contatos culturais que teriam envolvido populações falantes de línguas protourálicas e protoindo-europeias, numa zona situada com muita probabilidade na estepe ao norte do mar Negro, entre o Dnieper e o Cáucaso.[48] Uma hipótese parcialmente similar foi sugerida pelo confronto entre os mitos gregos centrados na figura de Prometeu e os caucasianos que têm como eixo outro herói punido por ter desafiado a divindade: Amirani. As analogias (e as diferenças) das duas séries foram explicadas pelas duradouras relações que devem ter sido moldadas, num período anterior ao segundo milênio a.C., entre comunidades linguísticas indo-europeias, incluindo também os ancestrais dos gregos, e comunidades linguísticas de outro gênero, abrangendo também os progenitores dos modernos habitantes do Cáucaso meridional.[49] Observe-se que uma zona liguisticamente heterogênea como o Cáucaso parece ter sido a única na qual os três grupos de fenômenos, que investigamos, basicamente isomorfos, estão presentes de modo simultâneo[50] (cf. mapa 3, pp. 120-1). Experiências extáticas, em sua maioria femininas, ligadas às procissões dos mortos; experiências extáticas, na maior parte masculinas, ligadas aos combates noturnos pela fertilidade dos campos; rituais masculinos, ligados tanto às procissões dos mortos quanto às batalhas pela fertilidade, não poderiam ser outras tantas reelaborações surgidas com base num núcleo comum?

Sob uma hipótese do gênero, bem como sob aquelas que citamos, reconhecemos o fascínio e os perigos de um modelo que, antes de ser positivista, é romântico: a árvore genealógica. A ilusão de poder atingir realidades próximas à linguagem originária, depois de ter inspirado os êxitos da linguística comparada indo-europeia, acabou por alimentar excessos. Considerou-se que, classificando os fenômenos linguísticos à base de entidades discretas (as línguas) ligadas por relações genealógicas de tipo vertical, fosse possível retroceder em direção a estratos sempre mais antigos e menos identificados. Porém, à medida que nos afastávamos das realidades documentadas (os ramos da árvore), a reconstrução tendia a diluir-se em protolínguas totalmente conjecturais. Foi observado que a maior parte das tentativas para reconstruir fenômenos culturais e religiosos pertencentes a um passado remotíssimo e documentado só de forma indireta reproduziram, de maneira explícita ou implícita, esse modelo, repetidamente criticado há mais de um século.[51] Mas postular, em chave apenas hipotética, a existência de certas relações históricas baseando-se na documentação existente parece ser um procedimento bastante diverso.[52] Dentro desses limites, o cauteloso recurso à regressão cronológica afigura-se, para os fenômenos de que estamos falando, inevitável.

13. Como se vê, tanto as explicações em termos de difusão quanto aquelas em termos de derivação comum chocam-se com dificuldades muito graves. Acrescente-se que umas e outras compartilham a tendência a trocar a descrição de fenômenos de um ou de outro tipo por uma explicação dos processos, ainda muito pouco explorados, de assimilação cultural. Mas a difusão é um dado de fato, não uma explicação.[53] Esse defeito de análise parece particularmente grave quando, como nos casos de que estamos falando, o traço propagado (uma crença, um rito, uma fórmula figurativa) foi conservado por períodos enormes (séculos, até milênios) e disseminado em contextos muito heterogêneos (sociedades de caçadores, de pastores nômades, de agricultores).

Para compreender as razões dessa dupla característica — persistência no tempo, dispersão no espaço — parece necessário seguir um outro caminho: o terceiro (*c*) dentre os que indicamos acima. Mas não existe motivo para supor que tais perspectivas se excluam. Por isso, trataremos de integrar na análise os dados históricos externos e as características internas, estruturais, do fenômeno transmitido.[54] Nós o faremos em escala reduzida, isolando do conjunto de fenômenos examinados até agora um elemento específico — um pequeno detalhe.

2. OSSOS E PELES

1. Um antropólogo francês que está escrevendo uma grande tetralogia sobre os mitos ameríndios percebe, após chegar quase à metade da obra, que incorreu num erro.[1] No volume precedente, contara e analisara, entre inúmeros outros, um mito de certa população indígena da Amazônia (os terenas) omitindo, porém, um detalhe, cuja importância lhe ocorre de repente. (O mito chegara até o antropólogo por intermédio de um filtro triplo, cada vez menos indireto: um etnógrafo alemão que escrevia em português; um intérprete local que falava português e terena; um informador indígena que só falava terena.)[2] Trata-se de um detalhe "mínimo": em seguida aos sortilégios da mulher, o protagonista de um mito sobre a origem do tabaco torna-se manco. O antropólogo dá-se conta de que a coxeadura aparece também num rito terena — e não só ali mas também em grande número de mitos e, sobretudo, ritos documentados nas Américas, na China, na Europa continental, no Mediterrâneo. Todos estão ligados — parece-lhe — à mudança da estação. Uma conexão transcultural que cobre uma área tão imensa não pode, evidentemente, restringir-se a causas explicativas particulares. Se não se quer fazer remontar o rito da dança claudicante ao Paleolítico (o que, observa o antropólogo, explicaria sua distribuição geográfica mas não a sobrevivência), é preciso procurar, pelo menos como hipótese, uma explicação de ordem estrutural.[3] O antropólogo arrisca uma — mesmo tendo plena consciência da pobreza da documentação americana. Se o problema colocado por esses ritos é o de abreviar (*écourter*) uma estação em benefício da outra, para acelerar sua passagem, a dança claudicante fornece uma correspondente — ou melhor, um diagrama perfeito — do desequilíbrio pretendido. Montaigne, no ensaio famoso sobre os coxos, não tomara como ponto de

234

partida justamente a reforma do calendário com a qual Gregório XIII abreviara a duração do ano?[4]

2. Explicar um fenômeno documentado do Mediterrâneo às Américas recorrendo a uma citação de Montaigne significa permitir-se uma licença que arrisca desacreditar a qualidade do método — observa, não sem validade, o antropólogo. Mas, se sua argumentação parece evidentemente inadequada, a pergunta que a provocara (por que mitos e ritos centrados na coxeadura são recorrentes em culturas tão diversas?) é bem real. Buscar uma resposta satisfatória a tal questão significa chocar-se de novo com uma série de dificuldades que, no curso da pesquisa que estamos conduzindo, haviam permanecido sem solução. De repente, temas já encontrados surgirão com nova luz.

3. O antropólogo que relevou a importância transcultural do coxear mítico e ritual não considerou oportuno recordar, em relação a isso, o mito de Édipo. Contudo, se não foi o primeiro, por certo enfatizara a importância da alusão a um defeito no caminhar contida no nome de Édipo (bem como no do avô dele, Labadaco, "o coxo").[5]

Uma profecia diz que o filho de Laio, rei de Tebas, matará o próprio pai e casará com a mãe. Para afastar esse destino infausto, a criança é abandonada logo depois do nascimento; porém, antes lhe furam os tornozelos. Daí o nome de Édipo, isto é, "pé inchado".[6] Trata-se de uma explicação formulada desde a Antiguidade. Mas já então alguns não a consideraram suficiente. Por que fora agredido dessa maneira um recém-nascido que não tinha condições de fugir? O autor de um comentário ao *Édipo rei* de Sófocles supôs que o menino tivesse sido ferido para que ninguém pensasse em adotá-lo.[7] É uma conjectura racionalista e, sem dúvida, estranha ao espírito do mito. Ainda menos aceitável é a hipótese de que o detalhe incompreensível dos pés mutilados seja um acréscimo posterior, sugerido pelo nome "Édipo".[8]

Um nome singular, decerto; pouco adequado tanto a um herói quanto a um deus. Foi associado ao de Melampo, "pé preto", adivinho e curandeiro da Tessália. Um mito contava que, logo depois de nascer, Melampo fora exposto num bosque; o sol lhe queimara os pés nus; daí o epíteto.[9] Nas figuras de Édipo e Melampo, viu-se uma ligação com as divindades subterrâneas; nas deformações que os caracterizam, alusões eufemísticas ao corpo negro e inchado do mais típico dentre os animais ctônicos, a serpente. Esta última conjectura é evidentemente absurda.[10] Mas é indubitável que Édipo e Melampo, além de ser ambos adivinhos, estão associados por um defeito nos pés provocado pela exposição. Tais convergências, como veremos, não são casuais.[11]

Deixemos Melampo de lado e voltemos a Édipo. Seu nome e sua função de instrumento inconsciente da desgraça dos pais foram interpretados como resíduos de um núcleo fabular em parte cancelado.[12] Foi identificado a um enredo elementar, típico das fábulas mágicas: o herói, após ter resolvido com meios extraordinários uma tarefa difícil, casa com a princesa (às vezes, depois de ter assassinado o velho rei). Na versão do mito que chegou até nós, a morte do rei, Laio, precede a tarefa difícil: a solução do enigma proposto pela esfinge.[13] Além disso, em vez de chegar a um reino estrangeiro, o herói abandonado retorna à própria casa — o que implica o parricídio e o incesto. Esta última variação, na qual hoje reconhecemos o núcleo essencialmente "edípico", constituiria um incesto tardio que, na elaboração dos poetas trágicos, teria acabado por transformar profundamente o enredo fabular mais antigo.[14]

A tentativa de distinguir estratos diversos no interior de um mito é, quase inevitavelmente, conjectural. Todavia, convém sublinhar que "mais antigo" não significa nem "mais autêntico" (dado que o mito é sempre assumido em bloco pela cultura que dele se apropria) nem "originário" (sendo a origem de um mito, por definição, inacessível).[15] Mas, se admitirmos que, como critério, uma distinção entre os vários estratos seja possível, os pés mutilados de Édipo parecem pertencer ao núcleo da fábula e não às sobreposições sucessivas. Embora difundida em muitas culturas, a adivinhação da esfinge ("Qual animal caminha com quatro patas de manhã, duas ao meio-dia e três à noite?"), apesar de referir-se ao homem de um modo geral, adquiria um significado particular no momento em que era proposta a um indivíduo como Édipo, atrofiado nos pés e destinado a apoiar-se num bastão de cego quando fosse velho.[16] Mas no *Édipo rei* de Sófocles a mutilação é evocada de forma indireta; na revelação gradual da verdadeira identidade do protagonista, ela tem importância marginal.[17] Além de constituir uma escolha artística, talvez essa estratégia dramática lenta e envolvente fosse sugerida também pela dificuldade de explicar um detalhe que, herdado da tradição mítica, já então se tornara incompreensível.

Foi levantada a hipótese de que esse detalhe guardasse os ecos de um remoto rito iniciático, na base do qual o noviço era submetido antes a feridas simbólicas e, depois, a um período de segregação — duas fases que corresponderiam, no caso de Édipo, aos pés perfurados e à infância transcorrida entre os pastores.[18] Na Grécia, só restavam traços débeis ou indiretos de costumes desse gênero.[19] Mas sua difusão em culturas muito diferentes deixou marcas indeléveis nas fábulas de magia. Nestas, decifrou-se uma estrutura recorrente: o herói, depois de ir ao reino dos mortos — o correspondente mítico dos ritos de iniciação —, volta à terra para casar com a rainha. Podemos supor que na versão mais antiga do mito de Édipo (identificada, como foi dito, a uma fábula mágica) a ferida nos pés, a exposição, o período passado à margem do mundo da *polis* nas alturas selvagens do Cíteron, a luta contra a esfinge — depois atenuada na solução do enigma — escandissem as etapas de uma viagem iniciática rumo ao além.[20] Essa interpretação confirmaria, integrando-a e corrigindo-a, aquela já mencionada que vê em Édipo um herói ctônico, associado a divindades infernais como as erínias, ambíguas portadoras de prosperidade e morte.[21] Entre os epítetos aplicados às erínias, os nomes terminados em -*pous* são particularmente frequentes. Foi observado que Édipo, nas *Fenícias* de Eurípides (vv. 1543-5), compara-se — depois de ter ficado cego — a um fantasma, a um morto.²² E a esfinge é, sem dúvida, um animal mortuário.²³

4. Todavia, essas conjecturas não explicam a forma especial de mutilação infligida a Édipo antes de este ser exposto.²⁴ Essa mutilação é indiretamente iluminada por outra exegese que, à diferença da precedente, considera o mito em sua totalidade, incluindo também o parricídio e o incesto.²⁵ Assim, a história de Édipo é inserida num conjunto de mitos e sagas que cobrem uma área geográfica vastíssima: da Europa ao Sudeste asiático, passando pelo norte da África, com prolongamentos que vão do mar Ártico a Madagascar.²⁶ Esses mitos e sagas se baseiam numa estrutura fundamentalmente análoga. Um rei idoso é informado por um oráculo que certo jovem príncipe — do qual o soberano é (segundo o caso) pai, avô, tio, pai adotivo ou sogro — o matará para sucedê-lo. Para anular a profecia, o jovem é obrigado a deixar a pátria; após várias provas, retorna, mata (de forma voluntária ou não) o velho rei e o sucede, de modo geral casando com a filha ou a mulher deste último. Os mitos gregos que repetem no todo ou em parte essa sequência podem ser distribuídos em quatro grupos, dois dos quais distinguíveis em outros tantos subgrupos:

I. 1. *parricídio voluntário, embora em forma atenuada*: Cronos (que castra Urano) e Zeus (que toma o poder ou castra Cronos);

I. 2. *parricídio involuntário*: Édipo (que mata Laio), Teseu (que provoca o suicídio de Egeu), Telégono (que mata Ulisses);

II. 1. *morte voluntária do tio*: Jasão (que na versão original do mito matava Péleas), Egisto (que mata Atreu, irmão de seu pai, Tiestes), Télefo (que mata os irmãos da mãe, Augeia), os filhos de Tiro e do tio dela, Sísifo (que matam Salmoneu, irmão de seu pai e pai de sua mãe);²⁷

II. 2. *morte involuntária do tio*: Perseu (que mata Acrísio, às vezes designado como irmão de seu pai, Proito);

III. *morte do avô*: ainda Egisto (que mata Atreu, pai de

sua mãe, Pelopia) e ainda Perseu (que mata Acrísio, geralmente apresentado como pai de sua mãe, Dânae);

IV. *morte do futuro sogro*: Pélope (que faz morrer Enômao, pai de Hipodâmia) e, de novo, Zeus (que segundo outra versão, conjectural, toma o poder de Cronos depois de se unir com a irmã Reia).

Como se vê, os mitos compreendidos nessa série (não exaustiva) são caracterizados por estrutura similar, que se articula numa série de substituições — ou melhor, de atenuações —, com base em hipotética versão radical, a qual incluiria o parricídio voluntário e o incesto voluntário com a mãe.[28] De fato, a castração ou a perda do poder de divindades celestes (por definição, imortais), bem como as alternativas indicadas, podem ser consideradas variantes atenuadas do parricídio voluntário. De maneira análoga, Édipo, que se une involuntariamente a Jocasta; Télefo, que evita no último momento consumar o matrimônio com Augeia; e Telégono, filho de Circe, que desposa a madrinha Penélope (enquanto seu duplo, Telêmaco, filho de Penélope, casa com Circe), constituem versões cada vez mais diluídas do incesto voluntário com a mãe.[29] Portanto, esses mitos parecem ligados por uma trama muito densa de semelhanças estruturais, às vezes reforçadas por convergências de caráter mais específico. Bastará dar alguns exemplos. Quando Édipo, já cego, dirige-se a Colona, é acolhido e protegido por Teseu, que recorda a infância, por ambos passada no exílio. Mas também aqui a elaboração de Sófocles apenas toca os elementos comuns aos dois mitos. Seus protagonistas nasceram da transgressão de um veto de gerar, absoluto no caso de Laio, temporário no caso de Egeu. Ambos, para combater a profecia fatal, foram expulsos da casa paterna. Os dois superaram com êxito o encontro com monstros como a esfinge e o minotauro. Ambos sem querer provocaram a morte dos respectivos pais. Os dois prolongam na própria descendência masculina a maldição que os atingiu.[30] Reconheceram-se outras convergências entre o mito de Perseu e o de Télefo: as mães segregadas para afastar a mesma profecia, seduzidas (respectivamente por Zeus e Hércules), lançadas ao mar (numa arca fechada ou dentro de uma cesta).[31] Os animais (abelhas, ursas, cabras) que cuidam do pequeno Zeus nas cavernas de Creta, subtraindo-o da antropofagia paterna, encontram um paralelo preciso na gazela que amamenta Télefo, na cabra (*aix*) que nutre Egisto (*Aighistos*). E assim por diante.

5. Contra tal pano de fundo de semelhanças, destaca-se uma que, até agora, foi assinalada só de forma episódica e parcial: mais de metade dos protagonistas dessa série mítica são caracterizados por particularidades relacionadas a deambulações.[32] Além de Édipo dos pés furados, encontramos Jasão, que, cumprindo a profecia, apresenta-se com uma única sandália ao tio usurpador Péleas; Perseu, que antes de combater a Górgona recebe de Hermes uma das sandálias deste; Télefo, que após matar os filhos do tio Aleo é ferido na perna esquerda por Aquiles; Teseu, que sob uma rocha encontra, além da espada, as sandálias douradas de Egeu que lhe permitirão, de volta à pátria, ser reconhecido; Zeus, a quem o monstruoso Tifeu corta com a foice os tendões das mãos e dos pés, ocultando-os numa caverna (onde serão depois reencontrados).[33]

Portanto, deparamos com personagens marcadas por *a*) deformações ou feridas nos pés e nas pernas, *b*) um pé de sandália, *c*) um par de sandálias. A primeira característica, às vezes acompanhada ou substituída por outros defeitos físicos (um olho só, baixa estatura, gagueira), era particularmente frequente entre os heróis gregos; a observação já aparece em *Tragodopódagra*, breve drama parodístico atribuído a Luciano de Samosata.[34] Dentro em pouco, voltaremos à segunda característica. A última pareceria, à primeira vista, corresponder a uma situação normal em relação à qual mensurar os eventuais desvios.

Na realidade, o detalhe das sandálias tem, no mito de Teseu, implicações mais complexas. O levantar a rocha, por meio do qual Teseu se apropria das sandálias paternas, constitui verdadeiro rito de iniciação, que assinala seu ingresso na idade adulta.[35]

Recorde-se que também aos pés furados de Édipo atribui-se um significado iniciático. Mais adiante, verificar-se-á que o pé de sandália calçado por Jasão e por Perseu tem o mesmo valor. As etapas da iniciação que foram reconhecidas na história de Édipo — as feridas simbólicas, a segregação num ambiente selvagem, a luta contra os monstros — ressurgem, de maneira mais ou menos modificada, também nos outros mitos que compõem a série.

Em alguns deles, encontramos também a prova suprema, da qual no mito de Édipo restaram só traços imperceptíveis: a viagem pelo mundo dos mortos.[36] Nas sandálias e na espada deixadas por Egeu sob a rocha, foi de fato reconhecido um tema de fábula: os instrumentos mágicos que permitem ao herói dirigir-se ao além. Dentre as provas que a tradição mítica atribui a Teseu, está também a viagem ao Hades, para tentar trazer Perséfone, sequestrada pelo deus dos mortos, de volta à superfície.[37] Jasão, após ter saído do rio Anauros calçando apenas um pé de sandália, empreende a expedição até a Cólquida à procura do velocino de ouro, no curso da qual desce aos infernos com o auxílio da maga Medeia.[38] Perseu, que combate a monstruosa Górgona munido da sandália mágica entregue por Hermes (o qual, por isso, era chamado *"monocrepide"*, isto é, que está com uma só sandália), também é associado ao mundo subterrâneo.[39]

6. A tríplice conexão entre criança fatal, particularidade ligada à deambulação e mundo dos mortos encontra nítida confirmação na figura de Aquiles. Um mito o apresenta como criança fatal falhada: Zeus decidira não unir-se a Tétis porque, segundo a profecia, o filho que dela nascesse superaria o pai.[40] O epíteto que designava Tétis — "pés de prata" — recordava a mutilação provocada por Hefesto, o deus fabril de pés tortos, que lhe arremessara um martelo enquanto a perseguia, tentando violentá-la.[41] Esse adensamento de anomalias ligadas ao caminhar prepara a mutilação provocada, logo depois do nascimento, ao filho de Tétis, Aquiles, conhecido como o "pé veloz". Os pais o tornaram invulnerável, ainda que parcialmente, imergindo-o nas águas do Estige ou (segundo outra versão) no fogo:

o calcanhar queimado pelas chamas fora substituído pelo de um gigante hiperveloz.[42]

As conotações mortuárias sugeridas pela associação com o Estige, o rio do além, são confirmadas por outros testemunhos. Por trás do herói Aquiles — que uma tradição desconhecida por Homero pretendia estivesse sepultado na ilha de Leuca (hoje ilha das Serpentes), em frente de Olbia, nas costas setentrionais do mar Negro —, de fato identificou-se um Aquiles mais antigo, deus dos mortos. Olbia era uma colônia grega em território habitado por citas. No final do século VII a.C., Alceu, numa poesia da qual permaneceu um único verso, chamava Aquiles "senhor dos citas". No rosto de Pátroclo ferido, que o pintor Sósia representou numa célebre taça (a obra inclui também Aquiles, que cuida de Pátroclo), pretendeu-se reconhecer lineamentos citas.[43] Em todo o caso, o verso de Alceu introduz uma nota surpreendente na imagem habitual de Aquiles, o mais típico dos heróis gregos.

7. A imersão de Aquiles no fogo foi associada a dois ritos: o primeiro, descrito no hino homérico a Deméter (vv. 235-55); o segundo, efetivamente praticado na ilha de Quios, no princípio do século XVII. Deméter, desejando tornar imortal o pequeno Demófon, várias vezes entregara o menino às chamas, ungindo-o com ambrosia, alimento dos deuses; mas ante o medo da mãe restituíra a criança, num acesso de raiva, à condição humana.[44] Já recordamos que, segundo o erudito Leone Allacci, os habitantes de Quios costumavam queimar as plantas dos pés das crianças nascidas entre o Natal e a Epifania, para que não se tornassem *kallikantzaroi* — espíritos disformes que, no mesmo período do ano, costumavam deixar o mundo subterrâneo para vagar pela terra.[45] Se aceitamos a hipótese de que essas figuras do folclore grego são derivadas dos antigos centauros, as analogias com Aquiles — filho de Tétis, deusa com características em parte equinas, criado pelo centauro Quíron — tornam-se facilmente compreensíveis.[46] Na tentativa de evitar um destino infeliz para as crianças de Quios, entrevemos a reinterpretação

daquilo que no passado devia ser um rito propiciatório, de caráter iniciático, destinado a prover de condição sobre-humana quem a ele se submetesse. Deformações ou desequilíbrios no andar caracterizam, também aqui, seres (deuses, homens, espíritos) na fronteira entre o mundo dos mortos e o dos vivos.

8. A esta altura, não se pode considerar coincidência que Jasão, como Aquiles, tenha sido educado pelo centauro Quíron. A equivalência simbólica entre pés inchados, disformes, queimados ou simplesmente descalços encontra grande número de confirmações fora do círculo dos mitos em que nos movemos até agora.

No princípio do século XIX, foi encontrada em Damasco uma estatueta de bronze, representando uma deusa nua que calçava um único pé de sandália. Algumas décadas mais tarde, foi identificada a uma deusa funerária, Afrodite Nêmesis; mas a presença de uma única sandália em outros cultos ou mitos foi atribuída, como então era inevitável, à mitologia solar.[47] Essa singularidade iconográfica foi depois esquecida. Voltou a emergir, em outro contexto e de maneira independente, nos primeiros anos deste século. Em Roma, durante a construção do túnel do Quirinal, descobriu-se uma estátua antiga, que figurava um jovem de altura pouco inferior à real. No museu do Palácio dos Conservadores, identificou-se uma cópia de qualidade bem mais ordinária, que remontaria à época dos Antoninos; nesse exemplo, o jovem traz no braço um porquinho (hoje removido por ser fruto de um acréscimo tardio; está presente, porém, em esculturas semelhantes). No primeiro caso, uma murta no tronco de sustentação e, no segundo, o porquinho (ambos consagrados a Deméter) levaram a reconhecer no jovem um iniciando nos cultos de Elêusis. Mas, enquanto na estátua descoberta perto do Quirinal o único pé conservado (o direito) está nu, na cópia do Palácio dos Conservadores o jovem tem um pé descalço e o outro (o esquerdo) calçado com uma sandália. Supõe-se que o costume de calçar um único pé estivesse conectado a situações rituais nas quais, por meio de um contato mais imediato com o solo, buscava-se atingir uma relação com as potências subterrâneas. A hipótese parecia confirmada por alguns testemunhos literários. Dido, prestes a matar-se por ter sido abandonada por Eneias, tira uma sandália (*"unum exuta pedem vinclis"*, *Aen.* IV, 517); o mesmo faz Medeia, no ato de evocar a deusa Hécate, ligada ao além-túmulo (*"nuda pedem"*, *Met.* VII, 182).[48] É verdade que Sérvio, comentando a passagem de Virgílio, propôs a hipótese de um gesto de magia simpática: amarrar e desamarrar a sandália para prender e libertar a vontade dos outros.[49] Mas a série completa faz pensar num contexto fúnebre. A iniciação era uma morte ritual: na cena iniciática que aparece num afresco da *villa* pompeana dos Mistérios, a figura de Dionísio tem o pé direito descalço.[50]

Mas outros exemplos mediterrânicos de um único pé com sandália complicam o quadro. Tucídides conta (III, 22) que os habitantes de Plateia, no inverno de 428 a.C., fizeram uma incursão contra os espartanos numa noite sem lua, tendo um único pé (o esquerdo) calçado. Num fragmento sobrevivente do *Meleagro* de Eurípides são indicados os heróis reunidos para caçar o javali Calidônio; entre eles, está o filho de Téstio, com uma só sandália no pé direito.[51] Virgílio (*Aen.* VII, 678 e seguintes) descreve Caeculus, mítico fundador de Preneste, à frente de uma coluna de homens armados que têm o pé esquerdo nu (enquanto o direito está coberto por um calçado grosseiro). A obscuridade dessas passagens é mais reforçada que atenuada pelas glosas explicativas introduzidas pelos próprios autores ou por seus comentadores antigos. Tucídides afirmou que os plateenses buscavam, com aquele único calçado, "caminhar com mais segurança na lama"; mas então por que não teriam preferido andar descalços? Segundo Eurípides, os filhos de Tésio seguiam um costume enraizado entre os etólios para tornar a perna mais ágil; porém, já Aristóteles objetou que, se assim fosse, o pé calçado deveria ser o esquerdo.[52] Sérvio, em seu comentário a Virgílio, observou que nas batalhas se entra com o pé esquerdo na frente; diversamente do direito, ele é protegido pelo escudo e, por isso, pode dispensar o calçado. Macróbio, ao discutir tais passagens (*Saturn.*, V, 18), propôs uma explicação diferente, de caráter étnico: tanto os etólios descritos por Eurípides quanto os hernícios descendentes de Caeculus, o fundador de Preneste, eram de origem pelágia (a passagem de Tucídides sobre os plateenses lhe era desconhecida). Na verdade, Plessipo e Tosseu, os filhos de Téstio, eram curetes e não etólios, à diferença de seu sobrinho e matador, Meleagro.[53] Mas é evidente que dúvidas, tentativas de explicação racional ou atribuições a tradições remotas denunciam a incapacidade de decifrar um conteúdo mítico e ritual que, já no século V a.C., parecia incompreensível.

Um ou mais conteúdos. Mas também a possibilidade de que em todos esses casos se oculte um significado análogo não pode ser excluída *a priori*. Tentou-se explicar o monossandalismo presumivelmente ritual dos plateenses associando-o àquele, mítico, de Jasão; ambos parecem inspirados num modelo de comportamento efébico, distante do dos soldados adultos, os hoplitas.[54] Contudo, tal associação, embora convincente, limita-se a deslocar a solução das dificuldades; por que o efebo Jasão calçava só um pé de sandália (o direito)?[55] Pode-se buscar uma resposta inserindo o fato numa série mais vasta, que abrange personagens míticas caracterizadas não apenas por uma única sandália mas também, de modo mais geral, por particularidades ligadas à deambulação.[56] As simetrias de Jasão e Filotete logo se evidenciam.[57] Após ter participado da expedição dos argonautas (dirigida por Jasão), Filotete aportara na ilha de Lemnos; aqui, enquanto se aproximava do altar (erguido por Jasão) da deusa Crise, havia sido picado no pé por uma serpente. Na tragédia homônima de Sófocles, Filotete conta que os companheiros, não conseguindo suportar o fedor que emana de seu pé infecto, abandonaram-no, ou melhor, deixaram-no "exposto", "como uma criança abandonada pela ama" (vv. 5 e 702-3), na ilha deserta de Lemnos. Ali desembarcam Ulisses e Neoptólemo, o jovem filho de Aquiles, para, usando de astúcia, apoderar-se do arco de Filotete — arco com o qual, segundo a profecia, os gregos teriam condições de vencer a guerra de Troia. A situação de Filotete, no limite da vida e da morte, entre humanidade e animalidade, foi comparada à iniciação efébica de Neoptólemo; a reintegração na vida civil, por parte de um, e o alcance da condição adulta, por parte do outro.[58] Passemos a Jasão. Na quarta *Pítica* (vv. 108-16), Píndaro conta que, logo depois do nascimento, para subtraí-lo à violência do tio usurpador, os genitores fingiram pranteá-lo como morto; e em seguida, às escondidas, confiaram-no ao centauro Quíron. Saindo das águas do rio Anauros com o pé esquerdo nu, o efebo Jasão deixa para trás uma morte simulada, seguida por uma infância e uma primeira juventude transcorridas num antro selvagem, com um ser meio homem meio fera. Como o pé ferido de Filotete, o pé de sandália calçado por Jasão alude à iniciação e, portanto, simbolicamente, à morte.

Também Caeculus era um deus dos mortos: Tertuliano (*adv. nat.* 2, 15) diz que os olhos daquele eram terríveis a ponto de arrancar os sentidos a quem o olhasse. A identificação desse deus a seu homônimo, Caeculus fundador de Preneste, é certa.[59] Na *Eneida*, os hernícios conduzidos por Caeculus têm a cabeça coberta por gorros amarelados de pele de lobo, parecidos com o que usava, segundo a tradição, Hades, o deus etrusco do além-túmulo.[60] A referência ao pé esquerdo descalço, a qual surge imediatamente, parece confirmar a representação de verdadeira legião de mortos, comparável ao *exercitus feralis* que Tácito evocará a propósito da tribo germânica dos hários.[61] Não está excluída a possibilidade de que também o pé nu dos plateenses descritos por Tucídides tivesse implicações análogas.

9. As lendas acerca da infância de Caeculus contam que ele era um exposto, como Rômulo — ou como Édipo. A primeira comparação é inevitável: os mitos sobre Caeculus, filho de uma mulher fecundada por uma centelha do fogo doméstico e, por isso, chamado filho de Vulcano, chefe de um bando de ladrões, fundador de uma cidade (Preneste), fazem dele um rival de Rômulo.[62] A outra comparação, por sua vez, pode parecer genérica. Não é assim.

As lendas a respeito da infância de Caeculus, fundador de

Preneste, lembram muito aquelas que circundam a infância de Ciro, Moisés, Rômulo, em certos aspectos a do próprio Jesus e de muitos outros fundadores de cidades, impérios e religiões. As semelhanças entre esses relatos foram analisadas muitas vezes, de pontos de vista diversos, no geral não comunicantes: psicanalítico, mitológico, histórico e, nos últimos tempos, narratológico.[63] Dentre os elementos mais recorrentes nessas biografias, encontramos: a profecia sobre o nascimento, apresentada como uma desgraça para o soberano reinante, com o qual, às vezes, o herói tem relações de parentesco; a segregação preventiva, em locais fechados ou até consagrados, da mãe indicada na profecia (assim o nascimento, que ocorre a despeito de tudo, é muitas vezes atribuído a um deus); a exposição ou a tentativa de matar o recém-nascido, abandonado em lugares selvagens e inóspitos; a intervenção protetora de animais, de pastores ou de ambos, que nutrem e educam a criança; o retorno à pátria, acompanhado de provas extraordinárias; o triunfo, a manifestação de um destino adverso e, enfim, a morte, em alguns casos seguida pelo desaparecimento do cadáver do herói. Mitos como os de Édipo, Teseu e Télefo repetem em parte esse esquema.[64] Tais convergências podiam ser utilizadas para fins de propaganda. As analogias entre Télefo e Rômulo foram acentuadas no período de amizade entre Roma e Pérgamo (séculos III-II a.C.).[65] Plutarco escreveu que o relato das origens de Roma redigido por Fábio Pintor continha ecos de uma tragédia desaparecida de Sófocles, *Tiro*; para Plutarco, esses ecos talvez se devessem à obra, também desaparecida, do historiador grego Diocles de Pepareto. Nela, eram narradas as aventuras dos filhos de Tiro e do deus Poseidon, os gêmeos Neleu e Pélias; como Rômulo e Remo, haviam sido confiados às águas de um rio, até que uma cadela e uma jumenta os recolheram e criaram.[66] Também o nascimento de Jesus, filho de uma virgem, como haviam anunciado os profetas; a ira de Herodes contra o infante destinado a tornar-se rei dos judeus; o massacre dos inocentes; a fuga para o Egito são eventos que se inserem num esquema narrativo largamente difundido entre o altiplano iraniano e o Mediterrâneo.

10. Vimos emergir três conjuntos constituídos por

a) mitos sobre o filho (ou sobrinho, ou neto, ou genro) fatal;
b) mitos e ritos de alguma forma ligados à deambulação;
c) mitos e lendas sobre o nascimento do herói.

Embora só possam ser sobrepostos em parte, esses conjuntos estão unidos por densa rede de semelhanças, provavelmente causadas pela existência de um fio condutor comum: a iniciação entendida como morte simbólica.[67] Consideremos um exemplo. Da mesma forma com que Édipo "pé inchado" liberta Tebas da ameaça da esfinge, também Meleagro livra Cálidon da ameaça de um javali monstruoso. Assim como Jasão de uma só sandália e Télefo depois ferido numa perna, Meleagro leva a termo a profecia, matando os tios enquanto decorre a divisão dos despojos do javali abatido. Para vingar os irmãos mortos, Alteia, mãe de Meleagro, lança ao fogo um tição apagado ao qual a vida do filho estava ligada desde o nascimento — invertendo, poderíamos dizer, a imersão no fogo de Demófon e Aquiles, destinada a propiciar-lhes a imortalidade. Eurípides, Aristóteles e um comentador de Píndaro (*Pyth.*, IV, 75) concordam em afirmar que os etólios costumavam calçar uma única sandália. Portanto, também o jovem filho do rei dos etólios, Meleagro, entra na série dos heróis marcados por desequilíbrios ou deformações deambulatórias.

Nas lendas sobre a infância dos fundadores de impérios ou religiões, esses sinais surgem muito raramente.[68] Mas não parece casual que da luta noturna junto ao rio Jaboc (*Gênesis*, 32, 23-33), travada contra um ser inominado (Javé? Um anjo? Um demônio?), Jacó saia mancando, com a articulação do fêmur deslocada e um nome novo: Israel.[69] Quando lemos que os sequazes de Caeculus (e assim, por extensão, o próprio Caeculus) caminhavam com um pé descalço, esse detalhe aparentemente negligenciável adquire, à luz da configuração que vimos delinear-se pouco a pouco, um destaque inesperado. Um herói com apenas um pé calçado e olhos fracos (como indica seu nome, Caeculus) pode ser considerado o correspondente atenuado de um herói manco e cego: Édipo.[70]

11. Ciro, antes de apossar-se do reino, vivera — conta Estrabão — entre os bandidos (*kardakes*); Rômulo, que uma tradição comum representa cercado por foras da lei e malfeitores (*latrones*), é descrito por Eutrópio (I, 1, 2) como um ladrão de gado. Nessa convergência (uma das tantas) dos dois ciclos de lendas, viu-se uma prova da importância que as associações masculinas tinham assumido no altiplano iraniano e no Lácio.[71] Pode ser. De qualquer modo, trata-se de detalhe ligado a um esquema narrativo difundido, como se depreende também da referência de Eurípides (*As fenícias*, 32 e seguintes) ao furto dos cavalos de Laio por parte de Édipo.[72] Na biografia lendária do jovem herói, os roubos de gado efetuados junto de seus coetâneos constituíam uma etapa obrigatória, quase um rito de iniciação. Esses roubos reproduziam um antiquíssimo modelo mítico, amplamente documentado no âmbito cultural indo-europeu: a viagem ao além para roubar o gado possuído por um ser monstruoso.[73]

Nesse mito, pretendeu-se ver a reelaboração das viagens extáticas ao mundo dos mortos, realizadas pelos xamãs a fim de obter caça para a comunidade.[74] Havíamos chegado a uma conclusão semelhante analisando as gestas noturnas dos *burkudzäutä* ossetas, dos lobisomens bálticos e dos *benandanti* friulanos, destinadas a arrancar dos mortos ou dos feiticeiros os brotos do trigo ou uma colheita abundante. Uma estrutura mítica, talvez nascida numa sociedade de caçadores, foi assumida (e parcialmente modificada) por sociedades muito diferentes, centradas no pastoreio ou na agricultura. Os elos dessa transmissão cultural nos escapam. Mas talvez não seja irrelevante que Hércules, o principal protagonista desse ciclo de mitos na terra grega, acabe sendo relacionado de várias formas ao mundo cita. Segundo um mito referido por Heródoto (IV, 8-10), Hércules, depois de aproveitar-se das novilhas de Gerião, foi parar na Cítia, então deserta, uniu-se a uma divindade local meio mulher meio serpente e deu origem aos citas. Seu mestre, o arqueiro Teutares (antes, Hércules andava armado de arco e não de maça), às vezes é representado com roupas citas. A presença na China de um herói mítico ao qual eram atribuídos trabalhos análogos aos de Hércules foi explicada, de maneira dúbia, recorrendo-se a uma mediação cita.[75]

12. Também a recuperação das vacas de Íficlo por parte de Melampo (*Od.* XI, 287-98; XV, 225 e seguintes) foi associada aos mitos centrados no roubo de gado do além.[76] Melampo, feito prisioneiro por Íficlo, consegue escapar do desabamento da prisão percebendo, com o ouvido afiado, o rumor dos cupins que comem as vigas do teto. Esse é um dos muitos elementos de fábula que caracterizam a figura de Melampo. Dele se dizia, por exemplo, que duas serpentes limpavam-lhe as orelhas com a língua; deste modo, era capaz de entender o idioma dos pássaros. A mesma aptidão possuía Tirésias, o vidente cego que, por ter assistido ao acasalamento de duas serpentes, foi transformado em mulher e assim permaneceu durante sete anos.

Tínhamos visto quais as analogias que ligavam Édipo "pé inchado" a Melampo "pé preto". As que uniam Melampo e Tirésias, Tirésias e Édipo (três adivinhos) são igualmente evidentes. Numa cena famosa do *Édipo rei* de Sófocles, Édipo retrai-se horrorizado ao conhecer por intermédio de Tirésias a identidade, até então oculta, daquele que com sua culpa atraíra a peste sobre Tebas. O diálogo entre os dois é dominado por uma contraposição que esconde uma simetria sempre presente. De um lado, está o cego que sabe; do outro, o culpado ignorante, destinado a sair das trevas metafóricas da ignorância para mergulhar naquelas, reais, da cegueira. O passo vacilante com que Édipo (segundo a profecia de Tirésias) se dirigirá, exilado e mendigo, apoiado num bastão, para terras estrangeiras relembra o próprio Tirésias, apoiado no bastão de vidente que lhe fora dado por Atenas.[77]

Tirésias e, mais ainda, Melampo são os protótipos míticos daqueles iatromantes gregos — curandeiros, adivinhos, magos, extáticos — que foram associados aos xamãs da Ásia central e setentrional.[78] Entre eles, encontramos personagens que de fato existiram mas estão envoltas numa luz de lenda: Pitágoras da coxa de ouro, Empédocles que some no Etna deixando um único sinal — uma sandália de bronze, lançada do fundo da cratera.[79] Detalhes aparentemente negligenciáveis que de repente, tocados pela varinha mágica da comparação, fazem aflorar sua fisionomia secreta.[80]

13. Na Grécia, o desequilíbrio no caminhar estava associado de maneira especial a uma divindade: Dioniso, cujo culto, segundo Heródoto (II, 49), fora introduzido por Melampo.[81] Dizia-se que Dioniso nascera da coxa de Zeus.[82] No santuário de Delfos, venerava-se um Dioniso *Sphaleotas*, "que faz vacilar". Um mito ilustrava esse epíteto. A frota dos gregos, em viagem rumo a Troia, aportara por engano na Mísia. No decurso de uma batalha, Aquiles deparara com o soberano da região, Télefo. Dioniso, enraivecido porque na Mísia não lhe haviam rendido homenagens suficientes, arranjara para que Télefo se enredasse numa vara de videira, tropeçasse, caísse; Aquiles o ferira numa perna. O herói do calcanhar vulnerável, o herói da perna ferida, o deus que faz vacilar ou tropeçar; na fisionomia dos três protagonistas do mito, vemos refratar-se, de formas diferentes, o mesmo traço simbólico. Conhecemos dele um equivalente ritual: o *askōliasmos*, jogo (praticado nas festas em honra de Dioniso Leneu) que consiste em saltitar equilibrando-se num único pé.[83]

Com o termo *askōliazein*, indicava-se o costume das grous de ficar em pé apoiadas numa única pata.[84] Implicações rituais não faltavam nem mesmo nesse caso. Uma "dança da grou" era praticada, à noite, em Delos e em Creta; Plutarco, no século II d.C., falou dela como de uma prática ainda viva. Segundo a tradição, a dança, da qual participavam rapazes e moças, imitava o percurso sinuoso do labirinto de que Teseu, após matar o minotauro, saíra graças às artes de Ariadne. Imaginou-se que o nome da dança sublinhasse a analogia entre os movimentos dos dançarinos individuais e o modo de caminhar das grous.[85] Um rito desse gênero parece compatível com o que já se disse sobre o caráter iniciático dos empreendimentos de Teseu. Que o la-

251

birinto simbolizasse o mundo dos mortos e que Ariadne, senhora do labirinto, fosse uma deusa fúnebre são conjecturas mais que prováveis.[86] Em Atenas, o matrimônio de Dioniso e Ariadne era celebrado todo ano no segundo dia das Antestérias, antiga festa primaveril que coincidia com o periódico retorno à terra das almas dos mortos, ambíguos portadores de bem-estar e influências nocivas, aplacadas com ofertas de água e de cereais fervidos.[87] Sabemos que em Delos a dança da grou se desenrolava ao redor do templo de Apolo, o deus que estava ligado a Dioniso por uma relação muito estreita, ora de simetria ora de antítese.[88] Justamente em Delos, por volta de 300 a.C., certo Karystios dedicou a Dioniso uma estela de mármore, que representava uma grou dominada por um falo.[89]

As ligações de Dioniso com a dança da grou são apenas hipotéticas. Contudo, não parece arriscado conectar aos aspectos subterrâneos e fúnebres da figura de Dioniso os tropeços ou os movimentos saltitantes. "A mesma coisa são Hades e Dioniso", dissera Heráclito.[90]

14. Na China do século IV a.C., durante a época dos Reinos Combatentes, o filósofo taoísta Ko Hong descreveu num tratado, com grande minúcia, o chamado "passo de Yu": uma dança que consistia em avançar ora com a esquerda ora com a direita, arrastando a outra perna, de modo a imprimir ao corpo um andar saltitante. O mítico herói do qual a dança conservava o nome, Yu, o Grande, ministro e fundador de uma dinastia, era semiparalítico. A ele eram atribuídos poderes de tipo xamânico, como transformar-se em urso ou controlar as inundações. Em algumas partes da China, existiam até há pouco tempo mulheres xamãs que, tendo o rosto coberto por um lenço, dançavam o passo de Yu até cair em transe.[91] Este, a princípio, fazia parte de uma dança animal (talvez ligada ao macaco), comparável àquelas, igualmente assimétricas, que tomavam o nome de pássaros míticos de uma só pata: o Pi-fang, gênio do fogo; o Chang-yang, gênio da chuva; o faisão de rosto humano, em que se reconheceu uma espécie de correspondente simbólico de Yu.[92]

Não sabemos se também a antiga dança chinesa conhecida como "das grous brancas" tivesse tais características assimétricas. Uma lenda conta que a filha de Ho-lu, rei de Wu (514-495 a.C.), ofendida pelo pai (que lhe oferecera um peixe depois de ter comido a metade), suicidara-se. Ho-lu mandara enterrar a filha num túmulo a que se tinha acesso por uma passagem subterrânea. No final da dança das grous brancas, fizera entrar os dançarinos e o público na passagem subterrânea e os enterrara vivos.[93] Também aqui, como no mito cretense, a dança das grous está associada a um corredor subterrâneo e a um sacrifício humano; talvez seja muito pouco para concluir que um fenômeno derive de outro tão distante, ou para postular uma gênese comum.[94] Identidades isoladas podem ser fruto de coincidências. Paralelismos múltiplos, baseados num isomorfismo profundo, colocam questões mais inquietantes. O passo de Yu foi associado às roupas bicolores, meio negras e meio vermelhas, vestidas pelos participantes da cerimônia com que se abria o ano novo, num período consagrado aos espíritos dos mortos: a expulsão dos Doze Animais que simbolizavam os demônios e as doenças.[95] Em ambos os casos, o equilíbrio deambulatório surge associado à comunicação com o mundo dos mortos. Ora, também na Europa se acreditava que as almas dos mortos circulassem no meio dos vivos, sobretudo entre o fim do ano velho e o início do novo, durante as doze noites que iam do Natal à Epifania.[96] Naquela altura, como se recordará, ocorriam as andanças dos *kallikantzaroi* gregos e dos lobisomens livônios. Alguns eram guiados por um "grande *Kallikantzaros*" coxo; os outros, por um menino manco.[97]

15. À primeira vista, as marcas do calendário que se evidenciam nesses fenômenos chineses, gregos e bálticos trazem elementos a favor da hipótese — que nos parece fundamentada de maneira plausível — de a coxeadura mítico-ritual ser um fenômeno transcultural relacionado à passagem das estações. Em alguns ritos do folclore europeu, essa conexão parece claríssima: na marca brandemburguesa, por exemplo, quem assume o papel do inverno que está acabando finge mancar; na Macedônia, bandos de crianças celebram a chegada de março lançando invectivas contra "fevereiro coxo".[98] Mas uma explicação desse gênero só pode ser aceita se isolamos um objeto (a coxeadura mítica e ritual) baseando-nos em características imediatas e, portanto, superficiais.[99] A busca de isomorfismos profundos levou-nos a alargar o quadro, associando fenômenos aparentemente diversos ligados pela referência, real ou simbólica, ao desequilíbrio deambulatório: mancar, arrastar uma perna ferida, ter um calcanhar vulnerável, caminhar com um pé descalço, tropeçar, saltar num único pé. Essa redefinição das características formais do objeto a ser explicado tornou insustentável, na maior parte dos casos, a velha hipótese interpretativa. Ligar à passagem sazonal o complexo de mitos analisado até aqui — a começar pelo de Édipo — seria evidentemente absurdo.[100]

No desequilíbrio deambulatório que caracteriza divindades como Hermes ou Dioniso, ou então heróis como Jasão ou Perseu, deciframos o símbolo de uma passagem mais radical — uma conexão, permanente ou temporária, com o mundo dos mortos.[101] Esta é confirmada também pelas conotações fúnebres das doze noites em que lobisomens e *kallikantzaroi* erram pelos campos e aldeias. Mas limitar-se a essa constatação não basta. Como é possível que mitos e ritos semelhantes ressurjam com tanta insistência em âmbitos culturais tão heterogêneos — da Grécia à China?

16. Haveria uma resposta pronta, ao alcance da mão. Na coxeadura mítico-ritual, reconheceu-se um arquétipo: um símbolo elementar que faria parte do patrimônio psicológico inconsciente da humanidade.[102] A conclusões similares também chegou outra tentativa de identificar, por meio da dispersão dos testemunhos etnográficos, um grupo restrito de fenômenos definíveis como universais culturais. Por exemplo, o mito, documentado nos contextos mais variados, do homem unilateral ou partido ao meio, provido de uma só perna, um só braço, um só olho etc., seria um arquétipo, resultante de uma propensão psicológica inconsciente de nossa espécie.[103] A esse pequeno cortejo arquetípico, alguém poderia acrescentar quem calçasse só um pé de sandália ou saltasse sobre um único pé. É óbvio que uma proliferação semelhante anularia as ambições teóricas inerentes à noção de arquétipo. Nascida para captar algumas constantes de fundo da psique humana, essa noção parece ameaçada por duas tendências opostas: fragmentar-se em unidades demasiado limitadas, como ocorre nas propostas que acabamos de descrever; ou evaporar em grandes categorias do tipo Grande Mãe, inspiradas por uma psicologia etnocêntrica.[104] Em ambos os casos, ela pressupõe a existência de símbolos evidentes por si mesmo, universalmente difundidos — os arquétipos —, cujo significado seria compreensível de maneira intuitiva.

Os pressupostos da pesquisa que estamos desenvolvendo são bem diferentes. O objeto da investigação não está dado, mas deve ser reconstruído recorrendo-se a afinidades formais; seu significado não é transparente, mas deve ser decifrado por meio do exame do contexto, ou melhor, dos contextos pertinentes. Deve-se considerar que métodos diferentes podem conduzir a resultados parcialmente similares (embora não igualmente evidentes). A pesquisa psicológica sobre o suposto arquétipo da coxeadura trouxe à luz seu componente iniciático. A investigação antropológica sobre o homem partido ao meio discutiu a possibilidade de que — numa área compreendida entre a Ásia continental, Bornéu e Canadá — esse suposto arquétipo expresse, de forma predominante, a mediação entre o mundo dos humanos e o dos espíritos e deuses. No final, porém, essa hipótese interpretativa foi afastada, com o argumento de que nem uma análise aprofundada de casos particulares nem uma comparação mais extensa teriam condições de fazer emergir uma interpretação unitária para o complexo mítico-ritual centrado no homem dividido ao meio.[105] Um arquétipo, em resumo, é um arquétipo: o que é identificado por via quase intuitiva não pode ser submetido à análise mais aprofundada.

Na realidade, a comparação permite superar uma conclusão tão tautológica. Entre os ibos africanos, entre os miwoks da Califórnia e entre os bororos da Amazônia, aqueles que participam de um rito com o corpo pintado meio a meio de preto e branco, no sentido longitudinal, encarnam os espíritos. Em Bornéu setentrional, é um homem partido ao meio o herói cultural que, após subir ao céu, descobre uma planta de arroz. Entre os iacutes siberianos fala-se de xamãs divididos em dois.[106] Ainda na Sibéria, o herói de uma extraordinária fábula samoieda, morto quatro vezes por um misterioso antagonista, é ressuscitado outras quatro vezes por um velho de uma só perna, uma só mão e um só olho, que conhece a via de acesso a um lugar subterrâneo habitado por esqueletos e monstros silenciosos; ali, uma velha devolve a vida aos mortos dormindo sobre seus ossos reduzidos a cinzas.[107] Portanto é clara a tendência do conjunto. Nela, cabe também um testemunho proveniente de uma tradição cultural muito mais próxima de nós: o romance arturiano. O homem com uma única perna de prata incrustada de ouro e pedras preciosas, na qual topa Gauvain — um dos dois protagonistas do *Perceval* de Chrétien de Troyes —, cai em silêncio no umbral de um castelo circundado por certo rio, no qual se encontram personagens que se acreditava tivessem morrido havia muito tempo.[108] Da África à Sibéria, passando pela Île-de-France medieval, o homem dividido ao meio surge — como os coxos, os calçados com uma única sandália etc. — como uma figura intermediária entre o mundo dos vivos e o dos mortos ou dos espíritos. Poderíamos dizer que uma constrição de ordem formal plasma os materiais culturais mais disparatados, colando-os a um número relativamente exíguo de padrões predeterminados.

De acordo com um mito sobre as origens da espécie humana coletado na ilha de Ceram (Molucas), a pedra queria que os homens tivessem só um braço, uma perna e um olho e fossem imortais; a bananeira, que tivessem dois braços, duas pernas e dois olhos e fossem capazes de procriar. Na disputa, a bananeira levou a melhor; mas a pedra exigiu que os homens fossem submetidos à morte. O mito nos convida a reconhecer na simetria uma característica dos seres vivos.[109] Se a ela acrescentarmos uma característica mais específica, embora não exclusivamente humana — manter-se de pé —, depararemos com um ser vivo, simétrico, bípede.[110] A difusão transcultural dos mitos e ritos centrados na assimetria deambulatória talvez tenha sua raiz psicológica nessa percepção elementar, mínima, que a espécie humana tem de si mesma — da própria imagem corpórea. Assim, o que altera essa imagem, num plano literário ou metafórico, parece particularmente adequado a exprimir uma experiência além dos limites do humano: a viagem ao mundo dos mortos, realizada em êxtase ou por meio dos ritos de iniciação. Reconhecer o isomorfismo desses traços não significa interpretar de maneira uniforme um complexo tão diversificado de mitos e ritos. Mas significa propor a hipótese da existência de nexos previsíveis. Por exemplo, se lemos que Soslan, um dos heróis da epopeia osseta, dirige-se vivo ao além, podemos imaginar que seu corpo, agarrado ao nascer pelas tenazes do ferreiro dos nartos, tenha ficado invulnerável com uma malfazeja exceção: o joelho (ou os quadris).[111]

17. Com isso, a noção de arquétipo é reformulada de maneira radical, por estar solidamente apoiada no corpo.[112] Para ser mais exato, em sua autorrepresentação. Podemos apresentar a hipótese de que essa autorrepresentação opere como um esquema, uma instância mediadora de caráter formal, capaz de reelaborar experiências ligadas a características físicas da espécie humana, traduzindo-as em configurações simbólicas potencialmente universais.[113] Colocando o problema nesses termos, evitaremos o erro em que, como vimos, de modo geral caem os pesquisadores de arquétipos: isolar símbolos específicos mais ou menos difusos confundindo-os com "universais culturais". A investigação que levamos a cabo mostrou que o elemento universal não é representado pelas unidades singulares (os coxos, os homens divididos ao meio, os portadores de uma só sandália), mas pela série (por definição, aberta) que os inclui. Mais precisamente: não pela concretude do símbolo,

mas pela atividade categorial que, como veremos, reelabora de forma simbólica as experiências concretas (corpóreas). Entre estas últimas, é preciso incluir também — ou melhor, sobretudo — a experiência corpórea de grau zero: a morte.[114]

18. A definição deve ser tomada ao pé da letra. A respeito da morte não se pode falar por experiência direta: se ela está presente, nós não o estamos, e vice-versa.[115] Mas durante milênios a viagem ao além alimentou mitos, poemas, êxtases, ritos.[116] Em torno desse tema, cristalizou-se uma forma narrativa difundida em todo o continente eurasiático, com ramificações nas Américas. De fato, foi demonstrado que a estrutura fundamental das fábulas de magia, centrada nas peregrinações do herói, reelabora o tema da viagem (da alma, do iniciando, do xamã) ao mundo dos mortos.[117] É o mesmo núcleo mítico que encontramos nos cortejos extáticos que acompanham a deusa noturna; nas batalhas que se travaram em êxtase pela fertilidade; nos cortejos e nas batalhas rituais; nos mitos e ritos que têm como eixo mancos, quem calça só um pé de sandália e homens partidos. Todos os caminhos percorridos para esclarecer a dimensão folclórica do sabá convergem num ponto: a viagem rumo ao mundo dos mortos.

19. À primeira vista, parece óbvio que existe uma semelhança entre as fábulas de magia e as confissões das mulheres e homens acusados de ser bruxas e feiticeiros. De modo geral, essa semelhança é atribuída a um fenômeno de imitação consciente. Constrangidos pela tortura ou por pressões psicológicas dos juízes, os acusados teriam reunido uma série de lugares-comuns recorrendo a fábulas aprendidas na infância, histórias ouvidas nas vigílias e assim por diante. Tal hipótese, plausível em alguns casos, não resiste quando as semelhanças se referem a um nível profundo. Analisando mitos ou ritos ligados ao estrato que depois confluiu no sabá, vimos emergir uma distinção fundamental entre uma versão agonística (batalha contra feiticeiros, mortos etc.) e uma versão não agonística (grupos de mortos ambulantes). No inte-

rior de uma estrutura comum, dicotomia análoga foi identificada entre fábulas de magia que incluem a função "luta contra o antagonista" e fábulas de magia que a excluem.[118] Sem dúvida, seria insensato atribuir isomorfismos desse gênero a uma contaminação extemporânea e superficial. Entre as fábulas de magia e o núcleo folclórico do sabá diabólico, entrevemos uma afinidade mais profunda. Um deles pode iluminar o outro?

20. Há quase um século, as características universais da fábula e de alguns mitos ricos em elementos fabulares (sendo o primeiro a viagem para o além) foram associados à experiência igualmente universal de desdobramento de corpo e psique induzida pelo sonho.[119] Tentou-se reformular essa tese um tanto simplista propondo-se um termo médio entre sonho e fábula: o êxtase xamânico.[120] Até hoje, porém, a similitude das fábulas em todo o planeta permanece uma questão decisiva — e não resolvida.[121] Essa questão repropõe de forma exasperada o dilema contra o qual se chocou nossa pesquisa.

Só nos resta aceitar o desafio, analisando uma fábula específica: a de Cinderela. Dadas as suas características e sua extraordinária difusão (cf. mapa 4, pp. 260-1), a escolha era quase inevitável.[122]

21. Na versão europeia mais remota, Cinderela, a enteada maltratada, não pode ir ao baile porque a madrasta a impediu (proibição); recebe o vestido, os sapatos etc. (doação dos instrumentos mágicos pelo ajudante); dirige-se ao palácio (superação da proibição); foge, perdendo o sapato, que depois consegue, a pedido do príncipe, calçar (tarefa difícil que conduz ao reconhecimento da heroína), enquanto as meias-irmãs tentam inutilmente fazer o mesmo (o falso herói manifesta pretensões infundadas); desmascara as meias-irmãs antagonistas; casa com o príncipe. O enredo, como se vê, repete o esquema que foi identificado nas fábulas mágicas. Uma de suas funções — a marca impressa no corpo do herói ou da heroína — é facilmente reconhecível no detalhe crucial do sapato perdido.[123] O monossan-

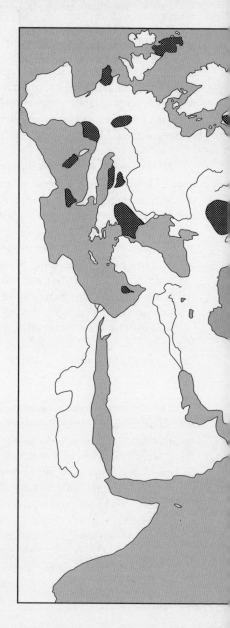

Mapa 4
Cinderela: versões em que o ajudante mágico (mãe, madrinha, animal) ressurge após ter feito recolher os próprios ossos. (O mapa tem um valor orientativo.)

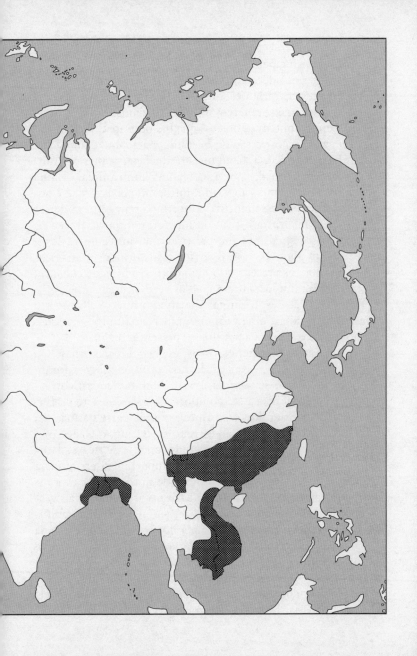

dalismo de Cinderela é o sinal de quem foi ao reino dos mortos (o palácio do príncipe).[124]

Até aqui, consideramos *Cinderela* uma unidade compacta, negligenciando as variantes, que são muito numerosas. Examinemos aquelas que se referem à figura do ajudante mágico, de quem a heroína obtém os objetos que lhe permitem dirigir-se à festa no palácio. Na versão de Perrault, a ajudante é uma fada, madrinha de Cinderela. Com mais frequência, as mesmas funções são desempenhadas por uma planta ou um animal — uma vaca, uma ovelha, uma cabra, um touro, um peixe — que a heroína protege. Por esse motivo, é morto ou tem a morte determinada pela madrasta. Antes de morrer, confia à heroína os próprios ossos, pedindo-lhe para recolhê-los, enterrá-los e aguá-los. Em alguns casos, os ossos transformam-se magicamente nos objetos presenteados; em outros, a heroína encontra os objetos no túmulo, sobre o qual às vezes cresceu uma árvore.[125] Em três versões, o animal-ajudante — uma ovelha ou um carneiro na Escócia, uma vaca ou um peixe na Índia — ressuscita dos ossos e entrega à heroína os presentes mágicos.[126]

Mitos e ritos em que os ossos, encerrados nas peles, são usados para obter a ressurreição dos animais mortos foram identificados, como se recordará, num âmbito geográfico vastíssimo e heterogêneo. Este compreende grande parte da Europa (das ilhas britânicas aos Alpes); grande parte da Ásia (da faixa subártica da Lapônia ao estreito de Bering, o Cáucaso, o altiplano iraniano); a América setentrional; a África equatorial.[127] De modo geral, por causa da importância atribuída à dissolução do cadáver, esse complexo de mitos e ritos está relacionado ao costume — encontrado numa área ainda mais vasta, que inclui também o oceano Pacífico — da dupla sepultura.[128] Mais especificamente, a coleta dos ossos liga-se ao tema lendário, sobretudo eurasiático, da árvore mágica que cresce no túmulo.[129] No conto de Cinderela, como vimos, os dois elementos (ossos e árvore mágica) se alternam. Versões que incluem a coleta dos ossos foram documentadas na China, Vietnã, Índia, Rússia, Bulgária, Chipre, Sérvia, Dalmácia, Sicília,

Sardenha, Provença, Bretanha, Lorena, Escócia, Finlândia.[130] Uma distribuição tão ampla e variada leva a excluir a eventualidade de que a presença do tema da coleta dos ossos no enredo da fábula seja fruto de uma difusão ocasional.[131] É possível formular uma hipótese posterior: isto é, que a versão a incluir a ressurreição do animal morto seja a mais completa, mesmo que só se tenha conservado em três casos.

Sem dúvida, trata-se de uma versão muito antiga. Por volta de meados do século XVIII, como dissemos, os xamãs lapões (*no 'aidi*) explicaram aos missionários dinamarqueses que era preciso recolher e arrumar com o maior cuidado possível os ossos dos animais a ser sacrificados; desse modo, Horagalles, o deus a quem se dirigia o sacrifício, iria ressuscitá-los ainda mais fortes que antes. Em Horagalles, como se lembrará, foi identificado um correspondente lapão de Thor, o deus céltico-germânico que, numa famosa página do *Edda*, devolve a vida a alguns caprinos mortos fazendo recolher seus ossos e golpeando-os com o martelo mágico.[132] Mas um dos cabritos (continua a narração do *Edda*) manca de uma pata; Thor se dá conta disso e critica os camponeses presentes, acusando-os de terem distraidamente quebrado o osso da coxa do animal. Em várias lendas alpinas, dos Alpes ocidentais ao Tirol, retorna-se à mesma história (só muda o nome do autor do prodígio). A ela podem ser associados, embora de maneira mais indireta, mitos e ritos documentados em culturas muito diferentes, os quais descrevem os expedientes usados para garantir a ressurreição mais ou menos perfeita de animais e seres humanos. No âmbito semítico, a proibição de quebrar os ossos do cordeiro pascal (*Êxodo* 12, 46), repetida a propósito do Cristo crucificado (*João* 19, 36), sem dúvida está ligada a essas crenças.[133] Num contexto bem diverso, na Lombardia do final do século XIV, os seguidores de Oriente reintegravam (usando pedaços de sabugo) os ossos que faltavam aos bois cuja carne haviam devorado durante banquetes noturnos. Numa saga tirolesa, uma jovem, primeiro esquartejada e depois ressuscitada com um ramo de amieiro posto no lugar de uma costela, é chamada "bruxa de madeira de amieiro". Os abkhazes do Cáucaso dizem que, quando Adagwa, o deus da floresta, percebe ter engolido um osso ao comer um animal selvagem, substitui-o com um pedaço de madeira. Os lapões da península de Kola, para trocar os ossos que faltam na caça abatida, usam os do cão que os comeu. Os ainos, que habitam as ilhas setentrionais do arquipélago japonês, contam que, se um urso come um homem, é obrigado pelo chefe dos ursos a ressuscitá-lo, lambendo-lhe os ossos; mas, no caso de o urso ter comido o osso do dedo mínimo, deve substituí-lo por um ramo.[134] Nessa série, culturalmente heterogênea mas morfologicamente coerente, estão inseridas as duas versões escocesas do conto de Cinderela, que incluem tanto a coleta dos ossos quanto a posterior ressurreição. Em ambas, o animal ressuscitado (trata-se, respectivamente, de uma ovelha e de um carneiro) manca; no primeiro caso, a heroína esqueceu de juntar os cascos; no segundo, falta uma das canelas posteriores.

A analogia com o cabrito de Thor é evidente.[135] Mas, como vimos, a variante celta do animal que coxeia se insere num contexto mítico e ritual muito mais amplo. Isso permite generalizar a crença, registrada no princípio do século XIII por Gervásio de Tilbury, segundo a qual o lobisomem que tivesse uma pata mutilada recuperava logo a forma humana.[136] Quem vai ao outro mundo ou de lá retorna — animal, homem ou mistura de ambos — fica marcado por uma assimetria no caminhar. A série que reconstruímos nos permite captar a equivalência simbólica entre a coxeadura do animal ressuscitado e a sucessiva perda do sapato por parte de Cinderela. Entre quem dá ajuda — animal, fada-madrinha ou até mãe — e quem o recebe, existe uma homologia oculta.[137] Também Cinderela pode ser considerada (como Thor, são Germano, Oriente) uma reencarnação da "senhora dos animais".[138] Seus gestos de piedade para com os ossos (enterrá-los, aguá-los) têm efeito análogo ao toque mágico do martelo de Thor ou da vareta de Oriente. Numa versão do conto registrada em Spalato, que apresenta de forma atenuada o tema da ressurreição, a semelhança é ainda maior: a filha menor toca com uma varinha o lenço que reúne os ossos da mãe morta, devolvendo-lhe a voz.[139]

A exaltação da pequenez do pé feminino, em torno da qual gira a trama de *Cinderela*, foi associada ao hábito, característico das classes altas na China, de amarrar bem apertado, desde a primeira infância, os pés das mulheres. Trata-se de uma conjectura plausível.[140] Por outro lado, sabe-se que a mais antiga dentre as versões conhecidas da fábula de Cinderela foi redigida por um erudito funcionário, Tuang Ch'eng-Shih (800-863), que a ouvira de um de seus servos, originário da China meridional. Juntando os ossos de um peixe milagroso, morto pela madrasta, a protagonista — Sheh-Hsien — obtém um par de sandálias de ouro e um vestido de penas de alcíone, com o qual vai à festa em que encontrará o rei. Foi observado que as sandálias, provavelmente pouco difundidas entre as populações aborígenes da China meridional, eram, ao contrário, um elemento típico do vestuário dos xamãs. Imaginou-se que tanto o epíteto "bela como um ser celestial", aplicado à protagonista, quanto o vestido de plumas de alcíone usado por ela para a festa na gruta façam alusão a uma fábula de fundo xamânico — a das donzelas-cisnes —, quase certamente originária da Ásia setentrional.[141] Essas cautelosas hipóteses parecem ainda mais convincentes se associadas ao núcleo mágico que identificamos. É certo que ficam fora desta análise as relações entre a heroína e a mãe, a madrasta, as meias-irmãs, o futuro esposo. Mas talvez se deva aplicar ao conto de Cinderela a hipótese que foi formulada a propósito do mito de Édipo: isto é, que a representação de tensões ligadas às relações familiares tenha sido desenvolvida, já em épocas muito remotas, no tronco narrativo de uma fábula de magia.[142] A aproximação não é totalmente injustificada, como mostram as semelhanças entre o enredo de *Cinderela* e o de *Pele de asno*.[143] Todas as duas protagonistas são obrigadas a dedicar-se a trabalhos humildes e fatigantes; a primeira, porque maltratada pela madrasta; a segunda, porque demasiado amada pelo pai, que, importunando-a com exigências de matrimônio, obriga-a a fugir de casa, disfarçada de animal. A afinidade da situação inicial dos dois contos pode tornar-se sobreposição parcial: numa versão russa de *Pele de asno*, a heroína se despe do invólucro animalesco que a envolve (nesse caso, uma pele de porco), vai ao palácio do príncipe, onde esquece o sapato etc.[144] Mas a situação inicial de *Pele de asno* reproduz, de forma invertida, a de Édipo: em vez de um filho que inadvertidamente casa com a mãe, há um pai que procura casar com a filha por vontade própria. Este último tema retorna, de modo atenuado, em outro enredo, morfologicamente conexo tanto a *Pele de asno* quanto a *Cinderela*: o pai impõe às filhas uma corrida para saber qual delas mais o ama (é o núcleo fabular de *Rei Lear*).[145]

22. Do aleijão no pé de Édipo ao sapato de Cinderela: um itinerário tortuoso e cheio de vaivéns, guiado por uma analogia formal. Reconstruindo a afinidade profunda que liga entre si mitos e ritos provenientes dos contextos mais diversos, conseguimos dar sentido a detalhes aparentemente inexplicáveis ou marginais que encontramos no decurso da pesquisa: o menino coxo que conduz o grupo de lobisomens livônios, os animais ressuscitados por Oriente. Mas, se nesse complexo de mitos e ritos começamos a introduzir algumas distinções geográficas, mesmo que apenas em linhas gerais, vemos surgir uma contraposição. Temas como o homem dividido ou a coleta dos ossos para conseguir a ressurreição dos animais mortos aparecem na Eurásia, na América setentrional e na África continental. Por outro lado, a variante constituída do osso que falta — eventualmente substituído por pedaços de madeira ou por outros ossos — parece, na África continental, de todo ausente.[146] Uma análise da distribuição de *Cinderela* leva às mesmas conclusões. As inúmeras variantes do conto cobrem uma área compreendida entre as ilhas britânicas e a China, com significativo apêndice ao longo das costas meridionais do Mediterrâneo, no Egito e no Marrocos (Marrakesh); talvez atinjam a América setentrional; não tocam a África continental, onde as raríssimas exceções são atribuíveis, com muita probabilidade, a contatos recentes com a cultura europeia.[147] A exclusão da África continental também caracteriza outro fenômeno, do qual ainda não falamos: a escapulomancia, ou seja, a adivinhação baseada na omoplata dos animais sacrificados (sobretudo carneiros). Essa prática está presente numa área delimitada pelo estreito de Bering, a leste; pelas ilhas britânicas, a oeste; pela África setentrional, ao sul.[148]

Uma fábula (*Cinderela*), um mito (o osso que falta), um rito (a escapulomancia). Neste último caso, imaginou-se uma proveniência centro-asiática, talvez mongólica.[149] Para as outras duas circunstâncias (a fábula de Cinderela e o mito do osso faltando), é provável também uma origem análoga, ou talvez mais setentrional. Mas a ausência de penetração, na África continental, de traços culturais tão difusos e tão intimamente ligados não pode dever-se ao acaso. Propomos associá-la à ausência, na própria África continental, de fenômenos xamânicos análogos aos encontrados na Eurásia e, sob formas mais atenuadas, na América setentrional. De fato, na África continental encontramos fenômenos de possessão, não o êxtase seguido pela viagem da alma do xamã até o além. O xamã domina os espíritos; o possuído é presa dos espíritos, é dominado por eles.[150] Por trás desse contraste bem marcado, percebemos uma diferenciação cultural presumivelmente muito antiga.

23. Embora presentes em áreas culturais que não conhecem fenômenos xamânicos em sentido restrito, os mitos e ritos centrados na coleta dos ossos do animal morto parecem repetir o angustiante itinerário interior por meio do qual o xamã reconhece a própria vocação: a experiência de ser feito em pedaços, de contemplar o próprio esqueleto, de renascer para uma nova vida.[151] Em âmbito eurasiático, essa sequência inclui um elemento ulterior, com fisionomia claramente (ainda que não exclusivamente) xamânica: o retorno do além, expresso pelo osso ausente ou pelo sapato perdido. É um traço dos contatos que os gregos, com a mediação dos citas, tiveram com as culturas da Ásia central. A enigmática referência de Alceu a Aquiles "senhor dos citas" deve ser vista dessa perspectiva.[152] Outro exemplo nos é proposto mais uma vez, junto com a associação de escapulomancia e de ressurreição dos ossos, por outro mito: o de Pélope.[153]

Pélope fora morto por Tântalo, seu pai, que o fizera em pedaços, o colocara para ferver num caldeirão e o oferecera como comida aos deuses, a fim de testar a onisciência deles. Só Deméter caíra na armadilha e comera uma espádua do rapaz. O corpo de Pélope fora recomposto e devolvido à vida; porém, o ombro fora substituído por um pedaço de marfim. É óbvia a analogia com os mitos e ritos eurasiáticos em que o osso ausente é substituído por pedaços de madeira ou (mais raramente) por outros ossos.[154]

Em honra de Pélope, todo ano era sacrificado um carneiro negro, segundo um complicado ritual. O rito se desenvolvia em Olímpia, por ocasião da corrida dos carros. Aliás, outro mito dizia que Pélope conseguira desposar Hipodâmia derrotando o pai dela, Enômao, durante uma corrida de carros em que provocou a morte deste. Como se recordará, a morte do futuro sogro, prevista por um oráculo, sugerira inserir também Pélope na série dos correspondentes atenuados de Édipo. Só aparentemente sua figura está privada das anomalias deambulatórias que caracterizam outros heróis fatais, como Édipo, Jasão ou Perseu.[155] De fato, existe uma situação mítica em que a falta do osso da espádua implica coxear: quando a vítima da mutilação é um quadrúpede. Entre Pélope e o carneiro sacrificado em Olímpia em sua honra, há uma nítida relação de equilíbrio.[156]

24. Os gregos conheciam dois mitos semelhantes: o de Tântalo e o de Licáon. Em ambos, um homem oferece sub-repticiamente aos deuses a carne do próprio filho, pura ou misturada a carnes de animais; em ambos, os deuses descobrem o engano e devolvem à vida a vítima humana esquartejada. Tanto homens e deuses comensais quanto a antropofagia evocam, por contraste, outro mito: a instituição do sacrifício cruento por parte de Prometeu.[157] Também aqui, como narra a *Teogonia* de Hesíodo (vv. 535-61), existe uma tentativa de engano, bem-sucedida só na aparência. Prometeu divide em duas partes o grande boi destinado ao sacrifício: a carne e as miudezas, destinadas aos homens, e os ossos, destinados a arder no altar para os deuses. Zeus, ao ver apresentados os ossos envoltos em toicinho apetitoso, finge cair na armadilha. A disputa prossegue com o episódio do fogo, que Prometeu rouba para dar aos homens; com a vingança de Zeus, que à terra manda Pandora, presente belíssimo e nefasto; enfim, com a punição de Prometeu, acorrentado a uma rocha do Cáucaso, vítima da águia que lhe devora o fígado (só Hércules, autorizado por Zeus, o libertará desse tormento).[158]

A possibilidade de que a divisão sacrifical proposta a Zeus por Prometeu derive historicamente dos ritos lapões, siberianos ou caucasianos, em que os ossos dos animais mortos eram oferecidos aos deuses para que lhes devolvessem a vida, foi sugerida há muito tempo.[159] Para torná-la mais plausível, soma-se agora a demonstração das relações entre os mitos gregos acerca de Prometeu e aqueles, sobretudo georgianos, acerca de Amirani. Para dar base a isso, como dissemos, foi postulada uma série de contatos, anterior ao segundo milênio a.C., entre populações falantes de línguas indo-europeias e populações falantes de línguas caucásicas.[160] Mas esses contatos hipotéticos muito provavelmente foram reativados num período bem mais próximo a nós. Copiosa documentação arqueológica mostra que, entre os séculos VII e IV a.C., os citas penetraram na Transcaucásia — na Geórgia ocidental e central, na região habitada pelos abkhazes e naquela onde ainda hoje estão instalados os ossetas de língua iraniana.[161] Se a comparação das lendas sobre o herói Amirani (difundidas justamente nessas zonas) com o ciclo de Prometeu fosse estendida ao mito que tem por eixo a instituição do sacrifício cruento, o enredo cultural de populações caucasianas, citas e gregas talvez resultasse ainda mais estreito — e a originalidade da reelaboração grega se mostraria ainda mais significativa.[162]

Contudo, alguma coisa transpira também do relato de Hesíodo. De modo geral, considera-se evidente que a disputa entre Prometeu e Zeus descrita na *Teogonia* se refira ao ritual grego do sacrifício sangrento. Mas a correspondência entre mito e prática ritual está longe de ser perfeita. Hesíodo contrapõe ossos e carne, sem mencionar as vísceras (*splanchna*), que tinham parte importante no sacrifício.[163] Além disso, o gesto de Prometeu, que coloca "carne e miúdos [*enkata*] ricos de gordura [...] numa pele" depois de tê-los escondido "no ventre do boi",[164] não possui equivalente no ritual do sacrifício — pelo menos, não no grego. Porém, se assumimos como termo de comparação o sacrifício cita, vemos desenhar-se uma convergência inesperada. Os citas, conta Heródoto (IV, 61), "embutem todas as carnes na barriga" do boi (ou de qualquer outro animal); depois, tendo sido misturadas à água, são postas para ferver.[165] É outra prova da enorme contiguidade cultural entre os citas e os pastores nômades da Ásia central. Aliás, também os buriatos costumam cozinhar os animais envoltos na própria pele, depois de tê-la enchido de água e pedras incandescentes.[166]

Dois textos muito diversos: o de Hesíodo narra, em chave mítica, a instituição do rito sacrifical grego; o de Heródoto descreve, numa perspectiva que hoje chamaríamos etnográfica, o rito sacrifical praticado por uma população estrangeira e, além disso, nômade. No segundo, da mesma forma que no primeiro, o sacrifício grego está continuamente presente como termo, ora consciente ora inconsciente, de confronto. Heródoto escolhe, no leque das vítimas possíveis, a que lhe parecia mais óbvia — o boi —, exatamente para dar maior relevância à singularidade das práticas citas.[167] Mas a técnica usada pelos citas para manipular as carnes das vítimas não pode ser atribuída a uma projeção de Heródoto, visto que no âmbito sacrifical grego não se encontra nada parecido.[168] Por outro lado, as finalidades narrativas de Hesíodo não atenuam (nem explicam) a convergência exata com a descrição de Heródoto.[169] A conclusão é inevitável. A tradição que chegará até Hesíodo conservava a memória do sacrifício cita; porém, inserida numa reelaboração mítica destinada a ilustrar, por meio da disputa entre Prometeu e Zeus, a decisiva novidade do sacrifício grego.

25. O sacrifício sangrento estabelece uma separação nítida e irreversível entre homens e deuses, de um lado, e entre homens e animais, de outro. Numa e noutra vertente, a religião da cidade, que tinha no sacrifício o próprio centro, foi obrigada a enfrentar dupla contestação, representada pelas formas de religiosidade radical que eram defendidas, respectivamente, pelos seguidores de Pitágoras e pelos de Dioniso. Os primeiros condenavam — de forma menos ou mais decidida — a alimentação com carne, vista como obstáculo no caminho de uma perfeição que deveria aproximar dos deuses os homens. Os segundos tendiam a abolir a distância entre homens e animais recorrendo ao ritual sanguinário da homofagia, em que os animais eram despedaçados e devorados ainda crus — quase vivos.[170] No mito de fundação do sacrifício cruento, equivalente a uma opção em favor da carne cozida (Prometeu é também aquele que dá o fogo aos homens), reconhecemos os vestígios dos usos sacrificais dos nômades da Ásia central, embora inseridos num contexto bem diverso. Reelaboração análoga talvez esteja presente também nas posições (convergentes, em certos aspectos) daqueles que se opunham ao sacrifício tradicional, recusando o primeiro elemento (a carne) ou o segundo (o cozimento).

A confluência das duas posições se explica, por um lado, com a presença documentada de Orfeu nos rituais dionisíacos; por outro, com a posição de relevo atribuída a Dioniso nos chamados livros órficos. Jamais existiu uma seita órfica; em vez disso, houve, desde o fim do século VI a.C., uma série de poemas pseudoepigráficos, escritos por personagens diversas (dentre as quais, segundo parece, o próprio Pitágoras) que se ocultavam sob o nome e a autoridade de Orfeu.[171] Num desses poemas, contava-se um mito que conhecemos principalmente graças aos testemunhos tardios de autores cristãos, tanto gregos (Clemente de Alexandria) quanto latinos (Firmico Materno, Arnóbio). O tema do mito era o assassinato de Dioniso criança (às vezes identificado a Zagreu, o mítico caçador cretense) pelas mãos dos titãs. Com seus rostos cobertos de gesso, os titãs matam Dioniso após distraí-lo com piorras, dados, um espelho e outros brinquedos; depois, cortam-no em pedaços, fervem-no num caldeirão e assam-no num espeto, até serem fulminados por Zeus. Algumas versões acrescentam que Dioniso foi devorado pelos titãs. Outras, que ressuscita — do coração, o qual fora arrancado aos carnífices por Atena, ou então dos membros, que haviam sido recompostos por Deméter ou Reia.[172]

Ao esquartejamento, seguido pela imersão num caldeirão de água fervente, recorre a maga Medeia para rejuvenescer Jasão e matar com uma cilada o tio dele, o usurpador Péleas.[173] Esquartejamento, fervura, recomposição dos membros e ressurreição sucedem-se, como se recordará, na história de Pélope; à imersão no fogo, como meio para assegurar a uma criança a imortalidade, haviam sido submetidos, sem êxito, Demófon e Aquiles. As semelhanças entre esses mitos e aquele sobre a morte de Dioniso foram associadas a um elemento comum, de caráter iniciático.[174] Objetou-se que tal interpretação negligencia as conotações sacrificais de um mito que contém (como já notava um problema pseudoaristotélico) referência explícita ao sacrifício grego tradicional, do qual inverte a sequência. De fato, Dioniso é primeiro fervido e depois assado, enquanto no sacrifício se comia antes as vísceras da vítima assadas no espeto e, depois, as carnes cozidas.[175] Mas as duas interpretações não são necessariamente incompatíveis: no caso de Dioniso, o sacrifício sangrento podia muito bem simbolizar uma trajetória iniciática, pois era seguido de uma ressurreição. Em algumas versões do mito, como dissemos, o renascer era alcançado subtraindo o coração da vítima; em outras, recompondo-lhe os membros.[176] Neste último caso, a alusão à coleta e recomposição dos ossos está implícita, visto que no mito o cadáver de Dioniso não é apenas desmembrado mas também cozido duas vezes e (em certas versões) até devorado.[177]

Que o mito órfico de Dioniso reelaborasse, na sequência morte-esquartejamento-fervura-assado-recomposição dos ossos-ressurreição, mitos e rituais eurasiáticos é só uma hipótese; ou melhor, a soma de várias hipóteses. Sabemos, porém, que um santuário de Dioniso existia desde o final do século VI a.C. em Olbia, a colônia grega situada às margens do mar Negro, junto ao território habitado pelos citas, Heródoto conta (IV, 78-

-80) uma história que ilustra bem as atrações e repulsas provocadas por essa contiguidade geográfica e cultural. Silas, rei de uma tribo de citas nômades mas nascido de mãe de língua grega, costumava desaparecer por longos períodos, nos quais adotava às escondidas os trajes dos gregos e seus cultos. Em certo ponto, quis ser iniciado nos mistérios de Dioniso. Quando os citas, avisados por um informante, viram o próprio rei caminhar pelas ruas de Olbia, misturado aos seguidores de Dioniso Baqueios possuídos pelo deus, indignaram-se e revoltaram-se contra ele: "é absurdo, dizem, imaginar um deus que empurra os homens à loucura".[178] O culto que fascinara Silas não nos é de todo desconhecido. Entre os testemunhos arqueológicos encontrados tanto na área do santuário de Dioniso em Olbia quanto nas zonas circunstantes, há numerosas tabuletas retangulares de osso polidas, ora de um ora de dois lados, com as dimensões de uma palma de mão humana, mais ou menos. Às vezes, são acompanhadas de inscrições. Numa das tabuletas, que remonta ao século V a.C., é possível ler: "Vida — morte — vida | Verdade | — A — [dois sinais em forma de zigue-zague] — | Dio[niso] — Órficos".[179] É presumível que um objeto desse gênero tivesse função ritual. Qual função, precisamente, não sabemos; mas não parece demasiado arriscado supor uma relação com o mito órfico de Dioniso, o deus assassinado e depois renascido dos próprios ossos coletados e recompostos.

26. O problema pseudoaristotélico em que é discutida a questão da precedência do cozido ou do assado no sacrifício menciona também o título do poema, atribuído a Orfeu, no qual se contava o mito da morte de Dioniso: *Rito* (ou *Ritos*) *de iniciação* (*Teletē, Teletai*).[180] Acerca desse mito, não se pode colocar em dúvida a presença de um núcleo iniciático.[181] Ao iniciado, os sequazes de Pitágoras ou de Dioniso propunham modelos de ascese individual, decerto muito diferentes mas tendo em comum a recusa da dimensão apenas pública da religião da cidade. No período helenístico, o interesse por essas formas de experiência religiosa, bem como o impulso a reinterpretá-las em sentido alegórico, acentuou-se. Plutarco escreveu que o mito do assassínio de Dioniso pelos titãs "se refere [ria] ao renascimento [*eis tēn palinghenesian*]", à renovação interior.[182] Em resumo, o mito e o eventual rito a ele ligado ofereciam aos seguidores de Dioniso a possibilidade de identificar-se com a morte e o renascimento de seu deus.

Imaginou-se que esse complexo mítico-ritual fizesse eco à iniciação xamânica — fenômeno com o qual os gregos puderam entrar em contato em Olbia e, de modo mais geral, em suas relações com os citas.[183] Reforça uma hipótese semelhante a possibilidade de que o mito do renascimento de Dioniso reelaborasse o ritual eurasiático da coleta dos ossos. Claro, tratava-se de relações difíceis. O desprezo dos súditos de Silas, o rei que tentara iniciar-se nos mistérios de Dioniso, certamente nascia de uma atitude de intolerância cita em relação aos costumes estrangeiros (outros exemplos são conhecidos).[184] Além disso, a frase de condenação citada por Heródoto — "é absurdo, dizem, imaginar um deus que empurra os homens à loucura" — dá a medida da distância entre o êxtase xamânico (que os citas provavelmente conheciam) e a possessão dionisíaca.[185] Mas uma figura como Aristeu de Proconeso permite entender que fenômenos de hibridismo religioso greco-cita eram, não obstante tudo, possíveis.[186]

Era mais comum que tais figuras xamânicas proviessem de regiões remotas, como a terra dos hiperbóreos, ou semisselvagens, como a Trácia. Contudo, justamente o caso de Orfeu, o cantor trácio que conhecia a linguagem dos animais e o caminho que conduz ao além-túmulo, mostra de que modo figuras e temas xamânicos assumiam, uma vez transplantados para o solo grego, fisionomia completamente diversa.[187] No tempo de Platão, sacerdotes itinerantes e videntes batiam à porta dos ricos difundindo livros atribuídos a Orfeu, nos quais se explicava como deviam ser praticados os sacrifícios. Num âmbito tradicionalmente delegado à tradição oral — tradição, além do mais, confiada à casta sacerdotal —, irrompia a escrita.[188]

27. Os movimentos e as seitas religioso-filosóficas surgidos durante o século VI propunham a seus adeptos modelos de ascese ou exaltação mística, conforme os casos. A importância nova assumida por um deus antigo como Dioniso, em estreito contato com o mundo ultraterreno, contradizia o recusar a morte expresso pelos deuses homéricos. Talvez essa profunda transformação fosse também solicitada pelo encontro com culturas nas quais existia uma figura de mediador profissional com o além.[189] Mas as marcas de tais contatos são poucas e fugidias. Na civilização grega, a presença de elementos xamânicos reelaborados deverá ser buscada em fenômenos pouco visíveis; dentre eles, a assimetria deambulatória no mito e no ritual. É significativo que essa assimetria marque os protagonistas dos mitos gregos centrados na instituição do sacrifício sangrento — ou em sua recusa, formulada, desde pontos de vista opostos, em nome de um deus "que vacila" (Dioniso *Sphaleotas*) ou de um filósofo-mago ao qual a tradição atribuía uma coxa de ouro (Pitágoras).[190]

Mas Prometeu, aquele que segundo o mito instituiu o sacrifício cruento, não vacila, não possui uma coxa de ouro nem é coxo. É verdade. Porém, precisa-se notar que entre Hefesto, o deus ferreiro de pés tortos, e Prometeu, deus do fogo, existem relações tão estreitas que chegam a roçar o intercâmbio. Alguém supôs que Hefesto se tenha instalado no Olimpo suplantando Prometeu (mas foi formulada também a hipótese inversa).[191] A assimetria deambulatória de Hefesto poderia ter explicitado um traço apagado ou latente na figura de Prometeu? A favor dessa hipótese (capciosa, à primeira vista), pode-se agregar uma associação imprevisível.

Uma lenda, coletada há meio século entre os esvanes do Cáucaso, apresenta uma versão parcialmente anômala das gestas de Amirani (que, como já foi dito, apresentam notáveis afinidades com as de Prometeu). Em dado momento, Amirani fica sem fogo. Descobre que os únicos a possuí-lo, no raio de muitas milhas, são uma família de demônios subterrâneos, os Dev: nove irmãos, um dos quais é coxo. Amirani entra na casa deles, bate em todos menos no manco, apropria-se do fogo e vai embora. A raridade dos coxos na mitologia caucásica sugeriu um confronto com o mito em que Prometeu rouba o fogo da forja de Hefesto, o deus claudicante. Uma convergência tão precisa e concreta — já foi dito — contrasta com o nível de abstração que, de modo geral, caracteriza as relações entre o ciclo caucasiano de Amirani e o grego de Prometeu. Portanto: *a*) a coxeadura das duas vítimas do furto deve-se, sem dúvida, a um empréstimo; *b*) a direção do empréstimo foi, inevitavelmente, da Grécia para o Cáucaso.[192]

Ambas as conclusões parecem discutíveis. Ao saber que o protagonista de um mito georgiano é um xamã com as pernas tortas ou que os mitos sobre os nove Dev (um dos quais é manco) são revelados por xamãs em estado de transe, somos induzidos a pensar que o coxear tenha, nas mitologias das populações caucásicas, importância e significado que não são diferentes dos reconstruídos até aqui.[193] Se incluirmos a coxeadura nas séries mais amplas das assimetrias deambulatórias, descobriremos que nela cabe também Amirani. A lenda registrada entre os esvanes diz que, logo após o roubo do fogo, o herói foi engolido por um dragão, o qual desaparece sob a terra; Amirani consegue escapar das vísceras do dragão; após várias aventuras, choca-se contra uma águia que, em troca de doze casais de bois e uma quantidade correspondente de pão, aceita conduzi-lo voando até a superfície. A águia alça voo em espiral, comendo carne e pão ao fim de cada círculo. Quando faltam dois círculos para o final, Amirani percebe que as provisões acabaram. Então, "corta um pedaço da própria carne e o coloca no bico da águia. Ela o considera muito mais saboroso que os precedentes e chega à terra sem parar mais. Amirani desce, e a águia lhe dá um pedaço da asa, dizendo-lhe para esfregá-lo na ferida. Esta sara imediatamente".[194] Sobre a automutilação de Amirani, a lenda caucasiana não dá outros detalhes. Para outras informações, devemos recorrer a uma fábula mantuana, registrada há menos de vinte anos: *Sbadilon*.[195]

Sbadilon é um trabalhador rural que gira pelo mundo com

a enxada às costas, junto com dois companheiros. Após várias aventuras, vão parar numa região em que a princesa foi sequestrada. Num prado, veem uma lápide: Sbadilon a levanta com dois dedos, avista um grande buraco, penetra nele por uma corda. Chegando ao lugar subterrâneo, mata cinco magos com golpes de enxada e encontra a princesa, a qual, em sinal de gratidão, promete casar com ele. Com a ajuda dos dois companheiros, Sbadilon faz com que ela suba; mas, assim que tenta sair também, os amigos cortam a corda e vão embora com a princesa. "O pobre Sbadilon, quando se viu lá no fundo, abriu outra porta, e então apareceu uma águia: 'Oh, Giovanni, que você anda fazendo por aqui?'. Sbadilon lhe conta que salvara a princesa e pergunta: 'Como fazemos para subir?'. A águia responde: 'Escute, se você tiver carne, eu o levo para cima'. 'É claro que tenho! Você gosta de carne de mago?' 'Gosto', disse a ave. Então, Sbadilon pôs às costas dois ou três magos e montou na garupa da águia. 'Quando eu disser que quero um pedaço de carne, você vai-me dando.' Assim foram, na base do 'quero um pedaço de carne, quero um pedaço de carne'. Mas, quando estavam para chegar no alto, já não havia mais nem sombra dos magos. Então Sbadilon, quando ela [lhe disse] 'Quero um pedaço de carne', em vez de responder, por exemplo, 'Acabou', cortou um pedaço do próprio calcanhar. Assim, conseguiram vencer a subida. Já no alto, Sbadilon disse: 'Deus meu, quanto me queima este pé!'. E então, a águia falou: 'Quieto, pois tenho uma garrafinha especial que faz crescer os calcanhares'. E de fato esvaziou — são contos, né?! — todo o conteúdo da garrafinha sobre o lugar em que faltava um pedaço, e o calcanhar voltou a crescer. Depois se despediram, ele e a águia. [...]"[196]

28. "E é mesmo história, né?!": são realmente fábulas, como diz a narradora de Cesole, na região de Mântua, por instantes distanciando-se do evento prodigioso que está contando.[197] Não se pode saber que, quarenta anos antes, outro narrador contou o mesmo prodígio, quase com as mesmas palavras, a milhares de quilômetros de distância, nas montanhas do Cáucaso, repetindo um esquema talvez mais que milenar. Mas, exatamente porque são fábulas, narrações regidas por uma lógica peculiar mas férrea, podemos integrar a lacuna, constituída pela imprecisa mutilação de Amirani, com o calcanhar cortado de Sbadilon.

A considerável semelhança entre os dois episódios é ainda mais surpreendente por não implicar a mediação de Prometeu. A existência de um mito em que Prometeu, após penetrar na terra, volta à superfície na garupa de uma águia, saciando-lhe a fome com o próprio calcanhar, é, *a priori*, improvável, dado que no ciclo grego a águia tem sempre função negativa (enquanto no caucasiano ocorre exatamente o contrário).[198] A série de contadores e contadoras de fábulas que por várias gerações repetiram entre o Cáucaso e a planície padana, em inúmeras línguas, a mesma história — ou melhor, o mesmo episódio inserido em inúmeras histórias diferentes — ignorou o mito de Prometeu; se dele tomou conhecimento, não o levou em consideração. Mas, se trocarmos o plano da identidade pelo do isomorfismo, as conclusões mudam. É muito provável (não dizemos que seja certo) que Prometeu tenha sido marcado por uma assimetria deambulatória, a qual por mera casualidade não aparece nos testemunhos que chegaram até nós. Em vez de um calcanhar cortado, Prometeu poderia ter tido os pés tortos como os de Hefesto. Ou, então, um joelho com uma rótula de lobo como a de Amirani, que serve para romper uma torre de cristal, na qual jaz um gigante morto.[199] Também os calcanhares cortados de Amirani e de Sbadilon são, como é óbvio, o sinal de quem realizou a viagem subterrânea ao mundo dos mortos (ao qual, no conto mantuano, se tem acesso erguendo uma lápide). Foi observado que Amirani possui alguns traços xamânicos.[200] Em Prometeu — um deus que age como mediador entre Zeus e os homens —, esses traços foram quase cancelados. Mas convém sublinhar: no Prometeu que conhecemos.

Havíamos partido da simetria entre o episódio da lenda caucasiana em que Amirani se apropria do fogo sem tocar um fio de cabelo do Dev coxo e o mito em que Prometeu rouba o fogo do claudicante Hefesto. Na verdade, trata-se de uma simetria dupla, que envolve não só as vítimas mas também os autores do furto: uns e outros aparecem ligados por uma relação que chega a ser especular.[201] Simplificando, poderíamos dizer que são quatro variantes da mesma personagem, agrupadas duas a duas. Três delas caracterizam-se por uma assimetria deambulatória diferente: joelho com rótula de lobo (Amirani), coxeadura (Dev), pernas tortas (Hefesto). No que concerne a Prometeu, devemos limitar-nos às conjecturas. Mas hoje é evidente que os mancos, e de modo mais geral as personagens caracterizadas por assimetrias deambulatórias, não podem ser considerados um dado superficial e, por isso, atribuível com segurança a um empréstimo.[202]

29. Investigando as raízes folclóricas do sabá, vimos aflorar uma série de testemunhos em que se falava de homens e mulheres que viviam em êxtase experiências semelhantes às dos xamãs siberianos: o voo mágico e as transformações em animais. Excetuando os casos da Lapônia e da Hungria, nos quais o nexo cultural e étnico com a Ásia central era óbvio, podiam ser aventadas duas suposições, para explicar por que esses fenômenos estavam presentes no território europeu. A primeira era que a ligação teria sido estabelecida por uma população culturalmente afim — excluindo a língua — com nômades das estepes como os citas, com quem primeiro os gregos (a partir do século VII a.C.) e depois os celtas (desde o século IV a.C.) haviam entretecido relações comerciais nas margens do mar Negro. A segunda era que os contatos com os citas teriam reativado, tanto nos gregos como nos celtas, elementos culturais latentes mas sedimentados durante longo tempo — séculos, talvez milênios. Diversamente da outra, essa hipótese está apoiada num vazio documental. O que nos leva a representá-la, sob forma de postulado (enquanto tal, não demonstrável), é a dificuldade de fazer remontar aos contatos com os citas (contatos que, tudo considerado, eram circunscritos) a surpreendente disseminação, no continente europeu, de traços xamânicos, depois canalizados à força para o estereótipo do sabá. A hipótese de uma contiguidade prolongada, anterior ao segundo milênio a.C., numa zona talvez situada entre o mar Negro e o mar Cáspio, de populações falantes de línguas indo-europeias e populações falantes de línguas caucasianas substituiu aquela, em voga há certo tempo, de uma ou mais invasões de cavaleiros xamânicos provenientes da Ásia central.[203] Em ambos os casos, trata-se de conjecturas.

Pelo contrário, está documentado de forma bem diversa o estrato subterrâneo de mitologia eurasiática unitária emerso da análise de mitos e ritos centrados na assimetria deambulatória. Poderíamos prosseguir a pesquisa concentrando-nos na Europa medieval, para mostrar como a pata de ganso da mítica rainha Pédauque, o pé de dimensões desproporcionadas de "Berta do Pé Grande" (uma variante de Perchta), o pé de pato ou asno da rainha de Sabá (um Édipo ao contrário, que propõe enigmas a Salomão), a perna de osso da *baba-iaga* russa etc. teriam sido substituídos pela pata de ganso, pelo casco equino ou pela coxeadura do diabo.[204] As múltiplas variantes de um detalhe aparentemente marginal contêm uma história de milênios.

30. Guiados por esse detalhe, mais uma vez deparamos, ao longo de uma via transversal, com a figura da deusa noturna ressuscitadora de animais (parte II, capítulos 1 e 2). Um percurso igualmente periférico nos permitirá ver, numa perspectiva diferente, fenômenos como as batalhas noturnas e as mascaradas rituais (parte II, capítulos 3 e 4). Até agora, analisamos um traço mítico e ritual em contextos extremamente heterogêneos, mostrando que à persistência da forma correspondia substancial constância do significado. Agora, examinemos a situação oposta, em que a uma forma quase idêntica correspondem conteúdos diversos. Por que a forma se manteve?

Os vogules-ostíacos, hoje instalados na Sibéria ocidental, até o ano 200 ocupavam vasta zona em torno de Perm, na vertente oposta dos Urais. Um mito narra que, há muito tempo, alguns caçadores que voltavam do mato preparavam-se para comer. De repente, viram aproximar-se um grupo hostil. Parte dos caçadores fugiu, agarrando a carne, que ainda estava crua. Os outros permaneceram e começaram a cozinhar a carne nos caldeirões; mas, antes que ficasse cozida, tiveram de enfrentar um ataque de inimigos, do qual saíram com o nariz quebrado. Os descendentes dos comedores de carne crua, chamados *mos--chum*, ou seja, os homens parecidos com os deuses, são reputados como inteligentes, bem-educados, bons; os descendentes dos comedores de carne pouco cozida, conhecidos como *por--chum*, são considerados estúpidos, grosseiros, maus. Cada grupo tem seus próprios lugares de culto e suas próprias cerimônias; animais e vegetais são classificados, conforme os casos, como *mos* (por exemplo, o ganso ou a bétula) ou *por* (por exemplo, o urso ou o lariço). *Mos* e *por* constituem dois conjuntos exogâmicos: só se pode casar com os membros do outro grupo. O mito também fala de um casal de heróis irmãos que se relacionam a esse sistema dual.[205]

Nas margens do Mediterrâneo, conta-se (Ovídio, *Fastos*, 2, 361 e seguintes) uma história similar. Ali, os dois irmãos, Rômulo e Remo, são os protagonistas. Segundo o rito, sacrificam-se algumas cabras ao deus Fauno. Enquanto os sacerdotes preparam as oferendas sacrificais, espetadas em varas de salgueiro, Rômulo e Remo tiram a roupa e competem com outros jovens. De repente, um pastor dá o alarme: bandidos estão carregando os vitelos. Sem tempo de pegar as armas, os moços lançam-se a uma perseguição. Remo volta com o butim, tira dos espetos as carnes que cozinham e as come, dividindo o alimento com os fábios: "É claro que estas cabem ao vencedor". Rômulo chega desiludido, vê os ossos roídos (*ossaque nuda*) e começa a rir, amargurando-se pela vitória de Remo e dos fábios e pela derrota de seus quintílios. Em memória daquele distante evento, todos os anos, em 15 de fevereiro, celebrava-se em Roma a Lupercália: *luperci Quinctiales* e *luperci Fabiani* competiam correndo nus em volta do Palatino.

Algumas lendas sobre a mais antiga história de Roma falam de um sacrifício interrompido por certa batalha. São ainda mais estreitas as analogias entre o relato de Ovídio e o mito de Caco, o bandido. Caco rouba um rebanho de bois; Hércules os encontra, elimina Caco e institui um culto perto do Altar Principal, confiando a celebração do sacrifício aos representantes de duas famílias nobres, os Potitio e os Pinário; Pinário chega atrasado, quando as oferendas já foram comidas, e é excluído, junto com seus descendentes, do exercício do culto.[206] Mas tudo isso não esclarece as analogias, na verdade desconcertantes, entre o mito dos vogules-ostíacos e aquele, registrado quase 2 mil anos antes, acerca da origem da *Lupercália*.[207] Parece muito improvável que os dois relatos sobre a refeição interrompida pela chegada dos ladrões de gado sejam resultado de uma convergência independente. Restam duas hipóteses, a derivação de um modelo comum ou o empréstimo.[208] Ambas implicam que esse esquema narrativo se tenha mantido quase intacto durante um período enorme — séculos e séculos, talvez milênios. A análise dos respectivos contextos deveria permitir-nos entender como isso teria sido possível. De um lado, há uma área, a qual podemos identificar à Ásia central, em que *a*) são conhecidos muitos casos de dupla monarquia ou duplo poder; *b*) costuma-se classificar as relações de parentesco segundo duas grandes categorias, identificadas respectivamente com o "osso" (a linha paterna) e a "carne" (a linha materna); *c*) é frequente o sistema matrimonial da troca generalizada, que implica, como escolha preferencial, o matrimônio de primos cruzados matrilineares (o filho da irmã casa com a filha do irmão).[209] Por outro lado, o Lácio, onde *a* está presente sob a forma de vestígios, enquanto *b* e *c* estão completamente ausentes.[210] Nos dois mitos, classes exogâmicas e contraposição carne/ossos são circunstâncias separadas: no dos vogules-ostíacos, só encontramos a primeira; naquele referido por Ovídio, apenas a segunda. Naturalmente, seria absurdo ver nessa disjunção a prova de que também no Lácio teria existido, em época pré-histórica, um sistema baseado em classes exogâmicas. É mais provável que os dois mitos interpretassem os elementos dualistas presentes, em medida muito diversa, nas duas sociedades. Do mesmo modo, no Velho Testamento a hostilidade entre os dois gêmeos, Esaú e Jacó, antecipa e justifica aquela entre os respectivos descendentes, idumeus e israelitas. Também nesse caso, a supremacia de Jacó é acompanhada por uma renúncia alimentar: a sopa de lentilhas cedida a Esaú em troca da primogenitura (*Gênesis* 25, 29-34).

31. Grande número de sociedades dualistas foi identificado na Ásia, nas Américas, na Austrália (na África são muito mais raras). Dentre as características que compartilham, encontramos vários elementos que surgem também no mito fundador dos vogules-ostíacos: presença de metades exogâmicas, unidas por trocas não só matrimoniais mas também econômicas ou cerimoniais; descendência muitas vezes matrilinear; posição de relevo atribuída, na mitologia, a um casal de irmãos ou gêmeos; em muitos casos, divisões do poder entre dois chefes, com funções diferentes; classificação dos seres e das coisas em duplas contrapostas; jogos ou corridas nos quais se exprime a relação entre metades exogâmicas, relação que é, ao mesmo tempo, de rivalidade e de solidariedade.[211] A dispersão de sociedades com características tão semelhantes foi interpretada de modos diversos: os defensores da tese histórica tendem para a difusão a partir de um ponto determinado; os adeptos da tese estrutural postulam a ação independente de uma tendência humana inata. Por esses motivos, considerou-se a origem das sociedades dualistas um caso crucial para discutir a relação entre história e estrutura.[212] Reencontramos o tema que permeia toda esta pesquisa. Mas os resultados já alcançados nos indicam uma solução. Mesmo se fosse possível demonstrar que as sociedades dualistas se difundiram a partir de um ponto preciso da Ásia central (é um exemplo fictício), os motivos de sua distribuição e persistência permaneceriam inexplicados. Aqui, penetram as considerações de ordem estrutural, que concernem à existência potencial, e não atual, das sociedades dualistas. A fisionomia dicotômica dessas sociedades (foi dito) é o resultado da reciprocidade, de uma relação complementar que implica troca de mulheres, prestações econômicas, cerimônias funerárias ou de outro tipo. A troca, por sua vez, surge da formulação de uma série de oposições. E a capacidade de exprimir em forma de sistemas de oposição as relações biológicas é a característica específica daquilo que chamamos cultura.[213]

Como se vê, as características elementares das sociedades dualistas impuseram reflexões de caráter muito geral. Mas nessa direção ainda se pode caminhar bom trecho de estrada.

32. Tradicionalmente, as fases mais antigas da história humana são separadas segundo a matéria dos utensílios utilizados: pedra (lascada ou polida), ferro, bronze. Trata-se de uma classificação convencional, baseada em elementos externos. Observou-se, porém, que o uso de utensílios, embora decisivo, não é especificamente humano. Embora em medida muito limitada, é partilhado por outras espécies animais. Contudo, só a espécie humana tem o costume de coletar, produzir, acumular ou destruir (conforme o caso) objetos que possuem uma única função: a de significar — oferendas aos deuses ou aos mortos, objetos funerários enterrados nas tumbas, relíquias, obras de arte ou curiosidades naturais conservadas em museus ou coleções. Diversamente das *coisas*, tais objetos portadores de significado, ou *semióforos* (como foram definidos), têm a prerrogativa de pôr em comunicação com o visível o invisível, ou seja, eventos ou pessoas distantes no espaço ou no tempo, ou até seres situados fora de ambos — mortos, antepassados, divindades. De resto, a capacidade de ultrapassar o âmbito da experiência sensível imediata é o traço que caracteriza a linguagem e, de modo mais geral, a cultura humana.[214]

No desenvolvimento intelectual do ser humano, essa elaboração já começa na primeira infância, durante o processo de construção de um mundo de objetos, e continua na atividade de formação simbólica.[215] Poderíamos ser tentados a propor mais uma vez a velha tese de que a ontogênese recapitula a filogênese, isto é, o indivíduo repetiria em seu crescimento as etapas percorridas pela espécie humana. A observação do presente permitiria então captar um passado que, de outra maneira, seria inatingível. No gesto da criança de dezoito meses que (talvez) reviva as reações suscitadas pela ausência ou pelo retorno da mãe jogando longe um carretel com um fio enrolado, para recuperá-lo alegremente logo a seguir, identificou-se um modelo de repetição simbólica do passado, controlada e não coagida. Mas é lícito buscar na psicologia infantil as raízes do simbolismo mítico-ritual?[216]

Admitamos que a criança use o carretel como a um semióforo; que o carretel designe a mãe, *seja* a mãe. Um exemplo bastará para ilustrar as potencialidades e os limites da analogia entre indivíduo e espécie. O costume de reunir os ossos dos animais mortos para fazê-los ressuscitar é certamente muito antigo, como dá a entender a distribuição geográfica (Eurásia, África, Américas) dos testemunhos míticos e rituais. Vamos supor *a*) uma espécie animal que *b*) obtenha boa parte dos próprios meios de subsistência por meio da morte de *c*) outras espécies animais, *d*) vertebradas, *e*) encontráveis em quantidade não ilimitada. Existem grandes possibilidades de que essa espécie acabe, mais cedo ou mais tarde, utilizando como semióforos os ossos dos animais mortos.[217] Porém, é preciso que às condições já recordadas se acrescente outra, decisiva: a espécie em questão já deve dispor daquelas capacidades simbólicas que atribuímos de maneira exclusiva à espécie *Homo sapiens*. Com isso, o círculo se fecha. Por definição, a origem está vedada a nós.[218]

De resto, não é menos certo que um rito do gênero fosse praticado (como se chegou a supor) no Paleolítico.[219] Mas, quem quer que fossem os caçadores que recolheram pela primeira vez os ossos de um animal morto a fim de ressuscitá-lo, o sentido de seu gesto parece claro: estabelecer comunicação entre o visível e o invisível, o mundo da experiência sensível dominado pela escassez e o mundo além do horizonte, povoado de animais. A perpetuação da espécie após a morte do indivíduo singular (da presa individual) provava a eficácia do rito mágico centrado na coleta dos ossos. Todo animal que surgia no horizonte era um animal ressuscitado. Daí a identificação profunda entre animais e mortos: duas expressões da alteridade. O além foi antes de tudo, literalmente, o outro lugar.[220] A morte pode ser considerada um caso particular de ausência.

33. Essas considerações (inevitavelmente mais mitopoéticas que mitológicas) lançam luzes sobre a distribuição e a persistência das sociedades dualistas. Na relação entre iniciados e não iniciados, ou melhor, em todas as situações em que a sociedade se divide em dois grupos, foi reconhecida a expressão da oposição suprema, aquela entre mortos e vivos.[221] Uma afirmação de dimensões tão gerais poderá parecer imprudente. Mas a pesquisa acerca dos fenômenos extáticos em âmbito europeu conduziu-nos às mesmíssimas conclusões. Sob as descrições das batalhas travadas em êxtase ou em sonho por *benandanti*, *burkudzäutä*, lobisomens, *táltos*, *kresniki*, *mazzeri*, havíamos entrevisto uma afinidade subterrânea entre essas personagens e seus adversários. De um lado, vivos assimilados aos mortos atravessam o êxtase; de outro, conforme os casos, mortos, feiticeiros, outros componentes do mesmo grupo iniciático. Entre os possíveis equivalentes rituais dessas batalhas extáticas, havíamos recordado as Lupercálias — festa que acontecia num período do ano consagrado aos mortos, previa uma corrida entre dois grupos iniciáticos homólogos e tinha o fim explícito de promover fertilidade.[222] Homólogos mas não simétricos, como nos recorda o relato do sacrifício interrompido que nos *Fastos* de Ovídio ilustra a origem das Lupercálias. Os alimentos menos apetitosos ou impossíveis de comer — carne crua ou ossos, segundo o caso — cabem aos seres hierarquicamente superiores: entre os vogules-ostíacos, aos *mos-chum*, isto é, aos homens semelhantes aos deuses; no Lácio, a Rômulo, o futuro rei que, após a morte, foi imortalizado com o nome Quirino.[223] Já observamos que também Jacó, o futuro eleito de Deus, renuncia à própria sopa de lentilhas; e que o sacrifício de Prometeu destina a carne e as vísceras aos homens, os ossos aos deuses.

34. Definimos animais e mortos como "duas expressões da alteridade". Também aqui, a fórmula um tanto apressada remete a resultados já alcançados. Não há necessidade de insistir na conotação fúnebre de divindades semibestiais, como Richella, ou cercadas de animais, como Oriente — longínquas herdeiras da antiquíssima "senhora dos animais". As sequazes de Diana, Perchta, Holda percorriam os céus na garupa de bestas que não foram identificadas com precisão; os *benandanti*, durante suas catalepsias, faziam sair do corpo exânime o espírito, sob a forma de rato ou borboleta; os *táltos* assumiam as aparências de garanhões ou touros; os lobisomens, de lobos; bruxas e feiticeiros dirigiam-se ao sabá trepados na garupa de bodes ou transformados em gatos, lobos, lebres; os participantes dos ritos das calendas se mascaravam de cervos ou bezerras; os xamãs vestiam-se de plumas a fim de preparar-se para suas viagens extáticas; o herói das fábulas de magia dirigia-se, em cavalgaduras de todos os tipos, rumo a reinos misteriosos e remotos — ou simplesmente, como em certo conto siberiano, montava num tronco de árvore abatido e transformava-se em urso, entrando no mundo dos mortos.[224] Metamorfoses, cavalgadas, êxtases seguidos por saídas da alma e sob a forma de animais são vias diversas que conduzem a uma única meta. Entre animais e almas, animais e mortos, animais e além existe uma conexão profunda.[225]

35. Em seu poema *Argonáutica* (cerca de 250 a.C.), Apolônio Ródio descreve o desembarque dos companheiros de Jasão numa praia da Cólquida chamada Circeia. Ali, crescem tamargueiras e salgueiros em abundância. No alto das árvores, estão pendurados cadáveres. Ainda hoje, explica Apolônio, quando morre um homem os habitantes da Cólquida penduram-no numa árvore fora da cidade, envolto numa pele de boi não trabalhada; as mulheres, ao contrário, são enterradas. No Cáucaso (onde estava situada a antiga Cólquida), e de modo especial entre os ossetas, tais práticas funerárias ainda estavam em uso até há poucas décadas. Alguns viajantes do século XVIII as registraram, já em vias de desaparecimento, entre os iacutes da Ásia central.[226]

O costume de sepultar os mortos colocando-os numa plataforma elevada ou pendurando-os nas árvores está presente em área vastíssima, que compreende grande parte da Ásia central e setentrional e da África.[227] Mas envolver ou costurar os mortos (machos) em peles de animal constitui costume muito mais específico. É evidente o paralelo com o rito eurasiático de ressurreição, baseado na coleta dos ossos envoltos nos couros dos animais mortos. Esse paralelo permite decifrar um detalhe que de outra forma seria incompreensível e que surge num grupo de lendas caucasianas. Entre os ossetas, conta-se que Soslan consegue penetrar numa cidade fazendo-se ocultar na pele de um boi, abatido com esse propósito, e fingindo estar morto. Este último detalhe talvez seja uma atenuação. Nas variantes circassianas da mesma lenda, Soslan é vítima de violento desprezo, como se estivesse realmente morto: "Ei, bruxo das pernas tortas, os vermes dançam em cima de você!". Soslan — o qual ficou com os joelhos vulneráveis depois que, em criança, fracassou em uma tentativa de garantir-lhe a imortalidade — é de fato um mago, uma espécie de xamã, alguém capaz de ir vivo ao além e de lá retornar. Por isso, pode ressuscitar da pele de boi em que foi enrolado.[228]

Mas não é suficiente a analogia com o rito baseado na coleta dos ossos. Para decidir o significado dessa pele de animal, devemos servir-nos de uma estratégia mais indireta e envolvente, similar à que foi utilizada a propósito dos coxos.

36. No *Islendigabók* [Livro dos islandeses], escrito por Ari, o Sábio, por volta de 1130, conta-se que o legislador Thorgeir decidiu converter-se ao cristianismo, com todos os seus compatriotas, após jazer um dia e uma noite, sem pronunciar palavra, coberto por um manto — gesto no qual se reconheceu um ritual xamânico.[229] Voltamos a encontrá-lo, junto a muitos outros traços do mesmo gênero, nas sagas compostas na Islândia entre o século XII e o XIV.[230] No *Hávardar Saga*, por exemplo, um guerreiro que faz parte de um grupo de homens especialistas em artes mágicas é atingido, pouco antes da batalha, por súbita sonolência, que o obriga a deitar-se no chão e cobrir a cabeça com o manto. No mesmo instante, um dos inimigos começa a agitar-se no sono e a respirar forte. Entre as almas dos dois guerreiros, caídos em transe, desenvolve-se um duelo que termina com a vitória do primeiro.[231] O tema do duelo de xamãs, geralmente transformados em animais, é sem dúvida lapão.[232] Na Lapônia, porém, procura-se o êxtase batendo de maneira incessante no tambor xamânico, em vez de, como na Islândia, recorrendo a uma concentração interior protegida por um pano ou uma pele.[233] Em outras regiões árticas, combinavam-se as duas técnicas. Em 1º de janeiro de 1565, o mercador inglês Richard Johnson, que em suas explorações chegara até os samoiedas além do Círculo Polar, assistiu nas margens do rio Pečora a um rito mágico. Algum tempo depois, descreveu-o num relatório: com um martelo, o mago (xamã) batia num grande tambor semelhante a uma peneira, emitindo gritos selvagens, o rosto inteiramente coberto por um pano cheio de ossos e dentes de animais; de repente, perdeu os sentidos e ficou algum tempo imóvel, como morto; depois, recuperou-se, prescreveu o sacrifício e começou a cantar.[234] Cobrir o rosto, cair em letargia, realizar ações inspiradas: é a mesma sequência que encontramos nas sagas islandesas. Por que esconder o rosto?

Na Islândia (como nas ilhas da Frísia setentrional), os que nasciam com o pelico eram considerados pessoas dotadas de segunda visão.[235] Eram os únicos capazes de ver as batalhas que, segundo as sagas islandesas, se travavam "em espírito" pela *fylgia*, a alma externa que abandonava o corpo sob a forma de animal invisível.[236] À noção de *fylgia* ligava-se aquela, em certos aspectos paralela, de *hamingja*, força vital, termo talvez derivado de um mais antigo, *hamgengja* (capacidade de transformar-se em animal), e, seja como for, relacionado à *hamr*, invólucro, no duplo sentido de forma da alma, geralmente animal — lobo, touro, urso, águia —, e de invólucro que circunda o feto, ou seja, a placenta.[237] Chamavam-se *Berserkir*, isto é, "bainha de urso", os guerreiros que (contam as sagas) de tempos a tempos eram atingidos por acessos de fúria bestial.[238] Esse enredo de significados não está muito distante da crença difundida entre os samoiedas segundo a qual quem nasce vestido (isto é, envolto numa membrana) se torna xamã (ou seja, capaz de assumir outra pele, transformando-se em animal).[239]

Estamo-nos movendo num âmbito vastíssimo mas, do ponto de vista cultural, relativamente homogêneo: as regiões do extremo Norte, da Islândia à Sibéria. Como se recordará, porém, a crença nas virtudes xamânicas dos nascidos com o pelico tem difusão muito mais ampla. Na Rússia, eles se transformam em lobisomens; no Friul, em *benandanti*; na Dalmácia, em *kresniki*. Nas regiões meridionais da Suécia, uma mulher grávida que pisa, nua, a bolsa amniótica de um potro evita as dores do parto mas dá à luz um lobisomem ou (se a criança for mulher) uma *mara*, isto é, um ser capaz de assumir outra forma, animal ou humana.[240] Essas figuras, que graças ao êxtase têm acesso temporário ao mundo dos mortos, parecem confirmar o paralelismo, sugerido em 1578 pelo médico francês Laurent Joubert, entre membrana amniótica e sudário.[241]

Cobrir o rosto dos mortos parece, e não é, um gesto natural. O caso de Sócrates, Pompeu, César, que cobrem o rosto antes de morrer, foi associado (talvez de modo um tanto simplista) à necessidade de simbolicamente separar do sagrado o profano.[242] Velados, pois assimilados aos mortos, seguiam aqueles que, segundo o antigo costume itálico dito *ver sacrum* (primavera sacra), eram mandados para fundar uma colônia, cumprindo um voto feito no nascimento deles, vinte anos antes.[243] No antigo direito islandês, quem não cumpria o dever de cobrir o rosto de um morto com um pano era espancado pelo grupo.[244] Na mitologia grega, bem como na germânica, fala-se de gorros de couro ou pelo, de elmos ou mantos que asseguram a quem os utiliza — Hades, Perseu, Odin-Wotan — a invisibilidade própria dos espíritos.[245] Vemos aflorar duas séries de equivalências simbólicas: *a*) bolsa amniótica ou pelico / pele de animal / manto ou gorro que cobre o rosto; *b*) *benandanti* ou *kresniki* / lobisomens / xamãs / mortos. "Hás de vir comigo, pois tens uma de minhas coisas", havia intimado "certa coisa invisível, [...] a qual tinha parecença com homem", surgindo "em sonho" ao *benandante* Battista Moduco. "Uma de minhas coisas" era a "camiseta" dentro da qual Battista nascera e que este trazia em volta do pescoço.²⁴⁶ O pelico é objeto que pertence ao mundo dos mortos — ou àquele dos não nascidos.²⁴⁷ Objeto ambíguo, liminar, que caracteriza personagens liminares.

Assim, em culturas díspares, não só os invólucros animalescos, mas também, de modo mais geral, o que envolve, encerra, cobre aparecem de algum modo ligados à morte. Isso foi demonstrado, no plano linguístico, partindo do nome de Kalypso, a deusa amada por Ulisses: "aquela que cobre", "a que vela".²⁴⁸ Podemos associá-la à mulher misteriosa que o rei dinamarquês Hadingus (é Saxo Grammaticus quem conta) vê acocorada junto ao fogo, com um feixe de cicutas frescas; quando Hadingus lhe pergunta, surpreso, onde haviam sido colhidas — é inverno —, a mulher o envolve no próprio manto (*proprio obvolutum amiculo*), levando-o vivo para debaixo da terra, ao mundo dos mortos.²⁴⁹ (Não é preciso dizer que Hadingus coxeia e, ainda por cima, tem um anel costurado numa perna.)²⁵⁰ Também fora do âmbito indo-europeu, encontramos o mesmo nexo, testemunhado pela relação entre o húngaro *rejt* (esconder) e o antigo húngaro *rüt*; *röt*, *röjt* (perder os sentidos, cair em êxtase); os *regös* eram grupos de jovens (de dois ou três a vinte ou trinta) que, durante os doze dias entre o Natal e a Epifania, andavam pelas aldeias fazendo barulho, distribuindo notícias do além, relatando os desejos dos mortos.²⁵¹ Outra confirmação é dada pelo vínculo quase universal entre máscaras e espíritos dos mortos. O latim *lavra* designa ambos; na Idade Média, *larvatus* é quem usa máscara ou é possuído por demônios. *Masca*, termo que foi usado já no édito de Rotari (643 d.C.) e depois passou a integrar os dialetos da Itália setentrional, significa bruxa.²⁵²

37. Nos mitos e ritos que se referem à morte, retorna de maneira insistente a ideia de voltar à vida, de renascer. Termos como envolver ou esconder exprimem com metáforas uterinas o anulamento. No fundo da série que vimos emergir pouco a pouco — seres envoltos no pelico, enrolados num manto, costurados numa pele de boi, mascarados etc. —, reencontramos, como no caso da coxeadura, uma experiência primária de caráter corpóreo.

É provável que essa característica potencialmente transcultural, porque fundamentalmente humana, não seja estranha à extraordinária comunicabilidade dessa família de mitos e ritos. Mesmo assim, uma conclusão do gênero logo suscita uma dificuldade. No âmbito do inconsciente individual, pode-se imaginar que experiências muito precoces ou até pré-natais tenham (por uma espécie de *imprinting* biológico) uma posição privilegiada.[253] Se estendermos tal hipótese aos mitos e rituais, depararemos com o que parece ser uma encruzilhada: ou negar a mitos e ritos a característica de fenômenos sociais, ou postular a existência de um inconsciente coletivo.[254] Mas os resultados atingidos até aqui permitem evitar essa dupla armadilha. Os isomorfismos míticos e rituais de que havíamos partido remetem, como vimos, a uma série de trocas, de contatos, de filiações entre culturas diversas. Essas relações históricas constituem condição necessária para que se verifiquem fenômenos isomorfos, mas não são suficientes para que se difundam e se conservem. Difusão e conservação dependem também de elementos de caráter formal que asseguram a compacidade dos mitos e ritos. As reelaborações a que estão submetidos de tempos a tempos ilustram claramente esse enredo de história e morfologia. A inventividade dos atores sociais que entrevemos por trás de sequências de variantes como coxos-portadores de uma única sandália-seres que saltam num pé só etc. encontra limites bem precisos na forma interna do mito ou do rito. Sua transmissão é, como a das estruturas profundas da linguagem, inconsciente — mas sem que isso implique a presença de um inconsciente coletivo. O mito ou o rito transmitidos por meio de mecanismos históricos contêm implicitamente as regras formais de sua própria reelaboração.[255] Dentre as categorias inconscientes que regulam a atividade simbólica, a metáfora tem posição de primeiro plano. De tipo metafórico são as relações entre assimetrias deambulatórias e retorno do além, entre morrer e ser envolto e, também, entre as variantes singulares das duas séries: coxos-portadores de uma única sandália--seres que saltam...; pelico-pele-manto-máscara... Ora, a metáfora possui, entre as figuras de retórica, posição especial, que explica o mal-estar manifestado em relação a ela por todas as poéticas racionalistas. Assimilando fenômenos pertencentes a esferas de experiência e a códigos diferentes, a metáfora (que por definição é reversível) subverte o mundo ordenado e hierarquizado da razão. Podemos considerá-la o equivalente, em nível retórico, do princípio simetrizante que constitui na esfera da lógica normal uma irrupção da lógica do sistema inconsciente. Dessa prevalência da metáfora, nasce o tão íntimo parentesco de sonho e mito, poesia e mito.[256]

A documentação que acumulamos prova, superando qualquer dúvida razoável, a existência de uma subterrânea unidade mitológica eurasiática, fruto de relações culturais sedimentares durante milênios. É inevitável que perguntemos se e até que ponto as formas internas que identificamos são capazes de gerar ritos e mitos isomorfos também no interior de culturas historicamente não conectadas. Infelizmente, esta última condição (a ausência de qualquer forma de conexão histórica entre as duas culturas) é, por definição, não demonstrável.[257] Acerca da história humana sabemos e havemos de saber sempre muito pouco. Na falta de prova contrária, só resta postular, por trás dos fenômenos de convergência cultural que investigamos, um entrelaçamento de morfologia e história — reformulação, ou variante, do antigo contraste entre aquilo que existe por natureza e aquilo que existe por convenção.

CONCLUSÃO

1. Havíamos partido de um evento: a emergência da imagem do sabá nos Alpes ocidentais, durante a segunda metade do século XIV. A tentativa de decifrar seus componentes folclóricos levou-nos muito longe, no espaço e no tempo. Mas só desse modo era possível mostrar que parte importante de nosso patrimônio cultural provém — por caminhos que em grande parte nos escapam — dos caçadores siberianos, dos xamãs da Ásia setentrional e central, dos nômades das estepes.[1]

Sem essa lenta sedimentação, a imagem do sabá não teria podido emergir. Crenças e práticas de sabor xamânico são identificáveis também na região alpina. Já tivemos ocasião de falar da deusa que ressuscita animais, das batalhas rituais pela fertilidade travadas pelos *punchiadurs* grisões.[2] Os testemunhos coletados pelos folcloristas no século passado e neste indicam que nos vales valdenses do Piemonte circulavam — além das histórias sobre os lobisomens, as fadas, as procissões dos mortos — também variantes da lenda do rei Guntram citada por Paulo Diácono. O inseto (borboleta, zangão, moscardo) que entra na boca de uma pessoa exânime, fazendo que esta volte à vida, é um traço xamânico provavelmente muito antigo.[3]

Em meados do século XIV, a chegada dos bacilos da peste — provenientes também eles das estepes da Ásia central —[4] provocou uma série de reações em cadeia. Obsessão do complô, estereótipos anticlericais e traços xamânicos se fundiram, fazendo emergir a imagem ameaçadora da seita dos bruxos. Mas levou décadas para que as velhas crenças adquirissem, ao longo de todo o arco alpino, um sentido diabólico. Em 1438, em Morbegno in Valtellina, o dominicano Cristoforo da Luino encarcerava pessoas suspeitas de praticar artes mágicas e estabelecer relações com "a boa sociedade, isto é, com o demônio". Em 1456, um rico médico de Chiavenna, Baldassarre Pestalozzi, teve de defender-se da acusação, que já lhe fora feita 24 anos antes, de ser "feiticeiro, ou seja, de dirigir-se, como se costuma dizer, à boa sociedade".[5] Ainda em 1480, por terem venerado a inominada "senhora do jogo [*domina ludi*]",[6] duas "maléficas" valtelinenses, Domenega e Contessia, foram condenadas, com uma sentença propositalmente lacônica, a um desterro de três anos precedido do pelourinho.

2. Por muito tempo, a sociedade das bruxas continuou a ser associada às zonas em que fora descoberta pela primeira vez. Em 23 do março de 1440, numa sessão pública do concílio de Florença, o papa Eugênio IV lançou uma advertência pública contra o antipapa Félix V (no mundo laico, Amadeu de Savoia), eleito alguns meses antes. Nela, insinuava-se que Amadeu ousara erguer-se contra a autoridade da Igreja por estar atraído pelos encantos de "homens desgraçados e mulherzinhas que, tendo abandonado o Salvador, voltaram-se para Satanás, seduzidos pelas ilusões dos demônios: bruxinhas [*stregulae*], feiticeiros ou *Waudenses*, particularmente difundidos em sua terra de origem".[7] A cópia literal do *Canon episcopi* (*retro post Sathanam conversae daemonum illusionibus seducuntur*) introduzia uma realidade inédita, ligada a uma situação específica, sublinhada pelo uso de termos que remetiam ao vernáculo (*Waudenses* e o diminutivo *stregulae* em vez de *strigae*). Contudo, já fazia alguns anos a imagem da nova seita começara a difundir-se fora dos Alpes. Johannes Nider lera publicamente seu *Formicarius* perante os padres reunidos na Basileia para o concílio.[8] Ainda antes, tivera lugar a incansável, rumorosa atividade do frade minorita Bernardino de Siena (depois rapidamente santificado). Com sua pregação itinerante, Bernardino deu contribuição decisiva[9] para a perseguição à feitiçaria.

Uma referência às *vetule re[n]cagnate* (velhas sem pescoço) que afirmam sair "a passeio com Heroyda na noite de Epifania" já se encontra num dos sermões da coletânea *De Seraphim*, sermões que Bernardino pronunciou em Pádua no ano de 1423.[10] Além de predizer a má sorte, esses seguidores de Heroyda (isto é, Herodíade) socorriam as crianças vítimas de malefícios, as parturientes, os enfermos. Seu "sair a passeio" não era ainda um sinônimo de ir ao sabá, embora Bernardino, na linha do *Canon episcopi* (*retro post Sathanam conversae*) as considerasse submetidas ao demônio. Dois anos depois (1425), além de lançar do púlpito insultos ocasionais às mulheres sienesas que o escutavam ("e tu, endiabrada mulher, que frequentas a encantadora em Travale"), Bernardino dedicou um sermão inteiro a bruxas e magos.[11] Mas se tratava ainda de figuras isoladas — mulheres, principalmente. Dali para a frente, num momento crucial da vida de Bernardino, algo mudou.

A devoção ao nome de Jesus, o qual Bernardino difundira com enorme sucesso em suas pregações, fizera que muitos o acusassem de herege. Na primavera de 1427, o papa Martinho V impôs a Bernardino, que se encontrava em Gubbio, suspender a pregação e ir logo para Roma. A viagem, que talvez se tenha verificado por volta do final de abril, decorreu num clima de forte tensão. Bernardino recordou depois, com ironia, que "alguns me queriam frito, e outros, assados". Seu interrogatório perante o papa e os teólogos concluiu-se de maneira favorável. As acusações foram retiradas, e lhe restituíram a permissão de pregar. Mas o papa, como informa um pequeno tratado polêmico do agostiniano Andrea Biglia (*Liber de institutis*), ordenou a Bernardino que deixasse de exibir aos fiéis, para que as venerassem, as tabuletas em que estava gravado o monograma com o nome de Jesus.[12] Em resumo, a questão ficou longe de ser resolvida. Para romper o bloqueio, vieram os sermões que Bernardino fez em Roma, provavelmente entre o princípio de maio e o final de julho de 1427.[13] Não foram conservados; podemos, contudo, reconstruir parte de seu conteúdo, graças às referências feitas pelo próprio Bernardino ao pregar em Siena, na praça do Campo, a partir de 15 de agosto. Em Roma, ele investira várias vezes contra bruxas e magos, suscitando nos ouvintes um sentimento de enorme estupor: "Tendo falado desses encantamentos, bruxas e malefícios, para eles era como se eu sonhasse". De início, as exortações para denunciar os suspeitos haviam caído no vazio; mas depois "disseram-me que toda pessoa que soubesse de alguém capaz de fazer tal coisa e não a acusasse cairia ela própria em pecado. [...] E depois de eu ter pregado, foram acusados montes de bruxas e encantadores".[14] Após uma consulta ao papa, fora decidido processar só os acusados das ofensas mais graves. Dentre eles, estava Finicella, mandada para a fogueira porque (como se lê na crônica de Stefano Infessura) "diabolicamente matou muitas criaturas e enfeitiçou muita gente, e Roma inteira foi olhar".[15] Era ela, talvez, a bruxa sobre a qual Bernardino falara nos sermões sieneses: "uma delas [...] disse e confessou sem nenhuma tortura ter matado trinta crianças sugando-lhes o sangue; e também disse que libertara sessenta. [...] E ainda confessou que matara o próprio filho e o transformara em pó, o qual era comido durante os trabalhos".[16]

Passando de acusado a acusador de práticas supersticiosas, Bernardino conseguiu transformar em triunfo uma meia vitória. O humanista agostiniano Andrea Biglia, escrevendo logo após os sermões romanos, observou que a devoção ao nome de Jesus difundida por Bernardino implicava — sem diferença com a atividade de magos, adivinhos e encantadores — uma confusão sacrílega entre símbolo e realidade simbolizada.[17] Vinte e cinco anos depois, outro humanista maior — Niccolò Cusano — recordou aos fiéis de Bressanone que dirigir-se a Cristo e aos santos para obter vantagens materiais já significava cometer um ato de idolatria.[18] A religião severa e difícil que se entrevê sob tais frases esclarece indiretamente as razões do sucesso de Bernardino. Combateu bruxos e encantadores no terreno destes, com armas não muito diferentes das utilizadas por eles. As "mesas, cantos, escapulários, sortes, cabelos" que mandara queimar no Capitólio[19] deviam dar espaço às tabuletas com o nome de Jesus.

Mas o enorme estupor de que fala Bernardino ("para eles era como se eu sonhasse") não pode ter sido suscitado apenas pela polêmica, já tradicional, contra bruxas e feiticeiros. Por meio dos sermões sieneses do verão de 1427, sabemos que Bernardino recebera notícias bem recentes acerca das orgias e ritos macabros praticados por uma seita desconhecida: "E existe gente desse tipo aqui no Piemonte, e já vieram cinco inquisidores para acabar com essa maldição, e foram mortos pela mesma gente malvada. E mais, já nem se encontra inquisidor disposto a meter mão no caso. E sabe como eles se chamam? Chamam-se os do barrilote. E o nome vem do fato de em certa época do ano agarrarem uma criança, jogando-a de mão em mão até que ela morra. Depois que morre, dela fazem pó e o colocam num pequeno barril, e depois dão de beber a todos do barrilote; e fazem isso porque depois não podem manifestar nada daquilo que fazem. Enviamos um frade de nossa ordem, o qual esteve entre eles e me disse tudo, que demonstram também os modos mais desonestos que acredito se possa ter [...]".[20]

Nessa descrição, reconhecemos os traços de um dos "novos ritos e seitas proibidos" cuja existência nos Alpes ocidentais fora assinalada desde 1409 por outro minorita, o inquisidor Ponce Fougeyron.[21] É muito provável que também possuíssem a mesma origem as mirabolantes informações sobre as bruxas que, enganadas pelo demônio, acreditavam transformar-se em gatas depois de untarem o corpo com unguentos.[22] No tratamento dado a elas, admoestava Bernardino, não seria lícita nenhuma misericórdia: "E digo mais, que onde se puder encontrar uma que seja encantadora ou feiticeira, ou feiticeiro ou bruxas, façam que sejam todos exterminados, de tal modo que desapareça sua semente [...]".[23] Aos olhos de Bernardino, bruxas e seita do barrilote eram ainda realidades distintas. Daí a pouco, fundiram-se definitivamente. Em Todi, no dia 20 de março de 1428, foi queimada como bruxa Matteuccia di Francesco, moradora de Ripabianca, junto a Deruta. Na longa sentença, mandada redigir por Lorenzo de Surdis, capitão da cidade, aparecem lenga-lengas contra os espíritos ("Todo mal espancado | todo mal ultrapassado | todo mal ilusório etc."); lenga-lengas contra dores no corpo ("Lombriga lombrigueira | que tem coração e alma | que tem pulmõezinhos que têm figadozinhos etc."); encantamentos para provocar a impotência ou evitar a gravidez. De repente, nas confissões dessa bruxa aldeã aflora um fragmento estranho: depois de untar-se com gordura de abutre, sangue de coruja e sangue de crianças lactentes, Matteuccia invocava o demônio Lucibello, que lhe aparecia em forma de bode, carregava-a — transformada em mosca — na garupa e, com a velocidade do raio, a conduzia à nogueira de Benevento, onde estavam reunidos montes de bruxas e demônios, capitaneados por Lúcifer maior.[24] Aqui, os traços inocuamente mágicos da sociedade de Diana se dissolveram naqueles, macabros e agressivos, da seita do barrilote. O epíteto *crudelissimae*, referido às sequazes de Diana num sermão de Bernardino sem dúvida posterior a 1429, registra essa transformação.[25] Ela repetia a que já se verificara nos Alpes ocidentais. No mesmo ano do processo de Todi (1428), Johann Fründ, o cronista de Lucerna, inscrevera na própria crônica uma descrição do sabá substancialmente análoga, baseada nos processos de feitiçaria levados a cabo nos vales de Henniviers e Hérens.[26] Mas também no caso de Todi captamos o eco das palavras de Bernardino. Por duas vezes, a sentença sublinha que Matteuccia praticara seus encantos antes que o frade pregasse em Todi, no ano de 1426.[27]

É provável que os sermões de Bernardino sugerissem aos juízes o conteúdo das perguntas a ser feitas aos futuros acusados de feitiçaria. Talvez também em Todi — possivelmente depois de um desconcerto inicial, como em Roma — tenha aparecido quem, recordando as injunções do frade, se decidisse a denunciar Matteuccia ou testemunhar contra ela. A instigação para exterminar as bruxas ganhava força por encontrar terreno favorável, não só entre as autoridades.

3. Na imagem do sabá, havíamos distinguido dois filões culturais, de proveniência heterogênea: de um lado, o tema, elaborado, pelos inquisidores e juízes laicos, do complô urdido por uma seita ou um grupo social hostil; de outro, elementos de proveniência xamânica então radicados na cultura folclórica, como o voo mágico e as metamorfoses animalescas. Mas essa

contraposição é demasiado esquemática. É chegado o momento de reconhecer que a fusão mostrou-se tão sólida e duradoura porque entre os dois filões havia uma afinidade substancial, subterrânea.

Numa sociedade de vivos — foi dito —, os mortos só podem ser representados por aqueles que não estão perfeitamente inseridos no corpo social.[28] Esse princípio é muitíssimo bem ilustrado pelo rito funerário *doghi*, celebrado entre os xevsur do Cáucaso; nele, as mulheres são tacitamente identificadas aos mortos, uma vez que ambos são, ao mesmo tempo, internos e externos, participantes e estranhos ao clã.[29] Mas a marginalidade, a assimilação imperfeita associa também as figuras que, na vertente do complô e dos intermediários xamânicos, constituem os antecedentes históricos de bruxas e feiticeiros. Guizos, círculos coloridos, bolsas amnióticas, dentes em excesso denunciavam leprosos, judeus, hereges, *benandanti*, *táltos* e outros, marcando-os como seres situados, conforme os casos, nos confins entre convivência social e reclusão, entre a verdadeira fé e a descrença, entre o mundo dos vivos e o dos mortos. Em 1321, fora atribuída aos leprosos a vontade de contagiar os sãos, para retribuir o desprezo destes. Dois anos antes, o *armier* Arnaud Gélis dissera que os mortos, com os quais costumava ter contato, queriam que todos os homens e mulheres vivos morressem.[30] No fundo da imagem da conspiração, havia um tema antiquíssimo, embora reelaborado em termos novos: a hostilidade de quem acabara de morrer — o ser marginal por excelência — contra a sociedade dos vivos.[31]

Em muitas culturas, acha-se presente a ideia de que determinados animais — pombas, corujas, doninhas, serpentes, lagartixas, lebres etc. — sugam o leite das vacas ou das cabras (e, ocasionalmente, o das mulheres). Na Europa, esses animais estão, de modo geral, associados às bruxas ou às fadas. Porém, atrás do leite descobrimos o sangue; por trás das bruxas ou fadas, os mortos. A convergência entre o nome alemão da ave noitibó (*Hexe*, bruxa) e a convicção dos tucanos da América do Sul de que as almas dos mortos, transformadas no noitibó, sugam o sangue dos vivos faz aflorar um dado profundo.[32] Vamos encontrá-lo na cultura latina, onde a hostilidade dos mortos contra os vivos, a sede dos mortos, a figuração da alma sob a forma de pássaro (ou de abelha ou borboleta) fundiram-se na imagem mítica da *strix*, estridente pássaro noturno sequioso do sangue dos lactentes.[33] Mas o termo *strix* referia-se também às mulheres que, como as magas citas mencionadas por Ovídio, estavam em condições de transformar-se em pássaros.[34] Essa ambiguidade semântica refletia uma ideia que já se tornou familiar para nós: a fim de comunicar-se com os mortos, é preciso tornar-se, pelo menos durante algum tempo, um deles. Concepções científicas ou religiosas reelaboraram (e complicaram) o quadro. No início do século XIII, Gervásio de Tilbury falou da crença popular que identificava as *lamiae* (ou *mascae* ou *striae*) às mulheres que passavam pelas casas, roubando as crianças dos berços; Gervásio citou o parecer contrário dos médicos, segundo o qual as aparições das *lamiae* eram pura imaginação; enfim, referiu-se a certas vizinhas que, enquanto dormiam com os maridos, atravessavam o mar, voando muito rápido com o cortejo das bruxas (*lamiae*).[35] Algumas décadas mais tarde, Estêvão de Bourbon falou da *strix* como de um demônio que, assumindo as aparências de uma velha, passeava de noite na garupa de um lobo, matando lactentes.[36] Como já dissemos, essa concepção foi suplantada por outra, segundo a qual as bruxas eram mulheres de carne e osso, instrumentos conscientes do demônio. Para a afirmação de uma tese desse gênero, provavelmente contribuiu a acusação, dirigida aos judeus, de apropriar-se do sangue das crianças para fins rituais. A imagem do complô criada e difundida pelas autoridades laicas e eclesiásticas mergulhava suas raízes, pelo menos em parte, na cultura folclórica; daí, também, as razões de seu extraordinário sucesso.

Se admitirmos que a sepultura seja um rito *contra* os mortos, poderemos compreender o valor de purificação que se atribui às fogueiras das bruxas e feiticeiros. Sobretudo às das bruxas, que, como se sabe, eram de longe as mais frequentes — embora a porcentagem de mulheres entre os acusados (ou condenados) nos processos de feitiçaria tenha variado muito, conforme as áreas geográficas.[37] Explicar tal fenômeno com a misoginia dos inquisidores seria simplista; explicá-lo por meio de uma misoginia difusa, perceptível já nos testemunhos e nas denúncias, significaria cair numa tautologia. Claro, não custa muito imaginar que, entre os potenciais acusados de feitiçaria, as mulheres deviam aparecer (sobretudo quando se tratava de mulheres sozinhas e, por isso, socialmente indefesas) como as mais marginais entre os marginais. Mas, além de ser sinônimo de fraqueza, essa marginalidade talvez refletisse também, de maneira mais ou menos obscura, a percepção de uma contiguidade entre quem gerava a vida e o mundo informe dos mortos e dos não nascidos.[38]

4. A tentativa de transplantar à força a imagem da seita das bruxas, levada a cabo por Bernardino de Siena em seus sermões romanos, repetiu-se inúmeras vezes, com maior ou menor sucesso, na Europa e fora dela. Os hibridismos com crenças preexistentes, das quais localizamos as pistas em zonas heterogêneas e distantes, como o Friul ou a Escócia, são relativamente muito menos frequentes. Ainda mais raros os casos em que o sabá não se materializou apesar de existirem todos os pressupostos para tanto, ou quase. Em agosto de 1492, Bartolomeo Pascali, cônego da paróquia de Oulx no Val Chisone (Piemonte ocidental) processou dois frades, ambos nascidos na Úmbria, que se autodefiniam (como se verifica nos autos dos interrogatórios) *barbae*, isto é, pregadores itinerantes valdenses. Um deles, Pietro di Jacopo, explicou que vagavam pelo mundo pregando e ouvindo as confissões dos membros da seita. Mais tarde, indicou os vales do Piemonte e do Delfinado em que se desenvolviam suas atividades: Val Chisone, Val Germanasca, Val Pellice, Val Fressinières, Val l'Argentière, Val Pute. De si próprios e dos companheiros disse que eram chamados "*charretani* [charlatães], aliás, freis com opinião de peso, *vel barlioti*, aduladores, defraudadores e causadores de decepção entre o povo". Era uma lista de epítetos insultuosos: simuladores de

santidade (comportamento então tradicionalmente atribuído aos habitantes de Cerreto, na Úmbria), *fraticelli*, mas com acento negativo ("com opinião de peso" em vez de "com opinião própria"), freis do barrilote (por causa da acusação infame lançada contra os *fraticelli* em 1446), aduladores, trapalhões e enganadores.³⁹ Não estão claros os motivos dessa atitude autodepreciativa de Pietro di Jacopo. No interrogatório seguinte, ele confirmou que na gíria deles (*in eorum gergono*) eram chamados frades do barrilote, conhecidos vulgarmente como valdenses e, na Itália, freis *de oppinione*, isto é, *fraticelli*. O caráter intercambiável dessas definições parece espelhar uma situação fluida, em que das velhas diferenças sectárias restara quase só o nome. Por outro lado, era bem tradicional a descrição, talvez manipulada pelos juízes, que Pietro di Jacopo e seu companheiro fizeram das promiscuidades sexuais praticadas nas assembleias ou sinagogas pela seita valdense. A referência a "certo ídolo chamado Baco e Bacon [*quoddam ydolum vocatum Bacum et Bacon*]" que os membros da seita costumavam adorar em suas reuniões parece acrescentar um toque de paganismo postiço sem cabimento. Mas os nomes que surgem logo depois, quase postos em destaque — "e também a Sibila e as fadas [*et etiam Sibillam et Fadas*]" —, têm outro sabor.⁴⁰ O apelo à Sibila dos Apeninos parece perfeitamente plausível na boca de quem, como Pietro di Jacopo, nascera numa aldeia próxima de Spoleto (Castel d'Albano). Quanto às fadas, seu aparecimento num processo de heresia é sem dúvida absurdo e, por isso, seguramente autêntico.⁴¹ Mais de um século depois, ressurgiam os mesmos ingredientes que, justamente naquela zona, haviam-se misturado pela primeira vez à imagem do sabá: cultura folclórica e heresia em fase de decomposição, confissões pouco confiáveis de promiscuidade sexual e míticas figuras femininas ligadas ao mundo dos mortos. Elementos em suspensão, prontos a cristalizar-se novamente ao menor atrito. Mas os contraditórios discursos dos frades do barrilote não suscitaram no cônego de Oulx nenhuma reflexão.

5. Esse processo anômalo nos recorda uma verdade só aparentemente banal: para que o sabá se materializasse, era indispensável uma convergência entre a disponibilidade (espontânea, com maior frequência solicitada ou imposta) dos acusados a confessar e a vontade dos juízes de acolher as confissões.[42] Entenda-se o materializar-se enquanto produto da imaginação. Mas o sabá seria apenas isso?

No início do século XIV, os participantes dos cortejos rumorosos do *charivari* representavam, aos olhos dos espectadores, os grupos de mortos errantes conduzidos por Herlechinus. É um exemplo do isomorfismo, ora explícito ora latente, a ligar os mitos e os ritos que analisamos. Meio século mais tarde, a emergência do sabá diabólico deformou essa simetria até torná-la irreconhecível. No sabá, os juízes viram, cada vez com mais frequência, o relato de eventos físicos, reais. Por muito tempo, as únicas vozes discordantes foram aquelas de quem, apoiando-se no *Canon episcopi*, enxergava nas bruxas e feiticeiros as vítimas de ilusões demoníacas. No século XVI, cientistas como Cardano ou Della Porta formularam um parecer diferente: transformações em animais, voos e aparições do diabo eram fruto da desnutrição ou do uso de substâncias alucinatórias contidas em infusões de vegetais ou em unguentos. A influência suscitada por essas explicações ainda não se extinguiu.[43] Mas nenhuma forma de privação, nenhuma substância, nenhuma técnica extática pode provocar, sozinha, a repetição de experiências tão complexas. Contra todo tipo de determinismo biológico, é preciso reiterar que a chave dessa repetição codificada só pode ser cultural. Todavia, o consumo deliberado de substâncias psicotrópicas ou alucinatórias, mesmo não explicando os êxtases das seguidoras da deusa noturna, dos lobisomens etc., poderia situá-los numa dimensão não exclusivamente mítica.[44] É possível demonstrar a existência dessa moldura ritual?

6. Vamos explorar duas hipóteses. A primeira não é nova (novo é apenas o esforço para demonstrá-la). Está centrada na

Claviceps purpurea: um cogumelo que, favorecido por primaveras e verões chuvosos, se instala sobre os cereais, de modo especial o centeio, cobrindo-os de excrescências enegrecidas, chamadas escleroses. A ingestão de farinha contaminada por centeio espigado provoca verdadeiras epidemias de ergotismo (de *ergot*, a palavra que designa o cogumelo em inglês e francês). Conhecem-se duas variedades dessa doença. A primeira, documentada sobretudo na Europa ocidental, dava lugar a formas muito graves de gangrena; na Idade Média, era conhecida como "fogo de santo Antônio". A segunda, difundida principalmente na Europa centro-setentrional, provocava convulsões, cãibras violentíssimas, estados semelhantes à epilepsia com perda dos sentidos durante seis a oito horas. Ambas as formas, gangrenosa e convulsiva, eram muito frequentes, dada a difusão, no continente europeu, de um cereal como o centeio, bem mais resistente que o trigo. Muitas vezes, suas consequências eram fatais, sobretudo antes que, no século XVII, se descobrisse na *Claviceps purpurea* a sua causa.[45]

Tudo isso faz pensar mais em vítimas de malefícios que em bruxas.[46] Mas o quadro traçado até aqui não está completo. Na medicina popular, o centeio espigado era amplamente usado como abortivo. Adam Lonicer, que pela primeira vez o descreveu, em seu *Krauterbuch* (1582), observou que as mulheres dele se serviam para provocar dores no útero, em doses de três escleroses, repetidas vezes.[47] Na Turíngia, notava J. Bauhinus quase um século depois, a planta era usada como anti-hemorrágico.[48] Sabe-se que as parteiras costumavam administrar a *Claviceps purpurea* (chamada popularmente *Mutterkorn*, centeio da mãe) para apressar o parto. Em alguns casos (como em Hannover, em 1778), as autoridades intervieram para proibir tal uso; mas no início do século XIX a eficácia da *Pulvis parturiens* como remédio para acelerar o parto foi reconhecida também pela medicina oficial.[49]

É provável que o centeio espigado fizesse parte da cultura médica popular havia muito tempo. Isso significa que algumas de suas propriedades eram conhecidas e controladas. Outras emergem das descrições dos sintomas de ergotismo convulsivo. Numa tese de medicina defendida em Wittenberg, em 1723, por exemplo, J. G. Andreas falou da epidemia que alguns anos antes golpeara a Silésia. As manifestações da doença variavam muito, de paciente para paciente. Alguns eram atacados por contrações muito dolorosas; outros, "parecendo em êxtase, mergulhavam num sono profundo; terminado o paroxismo, despertavam e falavam de várias visões". Uma mulher de Lignitz, vítima do mal fazia três anos, era tida pelo povo como endemoninhada; um menino de nove anos sofria ataques parecidos com os dos epilépticos, dos quais saía comentando as visões que tivera. As pessoais atribuíam tudo isso a uma causa sobrenatural.[50] Hoje, sabemos que algumas espécies de *Claviceps purpurea* contêm, em quantidade variável, um alcaloide — a ergotamina — do qual, em 1943, foi sintetizado em laboratório o ácido lisérgico dietilamide (LSD).[51]

Nos Alpes e na maior parte da Europa central o centeio era cultivado desde a Antiguidade; em outras zonas, como, por exemplo, na Grécia, cresciam outras espécies de *Claviceps*, as quais continham alcaloides que podiam funcionar como substitutos.[52] Mas a acessibilidade material de uma substância com potencial alucinatório não prova, é claro, que fosse utilizada de forma consciente.[53] Mais indicativos são alguns termos usados popularmente para indicar a *Claviceps purpurea*, como o francês *seigle ivre* (centeio-bêbado) e o alemão *Tollkorn* (grão-louco), que parecem indicar uma antiga consciência do poder encerrado na planta.[54] Por volta de meados do século XIX, no interior da Alemanha, falava-se às crianças a respeito de criaturas assustadoras como o "lobo" ou o "cão do centeio" (*Roggenwolf*, *Roggenhund*). Talvez fossem transfigurações míticas do centeio espigado: a "mãe-do-centeio" (*Roggenmutter*), também chamada "lobo" (*Wolf*) ou, por causa da forma alongada, "dente-de-lobo" (*Wolfzahn*). Nos contos de algumas regiões, as excrescências escuras da *Claviceps purpurea* tornavam-se tetas de ferro que a mãe do centeio fazia as crianças chupar para que morressem. Existia profunda afinidade entre o lobo do centeio

(*Roggenwolf*) e o lobisomen (*Werwolf*). "O lobisomen está sentado no meio do trigo", dizia-se.[55]

Com essa riqueza de associações míticas, torna-se mais plausível a hipótese de que se utilizasse o centeio espigado para obter estados de perda ou de alteração da consciência.[56] Essa hipótese receberia uma confirmação definitiva se fosse possível afirmar que entre uma palavra de etimologia obscura como *ergot* (centeio espigado) e a palavra germânica *warg* (fora da lei, mas também lobisomem) existia uma conexão — infelizmente, não demonstrável.[57]

7. De maneira totalmente independente, uma conexão entre lobisomens e substâncias psicotrópicas foi levantada como hipótese num contexto linguístico e cultural bem diferente. Com isso, chegamos à segunda possibilidade. Supôs-se que as palavras *saka haumavarka*, que nos textos iranianos designam uma família da qual descendiam os aquemênidas, significassem "as pessoas que se transformam em lobisomens inebriando-se com *haoma*". Tratar-se-ia de uma alusão ao estado de frenesi guerreiro que era considerado um atributo típico das sociedades secretas masculinas. Mas tal interpretação está longe de ser segura.[58] Além disso, não se sabe com precisão o que era o *haoma*. No *Avesta*, o livro sagrado da religião zoroástrica, fala-se dele como de uma planta que devia ser, pelo menos na origem, idêntica ao *soma*, do qual se extraía uma bebida que os poemas védicos descrevem em tons enfáticos. Depois de muitas tentativas infrutíferas de identificar a que planta corresponderiam *soma* e *haoma* — as propostas, referidas a uma ou outra ou então a ambas, incluíam o sorgo, a parreira, o ruibarbo, a *Canabis indiana* etc. —, surgiu uma hipótese que parece corresponder perfeitamente às indicações contidas nos textos. O *soma* seria o *Amanita muscaria*: um cogumelo que lança em estado similar ao da embriaguez quem o come ou bebe um suco feito com ele, misturado ou não à água, ou, ainda, toma a urina de quem o tenha ingerido (neste último caso, parece que o efeito é particularmente intenso). As populações siberianas (com exceção das altaicas)

fazem amplo uso desse cogumelo — sobretudo os xamãs, que o empregam para alcançar o êxtase. Na zona compreendida entre o Afeganistão e o vale do Indo, onde as populações árias provenientes da Eurásia setentrional instalaram-se no segundo milênio a.C., encontrar o cogumelo era menos fácil: o *Amanita muscaria* só cresce perto de abetos ou bétulas. Talvez os sacerdotes tenham tentado encontrar substitutos. Mas os poemas védicos conservaram uma memória muito viva do antigo culto.[59]

O uso do *Amanita muscaria* para atingir uma condição de êxtase é, sem dúvida, muito antigo. Razões linguísticas permitem pensar que remonte a pelo menos 4000 anos a.C., quando ainda existia uma língua urálica comum. Além disso, um grupo de palavras que designam o *Amanita muscaria*, os cogumelos em geral, a perda da consciência e o tambor (xamânico) nas línguas ugro-fínicas e samoiedas derivaria de uma única raiz, *poŋ*. As populações indo-iranianas teriam, por razões de tabu, substituído por *soma e haoma*[60] palavras conectadas a essa raiz. Embora removida, ela talvez reapareça numa palavra sânscrita, segundo parece de origem não ária, ligada a um hipotético termo sânscrito, **paggala* (louco, loucura), do qual derivariam várias expressões dialetais indianas. A palavra sânscrita em questão é *pangú*, que significa "coxo, aleijado".[61]

A esta altura, a existência de um nexo entre o cogumelo usado pelos xamãs para atingir o êxtase e a coxeadura parecerá, em princípio, tudo exceto impossível. Além do mais, essa convergência não está isolada. Em algumas regiões francesas, os cogumelos providos de apêndices pelaloides (como, por exemplo, o *Amanita muscaria*) têm nomes como *bò* (Haute-Saône) ou *botet* (Loire), que relembram imediatamente *bot* (aleijado) e *bot* (sapo). Vemos desenhar-se uma trama entre três elementos: cogumelo, sapo e anomalia deambulatória.[62] Argumentou-se que a convergência do adjetivo *bot*, "aleijado" (*pied bot*), e do substantivo *bot*, "sapo", é ilusória, pois as duas palavras derivam de duas raízes diferentes (**butt*, "embotado", a primeira; **bott*, "inchar", a segunda).[63] Mas os nomes que, nos dialetos da Itália setentrional, identificam o sapo a "sapato", "chinelo" etc. parecem indicar a presença de uma afinidade semântica, certamente não redutível à semelhança exterior.[64] Também indiscutível, embora obscura, a afinidade entre cogumelo e sapo. Na China, o *Amanita muscaria* chama-se "cogumelo-sapo"; na França, *crapaudin* (de *crapaud*, "sapo").[65] "Pão-do-sapo", *pin d'crapâ*, é o nome com o qual são indicados na Normandia os cogumelos agáricos (incluindo o *Amanita*).[66] No dialeto vêneto, *rospèr zalo* designa o *Amanita mappa*; em Treviso, o *fongo rospèr* é o *Amanita pantherina*.[67] "Cogumelos-sapos" (*žabaci huby*) ou "parecidos com sapos" (*zhabjachyi hryb*) são chamados os cogumelos não comestíveis, respectivamente na Eslováquia (na região dos montes Tatra) e na Ucrânia.[68] Além disso, termos como "cadeira-de-sapo", "chapéu-de-sapo" etc. são usados para designar os cogumelos em inglês, irlandês, galês, bretão, frísio, dinamarquês, baixo-alemão, norueguês. Apresentou-se o argumento de que uma conexão tão estreita com um animal como o sapo, considerado feio, desagradável ou até diabólico, exprimiria uma atitude profundamente hostil em relação aos cogumelos, própria da cultura céltica.[69] Mas, como vimos, a convergência linguística entre cogumelos e sapos e, de modo especial, entre *Amanita muscaria* e sapos está documentada bem além dos confins do mundo céltico, até mesmo na China. Se eliminarmos, por serem tardias e superficiais, as conotações negativas do sapo, veremos emergir uma explicação diferente. Da Itália setentrional à Alemanha, à Ucrânia e à Polônia, o sapo é designado como "fada", "bruxa", "mago".[70] Imaginou-se, com bons argumentos, que o italiano *rospo* (sapo) derive do latim *haruspex*, o mago e adivinho que os latinos haviam importado da Etrúria.[71] Segundo várias indicações, também o sapo, como o *Amanita muscaria* e as anomalias deambulatórias, constituía em muitas culturas uma ligação simbólica com o indivisível. Difícil dizer se para tanto contribuíam as potencialidades psicotrópicas (mas a opinião a respeito é controversa) da bufotenina, substância contida nas secreções da pele do sapo.

Dissemos que o *Amanita muscaria* está associado a árvores

como o abeto e a bétula, que crescem em abundância nas montanhas europeias. Sabe-se que nos Alpes, no Jura, nos Pireneus, os processos de feitiçaria foram particularmente frequentes.[72] As confissões da maioria dos acusados faziam ressoar, de forma consciente ou inconsciente, os modelos propostos pelos inquisidores. Mas também nos poucos casos anômalos, em que afloram descrições de êxtases de tipo xamânico, o *Amanita muscaria* não está presente.[73] A conexão com estados de alteração da consciência, que pareceria sugerida por termos como *cocch matt*, *coco mato*, *ovol matt*, *bolé mat*, pelos quais o *Amanita muscaria* é designado nos dialetos lombardos, vênetos, emilianos, não encontra provas na documentação processual.[74] Só em alguns casos parece legítimo formular pelo menos uma dúvida. Já dissemos que em certo ponto dos processos contra os heréticos piemonteses do final do século XIV fala-se da bebida distribuída por Billia la Castagna, uma mulher de Andezeno, perto de Chieri, àqueles que participavam da orgia ritual.[75] A bebida era feita com o esterco de um grande sapo que, segundo parece (*fama erat*), Billia mantinha sob o próprio leito, alimentando-o com carne, pão e queijo. Esses detalhes repugnantes ou bizarros poderiam dever-se a um mal-entendido dos inquisidores. Da Europa às Américas, os cogumelos são muitas vezes chamados com nomes que evocam urina, fezes ou ventosidades animalescas: "mijo-de-cão", "peido-de-lobo", "excrementos-de-raposa", "merda-de-puma".[76] Andezeno não é zona de cogumelos; mas o autor da confissão, Antonio Galosna, circulava pregando pelos vales piemonteses. O "excremento do sapo" de Billia la Castagna não poderia ser um eco distorcido de termos conexos com *crapaudin*, *pain de crapault* — "cogumelos-sapos" que na França e alhures designam o *Amanita muscaria*?

Na outra vertente dos Alpes, algumas décadas depois das confissões de Antonio Galosna, um jovem descreveu para o juiz de Berna, Peter von Greyerz (que por sua vez falou disso a Nider), o macabro rito de iniciação imposto a quem queria tornar-se membro da seita de feitiçaria. Aquele que bebesse a macabra beberragem contida num odre "tinha de repente a sensação de acolher e conservar dentro de si a imagem de nossa arte e os ritos principais da seita".[77] É muito tênue a possibilidade de que essas palavras transmitam a reelaboração deformada de uma experiência extática provocada pela ingestão de substâncias alucinógenas. Diversamente dos iniciados na seita, devemos reconhecer que esses ritos nos escapam. De resto, nem é seguro que tenham existido.

8. Pelo contrário, é segura a semelhança profunda que liga os mitos depois confluídos no sabá. Todos reelaboram um tema comum: ir ao além, voltar do além. Esse núcleo narrativo elementar acompanhou a humanidade durante milênios. As inúmeras variações introduzidas por sociedades extremamente diversas, baseadas na caça, no pastoreio, na agricultura, não modificaram sua estrutura de fundo. Por que tal permanência? Talvez a resposta seja muito simples. Contar significa falar aqui e agora com uma autoridade que deriva de ter estado (literal e metaforicamente) lá e naquele momento.[78] Na participação no mundo dos vivos e no dos mortos, na esfera do visível e do invisível, já reconhecemos um traço distintivo da espécie humana. O que se pretendeu analisar aqui não foi um conto entre tantos, mas a matriz de todos os contos possíveis.

NOTAS

[Nesta tradução, pude inserir numerosas correções e integrações bibliográficas, que me foram sugeridas com grande generosidade e competência por Jan Bremmer e Martina Kempter. Além deles, agradeço a Piero Severi pela preciosa colaboração. (N. T.)]

A ideia inicial desta pesquisa remonta a 1964 ou 1965; o verdadeiro começo do trabalho, a 1975. Desde então, prosseguiu de maneira descontínua, com longas pausas e desvios. Apresentei alguns resultados provisórios nos seminários dirigidos por Jacques Le Goff (na École Pratique des Hautes Études), por Jean-Pierre Vernant (no Centre de Recherches Comparées sur les Sociétés Anciennes), por Keith Thomas (na Universidade de Oxford); em dois ciclos de palestras promovidas respectivamente na Van Leer Foundation de Jerusalém, a convite de Yehuda Elkana, e no Collège de France, a convite de André Chastel e Emmanuel Le Roy Ladurie; na Universidade de Genebra, a convite de Bronislaw Baczko; em Edimburgo, numa Antiquary Lecture no Departamento de História de Princeton; no decurso de meus seminários com estudantes de Yale (1983) e de Bolonha (1975-6, 1979-80, 1986-7). Aprendi muito nesses encontros e discussões. Mas, sem os períodos passados, em diferentes ocasiões, no Centre de Recherches Historiques (Paris); no Whitney Humanities Center da Universidade Yale, no outono de 1983; no Institute for Advanced Study (Princeton), no inverno de 1986; no Getty Center for the History of Art and Humanities (Santa Monica), na primavera do mesmo ano, o livro que apresento jamais teria sido escrito.

Discuti sobre esta pesquisa por muito tempo, primeiramente com Stefano Della Torre e Jean Lévi, depois com Simona Cerutti e Giovanni Levi; suas críticas e sugestões me foram preciosas. Salvatore Settis consentiu em melhorar meu texto quando este era apenas um esboço. Nas notas, agradeço àqueles que, durante tantos anos, ajudaram-me com sugestões e indicações. Aqui, recordo de maneira especial, com afeto e gratidão, Italo Calvino e Arnaldo Momigliano.

INTRODUÇÃO [pp. 9-44]

1. Cf. J. Hansen, *Quellen und Untersuchungen zur Geschichte des Hexenwahns und des Hexenverfolgung im Mittelalter*, Bonn, 1901, índice (no verbete

"Hexensabbat"). Sobre *sabbat*, cf. P.-F. Fournier, "Etymologie de sabbat 'réunion rituelle de sorciers'", in *Bibliothèque de l'École des Chartes*, CXXXIX (1981), pp. 247-9 (assinalado por Alfredo Stussi), que supõe uma conexão com o dia de descanso dos judeus, a qual teria reanimado uma ligação com *ensabatés*, isto é, valdenses. (A esse respeito acrescente-se S. J. Honnorat, *Vocabulaire français-provençal*, Digne, 1846-7, verbete "Sabatatz, ensabatz"). A reconstrução proposta mais adiante (parte I, cap. 2) permite pensar que os dois elementos tenham podido reforçar-se reciprocamente. Um dos primeiros escritos demonológicos em que aparece o termo, no plural (*sabbatha*), é o diálogo de L. Daneau, várias vezes publicado e traduzido em francês, alemão, inglês (*De veneficis, quos vulgo sortiarios vocant...*, Frankfurt a. M., 1581, p. 242). O termo *synagoga*, utilizado contemporaneamente também com relação aos encontros dos hereges, acha-se muito difundido na linguagem dos juízes e dos inquisidores até fins do século XVI (cf., por exemplo, E. W. Monter, *Witchcraft in France and Switzerland*, Ithaca e Londres, 1976, pp. 56-7). No âmbito alemão, encontra-se *Hexentanz*: cf. H. C. E. Midelfort, *Witch-hunting in southwestern Germany, 1562-1584*, Stanford (Cal.), 1972, p. 248, nota 92. *Striaz*, italianizado como *striazzo* ou *stregozzo* (título, este último, de uma famosa gravura de Agostino Veneziano), é recorrente nos processos de Módena. Sobre *barlòtt*, vide o verbete homônimo no *Vocabolario dei dialetti della Svizzera italiana*, II, pp. 205-9, muito acurado mas discutível nas conclusões (vide acima, p. 87). *Akelarre* é termo basco, de *akerra*, bode (forma que assumia o demônio nos encontros noturnos): cf. J. Caro Baroja, *Brujería Vasca* ("Estudios Vascos", V), San Sebastián, 1980, p. 79. Em algumas zonas bascas, a expressão é desconhecida dos inquisidores: cf. G. Henningsen, *The witches' advocate. Basque witchcraft and the Spanish Inquisition*, Reno (Nev.), 1980, p. 128.

2. Vejam-se, por exemplo, as passagens de M. del Rio por mim citadas in *I benandanti. Stregoneria e culti agrari tra Cinquecento e Seicento*, Turim, 1974³, pp. 8, nota 2, e 34, nota 3 (trad. bras.: *Os andarilhos do bem: Feitiçarias e cultos agrários nos séculos XVI e XVII*, Companhia das Letras, 1988].

3. Cf. A. Macfarlane, *Witchcraft in Tudor and Stuart England*, Londres, 1970, pp. 58 e 139.

4. Cf. K. Thomas, "L'importanza dell'antropologia per lo studio della stregoneria inglese", in *La Stregoneria*, org. por M. Douglas, trad. it., Turim, 1980, p. 83.

5. Cf. A. Momigliano, "Linee per una valutazione della historiografia del quindicennio 1961-1975", in *Revista Storica Italiana*, LXXXIX (1977), p. 596.

6. Cf. H. R. Trevor-Roper, *Protestantesimo e trasformazione sociale*, trad. it., Bari, 1969, pp. 145, 149 e 160 (do ensaio "La caccia alle streghe in Europe nel Cinquecento e nel Seicento"; modifico ligeiramente a tradução); do mesmo autor, *The European witch-craze of the 16th and 17th centuries*, Londres, 1969², p. 9.

7. Id., ib.

8. Cf. L. Stone, "Magic, religion and reason", in *The past and the present*, especialmente pp. 165-7.

9. Cf. Macfarlane, *Witchcraft*, op. cit., p. 11.

10. Id., ib., p. 10.

11. Id., ib., p. 139.

12. Id., ib., pp. 26-7 e 58. Para a comparação antropológica, cf. pp. 11-2 e 211 ss.

13. Cf. J. Obelkevich, *"Past and Present*. Marxisme et histoire en Grande Bretagne depuis la guerre", in *Le Débat*, 17 de dezembro de 1981, pp. 101-2.

14. Cf. K. Thomas, *Religion and the decline of magic*, Londres, 1971, p. 469 (trad. bras.: *Religião e o declínio da magia*, São Paulo, Companhia das Letras, 1991).

15. Cf. id., ib., p. 518 (trad. it., op. cit., p. 568).

16. Cf. H. Geertz, "An anthropology of religion and magic", in *The Journal of Interdisciplinary History*, VI (1975), pp. 71-89.

17. Cf. E. P. Thompson, "L'antropologia e la disciplina del contesto storico", in *Società patrizia e cultura plebea*, trad. it., Turim, 1981, pp. 267-9.

18. Cf. K. Thomas, "An anthropology of religion and magic. II", in *The Journal of Interdisciplinary History*, VI (1975), pp. 91-109, especialmente p. 106.

19. Id., ib., p. 108.

20. Cf. S. Clark, "Inversion, misrule and the meaning of witchcraft", in *Past and Present*, 87 (maio de 1980), pp. 98-127.

21. Cf. Thomas, "An anthropology", op. cit., pp. 103-4.

22. Cf. Kieckhefer, *European witch-trials, their foundations and learned culture, 1300-1500*, Berkeley (Cal.), 1976, pp. 8 e 27 ss.

23. O termo *diabolism* parece pouco feliz, pois, como veremos, o diabo constitui um dos elementos impostos pelos juízes sobre um estrato de crenças preexistentes.

24. Id., ib., pp. 39-40.

25. Id., ib., pp. 21-2.

26. A ausência dos judeus na parte medieval da reconstrução de Cohn (excetuando-se uma remissão na introdução a J. Trachtenberg, *The devil and the jews*, Nova York, 1943; e outra referência na p. 261, nota) é notável, sobretudo porque ele próprio, em livro precedente, cruzara por um momento a trajetória que trato de delinear: cf. *Licenza per un genocidio*, trad. it., Turim, 1969, p. 211. Talvez Cohn tenha sido induzido a pôr em primeiro plano a conexão hereges-bruxas (que, afinal de contas, considero secundária) em razão de sua polêmica com J. B. Russell. Este lera as fontes controvertidas, incluindo as mais estereotipadas, como descrições objetivas de uma suposta transformação, no decorrer dos séculos, dos hereges em feiticeiros; Cohn rechaçou, com razão, essa interpretação, mas ficou enredado na mesma série documental (cf. J. B. Russell, *Witchcraft in the Middle Ages*, Ithaca (N. Y.), 1972, pp. 86 ss., especialmente pp. 93, 140-2 etc.; Cohn, *Europe's*, op. cit., pp. 121-3).

27. Id., ib., p. 228.

28. Id., ib., pp. 220 ss.

29. Id., ib., pp. 107 ss.

30. Id., ib., pp. 107-8.

31. Cf., por exemplo, ibid., pp. 108 ss.; Henningsen, *The witches' advocate*, op. cit., pp. 70 ss.; C. Larner, *Witchcraft and religion. The politics of popular belief*, Oxford, 1985, pp. 47-8.

32. Cf. Thomas, *Religion*, op. cit., pp. 514-7.

33. Cf. *I benandanti*, op. cit., pp. IX-XII; vide também Henningsen, *The witches' advocate*, op. cit., p. 440, nota 14, que distingue da galeria de sequazes das fantasiosas teorias de Murray alguns estudiosos "mais sérios", dentre os quais o abaixo assinado. Sobre as objeções a mim dirigidas por N. Cohn, vide adiante, nota 39. Quem adere às avaliações feitas por mim das pesquisas de Murray é E. Le Roy Ladurie, *La sorcière de Jasmin*, Paris, 1983, pp. 13 ss.

34. Cf. a exaustiva demonstração de Cohn, *Europe's*, op. cit., pp. 111-5.

35. Cf. M. A. Murray, *The witch-cult in western Europe*, Oxford, 1962², p. 12 (trad. it., Milão, 1978).

36. Cf. *I benandanti*, op. cit., p. X.

37. Ib., pp. 181-9.

38. Cf. Russell, *Witchcraft*, op. cit., pp. 41-2; H. C. E. Midelfort, "Were there really witches?", in *Transition and revolution. Problems and issues of European Renaissance and Reformation history*, org. por R. M. Kingdon, Minneapolis (Minn.), 1974, p. 204. Do mesmo Midelfort, cf. *Witch-hunting*, op. cit., p. 1 e p. 231, nota 2. (Durante uma conversa, Midelfort informou-me que mudara de opinião a esse respeito.)

39. Cf. Cohn, *Europe's*, op. cit., pp. 223-4 (por outro lado, nas pp. 123-4 a crítica é, contraditoriamente, dirigida só a Russell, por este ter entendido mal o meu ponto de vista).

40. Tratei de justificar, de um ponto de vista geral, essa formulação in "Spie. Radici di un paradigma indiziario", in *Miti emblemi spie*, Turim, 1968, pp. 158--209 [trad. bras.: *Mitos, emblemas e sinais*, Companhia das Letras, 1989]. Vide também Thompson, *Società patrizia*, op. cit., pp. 317 e 325.

41. *I benandanti*, op. cit., pp. XII-XIII.

42. No primeiro, embora de forma atenuada, penso ter caído também eu: negligenciar as especializações extáticas que distinguiam *benandanti* masculinos e femininos pareceu-me, retrospectivamente, um caso de *sex-blindness* (cf. a discussão em apêndice a *Les batailles nocturnes*, Lagrasse, 1980, p. 231).

43. Cf. C. Larner, *Enemies of God. The witch-hunt in Scotland*, Londres, 1981; id., *Witchcraft and religion*, op. cit. (trata-se de estudos de notável valor; observe-se que o subtítulo do segundo, publicado postumamente — *The politics of popular belief* — refere-se quase exclusivamente às crenças *sobre* as bruxas, não *das* bruxas).

315

44. Cf. L. Muraro, *La signora del gioco*, Milão, 1976 (sobre o qual vide pp. 123-4).

45. Mesmo um historiador e folclorista como G. Henningsen, após dedicar muitas páginas à habitual contestação da tese de Murray (*The witches' advocate*, op. cit., pp. 69-94), limita-se a formular a exigência de um confronto entre folclore basco das duas partes dos Pireneus e tratados demonológicos da época, para explicar até o fundo a convergência das confissões das acusadas. Na conclusão do livro (p. 390), estas últimas são atribuídas a uma epidemia de sonhos estereotipados — frase que repropõe o problema do sabá em sua não explorada complexidade. (Mas veja-se então, em perspectiva bem diversa, o precioso ensaio de Henningsen citado na p. 302, nota 1.) A exigência de enfrentar a questão da feitiçaria europeia numa perspectiva histórico-religiosa é formulada por J. L. Pearl, "Folklore and witchcraft in the sixteenth and seventeenth century", in *Studies in Religion*, 5 (1975-6), p. 386, que retoma o ensaio de M. Eliade, "Some observations on European witchcraft", in *History of Religions*, 14 (1975), pp. 149-72 (trad. it.: *Occultismo, stregoneria e mode culturali*, Florença, 1982, pp. 82 ss.). Para uma excelente contribuição nesse sentido, cf. M. Bertolotti, "Le ossa e la pelle dei buoi. Un mito popolare tra agiografia e stregoneria", in *Quaderni Storici*, nº 41 (maio-agosto de 1979), pp. 470-99 (sobre o qual vide também adiante, p. 364, nota 77). Há muito material, analisado em perspectiva diferente daquela adotada aqui, in H. P. Duerr, *Traumzeit*, Frankfurt a. M., 1978.

46. Cf. Midelfort, *Witch-hunting*, op. cit., p. 1; Monter, *Witchcraft*, op. cit., p. 145. Também Trevor-Hoper insistiu na "universalidade", em nível popular, das crenças na feitiçaria (vide acima, p. 11).

47. Cf. C. Ginzburg, "Présomptions sur le sabbat", in *Annales E. S. C.*, 39 (1984), p. 341 (trata se de uma antecipação de alguns dos resultados desta pesquisa). A referência implícita a Freud tem valor puramente analógico.

48. Cf. a ótima introdução de J. Le Goff à nova edição de *Les rois thaumaturges*, Paris, 1981.

49. Cf. J. R. von Bieberstein, *Die These von der Verschwörung*, Berna, 1976, e as páginas introdutórias de L. Poliakov, *La causalité diabolique. Essai sur l'origine des persécutions*, Paris, 1980 (livro discutível de vários pontos de vista). Iluminadora é a sorte dos *Protocolos dos sábios de Sion*, analisada de maneira aprofundada por N. Cohn (*Licenza per un genocidio*, op. cit.). De modo geral, vide *Changing conceptions of conspiracy*, org. por C. F. Graumann e S. Moscovici, Nova York, 1987.

50. De um ponto de vista em grande parte convergente, J. Le Goff vê nos *Rois thaumaturges* de Bloch o modelo de uma antropologia político-histórica renovada (introdução, op. cit., p. XXXVIII). Vide, também, as observações de F. Hartog, "Marshall Sahlins et l'anthropologie de l'histoire", in *Annales E. S. C.*, 38 (1983), pp. 1256-63. Os ensaios reunidos in *Changing conceptions*, op. cit., são dedicados à desmistificação da ideia do complô — objetivo necessário mas parcial e, de certa maneira, óbvio.

51. Cf. Larner, *Enemies of God*, op. cit., p. 7 (mas os exemplos poderiam ser multiplicados).

52. Aqui, o termo "dialógico" é utilizado na acepção introduzida por M. Bachtin.

53. Cf. *I benandanti*, op. cit., pp. 47 ss., em que "lituano" e "Lituânia" passam a "livônio" e "Livônia".

54. Cf. ibid., pp. XIII, 51-2; Eliade, "Some observations", op. cit., especialmente pp. 153-8, em que é proposta também uma associação entre *benandanti* e *căluşari* romenos (sobre os quais vide acima, pp. 205 ss.). A relação dos *benandanti* com os xamãs é criticada por M. Auge, *Génie du paganisme*. Paris, 1982, p. 253, que prefere uma analogia entre os *benandanti* e os feiticeiros achantis. Porém, logo depois admite que estes últimos são comparáveis, "de um ponto de vista estrutural", aos xamãs. Como veremos, o nexo entre *benandanti* e xamãs é ao mesmo tempo estrutural (ou, se preferirmos, morfológico) e histórico.

55. Cf. Thomas, *Religion*, op. cit., p. X. Já se comentaram os limites da comparação adotada por Macfarlane.

56. Essa possibilidade é negada, no que concerne à "caça selvagem", por Kieckhefer, *European*, op. cit., p. 161, nota 45; mas vide pp. 124 ss.

57. Sobre esse ponto, cf. J. Le Goff, *Pour un autre Moyen Âge*, Paris, 1978, p. 314, nota 12.

58. Cf. L. Wittgenstein, *Note sul 'Ramo d'oro' di prazer*, trad. it., Milão, 1975, pp. 28-9. Essas reflexões deveriam ser associadas às pesquisas, inspiradas nos escritos morfológicos de Goethe, que emergem em disciplinas e âmbitos culturais diversos no final dos anos 1920: cf., de minha autoria, "Datazione assoluta e datazione relativa: sul metodo di Roberto Longhi", in *Paragone*, 386 (abril de 1982), p. 9 (em que também faço referência a *Morfologia da fábula* de V. Propp e a *Formas simples* de André Jolles) e, sobretudo, J. Schulte, "Coro e legge. Il 'metodo morfologico' in Goethe e Wittgenstein", in *Intersezioni*, II (1982), pp. 99-124.

59. Cf. Wittgenstein, *Note*, op. cit., p. 30.

60. Cf. A. Momigliano, "Storicismo rivisitato", in *Sui fondamenti della storia antica*, Turim, 1984, pp. 459-60: "Estudamos a mutação porque somos mutáveis. Isso nos dá uma experiência direta da mutação: o que chamamos de memória [...]" (vide toda a página).

61. No mesmo sentido, cf. C. Lévi-Strauss, *Il crudo e il cotto*, trad. it., Milão, 1966, pp. 22-3.

62. *Morfologia da fábula* (1928, trad. it., Turim, 1966) e *As raízes históricas das fábulas de magia* (1946, traduzido na Itália com o título *Le radici storiche dei racconte di fate* [As raízes históricas dos contos de fadas], Turim, 1949, 1972²) fazem parte de um único projeto: cf. de minha autoria, "Présomptions", op. cit., pp. 347-8. Problemas análogos foram enfrentados independentemente, em outro âmbito disciplinar, por A. Leroi-Gourhan, *Documents pour l'art compare de l'Eurasie septentrionale*, Paris, 1943 (cf., por exemplo, p. 90); trata-se de pesquisas já publicadas em 1937-42.

63. Cf. o prefácio de *Miti*, op. cit.

64. Para essa noção, remeto ao ensaio muito importante de R. Needham, "Polythetic classification", in *Man*, n.s., 10 (1975), pp. 349-69.

65. Cf. M. Detienne, *Dioniso e la pantera profumata*, trad. it., Bari, 1983, pp. 49-50; J.-P. Vernant, "Religione greca, religioni antiche" (é a aula inaugural dada no Collège de France em 1975), in *Mito e società nell'antica Grecia*, trad. it., Turim, 1981, p. 265. Vide também, do mesmo autor, as objeções a G. S. Kirk (que, contudo, parecem referir-se mais às posições de W. Burkert) in *Il mito greco...*, org. por B. Gentili e G. Paione, Roma, 1977, p. 400. A discussão com Burkert é retomada mais amplamente in M. Detienne e J.-P. Vernant, *La cuisine du sacrifice en pays grec*, Paris, 1979, passim.

66. R. Jakobson, em página muito bonita (*Autoritratto di un linguista*, trad. it., Bolonha, 1987, p. 32), citou uma frase de Braque: "Não acredito nas coisas, creio nas relações entre elas". Em sentido análogo, Lévi-Strauss falou de "revolução copernicana" induzida nas ciências humanas pela linguística estrutural (cf. *Le regard éloigné*, Paris, 1983, p. 12; trad. it.: Turim, 1984).

67. Sobre a interpretação do mito proposta por Jung, vide as irretorquíveis observações críticas de Vernant, *Mito e società*, op. cit., pp. 229-30. Da noção junguiana de arquétipo M. Eliade se dissociou somente no prefácio da tradução inglesa de seu *Le mythe de l'éternel retour* (*Cosmos and history*, Nova York, 1959, pp. VIII-IX). Antes, a ela recorrera amplamente: cf., por exemplo, *Trattato di storia delle religioni*, trad. it., Turim, 1954, pp. 39, 41, 408, 422 etc. (vide também as observações críticas de E. De Martino, introdução, p. IX).

68. Cf. Vernant, *Mito e società*, op. cit., p. 265; Detienne, *Dioniso*, op. cit., p. XI: "Tal interpretação deve não só ser econômica e coerente mas também ter ainda valor heurístico, evidenciar relações entre elementos antes estranhos ou dar novo corte a informações comprovadas explicitamente, mas inscritas alhures, *no mesmo sistema de pensamento e no interior da mesma cultura*" (meu grifo).

69. Cf. Vernant, *Mito e società*, op. cit., pp. 223-4; Detienne, *Dioniso*, op. cit., p. XI, que fala de "dedução sistemática".

70. Cf. Vernant, *Mito e società*, op. cit., pp. 249-50. A solução cautelosamente perspectivada ("A resposta talvez consistisse em mostrar que nem na pesquisa histórica nem na análise sincrônica encontram-se elementos isolados, mas sempre estruturas, ligadas de modo mais ou menos forte a outras [...]") converge para as posições de R. Jakobson que inspiraram, também, esta pesquisa.

71. Cf. o ensaio "La formazione del pensiero positivo nella Grecia arcaica" (1957), in J.-P. Vernant, *Mito e pensiero presso i Greci*, trad. it., Turim, 1970 (sobretudo p. 261 ss.).

72. A inspiração duméziliana é particularmente evidente no ensaio "Il mito esiodeo delle razze" (cf. *Mito e pensiero*, op. cit., de modo especial p. 34). Para uma avaliação sintética da contribuição de Dumézil, cf. Vernant, "Ragioni del mito" (in *Mito e società*, op. cit., pp. 235-7), e Detienne, *Dioniso*, op. cit., pp. 8-9.

Na introdução a *Mito e pensiero*, op. cit., B. Bravo sublinha (p. XVI) que a atitude de Vernant "é sempre implicitamente, e às vezes explicitamente, 'comparativa'". Sobre esse ponto, vide *Religione greca*, op. cit.

73. Cf. Detienne, *Dioniso*, op. cit., pp. 8-9.

74. J. Starobinski propôs sugestivamente que a escolha de Saussure a favor da sincronia tenha sido provocada pelas "dificuldades encontradas na exploração da diacronia prolongada da lenda e na breve da composição anagramática" (*Le parole sotto le parole. Gli anagrammi di Ferdinand de Saussure*, trad. it., Gênova, 1982, pp. 6-7).

75. Cf. G. Mounin, "Lévi-Strauss' use of linguistics", in *The unconscious as culture*, org. por I. Rossi, Nova York, 1974, pp. 31-52; C. Calame, "Philologie et anthropologie structurale. À propos d'un livre récent d'Angelo Brelich", in *Quaderni Urbinati*, II (1971), pp. 7-47.

76. Cf. Detienne, *Dioniso*, op. cit., p. II.

77. C. Lévi-Strauss tem opinião diferente (*Il crudo e il cotto*, op. cit., pp. 21-2). É verdade que, em outro texto (*Anthropologie structurale*, Paris, 1958, p. 242; trad. it.: Milão, 1966), sustentou que todas as versões de um mito pertencem ao mito; no máximo, porém, isso elimina a questão da autenticidade, não a da completude.

78. Vide adiante, parte III, cap. 2.

79. Num ensaio de 1975, M. I. Finley polemizava em nome da diacronia só com antropólogos ("L'antropologia e i classici", in *Uso e abuso della storia*, trad. it., Turim, 1981, pp. 149-76, de modo especial p. 160). O adensamento das relações entre a história e a antropologia complicou o quadro: ao lado de historiadores que afirmam a superioridade de uma impostação sincrônica, encontramos antropólogos que reivindicam para as próprias pesquisas a utilidade de uma perspectiva diacrônica (cf. B. S. Cohn, "Toward a rapproachment", in *The new history. The 1980s and beyond*, org. por T. K. Rabb e R. J. Rothberg, Princeton (N. J.), 1982, pp. 227-52). Sobre a compatibilidade entre perspectiva histórica e perspectiva sincrônica, cf. G. C. Lepschy, *Mutamenti di prospettiva nella linguistica*, Bolonha, 1981, pp. 10-1.

80. Cf. Ivanov, Lotman et alii, *Tesi sullo studio semiotico della cultura*, trad. it., Parma, 1980, pp. 50-1 (vide também pp. 51-2: "uma abordagem tipológica ampla elimina o caráter absoluto da oposição de sincronia e diacronia").

81. Cf., por exemplo, R. Jakobson, "Antropologi e linguisti" (1953), in *Saggi di linguistica generale*, trad. it., Milão, 1966, pp. 15-6; id., *Magia della parola*, org. por K. Pomorska, trad. it., Bari, 1980, pp. 56-7. A retomada de categorias de Jakobson por parte de Lotman é sublinhada por D. S. Avalle na introdução à coletânea de textos por ele organizada, *La cultura nella tradizione russa del XIX e XX secolo*, Turim, 1982, pp. 11-2.

82. Cf. Jakobson, *Magia*, op. cit., pp. 13-4, com remissão aos estudos de P. G. Bogatyrëv sobre o folclore ucraniano. A frase que vem logo a seguir — "E, afinal, encontrou singular reabilitação a concepção romântica do folclore co-

mo criação coletiva" — alude ao ensaio escrito por Jakobson com o mesmo Bogatyrëv, "Il folklore come forma di creazione autonoma" (1929) (traduzido in *Strumenti Critici*, I, 1967, pp. 223-40).

83. Cf. J.-C. Schmitt, "Les traditions folkloriques dans la culture médiévale. Quelques refléxions de méthode", in *Archives de Sciences Sociales des Religions*, 52 (1981), pp. 5-20, especialmente pp. 7-10 (trad. it.: *Religione, folklore e società nell' Occidente medievale*, Bari, 1988, pp. 28-49), a propósito de Bertolotti, "Le ossa e la pelle del buoi", op. cit. (vide acima, nota 45), criticado por causa de seus excessos diacrônicos.

84. Cf. C. Lévi-Strauss, "Histoire et ethnologie" (1949), in *Anthropologie structurale*, op. cit., pp. 3-33 (a citação de Marx e a remissão a *Le problème de l'incroyance* de L. Febvre estão ambas na p. 31).

85. Cf. C. Lévi-Strauss, "Elogio dell'antropologia" (1959), in *Antropologia strutturale due*, trad. it., Milão, 1978, pp. 56 ss.; id., "De Chrétien de Troyes à Richard Wagner" (1975), in *Le regard éloigné*, op. cit., Paris, 1983, pp. 301 ss. (trad. it.: Turim, 1984); id., "Le Graal en Amérique" (1973-4), in *Paroles données*, Paris, 1984, pp. 129 ss.; id., "Hérodote en mer de Chine", in *Poikilia. Études offerts à Jean-Pierre Vernant*, Paris, 1987, pp. 25-32.

86. Id., "Histoire et ethnologie", in *Annales E. S. C.*, 38 (1983), pp. 1217-31 (a passagem está na p. 1227). Para uma visão das discussões em curso sobre a cladística, cf. D. L. Hull, "Cladistic theory: hypotheses that blur and grow", in *Cladistics: perspectives on the reconstruction of evolutionary history*, org. por T. Duncan e T. F. Suessy, Nova York, 1984, pp. 5-23 (com bibliografia).

87. Para mim, esse ponto ficou claro no decurso de longa conversa com Richard Trexler (outono de 1982); aproveito para agradecer-lhe.

88. Cf. Detienne, *Dioniso*, op. cit., p. 13.

89. Cf. E. Benveniste, *Il vocabulario delle istituzioni indoeuropee*, trad. it., Turim, 1976, I, p. 7. A organizadora da edição italiana, M. Liborio, destaca (pp. XIII-XIV) da última frase a implícita polêmica com o "maniqueísmo saussuriano". Essa passagem integra a outra, também extraída do prefácio do *Vocabulario* ("A diacronia é então restabelecida na própria legitimidade enquanto sucessão de sincronias"), que J.-P. Vernant citou estendendo-a a um âmbito extralinguístico (cf. *Nascita di immagini*, trad. it., Milão, 1982, p. 110, nota 1).

90. Cf. Benveniste, *Il vocabolario*, op. cit., I, p. 31.

91. Cf. E. Le Roy Ladurie, *Montaillou, village occitan de 1294 à 1314*, Paris, 1975, p. 601; vide também A. Prosperi, "Premessa" a *I vivi e i morti*, in *Quaderni Storici*, 50 (agosto de 1982), pp. 391-410.

PARTE I

1. LEPROSOS, JUDEUS, MUÇULMANOS [pp. 48-77]

1. Dom M. Bouquet, *Recueil des historiens de la Gaule...*, nova ed., Paris, 1877-1904, XXIII, p. 413 (uma nota dos organizadores na p. 491 adverte que essa passagem, junto com outras, foi redigida em 1336; a distância temporal dos eventos explica a errônea colocação do extermínio dos leprosos no inverno, em vez de na primavera-verão, de 1321).

2. Id., ib., p. 483 (cf. também "Annales Uticenses", in Orderico Vitale, *Historiae ecclesiasticae libri tredecim*, org. por A. Le Prevost, V, Paris, 1855, pp. 169-70).

3. Bouquet, *Recueil*, op. cit., XXIII, pp. 409-10 (redigida em 1345: cf. p. 397).

4. Cf. E. Baluze, *Vitae paparum Avenionensium*, org. por G. Mollat, I, Paris, 1916, pp. 163-4. Versões similares a essa são dadas por Pedro de Herenthals e Amalrico Auger (ib., pp. 179-80 e 193-4). Como se depreende da tradição manuscrita, a passagem citada da crônica de Bernard Gui foi redigida logo após os eventos narrados: cf. L. Delisle, *Notice sur les manuscrits de Bernard Gui*, Paris, 1879, pp. 188 e 207 ss.

5. Cf. H. Duplès-Augier, "Ordonnance de Philippe le Long contra les lépreux", in *Bibliothèque de l'École des Chartes*, 4ª s., III (1857), pp. 6-7 do extrato; *Ordonnance des rois de France...*, XI, Paris, 1769, pp. 481-2.

6. Sobre os loucos e os criminosos, vide naturalmente M. Foucault, *Folie et déraison. Histoire de la folie à l'âge classique*, Paris, 1961 (trad. it.: Milão, 1963), e id., *Surveiller et punir*, Paris, 1975 (trad. it.: Turim, 1976). É curioso que haja referências aos leprosos mas não aos eventos que conduziram à reclusão deles.

7. O estudo mais recente sobre o fato é aquele, muito útil embora baseado em documentação muito incompleta, de M. Barber, "The plot to overthrow Christendom in 1321", in *History*, v. 66, nº 216 (fevereiro de 1981), pp. 1-17; suas conclusões são diferentes das minhas (cf. adiante, nota 57). O dossiê prometido por B. Blumenkranz, "À propos des juifs en France sous Charles le Bel", in *Archives Juives*, 6 (1969-70), p. 36, não foi, até onde eu saiba, publicado. Pesquisas menos recentes sobre o tema serão citadas pouco a pouco. Uma analogia entre a "conspiração" de 1321 e a perseguição da feitiçaria foi assinalada por G. Miccoli, "La storia religiosa", in *Storia d'Italia*, II, Turim, 1974, p. 820. Vide, também, F. Bériac, *Histoire des lépreux au Moyen Âge*, Paris, 1988, pp. 140-8 (que ignora, de minha autoria, "Présomptions", op. cit.).

8. Bouquet, *Recueil*, op. cit., XXI, p. 152. Cf. também "Chronique parisienne anonyme de 1316 à 1339...", org. por A. Hellot, in *Mémoires de la Société de l'Histoire de Paris...*, XI (1884), pp. 57-9. Um acréscimo marginal à terceira continuação dos "Gestorum abbatum Monasterii Sancti Trudonis... libri" (MGH, *Scriptorum*, X, Hannover, 1852, p. 416), introduzida pelas palavras "*sequenti*

anno", fala de leprosos "*a Judaeis corrupti*" queimados como envenenadores na França e em Hannover. O organizador referiu-se à passagem de 1319, provavelmente por descuido; a referência a Hannover permanece obscura para mim.

9. Cf. respectivamente Bouquet, *Recueil*, op. cit., XX, pp. 628 ss.; XXI, pp. 55-7; Baluze, *Vitae*, op. cit., I, pp. 132-4; Bouquet, *Recueil*, op. cit., XX, pp. 704--5; Jean de Preis, dito de Outremeuse, *Ly myreur des histors*, org. por S. Bormans, VI, Bruxelas, 1880, pp. 264-5; "Genealogia comitum Flandriae", in Martène-Durand, *Thesaurus novus anecdotorum*, III, Paris, 1717, col. 414. Vide também, no mesmo sentido, Bibliothèque Nationale, ms. fr. 10132, f. 403*v*.

10. Nessa exposição, sigo quase exclusivamente o continuador de Guillaume de Nangis, do qual dependem de forma mais ou menos estreita a crônica de Saint-Denis, Giovanni da S. Vittore e o continuador da crônica de Gérard de Frachet; cf. também a introdução de H. Géraud e G. de Nangis, *Chronique latine*. Paris, 1843, I, pp. XVI ss. Sobre o episódio de Chinon, cf. também H. Gross, *Gallia Judaica*, Paris, 1897, pp. 577-8 e 584-5.

11. Cf. "Genealogia", op. cit.

12. Cf. G. Lavergne, "La persécution et la spoliation des lépreux à Périgueux en 1321", in *Recueil de travaux offerts à M. Clovis Brunel...*, II, Paris, 1955, pp. 107-13.

13. Cf. Baluze, *Vitae*, op. cit., I, pp. 161-3 (B. Gui); ib., pp. 128-30 (Giovanni da S. Vittore). De modo geral, cf. M. Barber, "The pastoureaux of 1320", in *Journal of Ecclesiastical History*, 32 (1981), pp. 143-66. Sobre alguns problemas ainda úteis, P. Alphandéry, "Les croisades des enfants", in *Revue de l'Histoire de Religions*, 73 (1916), pp. 259-82. Ao contrário, são idilicamente apologéticas as páginas dedicadas às duas "cruzadas" dos pastorzinhos in P. Alphandéry e A. Dupront, *Le chretienté et l'esprit de Croisade*, II, Paris, 1959, que, em bases estilísticas, me parecem atribuíveis ao segundo dos dois autores. Um documento importante — o depoimento do judeu Baruch perante a Inquisição de Pamiers — foi várias vezes traduzido e analisado; veja-se o texto in J. Duvernoy, *Le registre d'Inquisition de Jacques Fournier*, I, Paris, 1965, pp. 177-90 (e, por último, A. Pales-Gobilliard, "L'Inquisition et les Juifs: le cas de Jacques Fournier", in *Cahiers de Fanjeaux*, 12, 1977, pp. 97-114).

14. Esse texto, que passou despercebido a Barber ("The plot", op. cit.), encontra-se em C. Compayré, *Études historiques et documents inédits sur l'Albigeois, le Castrais et l'ancien diocèse de Lavaur*, Albi, 1841, pp. 255-7. Sua importância foi assinalada pela primeira vez por A. Molinier (cf. C. Devic e dom J. Vaissète, *Histoire générale de Languedoc...*, IX, Toulouse, 1885, p. 410, nota 6). Mais recentemente, foi analisado por V. R. Rivière-Chalan, *La marque infâme des lépreux et des christians sous l'Ancien Régime*, Paris, 1978, pp. 51 ss. (livro precioso, não obstante suas lacunas), que precisou com base em novo material a datação conjectural proposta por Compayré. O documento, como me informa gentilmente o diretor dos Archives Départamentales du Tarn em carta de 2/2/1983, não se encontra mais nos arquivos municipais de Albi e, por isso, não pode ser localizado atualmente.

15. Vide também adiante, nota 39. De modo geral, cf. R. I. Moore, *The formation of a persecuting society. Power and defiance in western Europe. 950-1250*, Oxford, 1987, que também faz referência (pp. 60 e 64) aos acontecimentos de 1321. Úteis elementos de reflexão in E. Gellner, *Nazioni e nazionalismo*, trad. it., Roma, 1985.

16. *"Incomposita et agrestis illa multitudo"* (Paolino Veneto o.f.m., in Baluze, *Vitae*, op. cit., I, p. 171).

17. Como exemplo das reações dos contemporâneos, cf. Giovanni da S. Vittore in Baluze, *Vitae*, op. cit., I, pp. 112-5, 117-8 e 123. Sempre útil H. S. Lucas, "The great European famine of 1315-17", in *Speculum*, V (1930), pp. 343-77; vide também J. Kershaw, "The great European famine and agrarian crisis in England 1315-1322", in *Past and Present*, 59 (maio de 1973), pp. 3-50, o qual, porém, destaca, com base em M.-J. Larenaudie, "Les famines en Languedoc aux XIVe et XVe siècles", in *Annales du Midi*, LXIV (1952), p. 37, que os documentos desses anos não falam, no que respeita ao Languedoc, de carestia. Nesta, G. Bois viu o sintoma de uma crise profunda do sistema feudal: cf. *Crise du féodalisme*, Paris, 1976, pp. 246 ss.

18. Cf. L. K. Little, *Religious poverty and the profit economy in medieval Europe*, Londres, 1978.

19. Cf. Trachtenberg, *The devil*, op. cit., pp. 97 ss., e o quadro geral traçado por G. I. Langmuir, "Qu'est-ce que 'les juifs' signifiaient pour la société médiévale?", in *Ni juif ni grec. Entretiens sur le racisme*, org. por L. Poliakov, Paris e Haia, 1978, pp. 178-90. De modo particular, sobre a acusação de homicídio ritual vide do mesmo Langmuir o ótimo ensaio "The knight's tale of Young Hugh of Lincoln", in *Speculum*, XLVII (1972), pp. 459-82.

20. Cf. Flávio Josefo, *Contra Apione*, I, 26 ss., sobre o qual cf. A. Momigliano, in *Quinto contributo alla storia degli studi classici e del mondo antico*, I, Roma, 1975, pp. 765-84; do mesmo autor, *Sagezza straniera*, trad. it., Turim, 1980, pp. 98-9. Vide também J. Yoyotte, "L'Égypte ancienne et les origines de l'antijudaïsme", in *Revue de l'Histoire des Religions*, 163 (1963), pp. 133-43; L. Troiani, *Commento storico al "Contra Apione" di Giuseppe*, Pisa, 1977, pp. 46-8. Sobre o êxito de Flávio Josefo, cf. H. Schreckenberg, *Bibliographie zu Flavius Josephus*, Leiden, 1968 e 1979; id., *Die Flavius-Josephus-Tradition in Antike und Mittelalter*, Leiden, 1972; id., *Rezeptionsgeschichtliche und textkritische Untersuchungen zu Flavius Josephus*, Leiden, 1977.

21. Cf. U. Robert, *Les signes d'infâmie au Moyen Âge*, Paris, 1889, pp. 11, 90-1 e 148.

22. Cf. id., ib., p. 174; C. Malet, "Histoire de la lèpre et son influence sur la littérature et les arts", tese apresentada na Faculdade de Medicina de Paris em 1967 (BN: 4º Th. Paris, 4430; datil.), pp. 168-9. Sobre os *cagots*, cf. F. Michel, *Histoire des races maudites de la France et de l'Espagne*, Paris, 1847, 2 v.; V. de Rochas, *Les parias de France et de l'Espagne. Cagots et Bohémiens*, Paris, 1876; H. M. Fay, *Histoire de la lèpre en France. Lépreux et Cagots du Sud-Ouest*, Paris, 1910.

23. Cf. Robert, *Les signes*, op. cit., p. 91; Malet, "Histoire", op. cit., pp. 158-9.

24. Cf. M. Kriegel, "Un trait de psychologie sociale", in *Annales E. S. C.*, 31 (1976), pp. 326-30; J. Shatzmiller, *Recherches sur la communauté juive de Manosque au Moyen Âge (1241-1329)*, Paris e Haia, 1973, pp. 131 ss.; Little, *Religious poverty*, op. cit., pp. 52-3.

25. Cf. M. Douglas, *Purezza e pericolo*, trad. it., Bolonha, 1975, e, de modo geral, a literatura antropológica (de V. Turner a E. Leach) que se inspira no conhecidíssimo livro de A. Van Gennep, *I riti di passaggio* (1909), trad. it., Turim, 1981 — por sua vez, dependente do ensaio fundamental de R. Hertz, "Contribution à une étude sur la représentation collective de la mort" (in *L'Année Sociologique*, 1907): cf. "Saccheggi rituali", org. por C. Ginzburg, in *Quaderni Storici*, n.s., 65 (agosto de 1987), p. 626.

26. Cf. J.-C. Schmitt, "L'histoire des marginaux", in *La nouvelle histoire*, org. por J. Le Goff, Paris, 1978, p. 355.

27. Cf. M. Kriegel, *Les juifs à la fin du Moyen Âge dans l'Europe méditerranéenne*. Paris, 1979, pp. 20 ss. Indicações sugestivas in A. Boureau, "L'inceste de Judas. Essai sur la génèse de la haine antisémite au XIIe siècle", in "L'amour de la haine", in *Nouvelle Revue de Psychanalyse*, XXXIII (primavera de 1986), pp. 25-41. De modo geral, cf. Moore, *The formation*, op. cit.

28. Cf. Trachtenberg, *The devil*, op. cit., pp. 101 e 238, nota 14, em que se registra uma acusação desse gênero no século XII (Troppau, na Boêmia, 1163), duas no século XIII (Breslau, 1226, e Viena, 1267) e três no século XIV (1308, no Vaud; 1316, na região de Eulenburg; 1319, na Francônia), antes dos acontecimentos de 1321.

29. Cf. Lavergne, "La persécution", op. cit.; E. A. R. Brown, "Subsidy and reform in 1321: the accounts of Najac and the policies of Philip V", in *Traditio*, XXVII (1971), p. 402, nota 9.

30. Cf. Rivière-Chalan, *La marque*, op. cit., pp. 47 ss.

31. Cit. de L. Guibert, "Les lépreux et les léproseries de Limoges", in *Bulletin de la Société Archéologique et Historique du Limousin*, LV (1905), p. 35, nota 3. A mesma observação reaparece no registro municipal de Cahors: cf. E. Albe, *Les lépreux en Quercy*, Paris, 1908 (extraído de *Le Moyen Âge*), p. 14. Sobre Rodez, pude ver, graças à cortesia da autora, um atilado estudo, ainda inédito, de S. F. Roberts (*The leper scare of 1321 and the growth of consular power*).

32. Cf. G. de Manteyer, "La suite de la chronique d'Uzerche (1320-1373)", in *Mélanges Paul Fabre*, Paris, 1902, pp. 403-15 (utilizado também por Guibert, "Les lépreux", op. cit., pp. 36 ss.). Note-se que, na p. 410, De Manteyer fala de *"exécution judiciaire"* de sessenta leprosos, identificando de maneira um pouco sumária os reclusos (quinze) às vítimas das fogueiras (44).

33. O documento foi descoberto e analisado por J.-M. Vidal: cf. "La pour suite des lépreux en 1321 d'après des documents nouveaux", in *Annales de Saint-Louis-des-Français*, IV (1900), pp. 419-78 (a primeira versão, com varian-

tes significativas, in *Mélanges de littérature et d'histoire religieuses publiées à l'occasion du jubilée episcopal de Ms' de Cabrières...*, I, Paris, 1899, pp. 483-518). O texto integral in Duvernoy, *Le registre d'Inquisition*, op. cit., II, pp. 135-47. Agradeço a Lella Comaschi, que no decorrer de um seminário bolonhês (1975--6) indicou-me a importância desse documento.

34. Cf. o *Liber sententiarum Inquisitionis Tholosanae* publicado como apêndice (com numeração à parte) in P. à Limborch, *Historia Inquisitionis*, Amsterdã, 1692, pp. 295-7. Num grupo de pessoas a quem, após vários anos, foi perdoada a prisão, figura (p. 294) certo "Bartholomeus Amilhati presbyter de Ladros dyocesis Urgelensis" — provavelmente, um chefe de leprosário como Agassa (*ladres* significa leprosos).

35. Sobre o uso da tortura nos processos inquisitoriais desse período, cf. J.-L. Biget, "Un procès d'Inquisition à Albi", in *Cahiers de Fanjeaux*, 6 (1971), pp. 288-91, que recorda também as prescrições contidas na *Practica* de Bernard Gui (um dos juízes que emanou a sentença contra Agassa: vide acima, pp. 63-4).

36. Esse silêncio é acertadamente evidenciado por Barber, "The plot", op. cit., p. 10.

37. Cf. L. Lazard, "Les Juifs de Touraine", in *Revue des Études Juives*, XVI (1888), pp. 210-34.

38. Mais tarde (no final de 1322 ou no início de 1323), foi acusado de práticas idólatras pelo inquisidor de Tours e conduzido a Paris; ali, foi absolvido, após intervenção do papa João XXII: cf. J.-M. Vidal, "Le messire de Parthenay et l'Inquisition (1323-1325)", in *Bulletin Historique et Philologique*, 1913, pp. 414-34; N. Valois, "Jacques Duèse, pape sous le nom de Jean XXII", in *Histoire littéraire de la France*, XXXIV (1915), p. 426.

39. Cf. C. H. Taylor, "French assemblies and subsidy in 1321", in *Speculum*, XLIII (1968), pp. 217-44; Brown, "Subsidy and reform", op. cit., pp. 399--400. O anônimo cronista parisiense, após ter descrito a conjuração atribuindo a responsabilidade desta aos leprosos instigados pelos judeus, concluía: "*Et la verité sceue et ainsi descouverte et à Philippe le roy de France et de Navarre rapportée en la deliberacion de son grant conseil, le vendredi devant la feste de la Nativité saint Jehan-Baptiste, furent tous les Juifz par le royaulme de France pris et emprisonnez, et leurs bien saisis et inventories*" (*Chronique parisienne anonyme*, op. cit., p. 59). O inciso "*le vendredi ecc.*" refere-se evidentemente à frase precedente, ou seja, ao momento em que a notícia foi dada ao rei, e não (como pretende erroneamente Brown, "Subsidy and reform", op. cit., p. 426) à prisão dos judeus, decretada só um mês depois.

40. Acompanho aqui a interpretação de Lazard, "Les Juifs", op. cit., p. 220.

41. P. Lehugeur, em sua *Histoire de Philippe le Long* (I, Paris, 1897, p. 425), formulara uma interpretação em certo sentido análoga, mesmo sem conhecer o documento publicado por Langlois (vide adiante, nota 51) que testemunha a posterior mudança de atitude do rei em relação aos judeus.

42. Cf. G. D. Mansi, *Sacrorum Conciliorum nova, et amplissima collectio*, XXV, Veneza, 1782, coll. 569-72. Apesar de publicado num lugar tão em evidência, o documento (de quanto eu saiba) só foi mencionado explicitamente duas vezes: pelo polemista antissemita L. Rupert (*L'église et la synagogue*. Paris, 1859, pp. 172 ss.), que de nenhum modo põe em dúvida seu conteúdo, e por H. Chrétien (*Le prétendu complot des Juifs et des lépreux en 1321*, Châteauroux, 1887, p. 17), que considerou óbvia a falsidade da carta de Bananias nele reproduzida. A carta é mencionada superficialmente, sem indicação de fonte, por J. Trachtenberg (*The devil*, op. cit., p. 101) que, porém, a confunde com o processo perdido enviado ao rei pelo senhor de Parthenay. A hipótese de que o documento inteiro (compreendendo, assim, a carta de Filipe d'Anjou e talvez a reação favorável a esta por parte do papa) seja fruto de uma falsificação tardia parece-me totalmente improvável, por motivos tanto internos quanto externos. De um lado, as referências (não apenas cronológicas) aos eventos contemporâneos são extremamente precisas; de outro, o documento explica, como se verá, a súbita mudança de atitude do papa em relação aos judeus. Sobre as relações dos d'Anjou com Avignon, cf. L. Bardinet, "Condition civile des Juifs du Comtat Venaissin pendant le séjour des papes à Avignon", in *Revue Historique*, t. 12 (1880), p. 11.

43. Cf. T. von Oppolzer, *Canon of eclypses*, Nova York, 1962 (reimpressão da edição de 1886); em 26 de junho de 1321, o eclipse foi visível na França inteira, com características que oscilavam entre o anulamento e a totalidade.

44. Como se sabe, Bukharin recorreu a um expediente do mesmo tipo durante os processos de Moscou, nos anos 1930, para deixar claro que sua suposta confissão era apenas um amontoado de mentiras.

45. O projeto de expedição ao Oriente, apoiado por Filipe ainda em julho de 1322, foi retomado em 1329: cf. A. de B[oislisle], "Projet de croisade du premier duc de Bourbon (1316-1333)", in *Annuaire-Bulletin de la Société de l'Histoire de France*, 1872, p. 236, nota; J. Viard, "Les projets de croisade de Philippe VI de Valois", in *Bibliothèque de la École des Chartes*, 97 (1936), pp. 305-16.

46. Cf. G. Duerrholder, *Die Kreuzzugspolitik unter Papst Johann XXII. (1316-1334)*, Estrasburgo, 1913, pp. 27 ss.; Valois, "Jacques Duèse", op. cit., pp. 498 ss.; Taylor, "French Assemblies", op. cit., pp. 220 ss. Ignoramos a ocasião precisa em que o papa difundiu a carta; é provável que tenha sido no início de julho, quando os cardeais se reuniram em Avignon para discutir a cruzada (mas a data de 5 de julho, indicada por Duerrholder, é deduzida arbitrariamente daquela de uma carta do papa ao rei da França, sobre o mesmo tema).

47. Cf. J. Viard, "Philippe de Valois avant son avénement au trône", in *Bibliothèque de la École des Chartes*, 91 (1930), pp. 315 ss.

48. Cf. Bardinet, "Condition civile", op. cit., pp. 16-7; A. Prudhomme, "Les Juifs en Dauphiné aux XIVe et XVe siècles", in *Bulletin de l'Académie Del-*

phinale, 3ᵉ s., 17 (1881-2), p. 141; J. Loeb, "Notes sur l'histoire des Juifs, IV: deux livres de commerce du commencement du XIVᵉ siècle", in *Revue des Études Juives*, 10 (1885), p. 239; id., "Les Juifs de Carpentras sous le gouvernement pontifical", ivi, 12 (1886), pp. 47-9; id., "Les expulsions des Juifs en France au XIVᵉ siècle", in *Jubelschrift zum siebzigsten Geburtstage des Prof. Dr. H. Graetz*, Breslau, 1887, pp. 49-50; R. Moulinas, *Les Juifs du pape en France. Les communautés d'Avignon et du Comtat Venaissin aux 17ᵉ et 18ᵉ siècles*, Paris, 1981, p. 24. Estranhamente, Baron não menciona a expulsão: ele indaga por que João XXII, após intervir a favor dos judeus contra os pastorzinhos, tenha-se calado em face da acusação de complô levantada contra os leprosos (cf. S. W. Baron, *A social and religious history of the Jews*, X, Nova York, 1965², p. 221). Na realidade, como vimos, João XXII não ficou calado. Sua intervenção também foi ignorada por S. Grayzel, "References to the Jews in the correspondence of John XXII", in *Hebrew Union College Annual*, v. XXIII, parte II (1950-1), pp. 60 ss., que antecipa a data da expulsão dos judeus de Avignon, propondo como termo *ante quem* fevereiro de 1321, isto é, antes da descoberta do suposto complô dos leprosos. Mas essa datação (já proposta por Valois, "Jacques Duèse", op. cit., pp. 421 ss.) baseia-se num documento interpretado erroneamente. A carta papal em que se anuncia a fundação, com data de 22 de fevereiro de 1321, de uma capela *in castro Bidaride*, "*in loco sinagoga abi extitit hactenus Judeorum*", não pode (como pretende Grayzel) implicar a expulsão, pois a capela é erigida sobre terrenos *adquiridos* de judeus, especificamente nomeados ("*a quibusdam de prefatis Judeis specialiter emi fecimus et acquiri*": Arquivo Secreto Vaticano, *Reg. Vat.* 71, ff. 56v-57r, nº 159; cf. também G. Mollat, *Jean XXII (1316-1334). Lettres communes*, III, Paris, 1906, p. 363).

49. Cf. *Musée des Archives Nationales*, Paris, 1972, p. 182. Posteriormente, foram publicadas três vezes, sempre como inéditas: por Chrétien, *Le prétendu complot*, op. cit., pp. 15-6; por Vidal, "La poursuite", op. cit., pp. 459-51 (é a edição mais cuidada; note-se que na primeira versão do ensaio, publicada nos *Mélanges Cabrières*, op. cit., Vidal tendia a aceitar a autenticidade das duas cartas); por Rivière-Chalan, *La marque*, op. cit., pp. 41-2. Barber ("The plot", op. cit., p. 9) associa erroneamente à sua confecção o processo contra Agassa e o desejo de provar a culpa dos muçulmanos (em vez da dos judeus).

50. Cf. H. Sauval, *Histoire et recherches des antiquités de la ville de Paris*, II, Paris, 1724, pp. 517-8, que se escandalizava pelo fato de que semelhantes falsidades, em vez de ser destruídas, eram conservadas; *Musée des Archives*, op. cit., p. 182.

51. Cf. C.-V. Langlois, "Registres perdus des Archives de la Chambre des Comptes de Paris", in *Notices et Extraits des Manuscrits de la Bibliothèque Nationale...*, XL (1917), pp. 252-6. Esse documento, que escapou a M. Barber ("The plot", op. cit.), foi utilizado por R. Anchel, *Les Juifs de France*, Paris, 1946, pp. 86 ss., preocupado sobretudo em mostrar que Filipe V reagiu com ceticismo aos boatos sobre o complô de leprosos e judeus.

52. Cf. Langlois, "Registres", op. cit., pp. 264-5, 277-8; Blumenkranz, "À propos des Juifs", op. cit., p. 38, que adia (baseando-se em novos documentos) a data da expulsão, tradicionalmente fixada em 1321. Conforme alguns estudiosos (entre os quais S. W. Baron), só se chegou à expulsão dos judeus da França em 1348 — tese dificilmente aceitável (de qualquer modo, vide R. Kohn, "Les Juifs de la France du Nord à travers les archives du Parlement de Paris (1359-1394)", in *Revue des Études Juives*, 141, 1982, p. 17).

53. Cf. N. Morard, "À propos d'une charte inédite de l'évêque Pierre d'Oron: lépreux brûlés à Lausanne en 1321", in *Zeitschrift für Schweizerirsche Kirchengeschichte*, 75 (1981), pp. 231-8: um documento de 3 de setembro de 1321 lamentava que a morte dos leprosos envenenadores na fogueira tivesse induzido a suspender esmolas e impostos destinados aos leprosos inocentes.

54. Sobre a inexistência da acusação de homicídio ritual na França meridional, onde os judeus estavam mais integrados na vida social, insiste G. I. Langmuir, "L'absence d'accusation de meurtre rituel á l'Ouest du Rhône", in *Cahiers de Fanjeaux*, 12 (1977), pp. 235-49, de modo particular p. 247.

55. Existem informações sobre leprosos condenados como envenenadores no Artois (cf. A. Bourgeois, *Lépreux et maladreries du Pas-de-Calais* (Xe-XVIIIe *siècles*), Arras, 1972, pp. 68, 256 e 258), em Metz (cf. C. Buvignier, *Les maladreries de la cite de Verdun*, s.l., 1882, p. 15) e além dos confins do reino da França, na Flandres (cf. acima, pp. 52-3). Uma crônica parisiense já recordada ("Chronique", op. cit., p. 59) faz referência a uma perseguição dos judeus na Borgonha, na Provença e em Carcassone, pelo mesmo motivo. Tais informações deverão ser integradas por um estudo analítico do conjunto dos acontecimentos, o que até hoje não foi feito. Um testemunho sobre o clima existente nos meses da perseguição é dado por certo frade Gaufridus de Dimegneyo, o qual se apresentou em 1331 no mosteiro cisterciense de Chalon-sur-Saône pedindo a absolvição por um pecado cometido dez anos antes, quando leprosos e judeus eram enviados para a fogueira pela justiça secular "por causa de suas culpas, como afirmava a voz corrente". Gaufridus havia visto entrar na estalagem do pai um homem com um saco cheio de sementes e o denunciara como envenenador. O homem, torturado, afirmara ser ladrão e levar com ele um sonífero; por isso, fora enforcado (cf. Grayzel, "References", op. cit., pp. 79-80).

56. Em Rodez, por exemplo, como se verifica no estudo citado de S. F. Roberts (cf. acima, nota 31), o tribunal senhorial intrometeu-se na contenda entre bispo e cônsules sobre a administração dos leprosários, dando razão aos cônsules. Sobre a difusão das notícias, cf. B. Guenée, "Espace et État dans la France du Bas Moyen Âge", in *Annales E. S. C.*, 31 (1968), pp. 744-58 (com bibliografia): em casos excepcionais, o rei podia fazer seus correios viajar à velocidade de 150 quilômetros por dia; porém, em média cobriam distâncias muito inferiores (50-75 quilômetros).

57. Essa conclusão é tudo exceto óbvia, como demonstra um resumo das

intervenções até aqui apresentadas. Para um jurista como Sauval (*Histoire*, op. cit.), os documentos que acusavam judeus e leprosos eram uma falsificação grosseira, e basta; tinha a mesma opinião, no que concernia aos leprosos, B. de Montfaucon (*Les monuments de la monarchie françoise*, II, Paris, 1730, pp. 227-8). Mais de um século depois, para L. Rupert o dossiê inteiro constituía prova indiscutível da eterna perfídia judaica, enquanto os leprosos passavam para o segundo plano (*L'église*, op. cit.). Por sua vez, Michelet, a cujas páginas se faz remontar a inevitável menção aos fatos também em tratados de caráter geral, considerara absurda a vingança do rei de Granada e improvável a conspiração dos judeus, mas não chegara a absolver completamente os leprosos: "no ânimo daqueles tristes solitários, era bem possível que tomassem forma loucuras culposas [...]" (J. Michelet, *Histoire de France* (*livres V-IX*), org. por P. Viallaneix, Paris, 1975, pp. 155-7). Algumas décadas depois, os acontecimentos de 1321 tornaram-se subitamente atuais. O médico H. Chrétien (talvez um pseudônimo) referiu-se na introdução ao seu opúsculo *Le prétendu complot des Juifs et des lépreux en 1321*, op. cit., à nova cruzada que "há alguns anos" — corria o ano de 1887, e o *affaire* Dreyfus já começara — se pregava na França contra os judeus e os inimigos que "parecem aguardar com impaciência a repetição das cenas atrozes da noite de são Bartolomeu". Na passagem do século, nos anos em que eram produzidos os *Protocolos dos sábios de Sião* e o *affaire* atingia o clímax (cf. Cohn, *Licenza*, op. cit., pp. 72 ss.; P. Nora, "1898. Le thème du complot et la définition de l'identité juive", in *Pour Léon Poliakov: le racisme, mythes et sciences*, org. por M. Olender, Bruxelas, 1981, pp. 157 ss.). J.-M. Vidal resumiu a questão toda, concluindo que as confissões de Agassa, por ele descobertas, eram demasiado detalhadas e excessivamente marcadas pela sinceridade para não ser consideradas, não obstante a tortura, "espontâneas, sinceras, verídicas". Certo, Vidal considerava que as cartas dos reis de Granada e de Túnis eram falsas (embora de início, como dissemos, as tivesse considerado de outra maneira); mas atribuir sua redação aos magistrados de Mâcon parecia-lhe uma suposição moralmente absurda, pois implicava que "as respeitáveis personagens que tinham presenciado a tradução não passassem de falsários vulgares". Por isso, era preciso daí deduzir que tivessem sido os chefes dos leprosos a falsificar os documentos, por desejarem convencer os próprios sequazes da existência de apoios externos ao complô contra as autoridades. Vidal concluía que o extermínio, seguramente "excessivo", dos leprosos e dos judeus fora provocado por um complô efetivo (embora ineficaz) de leprosos, talvez sufocado no nascedouro; a participação dos reis sarracenos e dos judeus era, por sua vez, "dificilmente demonstrável". Mesmo tendo descoberto um documento papal no qual se verificava (cf. adiante, nota 69) que, algum tempo depois da perseguição, a inocência dos leprosos havia sido reconhecida pelas autoridades, Vidal não mudou de ideia, nem naquele momento nem depois (cf. Vidal, "La poursuite", op. cit.; id., *Le tribunal d'Inquisition de Pamiers*, Toulouse, 1906, pp. 34 e 127). Pode-se notar que num caso muito antigo, no qual por mera coincidência estava implicado outro Agassa (Bernard), Vidal reconheceu que o complô atribuído pelo inquisidor de Carcassone a um grupo de imputados, acusados de tentar destruir os arquivos do tribunal eclesiástico, fora na realidade urdido pelo próprio inquisidor (*Un inquisiteur jugé par ses "victimes": Jean Galand et les Carcassonnais (1285-1286)*, Paris, 1903). Nessa ocasião, apoiando-se em denúncia das irregularidades do processo feita posteriormente por Jacques Fournier, Vidal não hesitou em admitir a função determinante desempenhada pela tortura para extorquir dos imputados confissões falsas — embora no final tenha tentado ressalvar, contra a evidência dos fatos, a boa-fé do inquisidor de Carcassone. Mas as repercussões contemporâneas do suposto complô de 1321 eram tão fortes que dissipavam as cautelas filológicas de Vidal: como acusar de falsidade as autoridades políticas de seis séculos anteriores no momento em que altos funcionários do Estado-maior francês eram acusados de proteger M. Esterhazy, o autor das falsas provas que incriminavam o capitão judeu Dreyfus? (Além dos ensaios eruditos listados por L. Blazy, *Monseigneur J.-M. Vidal (1872-1940)*, Castillon-en-Couserans, 1941, pp. 10-7, Vidal escreveu também um relato de caráter autobiográfico, *À Moscou durant le premier triennat soviétique (1917-1920)*, Paris, 1933, mas que remonta a 1921, no qual ilumina sua personalidade e suas ideias políticas.) Às implicações políticas imediatas do ensaio de Vidal reagiu com dureza Ch. Molinier, que (polemizando contra uma resenha favorável de P. Dognon) definiu como "absurdas" as conclusões de Vidal e "pelo menos supérflua" a publicação das cartas dos reis sarracenos. Quanto à lenda do envenenamento das águas, suas implicações (antissemíticas, obviamente) eram demasiado atuais para permitir que pudessem ser retomadas com tanta superficialidade: "o mínimo atrito", escrevia Molinier com palavras que retrospectivamente parecem proféticas, "pode ressuscitá-la e voltar a dar-lhe aparência de verdade" (cf. *Annales du Midi*, XIII (1901), pp. 405-7; a recensão de P. Dognon, supra, pp. 260-1; note-se que Albe, *Les lépreux*, op. cit., pp. 16-7, retomou as conclusões de Vidal que inocentavam os leprosos e insistiam na provável culpa de judeus e sarracenos). Mas o juízo sobre os acontecimentos de 1321 continua, ainda hoje, a ser objeto de discussão. Em 1965, publicando pela primeira vez os atos do processo contra Agassa, J. Duvernoy indagava retoricamente se Vidal teria realmente considerado verdadeiras aquelas confissões; seu caráter estereotipado, observava, era prova evidente do fato de que tinham sido extraídas pelos juízes. Consideração justíssima à qual, porém, Duvernoy acrescentava uma hipótese evidentemente infundada, ou seja, que o inquisidor Jacques Fournier tivesse deliberadamente extraído de Agassa uma série de admissões inverossímeis para salvar-lhe a vida, dado que libertá-lo significaria entregá-lo à multidão desenfreada contra os leprosos e, além disso, teria transgredido as prescrições do édito de Filipe V (*Le registre*, op. cit., II, p. 135, nota). Mas o édito foi publicado só *depois* dos interrogatórios de Agassa; quanto à solicitude do inquisidor para com o acusado, esta parece muito pouco crível (Le Roy Ladurie, *Montaillou*, op. cit., pp. 17 e 583, nota 1, considera evidente que, nesse caso, Fournier agia sob instigação dos funcionários reais). Para M. Barber, a perseguição de 1321 foi um fenômeno coletivo que envolveu toda a hierarquia social, do rei para baixo ("The plot", op. cit., p. 11); a renúncia explícita a um exame detalhado da difusão das acusações, considerado impossível (p. 6, nota 24), faz com que a hipótese de um complô das autoridades não seja sequer tomada em consideração. Tal hipótese não é nova (veja-se, por exemplo, o título do ensaio, negligenciável, de Vincent, "Le complot de 1320 [v.s.] contre les lépreux et ses répercussions en Poitou", in *Bulletin de la Société des Antiquaires de l'Ouest*, 3ᵉ s., VII (1927), pp. 325-44); mas não creio que tenha sido discutida em toda a sua complexidade. Ao formulá-la, tomei como modelo de pesquisa, mais que *La Grande Peur* de Lefebvre lembrada por Barber (p. 12, nota 40), *Les rois thaumaturges* de Bloch, pelos motivos relembrados na introdução.

58. Cf. F. Baer, *Die Juden im christlichen Spanien*, I, Berlim, 1929, pp. 224 ss.; vide também Baron, *A social and religious history*, op. cit., XI, Nova York, 1967, p. 160.

59. Cf. Alphandéry, "Les croisades", op. cit., p. 269.

60. Cf. Bouquet, *Recueil*, op. cit., XXI, pp. 115-6; M. Paris, *Chronica majora*, org. por H. R. Luard, V, Londres, 1880, p. 252.

61. Podem ser estendidas as observações de Le Goff, *Pour un autre Moyen Âge*, op. cit. (trad. it., op. cit., pp. 257 ss.) a propósito da imagem do mundo que gravitava sobre o oceano Índico.

62. Sobre tudo isso, vide também Barber, "The plot", op. cit., p. 17.

63. Cf. M. Barber, *The trial of the Templars*, Cambridge, 1978, p. 182, que remete a *Les grandes chronicques de la France*, 8, org. por J. Viard, Paris, 1934, pp. 274-6.

64. Sobre o primeiro caso, cf. Barber, *The trial*, op. cit., p. 179. Sobre o segundo (concluído na fogueira), cf. Valois, "Jacques Duèse", op. cit., pp. 408 ss., que exprime dúvidas acerca da culpa do acusado, e E. Albe, *Autour de Jean XXII. Hugues Géraud évêque de Cahors. L'affaire des Poisons et des Envoûtements en 1317*, Cahors, 1904, sobre o qual, ao contrário, nem tem certeza. Sobre as posições de Albe (cujo senso crítico era um tanto frágil, cf. acima, nota 57), também G. Mollat, *Les papes d'Avignon (1305-1378)*, Paris, 1950⁹, pp. 42-4. Tratando-se de conspiração referida a um pequeno grupo, as acusações são, embora não verificáveis, menos absurdas que aquelas dirigidas aos judeus e leprosos; mas, ante a previsibilidade estereotipada das confissões (provocadas pela tortura), só se pode compartilhar a atitude de N. Valois.

65. Cf. R. I. Moore, "Heresy as disease", in *The concept of heresy in the Middle Ages (11th-13th c.)*, Louvain, 1976, pp. 1-11, de modo especial pp. 6 ss. (indicação de J.-C. Schmitt, a quem agradeço). De utilidade limitada, S. N. Brody, *The disease of the soul. Leprosy in medieval literature*, Ithaca (N. Y.), 1974.

66. Cf. De Manteyer, "La suite", op. cit., p. 413.

67. Cf. Blumenkranz, "A propos des Juifs", op. cit., p. 37.

68. Cf. W. H. May, "The confession of Prous Boneta, heretic and heresiarch", in *Essays in medieval life and thought presented in honour of Austin Patterson Evans*, Nova York, 1955, p. 242; sobre Prous Boneta (que em sua confissão identificou João XXII ora a Herodes ora ao diabo), cf. também R. Manselli, *Spirituali e Beghini in Provenza*, Roma, 1959, pp. 239-49. A condenação dos leprosos por parte de João XXII refere-se também a crônica do mosteiro de S. Caterina *de monte Rotomagi* (vide acima, p. 48).

69. Cf. Vidal, "La poursuite", op. cit., pp. 473-8 (o apêndice falta na versão precedente, publicada nos *Mélanges Cabrières*, op. cit.).

2. JUDEUS, HEREGES E BRUXAS [pp. 78-104]

1. Cf. J.-N. Biraben, *Les hommes et la peste en France et dans le pays européens et méditerranéens*, Paris e Haia, 1975, p. 54 (e vide a ampla bibliografia, não carente de imprecisões, no final do volume II). De modo geral, vide o belo ensaio de E. Le Roy Ladurie, "Un concept: l'unification microbienne du monde (XIVᵉ-XVIIᵉ siècles)", in *Le territoire de l'historien*, II, Paris, 1978, pp. 37-97.

2. Cf. Biraben, *Les hommes*, op. cit., I, pp. 57 ss., e também S. W. Baron, *A social and religious history*, op. cit., XI, pp. 160 ss.; L. Poliakov, *Storia dell'antisemitismo*, I, trad. it., Florença, 1974, p. 118. O estudo mais analítico, embora discutível nas conclusões, permanece sendo o de E. Wickersheimer, *Les accusations d'empoisonnement portées pendant la première moitié du XIVᵉ siècle contre les lépreux et les Juifs; leur relations avec les épidémies de peste*, Antuérpia, 1923 (comunicação apresentada no IV Congresso Internacional de História da Medicina, Bruxelas, 1923). Sobre isso, vide adiante, notas 16 e 19.

3. Cf. A. Crémiseux, "Les Juifs de Toulon au Moyen Âge et le massacre du 13 avril 1348", in *Revue des Études Juives*, 89 (1930), pp. 33-72 e 90 (1931), pp. 43-64, sobre o qual vide J. Shatzmiller, "Les Juifs de Provence pendant la Peste Noire", ivi, 133 (1974), pp. 457 ss.

4. Sobre tudo isso, vide o belo ensaio de Shatzmiller, "Les Juifs de Provence", op. cit.

5. Cf. A. Lopes de Meneses, "Una consequencia de la Peste Negra en Cataluña: el pogrom de 1348", in *Sefarad*, 19 (1959), pp. 92-131 e 332-64, especialmente pp. 99 ss.

6. Para a Catalunha, cf. ibid., pp. 322 ss.; para a Provença, Shatzmiller, "Les Juifs de Provence", op. cit., p. 460.

7. Cf. Biraben, *Les hommes*, op. cit., I, pp. 74-5.

8. Júpiter e Marte: cf. S. Guerchberg, "La controverse sur les prétendus semeurs de la 'Peste Noire' d'après les traités de peste de l'époque", in *Revue des Études Juives*, 108 (1948), p. 10.

9. Cf. J. Villanueva, *Viaje literario a las iglesias de España*, t. XIV, Madri, 1850, pp. 270-1.

10. Sobre tudo isso, vide o erudito artigo de Guerchberg, "La controverse", op. cit.

11. Os motivos permanecem obscuros; vejam-se as hipóteses discutidas por Malet, "Histoire de la lèpre", op. cit., pp. 155 ss.

12. Cf. "Breve chronicon clerici anonymi", in *Recueil des chroniques de Flandre*, org. por J.-J. de Smet, III, Bruxelas, 1856, pp. 17-8.

13. Cf. S. Usque, *Consolaçam as tribulaçoens de Israel*, III, org. por M. dos Remedios, Coimbra, 1908 (*Subsídios para o estudo da história da literatura portuguesa*, X), pp. XIXv-XXv (a obra foi publicada pela primeira vez em Ferrara, em 1553; do autor, que viveu provavelmente entre o final do século XV e o princípio do século XVI, não se sabe quase nada).

14. Cf. Prudhomme, "Les Juifs en Dauphiné", op. cit., pp. 216-7.

15. Cf. [J.-P. Valbonnais], *Histoire du Dauphiné...*, II, Genebra, 1721, pp. 584-5.

16. Na linha do estudo de R. Hoeniger (*Der Schwarze Tod in Deutschland*, Berlim, 1882, sobretudo pp. 40 ss.) E. Wickersheimer (*Les accusations*, op. cit.) insistiu no fato de que em 1348 as acusações de envenenamento lançadas contra os judeus geralmente não mencionam a peste; a conexão entre os dois fenômenos teria sido formulada só no decurso do ano seguinte. Essa tese foi, com razão, afastada por S. Guerchberg ("La controverse", op. cit., p. 4, nota 3), que, porém, remeteu a própria argumentação a um ensaio posterior, o qual, de quanto eu saiba, jamais foi publicado. A reconstrução apresentada aqui a propósito de analisar as raízes daquela de Wickersheimer define, de forma demasiado simplista, "confusão" entre judeus envenenadores e judeus difusores de peste (*Les accusations*, op. cit., p. 13).

17. Cf. C. A. M. Costa de Beauregard, "Notes et documents sur la condition des Juifs en Savoie dans les siècles du Moyen Âge", in *Mémoires de l'Académie Royale de Savoie*, 2ᵉ s., II (1814), p. 101.

18. Cf. A. Nordmann, "Documents relatifs à l'histoire des Juifs à Genève, dans le Pays de Vaud et en Savoie", in *Revue des Études Juives*, 83 (1927), p. 71.

19. Cf. O. Raynaldus, *Annales ecclesiastici*, VI, Luca, 1750, p. 476. Segundo Wickersheimer (*Les accusations*, op. cit., p. 3), o papa, aterrorizado pela peste que se espalhava havia tempos por Avignon, teria entendido mal as acusações lançadas contra os judeus envenenadores, interpretando-as como acusações de ter provocado ou difundido a peste; tal mal-entendido estaria na origem da lenda antijudaica já relembrada. Essa dupla hipótese me parece confusa e pouco convincente. É muito mais plausível supor que a conexão entre judeus e peste — a qual, como vimos, estava emergindo lentamente naqueles meses — fosse formulada nos processos (hoje perdidos ou de difícil localização) instaurados no Delfinado e que a bula de Clemente VI, redigida em termos muito precisos, reagisse exatamente àquelas acusações.

20. Cf. Prudhomme, "Les Juifs", op. cit., p. 141.

21. Cf. Costa de Beauregard, "Notes", op. cit., pp. 101-4.

22. Cf. Jacob Twinges von Königshoven, *Die alteste Teutsche so wol Allgemeine ais insonderheit Elsassische und Strassburgische Chronicke...*, Estrasburgo, 1698, pp. 1029-48. Para rápida menção desses processos, cf. W.-F. de Mulinen, "Persécutions des Juifs au bord du Léman au XIVe siècle", in *Revue Historique Vaudoise*, 7 (1899), pp. 33-6; A. Steinberg, *Studien zur Geschichte der Juden während des Mittelalters*, Zurique, 1903, pp. 127 ss. Contudo, esses processos são ignorados no ensaio, muito detalhado, de A. Haverkamp, "Die Judenverfolgungen zur Zeit des Scharzen Todes im Gesellschaftsgefüge deutscher Städte", in *Zur Geschichte der Juden im Deutschland des späten Mittelalters und der frühen Neuzeit*, org. por A. Haverkamp, Stuttgart, 1981, pp. 27-94 (uma cronologia sintética está nas pp. 35-8). Convém recordar que Guillaume de Machaut, ao condenar a infame conjuração engenhada pelos judeus, afirmou que nela também estavam envolvidos muitos cristãos ("Le jugement du roy de Navarre", in *Œuvres*, org. por E. Hoepffner, I, Paris, 1908. pp. 144-5, agora novamente proposto, com um comentário irrelevante, por R. Girard, *Il capro espiatorio*, trad. it., Milão, 1987, pp. 13-4).

23. Cf. Haverkamp, "Die Judenverfolgungen", op. cit.; F. Graus, "Judenpogrome im 14. Jahrhundert: der schwarze Tod", in *Die Juden ais Minderheit in der Geschichte*. org. por B. Martin e E. Schulin, Munique, 1981, pp. 68-84.

24. Cf. Twinges von Königshoven, *Die alteste*, op. cit., pp. 1021 ss. e 1052-3; *Urkundenbuch der Stadt Strassburg*, V, org. por H. Witte e G. Wolfram, Estrasburgo, 1896, pp. 162-79; M. Ephraïm, "Histoire des Juifs d'Alsace et particulièrement de Strasbourg...", in *Revue des Études Juives*, 77 (1923), pp. 149 ss.

25. Os judeus são mortos antes da chegada da peste, como observa F. Graus ("Judenpogrome", op. cit., p. 75) retomando uma observação de R. Hoeniger (*Der Schwarze Tod*, op. cit.).

26. Cf. L. Wadding, *Annales Minoram*, IX, Roma, 1734, pp. 327-9. A bula de Alexandre V é mencionada e resumida por J.-B. Bertrand, "Notes sur les procès d'hérésie et de sorcellerie en Valais", in *Annales Valaisannes*, III (agosto de 1921), pp. 153-4. Para uma campanha posterior (1426) conduzida por Ponce Fougeyron contra o *Talmud* e outros livros hebraicos, cf. I. Loeb, "Un episode de l'histoire des Juifs en Savoie", in *Revue des Études Juives*, 10 (1885), p. 31.

27. Consultei uma edição sem notas tipográficas, não paginada (Bibliothèque Nationale: Rés. D. 463). Por comodidade, as citações do quinto livro são tiradas de *Malleorum quorundam maleficarum... tomi duo*. I, Frankfurt a. M., 1582, em que o texto de Nider ocupa as pp. 694-806. Sobre o *Formicarius*, vide A. Borst, "Anfänge des Hexenwahns in den Alpen", in *Barbaren, Ketzer und Artisten*, Munique, 1988, pp. 262-86 (o que me foi gentilmente comunicado pelo autor).

28. Cf., de modo geral, K. Schieler, *Magister Johannes Nider nus dem Orden der Prediger-Brüder. Ein Breitag zur Kirchengeschichte des fünfzehnten Jahrhun-*

derts, Mainz, 1885. Sobre a datação do *Formicarius*, cf. ib., p. 379, nota 5; Hansen, *Quellen*, op. cit., p. 89.

29. Cf. J. Nider in *Malleorum*, op. cit., I, pp. 714-5.

30. Id., ib., pp. 716-8.

31. Id., ib., p. 722.

32. Os dados biográficos coletados por J. Hansen (*Quellen*, op. cit., p. 91, nota 2) são os seguintes: membro do conselho de Berna de 1385 a 1392, castelão de Blankenburg de 1392 a 1406 (com interrupção de um semestre em 1397) e novamente membro do conselho de Berna. A data da morte é ignorada.

33. O *Tractatus*, escrito por volta de 1508, foi reeditado com outra obra de Rategno pelo jurista Francesco Pegna: cf. Bernardo da Como, *Lucerna inquisitorum haereticae pravitatis*, Veneza, 1596. Segundo N. Cohn, a cronologia sugerida por Rategno não é "confirmada por outros documentos, italianos ou franceses" (*Europe's*, op. cit., p. 145). Mas a coincidência com as indicações de Nider, precisamente destacada por J. Hansen (*Quellen*, op. cit., p. 282), permite contornar a perda ou a inacessibilidade dos mais antigos processos de feitiçaria.

34. A alusão à bruxaria já foi levantada como hipótese por P. Paravy, "À propos de la gênese médiévale des chasses aux sorcières: le traité de Claude Tholosan (vers 1436)", in *Mélanges de l'École Française de Rome. Temps Modernes*, 91 (1979), p. 339, que, contudo, não se detém no significado da presença dos judeus nesse contexto. O sentido da passagem da bula havia sido mal interpretado por J. Chevalier, *Mémoire historique sur les hérésies en Dauphiné*..., Valence, 1890, pp. 29-30.

35. Cf. Costa de Beauregard, "Notes et documents", op. cit., pp. 106-7 e 119-22.

36. Cf. Haverkamp, "Die Judenverfolgungen", op. cit.

37. J.-C. Schmitt, *Mort d'une hérésie*, Paris e Haia, 1978, pp. 195 ss.

38. Cf. T. von Liebenau, "Von den Hexen, so in Wallis verbrannt wurdent in den Tagen, do Christofel von Silinen herr und richter was", in *Anzeiger für Schweizerische Geschichte*, N. F. IX (1902-5), pp. 135-8, sobre o qual vide Bertrand, "Notes", op. cit., pp. 173-6.

39. Também nos processos instaurados em 1457 no Val Leventina, o diabo é chamado *Ber* (urso) ou aparece em forma de urso (além na de gato, bode etc.): cf. p. Rocco da Bedano, "Documenti leventinesi del Quattrocento. Processi alle streghe", in *Archivio Storico Ticinese*, 76 (1978), pp. 284, 291 e 295 (devo a indicação a Giovanni Kral).

40. O texto de Claude Tholosan foi descoberto, editado e adequadamente analisado por Paravy, "À propos de la genèse", op. cit., pp. 354-79. Nas pp. 334-5, propõe-se, com argumentos convincentes, uma datação dos *Errores Gazariorum* que é *anterior* a 1437 (ao passo que Hansen propusera uma data em torno de 1450).

41. Cf. acima, p. 48.

42. Cf. Cohn, *Europe's inner demons*, op. cit. (sobre o qual vide acima, pp. 18-9).

43. Sobre esse tema, devem ser considerados também dois estudos que escaparam a Cohn: W. Speyer, "Zu den Vorwürfen der Heiden gegen die Christen", in *Jahrbuch für Antike und Christentum*, 6 (1963), pp. 129-36; A. Henrichs, "Pagan ritual and the alleged crimes of the early Christians", in *Kyriakon. Festschrift Johannes Quasten*, org. por P. Granfield e J. A. Jungmann, I, Münster, 1973², pp. 18-35 (importante).

44. Cf. E. Bickermann, "Ritualmord und Eselskult. Ein Beitrag zur Geschichte antiker Publizistik", in *Monatsschrift für Geschichte und Wissenschaft des Judentums*, 71 (1927), pp. 171-87 e 255-64; Henrichs, "Pagan ritual", op. cit.

45. Cf. F. J. Dölger, "Sacramentum infanticidii", in *Antike und Christentum*, IV (1934), pp. 188-228, especialmente pp. 223-4.

46. De opinião cautelosamente diferente é Henrichs ("Pagan ritual", op. cit.), que publicou também o texto do fragmento papiráceo, com amplo comentário (*Die Phoinikika des Lollianos. Fragmente eines neuen griechischen Romans*, Bonn, 1972). Porém, vide T. Szepessy, "Zur Interpretation eines neu entdeckten griechischen Romans", in *Acta Antiqua Academiae Scientiarum Hungaricae*, XXVI (1978), pp. 29-36; G. N. Sandy, "Notes on Lollianus 'Phoenicica'", in *American Journal of Philology*, 100 (1979), pp. 367-76.

47. Sobre tudo isso, vide J.-P. Waltzing, "Le crime rituel reproché aux chrétiens du IIe siécle", in *Bulletin de l'Académie Royale de Belgique*, 1925, pp. 205-39, e sobretudo Dölger, "Sacramentum infanticidii", op. cit.

48. Cf. ibid., p. 218 (que cita uma passagem do cap. 26 do *De haeresibus* de santo Agostinho); Speyer, "Zu den Vorwürfen", op. cit.

49. Cf. *Domini Johannis Philosophi Ozniensis Armeniorum Catholici Opera*, org. por J.-B. Aucher, Veneza, 1834, pp. 85 ss. (texto armênio com tradução latina ao lado), e a análise de N. Garsoïan, *The Paulician heresy*, Haia e Paris, 1967, pp. 94-5.

50. Cf. P. Gautier, "Le 'De daemonibus' du Pseudo-Psellos", in *Revue des Études Byzantines*, 38 (1980), pp. 105-94 (para a data, cf. p. 131; a passagem sobre as orgias está nas pp. 140-1). No texto, fala-se de "euquitas", seita herética desaparecida havia séculos; a referência aos bogomilos foi proposta por Puech, in H.-Ch. Puech e A. Vaillant, *Le traité centre les Bogomiles de Cosmas le Prêtre*, Paris, 1945, pp. 326-7, seguido de Cohn, *Europe's*, op. cit., p. 18 (que naturalmente mantém ainda a velha atribuição a Psello). Isso já fora percebido por Boissonade (M. Psellus, *De operatione daemonum*, "cum notis Gulmini curante Jo. Fr. Boissonade", Nurembergue, 1838, p. 181).

51. Cf. Cohn, *Europe's*, op. cit., pp. 20-1 e 226, nota 10. Os temas do voo noturno e das metamorfoses animalescas das bruxas estão inseridos nas vidas de santos bizantinos escritas entre os anos 800 e 1000, como nota D. de F. Abrahamse, "Magic and sorcery in the hagiography of the middle Byzantine

period", in *Byzantinische Forschungen*, VIII (1982), pp. 3-17; mas também no Ocidente eles se afirmaram muito mais tarde.

52. Cf. Ademar de Chabannes, *Chronique*, org. por J. Chavanon, Paris, 1897, pp. 184-5. Sobre o episódio de Orléans, cf. sobretudo R. H. Bautier, "L'hérésie d'Orléans et le mouvement intellectuel du début du XIe siécle", in *Actes du 95e congrès national des Sociétés Savantes. Reims, 1970. Section de Philologie et d'Histoire jusqu'à 1610*, I, Paris, 1975, pp. 63-88; vide também M. Lambert, *Medieval heresy*, Nova York, 1977, pp. 26-7 e 343-7 (com discussão das fontes).

53. A fonte provável é uma passagem de santo Agostinho, "De haeresibus", in Migne, *Patrologia latina*, XLVI, col. 30, sobre os hereges catafrígios. Acusações similares circulavam também na Ásia Menor: além do já citado sermão de João de Ojun, vide, sobre o uso (atribuído aos paulicianos) de incinerar e misturar nos alimentos, com fins rituais, os cordões umbilicais dos recém-nascidos, C. Astruc etc., "Les sources grecques pour l'histoire des Pauliciens de l'Asie Mineure", extrait de *Travaux et mémoires du Centre de Recherche d'Histoire et Civilization Byzantines*, 4 (1970), pp. 188-9, 92-3, 130-1, 200-1 e 204-5 (textos organizados por J. Gouillard; agradeço muito a Evelyne Patlagean tê-los indicado). Note-se que, num anátema datável entre o século IX e a metade do século X (pp. 200 e 204), afirma-se que as orgias têm lugar em 1º de janeiro, aproveitando a festa.

54. Cf. Paul de Saint-Père de Chartres, in *Cartulaire de l'Abbaye de Saint-Père de Chartres*, org. por B. E. C. Guérard, Paris, 1840, 2 v., pp. 109-15. Lambert (*Medieval heresy*, op. cit., p. 26, nota 11) supõe que toda a digressão seja fruto de interpelação. Mas uma referência aos pós reaparece também na descrição final da fogueira dos hereges (*Cartulaire*, op. cit., p. 115).

55. Epifânio de Salamina acusara os heréticos borborianos e codianos de devorar, com temperos adequados, não recém-nascidos mas fetos: "Adversus haereses", in Migne, *Patrologia graeca*, XLI, col. 337 ss.

56. Cf. Guibert de Nogent, *Histoire de sa vie (1053-1124)*, org. por G. Bourgin, Paris, 1907, pp. 212-3.

57. Um débil eco num manuscrito do século XIV publicado por Döllinger (*Beiträge zur Sektengeschichte des Mittelalters*, II, Munique, 1890, p. 295): os maniqueus *"de semine virginis vel de sanguinis pueri conficiunt cum farina panem"*. Vide também acima, pp. 100-1.

58. Cf. F. Ehrle, "Spiritualen, ihr Verhältniss zum Franziskanerorden und zu den Fraticellen", in *Archiv für Literatur und Kirchengeschichte des Mittelalters*, IV (1888), p. 117, interrogatório de Francesco Maiolati: *"interrogatus de pulveribus respondit, quod de illis natis in sacrificio capiunt infantulum et facto igne in medio, faciunt circulum et puerulum ducunt de manu ad manum taliter, quo dessiccatur, et postea faciunt pulveres"* (cf. também pp. 123 ss.; e vide Cohn, *Europe's*, op. cit., pp. 42 ss., que assinala, nas pp. 49 e 53, nota, as convergências com os textos de Guibert de Nogent e João de Ojun). Além disso, F. Biondo, *Italia illustrata*, Ve-

rona, 1482, ff. Er-v: "[...] *sive vero ex huiusmodi coitu conceperit mulier, infans genitus ad conventiculum illud in spelunca delatus per singulorum manus traditum tamdiu totiensque baiulandus quousque animam exhalaverit. Isque in cuius manibus infans exspiraverit maximus pontifex divino ut aiunt spiritu creatus habetur* [...]", do qual deriva evidentemente F. Panfilo, *Picenum*, Macerata, 1575, p. 49.

59. Vide o belo livro de G. G. Merlo, *Eretici e inquisitori nella società piemontese del Trecento*, Turim, 1977.

60. Id., ib., p.93.

61. Id., ib., pp. 75 ss. Vide também, de modo mais geral, embora referindo-se a um período imediatamente precedente, G. Sergi, *Potere e territorio lungo la strada di Francia*, Nápoles, 1981.

62. Cf. Merlo, *Eretici*, op. cit., pp. 93-4; vide também G. Gonnet, "Casi di sincretismo ereticale in Piemonte nei secoli XIV e XV", in *Bollettino della Società di Studi Valdesi*, 108 (1960), pp. 3-36. Para mim, não fica claro por que M. Lambert considera não confiáveis os relatos de Bech, definindo-o "*a verbal exhibitionist*" (*Medieval heresy*, op. cit., p. 161, nota 46).

63. Cf. G. Amati, "Processus contra Valdenses in Lombardia Superiori, anno 1387", in *Archivio Storico Italiano*, s. III, t. II, parte I (1865), p. 12 (e vide ib., pp. 16-40). Merlo (*Eretici*, op. cit., p. 72) levanta a hipótese de um eco deformado de duas passagens do Apocalipse (2, 25: "*In quod habetis, tenete dum veniam*"; 3, 11: "*Ecee venio cito: tene quod babes, ut nemo accipiat coronam tuam*") que chamam a perseverar na fé da iminência do final dos tempos. Sobre a questão da credibilidade, cf. Merlo, *Eretici*, op. cit., pp. 71 ss., e Russell, *Witchcraft*, op. cit., p. 221. A hipótese de G. Audisio (cf. *Les vaudois du Luberon. Une minorité en Provence (1460-1560)*, Gap, 1984, pp. 261-4), de que os valdenses mantivessem uma tradição de promiscuidade sexual já espalhada pelo campo, não leva em conta nem o estereótipo das confissões nem o de suas presumíveis implicações rituais.

64. Vide também acima, introdução, p. 22.

65. Cf. Amati, "Processus", op. cit., t. II, parte I, pp. 12-3; Merlo, *Eretici*, op. cit., pp. 68-70 (vide também pp. 309-10).

66. Cf. Cohn, *Europe's*, op. cit., p. 22.

67. Cf. von Döllinger, *Beiträge*, op. cit., II, pp. 335 ss. (trata-se do cód. Bavar. Monac. 329, pp. 215 ss.).

68. Cf. D. Kurze, "Zur Ketzergeschichte der Mark Brandenburg und Pommerns vornehmlich im 14. Jahrhundert", in *Jahrbuch für die Geschichte Mittel- und Ostdeutschlands*, 16-7 (1968), pp. 50-94, especialmente pp. 58 ss., que insere a passagem sobre a "outra seita" no âmbito (não especificado geograficamente) dos fenômenos de sincretismo herético que pouco a pouco foram assimilados ao sabá. Sobre a biografia de Peter Zwicker, cf. ib., pp. 71-2.

69. Cf. F. Staub e L. Tobler, *Schweizerisches Idiotikon*, IV, 1901, 1744-5, verbete "Bus" ("em grande quantidade", referido sobretudo a beber), com remissão para Grimm, *Deutsches Wörterbuch*, I, 1198 (*bausbacke, pausback, pfausback*: "com as bochechas inchadas"). A velha etimologia setecentista

reapresentada como hipótese por Kurze (*Kusskeller*, de *küssen*, beijar) parece-me decididamente sem fundamento (cf. "Zur Ketzergeschichte", op. cit., p. 65, nota 50; nas pp. 63-5, informações posteriores sobre a história dos *Putzkeller* na Pomerânia).

70. Cf. o verbete "barlòtt" in *Vocabolario dei dialetti della Svizzera italiana*, op. cit., II, pp. 205 ss. Vide também pp. 294-311.

71. Cf. Hansen, *Quellen*, op. cit., p. 240.

72. Os *Errores Gazariorum* foram publicados por Hansen, in ib., pp. 118-22 (para a datação, vide acima, nota 40); a sentença contra Adeline, por J. Friedrich, "La Vauderye (Valdesia). Ein Beitrag zur Geschichte der Valdesier", in *Sitzungsberichte der Akademie der Wissenschaften zu München*, "phil. und hist. Classe", I (1898), pp. 199-200 (mas todo o ensaio ora citado, pp. 163 ss., merece ser lido). Sobre os processos de Friburgo, cf. M. Reymond, "Cas de sorcellerie en pays fribourgeois au quinzième siècle", in *Schweizerisches Archiv für Volkskunde*, XIII (1909), pp. 81-94, especialmente p. 92. Sobre a difusão do termo *vaudey* como sinônimo de participante do sabá, cf., do mesmo autor, "La sorcellerie au pays de Vaud au XVe siècle", ivi, XII (1908), pp. 1-14. Ainda em 1574 se fala de *"qualques sorciers et vaudois"* que provocam a esterilidade dos campos (*Arrest memorable de la cour du Parlement de Dole contre Gilles Garnier, Lyonnais, pour avoir en forme de Loup-garou devoré plusieurs enfans...*, em Angers, 1598, reimpressão da edição de Sens, 1574, p. 14; agradeço a Natalie Davis ter-me indicado esse opúsculo).

73. Esse ponto foi sublinhado também por Merlo, *Eretici*, op. cit., p. 70.

74. Anteriormente, tal hipótese fora sugerida (também por mim: cf. *I benandanti*, op. cit., pp. 46-7) tendo por base alguns processos levados a cabo em Toulouse em 1335. Na realidade, como brilhantemente demonstrou Cohn (*Europe's*, op. cit.), esses processos constituem uma falsificação produzida por Lamothe-Langon, o polígrafo oitocentista que os publicou. Mas parece difícil atribuir, como faz Cohn, a uma solicitação dos inquisidores os traços de crenças cátaras identificáveis nos processos contra os "valdenses" piemonteses da segunda metade do século XIV. À luz desses documentos, que Lamothe-Langon não conhecia, os inexistentes processos de Toulouse surgem como "falsificação crítica" singularmente penetrante.

75. Cf. Amati, "Processus", op. cit., t. II, parte I, pp. 15, 23 e 25.

76. Para *gafa*, cf. J.-A. Chabrand e A. de Rochas d'Aiglun, *Patois des Alpes Cottiennes (Briançonnais et Vallées Vaudoises) et en particulier du Queyras*, Grenoble e Paris, 1877, p. 137, e J. Corominas, *Diccionario crítico etimológico castellano e hispánico* (no verbete "gafo"). Para *snagoga*, cf. A. Duraffour, *Lexique patois-français du parler de Vaux-en-Bugey (Ain)*, Grenoble, 1941, p. 285; vide também P. Brachat, *Dictionnaire du patois savoyard tel qu'il est parlé dans le canton d'Albertville*, Albertville, 1883, p. 129 (*sandegôga*, no sentido de "dança de duendes, festa rumorosa").

77. Cf. acima, pp. 61-2.

PARTE II

1. ACOMPANHANDO A DEUSA [pp. 106-36]

1. Cf. acima, p. 92.
2. Cf. *I benandanti*, op. cit., pp. 6-7.
3. Cf. Duvernoy, *Le registre*, op. cit., I, p. 139. Vide também ib., pp. 128-43, 533-52; J.-M. Vidal, "Une secte de spirites à Pamiers en 1320", extraído de *Annales de Saint-Louis-des-Français*, III (1899); Le Roy Ladurie, *Montaillou*, op. cit., pp. 592-611; M.-P. Piniès, *Figures de la sorcellerie languedocienne*, Paris, 1983, pp. 241 ss.
4. Cf. *Reginonis abbatis Prumiensis libri duo de synodalibus causis et disciplinis ecclesiasticis...*, org. por F. W. H. Wasserschleben, Leipzig, 1840, p. 355. Do mesmo trecho, existe também uma versão mais breve: cf. Russell, *Witchcraft*, op. cit., pp. 291 ss. Sobre a literatura penitencial de modo geral, vide A. J. Gurevič, *Contadini e santi*, trad. it., Turim, 1986, pp. 125-72.
5. Cf. Migne, *Patrologia latina*, CXL, col. 831 ss. Vide também E. Friedberg, *Aus deutschen Bussbüchern*, Halle, 1868, pp. 67 ss.
6. A atribuição do *Corrector* a Burcardo, sustentada por P. Fournier, "Études critiques sur le décret de Burchard de Worms", in *Nouvelle Revue Historique du Droit Français et Étranger*, XXXIV (1910), pp. 41-112, 289-331 e 563--84, sobretudo pp. 100-6, é hoje comumente aceita: cf. C. Vogel, "Pratiques superstitieuses au début du XIe siècle d'après le Corrector sive medicus de Burchard, évêque de Worms (965-1025)", in *Mélanges offerts à E. R. Labande*, Poitiers, s.d. (mas 1976), pp. 751 ss. (assinalado por Martina Kempter).
7. Cf. F. W. H. Wasserschleben, *Die Bussordnungen der abendländischen Kirche*, reimpressão, Graz, 1958, pp. 645 e 660-1.
8. Cf. Migne, *Patrologia latina*, CXL, col. 837 (e vide Friedberg, *Aus deutschen Bussbüchern*, op. cit., p. 71).
9. Para uma orientação inicial, veja-se a documentação coletada por G. Bonomo, *Caccia alle streghe*, Palermo, 1959 (nova ed., 1986) — mas a análise é superficial.
10. Cf. id., ib., pp. 22-3 (em que, por descuido, está escrito "Bensoria"). Outra variante: *Bezezia* (cf. Du Cange, *Glossarium mediae et infimae Latinitatis*, subverbete "Bensozia"). Cf. também A. Wesselofsky, "Alichino e Aredodesa", in *Giornale Storico della Letteratura Italiana*, XI (1888), pp. 325-43. especialmente p. 342 (mas a etimologia não é convincente). Ao apresentar os estatutos da diocese de Conserans (ou Couserans), redigidos por um ancestral seu, o bispo Auger (morto em 1304), Montfaucon reconheceu imediatamente o parentesco entre as crenças centradas em Diana e o sabá: cf. B. de Montfaucon, *Supplément au livre de l'antiquité expliquée et presentée en figures...*, I, Paris, 1724, pp. 111-6. A essas páginas de Montfaucon (retomadas na edição de 1733

de Du Cange, subverbete "Diana") teve acesso Dom*** [Jacques Martin], *La religion des Gaulois*, Paris, 1727, II, pp. 59-67.

11. Cf. E. Martène e U. Durand, *Thesaurus novus anecdotorum*, IV, Paris, 1717, col. 257 (cf. também Wesselofsky, "alichino", op. cit., pp. 332-3).

12. À bibliografia citada em *I benandanti*, op. cit., p. 62, nota 2, acrescentar: sobre Perchta, R. Bleichsteiner, "Iranische Entsprechungen zu Frau Holle und Baba Jaga", in *Mitra*, 1 (1914), col. 65-71; M. Bartels e O. Ebermann, "Zur Aberglaubensliste in Vintlers Pluemen der Tugent", in *Zeitschrift für Volkskunde*, 23 (1913), p. 5; F. Kauffman, "Altgermanische Religion", in *Archiv für Religionswissenschaft*, 20 (1920-1), pp. 221-2; A. Dönner, *Tiroler Fasnacht*, Viena, 1949, pp. 338 ss. (particularmente rico de indicações); J. Hanika "Bercht schlitzt den Bauch auf — Rest eines Initiationsritus?", in *Stifter-Jahrbuch*, II (1951), pp. 39-53; id., "Peruchta — Sperechta — Žber", in *Boehmen und Maehren*, III (1953), pp. 187-202; R. Bleichsteiner, "Perchtengestalten in Mittelasien", in *Archiv für Völkerkunde*, VIII (1953), pp. 58-75; F. Prodinger, "Beiträge zur Perchtenforschung", in *Mitteilungen der Gesellschaft für Salzburger Landeskunde*, 100 (1960), pp. 545-63; N. Kuret, "Die Mittwinterfrau der Slovenen (Pehtra Baba und Torka)", in *Alpes Orientales, V. Acta quinti conventus...*, Liubliana, 1969, pp. 209 ss. Sobre Holda, cf. A. Franz, "Des Frater Rudolphus Buch 'De Officio Cherubyn'", in *Theologische Quartalschrift*, III (1906), pp. 411-36; J. Klapper, "Deutscher Volksglaube in Schlesien in ältester Zeit", in *Mitteilungen der Schlesischen Gesellschaft für Volkskunde*, 17 (1915-6), pp. 19 ss., sobretudo pp. 42-52 (utilíssima coleção de testemunhos); A. H. Krappe, *Études de mythologie et de folklore germaniques*, Paris, 1928, pp. 101-14 (muito discutível); K. Helm, *Altgermanische Religiongeschichte*, II, 2, Heidelberg, 1953, pp. 49--50; F. Raphaël, "Rites de naissance et médecine populaire dans le judaïsme rural d'Alsace", in *Ethnologie Française*, n.s., 1 (1971), n°s 3-4, pp. 83-94 (vestígios de crenças ligadas a Holda no folclore judaico da Alsácia, dos Países Baixos etc.); Gurevič, *Contadini*, op. cit., pp. 134-6.

13. Cf. Wesselofsky, "Alichino", op. cit., pp. 332-3 (vide p. 127).

14. Cf. G. Wissowa, "Interpretado Romana. Römische Götter in Barbarenlande", in *Archiv für Religionswissenschaft*, XIX (1916-9), pp. 1-49.

15. Cf. Bonomo, *Caccia*, op. cit., p. 71.

16. As sentenças foram publicadas como apêndice a L. Muraro, *La signora del gioco*, Milão, 1976, pp. 240-5; cf. especialmente pp. 242-3. Permanece fundamental o velho ensaio de E. Verga, "Intorno a due inediti documenti de stregheria del secolo XIV", in *Rendiconti del R. Istituto Lombardo di Scienze e Lettere*, s. II, 32 (1899), pp. 165-88. Sobre as condições materiais do manuscrito, cf. G. Giorgetta, "Un Pestalozzi accusato di stregoneria", in *Clavenna*, 20 (1981), pp. 66, nota 35 (agradeço a Ottavia Niccoli ter-me indicado esse ensaio).

17. Integro a palavra "divitum", não decifrada na transcrição em apêndice a Muraro, *La signora*, op. cit., p. 243. Ao contrário, corrijo com base nesta últi-

ma um erro de leitura meu ("veniatis", não "veivatis": cf. *I benandanti*, op. cit., p. 143, nota 2).

18. Cf. acima, pp. 90-1.

19. Cf. G. Mansionario, *Historiarum imperialium liber*: "*adhuc multi laycorum tali errore tenentur credentes predictam societatem de nocte ire, et Dianam paganorum deam sive Herodiadem credunt hujus societatis reginam* [...]" (Biblioteca Vallicelliana, Roma, ms. D. 13, f- 179r). A passagem é citada, a propósito do milagre noturno de são Germano, por G. Tartarotti, *Del congresso notturno delle lammie*, Rovereto, 1749, p. 29; vide, anterior, do mesmo autor, a "Relazione d'un manoscritto dell'Istoria manoscritta di Giovanni Diacono Veronese", in Calogierà, *Raccolta d'opuscoli...*, 18, Veneza, 1738, pp. 135-93, especialmente pp. 165-7, em que a referência aos magistrados que "furiosamente" condenam as feiticeiras à decapitação talvez contenha o germe do futuro *Congresso notturno*.

20. O sermão, sem a parte introdutória, encontra-se em *Nicolai Cusae cardinalis opera*, II, Paris, 1514 (reimpressão, Frankfurt a. M., 1962), ff. CLXXv--CLXXIIr ("Ex sermone: haec omnia tibi dabo"). O texto integral está contido in *Vat. lat.* 1245, ff. 227r-229r. Sobre a tradição manuscrita do sermão e sua datação (Bressanone, 6 de março de 1457, cf. J. Koch, *Cusanus-Texte*, I: *Predigten*, 7, *Untersuchungen über Datierung, Form, Sprache und Quellen. Kritisches Verzeichnis sämtlicher Predigten*, Heidelberg, 1942 (*Sitzungsberichte der Heidelberger Akademie der Wissenschaften*, "Phil.-hist., Kl., Jahrgang, 1941-2, I. Abh."), pp. 182-3, nº CCLXVIII. Uma tradução e um comentário (ambos muito inadequados) in C. Binz, "Zur Charakteristik des Cusanus", in *Archiv für Kulturgeschichte*, VII (1909), pp. 145-53; breves referências in E. Vasteenberghe, *Le cardinal Nicolas de Cues*, Paris, 1920, p. 159; H. Liermann, "Nikolaus von Cues und das deutsche Recht", in *Cusanus-Gedächtnisschrift*, org. por N. Grass, Munique, 1970, p. 217; W. Ziegeler, *Möglichkeiten der Kritik am Hexen- und Zauberwesen im ausgehenden Mittelalter*, Colônia e Viena, 1973, pp. 99-100. Também G. J. Strangfeld, *Die Stellung des Nikolaus von Kues in der literarischen und geistigen Entwicklung des österreichischen Spätmittelalters*, Phil. Diss., Viena, 1948, pp. 230-7, ocupa-se exclusivamente da atitude de Cusano. (Este último texto me foi gentilmente assinalado e comunicado pelo dr. Hermann Hallauer, que está preparando a edição crítica dos sermões de Cusano. Ele me informa que não conseguiu localizar os processos contra as velhas do Val di Fassa. As pesquisas que eu realizara no Arquivo da Cúria de Bressanone haviam sido igualmente infrutíferas.)

21. Sobre esse termo, cf. Helm, *Altgermanische Religionsgeschichte*, op. cit., II, 2, pp. 49-50.

22. Desenvolvo aqui, em sentido diferente, a analogia discutida por R. Rosaldo, cf. "From the door of his tent: the fieldworker and the inquisitor", in *Writing culture*, org. por J. Clifford e G. F. Marcus, Berkeley e Los Angeles, 1986, pp. 77-97.

23. Sobre tudo isso, vide também acima, introdução, p. 24.
24. Bertolotti, *Le ossa*, op. cit., pp. 487 ss.
25. Cf. Bernardo da Como, *Lucerna inquisitorum... et Tractatus de strigibus*, com notas de F. Pegna, Roma, 1584, pp. 141-2.
26. Sobre esses processos, cf. J. A. Macculloch, "The minglings of fairy and witch beliefs in sixteenth and seventeenth century Scotland", *Folk-Lore*, XXXII (1921), pp. 229-44. Para o processo de Isabel Gowdie, cf. R. Pitcairn, *Ancient criminal trials in Scotland*, III, 2, Edimburgo, 1833, pp. 602 ss., especialmente p. 604. O curador comentou: "Tais detalhes talvez sejam os mais extraordinários, de todos os pontos de vista, da história da feitiçaria neste e noutros países", lamentando que os juízes os tivessem eliminado dos atos por considerá-los irrelevantes. O destino dessa passagem é instrutivo. M. Murray citou-a, tendo como base a edição Pitcairn, a propósito dos meios de locomoção usados pelas bruxas para irem aos encontros que considerava absolutamente reais (*The witch-cult*, op. cit., pp. 105-6; cf. também pp. 244-5). N. Cohn observou (*Europe's*, op. cit., pp. 113-4) que a passagem não seria interpretável em sentido realista: a acusada inspirava-se evidentemente em não bem identificadas "crenças populares sobre as fadas". Larner, que voltou a controlar a passagem no manuscrito, fazendo algumas correções de pouca monta mas associando por engano dois trechos diversos do processo (cf. *Enemies of God*, op. cit., p. 152, e *Ancient criminal trials*, op. cit., III, 2, pp. 604 e 608), observou que, como acertadamente notara Cohn, tratava-se de "eventos relacionáveis só a sonhos, pesadelos e fantasias coletivas". São, está claro, interpretações absurdas (Murray) ou inadequadas (Cohn, Larner).
27. Cf. os atos publicados in *The Miscellany of the Spalding Group*, I (1841), pp. 117 ss., sobretudo pp. 119-22. A passagem é reproduzida por Murray em apêndice a seu *The witch-cult*, op. cit., p. 242, bem como outras passagens de processos escoceses discutidos aqui (cf. o índice nos verbetes "Aberdeen", "Auldearne", "Orkney").
28. Cf. *I benandanti*, op. cit., p. 50. As tensões interiores provocadas pela demonização dos *fairy folks* emergem claramente em alguns processos escoceses de 1623, instaurados no Burg of Perth: cf. *Extracts from the presbitery book of Struthbogie*, Aberdeen, 1843, pp. X-XII.
29. *Procès de condemnation de Jeanne d'Arc...*, I, org. por P. Tissot e Y. Lanhers, Paris, 1960, p. 178.
30. Cf. *I benandanti*, op. cit., pp. 63 e 67-8.
31. Cf. Bonomo, *Caccia*, op. cit., p. 23.
32. Cf. Duvernoy, *Le registre*, op. cit., I, p. 544 (interrogatório de Mengarda, mulher de Arnaldo de Pomeriis). As implicações míticas da referência às *bonae dominae* passaram despercebidas a E. Le Roy Ladurie (cf. *Montaillou*, op. cit., pp. 592 e 603).
33. Para a Irlanda, cf. [J. Aubrey], *Fairy legends and traditions of the South of Ireland*, Londres, 1825, pp. 193 ss. Para a Escócia, cf. Pitcairn, *Ancient criminal*

trials, op. cit., I, 3, p. 162 passim (e cf. ibid., III, 2, p. 604, nota 3, pela atribuição a Aubrey da obra precedente). Nas ilhas Órcadas, uma mulher, Jonet Drever, foi banida para sempre, em 1615, por ter tido durante 26 anos relações (inclusive carnais) com *"the fairy folk, callit of hir our guid nichtbouris* [as fadas, que ela denominava os nossos bons vizinhos]", (*The court books of Orkney and Shetland 1614-1615*, org. por R. S. Barclay, Edimburgo, 1967, p. 19). Sobre as fadas, além de R. Kirk, *Il regno segreto*, trad. it., Milão, 1980 (org. por M. M. Rossi, cujo ensaio "Il cappellano delle fate" é republicado em apêndice), cf. os textos reunidos por [W. C. Hazlitt], *Fairy mythology of Shakespeare*, Londres, 1875, e os ensaios de M. W. Latham, *The Elizabethan fairies*, Nova York, 1930, e K. M. Briggs, *The anatomy of Puck*, Londres, 1959. Sobre o Friul, cf. *I benandanti*, op. cit., p. 84.

34. Cf. J. Kolendo, "Dea Placida à Novae et le culte d'Hécate, la bonne déesse", in *Archaeologia* (Varsóvia), XX (1969), pp. 77-83. A identificação entre Hécate subterrânea e *bona dea* está em Macróbio, *Saturnalia*, I, 12, 23. A esse respeito, cf. agora H. H. J. Brouwer, *Bona Dea*, Leiden, 1989 (assinalado por Jan Bremmer).

35. Cf. J. G. Dalyell, *The darker superstitions of Scotland, illustrated from theory and practice*, Edimburgo, 1834, pp. 470, 534 ss. e 590-1 (trabalho ainda hoje precioso, por basear-se em fontes judiciárias concernentes às ilhas Órcadas e Shetland; cf. p. 5, nota).

36. Cf. G. de Lorris e J. de Meun, *Le roman de la rose*, org. por E. Langlois, IV, Paris, 1922, pp. 229-30, vv. 18425-60.

37. Desenvolvo aqui uma interpretação já formulada em *I benandanti*, op. cit., pp. 90 ss., tendo por base uma documentação em grande parte diversificada. De maneira independente, a conclusões semelhantes chega K. M. Briggs, "The fairies and the realm of the dead", in *Folk-Lore*, 81 (1970), pp. 81-96 (anteriormente, a mesma estudiosa recusara uma conexão sumária entre crenças nas fadas e culto dos mortos: cf. "The English fairies", ivi, 68, 1957, pp. 270-87).

38. Cf. *I benandanti*, op. cit., p. 63. De modo geral, cf. R. Parrot, "Le 'Refrigerium' dansl'au-delà", in *Revue de l'Histoire de Religions*, t. CXIII (1936), pp. 149ss.; t. CXIV (1936), pp. 69ss. e 158ss.; t. CXV (1937), pp. 53 ss.; mais especificamente, W. Deonna, "Croyances funeraires. La soif des morts...", ivi, t. CXIX (1939), pp. 53-77.

39. Cf. Duvernoy, *Le registre*, op. cit., I, p. 137: "*Item dixit quod mortui libenter veniunt ad loca munda et intrabant domos mundas, et nolunt venire ad loca sordida, nec intrare domos immundas*". As conotações mortuárias de Oriente são bem sublinhadas por G. Scalera McClintock, "Sogno e realtà in due processi per eresia", in F. Lazzari e G. McClintock, *Due arti della lontananza*, Nápoles, 1979, pp. 69-70.

40. As passagens estão compreendidas na coletânea *Sermones de tempore* (pregação 41). Controlei as seguintes edições: Colônia, 1474; Estrasburgo *post*

1478 (Hain 8473); Nuremberg, 1480 e 1481; Estrasburgo, 1484, Nuremberg, 1496; Estrasburgo, 1499 e 1503; Rouen, 1513 (que menciona somente Diana). Outras indicações sobre Herolt (que nascera por volta de 1390) in Klapper, "Deutscher Volksglaube", op. cit., pp. 48-50, que enumera as diferentes lições da passagem citada (e de outra análoga, porém mais breve, extraída do sermão 11) presentes nos manuscritos dos *Sermones de tempore* conservados na Universitätsbibliothek de Breslau.

41. Além de *I benandanti*, op. cit., pp. 73 ss., cf. a documentação analisada ou reunida por A. Endter, *Die Sage vom wilden Jäger und von der wilden Jagd*, Frankfurt a. M., 1933; K. Meisen, *Die Sagen vom Wütenden Heer und wilden Jäger*, Münster i.W., 1935. A velha interpretação do mito em termos meteorológicos proposta por W. Mannhardt e sua escola foi rechaçada por A. Endter, com base nos trabalhos fundamentais de L. Weiser (depois Weiser-Aall) citado adiante, pp. 371, nota 2, e 376, nota 26. Sobre Dietrich von Bern (que nas tradições italianas se transforma em Teodorico de Verona), cf. A. Veselovskij, in Veselovskij e Sade, *La fanciulla perseguitata*, org. por D. S. Avalie, Milão, 1977, pp. 62 ss.; F. Sieber, "Dietrich von Bern als Führer der wilden Jagd", in *Mitteilungen der schlesischen Gesellschaft für Volkskunde*, 31-2 (1931), pp. 85-124; A. H. Krappe, "Dietrich von Bern als Führer der wilden Jagd", ivi, XXXIII (1933), pp. 129-36; J. de Vries, "Theoderich der Grosse", in *Kleine Schriften*, Berlim, 1965, pp. 77-88. Sobre uma reelaboração quinhentista desses temas, cf. O. Niccoli, *Profeti e popolo nell'Italia del Rinascimento*, Bari, 1987, pp. 89-121.

42. Cf. J. Le Goff, *La naissance du Purgatoire*, Paris, 1981 (a propósito, cf. também as recensões de L. Génicot in *Revue d'Histoire Ecclésiastique*, LXXVIII, 1982, pp. 421-6, e C. Carozzi, in *Cahiers de Civilisation Médiévale*, XXXVIII, 1985, pp. 264-6). Uma pesquisa detalhada sobre o nexo entre crenças folclóricas ligadas ao mundo dos mortos e elaborações teológicas sobre o Purgatório seria muito mais útil: vide, entretanto, as observações gerais de A. J. Gurevič, "Popular and scholarly medieval cultural traditions: notes in the margin of Jacques Le Goff's book", in *Journal of Medieval History*, 9 (1983), pp. 71-90.

43. Cf. Meisen, *Die Sagen*, op. cit., p. 103 (Berchtholda, num poemeto popularesco alemão publicado em 1557 ou 1558); p. 124 (Holda, numa descrição quinhentista do carnaval de Nuremberg); p. 132, nota 1 ("a velha Berchta", citada com *Frau Herodias* e *Frau Hulda* e outros espíritos diabólicos por J. Malthesius, *Auslegung der Fest-Evangelien*, 1571). Que a referência de Herolt ao exército de Diana seja completamente insólita depreende-se também, de forma indireta, de Endter, *Die Sage*, op. cit.

44. As almas dos "extáticos" que não haviam retornado aos próprios corpos tornavam-se parte do "exército furioso", passando de uma condição de morte temporária a uma de morte definitiva — isso era o que afirmava um grupo de *clerici vagantes* que em meados do século XVI circulava pelos campos do Hesse extorquindo presentes e dinheiro dos camponeses (cf. *I benandanti*, op. cit., pp. 85-7).

45. Tudo isso não é negado pela presença, no plano do mito, das valquírias no séquito de Wotan. Essa linha interpretativa foi proposta em primeiro lugar por O. Höfler, *Kultische Geheimbünde der Germanen*, I (único publicado), Frankfurt a. M., 1934: cf. adiante, p. 371, nota 2. Mais recentemente, cf. J. de Vries, "Wodan und die wilde Jagd", in *Die Nachbarn*, 3 (1962), pp. 31-59, que retoma de maneira mais matizada algumas conclusões de Höfler. Sobre as orientações ideológicas de De Vries, vide as observações de W. Baetke, *Kleine Schriften*, org. por K. Rudolph e E. Walter, Weimar, 1973, pp. 37 ss.

46. Cf. Muraro, *La signora del gioco*, op. cit., pp. 152-5.

47. Höfler sublinhou, de um lado, que a inserção de Perchta nas tradições ligadas ao exército dos mortos é um fenômeno tardio; de outro, que nas procissões rituais (a propósito, vide pp. 195 ss.) as "Perchten" eram representadas por rapazes mascarados e não por mulheres (cf. *Kultische*, op. cit., pp. 15, 89-90 e 277-8). A seus olhos, ambos os elementos confirmavam a distinção entre um núcleo guerreiro (propriamente germânico) e elementos marginais ligados à fertilidade e ao erotismo da feitiçaria. A presença de figuras masculinas e femininas (bem como de animais e seres humanos, de vivos e mortos) nas descrições da "caça selvagem" é registrada por A. Endter (*Die Sage*, op. cit., p. 32) e, sobretudo, por Dönner, *Tiroler Fasnacht*, op. cit., p. 142. Sobre a função marginal ou geograficamente circunscrita de Perchta e Holda nesse conjunto de crenças insistiu De Vries ("Wodan", op. cit., p. 45). O problema da "caça selvagem" é, ao contrário, totalmente ignorado por Muraro.

48. Para a "caça selvagem", utilizo por comodidade a coletânea organizada por Meisen, *Die Sagen*, op. cit., embora para o período pós-medieval ela seja tudo exceto exaustiva. Negligencio os textos antigos e os poucos textos do século XIX: os primeiros porque claramente estranhos ao tema, os segundos por terem sido escolhidos de forma casual. Para as mulheres extáticas, remeto à bibliografia indicada neste capítulo. A respeito de ambos os fenômenos, tratei de identificar uma linha tendencial; a existência de exceções é considerada óbvia. Sobre as aparições de mortos isolados, cf. Schmitt, "Gli spettri nella società feudale", in *Religione*, op. cit., pp. 182-205.

49. O *Roman de la rose* (vv. 18425-60) fala dos seguidores de *dame* Habonde e das *bonnes dames* sem definir-lhes o sexo.

50. O filósofo aristotélico Vincenzo Maggi, nascido em Brescia, professor no Studio de Pádua e no de Ferrara, onde morreu em 1564, escreveu um "*piacevole dialogo* no qual vai introduzindo o Deus Pão da louca gentilidade [*Gentilità*] por causa daqueles boatos que o mulherio de Brescia atribui àquela Fantasima, que elas chamam Senhora do Jogo" (cf. L. Cozzando, *Libraria bresciana*, Brescia, 1694, p. I, p. 203). A opereta parece perdida; mas uma inicial dela voltou a ser usada no édito de Camillo Campeggi da Pavia, inquisidor em Ferrara, datado de 2 de janeiro de 1564 (Arquivo de Estado de Módena, *S. Uffizio*, b. 1). O editor, Francesco de' Rossi da Valenza, já publicara de Maggi a preleção *De cognitionis praestantia oratio* (1557) (cf. P. Guerrini, "Due amici

bresciani di Erasmo", extraído de *Archivio Storico Lombardo*, 1923, pp. 6 ss.). Nessa excepcional representação da "senhora do jogo", "F" equivale a "Fantasima"; o *Piacevole dialogo* (que também não é mencionado nos *Annali della tipografia ferrarese de' secoli XV e XVI* de Girolamo Baruffaldi Jr., Biblioteca Municipal Ariostea, ms. Cl. I, 589) teve de ser impresso em Ferrara por Francesco de' Rossi da Valenza, em 1564 ou pouco antes. Infelizmente, não consegui localizá-lo. O anônimo gravador inspirou-se evidentemente na iconografia de Cibele.

51. Vide adiante, pp. 198-9.

52. Para uma visão de conjunto, cf. J. de Vries, *I Celti*, trad. it., Milão, 1982, pp. 21 ss. Sobre a celtização do Trentino, cf. C. Battisti, *Sostrati e parastrati nell' Itália preistorica*, Florença, 1959, pp. 236 ss.; especialmente, W. T. Elwert, *Die Mundart des Fassa-Tals* ("Wörter und Sachen", N. F., Beiheft 2.), Heidelberg, 1943, pp. 215 ss.

53. Cf. R. Bovet, *Pandaemonium, or the Devil's Cloyster, being a further blow to modern Sadduceism, proving the existence of witches and spirits*, Londres, 1684, pp. 172 ss. ("A remarkable passage of one named the Fairy-Boy of Leith in Scotland [...]"; trata-se de um relatório assinado pelo capitão George Burton.)

54. Cf. *Maximi episcopi Taurinensis Sermones*, org. por A. Mutzenbecher, Turholti, 1962 (*Corpus Christianorum*, "series latina", vol. XXIII), pp. 420-1: o sermão é pouco posterior a 403-5 (cf. introdução, p. XXXIV). Para a interpretação, cf. F. J. Dölger, "Christliche Grundbesitzer und heidnische Landarbeiter", in *Antike und Christentun*, 6 (1950), reeditado em Münster, 1976, pp. 306 ss. Ao contrário, Du Cange (*Glossarium*, op. cit., subverbete) entende "*dianaticus*" como "seguidor de Diana". A jovens castrados em honra de Berecinzia (ou seja, Cibele) na cidade de Autun refere-se a *Passio Sancti Symphoriani*: cf. T. Ruinart, *Acta martyrum*..., Verona, 1731, pp. 68-71, citado por F. J. Dölger, "Teufels Grossmutter", *Antike und Christentum*, 3 (1932), p. 175.

55. Cf., de modo geral, A. K. Michels, verbete "Diana", in *Reallexikon für Antike und Christentum*, III, Stuttgart, 1957, pp. 970-2. Vide, além disso, E. Krüger, "Diana Arduinna", in *Germania*, 1 (1917), pp. 4-12, que remete a Gregório de Tours, *Historia Francorum*, VIII, 15; S. Reinach, "La religion des Galates", in *Cultes, mythes et religions*, I, Paris, 1922³, p. 276 (e cf. também id., "Clelia et Epona", in ib., pp. 60-1).

56. F. Benoît, *L'héroïsation équestre*, Gap, 1954, pp. 27-30 e gravura I, 2, supõe que o animal representado seja um pavão com chifres. Segundo A. Ross, *Pagan Celtic Britain*, Londres, 1967, p. 225 (que reproduz a telha como imagem de Épona), tratar-se-ia de um pato. Nenhuma das duas identificações parece convincente. Cf. também C. B. Pascal, *The cults of Cisalpine Gaul*, Bruxelas-Berchern, 1964, pp. 102-5.

57. Cf. H. Gaidoz, "Dis Pater et Aere-Cura", in *Revue Archéologique*, XX (1892), pp. 198-214; E. Thevenot, "Le culte des déesses-mères à la station gallo-romaine des Bolards", in *Revue Archéologique de l'Est et du Centre-Est*, 11

(1951), p. 23, nota 2; R. Egger, "Eine Fluchtafel aus Carnuntum", agora in *Römische Antike und frühes Christentum*, I, Klagenfurt, 1962, pp. 81 ss., particularmente pp. 84-5.

58. Cf. J. Grimm, *Deutsche Mythologie*, 4ª ed., org. por E. H. Meyer, I, Berlim, 1875, p. 218.

59. Cf. Wesselofsky, "Alichino", op. cit., pp. 332-3; vide também Du Cange, *Glossarium*, op. cit., verbete "Hera" (2). De opinião diferente, Friedberg, *Aus deutschen Bussbüchern*, op. cit., p. 72.

60. Tem opinião diferente K. Dilthey, "Die Artemis von Apelles und die wilde Jagd", in *Rheinisches Museum*, 25 (1870), pp. 321-36 (mas a argumentação não parece convincente).

61. Cf. Reinach, "Clelia et Epona", op. cit., pp. 54-68. Sobre Selene a cavalo, cf. I. Chirassi, *Miti e culti arcaici di Artemis nel Peloponneso e Grecia centrale*, Trieste, 1964, p. 34, nota 96. Na deusa a cavalo, representada em algumas moedas de Pherai, T. Kraus (*Hekate*, Heidelberg, 1960, pp. 80 ss.) reconhece, em vez de Ártemis (como se pensara no passado), uma divindade da Tessália: Enódia. Paralelamente, chegou às mesmas conclusões L. Robert, *Hellenica*, XI--XII, pp. 588 95.

62. A observação de que a Diana do *Canon episcopi* (erradamente interpretado como derivação do inexistente concílio de Ancira) fosse na realidade uma divindade celta se encontra em Reinach, "La religion des Galates", op. cit., p. 262.

63. Cf. H. Hubert, "Le mythe d'Epona", in *Mélanges linguistiques offerts à M. J. Vendryes*, Paris, 1925, pp. 187-98. Um resumo dos testemunhos iconográficos sobre Épona é fornecido por E. Thevenot, em apêndice a R. Magnen, *Epona déesse gauloise des chevaux protectrice des chevaliers*, Bordeaux, 1953. Cf. também De Vries, *I Celti*, op. cit., pp. 158-61; K. M. Linduff, "Epona: a Celt among the Romans", in *Latomus*, 38 (1979), pp. 817-37 (na p. 835, sublinha as conotações funerárias); L. S. Oaks, "The goddess Epona: concepts of sovereignty in a changing landscape", in *Pagan gods and shrines of the Roman empire*, org. por M. Henig e A. King, Oxford, 1986, pp. 77-83.

64. Em meados do século XV, santo Antonino referiu-se às mulheres condenadas no *Canon episcopi* comparando-as às bruxas ou *ianáticas* (cf. *Summa moralis*, II, Florença, 1756, col. 1548, citado também por Bonomo, *Caccia*, op. cit., p. 70; corrijo a transcrição errada *ianutiche*). Para uma visão geral, vide o ótimo ensaio de D. Lesourd, "Diane et les sorciers. Étude sur les survivances de Diana dans les langues romanes", in *Anagrom*, 1972, pp. 55-74 (assinalado por Daniel Fabre, a quem aqui agradeço). A receptividade popular aos esquemas propostos pela cultura dominante foi muito ampla (veja-se a romena *Doamna Zînelor*) e não se limitou a áreas de civilização céltica (como mostra o napolitano *janara*). É evidente que as continuidades linguísticas não implicam necessariamente continuidade de crenças, as quais serão demonstradas caso por caso.

65. Sobre as estreitas conexões entre Haerecura, Épona e *Matres*, cf. Faider-Feytmans, "La 'Mater' de Bavai", in *Gallia*, 6 (1948), pp. 185-94, sobretudo p. 390.

66. Cf. Guilherme de Auvergne, *Opera*, Paris, 1674, p. 1066 (sobre essa passagem, já havia chamado a atenção Grimm, *Deutsche Mythologie*, op. cit., II, p. 885). Vide também W. Shakespeare, *Romeo and Juliet*, org. por B. Gibbons, Londres e Nova York, 1980, p. 109 (a propósito de I, 4, 53).

67. O mais antigo tratado que conheço é o de J. G. Keysler, "Dissertatio de mulieribus fatidicis veterum Celtarum gentiumque Septentrionalium; speciatim de Matribus et Matronis...", in id., *Antiquitates selectae Septentrionales et Celticae*, Hannover, 1720, pp. 369-510. Sempre fundamental M. Ihm, "Der Mütter- oder Matronenkultus und seine Denkmäler", in *Jahrbuch des Vereins von Alterthumsfreuden im Rheinlande* (depois *Bonner Jahrbücher*), LXXXIII (1887), pp. 1-200, que sintetiza os resultados de estudos precedentes (entre os quais é relevante H. Schreiber, *Die Feen in Europa. Eine historisch-archäologische Monographie*. Freiburg i. Breisgau, 1842, reeditado em Allmendingen, 1981). Cf. também H. Güntert, *Kalypso, Bedeutungsgechichtliche Untersuchungen auf dem Gebiet der indogermanischen Sprachen*, Halle a. S., 1919, pp. 241 ss.; W. Heiligendorff, *Der keltischen Matronenkultus und seine 'Fortentwickelung' im deutschen Mythos*, Leipzig, 1934, que sublinha as analogias entre *Matronae, Parcae, Felices Dominae* (no Tirol e na Caríntia, *salige Fräulein*) e fadas, mas insiste em distingui-las um tanto artificialmente; E. A. Philippson, "Der germanische Mütter- und Matronenkult am Niederrhein", in *The Germanic Review*, 19 (1944), pp. 116 ss.; Pascal, *The cults*, op. cit., pp. 116 ss.; G. Webster, *The British Celts and their gods under Rome*, Londres, 1986, pp. 64 ss. A filiação de Habonde e das "senhoras noturnas" às *Matronae* foi reconhecida por M. P. Nilsson, "Studien zur Vorgeschichte des Weinachtsfestes (1916-19)", in *Opuscula selecta*, Lund, 1951, I, pp. 289 ss. Vide também, no mesmo sentido, dom *** [J. Martin], *La religion des Gaulois*, op. cit., II, pp. 170-1. O livro de L. Harf-Lancner, *Les fées au Moyen Âge*, Paris, 1984, analisa as fadas sobretudo como tema literário.

68. Cf. F. Landucci Gattinoni, *Un culto celtico nella Gallia Cisalpina. Le Matronae-Iunones a sud delle Alpi*, Milão, 1986, p. 51, que vê influência celta numa inscrição vicentina com dedicatórias a deusas chamadas *Dianae*.

69. Cf. A. C. M. Beck, "Die lateinischen Offenbarungsinschriften des römischen Germaniens", in *Mainzer Zeitschrift*, XXXI (1936), pp. 23-32: a expressão *de visu* seria típica da Gália Cisalpina, enquanto *ex imperio* (e, em menor medida, *ex iussu*) seriam mais frequentes na zona do baixo Reno (p. 24). Para uma visão geral dessas fórmulas, cf. M. Leglay, *Saturne Africain. Histoire*, Paris, 1966, p. 342, nota 1.

70. Cf. E. Maass, "Heilige Nacht", in *Germania*, XII (1928), pp. 59-69 (publicado originalmente em 1910).

71. Cf. J. Loth, "Les douze jours supplémentaires ('gourdeziou') des Bre-

tons et les Douze Jours des Germains et des Indous", in *Revue Celtique*, 24 (1903), pp. 310-12; S. de Ricci, "Un passage remarquable du calendrier de Coligny", ivi, pp. 313-6; J. Loth, "L'année celtique d'après les textes irlandais...", ivi, 25 (1904), pp. 118-25.

72. Cf. CIL, VII, 927: Matribus Parcis; Pascal, *The cults*, op. cit., p. 118; Thevenot, "Les cultes des déesses-mères", op. cit.; Nilsson, *Studien*, op. cit., pp. 289 ss.

73. Cf. G. Alföldi, "Zur Keltischen Religion in Pannonien", in *Germania*, 42 (1964), pp. 54-9 (mas cf. também Landucci Gattinoni, *Un culto celtico*, op. cit., p. 77); *Die römischen Steindenkmäler von Savaria*, org. por A. Mócsy e T. Szentléleky, 1971, nº 46, fig. 36. Vide também R. Noll, "Fatis: zu einem goldenen Fingerring aus Lauriacum" in *Römische Geschichte, Altertumskunde und Epigraphik. Festschrift für A. Betz*, Viena, 1985, pp. 445-50.

74. A continuidade com as fadas célticas é sublinhada também por quem, como E. A. Philippson, vê nas *Matronae* um fenômeno celto-germânico e não exclusivamente céltico (cf. *Der germanische*, op. cit., pp. 125-35).

75. Cf. *De bello Gothico*, IV, 20 (a tradução italiana é a de M. Craveri: cf. Procopio di Cesarea, *Le guerre*, Turim, 1977, pp. 718-20). Sobre o detalhe da barca que transporta os mortos, carregada com um peso invisível, cf. A. Freixas, "El peso de las almas", in *Anales de Historia Antigua y Medieval*, Buenos Aires, 1956, pp. 15-22; outro material in B. Lincoln, "The ferryman of the dead", in *The Journal of Indo-European Studies*, 8 (1980), pp. 41-59. Sobre o tema da barca dos mortos, difundido nas culturas mais variadas, vide também M. Ebert, "Die Bootsfahrt ins Jenseits", in *Prähistorische Zeitschrift*, XI-XII (1919-20), pp. 179 ss.

76. J. B. Bury supôs, sobre bases frágeis, que se tratasse de mercenários hérulos que acompanhavam Narsete: cf. "The Homeric and the historie Kimmerians", in *Klio*, VI (1906), pp. 79 ss. Posteriormente, atribuiu a função de intermediários aos anjos que faziam parte da embaixada franca enviada a Justiniano: cf. E. A. Thompson, "Procopius on Brittia and Britannia", in *The Classical Quarterly*, n.s., XXX (1980), p. 501. A identificação entre cimérios homéricos e címbrios, proposta por Bury, já fora sustentada (junto àquela, mais surpreendente, entre Ulisses e Odin) por Jonas Ramus, num curioso opúsculo baseado no confronto da *Odisseia* com a *Edda* (*Tractatus historico-geographicus, quo Ulyssem et Outinum eundemque esse ostenditur...*, Hafnarfjordur, 1713), que deve ser inserido no filão "gotizante" inaugurado pela *Atlântica* de O. Rudbeck (vide adiante, p. 204, nota 48).

77. Cf. a nota de D. Comparetti sobre *La guerra gotica*, III, Roma, 1898, p. 317; e vide agora Thompson, *Procopius*, op. cit., pp. 498 ss. Também E. Brugger, "Beiträge zur Erklärung der arthurischeri Geographie", II, "Gorre", in *Zeitschrift für französische Sprache*, XXVII (1905), pp. 66-9, termina por reconduzir à Bretanha as tradições coletadas por Procópio.

78. Cf. Claudiano, *In Rufinum*, vv. 123 ss.: "*est locus extremum pandit qua*

Gallia litus [...]". A. Graf, *Miti, leggende e superstizioni del Medio Evo*, I, Turim, 1892, supôs que a referência dissesse respeito à Cornualha em vez de à Bretanha.

79. Cf. Plutarco, *De fade quae in orbe lunae apparet*, 941-2, traduzido e comentado por H. Cherniss, Londres, 1957 (*Plutarch's Moralia*, XII, The Loeb Classical Library), pp. 188-9. Cf. também F. Le Roux, "Les Îles au Nord du Monde", in *Hommages à Albert Grenier*, II, Bruxelas, 1962, pp. 1051-62.

80. Cf. *Lycophronis Alexandra*, rec. E. Scheer, II, Berolini, 1908, pp. 345-6 (comentário ao v. 1204).

81. Cf. A. R. Burn, "Procopius and the island of Ghosts", in *The English Historical Review*, 70 (1955), pp. 258-61; Thompson, "Procopius", op. cit.; A. Cameron, *Procopius and the sixth century*, Berkeley e Los Angeles, 1985, p. 215.

82. Cf. *I benandanti*, op. cit., pp. 217 e 226.

83. Sobre o Friul, cf. as considerações linguísticas de G. Francescato e F. Salimbeni, *Storia, lingua e società in Friuli*, Udine, 1976, pp. 24-8 e 243-4. Sobre a Bretanha, cf. a documentação folclórica coletada por A. Le Braz, *La légende de la mort chez les Bretons Armoricains*, nova ed. org. por G. Dottin, Paris, 1902, II, pp. 68 ss. As tradições referidas por Procópio são reconduzidas a um contexto céltico por A. C. L. Brown, *The origin of the grail legend*, Cambridge, Mass., 1943, p. 134, nota 36; M. Dillon e N. K. Chadwick, *The Celtic realms*, Londres, 1972², p. 130; no mesmo sentido, cf. Grimm, *Deutsche Mythologie*, op. cit., II, pp. 694 ss. Uma chamada às crenças nórdicas da nave dos mortos fora formulada por F. G. Welcker, *Die Homerische Phäaken und Inseln der Seligen* (1832), depois em *Kleine Schriften*, II, Bonn, 1845, pp. 17-20. Vide também T. Wright, *Essays on subjects connected with the literature, popular superstitions, and history of England in the Middle Ages*, • I, Londres, 1846, pp. 302-3 (mas o trecho de Tzetzes não contém um fragmento do comentário perdido que Plutarco fez de Hesíodo, mas sim a passagem de Procópio; cf. H. Patzig, *Questiones Plutarcheae*, Berlim, 1876, p. 21). Tradições análogas, difundidas na costa da Frísia oriental, foram reelaboradas por Heine (que certamente conhecia a página de Procópio) na descrição do holandês transportador de mortos: cf. *Gli dei in esilio*, trad. it., Milão, 1978, pp. 72 ss. Segundo G. Mücke, *Heinrich Heines Beziehungen zum deutschen Mittelalters*, Berlim, 1908, p. 101, Heine teria obtido testemunhos orais. O recente livro de A. I. Sandor, *The exile of gods. Interpretation of a theme, a theory and a technique in the work of Heinrich Heine*, Haia e Paris, 1967, ignora o problema das fontes de Heine e não menciona as pesquisas, muito cuidadosas, de Mücke.

84. Sigo a interpretação proposta por R. S. Louis e L. Hibbard Loomis, *Arthurian legends in medieval art*, Nova York, 1938, p. 36; no mesmo sentido, vide também C. Settis Frugoni, "Per una lettura del mosaico pavimentale della cattedrale di Otranto", in *Bulletino dell'Istituto Storico Italiano per il Medio Evo*, 80 (1968), pp. 237-41. Tem opinião diferente, M. A. Klenke, "Some medieval concepts of King Arthur", in *Kentucky Foreign Language Quarterly*, 5 (1958), pp. 195-7, e W. Haug, "Artussage und Heilgeschichte. Zum Programm des Fussbodenmosaiks von Otranto", in *Deutsche Vierteljahrschrift für Litera-*

turwissenschaft und Geistesgeschichte, 49 (1975), pp. 577 ss., especialmente p. 580 (retomado, de forma mais nuançada, in *Das Mosaik von Otranto*, Wiesbaden, 1977, p. 31); ambos interpretam Artur como figura positiva mas ignoram ou não conseguem explicar por que esteja representado na garupa de um bode. Cf. também H. Birkhan, "Altgermanistische Miszellen...", in *Festgabe für Höfler*, org. por H. Birkhan, Viena, 1976, pp. 62-6 e 82; M. Wierschin, "Artus und Alexander im Mosaik der Kathedrale von Otranto", in *Colloquia Germanica*, 13 (1980), pp. 1-34, de modo particular pp. 16-7.

85. Cf. G. Paris, "Études sur les romans de la Table Ronde — Lancelot du Lac", in *Romania*, XII (1883), pp. 508 ss., retomado por G. Ehrismann, "Märchen im hofischen Epos", in *Beiträge zur Geschichte der deutschen Sprache und Literatur*, 30 (1905), pp. 14-54 (para uma diferente, mas menos convincente, interpretação de *Limors*, vide F. Lot, "Celtica", in *Romania*, 24, 1895, p. 335). Essa linha interpretativa foi desenvolvida por S. Singer: cf. "Lanzelet", in *Aufsätze und Vorträge*, Tübingen, 1912, pp. 144 ss., sobretudo 156 ss.; id., *Die Artussage*, Berna e Leipzig, 1920; id., "Erec", in *Vom Werden des deutschen Geistes. Festgabe Gustav Ehrismann*, org. por P. Merker e W. Stammler, Berlim e Leipzig, 1925, pp. 61-5. Vide também K. Varty, "On birds and beasts, 'death' and 'resurrection', renewal and reunion in Chrétien's romances", in *The legend of Arthur in the Middle Ages. Studies presented to A. H. Diverres*, org. por P. B. Groat et alii, Cambridge, 1983, pp. 194 ss., sobretudo pp. 200-12 (que ignora os estudos de Singer). De modo geral, vide o verbete "Artustradition" de K. O. Brogsitter, in *Enzyklopädie des Märchens*, I, Berlim e Nova York, 1977, col. 828-49. Sobre uma linha que converge com a interpretação aqui proposta, cf. C. Corradi Musi,"Sciamanesimo ugro-finnico e magia europea. Proposte per una ricerca comparata", in *Quaderni di Filologia Germânica della Facoltà di Lettere e Filosofia dell'Università di Bologna*, III (1984), pp. 57-69.

86. Cf. O. Jodogne, "L'Autre Monde celtique dans la littérature française du XIIe siècle", in *Bulletin de l'Académie Royale de Belgique*, 5e s., XLVI (1960), pp. 584ss.; J. de Caluwé, "L'Autre Monde celtique et l'élément chrétien dans le lais anonymes", in *The legend of Arthur*, op. cit., pp. 56-66.

87. Cf. M. Dillon, "Les sources irlandaises des romans Arthuriens", in *Lettres Romanes*, IX (1955), pp. 143 ss.

88. Cf. R. S. Loomis, "Morgain la Fée and the Celtic goddesses" agora in *Wales and the Arthurian legend*, Cardiff, 1956, pp. 105-30.

89. Id., ib., pp. 127-8.

90. Essa interpretação, desenvolvida sobretudo por R. S. Loomis, suscitou ásperas discussões: cf. R. S. Loomis, "Objections to the Celtic origin of the 'Matière de Bretagne'", *in Romania*, 79 (1958), pp. 47-77; F. L. Utley, "Arthurian romance and international folk method", in *Romance Philology*, 17 (1963-4), pp. 596-607; R. Bromwich, "The Celtic inheritance of medieval literature", in M*odern Language Quarterly*, 26 (1965), pp. 203-27; I. Lovecy, "Exploding the myth of the Celtic myth: a new appraisal of the Celtic back-

ground of Arthurian romance", in *Reading Medieval Studies*, 7 (1981), pp. 3-18; R. Bromwich, "Celtic elements in Arthurian romance: a general survey", in *The legend of Arthur*, op. cit., pp. 41-55. Deveria ser óbvio que a identificação dos materiais míticos de proveniência céltica não dificulta (pelo contrário, favorece) uma análise de sua reelaboração literária. Sobre a irrupção folclórica na literatura profana dos séculos XI-XII, cf. Le Goff, *Pour un autre Moyen Âge*, op. cit., p. 233, que remete aos estudos de Köhler, citados na nota 92.

91. Além de Ehrismann, "Märchen", op. cit., cf. M. Völker, *Märchenhafte Elemenle bei Chrétien de Troyes*, Bonn, 1972; H. D. Mauritz; *Der Ritter im magischen Reich. Märchenelemente im französischen Abenteuerroman des 12. und 13. Jahrhunderts*, Berna e Frankfurt a. M., 1974 (viciado por uma impostação dogmaticamente junguiana). Convém ter presentes as observações de A. Guerreau-Jalabert, "Romans de Chrétien de Troyes et contes folkloriques. Rapprochements thématiques et observations de méthode", in *Romania*, 104 (1983), pp. 1-48. Vide também I. Nolting-Hauff, "Märchen und Märchenroman, zur Beziehung zwischen einfacher Form und narrativer Grossform in der Literatur", *Poetica*, 6 (1974), pp. 129-78, que, à diferença dos precedentes, toma em consideração as pesquisas de Propp. Este, desde a *Morfologia della fiaba*, observara laconicamente que "essa mesma estrutura [da fábula de magia] aparece, por exemplo, em vários romances de cavalaria" (p. 107).

92. Cf. E. Köhler, *L'avventura cavalleresca. Ideale e realtà nei poemi della Tavola Rotonda* (1956), trad. it., Bolonha, 1985, pp. 105 ss., 130 ss. e 139 ss.; G. Duby, "Au XIIe siècle: les 'jeunes' dans la société aristocratique", in *Annales E. S. C.*, 19 (1964), pp. 835-96; J. Le Goff e P. Vidal-Naquet, *Lévi-Strauss en Brocéliande* (1973) (trad. it.: "Abbozzo di analisi di un romanzo cortese", in J. Le Goff, *Il meraviglioso e il quotidiano nell'Ocidente medievale*, Bari, 1983, pp. 101 ss.).

93. Cf. Bonomo, *Caccia*, op. cit., pp. 74-84. Trata-se de um dos processos trentinos do início do século XVI, já publicados de forma mutilada e incorreta por A. Panizza (vide adiante, p. 124, nota 59). Giovanni Kral está preparando nova edição.

94. Cf. W. Söderhjelm, "Antoine de la Sale et la légende de Tannhäuser", in *Mémoires de la Société Néo-philologique*, 2 (1897), pp. 101-67; de modo geral, vide o ótimo ensaio de O. Löhmann, "Die Entstehung der Tannhäusersage", in *Fabula*, III (1959-60), pp. 224-53.

95. Vênus é uma *interpretatio romana* de Holda; cf. Klapper, "Deutscher Volksglaube", op. cit., pp. 36 e 46, que aproxima de uma passagem da *Summa de confessionis discretione* de frei Rodolfo de Bibraco, escrita antes de 1250 ("*In nocte nativitatis Christi ponunt regine celi, quam dominam Holdam vulgus appellat, ut eas ipsa adiuvet*") um trecho, dois séculos posterior, de um sermão de frei Thomas Wunschilburg, em que se prescreve o afastamento da comunhão a quem creia *"in dictam Venus, quod personaliter visitat mulieres insone mentis [...] in noctibus Christi"*. Note-se que ambos os textos referem-se especificamente a mulheres.

96. Cf. *I benandanti*, op. cit., pp. 87-8. Um caso análogo: em 1623, Hans Hauser, paupérrimo clérigo ambulante, se vangloriara numa hospedagem de predizer o futuro e curar doentes. Aos magistrados que o interrogaram contou ter sido conduzido por um amigo ao Venusberg; lá estivera por nove anos, em meio a gente extraordinária (entre os quais uma mulher) que lhe ensinara as artes mágicas; depois, durante o processo, negou tudo (cf. a tese, ainda inédita, de E. W. M. Bever, "Witchcraft in early modern Würtemberg", Princeton, 1983; agradeço enfaticamente ao autor permitir-me consultá-la e citá-la.

97. Cf. Löhmann, "Die Entstehung", op. cit., p. 246.

98. Cf. Duvernoy, *Le registre*, op. cit., I, p. 133, nota 61.

99. Cf. J. Grimm, *Irische Elfenmärchen*, Leipzig, 1826. pp. CXXII-CXXVI, introdução.

100. Cf. C. Musès, "Celtic origins and the Arthurian cycle: geographic-linguistic evidence", in *Journal of Indo-European Studies*, 7 (1979), pp. 31-48, que reelabora de maneira mais convincente parte dos resultados de um estudo já publicado ("Celtic origins...", in *Ogam*, nº 98, 1965, pp. 359-84). Nenhum dos ensaios figura in *Arthurian legend and literature. An annotated bibliography*, org. por E. Reiss et alii, I, Nova York e Londres, 1984. Musès parece ignorar que em alguns pontos suas conclusões repetem as de S. Singer, "Die Artussage", op. cit. (por exemplo, sobre o nexo *Artú-Artio*: cf. acima, p. 148. Note-se que já E. Freymond perguntara (sem encontrar uma resposta convincente) como a saga centrada na luta entre Artur e o "Cath Paluc" fosse localizada na Suíça sul-ocidental e na Savoia: cf. "Artus' Kampf mit dem Katzenungetüm. Eine Episode der Vulgata des Livre d'Artus, die Sage und ihre Lokalisierung in Savoyen", in *Beiträge zur romanischen Philologie. Festgabe für G. Gröber* (1899), sobretudo pp. 369 ss. Também Bromwich, "Celtic elements", op. cit., p. 43, não é capaz de explicar essa questão.

2. ANOMALIAS [pp. 137-63]

1. Cf. o importante ensaio de G. Henningsen, "Sicilien: ett arkaiskt mönster för sabbaten", in *Häxornas Europa (1400-1700)*, org. por B. Ankarloo e G. Henningsen, Lund, 1987, pp. 170-90, o qual li na versão inglesa (*'The ladies from outside': fairies, witches and poverty in early modern Europe*), apresentada no convênio sobre feitiçaria que teve lugar em Estocolmo em setembro de 1985.

2. Cf. Bonomo, *Caccia*, op. cit., p. 65: a vulgarização, datada entre 1450 e 1470, era de Giovanni Vassallo.

3. Para tudo isso, cf. G. Pitré, *Usi e costumi credenze e pregiudizi del popolo siciliano*, IV, Palermo, 1889, pp. 153-77: o relato de Emanuela Santaéra está na p. 165, nota 2. Na p. 177, Pitré sugeriu algumas possibilidades paralelas com as "mulheres de fora" (fadas, lares etruscos e latinos), concluindo com uma refe-

rência dubitativa às *"Deae Matres* latinas, das quais tão pouco sabemos". A cobertura das *Matronae* foi associada a costumes locais: cf. Ihm, "Der Mütter- oder Matronenkultus", op. cit., pp. 38-9, e sobretudo L. Hahl, "Zur Matronenverehrung in Niedergermanien", in *Germania*, 21 (1937), pp. 253-64, especialmente pp. 254 ss.

4. Diôdoros Sículo, *Biblioteca histórica*, XV, 70 (anno 369); XVI, 73 (anno 342).

5. Cf. A. Graf, "Artú nell'Etna", in *Miti, legende e superstizioni del Medio Evo*, op. cit. Segundo A. H. Krappe, "Die Sage vom König im Berge", in *Mitteilungen der schlesische Gesellschaft für Volkskunde*, XXXV (1935), pp. 76-102, de modo especial p. 92, a saga nunca foi realmente popular na Sicília; mas Gervásio de Tilbury, em seus *Otia imperialia*, atribuía aos *"indigenae"* os relatos sobre as aparições de Artur. Sobre os cavaleiros bretões como possíveis mediadores, cf. R. S. Loomis, "Morgain la Fée in oral tradition", in *Studies in Medieval Literature*, Nova York, 1970, p. 6. A propósito do Etna como via de acesso do Purgatório, cf. Le Goff, *La naissance*, op. cit., pp. 273 ss. Sobre a presença de Artur no mosaico de Otranto (1163-5), cf. acima, p. 351, nota 84.

6. Cf. por último W. Fauth, "Fata Morgana", in *Beiträge zur romanischen Mittelalter*, org. por K. Baldinger, Tübingen, 1977, pp. 417-54, especialmente pp. 436 ss.

7. Cf. M. Marconi, "Da Circe a Morgana", in *Rendiconti del R. Istituto Lombardo di Scienze e Lettere*, "Cl. di Lettere", 74 (1940-1), pp. 533-73, contra o qual vide as objeções de Fauth, "Fata Morgana", op. cit., pp. 439 ss.

8. Cf. I. Chirassi Colombo, *La religione in Grecia*, Bari, 1983, pp. 9-10.

9. Cf. M. Mühl, *Poseidonius und der plutarchische Marcellus*, Berlim, 1925, pp. 8 ss. (sobre o qual cf. F. Münzer, in *Gnomon*, 1 (1925), pp. 96-100); cf. também o comentário de R. Flacelière e E. Chambry à *Vida de Marcelo* (*Belles Lettres*, Paris, 1966). A possibilidade de que o trecho fizesse parte da obra de Poseidônios sobre a adivinhação é cautelosamente apresentada por J. Malitz, *Die Historien des Poseidonios*; Munique, 1983, p. 363, nota 33. Junto a outro texto de Plutarco (*Sobre a destruição dos oráculos*), o capítulo 20 da *Vida de Marcelo* deu a Goethe a pista para a cena das Mães no *Fausto* (II, 6213 ss.): cf. *Goeth Gespräche*, org. por F. von Biedermann, IV, Leipzig, 1910, pp. 187-8 (diálogo com Eckermann, 10 de janeiro de 1830), que deve ser complementado com J. Zeitler, *Goethe-Handbuch*, II, Stuttgart, 1917, pp. 641-2 (verbete "Mütter"). A leitura de Plutarco remontaria a 1820-1: cf. F. Koch, "Fausts Gang zu den Müttern", in *Festschrift der Nationalbibliothek in Wien* [Viena], 1926, pp. 509-28; C. Enders, *Faust-Studien. Müttermythus und Homunkulus-Allegorie in Goethes Faust*, Bonn, 1948, pp. 26-7.

10. Cf. M. I. Finley, *Storia della Sicilia antica*, trad. it., Bari, 1970, p. 125. Para outras identificações, cf. G. Sfameni Gasparro, *I culti orientali in Sicilia*, Leiden, 1973, p. 153.

11. Sobre a dependência de Poseidônios das páginas de Diôdoros sobre as Guerras Servis, cf. A. Momigliano, *Saggezza straniera*, trad. it., Turim, 1980, pp. 36 ss.

12. Cf. Diôdoros Sículo, *Biblioteca histórica*, IV, 79-80.

13. Cf. G. Alessi, *Lettera su di una ghianda di piombo inscritta col nome di Acheo condottiero degli schiavi rubelli in Sicilia*, Palermo, 1829, pp. 11 e 13; G. de Minicis, *Sulle antiche ghiande missili e sulle loro iscrizioni*, Roma, 1844, p. 60.

14. No geral, cf. H. Usener, "Dreiheit", in *Rheinisches Museum*, 58 (1903), pp. 1-47, 161-208 e 321-62; sobre as Mães de Engyon, pp. 192-3. A conclusões semelhantes chega, independentemente, Sfameni Gasparro, *I culti orientali*, op. cit., pp. 153 ss. A identificação das Mães às imagens de divindades femininas plurinominais encontradas em Creta é considerada por L. Banti sedutora mas indemonstrável: cf. "Divinità femminili a Creta nel tardo Minoico III", in *Studi e Materiali di Storia delle Religione*, XVII (1941), p. 30 (que não cita Usener).

15. Era essa a opinião de A. Boeckh: cf. o artigo "Meteres" in Pauly-Wissowa, *Real-Encyclopädie der classischen Altertumswissenschaft*, XV, 1373-5 (Pfister). Sobre as esculturas rupestres do Palazzolo Acreide (os chamados "santões") ligadas ao culto de Cibele, cf. Sfameni Gasparro, *I culti orientali*, op. cit., pp. 126 ss.

16. Cf. E. Ciaceri, *Culti e miti nella storia dell'antica Sicilia*, Catânia, 1911, p. 241; vide também pp. 5 ss., 120 ss., 239 ss. e 306 ss.; P. E. Arias, "Sul culto delle ninfe a Siracusa", in *Rendiconti dell'Accademia dei Lincei*, "Classe di scienze morali ecc.", s. VI, XI (1935), pp. 605-8; B. Pace, *Arte e civiltà della Sicilia*, III: *Cultura e vita religiosa*, Città di Castello, 1945, pp. 486 ss. A tentativa, levada a cabo por esses estudiosos, de localizar na Sicília um estrato religioso autóctone, pré-greco, é rechaçada com veemência (sem referir-se de modo particular às Mães) por A. Brelich, "La religione greca in Sicilia", in *Kokalos*, X-XI (1964-5), pp. 35-54. Segundo G. Pugliese-Carratelli, "Minos e Cocalos", ivi, II (1956), p. 101, o culto de Engyon seria até mesmo "estranho à esfera religiosa siciliota".

17. Cf. respectivamente: F. Welcker, "Drei Göttinnen, vielleicht die Mütter", in *Alte Denkmäler*, II, Göttingen, 1850, pp. 154-7, que trata de precisar as conjecturas genéricas (três irmãs? Uma mãe com duas filhas?) propostas por L. Ross, "Kyprische Grabrelief", in *Archäologische Zeitung*, N.F., VI (1848), col. 289-92; U. Wilamowitz-Moellendorff, *Der Glaube der Hellenen*, I, Darmstadt, 1959[3], p. 199, nota 3, e, independentemente, N. Putortí, "Rilievo di Camarò con rappresentazione delle 'Meteres'", in *Archivio Storico per la Sicilia Orientale*, XIX (1922-3), pp. 203-10.

18. Cf. G. Zuntz, *Persephone*, Oxford, 1971, p. 69, que utiliza material publicado por V. Dobrusky, "Inscriptions et monuments figures de la Thrace. Trouvailles de Saladinovo", in *Bulletin de Correspondance Hellénique*, 21 (1897), pp. 119-40 (mas que não menciona as *Matronas*).

19. Cf. R. F. Hodinott, *The Thracians*, Londres, 1981, pp. 89 ss., especialmente p. 162. Sobre as fadas em âmbito balcânico, vide agora o amplo e penetrante estudo de E. Pócs, a ser publicado nas FF Communications de Helsinque. Agradeço à autora ter-me dado a possibilidade de ler esse texto.

20. Cf. Dom*** [Jacques Martin], *La religion des Gaulois*, op. cit., II, pp. 195 ss.; A. de Boissieu, *Inscriptions antiques de Lyon*, Lyon, 1846-54, pp. 55-6 (que também cita Morgana); J. Becker, "Die inschriftlichen Ueberreste der keltischen Sprache", in *Beiträge zur Vergleichenden Sprachforschung*, IV (1885), p. 146; id., in *Neue Jahrbücher für Philologie*, 77 (1858), pp. 581-2. Sobre posições decididamente críticas, Ihm, "Der Mütter und Matronenkultus", op. cit., pp. 58-9; vide também id., "Grieschiche Matres", in *Jahrbücher des Vereins von Alterthumsfreunden in Rheinlande*, 90 (1891), pp. 189-90. (De coincidência puramente casual já falara Welcker, "Drei Göttinnen", op. cit., p. 157.) A favor de uma identificação entre essas divindades, vide, por outro lado, Wilamowitz-Moellendorff, *Der Glaube*, op. cit., I, p. 199, e Zuntz, *Persephone*, op. cit., p. 62. A convergência foi explicada em termos racistas por E. Bickel, "Die Vates der Kelten und die 'Interpretatio Graeca' des südgallischen Matronenkultes im Eumenidenkult", in *Rheinisches Museum*, N.F., LXXXVII (1938), pp. 193-241.

21. Cf. R. Vallentin du Cheylard, "Sacellum consacré aux Méres victorieuses à Allan (Drôme)", in *Cahiers Rhodaniens*, IV (1957), pp. 67-72. Sobre as inscrições de Allan, cf. É. Espérandieu, in *Revue Épigraphique*, V (1903-8), pp. 179-83, que também forneceu uma descrição sumária das três estátuas mutiladas (hoje perdidas) das Mães. Não encontrando precedentes quanto ao epíteto "vitoriosas" atribuído às Mães, Espérandieu remeteu a moedas de Diocleciano e Maximiano, as quais representavam três mulheres com cornucópias, circundadas pela inscrição *Fatis victricibus*.

22. Cf. acima, pp. 138-41.

23. Cf. Diôdoros Sículo, *Biblioteca histórica*, IV, 80. Cf. também Avienus, "Les phénomènes d'Aratus", org. por J. Soubiran, *Les Belles Lettres*, Paris, 1981, vv. 99 ss. (em que aparece também uma referência ao mito arcádico de Calisto, sobre o qual vide acima), p. 185, nota 8.

24. Cf. E. Neustadt, *De Iove Cretico*, Berlim, 1906, pp. 18 ss.

25. Cf. M. P. Nilsson, *The Minoan-Mycenean religion and its survival in Greek religion*, Lund, 1950², pp. 533 ss.; id., *Geschichte der griechischen Religion*, I, Munique, 1967³, pp. 319 ss.; W. Aly, "Ursprung und Entwicklung der kretischen Zeusreligion", in *Philologus*, LXXI (1912), pp. 457 ss.; P. Chantraine, "Réflexions sur les noms des dieux helléniques", in *L'antiquité classique*, 22 (1953), pp. 65-6.

26. *Scholia in Apollonium Rhodium*, org. por C. Wendel, Berolini, 1935, p. 81.

27. Cf. S. Reinach, "L'Artémis arcadienne et la déesse aux serpents de Cnossos" (1906), in *Cultes*, op. cit., pp. 210-22; vide também o verbete "Helike" (de Gundel) in Pauly-Wissowa, *Real-Encyclopädie*, op. cit., VII, 2860-1.

28. Cf. R. Franz, "De Callistus fabula", in *Leipziger Studien zur classischen Philologie*, XII (1890), pp. 235-365; P. Lévêque, "Sur quelques cultes d'Arcadie: princesse-ourse, hommes-loups et dieux-chevaux", in *L'Information Historique*,

XXIII (1961), pp. 93-108; W. Sale, "Callisto and the virginity of Artemis", in *Rheinisches Museum*, N.F., 108 (1965), pp. 11-35; G. Maggiulli, "Artemide--Callisto", in *Mythos. Scriptain honorem Marii Untersteiner*, [Gênova] 1970, pp. 179-85; P. Borgeaud, *Recherches sur le dieu Pan*, Genebra, 1979, pp. 41 ss.; W. Burkert, *Momo necans*, trad. it., Turim, 1981, p. 69; A. Henrichs, "Three approaches to Greek mythology", in *Interpretations of Greek Mythology*, org. por J. Bremmer, Londres e Sydney, 1987, pp. 242-77, especialmente pp. 254 ss.

29. Indicações bibliográficas in Borgeaud, *Recherches*, op. cit., p. 10; cf. também L. R. Palmer, *Minoici e micenei*, trad. it., Turim, 1969, pp. 111-2.

30. Segundo V. J. Georgiev, *Introduzione alla storia delle lingue indoeuropee*, trad. it., Roma, 1966, p. 15 (que remete a W. Merlingen, in *Mnēmēs Kharin. Gedenkschrift P. Kretschmer*, II, Viena, 1957, p. 53), *arkos* seria a forma mais arcaica. A hipótese de W. Sale sobre a origem extra-arcádica da transformação de Calisto em ursa ("Callisto", op. cit.) parece dificilmente sustentável. A analogia estrutural entre os mitos arcádicos e os cretenses é sublinhada, em perspectiva ligeiramente diferente, por Borgeaud, *Recherches*, op. cit., pp. 44 e 68-9 (ao passo que Henrichs, "Three approaches", op. cit., pp. 261-2, a considera irrelevante).

31. Sobre a dependência dos mitos arcádicos para com os cretenses (já afirmada por Reinach, "L'Artémis arcadienne", op. cit., especialmente p. 221), cf. J. Laager, *Geburt und Kindheit des Gottes in der griechischen Mythologie*, Winterthur, 1957, pp. 174 ss.; R. Stiglitz, *Die grossen Göttinen Arkadiens*, Baden bei Wien, 1967, p. 64, nota 218. A hipótese contrária foi sustentada por S. Marinatos, in *Archäologischer Anzeiger*, 1962, col. 903-16. O elemento cretense é intensamente sublinhado por Nilsson, *Geschichte*, op. cit., I, p. 320.

32. G. Arrigoni, "Il maestro del maestro e i loro continuatori: mitologia e simbolismo animale in Karl Wilhelm Ferdinand Solger, Karl Ottfried Müller e dopo", in *Annali della Scuola Normale Superiore di Pisa*, "classe di lettere e filosofia", s. III, XIV (1984), pp. 937-1029, sobretudo pp. 975 ss. Os pontos de discordância em relação a esse importante ensaio serão formulados pouco a pouco.

33. O epíteto é registrado também por Pausânias, que faz referência a "estátuas lígneas de Aristeia e Calisto"; como considero, e como confirmam os versos de Panfo, estes últimos são atributos de Ártemis; deixo de lado, embora a conheça, outra interpretação que dela se apresenta" (Pausânias, *Guida della Grecia*, I, 29, 2, org. por D. Musti e L. Beschi, Milão, 1982). Não me parece que remeter a Panfo em vez de a Safo (lição hoje aceita de forma unânime, como observa Arrigoni, "Il maestro", op. cit., p. 978, nota 80) anule o valor do testemunho. De resto, vide A. Philadelpheus, "Le sanctuaire d'Artemis Kallistè et l'ancienne rue de l'Académie", in *Bulletin de Correspondence Hellénique*, LI (1927), pp. 158-63 (ao qual remete Arrigoni na nota citada).

34. Cf. L. G. Kahil, "Autour de l'Artémis attique", in *Antike Kunst*, 8 (1965), pp. 20 ss.; A. Brelich, *Paides e Parthenoi*, I, Roma, 1969, pp. 229-311; C. Sourvinou (depois Sourvinou-Inwood), "Aristophanes, 'Lysistrata', 641-647",

in *The Classical Quarterly*, n.s., XXI (1971), pp. 339-42; T. C. W. Stinton, "Iphigenia and the bears of Brauron", ivi, XXVI (1976), pp. 11-3; L. Kahil, "L'Artémis de Brauron: rites et mystères", in *Antike Kunst*, 20 (1977), pp. 86-98; C. Montepaone, "L'arkteia a Brauron", in *Studi Storico-religiosi*, III (1979), pp. 343 ss.; M. B. Walbank, "Artemis bear-leader", in *Classical Quarterly*, 31 (1981), pp. 276-81; S. Angiolillo, "Pisistrato e Artemide Brauronia", in *La Parola del Passato*, XXXVIII (1983), pp. 351-4; H. Lloyd-Jones, "Artemis and Iphigenia", in *Journal of Hellenic Studies*, CIII (1983), pp. 91 ss.; L. G. Kahil, "Mythological repertoire of Brauron", in *Ancient Greek art and iconography*, org. por W. G. Moon, Madison (Wisc.), 1983, pp. 231-44. Mais indicações bibliográficas in Arrigoni, "Il maestro", op. cit., p. 1019.

35. Cf. os textos discutidos por Arrigoni, "Il maestro", op. cit.

36. Cf., por exemplo, a descrição, indireta mas muito precisa, que Pausânias (VIII, 41, 4 ss.) fez da antiga imagem de Deméter Phigalia; e, no geral, cf. Lévêque, "Sur quelques cultes", op. cit. As afirmações aqui feitas (bem como as que seguem) pressupõem a análise da imagem clássica da Arcádia realizada por P. Borgeaud (*Recherches*, op. cit.), sem, contudo, aceitar suas implicações céticas (p. 10). De resto, a substancial veracidade daquela imagem, baseada em testemunhos exclusivamente literários, é confirmada pela referência simultânea do próprio Borgeaud ao arcaísmo do dialeto arcádico.

37. Cf. P. Faure, "Nouvelles recherches de spéléologie et de topographie crétoises", in *Bulletin de Correspondance Hellénique*, pp. 209-15; id., *Fonction des cavernes crétoises*, Paris, 1964, pp. 144 ss.; R. F. Willets, *Cretan cults and festivals*, Londres, 1962, pp. 275-7; A. Antoniou, "Minoische Elemente im Kult der Artemis von Brauron", in *Philologus*, 125 (1981), pp. 291-6; Lloyd-Jones, "Artemis", op. cit., p. 97, nota 72. Vide, também, o artigo "Kynosura" in Pauly-Wissowa, *Real-Encyclopädie*, op. cit. Sobre a possibilidade de identificar uma continuidade entre religião micênica e religião grega, cf. W. K. C. Guthrie, "Early Greek religion in the light of the decipherment of Linear B", in *Bulletin of the Institute of Classical Studies of the University of London*, 6 (1959), pp. 35-46.

38. Cf. Neustadt, *De Iove Cretico*, op. cit., que desenvolve as observações de A. Claus, *De Dianae antiquissima apud Graecos natura*, Bratislava, 1881, pp. 87 ss.; H. Posnansky, "Nemesis und Adrasteia", *Breslauer Philologische Abhandlungen*, V, 2, Breslau, 1890, pp. 68 ss. Sobre Bendis, cf. R. Pettazzoni, "The religion of Thrace", in *Essays in the history of religion*, Leiden, 1954, pp. 81 ss.; I. Chirassi-Colombo, "The role of Thrace in Greek religion", in *Thracia II*, Serdicae, 1974, pp. 71 ss., especialmente 77-8; Z. Gočeva, "Le culte de la déesse thrace Bendis à Athènes", in ib., pp. 81 ss.; D. Popov, "Artemis Brauro (déesse thraco-pélasgique)", in *Interaction and acculturation in the Mediterranean*, I, Amsterdã, 1980, pp. 203-21.

39. No geral, cf. C. Christou, *Potnia Thērōn*, Tessalônica, 1968; L. Kahil, "Artemis", in *Lexicon iconographicum mythologiae classicae*, II, 1 e 2, Zurique e

Munique, 1984, pp. 618-753 (vide adiante, p. 113). Para um exemplo cretense, cf. L. Pernier, "Templi arcaici di Priniàs. Contributo allo studio dell'arte dedalica", in *Annuario della R. Scuola Archeologica di Atene...*", I (1914), pp. 68 ss., figuras 37-8.

40. Nessas características liminares insiste J.-P. Vernant, *La mort dans les yeux*, Paris, 1985.

41. Cf. Philadelpheus, "Le sanctuaire", op. cit.; vide igualmente Claus, *De Dianae antiquissima*, op. cit., pp. 54 ss., e Neustadt, *De Iove*, op. cit., p. 49. Sobre Ártemis *Kourotrophos*, cf. M. P. Nilsson, *The Minoan-Mycenean religion*, op. cit., p. 503.

42. Esse e outros aspectos foram sublinhados por J. J. Bachofen no célebre ensaio *Der Bär in den Religionen des Alterthums*, Basileia, 1863. Sobre ele, cf. T. Gelzer, "Bachofen, Bern und der Bär", in *Jagen und Sammeln. Festschrift für Hans-Georg Bandi zum 65. Geburtstag*, Berna, 1985, pp. 97-120 (devo o conhecimento desse texto à gentileza de Giampiera Arrigoni, que dele me ofereceu uma fotocópia). Deverão ser consideradas as observações de W. Sale ("Callisto and the virginity of Artemis", op. cit.) sobre a ausência de características propriamente maternas na figura de Ártemis.

43. Cf. Bachofen, *Der Bär*, op. cit., ao qual remonta também a primeira intuição da unidade do grupo. Uma epígrafe encontrada em Zurique, em 1868, sugeriu a Bachofen reflexões sobre o tema do urso (*Gesammelte Werke*, X, Basileia e Stuttgart, 1967, pp. 409-11). Sobre o grupo de Muri, cf. S. Reinach, "Les survivances du totémisme chez les anciens Celtes", in *Cultes*, op. cit., I, pp. 30 ss.; F. Stähelin, "Aus der Religion des römischen Helvetien", in *Anzeiger für Schweizerische Altertumskunde*, XXIII (1921), pp. 17 ss.; A. Leibundgut, *Die römischen Bronzen der Schweiz, III, Westschweiz Bern und Wallis*, Mainz am Rhein, 1980, pp. 66-70, nº 60, gravuras 88-94, com outra bibliografia (fundamental); *Lexicon iconographicum*, op. cit., II, 1, 1984, p. 856. Parece-me que nunca foi publicado o fascículo das *Dissertationes Bernenses* dedicado à *Dea Artio*, no qual deveria aparecer também um ensaio de A. Alföldi (cf., deste último, "Die Geburt der kaiserlichen Bildsymbolik...", in *Museum Helveticum*, 8, 1951, p. 197, nota 22). Sobre os testemunhos relativos a Ártio, vide também M. L. Albertos, "Nuevas divinidades de la antigua Hispania", in *Zephirus*, III (1952), pp. 49 ss. Sobre os nomes do urso, cf. A. Meillet, *Linguistique historique et linguistique générale*, Paris, 1948, I, pp. 282 ss.

44. Cf. Leibundgut, *Die römische*, op. cit., pp. 69-70; sobre a iconografia da deusa sentada, já identificada por Bachofen, *Der Bär*, op. cit., p. 34, cf. Faider-Feytmans, "La 'Mater' de Bavai", op. cit.; H. Möbius, *Studia varia*, org. por W. Shiering, Wiesbaden, 1967, pp. 140-5 ("Bronzestatuette einer niederrheinischen Matrone in Kassel"), 239-42 ("Statue einer Muttergöttin aus Normandie"). A conclusão, um tanto enfática, do ensaio de G. Arrigoni — "A deusa Ursa, quer ela se chamasse Ártemis, quer se chamasse Ártio, entrou definitivamente em declínio" ("Il maestro", op. cit., p. 1019) — é desmentida,

no caso de Ártio, pela perfeita congruência entre a etimologia (sobre a qual, porém, Arrigoni não se pronuncia, pp. 1004-5) e a versão mais antiga do grupo de Muri. Em nota acrescentada para levar em conta os resultados obtidos por A. Leibundgut, Arrigoni admite que a própria interpretação de uma "deusa 'ursina' enquanto protetora de ursos" "poderia, de qualquer forma, remontar no máximo à segunda ordenação dos bronzes de Muri" (p. 1005 e nota 137 bis), excluindo, portanto, a primeira. Certamente, a identificação dos dois estratos do grupo simplifica a tarefa do intérprete, como afirma Arrigoni (ib.), mas numa direção contrária à definida por ela.

45. Cf. V. Pisani, "Ellēnokeltikai", in *Revue des Études Anciennes*, XXVII (1935), pp. 148-50; porém, vide P. Kretschmer, *Glotta*, 27 (1939), pp. 33-4.

46. Cf. A. Meillet, in *Mémoires de la Société Linguistique de Paris*, XI (1900), pp. 316-7; E. Zupitza, "Miscellen", in *Zeitschrift für Vergleichende Sprachforschung*, XXXVII (1904), p. 393, nota, seguido por G. Bonfante, *I dialetti indoeuropei* (1931), Brescia, 1976, pp. 123 ss.

47. Cf. P. Chantraine, *Dictionnaire étymologique de la langue grecque*, Paris, 1968, pp. 110 e 117; W. Burkert, *Greek religion*, trad. inglesa ampliada, Cambridge (Mass.), 1985, p. 149.

48. Cf. M. Sánchez Ruipérez, "El nombre de Artemis, dacio-ilirio...", in *Emerita*, XV (1947), pp. 1-60, e id., "La 'Dea Artio' celta y la 'Artemis' griega. Un aspecto religioso de la afinidad celto-iliria", in *Zephirus*, II (1951), pp. 89--95. Sobre a identificação (hoje discutida) dos invasores aos dórios, cf. M. I. Finley, *La Grecia dalla preistoria all 'età arcaica*, trad. it., Bari, 1975, pp. 85, nota 3, e 98-9. Ceticismo em relação à hipótese de Sánchez Ruipérez (insuficientemente distinta da de V. Pisani in Arrigoni, "Il maestro", op. cit., p. 1004, nota 136) manifesta H. Krahe, *Die Sprache der Illyrier*, I, Wiesbaden, 1955, p. 81, não obstante a presença de nomes como *Artemo*, *Artemia* (messápio *Artemes*) em ilírico; a esses agregue-se o messápio *Artos* (C. De Simone, in Krahe, *Die Sprache*, op. cit., II, Wiesbaden, 1964, p. 113) que R. S. Conway (in R. S. Conway, J. Whatmough e S. E. Johnson, *The Pre-Italic dialects of Italy*, III, Cambridge, Mass., 1933, p. 6) associa ao ilírico *Artus* e ao céltico *Artobriga*. Os paralelos ilíricos já haviam sido recordados por G. Bonfante, "Di alcune isoglosse indo-europee 'centrali'", in *Rivista Greco-Indo-Italica*, XVIII (1934), pp. 223-5, a propósito de *arktos* (não de Ártemis). Na comunicação do mesmo autor sobre "Les éléments illyriens dans la mythologie grecque" (in "Vème Congrès International des Linguistes, Bruxelles, 28 août-2 septembre 1939", reeditado em 1973, *Résumés des communications*, pp. 11-2), Ártemis não é mencionada. Vide também A. J. van Windekens, "Sur les noms de quelques figures divines ou mythiques grecques", in *Beiträge zur Namenforschung*, 9 (1958), pp. 163-7.

49. Sobre as discutidas atestações em Linear B, cf. E. L. Bennet, *The Pylos tablets*, Princeton, 1955, pp. 208-9. Contra a identificação com Ártemis, cf. M. Gérard-Rousseau, *Les mentions religieuses dans les tablettes mycéniennes*, Roma, 1968, pp. 46-7, e sobretudo C. Sourvinou, in *Kadmos*, 9 (1970),

pp. 42-7 (que adere cautelosamente à hipótese de Ruipérez); a favor, A. Heubeck, in *Gnomon*, 42 (1970), pp. 811-2, e T. Christidis, in *Kadmos*, 11 (1972), pp. 125-8.

50. Cf. Singer, *Die Artussage*, op. cit., pp. 9 ss.; id., "Keltscher Mythos und französische Dichtung", in *Germanisch-romanisches Mittelalter*, Zurique e Leipzig, 1935, pp. 170-1.

51. *"Dicunt eam habere irsutas manus, guia tetigerit eas ad maxillas, et sentiebant esse irsutam"* (*Vat. lat.* 1245, f. 229r). C. Binz ("Zur Charakteristik", op. cit., pp. 150-1), desconcertado com toda essa "confusão", esforçou-se por resolvê-la supondo que as mãos da deusa fossem "ásperas" (*raube*) e "nuas" (*bloss*) e "nus" os "homens hirsutos" mencionados pouco depois pelas duas velhas.

52. *"Nam pro tunc vetula sine motu locali dormire cepit, et cum se iam sompniaret versus Herodianam vehi et manus leta proiceret, versam est ex motu vas et vetulam cum confusione ad terram proiecit"* (Klapper, "Deutscher Volksglaube", op. cit., p. 45).

53. Cf. *I benandanti*, op. cit., pp. 77-8.

54. Cf. W. Deonna, *Le symbolisme de l'oeil*, Paris, 1965, sobretudo pp. 159 ss.; id., in *Latomus*, XVI (1957), p. 205.

55. Cf. Christou, *Potnia*, op. cit., pp. 136ss.; Vernant, *La mort dans les yeux*, op. cit., pp. 29 e 35-6.

56. Cf. Deonna, *Le symbolisme*, op. cit., pp. 162-3, a propósito de Plutarco, *Vita Arat.*, 32; cf. também W. Hertz, "Die Sage von Giftmädchen", in *Gesammelte Abhandlungen*, org. por F. von der Leyen, Stuttgart e Berlim, 1905, pp. 181 ss.; S. Seligmann, *Der böse Blick und Verwandtes*, I, 1910, pp. 164 ss.; E. S. Mc Cartney, "The blinding radiance of the divine visage", in *The Classical Journal*, XXXVI (1940-1), pp. 485-8.

57. Cf. S. Reinach, "L'Hécate de Ménestrate", in *Cultes*, op. cit., II, pp. 307 ss. (a propósito de Plínio, *Naturalis historia*, 36, 32); a colocação da estátua de Hécate no templo de Éfeso é agora discutida por Kraus, *Hekate*, op. cit., pp. 39-40. Reinach recorda também (remetendo a Plutarco, *Vidas paralelas*, 17) o paládio do templo de Atena em Ilion, que nenhum homem devia ver: Ilos, por ter tentado salvá-lo durante um incêndio, foi cegado pela deusa.

58. Cf. B. Spina, "Quaestio de strigibus", in *Tractatus universi iuris*, t. XI, parte 2, org. por J. Menochio, G. Panciroli e F. Ziletti, Veneza, 1584, p. 356v. Uma dessas mulheres talvez fosse a Agnesina queimada como bruxa em 6 de agosto de 1523 (a primeira edição da *Quaestio* é do mesmo ano): cf. a lista dos justiçados transcrita pela Confraria Ferrarense da Morte (Biblioteca Municipal Ariostea, ms. Cl. I, nº 160, f. 16v).

59. Cf. A. Panizza, "I processi contro le streghe del Trentino", in *Archivio Trentino*, VIII (1889), p. 239; IX (1890), p. 99.

60. Id., ib., p. 236.

61. Cf. Propp, *Le radici storiche*, op. cit., pp. 114 ss., relembrado com mui-

ta acuidade, a propósito do penteado da "mulher do bom jogo", por Scalera McClintock, *Due arti*, op. cit., pp. 95-6, nota 35.

62. Cf. Panizza, "I processi", op. cit., pp. 244 passim. O detalhe dos velhos lenços que envolviam a cabeça de Sprecht (Perchta) conservou-se nos Alpes austríacos até nossos dias: cf. Hanika, "Bercht schlitzt den Bauch auf", op. cit., p. 40.

63. Cf. L. Rapp, *Die Hexenprozesse und ihre Gegner aus Tirol. Ein Beitrag zur Kulturgeschichte*, Innsbruck, 1874, p. 168: Juliane Winklerin conta que Anna Jobstin, eleita rainha da Inglaterra (o rei era o diabo), foi "vestida com belo manto de ouro e colocada em cima de uma pedra. No rosto, tinha olhos grandes como dois pratos (*wie zwei Teller*), com um olhar terrível" (cf. a descrição da "abadessa" no trono em *I benandanti*, op. cit., p. 84). Também Katherina Haselriederin fala de "dois olhos grandes como um prato" (p. 153). Do trabalho de Rapp depende (como me faz observar Giovanni Kral) P. Di Gesaro, *Streghe nel Tirolo*, Bolzano, 1983. cap. V (páginas não numeradas).

64. Cf. *Val. lat.* 1245, f. 229r: *"cuius faciem non viderunt quia eam occultat ita quod laterali videri nequeunt, propter quasdam etc."*.

65. A possibilidade de associar a *Dama de Elche* às descrições da "mulher do bom jogo" nos processos do vale de Fiemme me foi sugerida pela primeira vez, há muitos anos, por Ippolito Marmai (que, em seguida, me informou ter mudado de ideia). Depois, discuti longamente a questão com Xavier Arce, o qual desmontou com paciência e método as fantasiosas conjecturas que eu ia-lhe apresentando. Agradeço a ambos; a responsabilidade do que segue é, naturalmente, só minha.

66. A algumas dessas questões responde, de maneira um tanto apressada, G. Nicolini, "La Dame d'Elche: questions d'authenticité", in *Bullettin de la Société nationale des Antiquaires de France*, 1974 (publicado em 1976), pp. 60-72. Mas é bom ver a detalhada análise feita, a respeito de uma escultura com certas afinidades tipológicas, por F. Presedo Velo, "La Dama de Baza", in *Trabajos de Prehistoria*, n.s., 30 (1973), pp. 151-203.

67. Que se trata de um busto foi sustentado por E. Kukahn, "Busto feminino de terracotta de origen rhodio en el ajuar de una tumba ibicenca", in *Archivo Español de Arqueologia*, XXX (1957), pp. 3 ss., especialmente p. 13, nota 38. Mais cauteloso, A. Blanco Freijeiro, "Die klassischen Wurzeln der iberischen Kunst", in *Madrider Mitteilungen*, I (1960), p. 116. Segundo Presedo Velo, "La Dama de Baza", op. cit., p. 192, na base da *Dama de Elche* seriam ainda visíveis os sinais de um golpe de machado.

68. Para o princípio do século IV como *terminus ante quem*, cf. E. Kukahn, "Busto", op. cit., p. 14. Segundo A. García y Bellido, "¿Es la 'Dama de Elche' una creación de época augústea?", in *Archeologia Classica*, X (1958), pp. 129-32; id., "De nuevo la 'Dama de Elche' ", in *Revista de Occidente*, 15 (junho de 1964), pp. 358-67 (trad. alemã in *Iberische Kunst in Spanien*, Mainz, 1971, pp. 36-42), a

Dama seria uma obra pseudoarcaica do século II a.C. ou até do século I a.C. — hipótese que ficou sem seguidores.

69. Cf., por um lado, Nicolini, "La Dame", op. cit., e, por outro, E. Langlotz, "Ein Artemis-Kopf", in *Studies presented to David M. Robinson*, I, Saint Louis, 1951, I, p. 646 e gravura 65 *c* (confronto com a métope do templo de Hera em Selinunte); Blanco Freijeiro, "Die klassischen Wurzeln", op. cit., p. 117, que associa a *Dama* a um fragmento, talvez proveniente de Siracusa, conservado nos Museus Vaticanos; Kukahn, "Busto", op. cit.

70. Cf. Presedo Velo, "La Dama de Baza", op. cit., pp. 196 ss., e Zuntz, *Persephone*, op. cit., pp. 110-4.

71. Sobre a destinação funerária, cf. também T. Reinach, "La tête d'Elche au Musée du Louvre", in *Revue des Études Grecques*, 11 (1898), p. 51, nota 2; independentemente, S. Ferri, "Supplemento ai busti fittili di Magna Grecia (la Dama di Elche)", in *Klearchos*, 19 (1963), pp. 53-61; García y Bellido, "De nuevo la 'Dama de Elche'", op. cit.

72. Cf. Blanco Freijeiro, "Die klassischen Wurzeln", op. cit., p. 114 e gravura 24 *b*; G. Nicolini, *Les bronzes figurés des sanctuaires ibériques*, Paris, 1969, pp. 228-9; id., *Bronces ibéricos*, Barcelona, 1977, figuras 48, 49 e 51.

73. O texto já fora assinalado por Reinach, "La tête", op. cit., p. 52.

74. Cf. a ampla documentação reunida por P. Jacobsthal, "Zum Kopfschmuck des Frauenkopfes von Elche", in *Athenische Mitteilungen*, 57 (1932), pp. 67-73 (vide especialmente a gravura X, em que está reproduzida a Kore 666 do Museu da Acrópole).

75. Cf. Bertolotti, "Le ossa", op. cit., pp. 477-80.

76. Cf. J. W. Wolf, "Irische Heiligenleben", in *Zeitschrift für Deutsche Mythologie*, 1 (1853), pp. 203 ss., sobre o cervo ressuscitado por são Mochua Cuanus. Sobre o milagre do pato atribuído a santa Pharaildis, cf. *Acta sanctorum*, I, Antuérpia, 1643, pp. 170-3; L. van der Essen, *Étude critique et littéraire sur les "Vitae" des saints mérovingiens de l'ancienne Belgique*, Louvain, 1907, pp. 303-7; *Bibliotheca sanctorum*, V, Roma, 1964, col. 457-63; sobre o milagre do boi atribuído ao abade Guilherme de Villers, no Brabante, cf. Tommaso da Cantimpré, *Miraculorum, et exemplorum memorabilium sui temporis, libri duo*, Duaci, 1597, pp. 201-2. Vide, também, W. Mannhardt, *Germanische Mythen*, Berlim, 1858, p. 60.

77. Essas questões foram formuladas pela primeira vez por Mannhardt, *Germanische Mythen*, op. cit., p. 60, nota 1. Ao final de seu estudo "Tors färd till utgård", in *Danske Studier*, I (1910), pp. 65 ss., C. W. von Sydow inclinou-se a favor da hipótese céltica (que poderia ser avalizada pela analogia entre Thor e o deus celta Taranis: cf. H. Gaidoz, "Le dieu gaulois au maillet sur les autels à quatre faces", in *Revue Archéologique*, XV, 1890, p. 176). A derivação de uma versão pré-celta e pré-germânica foi sustentada por L. Schmidt (cf. adiante, p. 267, nota 154). No mesmo sentido, mas independentemente, cf. também Bertolotti, "Le ossa", op. cit.

78. Para uma síntese das discussões sobre esse tema, cf. o excelente ensaio de J. Henninger, "Neuere Forschungen zum Verbot des Knochenzerbrechens", in *Studia ethnographica et folkloristica in honorem Béla Gunda*, Debrecen, 1971, pp. 673-702; H. J. Paproth, *Studien über das Bärenzeremoniell*, I, Upsala, 1976, pp. 25 ss. Outras indicações bibliográficas serão citadas pouco a pouco.

79. Cf. L. Röhrich, "Le monde surnaturel dans les legendes alpines", in *Le Monde Alpin et Rhodanien*, 10 (1982), pp. 25 ss.

80. No *Ysengrimus*, poema latino da metade do século XII, santa Pharaildis é identificada explicitamente a Herodíade, a "intrigante patroa" noturna a quem obedece a terça parte do gênero humano (*"pars hominum meste tertia servit here"*: cf. *Ysengrimus*, texto, tradução e comentário a cargo de J. Mann, Leiden, 1987, l. II, vv. 71-94; corrija-se *I benandanti*, op. cit., p. 63, nota, a propósito da interpretação de passagem análoga do *Roman de la Rose*). Nessas palavras, J. Grimm viu, com razão, uma referência às crenças na procissão das almas conduzidas por Diana Herodíade ou Holda, embora não conseguisse encontrar nas vidas de santa Pharaildis elementos que justificassem a provável derivação de Verelde (equivalente médio-holandesa de Frau Hilde ou Holda) (*Deutsche Mythologie*, op. cit., I, pp. 236-7, seguido por Wesselofski, *Alichino*, op. cit., pp. 235-6). A referência à santa foi esclarecida pela descoberta de que o suposto autor do *Ysengrimus*, Nivardus, teria provavelmente um cargo na igreja de santa Pharaildis em Gand (cf. *Ysengrimus*, org. por E. Voigt, Halle a. S., 1884, I, pp. CXIX-CXX); mas a identificação de Pharaildis a Herodíade, na roupagem de guia noturna das almas, permaneceu sem explicação. Segundo o mais recente editor do *Ysengrimus* (J. Mann, ed., op. cit., pp. 89-97), tratar-se-ia de uma invenção do autor do poema, não de um elemento proveniente da cultura folclórica; Voigt (e, portanto, também Grimm) teriam entendido mal o sentido do episódio. Na realidade, o início do livro II do *Ysengrimus* sugere conclusões opostas. Nele, descreve-se uma velha camponesa, Aldrada, que mata um lobo, corta-o em pedaços, caminha três vezes através do cadáver esquartejado para evitar que volte à vida e por fim dirige orações a um grupo de santos (em parte inexistente). A invocação a Pharaildis, que encerra a série, alude jocosamente ao milagre do pato; evidentemente, Aldrada roga à santa que não faça o lobo ressuscitar dos ossos. O mesmo milagre é a chave, em vão procurada por Grimm, da identificação (sem dúvida, preexistente ao *Ysengrimus*) de Pharaildis a Herodíade.

81. Cf. A. Dirr, "Der kaukasische Wild- und Jagdgott", in *Anthropos*, 20 (1925), pp. 139-47.

82. Vide a documentação coletada por A. Gahs, "Kopf-, Schädel- und Langknochenopfer bei Rentiervölkern", in *Festschrift... P. W. Schmidt*, org. por W. Koppers, Viena, 1928, pp. 231-68. A tentativa de Gahs de interpretar tais ritos (na linha de seu mestre W. Schmidt) como sacrifícios dirigidos a um deus cósmico ou Ser Supremo é acertadamente criticada por Henninger, "Neuere Forschungen", op. cit.

83. Cf. E. J. Jessen, no apêndice (com numeração separada) a K. Leem, *Beskrivelse over Finmarkens Lapper... De Lapponibus Finmarchiae... commentatio... una cum... E. J. Jessen... Tractatu singulari de Finnorum Lapponumque Norvegic, religione pagana*, Kiøbenhavn, 1767, pp. 52-3. Essa e outras passagens foram assinaladas por A. Thomsen, "Der Trug des Prometheus", in *Archiv für Religionswissenschaft*, XII (1909), pp. 460-90.

84. Cf. A. I. Hallowell, "Bear ceremonialism in the northern hemisphere", in *American Anthropologist*, 28 (1926), p. 142, nota 617, cit. por Gahs, "Kopf-, Schädel und Langknochenopfer", op. cit., p. 251.

85. Cf. A. Salmony, *Corna e lingua. Saggio sull'antico simbolismo cinese e le sue implicazioni* (1954), trad. it., Milão, 1968; mas, sobre a derivação do motivo da Índia, vide as reservas de R. Heine-Geldern, in *Artibus Asiae*, 18 (1955), pp. 85-90. Além de M. Badner, "The protruding tongue and related motifs in the art styles on the American northwest coast, New Zealand and China", vide o ensaio conexo de R. Heine-Geldern, "A note on relations between the art styles of the Maori and ancient China" (os dois textos estão reunidos sob o título "Two studies of art in the Pacific area", *Wiener Beiträge zur Kulturgeschichte und Linguistik*, XII, 1966), Heine-Geldern supõe que tanto a arte Ch'angsha quanto a da costa americana norte-ocidental sejam derivadas de um estilo neolítico de entalhe em madeira, que por volta de 2500 a.C. teria sido comum à Rússia oriental, à Sibéria e à China. Os nexos artísticos, observa Heine-Geldern (p. 60), têm, como os linguísticos, valor de prova; vide, porém, sobre a mesma questão, o ensaio de Lévi-Strauss citado adiante, p. 403, nota 54.

86. Cf. J. de Vries, *Altgermanische Religionsgeschichte*, Berlim, 1957 (2ª ed. ampliada), II, p. 115, que remete a um estudo de Å. Olrik.

87. A dúvida é expressa por R. Karsten, *The religion of the Samek*, Leiden, 1955, pp. 24-5.

88. Cf. G. Ränk, *Der mystische Ruto in der samischen Mythologie*, Estocolmo, 1981; id., "The north-Eurasian background of the Ruto-cult", in *Saami pre-christian religion. Studies on the oldest traces of religion among the Saamis*, org. por L. Bäckman e Å. Hultkrantz, Estocolmo, 1985, pp. 169-78; O. Pettersson, "The god Ruto", in ibid., pp. 157-68.

89. Cf. Jessen, *Tractatu*, op. cit., p. 47.

90. Sobre esta última, cf. Burkert, *Homo necans*, op. cit., p. 235, nota 296. A hipótese aqui formulada é tida como demonstrada por K. Beitl, "Die Sagen vom Nachtvolk", in *Laographia*, XXII (1965), p. 19 (a propósito de Thor e são Germano).

91. Vide adiante, p. 396, nota 21.

92. Cf. C. Robert, in L. Preller, *Griechische Mythologie*, I, Berlim, 1894[4], p. 296, nota 2 (mas a remissão a H. Bazin, *Revue Archéologique*, 1886, pp. 257 ss., deve cair; cf. R. Fleischer, *Artemis von Ephesos*, Leiden, 1973, pp. 329 e 415). Cf. também U. Wilamowitz-Moellendorff, "Isyllos von Epidauros", *Phi-*

lologische Untersuchungen, 9 (1886), p. 68; id., *Hellenistische Dichtung in der Zeit des Kallimachos*, 1924, II, p. 50, e P. Kretschmer, in *Glotta*, XV (1927), pp. 177-8 (do mesmo autor, cf., também ivi, XXVIII (1939), pp. 33-4); vide também Chantraine, *Dictionnaire*, op. cit., I, pp. 116-7. Sobre *artamos*, cf. J.-L. Durand, "Bêtes grecques", in Detienne e Vernant, *La cuisine*, op. cit., p. 151; no geral, G. Berthiaume, *Les rôles du mágeiros*, Leiden, 1982 (nenhum dos dois menciona o possível nexo com *Artemis*).

93. Cf. João, 19, 31-6 (usado por M. Bertolotti como epígrafe de seu ensaio "Le ossa e la pelle dei buoi", op. cit.) que remete a *Êxodo*, 12, 46, e *Números*, 9, 12, identificando implicitamente Cristo ao cordeiro pascal. Sobre a questão, vide p. 263.

94. Essa interpretação é sugerida pelo verbo *apokopto*, usado por Pausânias; trata-se de um sinônimo de *kopto*, *katakopto*, que na linguagem sacrifical significam precisamente "cortar segundo as articulações" (cf. Berthiaume, *Les rôles*, op. cit., pp. 49 e 5). Vide também M. Jost, "Les grandes déesses d'Arcadie", in *Revue des Études Anciennes*, LXII (1970), pp. 138 ss., especialmente pp. 150-1, que discute as relações entre esse ritual e o *diasparagmos* dionisíaco, e agora *Sanctuaires et cultes d'Arcadie*, Paris, 1985, pp. 297 ss. (na p. 335, uma referência ao nexo Despoina-Ártemis). A analogia entre essas figuras já fora assinalada por Claus, *De Dianae antiquissima natura*, op. cit., p. 28; vide também B. C. Dietrich, "Demeter, Erinys, Artemis", in *Hermes*, 90 (1962), pp. 129-48. A misteriosa procissão (animais mascarados de homens? Homens mascarados de animais?) representada no manto da Despoina encontrada em Lykosura (hoje no museu arqueológico de Atenas) poderia ser conectada às questões que estamos discutindo: cf. Kahil, "L'Artemis de Brauron", op. cit., pp. 94 ss., com bibliografia. No geral, vide E. Lévy e J. Marcadé, in *Bulletin de Correspondance Hellénique*, 96 (1972), pp. 967-1004.

95. Cf. Nilsson, *The Minoan-Mycenean religion*, op. cit., pp. 508-9 (vide também pp. 232-5), que remete a P. Wolters, *Eph. Arch.*, 1892, pp. 213 ss., gravura 10, 1; R. Stiglitz, *Die grossen Göttinen*, op. cit., pp. 34-5.

96. Sobre a existência de um xamanismo feminino, cf. R. Hamayon, "Is there a tipically female exercise of shamanism in patrilinear societies such as the Buryat?", in *Shamanism in Eurasia*, org. por M. Hoppál, 2 vol. com paginação contínua, Göttingen, 1984, pp. 307-18. Segundo U. Harva (Holmberg), *Les représentations religieuses des peuples altaïques*, trad. francesa. Paris, 1959, p. 309, as mulheres xamãs ocupariam sempre uma posição subordinada; Lot-Falck, "Le chamanisme en Sibérie...", in *Asie du Sud-Est et Monde Insulindien. Bulletin du Centre de Documentation et de Recherche (Cedrasemi)*, IV (1973), nº 3, pp. 1 ss., nega isso, admitindo, porém, que elas são menos numerosas que os homens. Deveria ser considerada à parte a questão da frequência de homossexuais e travestis (machos) entre os xamãs, já revelada por M. Z. Czaplicka, *Aboriginal Siberia*, Oxford, 1914, pp. 242 ss.

97. Cf. L. Weiser (depois Weiser-Aall), "Zum Hexenritt auf dem Stabe",

in *Festschrift für Maria Andree-Eysn*, 1928, pp. 64-9; id., "Hexe", in *Handwörterbuch des deutschen Aberglaubens*, III, Berlim e Leipzig, 1930-1, col. 1849-51. Cf. também J. Fritzner, "Lappernes Hedenskab og Trolddomskunst...", in *Historik Tidsskrift* (Kristiania), IV (1877), pp. 159 ss. No geral, cf. *Studies in Lapp shamanism*, org. por L. Bäckman e Å. Hultkrantz, Estocolmo, 1978. O termo *gandreidh* (cavalgada mágica) aparece na saga islandesa de Thorstein (que li na tradução latina: "Vita Thorsteinis Domo-Majoris", in *Scripta historica Islandorum de rebus gestis veterum borealium, latine reddita...*, III, Hafnorfjordur, 1829, pp. 176-8): o herói, seguindo uma criança, monta um bastão e dirige-se a um além subterrâneo, do qual retorna com um anel e uma capa cravejada de gemas roubadas ao soberano lá debaixo. A narrativa está impregnada de motivos celtas: cf. J. Simpson, "Otherworld adventures in an Icelandic saga", in *Folk-Lore*, 77 (1966), pp. 1 ss. Sobre as características xamânicas do tema do roubo do além, vide p. 192.

98. Além de *I benandanti*, op. cit., p. XIII (vide acima, introdução, pp. 24--5), cf., de um ponto de vista diferente, H. Biedermann, *Hexen. Auf den Spuren eines Phänomens*, Graz, 1974, pp. 35 ss.

99. Cf. P. de Lancre, *Tableau de l'inconstance des mauvais anges et démons*, Paris, 1613, pp. 253 ss., especialmente p. 268. Dificilmente De Lancre terá lido um pequeno tratado de S. Fridrich, nativo de Lindau, dedicado às várias formas de perda temporária dos sentidos: *Von wunderlicher Verzückung etlicher Menschen welche bissweilen allein mit der Seele ohne den Leib and diesem und jenen Orth verzückt werden und wohin?...* ("Do êxtase extraordinário de alguns homens que às vezes vão em êxtase a este ou àquele lugar com a alma e sem o corpo"), s.l., 1592, folhas não numeradas (consultei um exemplar de propriedade da Carolina Rediviva de Upsala). Fridrich distinguia: o êxtase dos profetas; o de homens e mulheres pios (por exemplo, sua mãe e avó); aquele produzido por causas naturais (discutido no *De varietate rerum* de Cardano); o das bruxas, obtido por meio de unguentos (recordado no *De magia naturali* de Della Porta, sobre o qual vide adiante, nota 101). As transformações em animais eram mencionadas pelo *Canon episcopi*, que, numa nota marginal, também citava os êxtases dos encantadores lapões. Por outro lado, estes últimos são associados aos lobisomens por um autor que De Lancre conhecia bem, C. Peucer, num capítulo dedicado ao êxtase (*Commentarius de praecipuis generibus divinatiorum*, Frankfurt a. M., 1607, pp. 279 ss.).

100. Michelet sublinhou a "lucidez" de De Lancre, além da elegância do seu estilo (*La strega*, trad. it., Turim, 1980, p. 123). Um ensaio recente insiste em sua prolixidade e credulidade (M. M. McGowan, "Pierre de Lancre's 'Tableau de l' inconstance des mauvais anges et démons': the sabbat sensationalised", in *The damned art. Essays in the literature of witchcraft*, org. por S. Anglo, Londres, 1977, pp. 182-201); a longa seção sobre licantropia é definida como "*irrelevant and extraordinary*".

101. Cf. G. B. Della Porta, *Magiae naturalis sive de miraculis rerum natu-*

ralium libri III, Nápoles, 1558, p. 102. Nas edições posteriores, Della Porta replicou com violência às acusações de necromancia que lhe foram dirigidas por Bodin, suprimindo tacitamente a passagem: cf. id., *Magiae naturalis libri XX*, Nápoles, 1589, introdução, folhas não numeradas. Cf. também Tartarotti, *Del congresso notturno*, op. cit., pp. 141-2 e 146-7 (e Bonomo, *Caccia*, op. cit., p. 394).

102. Cf. J. Praetorius, *Saturnalia*, Leipzig, s.d., pp. 65 ss., 395 ss. e 403 ss.

103. Cf. P. C. Hilscher, *Curiöse Gedancken von Wütenden Heere, aus dem Lateinischen ins Teutsche übersetzt*, Dresden e Leipzig, 1702, f. Br. O valor cientifico dessa pequena obra é negado, erradamente, por Meisen, *Die Sagen*, op. cit., p. 12, nota. A precocidade de sua data é assinalada por L. Röhrich, *Sage*, Stuttgart, 1966, p. 24. A figura de Hilscher (1666-1730: vide os verbetes sobre ele in *Allgemeine Deutsche Biographie*) mereceria ser estudada com mais atenção.

104. Cf. Tartarotti, *Del congresso notturno*, op. cit., especialmente pp. 50 ss.; id. *Apologia del congresso notturno delle lammie*, Veneza, 1751, p. 159. O segundo texto é uma resposta a Scipione Maffei, o qual julgara excessivamente tímido o *Congresso notturno*. Sobre a polêmica (que envolve outras personagens), cf. F. Venturi, *Settecento riformatore*, I, Turim, 1969, pp. 353 ss.

105. Cf. Keysler, *Antiquitates selectae*, op. cit., especialmente pp. 491 ss. A identificação entre *Matronae* e druidesas, sustentada por Keysler, foi acertadamente refutada por Martin (*La religion des Gaulois*, op. cit., II, p. 154). No geral, vide S. Piggott, *The druids*, Nova York, 1985, pp. 123 ss.

106. Cf. A. Schöne, *Götterzeichen, Liebeszauber, Satanskult*, Munique, 1982, p. 134, que remete a G. Witkowski, *Die Walpurgisnacht im ersten Teile von Goethes Faust*, Leipzig, 1894, pp. 23 ss. (que não li).

107. Cf. Grimm, *Deutsche Mythologie*, op. cit., II, p. 906. O núcleo dessa página remontava exatamente a vinte anos antes: cf. "Das Märlein von der ausschleichenden Maus", in *Kleinere Schriften*, VI, Berlim, 1882, pp. 192-6. Complementações do próprio Grimm in *Deutsche Mythologie*, op. cit., III, pp. 312-3.

108. De Lancre era, contudo, conhecido por Heine: cf. Mücke, *Heinrich Heines Beziehungen*, op. cit., p. 116.

109. Sobre Odin, cf., no geral, De Vries, *Altgermanische Religionsgeschichte*, op. cit., II, pp. 27 ss. Em polêmica com D. Strömbäck, *Sejd*, Lund, 1935, G. Dumézil tratou de minimizar a presença de traços xamânicos na figura de Odin: cf. *Gli dèi dei Germani*, trad. it., Milão, 1979, pp. 53 ss., e *Du mythe au roman*, Paris, 1970, pp. 69 ss.; vide, porém, a revisão implícita in *Gli dei sovrani degli indoeuropei*, trad. it., Turim, 1985, pp. 174 ss., em que se fala de "práticas e pretensões xamânicas" e de textos nos quais "domina o xamanismo, quase siberiano". Tem opinião diferente J. Fleck, "Odinn's self-sacrifice — a new interpretation", in *Scandinavian Studies*, 43 (1971), pp. 119-42 e 385-413; id., "The case against 'shamanism'", *Arkiv för Nordisk Filologi*, 86 (1971), pp. 49-65. Sobre Guntram, é fundamental H. Lixfeld, "Die Guntramsage (AT 1645 A). Volkserzählungen vom Alter Ego und ihre schamanistische Herkunft", in *Fabula*, 13 (1972), pp. 60--107, com rica bibliografia; vide também R. Grambo, "Sleep as a means of ecs-

tasy and divination", in *Acta Ethnographica Academiae Scientiarum Hungaricae*, 22 (1973), pp. 417-25. Ambos ignoram L. Hibbard Loomis, "The sword-bridgeof Chrétien de Troyes and its Celtic original", in *Adventures in the Middle Ages*, Nova York, 1962 (o ensaio é de 1913), pp. 19-40, sobretudo pp. 39-40. Os componentes xamânicos da lenda são negados por J. Bremmer, *The early Greek concept of the soul*, Princeton, 1983, pp. 132-5, que remete a outros estudos, dentre os quais especialmente A. Meyer-Matheis, *Die Vorstellung eines Alter Ego in Volkserzählungen*, Friburgo, 1973 (diss.), pp. 65-86. Uma comparação com as metamorfoses xamânicas de Odin já fora proposta por F. von der Leyen: cf. "Zur Entstehung des Märchens", in *Archiv für das Studium der neueren Sprachen und Literaturen*, 113, N.F., 13 (1904), pp. 252 ss. Uma versão da lenda de Guntram circulava no Ariège no início do século XIV, sob a forma de *exemplum*: cf. Le Roy Ladurie, *Montaillou*, op. cit., pp. 608-9.

110. Cf. Hibbard Loomis, "The sword-bridge", op. cit.; B. Beneš, "Spuren von Schamanismus in der Sage 'Buile Suibhne'", in *Zeitschrift für Celtische Philologie*, 28 (1961), pp. 309-34 (outros estudos sobre o mesmo tema são menos confiáveis). A analogia entre druidas e xamãs é recusada como irrelevante por De Vries, *I celti*, op. cit., p. 268; tem opinião contrária Piggott, *The druids*, op. cit., pp. 184-5

111. Cf. *I benandanti*, op. cit., pp. 30-2; vide também de Lorris e Meun, *Le roman de la rose*, op. cit., IV, p. 229, vv. 18445-8, a propósito dos sequazes de *"dame* Habonde".

112. Cf. Olaus Magnus, *Historia de gentibus septentrionalibus*, Roma, 1555, pp. 115-6; Peucer, *Commentarius*, op. cit., p. 143r. Ambas as passagens são citadas, junto com testemunhos mais recentes, por J. Scheffer, *Lapponia*, Frankfurt e Leipzig, 1674, pp. 119 ss. (cap. XI: "De sacris magicis et magis Lapponum").

113. Eu deveria ter citado a página de Grimm relembrada acima a propósito daquilo que escrevi em *I benandanti*, op. cit., pp. 90-4.

114. Vide, de minha autoria, "Présomptions", op. cit., pp. 352 ss., nota 13, para um quadro sintético dos vários filões de pesquisa. Isso será detalhado paulatinamente nas páginas que seguem; deverá ser corrigida uma afirmação inexata, isto é, que Propp não conhecia *Das Jenseits im Mythos der Hellenen* de L. Radermacher.

3. COMBATER EM ÊXTASE [pp. 164-93]

1. Os autos do processo foram publicados por H. von Bruiningk, "Der Verwolf in Livland und das letzte im Wendeschen Landgericht und Dörptschen Hofgericht i. J. 1692 deshalb stattgehabte Strafverfahren", in *Mitteilungen aus der Livländschen Geschichte*, 22 (1924), pp. 163-220. Desenvolvo aqui a interpretação esboçada em *I benandanti*, op. cit., pp. 47-52. Naquela altura,

deixei escapar as intervenções (por outra parte irrelevantes) de J. Hanika, "Kultische Vorstufen des Pflanzenanbaues", in *Zeitschrift für Volkskunde*, 50 (1953), pp. 49-65, e H. Kübler, "Zum 'Livländischen Fruchtbarkeitskult'", ivi, 52 (1955), pp. 279-81. Um testemunho anterior sobre os lobisomens bálticos in Birkhan, "Altgermanistische Miszellen", op. cit., pp. 36-7. Para algumas integrações folclóricas, cf. A. Johansons, "Kultverbände und Verwandlungskulte", in *Arv*, 29-30 (1973-4), pp. 149-57 (gentilmente indicado por Erik af Edholm a quem agradeço).

2. Cf., sobretudo, Höfler, *Kultische Geheimbünde*, op. cit. Sobre a matriz ideológica (nazista) e o grande sucesso desse livro junto a estudiosos como S. Wikander, K. Meuli (que posteriormente assumiu uma atitude mais crítica) e G. Dumézil, cf., de minha autoria, "Mitologia germânica e nazismo", in *Miti emblemi spie*, op. cit., pp. 210-38. Contra a tendência dominante de aceitar ou recusar em bloco a tese de Höfler, deve ser sublinhado que ela, na realidade, se articula em três pontos. As sagas e, de modo geral, os testemunhos sobre a "caça selvagem" (*Wilde Jagd*) ou o "exército dos mortos" (*Totenheer*) tinha *a*) conteúdo mítico-religioso; *b*) exprimiam um mito heroico e guerreiro, substancialmente germânico; *c*) deviam ser interpretados como documentos de ritos praticados por organizações e grupos secretos de jovens geralmente fantasiados, dominados por furor extático, que pensavam estar personalizando os espíritos dos mortos. Em minha opinião, só o ponto *a*, que remonta pelo menos a J. Grimm, tem fundamento: as objeções de um folclorista antinazista como F. Ranke ("Das wilde Heer und die Kultbünde der Germanen...", 1940, agora em *Kleine Schriften*, org. por H. Rupp e E. Studer, Berna, 1971, pp. 380--408), que considera os testemunhos sobre a "caça selvagem" puras e simples alucinações, são inteiramente inaceitáveis. O ponto *b*, inspirado na orientação filonazista de Höfler, interpreta a documentação de maneira unilateral, isolando os temas guerreiros de um contexto mais amplo, que compreende também temas ligados à fertilidade. O ponto *c* exagera, também aqui por evidentes razões ideológicas, as sugestivas hipóteses formuladas por L. Weiser em seu *Altgermanische Jünglingsweihen* (Bühl [Baden], 1927), chegando, como destacou W. Krogmann (in *Archiv für das Studium des Neueren Sprache*, 168. Band, 90, 1935, pp. 95-102), a conclusões completamente absurdas, ditadas pela opção de interpretar de forma sistemática as descrições das procissões dos mortos e das correrias dos lobisomens como testemunhos de eventos reais. Sobre esse filão de pesquisa, vide as oportunas observações críticas de E. A. Philipson; "Die Volkskunde als Hilfswissenschaft der germanischen Religionsgeschichte", in *The Germanic Review*, XIII (1938), pp. 237-51. A influência de Höfler é evidente in F. Cardini, *Alle radici della cavalleria medievale*, Florença, 1981.

3. Cf., respectivamente, Höfler, *Kultische Geheimbünde*, op. cit., pp. 345 ss.; W. E. Peuckert, *Geheimkulte*, Heidelberg, 1951, pp. 109-17; L. Kretzenbacher, *Kynokephale Dämonen südosteuropäischer Volksdichtung*, Munique, 1968, pp.

91-5. Em polêmica com meu ensaio "Freud, l'uomo dei Lupi e i lupi mannari" (in *Miti emblemi spie*, op. cit., pp. 239-51), no qual eu antecipava alguns temas deste livro, vide R. Schenda, "Ein Benandante, ein Wolf, oder wer?.", in *Zeitschrift für Volkskunde*, 82 (1986), pp. 200-2 (outras intervenções surgem no mesmo fascículo).

4. Embora de pontos de vista diferentes, a interpretação em chave ritual das confissões de Thiess é partilhada também por Hanika, "Kultsche Vorstufen", op. cit., e H. Rosenfeld, "Name und Kult der Istrionen (Istwäonen), zugleich Beitrag zu Wodankult und Germanenfrage", in *Zeitschrift für Deutsches Altertum und Deutsche Literatur*, 90 (1960-1), p. 178.

5. Envelhecidos mas ainda úteis os estudos abrangentes de W. Hertz, *Der Werwolf*, Stuttgart, 1862; R. Andree, *Ethnographische Parallelen...*, I, Stuttgart, 1878, pp. 62-80; C. T. Stewart, "The origin of the werewolf superstition", *University of Missouri Studies, Social Science Series*, II, 3, 1909. Falta uma bibliografia sistemática que substitua a tentativa de G. F. Black, "A list of books relating to licanthropy", in *New York Public Library Bulletin*, 23 (1919), pp. 811-5. Estudos com caráter específico serão citados paulatinamente. Dentre aqueles dedicados a fenômenos extraeuropeus, vide, por exemplo, B. Lindskog, *African leopard men*, Estocolmo, 1954.

6. Cf. o livro (muito erudito mas absolutamente não convincente) de R. Eisler, *Man into wolf*, Londres, 1951; sobre o autor, cf. o feroz retrato traçado por G. Scholem, *Da Berlino a Gerusalemme*, trad. it., Turim, 1988, pp. 118-23. Numa perspectiva análoga à de Eisler (ainda basicamente junguiana), cf. também Burkert, *Homo necans*, op. cit., pp. 31, 37, 42 etc. (mas, na p. 77, as confissões de Thiess são entendidas, tal qual é hábito, como testemunho de comportamentos rituais).

7. Cf. L. Harf-Lancner, "La métamorphose illusoire: des théories chrétiennes de la métamorphose aux images médiévales du loup-garou", in *Annales E. S. C.*, 40 (1985), pp. 208-26; aos estudos sobre *Bisclavret*, agregar W. Sayers, "'Bisclavret' in Marie de France: a reply", in *Cambridge Medieval Celtic Studies*, 4 (inverno de 1982), pp. 77-82 (com rica bibliografia). Segundo L. Harf-Lancner, a fisionomia contraditória dos lobisomens nos textos medievais seria inspirada pela tentativa de matizar uma metamorfose que, para o pensamento cristão, era inaceitável; a tradição folclórica insistiria, ao contrário, no "comportamento bestial e inumano do lobisomem" ("La métamorphose", op. cit., pp. 220-1). Porém, essa mesma tradição folclórica deve ser considerada o resultado de um processo histórico, não um dado imutável.

8. Sobre tudo isso, cf. *I benandanti*, op. cit.

9. Cf. o esplêndido ensaio de R. Jakobson e M. Szeftel, "The Vseslav Epos", in *Memoirs of the American Folklore Society*, 42 (1947), pp. 13-86, especialmente pp. 56-70; a ser complementado com R. Jakobson e G. Ružičić, "The Serbian Zmaj Ognjeni Vuk and the Russian Vseslav Epos, in *Annuaire de l'Institut de Philologie et d'Histoire Orientales et Slaves*, X (1950), pp. 343-55.

Ambos os ensaios são tomados em consideração pelo utilíssimo livro de N. Belmont, *Les signes de la naissance*, Paris, 1971, pp. 57-60. Em italiano, vide o *Cantare della gesta di Igor*, org. por R. Poggioli, Turim, 1954, e a coletânea *Le byline*, org. por B. Meriggi, Milão, 1974, pp. 41-9 ("Volch Vseslavevič").

10. Cf. *I benandanti*, op. cit., pp. 18 e 24. O costume é documentado também na Lapônia: cf. T. I. Itkonen, *Heidnische Religion und späterer Aberglaube bei den Finnischen Lappen*, Helsinque, 1946, pp. 194-5.

11. *I benandanti*, op. cit., p. 147.

12. Cf. *Augustin Lercheimer (Professor H. Witekind in Heidelberg) und seine Schrift wider den Hezenwahn*, org. por C. Binz, Estrasburgo, 1888, p. 55 ss. Em outros lugares, a mesma personagem é chamada Wilken.

13. Cf. *I benandanti*, op. cit., pp. 9-10.

14. Vide acima, p. 143.

15. Cf. O. Clemen, "Zum Werwolfsglauben in Nordwestrussland", in *Zeitschrift des Vereins für Volkskunde*, 30-2 (1920-2), pp. 141-4.

16. Cf. C. Peucer, *Commentarius de praecipuis generibus divinationum*, Wittenberg, 1560, pp. 140*v*-5*r* (essas páginas faltam na primeira edição, publicada em 1553).

17. Cf. *Corpus reformataram*, XX, Brunswick, 1854, col. 552. A identificação (que escapou a Binz) entre o autor da carta e Witekind é de Clemen, "Zur Werwolfsglauben", op. cit. Tanto esse ensaio quanto o *Christlich Bedencken* de Lercheimer foram geralmente negligenciados pelos estudiosos desses argumentos; entre as exceções, Von Bruiningk, "Der Werwolf in Livland", op. cit., e K. Straubergs, "Om varulvarna i Baltikum", in *Studier och Oeversikter Tilllägrade Erik Nylander...*, *Liv och Folkkultur*, s.B., I (1951), pp. 107-29, especialmente pp. 114-6. Vide agora, de outro ponto de vista, F. Baron, "The Faust book's indebtedness to Augustin Lercheimer and Wittenberg sources", in *Daphnis*, 14 (1985), pp. 517-45 (com uma bibliografia posterior).

18. O detalhe do menino coxo que conduz os lobisomens, ausente no *Christlich Bedencken*, falta também no relatório da lição de Melantone (cf. *Corpus reformatorum*, XX, op. cit.); Peucer dela terá tido conhecimento por meio da carta de Witekind ou diretamente deste, de viva voz. Sobre isso, vide acima, pp. 252 ss.

19. Além de Heródoto, *Histórias* (IV, 105), cf. Peucer, *Commentarius*, op. cit., p. 141*r*. Bodin afirmou estar de posse de uma carta de um alemão ao condestável de França, na qual se descreviam fenômenos análogos: "A posteridade confirmou, portanto, muitas coisas escritas por Heródoto, que pareciam inacreditáveis para os antigos" (*Demonomania de gli stregoni*, trad. it., Veneza, 1597, p. 176). A Heródoto, além de a testemunhos linguísticos e arqueológicos não bem especificados, remete M. Gimbutas, *Bronze Age cultures in central and eastern Europe*, Haia, 1965, p. 443.

20. Cf. acima, p. 129.

21. As passagens de Heródoto (IV, 105), Pausânias (VIII, 2, 6) e Plínio

(VIII, 81) são comentadas (em meu entender, numa perspectiva redutiva) por G. Piccaluga, *Lykaon*, Roma, 1968. Sobre Petrônio, cf. o belo ensaio de M. Schuster, "Der Werwolf und die Hexen. Zwei Schauermärchen bei Petronius", in *Wiener Studien*, XLVIII (1930), pp. 149-78, que escapou a R. O. James, "Two examples of Latin legends from the Satyricon", in *Arv*, 35 (1979), pp. 122-5 (apressado, mas útil pelas referências a temas paralelos no âmbito escandinavo). Para a Irlanda, cf. Hertz, *Der Werwolf*, op. cit., p. 133, que remete a Giraldus Cambrensis, "Topographia Hibernica", II, 19 (*Opera*, V, Londres, 1887, org. por J. F. Dimock, pp. 101 ss.), redigida não depois de 1188, em que é narrado o encontro, ocorrido cinco ou seis anos antes, de um padre com um homem e uma mulher transformados em lobos; Eisler, *Man into wolf*, op. cit., pp. 138-9, nota 111. Para Burcardo de Worms, cf. Migne, *Patrologia Latina*, CXL, col. 971. Sobre Witekind, vide acima, p. 168 ss.

22. Vide, respectivamente, R. Buxton, "Wolves and werewolves in Greek thought", in *Interpretations of Greek mythology*, op. cit., pp. 60-79, e Schuster, "Der Werwolf", op. cit., p. 153, nota 14 (não mencionado no ensaio precedente).

23. Para o primeiro ponto, parece sintomático que a descoberta dos "ritos de passagem" tenha ocorrido graças às pesquisas de R. Hertz sobre a dupla sepultura (cf. acima, p. 324, nota 25). Para o segundo, bastará remeter a Propp, *Le radici storiche*, op. cit.

24. Cf. o fundamental ensaio de W. H. Roscher, "Das von der 'Kynanthropie' handelnde Fragment des Marcellus von Side", in *Abhandlungen der Philologisch-historischen Classe der Königlich Sächsischen Gesellschaft der Wissenschaften*, 17 (1897), especialmente pp. 44-5 e 57; na p. 4, reconhecia-se o débito em relação a *Psyche* de Rohde. Este respondeu com importante recensão publicada postumamente in *Berliner Philologische Wochenschrift*, 18 (1898), col. 270--6 (vide *Kleine Schriften*, Tübingen e Leipzig, 1901, II, pp. 216-23). As indicações de Roscher foram desenvolvidas por L. Gernet, "Dolon le loup", agora in *Anthropologie de la Grèce antique*, Paris, 1968, pp. 154-71. Sobre o chapéu de Hades, cf. S. Reinach, artigo "Galea", in C. Daremberg e E. Saglio, *Dictionnaire des antiquités grecques et romaines*, II, 2, Paris, 1896, p. 1430; outras indicações bibliográficas in A. Alvino, "L'invisibilità di Ades", in *Studi Storico-religiosi*, V (1981), pp. 445-51, que, contudo, parece ignorar o ensaio de Gernet. Abundante documentação sobre o nexo entre o lobo (e o cão) e o mundo dos mortos in F. Kretschmar, *Hundestammvater und Kerberos*, Stuttgart, 1938, 2 v.

25. Cf. W. E. Peuckert, in *Handwörterbuch des deutschen Aberglaubens*, 9, Berlim, 1938-41, col. 783-4, e Höfler, *Kultische*, op. cit., pp. 16-8. Note-se que na ilha de Guernsey o *varou* é um espírito noturno, identificável com o morto (*varw* em bretão): cf. E. Mac Culloch, *Guernsey folk lore*, Londres, 1903, pp. 230-1.

26. Cf. o importante ensaio de L. Weiser-Aall, "Zur Geschichte der altgermanische Todesstrafe und Friedlosigkeit", in *Archiv für Religionswissen-*

schaft, 30 (1933), pp. 209-27. Além deste: A. Erler, "Friedlosigkeit und Werwolfsglaube", in *Paideuma*, I (1938-40), pp. 303-17 (grandemente influenciado por Höfler); G. C. von Unruh, "Wargus, Friedlosigkeit und magisch-kultische Vorstellungen bei den Germanen", in *Zeitschrift für Rechtsgeschichte*, "Germ. Abt.", 74 (1957), pp. 1-40; T. Bühler, "Wargus-friedlos-Wolf", in *Festschrift für Robert Wildhaber*, Basileia, 1973, pp. 43-8. Em polêmica com essa linha interpretativa, cf. H. Siuts, *Bann und Acht und ihre Grundlagen im Totenglauben*, Berlim, 1959, pp. 62-7; M. Jacoby, *Wargus, vargr, "Verbrecher", "Wolf". Eine Sprach- und Rechtsgeschichtliche Untersuchung*, Upsala, 1974 (que tenta, de maneira inconvincente, demonstrar que os testemunhos medievais e pós-medievais sobre os lobisomens não possuem ligações com a cultura folclórica por sofrerem demasiada influência de noções clássicas e cristãs; vide também a severa resenha de J. E. Knirk in *Scandinavian Studies*, 49, 1977, pp. 100-3). Sobre as raízes do nexo entre lobos e foras da lei na Antiguidade grega e romana, cf. J. Bremmer, "The 'suodales' of Poplios Valesios", in *Zeitschrift für Papyrologie und Epigraphik*, 47 (1982), pp. 133-47. Vide agora J. N. Bremmer e N. M. Horsfall, *Roman myth and mythography*, Londres, 1987 (University of London, Institut of Classical Studies, Bulletin Supplement 52), pp. 25 ss.

27. Em penetrante recensão a Kretzenbacher, *Kynokephale Dämonen*, op. cit., R. Grambo propôs associar o complexo das crenças sobre os lobisomens "a uma técnica extática difundida em âmbito eurasiático" (*Fabula*, 13, 1972, pp. 202-4).

28. Cf. Olaus Magnus, *Historia*, op. cit., pp. 442 ss.

29. Cf. Ae. Strauch, *Discursus physicus lykanthropíam quam nonnulli in Livonia circa Natalem Domini vere fieri narrant, falsissimam esse demonstrans... praeses M. Michael Mej Riga Livonus*, Wittenberg, 1650; F. T. Moebius, *De transformatione hominum in bruta ... sub praesidio J. Thomasii*, Leipzig, 1667. No geral, o tema dos lobisomens tornou-se, por volta de meados do século XVII, em grande moda na Alemanha; é prova disso, por exemplo, o *Cyllenes facundus, hoc est problema philosophicum de lycanthropis, an vere illi, ut fama est, luporum et aliarum bestiarum formis induantur? cum aliis quaestionibus hinc emanantibus...?*, Speier, 1647, que contém os títulos dos discursos pronunciados por doze professores e igual número de estudantes do ginásio de Speier.

30. Cf. os estudos de O. Höfler, W. E. Peuckert, L. Kretzenbacher etc., citados acima, p. 371, nota 3.

31. Cf. Deonna, "Croyances funéraires", op. cit.

32. Cf. acima, pp. 122-3.

33. Cf. *I benandanti*, op. cit., p. 89, e a referência isolada de Peucer (acima, p. 169).

34. Cf. a passagem de Wittgenstein citada na introdução, p. 31.

35. Para o que segue, cf. M. Bošković-Stulli, "Kresnik-Krsnik, ein Wesen aus der kroatischen und slovenischen Volksüberlieferung", in *Fabula*, III (1959--60), pp. 275-98 (uma versão revista está agora traduzida in *Metodi e Ricerche*,

n.s., VII, pp. 32-50). O conhecimento desse ótimo ensaio ter-me-ia permitido tratar de modo adequado a associação *benandanti-kresniki* referida muito de passagem em *I benandanti*, op. cit., p. 200. Sobre a duradoura vitalidade desses fenômenos, cf. P. Del Bello, "Spiegazione della sventura e terapia simbolica. Un caso istriano" (tese discutida na Universidade de Trieste no ano acadêmico de 1986-7, tendo como orientador o prof. G. P. Gri, que dela me transmitiu gentilmente as partes mais relevantes).

36. O texto foi editado pela primeira vez em 1837; aqui, tomo em consideração as correções propostas por Bošković-Stulli (p. 279, nota 11) e, independentemente, por G. Trebbi, "La Chiesa e le campagne dell'Istria negli scritti de G. F. Tommasini", in *Quaderni Giuliani di Storia*, I (1980), p. 43.

37. Bošković-Stulli afirma que os *kresniki* podem ser tanto homens quanto mulheres ("Kresnik-Krsnik", op. cit., p. 278); de fato, todos os casos citados, exceto um (p. 281), concernem a homens.

38. Cf. D. Burkhart, "Vampirglaube und Vampirsage auf dem Balkan", in *Beiträge zur Sudösteuropa-Forschung...*", 1966, pp. 211-52 (ensaio muito útil, embora aqui e ali viciado por excessiva insistência em categorias envelhecidas, como animismo e pré-animismo).

39. Cf. *I benandanti*, op. cit., pp. 91-3.

40. A bibliografia em húngaro foi-me inacessível, por causa do idioma. Porém, vide sobre a analogia entre *benandanti* e *táltos* o excelente ensaio de G. Klaniczay, "Shamanistic elements in central European witchcraft", e (de modo mais geral) M. Hoppál, "Traces of shamanism in Hungarian folk beliefs", in *Shamanism in Eurasia*, op. cit., pp. 404-22 e 430-46, ambos ignorados por A. M. Losonczy, "Le chamane-cheval et la sage-femme ferrée. Chamanisme et métaphore équestre dans la pensée populaire hongroise", in *L'Ethnographie*, 127 (1986), nº 98-9, pp. 51-70. Esses estudos integram a resenha bibliográfica de J. Fazekas, "Hungarian shamanism. Material and history of research", in *Studies in shamanism*, org. por C.-M. Edsman, Estocolmo, 1967, pp. 97-119. Em italiano, cf., além de M. Hoppál, "Mitologie uraliche", in *Conoscenza Religiosa*, 4 (1978), pp. 367-95, o livreto de A. Steiner, *Sciamanesimo e folklore*, Parma, 1980. Permanecem fundamentais, mesmo que discutíveis em parte ou envelhecidos, G. Róheim, "Hungarian shamanism", in *Psychoanalisis and the Social Sciences*, III (1951), pp. 131-69, e V. Diószegi, "Die Ueberreste des Schamanismus in der ungarischen Volkskultur", in *Acta Ethnographica Academiae Scientiarum Hungaricae*, VII (1958), pp. 97-134, que resumem trabalhos mais amplos publicados em húngaro, respectivamente em 1925 e 1958. Sobre as pesquisas etnográficas de Diószegi, vide T. Dömötör, in *Temenos*, 9 (1973), pp. 151-5; E. Lot-Falck, in *L'Homme*, XIII (1973), nº 4, pp. 135-41; J. Kodolányi e M. Varga, in *Shamanism in Eurasia*, op. cit., pp. XIII-XXI. Para outras indicações, vide também M. Sozan, *The history of Hungarian ethnography*, Washington, 1979, pp. 230-45 (sobre Róheim), pp. 327-30 (sobre Diószegi). Acerca da etimologia de *táltos*, cf. B. Gunda, "Totemistische Spuren in der

ungarischen 'táltos'-Ueberlieferung", in *Glaubenswelt und Folklore der sibirischen Völker*, org. por V. Diószegi, Budapeste, 1963, p. 46, que relembra (na linha de um estudo de D. Pais) o turco *taltis-taltus*, ou seja, "aquele que bate", "aquele que golpeia até a perda dos sentidos", descobrindo aí uma alusão ao êxtase (ou talvez às batalhas?). Outra etimologia, do finlandês *tietaja* (sábio, mago), foi proposta por Róheim, "Hungarian shamanism", op. cit., p. 146. Sobre a feitiçaria húngara, ainda é possível consultar com proveito V. Klein, "Der ungarische Hexenglaube", in *Zeitschrift für Ethnologie*, 66 (1934), pp. 374-402.

41. A passagem do processo está traduzida por G. Ortutay, *Kleine ungarische Volkskunde*, Budapeste, 1963, pp. 120-1. Cf. também T. Dömötör, "The problem of the Hungarian female táltos", in *Shamanism in Eurasia*, op. cit., pp. 423-29, especialmente p. 425.

42. Id., ib., p. 427.

43. Cf. Klaniczay, "Shamanistic elements", op. cit. Note-se que Diószegi, "Die Ueberreste", op. cit., pp. 125 ss., detém-se sobre o tema da luta entre os *táltos* mas não sobre seu objetivo, a fertilidade dos campos; cf., ao contrário, Róheim, "Hungarian shamanism", op. cit., pp. 140 e 142. Uma referência, bastante insuficiente, à organização militar que emerge dos processos de feitiçaria húngaros em *I benandanti*, op. cit., p. 40, nota 12. A riqueza de detalhes acerca desse ponto induziu T. Körner ("Die ungarischen Hexenorganisationen", in *Ethnographia*, 80, 1969, p. 211; trata-se do sumário de um ensaio publicado em húngaro) a supor que por volta de meados do século XVI os camponeses húngaros acusados de bruxaria tivessem dado origem a uma verdadeira seita, organizada militarmente. Contudo, a hipótese, que se contrapõe explicitamente à de Murray a propósito da sobrevivência de uma seita religiosa pré-histórica, também é privada de bases documentais. Mas, sobre as questões das possíveis correspondências entre estes mitos e determinados ritos, vide pp. 208 ss.

44. A conexão entre *táltos* e *kresniki* já fora captada por Róheim, "Hungarian shamanism", op. cit., pp. 146-7. No ensaio de Bošković-Stulli, "Kresnik-Krsnik", op. cit., falta, por sua vez, um confronto com os fenômenos húngaros, como destacou T. Dömötör, "Ungarischer Volksglauben und ungarische Volksbräuche zwischen Ost und West", in *Europa und Hungria*, org. por G. Ortutay e T. Bodrogi, Budapeste, 1965, p. 315 (a mesma crítica é extensível *I benandanti*: cf. acima, nota 43).

45. Cf. J. Klaproth, *Voyage au Mont Caucase et en Géorgie*, 2 v., Paris, 1823 (sobre os ossetas, cf. II, pp. 223 ss).

46. Cf. H. Hübschmann, "Sage und Glaube der Osseten", in *Zeitschrift der Deutschen Morgenländischen Gesellschaft*, 41 (1887), p. 533.

47. Cf. Klaproth, *Voyage*, op. cit., II, pp. 254-5. Esse trecho não é mencionado nos estudos citados na nota que segue.

48. Sobre tudo isso, cf. as pesquisas de B. Gatiev (1876) e V. Miller (1882), já assinaladas e utilizadas por Dumézil, *Le problème des centaures*, Paris, 1929,

92-3. Tive acesso a elas graças ao auxílio de Aleksándr Gorfunkel (que me conseguiu uma cópia) e Marussa Ginzburg (que as traduziu). Minha gratidão a ambos.

49. Cf. Evlyâ Çelebi, *Seyahâtnâme*, VII, Istambul, 1928, pp. 733-7. Peter Brown, além de indicar esse testemunho, ofereceu-me uma tradução inglesa; aqui lhe agradeço calorosamente.

50. Note-se que os utensílios domésticos aparecem raramente (excetuando-se a vassoura) entre os veículos usados pelas bruxas europeias para dirigir-se ao sabá. Dentre as exceções, as bruxas de Mirandola que cavalgavam bancos e banquinhos: cf. G. F. Pico, *Strix sive de ludificatione daemonum*, Bononiae [Bolonha], 1523, f. Dvr.

51. Cf. *I benandanti*, op. cit., pp. 111 ss.

52. Cf. *Il libro degli Eroi. Leggende sui Narti*, org. por G. Dumézil, trad. it., Milão, 1979², pp. 107-31: "Soslan nel Paese dei Morti" (o comentário não releva a analogia com o êxtase dos burkudzäutä); cf. também G. Dumézil, *Légendes sur les Nartes suivies de cinq notes mythologiques*, Paris, 1930, pp. 103 ss.

53. Cf. acima, pp. 132 ss.

54. Cf. G. Dumézil, *Storie degli Sciti*, trad. it., Milão, 1980, p. 12; J. H. Grisward, "Le motif de l'épée jetée au lac: la mort d'Artur et la mort de Badraz", in *Romania*, 90 (1969), pp. 289-340 e 473-514.

55. Sobre os brevíssimos estados de perda de consciência que precediam a vocação e a transformação em animais dos *táltos*, cf. Diószegi, "Die Ueberreste", op. cit., pp. 122 ss.; tem opinião diferente Róheim, "Hungarian shamanism", op. cit., p. 147.

56. Cf. acima, p. 177.

57. Cf. V. Foix, "Glossaire de la sorcellerie landaise", in *Revue de Gascogne*, pp. 368-9 e 450 (agradeço a Daniel Fabre ter-me indicado esse ensaio, enviando-me uma cópia).

58. Entre os *benandanti*, um (Menichino da Latisana) indicou só três datas: São Matias, Corpus Domini, São João: cf. *I benandanti*, op. cit., p. 112. Entre os *táltos*, a única data precisa indicada é a noite de são Jorge, na zona de Debrecen: cf. Róheim, "Hungarian shamanism", op. cit., p. 120.

59. É óbvio que cada um desses elementos, tomado isoladamente, circunscreve um âmbito muito mais vasto, de fato inútil para os fins desta pesquisa. Para uma confirmação, cf. E. Arbman, *Ecstasy or religious trance*, 3 v., Upsala, 1963-70, que, se o li com atenção, não menciona nem mesmo os fenômenos aqui analisados.

60. A referência é às célebres páginas de L. Wittgenstein, *Ricerche filosofiche*, trad. it., Turim, 1967, pp. 46 ss. (§ 65 ss.). É notório que a noção de "semelhanças de família" (p. 47, § 67) foi sugerida por uma experiência de F. Galton. Contudo, não vejo lembrada (mas alguém talvez o tenha feito) a verossímil ligação entre Wittgenstein e as páginas de Galton, ou seja, *L'interpretazione dei sogni* de Freud (cf. trad. it., Turim, 1976, pp. 144 e 275-6), em que as "semelhanças de

família" são introduzidas, em sentido um pouco diferente, para ilustrar o fenômeno da condensação onírica. Sobre o tema, de um modo geral, e suas implicações, cf. Needham, "Polythetic classification", op. cit. (fundamental).

61. Para tudo isso, cf. Eliade, "Some observations", op. cit., pp. 158-9. No geral, vide também H. A. Senn, *Werewolf and vampire in Rumania*, Nova York, 1982.

62. Sobre tudo isso, cf. o ensaio de G. Ravis-Giordani, "Signes, figures et conduites de l'entrevie-et-mort: finzione, mazzeri et streie corses", in *Études Corses*, 12-3 (1979), pp. 361 ss. (que me foi gentilmente enviado pelo autor), o qual discute as analogias com os *benandanti*. Útil material etnográfico in D. Carrington e P. Lamotte, "Les 'mazzeri'", ivi, nº 15-6 (1957), pp. 81-91; D. Carrington, *Granite Island*, Londres, 1971, pp. 51-61. Num livro muito superficial (*Le folklore magique de la Corse*, Nice, 1982), R. Multedo se refere, na p. 248, sem mais indicações, a xamãs (ou, por outro lado, trata-se de *mazzeri*?) que em suas viagens extáticas servem-se de um banco coberto por uma pele de cavalo.

63. Cf. *I benandanti*, op. cit., p. 97.

64. Ib., pp. 110 ss. Sobre o nascimento em que os pés vêm à frente, cf. Belmont, *Les signes de la naissance*, op. cit., pp. 129 ss.

65. Bošković-Stulli, "Kresnik-Krsnik", op. cit., p. 277.

66. Sobre sua difusão em várias partes da Europa, cf. E. F. Knuchel, *Die Umwandlung in Kult, Magie und Rechtsbrauch*, Basileia, 1919.

67. Cf. L. Allacci, *De templis Graecorum reentioribus... De Narthece ecclesiae veteris... nec non de Graecorum hodie quorundam opinionibus...*, Coloniae Agripinae, 1645, pp. 140 ss. Também das crianças nascidas entre o dia de Natal e o de são Basílio, e por isso suspeitas de poder tornar-se vampiros (*vrikolakes*), eram postos os pés num forno quente: cf. G. Drettas, "Questions de vampirisme", in *Études Rurales*, 97-8 (1985), p. 216, nota 4. Na Hungria, finge-se lançar ao fogo da lareira ou colocar na panela as crianças de que se suspeita a parteira tenha trocado: cf. Losonczy, "Le chamane-cheval", op. cit., p. 62. Para casos de interrogações similares àquelas referidas por Allacci, cf. Knuchel, *Die Umwandlung*, op. cit., p. 7; *I benandanti*, op. cit., p. 129.

68. Já fora observado por J. C. Lawson, *Modern Greek folklore and ancient Greek religion*, Cambridge, 1910 (desse livro, até hoje indispensável, existe uma reimpressão — Nova York, 1964 — com prefácio de A. N. Oikonomides), p. 210.

69. Agradeço calorosamente a Nikolaos Kontizas e Gianni Ricci suas informações sobre esse ponto.

70. A respeito disso tudo, cf. Lawson, *Modern Greek folklore*, op. cit., pp. 190-255.

71. Cf., respectivamente, F. Boll, "Griechische Gespenster", in *Archiv für Religionswissenschaft*, 12 (1909), pp. 149-51, que recusa a derivação, proposta por B. Schmidt, do turco *kaṭa-kondjolos* (vampiro); G. A. Megas, *Greek calendar*

customs, Atenas, 1958, pp. 33-7. Nada de novo sobre os *kallikantzaroi*, excetuando uma tentativa superficial de explicação psicológica, in R. e E. Blum, *The dangerous hour*, Nova York, 1970, pp. 119-22, 232 e 331.

72. Cf. R. Needham, "Polythetic classification", op. cit.

73. Cf. introdução, pp. 29-30.

74. Para os primeiros, cf. *I benandanti*, op. cit., pp. XIII, 51; Eliade, "Some observations", op. cit., pp. 153 ss. Para os *táltos*, depois dos estudos de G. Róheim e V. Diószegi, vide agora Klaniczay, "Shamanistic elements", op. cit., que estende aos *kresniki* o paralelo com os xamãs. Para os lobisomens, cf. G. H. von Schubert, *Die Geschichte der Seele*, Tübingen, 1839³, pp. 394 ss., retomado por R. Leubuscher, *Ueber die Wehrwölfe und Thierverwandlungen im Mittelalter. Ein Beitrag zur Geschichte der Psychologie*, Berlim, 1850, pp. 39-40 in nota. Não obstante uma remissão de Roscher à passagem de Leubuscher ("Von der 'Kynanthropie'", op. cit., p. 21, nota 52), o nexo entre xamãs e lobisomens foi amplamente ignorado pela literatura posterior; vide, porém, G. Vernadsky, "The Eurasian nomads and their art in the history of civilization", in *Saeculum*, I (1950), p. 81, e agora Å. Hultkrantz, "Means and ends in Lapp shamanism", in *Studies in Lapp shamanism*, op. cit., p. 57; R. Grambo, "Shamanism in Norwegian popular legends", in *Shamanism in Eurasia*, op. cit., p. 396. Os vestígios de motivos xamânicos nas *byline* russas, nas quais, como se recordará, aparecem também referências aos lobisomens, foram evidenciados por Meriggi (*Le byline*, op. cit., pp. 12, 21 ss. etc.); cf. também Jakobson, *Autoritratto*, op. cit., p. 134. Para os burkudzäutä, cf. a rápida mas precisa referência de É. Benveniste, *Études sur la langue ossète*, Paris, 1959, pp. 139-40. Para os *mazzeri*, cf. Ravis-Giordani, "Signes", op. cit., pp. 369 ss., que critica a analogia com os xamãs proposta por R. Multedo, *Le 'mazzerieme' et le folklore magique de la Corse*, Cervione, 1975 (que não li).

75. É esse o tema de M. Eliade, *Shamanism, archaic techniques of ecstasy*, Princeton (N. J.), 1974 (com ampla bibliografia, atualizada até 1964), mas que acaba considerando xamânicos também fenômenos não marcados pelo êxtase em sentido estrito; vide as críticas levantadas por D. Schroeder, in *Anthropos*, 48 (1953), pp. 671-8, e por Lot-Falck, "Le chamanisme en Sibérie", op. cit. Também L. Vajda, "Zur phaseologischen Stellung des Schamanismus", in *Ural-Altaische Jahrbücher*, 31 (1959), pp. 456-85, concorda em ver no êxtase um dos traços distintivos do xamanismo siberiano. Ao mesmo tempo, sublinha que nenhum de tais traços (sobre os quais, ver pp. 143-4) pode ser considerado exclusivamente xamânico; o que constitui a originalidade do xamanismo é a presença simultânea desses traços. Uma bibliografia selecionada está na excelente coletânea, organizada por U. Marazzi, *Testi dello sciamanesimo siberiano e centroasiatico* (Turim, 1984).

76. Cf. Peucer, *Commentarius*, op. cit., p. 143r: "*horis viginti quatuor elapsis, revertente spiritu ceu e profundo somno cum gemitu expergiscitur exanime corpus, quasi revocetur in vitam ex morte qui conciderat*".

77. Cf. *I benandanti*, op. cit., p. 104.

78. Cf. ib., p. 31: no Friul, na segunda metade do século XVI. o tempo concedido ao espírito para voltar ao corpo era de 24 horas. Na Lapônia, segundo informação coletada em 1922, era de três dias e três noites: cf. T. I. Itkonen, "Der 'Zweikampf' der lappischen Zauberer (Noai'di) um eine Wildrentierherde", in *Journal de la Société finno-ougrienne*, 62 (1960), fasc. 3, p. 4, nota 3.

79. Cf. V. Diószegi, "Le combat sous la forme d'animal des chamans", in *Acta Orientalia Academiae Scientiarum Hungaricae*, II (1952), pp. 315-6 (sumário, de amplo ensaio em russo). Uma referência nesse sentido in Harva (Holmberg), *Les représentations*, op. cit., p. 326, que se refere também à *fylgia* dos escandinavos (sobre a qual vide p. 289). A distinção entre xamãs "brancos" e "negros" que se observa sobretudo entre os buriatos tem, provavelmente, outro significado, como observa Vajda, "Zur phaseologischen", op. cit., pp. 471-3, que identifica nas batalhas travadas em êxtase um dos traços distintivos do xamanismo. Mas vide também L. Krader, "Buryat religions and society", in *Gods and rituals*, org. por J. Middleton, Austin e Londres, 1967, pp. 117ss.

80. Cf. *Monumenta historica Norvegiae latine conscripta*, org. por G. Storm, Kristiania, 1880, pp. 85-97. Vide também Hultkrantz, "Means and ends", op. cit., p. 54; R. Grambo, "Shamanism in Norwegian popular legends", in *Shamanism in Eurasia*, op. cit., pp. 391 ss.; R. Boyer, *Le monde du double*. Paris, 1986, pp. 65-6.

81. Cf. o importante ensaio de Itkonen, "Der 'Zweikampf'", op. cit., pp. 1 ss. Vide também: L. Bäckman, "Types of shaman: comparative perspectives", in *Studies in Lapp shamanism*, op. cit., p. 414.

82. Nesse ponto insiste acertadamente Klaniczay, "Shamanistic elements", op. cit., p. 414.

83. Elas concordam substancialmente com os traços isolados por Vajda, "Zur phaseologischen", op. cit. (que só li após ter escrito estas páginas). Algumas discordâncias são pouco significativas (por exemplo, na p. 465, Vajda refere-se às particularidades físicas dos futuros xamãs mesmo sem isolá-las como traço distintivo). A mais notável é a ausência de implicações cosmológicas nos fenômenos analisados aqui; cf., ao contrário, Vajda, pp. 470-1, sobre os xamãs siberianos.

84. Cf. T. Lehtisalo, *Entwurf einer Mythologie der Jurak-Samojeden*, Helsinque, 1924, p. 114. Vide pp. 289 ss.

85. Cf. Lot-Falck, "Le chamanisme", op. cit., p. 6.

86. Cf. Å. Ohlmarks, *Studien zum Problem des Schamanismus*, Lund, 1939; R. T. Christiansen, "Ecstasy and Arctic religion", in *Studia septentrionalia*, IV (1953), pp. 19-92; Å. Hultkrantz, "Type of religion in the Arctic cultures. A religio-ecological approach", in *Hunting and fishing...*, org. por H. Hvarfner, Luleå, 1965, pp. 264-318 (especialmente p. 310, que retoma de forma mais matizada as velhas teses de Ohlmarks). Para um ponto de vista mais profundo, cf. E. De Martino, *Il mondo magico*, Turim, 1948, pp. 91 ss.; Vajda, "Zur phaseologischen", op. cit., pp. 260-1; E. Lot-Falck, "Psychopathes et chamanes yakou-

tes", in *Échanges et communications. Mélanges offerts à Cl. Lévi-Strauss*, org. por J. Pouillon e P. Maranda, Haia e Paris, 1970, I, pp. 115-29; id., "Le chamanisme", op. cit., pp. 4 ss.

87. Cf. *I benandanti*, op. cit., 58 e 125.

88. Cf. Olaus Magnus, *Historia*, op. cit., pp. 115-6.

89. Cf. D. Strömback, "The realm of the dead on the Lappish magic drum", in *Arctica. Studia Ethnographica Upsaliensia*, XI (1956), pp. 216-20.

90. Foram publicados por K. R. Hagenbach, *Die Basler Hexenprozesse in dem 16ten und 17ten Jahrhundert*, Basileia [1840?], pp. 5-7, que várias vezes insiste nas características excepcionais do processo. Um eco igualmente deformado de temas similares talvez seja perceptível em alguns processos de feitiçaria instaurados em Szged (Hungria) em 1728; cf. T. Dömötör, *Hungarian folk beliefs*, Bloomington (Indiana), 1982, pp. 70-1.

91. Cf. Z. Kovács, "Die Hexen in Russland", in *Acta Ethnographica Academiae Scientiarum Hungaricae*, 22 (1973), pp. 51-85, especialmente pp. 82-3; o autor assinala a analogia com os processos de bruxas húngaros. O ensaio de Kovács parece ter passado despercebido a R. Zguta, "Witchcraft trials in seventeenth-century Russia", in *The American Historical Review*, 82 (1977), pp. 1187-207.

4. DISFARÇAR-SE DE ANIMAIS [pp. 194-216]

1. Sobre Hilscher, cf. acima, p. 160.

2. Cf. Hilscher, *De exercitu furioso*, op. cit., f. Dv. "*Consuetudine receptum fuerunt Francofurti, ut quotannis iuvenes pretio allecti currum multis vestitum frondibus visoque conspicuum vesperi conducant ostiatim non sine cantionibus et vaticiniis, quae tamen, ne fallant, abs consciis earum rerum, de quibus rogandi sunt, edocti fuerunt. Memoriam exercitus illius Ekkartini ita celebrari vulgus ait*" (segue-se uma remissão em nota à *Blockes-Berges Verrichtung* de Praetorius, sobre o qual vide acima, p. 161).

3. Assim haviam suposto O. Höfler e outros estudiosos influenciados por ele: cf. p. 371, nota 2.

4. Cf. P. Burke, *Popular culture in early modern Europe*, Londres, 1978 (trad. it.; Milão, 1980); *The invention of tradition*, org. por E. Hobsbawm e T. Ranger, Londres, 1984 (trad. it.: Turim, 1986).

5. Cf. M. Ozouf, *La fête révolutionnaire (1789-1799)*, Paris, 1976.

6. Do texto (já disponível in Migne, *Patrologia Graeca*, XL, col. 222-6) existe agora uma edição crítica: cf. Asterius of Amasea, *Homilies I-XIV*, org. por C. Datema, Leiden, 1970 (o sermão contra a calenda é o quarto). Para a data e a circunstância, cf. ibid., pp. XVIII e 228 ss. Além de uma referência de M. Lipenius, *Integra strenarum civilium historia...*, Leipzig, 1670, p. 94, vide o comentário de Nilsson, "Studien", op. cit., I, pp. 228 e 247 ss.

7. Cf. ibid., pp. 247 ss., para uma discussão das hipóteses propostas por F. Cumont (que descobriu e publicou os textos sobre a vida de são Dásio) e por outros. Frazer viu nesse texto uma confirmação das próprias teorias sobre a morte ritual do rei; vide, porém, as observações de G. Brugnoli, "Il carnevale e i Saturnalia", in *La Ricerca Folklorica*, 10 (outubro de 1984), pp. 49-54. Ver agora R. Pillinger, "Das Martyrium des Heiligen Dasius", in *Oesterreichische Akademie der Wissenschaften*, "phil.-hist. Klasse, Sitzungsberichte, 517. Band", Viena, 1988. (Assinalado por Jan Bremmer.)

8. Vide o característico comentário a propósito de uma tentativa de identificar na festa das calendas de janeiro a origem do carnaval: "Hoc vero est primam istam strenarum diabolicarum insaniem in vitam revocare" (Lipenius, *Integra*, op. cit., p. 121).

9. Cf. p. 345, nota 43.

10. Cf. K. Meuli, "Bettelumzüge im Totenkultus, Opferritual und Volksbrauch" (que, contudo, não menciona o texto de Astério); o ensaio, publicado originalmente em 1927-8, foi reeditado com adendos in *Gesammelte Schriften*, org. por T. Gelzer, I, Basileia-Stuttgart, 1975, pp. 33 ss. As conclusões de Meuli concordam em grande parte com aquelas a que chegou quase contemporaneamente Dumézil, *Le problème des Centaures*, op. cit., pp. 3 ss. (esse livro, depois renegado por seu autor em razão da impostação demasiado frazeriana, parece ainda atualíssimo). Material abundante sobre a França in A. van Gennep, *Manuel de folklore français contemporain*, I, VII, parte I, Paris, 1958, pp. 2874-981. Sobre a Ásia Menor. cf. Nilsson, "Studien", op. cit., p. 257. Sobre a Ásia central, cf. R. Bleichsteiner, "Masken- und Fastnachtsbräuche bei den Völkern des Kaukasus", in *Oesterreichische Zeitschrift für Volkskunde*, 55 (1952), pp. 3-76, especialmente pp. 18-9 e 43 ss. M. Meslin, *La fête des Kalendes de janvier dans l'empire romain. Étude d'un rituel de Nouveau An*, Bruxelas, 1970, p. 78, levanta a hipótese de uma conexão entre os ritos descritos por Astério e as mascaradas de jovens. Outra bibliografia in J. Bremmer e N. M. Horsfall, *Roman myth*, op. cit., pp. 82-3 (em que se rechaça a interpretação de Meuli).

11. Cf. Dumézil, *Le problème des Centaures*, op. cit., pp. 44 ss. Segundo Meuli, "Bettelumzüge", op. cit. (vide também *Gesammelte Schriften*, op. cit., pp. 211, 296 ss. e passim), os mortos deveriam ser identificados com os ancestrais. Mas os ritos e mitos que estamos analisando parecem referir-se mais aos mortos enquanto grupo indistinto: uma classe de idade entre aquelas que constituíam a comunidade da aldeia (cf. A. Varagnac, *Civilisation traditionnelle et genres de vie*, Paris, 1948, p. 244). No mesmo sentido, cf. C. Lévi-Strauss, "Le Père Noël supplicié", in *Les Temps Modernes*, 7 (1952), pp. 1573 ss., sobretudo p. 1586 (trad. it.: "Babbo Natale suppliziato", in *Razza e storia e altri studi di antropologia*, Turim, 1967, pp. 246-64, p. 257). Esse ensaio, embora escrito em tom aparentemente leve, coloca de forma densíssima questões decisivas, algumas das quais (se não erro) não foram depois retomadas na obra de Lévi-Strauss.

12. Cf. Meuli, "Bettelumzüge", op. cit.

13. Bremmer (*The early Greek concept*, op. cit., p. 116, nota 128) rechaça a interpretação de Meuli por esta basear-se em "hipóteses redutivas" de tipo evolucionista, extraídas das questões etnológicas. Observe-se, porém, que as pesquisas realizadas paralelamente por Dumézil (não discutidas por Bremmer) se apoiam em testemunhos extraídos do folclore europeu. O próprio Meuli representou de forma mais sólida as conclusões de "Bettelumzüge" em ensaios como "Die deutschen Masken" e "Schweizer Masken und Maskenbräuche", baseados numa comparação circunscrita (cf. *Gesammelte Schriften*, op. cit., pp. 69-162 e 177-250). Sobre as *Gesammelte Schriften* de Meuli, cf. J. Stagl, in *Anthropos*, 72 (1977), pp. 309 ss., e F. Graf, in *Gnomon*, 51 (1979), pp. 209-16, especialmente pp. 213-4.

14. Sobre toda a questão, as pesquisas de M. P. Nilsson ("Studien", op. cit., pp. 214 ss.) permanecem fundamentais, embora algumas conclusões, como veremos, devam ser corrigidas. Pouco acrescenta de novo Meslin, *La fête des Kalendes*, op. cit. Para a atribuição a Cesário de Arles do sermão sobre as calendas tradicionalmente atribuído a santo Agostinho, vide a bibliografia citada por E. K. Chambers, *The medieval stage*, II, Oxford, 1903, p. 297.

15. Cf. Nilsson, "Studien", op. cit., pp. 289 ss. (e vide acima, p. 148).

16. Cf. id., ib., pp. 234 ss.; sobre *vetula* (que não significa "velha", diversamente do que pensara Usener) e *hinnicula* (talvez em relação com Épona), cf. id., ib., pp. 240-1. Cf. também R. Arbesmann, "The 'cervuli' and 'anniculae' in Caesarius of Arles", in *Tradition*, 35 (1979), pp. 89-119, que segue a variante proposta por Rohlfs (*anicula*) mas não sua interpretação ("velha"); o termo significaria, genericamente, "jovem animal fêmea".

17. Essa conclusão é explicitamente recusada por um estudioso de formação positivista como Nilsson: veja-se a referência polêmica às interpretações ctônicas que estavam em moda entre os estudiosos alemães ("Studien", op. cit., p. 293, nota 124). Mas a crítica dirigida logo depois a E. Mogk, a propósito da conexão entre *Modranicht* e retorno dos mortos nos doze dias — os antepassados são ancestrais masculinos (isto é, pais), enquanto as mães se referem, em todas as religiões, a um âmbito de representações completamente diferente (*ganz anderen Vorstellungskreis*) —, é apriorística (vide acima, nota 11). Observe-se que, ao reeditar com acréscimos bibliográficos os próprios estudos sobre as calendas, Nilsson não citou os estudos de K. Meuli e de G. Dumézil surgidos nesse meio-tempo. As conclusões deles, como dissemos, reforçam indiscutivelmente, embora de pontos de vista diversos, a hipótese ctônica ou funerária.

18. Cf. introdução, p. 29-30.

19. A interpretação das mascaradas animais como fenômeno exclusivamente celta (ou céltico-germânico) proposta por Nilsson ("Studien", op. cit., p. 296) é negada pelas pesquisas de Meuli e Dumézil. Destes últimos leiam-se, além das críticas a Nilsson, a observação sobre a intercambiabilidade dos animais nas mascaradas modernas (*Le problème des Centaures*, op.

cit., pp. 31 ss. e 25). O fato de não examinar as mascaradas animais vicia as conclusões do ensaio, embora rico de observações sutis, de J.-C. Schmitt, "Le maschere, il diavolo, i morti nell'Occidente medievale" (in *Religione*, op. cit., pp. 206-38).

20. *Pecudum* pode referir-se tanto às cabras quanto às ovelhas. Sobre as cerimônias balcânicas, além da bibliografia citada por Nilsson ("Studien", op. cit., pp. 252-3), cf. A. J. B. Wace, "More mumming plays in the southern Balkans", in *Annual of the British School at Athens*, XIX (1912-3), pp. 248-65, que mostra como em alguns casos a Igreja ortodoxa conseguia transferir essas pantomimas do início do ano para uma data próxima do carnaval.

21. Cf. R. Wolfram, "Altersklassen und Männerbünde in Rumänien", in *Mitteilungen der Anthropologischen Gesellschaft in Wien*, LXIV (1934), p. 112; G. Fochsa, "Le village roumain pendant les fêtes religieuses d'hiver", in *Zalmoxis*, III (1940-2), pp. 61-102; R. Katzarova, "Surovaskari. Mascherate invernali del territorio di Pernik, Breznik e Radomir", in *Atti del convegno internazionale di linguistica e tradizioni popolari*, Udine, 1969, pp. 217-27; S. Zečević, "'Lesnik' — the forest spirit of Leskova in south Serbia", in *Ethnologia Slavica*, I (1969), pp. 171 ss.; E. Gasparini, "L'antagonismo del *koledari*", in *Alpes Orientales*, op. cit., I, pp. 107-24; K. Viski, *Volksbrauch der Ungarn*, Budapeste, 1932, pp. 15 ss. (sobre os *regös*); V. J. Propp, *Feste agrarie russe*, trad. it., Bari, 1978 (mas o texto é de 1963), pp. 77 ss. e 197 ss. Trata-se de estudos muito desiguais: o melhor é aquele, discutível mas rico de ideias, de E. Gasparini. Para um quadro geral, cf. Meuli, "Bettelumzüge", op. cit., e Dumézil, *Le problème des Centaures*, op. cit., pp. 3 ss.

22. Cf. G. Kligman, *Călus. Symbolic transformation in Rumanian ritual*, Chicago, 1981, p. 47.

23. Cf. uma referência de Wolfram, "Altersklassen", op. cit., p. 119, e, mais amplamente, O. Buhociu, *Die rumänische Volkskultur and ihre Mythologie*, Wiesbaden, 1974, pp. 46 ss.

24. Cf. Nilsson, "Das Rosenfest", in *Opuscula selecta*, op. cit., I, pp. 311-29; K. Ranke, *Rosengarten, Recht und Totenkult*, Hamburgo, s.d., pp. 18 ss.

25. Cf. Gasparini, "L'antagonismo", op. cit., p. 111. À mesma conclusão chegara Dumézil, *Le problème des Centaures*, op. cit., pp. 36 ss. Isso permite captar a inversão simbólica que está no centro de uma novela de Noël du Fail (*Les propos rustiques*, 1547: cito da ed. Paris 1878, org. por H. de la Borderie, pp. 75-84): Mistoudin, camponês bretão vítima de um pedido de esmola particularmente extorsivo, apropria-se do botim de seus assaltantes disfarçando--se de morto. (Cf. também N. Z. Davis, *Fiction in the archives*, Stanford (Cal.), 1987, pp. 69-70.)

26. Cf. Wace, "More mumming plays", op. cit., pp. 249 e 264-5.

27. Eu não daria importância ao fato de que justamente em Durostorum teria ocorrido o martírio de são Dásio.

28. Tem opinião contrária M. Eliade, "Chamanisme chez les Roumains?",

in *Societas Academica Dacoromana. Acta Historica*, VIII (1968), pp. 147 ss. (agora in id., *De Zalmoxis à Gengis Khan*, Paris, 1970, pp. 186-97, com o acréscimo de breve apêndice). O texto de Bandini foi publicado por V. A. Urechia, "Codex Bandinus...", *Analele Academiei Romane*, XVI (1893-4), "Memoriile sectiunii istorice"; a passagem em questão está na p. 328.

29. Cf. Nilsson, "Das Rosenfest", op. cit., pp. 327 ss. Material grego contemporâneo é discutido por F. K. Litsas, "Rousalia: the ritual worship of the dead", in *The realm of the extra-human. Agents and audiences*, org. por A. Bharati, Haia e Paris, 1976, pp. 447-65.

30. Cf. L. Rushton, "The angels. A women's religious organization in northern Greece", in *Cultural dominance in the Mediterranean area*, org. por A. Blok e H. Driessen, Nijmegen, 1984, pp. 55-81.

31. Cf. G. A. Küppers, "Rosalienfest und Trancetänze in Duboka. Pfingstbräuche im ostserbichen Bergland", in *Zeitschrift für Ethnologie*, 79 (1954), pp. 212 ss., baseado em pesquisa realizada em 1938-9; agregar à bibliografia M. E. Durham, "Trances at Duboka", in *Folk-Lore*, 43 (1932), pp. 225-38.

32. Cf. id., ib., p. 233, em que se registra — sem conseguir esclarecê-lo — o nexo entre êxtase e cuidado com os mortos.

33. Cf. id., ib., e Kligman, *Călus*, op. cit., pp. 58 ss. (que, porém, ignora os dados, em parte divergentes, reunidos por M. E. Durham e G. A. Küppers). Kligman refere-se também, em termos muito superficiais, à possibilidade de interpretar em chave psicanalítica os ritos de Duboka.

34. Cf. R. Vūia, "The Rumanian hobby-horse, the Călușari" (1935), in *Studii de etnografie si folclor*, Bucareste, 1975, pp. 141-51, especialmente p. 146.

35. Sobre os *călușari*, cf. Kligman, *Călus*, op. cit., que, contudo, examina quase exclusivamente os aspectos rituais do fenômeno. Sobre os aspectos míticos, além de Vūia, "The Rumanian hobby-horse", op. cit., é muito útil a tese inédita de O. Buhociu, "Le folklore roumain de printemps", Universidade de Paris, Faculdade de Letras, 1957, parcialmente utilizada por Eliade, "Some observations", op. cit. A propósito de Irodeasa, cf. Wolfram, "Altersklassen", op. cit., p. 121; Buhociu, "Le folklore", op. cit., p. 240; M. Eliade, "Notes on the Călușari", in *The Journal of the Ancient Near Eastern Society of Columbia University*, 5 (1973), p. 115; id., "Some observations", op. cit., p. 159, em que enfim se reconhece a identidade, não só terminológica, entre essas figuras romenas e seus correspondentes ocidentais. O nexo *zîna-Diana* já fora trazido à luz por Lesourd, "Diane", op. cit., p. 72. Num texto de origem semierudita que circulava na Toscana por volta do final do século XIX, Aradia assumira traços anticristãos e rebeldes: cf. C. G. Leland, *Aradia: the gospel of the witches*, Londres, 1974 (1ª ed. 1899), sobre o qual vide também E. Rose, *A razor for a goat*, Toronto, 1962, pp. 213-8.

36. Cf. Eliade, "Some observations", op. cit., pp. 159-60; vide também id., *De Zalmoxis*, op. cit., p. 173.

37. Cf. Eliade, "Some observations", op. cit., p. 158.

38. Cf. D. Cantemir, *Descriptio Moldaviae*, Bucareste, 1872, p. 130. Eliade, "Notes on the Călușari", op. cit., distorce a passagem, falando de "máscaras" e "troca de vozes para não ser reconhecidos".

39. Cf. Vuia, "The Rumanian hobby-horse", op. cit.; no mesmo sentido, Eliade, "Notes on the Călușari", op. cit., p. 117.

40. Cf. Wolfram, "Altersklassen", op. cit., p. 119.

41. Cf. Wesselofsky, *Alichino*, op. cit., p. 330, nota 5.

42. Cf. Kligman, *Călus*, op. cit., pp. 59 ss.; N. Kuret, "Frauenbünde und maskierte Frauen", in *Festschrift für Robert Wildhaber*, Basileia , 1973, pp. 334-47, especialmente p. 342 ss. Vide também R. Wolfram, "Weiberbünde", in *Zeitschrift für Volkskunde*, N.F., IV (1932), pp. 137-46 (influenciado por O. Höfler); W. Puchner, "Spuren frauenbündischer Organisationsformen im neugriechischen Jahreslaufbrauchtum", in *Schweizerisches Archiv für Volkskunde*, 72 (1976), pp. 146-70. A presença de rapazes e moças entre os *koljadanti* ucranianos (cf. Propp, *Feste agrarie*, op. cit., p. 75) parece estranha; mas cf. A. van Gennep, *Le folklore des Hautes-Alpes*, I, Paris, 1946, pp. 263-4 ("Château-Ville-Vieille").

43. Foram identificadas e em parte discutidas por Eliade, "Some observations", op. cit., pp. 158 ss. Referências à fertilidade numa pantomima dos *călușari* de Slobozia são feitas por A. Helm, em apêndice a A. Brody, *The English mummers and their plays*, Filadélfia, 1970, pp. 165-6.

44. Cf. Buhociu, "Le folklore", op. cit., p. 250.

45. Cf. a rica análise de Buhociu, "Le folklore", op. cit., pp. 159-234. Sobre a conexão entre são Teodoro e cavalos vide também T. A. Koleva, "Parallèles balkano-caucasiens dans certains rites et coutumes", in *Ethnologia Slavica*, III (1971), pp. 194 ss.

46. Cf. Eliade, "Notes on the Călușari", op. cit., p. 121. No calendário ortodoxo, as festas associadas ao nome de são Teodoro são três, referidas a três santos diferentes.

47. Vide, de minha autoria, "Charivari, associations juvéniles, chasse sauvage", in *Le Charivari*, org. por J. Le Goff e J.-C. Schmitt, Paris e Haia, 1981, pp. 131-40. Ao criticar minha interpretação, H. Bausinger observou que ela repete substancialmente a de O. Höfler ("Traditionale Welten, Kontinuität und Wandel in der Volkskultur", in *Zeitschrift für Volkskunde*, 81, 1985, pp. 178-9). Eu deveria tê-lo sublinhado — junto com o fato de que Höfler fora, por sua vez, precedido por K. Meuli ("Die deutschen Masken", op. cit., pp. 96 ss.). A conclusões em parte diversas chega J.-C. Schmitt (*Religione*, op. cit., pp. 206-37).

48. Cf. os textos citados por A. Kuhn, "Wodan", in *Zeitschrift für Deutsche Altertum*, XV (1845), pp. 472-94 (que chega a identificar Robin Hood a Wodan), e por R. Wolfram, "Robin Hood und hobby horse", in *Wiener Prähistorische Zeitschrift*, XIX (1932), pp. 357-74 (que, em parte, diverge das conclusões do ensaio precedente). As implicações míticas são negligenciadas nos ensaios

(de resto excelentes) dedicados ao *charivari* por N. Z. Davis ("Le ragioni del malgoverno", in *Le culture del popolo*, trad. it., Turim, 1980, pp. 130-74) e E. P. Thompson ("'Rough music': lo *charivari* inglese", in *Società patrizia e cultura plebea*, trad. it., Turim, 1981, pp. 137-80). Sobre este último, vide também, de minha autoria, "Charivari, associations juvéniles", op. cit. A propósito de Robin Hood, cf. agora P. R. Cross, "Aspects of cultural diffusion in medieval England: the early romances, local society and Robin Hood", in *Past and Present*, 108 (agosto de 1985), pp. 35-79.

49. Cf. Meuli, "Bettelumzüge", op. cit., pp. 57-8, e id., "Schweizer Masken", op. cit., pp. 179-80; no geral, vide também E. Hoffmann-Krayer, "Knabenschaften und Volksjustiz in der Schweiz", in *Schweizerisches Archiv für Volkskunde*, VIII (1904), pp. 81-9, 161-78; G. Caduff, *Die Knabenschaftens Graubündens*, Chur, 1929.

50. H. Jeanmaire, em ensaio bem conhecido ("La cryptie lacédémonienne" in *Revue des Études Grecques*, 26, 1913, pp. 121-50) foi o primeiro a sugerir um confronto com os dados, de proveniência etnológica, sobre a iniciação dos jovens. Vide, além deste, do mesmo Jeanmaire, *Couroi et Courètes*, Lille e Paris, 1939, pp. 540 ss.; J. Ducat, "Le mépris des Hilotes", in *Annales E. S. C.*, 29 (1974), pp. 1451-64; P. Vidal-Naquet, *Le chasseur noir. Formes de pensée et formes de société dans le monde grec*, Paris, 1981, pp. 151 ss.; Bremmer e Horsfall, *Roman myth*, op. cit. Em plano mais geral, vide Lévi-Strauss, "Le Père Noël", op. cit.

51. Sobre uns e outros, cf. L. Weniger, "Feralis exercitus", in *Archiv für Religionswissenschaft*, 9 (1906), pp. 201-47 (na p. 223, uma divagação belicista antifrancesa). Sobre o valor iniciático de pintar o rosto com gesso (como os curetes no mito cretense sobre a infância de Zeus), cf. J. Harrison, *Prolegomena to the study of Greek religion* (1903, 1907), Londres, 1980, pp. 491 ss.; id., *Themis* (1911), Londres, 1977, pp. 1-29. Sobre os fócios, vide A. Brelich, *Guerre, agoni e culti nella Grecia arcaica*, Bonn, 1961, pp. 46-52; de um ponto de vista diferente, P. Ellinger, "Le Gypse et la Boue: I. Sur les mythes de la guerre d'anéantissement", in *Quaderni Urbinati di Cultura Classica*, 29 (1978), pp. 7-35.

52. Cf. H. Güntert, *Ueber altisländische Berserkergeschichten*, "Beilage zum Jahresbericht des Heidelberger Gymnasiums", 1912, Heidelberg, 1912; Weiser, *Altgermanische*, op. cit., pp. 47-82; W. Müller-Bergström, "Zur Berserkerfrage", in *Niederdeutsche Zeitschrift für Volkskunde*, 12 (1934), pp. 241-4; G. Sieg, "Die Zweikämpfe der Isländersagas", in *Zeitschrift für Deutsches Altertum und Deutsche Literatur*, 95 (1966), pp. 1-27; G. Dumézil, *Heur et malheur du guerrier*, Paris, 1985[2], pp. 208 ss.

53. Cf. Gasparini, "L'antagonismo del koledari", op. cit., p. 111 e passim, que sugere uma conexão (não documentada) com a exogamia da aldeia, por sua vez associada a hipotéticas estruturas matriarcais. Vide também, do mesmo autor, *Il matriarcato slavo*, Florença, 1973, especialmente pp. 434 ss.

54. Sobre tudo isso, cf. o ensaio (inspirado por Meuli) de H. Dietschy,

"Der Umzug der Stopfer, ein alter Maskenbrauch der Bündner Oberlandes", in *Archives Suisses des Traditions Populaires*, XXXVII (1939), pp. 2543; Meuli, "Schweizer Masken", op. cit., pp. 183-5. Ao redigir sua *Rhetiae Alpestris topographica descriptio* (publicada só em 1884), D. Chiampel (Ulricus Chiampellus) decalcou em vários pontos a tradução latina da pequena obra de Tschudi, publicada por Sebastian Münster em 1538 — mas os detalhes acrescentados são evidentemente fruto de uma observação direta.

55. Tschudi, retomando em 1571 (*Gallia Comata*, publicada dois séculos depois) a página sobre os *Stopfer*, observou que desde alguns anos o costume caíra em desuso; em Surselva, pelo contrário, ainda era praticado (cf. Dietschy, "Der Umzug", op. cit.).

56. Cf. W. Hein, "Das Hutterlaufen", in *Zeitschrift des Vereins für Volkskunde*, 9 (1899), pp. 109-23, e, no geral, Meuli, "Schweizer Masken", op. cit.

57. Cf. Meuli, "Bettelumzüge", op. cit., p. 58; Dönner, *Tiroler Fasnacht*, op. cit., pp. 137-84.

58. Cf. o amplo quadro comparado delineado por G. Gugitz, "Die alpenländschen Kampfspiele und ihre kultische Bedeutung", in *Oesterreichische Zeitschrift für Volkskunde*, 55 (1952), pp. 101 ss. (falta, contudo, referência aos *punchiadurs*).

59. A analogia com as Perchten, já proposta por Caduff (*Die Knabenschaften*, op. cit., pp. 99-100) é desenvolvida por Dietschy, "Der Umzug", op. cit., pp. 34 ss. Meuli indagou se aquelas dos *punchiadurs* eram danças armadas ou verdadeiras batalhas rituais ("Schweizer Masken", op. cit., p. 184); a documentação friulana sugere a segunda alternativa.

60. Também H. Dietschy relembra os contos do velho Thiess ("Der Umzug", op. cit., p. 37, nota 1), aparentemente interpretando-os, como fizera Meuli, em sentido ritual em vez de mítico. Por seu lado, Meuli ("Schweizer Masken", op. cit., p. 185) supõe que os ritos dos *punchiadurs* sejam de origem alemã.

61. A propósito disso tudo, remeto ao riquíssimo ensaio de R. Bleichsteiner, "Masken- und Fastnachtsbräuche", op. cit. Sobre o autor — figura de estudioso original e isolado —, vide o necrológio e a bibliografia redigidos por L. Schmidt, in *Archiv für Völkerkunde*, IX (1954), pp. 1-7.

62. Cf. G. Charachidzé, *Le systéme religieux de la Géorgie païenne*, Paris, 1968, pp. 266 ss.

63. Cf. Bleichsteiner, "Masken- und Fastnachtsbräuche", op. cit., pp. 11 ss. e 42 ss.

64. Cf. Eliade, "'Chamanisme'", op. cit.: trata-se de uma conjectura de V. D. Diószegi, assumida (depois nas conclusões do ensaio) como dado seguro, que provaria a inexistência, em âmbito romeno, de formas de "xamanismo" (vide, porém, adiante, nota 66).

65. Cf. a documentação coletada por W. Muster, "Der Schamanismus und seine Spuren in der Saga, im deutschen Märchen und Glauben" (disserta-

ção), Graz, 1957 (que pude consultar graças à cortesia do dr. Pietro Marsilli) e, sobretudo, a útil resenha de A. Closs, "Der Schamanismus bei den Indoeuropäern", in *Innsbrucker Beiträge zur Kulturwissenschaft*, 14 (1968), pp. 289 ss. O próprio Closs (cf. "Die Ekstase des Schamanen", in *Ethnos*, 34, 1969, pp. 70-89, especialmente p. 77) relaciona os rituais conectados às Perchten a um "complexo de religiosidade mais ou menos paraxamânica", apesar da ausência de êxtase ou transe.

66. In "'Chamanisme' chez les Roumains?'" (op. cit., 1968), Eliade limitou-se, a propósito dos *călușari*, a rápida referência. In "Notes on the Călușari" (op. cit., 1973), discutiu-os amplamente, definindo suas danças como "paraxamânicas" e excluindo-os, dada a falta de referências ao êxtase, do "xamanismo" propriamente dito. In "Some observations on European witchcraft" (op. cit., 1975), associou os *călușari* aos *benandanti*, aceitando para estes últimos a analogia com o êxtase xamânico por mim proposta. No decorrer dos anos, Eliade continuou a ver no êxtase o traço distintivo do xamanismo; mas a identificação de características extáticas nos *strigoi* romenos (ib., p. 159) modificou implicitamente o panorama traçado no ensaio de 1968.

67. Cf. E. T. Kirby, "The origin of the mummers' play", in *Journal of American Folklore*, 84 (1971), pp. 275-88. Sobre o perigo de estender de forma indevida a noção de "xamanismo", cf. H. Motzki, *Schamanismus als Problem religions-wissenschaftlicher Terminologie*, Colônia, 1977 (que na p. 17 cita um convite à prudência formulado por Van Gennep em 1903).

68. Sobre as crianças (não iniciadas) como representantes dos mortos (superiniciados), cf. Lévi-Strauss, "Le Père Noël", op. cit., p. 1586 (trad. it., op. cit., p. 257).

69. Cf. as bem conhecidas páginas de M. Granel, *Danses et légendes de la Chine ancienne*, Paris, 1926, I, pp. 298 ss.; vide, além deste, D. Bodde, *Festivals in classical China*, Princeton, 1975, pp. 75-138; J. Lévi, "Aspects du mythe du tigre dans la Chine ancienne. Les représentations de la sauvagerie dans le mythe et le rituel chinois", tese de 3º ciclo (datilografada), pp. 133 ss. A personagem coberta por uma pele de urso com quatro olhos de metal amarelo é associada por C. Lévi-Strauss às máscaras múltiplas dos esquimós e dos kwakiutl (*Anthropologie structurale*, op. cit., p. 288): cf. também R. Mathieu, "La patte de l'ours", in *L'Homme*, XXIV (1984), p. 23, que relembra a esse respeito (remetendo a C. Hentze) o poder de ver tudo que os ugros habitantes na região do Ob atribuem ao urso.

70. Cf. M. Eliade, *Le mythe de l'éternel retour*. Paris, 1969 (1ª ed., 1949; trad. it.: Milão, 1975), especialmente pp. 83 ss. Recorde-se que, no prefácio a uma reedição inglesa (*Cosmos and history. The myth of eternal return*, Nova York, 1959, pp. VIII-IX), Eliade tratou de redefinir a expressão "arquétipo" em termos ontológicos e não psicológicos, distanciando-se de Jung. Nesse livro (de longe sua obra mais original), Eliade retomou uma série de elementos já isolados por Frazer (cf., por exemplo, *The golden bough*, IX: *The scapegoat*,

Nova York, 1935, p. 328), fundindo-os aos temas mortuários emersos das pesquisas de G. Dumézil (*Le problème des Centaures*, op. cit.), de O. Höfler (*Kultische Geheimbünde*, op. cit.) e de um seguidor deste último, A. Alawik. O patos da derrota inspirou a Eliade, que tinha experiência fascista e antissemita (cf. F. Jesi, *Cultura di destra*, Milão, 1979, pp. 38 ss.), a teorização da fuga da história. A conclusões opostas, mas partindo de reflexão em parte análoga sobre os temas da crise e do reinício, chegara E. De Martino em *Il mondo magico* (1948).

71. Cf., respectivamente, Eliade, *Le mythe*, op. cit., p. 87, que retoma as conclusões de A. Slawik (mas, ao mesmo tempo, declara não se ocupar da gênese das formas mítico-rituais), e V. Lanternari, *La grande festa*, Bari, 1976, pp. 538 ss. (em que se critica a perspectiva a-histórica e mistificante de Eliade).

72. Cf. H. Ehelolf, "Wettlauf und szenisches Spiel im hethitischen Ritual", in *Sitzungsberichte der Preussischen Akademie der Wissenschaften*, XXI (1925), pp. 267-72; W. Schubart, "Aus dem Keilschrift-Tafeln von Boghazköi", in *Gnomon*, 2 (1926), p. 63 (propõe tradução um pouco diferente da anterior); A. Lesky, "Ein ritueller Scheinkampf bei den Hethitern", in *Archiv für Religionswissenschaft*, 24 (1926-7), pp. 73 ss. (supõe que se trate de um rito de vegetação não mais entendido e, por isso, relacionado a um evento histórico; na p. 77, remete à passagem de G. Tschudi sobre os *Stopfer*); A. Götze, "Kulturgeschichte des alten Orients", in *Handbuch der Altertumswissenschaft*, III, 3, Munique, 1933, p. 152 (nega que se trate de um rito).

73. Cf. H. Usener, "Heilige Handlung", parte II: "Caterva", in *Kleine Schriften*, IV, Leipzig e Berlim, 1913, pp. 435-47 (como de hábito, rico de sugestões muito agudas). Cf. também Van Gennep, *Le folklore des Hautes-Alpes*, op. cit., I, pp. 62-3.

74. Contra essa interpretação, várias vezes proposta, cf. G. Dumézil, *La religione romana arcaica*, trad. it., Milão, 1977, pp. 197 ss., e id., *Fêtes romaines d'été et d'automne*, Paris, 1975, pp. 181 ss. (particularmente convincente, nas pp. 204-10, a demonstração do significado retrospectivo, e não optativo, das palavras de Festo *ob frugum eventum*).

75. Cf. Dumézil, *La religione romana*, op. cit., pp. 306 ss. (com bibliografia) e 322-3. Sublinha bastante esse ponto W. H. Roscher ("Das von der 'Kynanthropie'", op. cit.); cf. também E. Rohde, *Kleine Schriften*, op. cit., II, pp. 222-3.

76. Alguns anos atrás, após contrapor simbolistas (Frazer, Freud, o Cassirer da primeira fase) e funcionalistas (Durkheim e seus seguidores, J. Harrison, Malinowski, o Cassirer da segunda fase), E. Leach tomou resolutamente o partido dos segundos, declarando: muitas das comparações propostas por Frazer são de fato significativas, mas, dado que nelas o contexto é sistematicamente ignorado, o dogma funcionalista impõe ignorar suas implicações ("Lévi--Strauss in the garden of Eden: an examination of some recent developments in the analysis of myth", in *Transactions of the New York Academy of Sciences*, s. II,

v. 23, 1961, p. 387). Mas transgredir a imposição de Leach não significa necessariamente voltar a Frazer. Podemos repropor algumas questões formuladas por Frazer sem aceitar as respostas deste (meu Frazer leu Wittgenstein).

PARTE III

1. CONJECTURAS EURASIÁTICAS [pp. 218-33]

1. Cf. M. Artamonow, *Goldschatz der Skythen in der Ermitage*, Praga, 1970, p. 46 e lâminas 147, 148 e 150; *L'oro degli Sciti*, Veneza, 1975, ficha da fig. 26.

2. Nesse sentido, cf. P. Jacobsthal, *Early Celtic art*, Oxford, 1944 (reed. 1969), p. 161.

3. F. Hartog, em seu *Le miroir d'Hérodote*, Paris, 1980, propôs-se, inspirando-se em R. Barthes e, sobretudo, M. de Certeau, mais que em Rostovtzev ou Dumézil (pp. 24-5), analisar não os citas mas "os citas de Heródoto" em relação ao *"savoir partagé"* dos gregos do século V (p. 27; a noção relembra a de "horizonte de espera" elaborada por H. R. Jauss, citado na p. 14). Esse programa não tinha evidentemente condições de sustentar o peso do subtítulo do livro (*Essai sur la représentation de l'autre*); daí o confronto, ocasional mas inevitável, entre passagens de Heródoto e outro material documental (pp. 98 ss., sobre o culto de Dioniso na região do mar Negro; pp. 130 ss., sobre o ritual do juramento; pp. 141 ss., sobre a adivinhação); cf. também G. Dumézil, *La courtisane et les seigneurs colorés*, Paris, 1983, p. 129. Sobre as questões de caráter geral aqui referidas, veja-se, de minha autoria, "Prove e possibilità", em apêndice a N. Z. Davis, *Il ritorno di Martin Guerre*, trad. it., Turim, 1984, pp. 143-5.

4. Cf. o fundamental ensaio de K. Meuli, "Scythica" (1935), reeditado com correções e integrações in *Gesammelte Schriften*, op. cit., pp. 817-79. Desdobramentos posteriores e, em parte, discutíveis, in E. R. Dodds, *I Greci e l'irrazionale*, trad. it., Florença, 1959, pp. 159-209 (vide também a introdução de A. Momigliano, p. XI). As hipóteses de Meuli sobre as raízes xamânicas da poesia épica grega são retomadas, com menos cautela, por A. T. Hatto, "Shamanism and epic poetry in northern Ásia", in *Essays on medieval German and other poetry*, Cambridge, 1980, pp. 117-38. Para refutações (em minha opinião, inconvincentes) de Meuli, cf. K. Dowden, "Deux notes sur les Scythes et les Arimaspes", in *Revue des Études Grecques*, 93 (1980), pp. 486-92, e Bremmer, *The early Greek concept*, op. cit., pp. 25 ss. Note-se que no início do século XIX J. Potocki já associara os xamãs siberianos aos adivinhos citas descritos por Heródoto (*Voyages dans les steps d'Astrakhan et du Caucase...*, II, Paris, 1829, p. 128). Além disso, o cerne do ensaio de Meuli (também aqui a propósito de

Heródoto IV, 75) já fora antecipado por Niebuhr: cf. "Untersuchungen über die Geschichte der Skyten, Geten, und Sarmaten. (Nach einem 1811 vorgelesenem Aufsatz neu gearbeitet 1828)", in *Kleine historische und philologische Schriften*, Bonn, 1828, I, pp. 352-98, especialmente pp. 361-2. Mas tudo isso não diminui a originalidade do ensaio de Meuli.

5. Cf. M. P. Griaznov, "The Pazirik burial of Altai", in *American Journal of Archaeology*, 37 (1933), pp. 30-45 (despercebido por Meuli); mais amplamente, S. I. Rudenko, *Frozen tombs of Siberia*, trad. inglesa, Berkeley e Los Angeles, 1970, pp. 284-5 (que não cita Meuli). No geral, cf. G. Azarpay, "Some classical and Near Eastern motifs in the art of Pazyryk", in *Artibus Asiae*, 22 (1959), pp. 313-39. Vide também F. Hancar, "The Eurasian animal style and the Altai complex", ivi, 15 (1952), pp. 180 ss.; Balázs, "Ueber die Ekstase", in *Glaubenswelt*, op. cit., pp. 71 ss.; G. M. Bongard-Levin e E. A. Grantovskij, *De la Scythie à l'Inde*, trad. francesa, Paris, 1981, p. 91. As lajes de pedra em forma de bode descobertas na Sibéria e na Ásia central (cf. o belíssimo ensaio de A. Tallgren, "Some north-eurasian sculptures", in *Eurasia Septentrionalis Antigua*, XII, 1938, pp. 109 ss.) talvez fossem altares portáteis que serviam para queimar sementes de cânhamo: cf. K. Jettmar, "The slab with a ram's head in the Rietberg Museum", in *Artibus Asiae*, 27 (1964-5), pp. 291-300, especialmente p. 295.

6. Cf. W. Watson, *Cultural frontiers in ancient east Asia*, Edimburgo, 1971, pp. 96 ss. Vide também R. Heine-Geldern, "Das Tocharerproblem und die Pontische Wanderung", in *Saeculum*, II (1951), pp. 225 ss.; H. Kothe, "Die Herkunft der kimmerischen Reiter", in *Klio*, 41 (1963), pp. 5 ss. (em polêmica com o ensaio precedente); G. Vernadsky, "The Eurasian nomads and their impact on medieval Europe", in *Studi Medievali*, 3ª s., IV (1963), pp. 401--35, especialmente p. 403; K. Jettmar, "Die Entstehung der Reiternomaden", in *Saeculum*, II (1966), pp. 1-11. Sobre a hipótese (hoje amplamente contestada) de migrações de populações nômades da Ásia central rumo ao Ocidente no segundo milênio a.C., cf. A. M. Tallgren, "La Pontide pré-scythique après l'introduction des métaux", in *Eurasia Septentrionalis Antigua*, II (1926), pp. 214 ss.; J. Wiesner, *Fahren und Reiten in Alteuropa und im alten Orient*, Leipzig, 1938 ("Der alte Orient", 38, Heft 2.-4), pp. 46 ss.; S. Gallus e T. Horváth, *Un peuple cavalier préscythique en Hongrie*, Budapeste, 1939 ("Dissertationes Pannonicae", s. II, 9); W. Borgeaud, *Les Illiryens en Grèce et en Italie*, Genebra, 1943, pp. 66, que atribui aos supostos nômades orientais uma cultura permeada de elementos xamânicos. Os importantes estudos de A. Alföldi (sobre o qual vide adiante, pp. 429, nota 207) partem de hipóteses em parte semelhantes a estas.

7. Cf. A. M. Khazanov, *Nomads and the outside world*, trad. inglesa, Cambridge, 1986, pp. 85 ss.

8. Niebuhr foi o primeiro a formular essa tese ("Untersuchungen", op. cit., pp. 352 ss.). A discussão posterior foi viciada por evidentes preconceitos etnocêntricos e racistas, além da incapacidade de distinguir de língua (no caso

dos citas, certamente de cepa iraniana) ligações étnicas. Sobre toda a questão, cf. E. H. Minns, *Scythians and Greeks*, Cambridge, 1913 (reed. anastática, Nova York, 1965), pp. 85, 97 ss. Posteriormente, Minns acabou negando a presença de populações do ramo mongólico entre os citas (cf. E. D. Phillips, "In memoriam Ellis Howell Minns", in *Artibus Asiae*, 17, 1954, p. 172), mesmo afirmando cada vez com maior convicção a origem siberiana da arte cita: cf. O. Maenchen-Helfen, apud K. Jettmar, "In den Jahren 1955 bis 1962 erschienene Werke zur frühen Nomadenkunst der Asiatischen Steppen", in *Kunstgeschichtliche Anzeigen*, V. 1961-2), p. 194. A discussão ainda continua: cf. Gimbutas, *Bronze Age cultures*, op. cit., pp. 528 ss., especialmente pp. 576-7 (a favor da proveniência asiática dos citas); H. Kothe, "Pseudo-Skythen", in *Klio*, 48 (1967), pp. 61-79 (contrário).

9. Cf. H. S. Nyberg, *Die Religionen des alten Iran*, trad. alemã, Leipzig, 1938, pp. 167 ss. (que na p. 177 retoma a interpretação de Heródoto IV, 75 dada por Meuli), criticado por W. B. Henning, *Zoroaster, politician or witch-doctor?*, Oxford, 1951. Sobre essa discussão, vide A. Closs, "Iranistik und Völkerkunde", in *Acta Iranica*, 4 (1975), pp. 111-21. Um aprofundamento da tese de Nyberg in P. Gignoux, "'Corps osseux et âme osseuse': essai sur le chamanisme dans l'Iran ancien", in *Journal Asiatique*, 267 (1979), pp. 41-79. Vide também W. Nölle, "Iranisch-nordostasiatische Beziehüngen im Schamanismus", in *Jahrbuch des Museums für Völkerkunde zu Leipzig*, XII (1953), pp. 86-90.

10. Cf. Meuli, "Scythica", op. cit., pp. 824 ss.; G. Dumézil, "Les énarées scythiques et la grossesse de Narte Hamye", in *Latomus*, 5 (1946), pp. 249-55. Vide também W. R. Hallyday, in *The Annual of the British School of Athens*, XVII (1910-1), pp. 95-102.

11. Para tudo isso, sigo Meuli, "Scythica", op. cit., pp. 853 ss.; vide também W. Burkert, *Weisheit und Wissenschaft. Studien zu Pythagoras, Philolaos und Platon*, Nuremberg, 1962, pp. 124-5. As objeções levantadas por J. D. P. Bolton, *Aristeas of Proconnesus*, Oxford, 1962, e por Bremmer, *The early Greek concept*, op. cit., pp. 24 ss., não me parecem convincentes; sobre Bolton, vide também Eliade, *De Zalmoxis*, op. cit., p. 45, nota 44. Uma tentativa de identificar os povos mencionados por Aristeu in E. D. Phillips, "The legend of Aristeas: fact and fancy in early Greek notions of east Russia, Siberia and inner Asia", in *Artibus Asiae*, 18 (1955), pp. 161-77; id., "A further note on Aristeas", ivi, pp. 159-62. Vide também Bongard-Levin e Grantovskij, *De la Scythie*, op. cit., pp. 28 ss.

12. Sobre a colonização grega no mar Negro, cf. A. J. Graham, "The date of the Greek penetration of the Black Sea", in *Bulletin of the Institute of Classical Studies of the University of London*, 5 (1958), pp. 25-42; R. Drews, "The earliest Greek settlements on the Black Sea", *Journal of Hellenic Studies*, 96 (1976), pp. 18-31. Para as propostas de retroceder ao século XI a.C. a datação do início da penetração comercial grega, vide G. Charachidzé, *Prométhée ou le Caucase*, Paris, 1986, pp. 326 ss.

13. Cf. acima, p. 180.
14. Cf. Harva (Holmberg), *Les représentations*, op. cit., pp. 247-51, que, porém, negligencia a provável proveniência da Ásia central dos longínquos antepassados dos ossetas: os citas. Portanto, com muita dificuldade a convergência poderá, como pensa Harva, provar o genérico "caráter internacional" dos temas por ele assinalados. Um confronto com a lenda de Soslan no país dos mortos demonstra que se trata, ao contrário, de nexo absolutamente específico: cf. Dumézil, *Il libro degli Eroi*, op. cit., pp. 107-31. Note-se, porém, que aqui (e em outras passagens) Dumézil tende a considerar a cultura dos ossetas numa perspectiva exclusivamente indo-europeia. É significativo que a leitura do ensaio de Meuli ("Scythica", 1935) tenha sido registrada por Dumézil, com bem quarenta anos de atraso e, além disso, em termos um tanto redutivos: cf. *Storie degli Sciti*, op. cit. (a edição francesa é de 1978), p. 214, nota 6. Mas um eco indireto das pesquisas de Meuli parece perceptível em outra página, quase contemporânea, de Dumézil: "Marcel Granet, que amava as sínteses bombásticas, dizia que desde as costas da Irlanda até as costas da Manchúria só existia uma civilização. Com essas palavras, exprimia o conceito de que nenhum obstáculo natural, após a Pré-história, impedira as comunicações, eruptivas ou osmóticas, de uma extremidade a outra da longa planície da Eurásia do norte, que é cortada apenas pela cadeia dos Urais, facilmente superável. Quanto aos indo-europeus, é um fato que os ramos setentrionais da família apresentam, em relação aos meridionais, mais traços originais que recordam aquilo que se observa dos ugro-fínicos aos tunguses. Impressiona sobretudo a importância assumida por formas mais ou menos puras de xamanismo [...]" (*Gli dei sovrani degli indoeuropei*, trad. it., Turim, 1985 — a ed. francesa é de 1977 —, pp. 168-9). Com tais afirmações (que deveriam ser citadas por inteiro), Dumézil revia implicitamente juízos específicos formulados no passado, como a negação dos traços xamânicos presentes na figura de Odin (vide pp. 369-70, nota 109). De modo mais geral, a hipótese de um *"continuum* norte-eurasiático", caracterizado pela presença (mas Dumézil fala de "intrusão") de formas xamânicas, contrasta com a tese da especificidade cultural e religiosa indo-europeia, reiterada — mas sem argumentos — também na discussão com Abaev sobre a ideologia trifuncional (vide adiante, p. 432, nota 228). A tentativa de circunscrever à Europa setentrional as marcas desse *continuum* eurasiático é, como tento demonstrar neste livro, insustentável. No que concerne ao Cáucaso, vide as pesquisas de G. Charachidzé (*Prométhée*, op. cit., e vide pp. 275 ss.). Em âmbito figurativo, a existência de um *continuum* eurasiático foi demonstrada por Leroi-Gourhan, *Documents*, op. cit.
15. Cf. Harva (Holmberg), *Les représentations*, op. cit., pp. 13 ss.
16. A ela se refere repetidamente Estrabão, VII, 3, 2; VII, 4, 5; VII, 5, 1. Também Posidônio fala de uma "zona cítico-céltica", separada da "zona etiópica" por uma "zona intermediária" (ib., II, 3, 2). No geral, cf. Hoddinott, *The Thracians*, op. cit., pp. 89 ss.

17. Vide acima, p. 140.

18. Cf. Chirassi-Colombo, "The role of Thrace", op. cit., pp. 71 ss., especialmente 77-8.

19. Cf. M. Rostovtzev, "Le culte de la Grande Déesse dans la Russie méridionale", in *Revue des Études Grecques*, XXXII (1914), pp. 462-81.

20. Cf. a imagem representada num frontal para rédea conservado no Hermitage (também aqui, trata-se de trabalho em ouro encomendado por citas a artesãos gregos): *L'oro degli Sciti*, op. cit., fig. 24. Cf. Dumézil, *La courtisane*, op. cit., pp. 90-6, que, todavia, não discute esses paralelismos.

21. Numa série de notas manuscritas, redigidas dois anos antes de morrer, à margem do próprio ensaio "Die Baumbestattung und die Ursprünge der griechischen Göttin Artemis" (*Gesammelte Schriften*, op. cit., pp. 1083 ss.), K. Meuli escreveu que a descoberta de elos históricos intermediários (*historischen Zwischenglieder*) entre a grega Ártemis e a (talvez pré-histórica) "senhora dos animais" postulada pelos etnólogos era "tarefa do futuro" (1116). Por essa via seguiu W. Burker, "Heracles and the master of the animals", in *Structure and history in Greek mythology and ritual*, Berkeley, 1979, pp. 78-98 e 176-87. Sobre a "senhora dos animais" no âmbito etnológico, vide a bibliografia citada in Bremmer, *The early Greek concept*, op. cit., p. 129, à qual se acrescentará Brelich, *Paides*, op. cit., p. 132, nota 49. Sobre os testemunhos figurados, cf. B. Goldman, "Some aspects of the animal deity: Luristan, Tibet and Italy", in *Ars Orientalis*, 4 (1961), pp. 171-86, já antecipado por Leroi-Gourhan, *Documents*, op. cit., pp. 82-4; de modo especial, cf. Leroi-Gourhan, fig. 335 (bronze caucasiano), e Goldman, fig. 9 (bronze etrusco). O sucesso de um tema afim em âmbito cristão foi estudado por W. Deonna, "Daniel, le 'maître des fauves'...", in *Artibus Asiae*, 12 (1949), pp. 119-40 e 347-74.

22. Cf. R. Bleichsteiner, "Zum eurasiatischen Tierstil. Verbindungen zwischen West und Ost", in *Asien Arbeitskreises*, "Heft 2", junho de 1939, pp. 9-63, especialmente pp. 36 e 25.

23. Uma conexão desse tipo é sugerida implicitamente, a propósito dos xamãs eurasiáticos, por J. Haekel, "Idolkult und Dualsystem bei den Ugriern (zum Problem des eurasiatischen Totemismus)", in *Archiv für Völkerkunde*, 1 (1946), pp. 95-163, especialmente p. 156, que desenvolve as hipóteses de R. Bleichsteiner citadas na nota precedente, supondo uma difusão cultural do Ocidente em direção ao Oriente.

24. Cf. acima, p. 119.

25. Cf. Bremmer, *The early Greek concept*, op. cit., p. 35.

26. *"Esse viros fama est in Hyperborea Pallene / Qui soleant levibus velari corpora plumis / Cum Tritoniacum noviens subiere paludem. / Haud equidem credo: sparsae quoque membro veneno / Exercere artes Scythides memorantur easdem"* (*Met.* XV, 356 ss.). A esse respeito, Georg Sabinus citou, além da passagem de Heródoto sobre os neuras, o caso recentíssimo de um suposto lobisomem capturado por um grupo de camponeses e encarcerado por ordem do duque da

Prússia (P. Ovídio Naso, *Metamorphoseon libri XV... quibus nunc demum accessit Georgii Sabini interpretatio*, II, Leipzig, 1621, pp. 353). Uma referência aos lobisomens também em F. Taeger, *Charisma*, II, Stuttgart, 1957, p. 170, nota 228. No geral, cf. o comentário de F. Bömer aos livros XIV-XV das *Metamorfoses*, Heidelberg, 1986, pp. 346-8.

27. Cf. Hodinott, *The Thracians*, op. cit., p. 96.

28. Cf. Vernadsky, "The Eurasian nomads", op. cit., pp. 82 ss.

29. Sobre os lobisomens na Irlanda, vide acima, pp. 170-1. Sobre os elementos xamânicos nas sagas célticas, cf. Beneš, "Spuren", op. cit. Sobre as convergências entre romances arturianos e epopeia osseta, cf. Grisward, "Le motif de l'épée", op. cit., pp. 476-7, que atribui escassa importância à instalação de grupos de alanos (descendentes dos citas) na Armórica no século V-VI d.C.; a propósito, cf. B. Bachrach, "The Alans in Gaul", *Traditio*, 23 (1967), pp. 476--89; id., *A history of the Alans in the West*, Minneapolis, 1973, pp. 110 ss. Com base nas mesmas convergências, sugeriu-se que a epopeia arturiana derivasse de tradições ossetas, as quais teriam sido introduzidas na Inglaterra por volta de 175 a.C. por tropas de origem sarmática: cf. C. Scott Littleton e A. C. Thomas, "The Sarmatian connection. New light on the origin of the Arthurian and Holy Grail legend", in *Journal of American Folklore*, 91 (1978), pp. 513--27; C. Scott Littleton, "The cauldron of Annwyn and the Nartyamonga. A further note on the Sarmatian connection", ivi, 92 (1979), pp. 326-33; id., "From swords in the earth to the sword in the stone..." in "Homage to Georges Dumézil", org. por E. C. Polomé, *Journal of Indo-European Studies Monographs*, nº 3, s.l., 1982, pp. 53-67. A inconsistência da hipótese foi demonstrada por R. Wadge, "King Arthur: a British or Sarmatian tradition?", in *Folklore*, 98 (1987), pp. 204-15.

30. Cf. o célebre ensaio (redigido em 1936) de N. S. Trubetzkoy, "Gedanken über das Indogermanenproblem", in *Acta Linguistica*, 1 (1939), pp. 81 ss. Aludindo às contemporâneas distorções racistas, Trubetzkoy considerava verdadeiros absurdos conceituais expressões como "povos indo-europeus", "pátria de origem dos indo-europeus" e assim por diante (trata-se de observações ainda atuais). A convergência entre essas páginas de Trubetzkoy e as reflexões morfológicas contidas nas anotações, quase contemporâneas, de Wittgenstein sobre Frazer (vide introdução, p. 31) parece-me significativa; ignoro se ela pode ser atribuída a contatos diretos ou indiretos.

31. Cf. U. Drobin, "Indogermanische Religion und Kultur?", extrato de *Temenos*, 16 (1980), p. 10, que vê no ensaio citado de Trubetzkoy, junto à polêmica contra os excessos do método genealógico, o propósito (na realidade, não claramente manifestado) de salvar a legitimidade da perspectiva genética. A distinção entre genealogia e gênese é, ao contrário, formulada explicitamente por E. Pulgram, "Proto-Indo-European reality and reconstruction", in *Language*, 35 (1959), pp. 421-6 (também ele mencionado por Drobin), que em parte se afasta de Trubetzkoy.

32. Na conclusão de um livro importante (*Prométhée ou le Caucase*, op. cit.) que, em âmbito e perspectiva diversos, enfrenta problemas parcialmente análogos àqueles aqui discutidos, G. Charachidzé aponta, para explicar uma série de convergências entre mitos gregos e mitos caucasianos, quatro possibilidades: "*1*) herança comum; *2*) elaboração com base num mesmo modelo estranho (a ambos); *3*) acaso ou convergência tipológica; *4*) empréstimo, num sentido ou em outro" (p. 322). Em minha opinião, *2* pode ser considerado um caso particular de *1*, sob a condição de "derivação" substituir "herança", termo ambíguo porque, ao mesmo tempo, biológico e cultural; "características estruturais da mente humana" é uma expressão preferível a "convergência tipológica", expressão que o próprio Charachidzé (p. 323) julga pouco clara.

33. Cf. O. Buhociu, "Thèmes mythiques carpato-caucasiens et des régions riveraines de la Mer Noire", in *Ogam — Tradition Celtique*, VIII (1956), pp. 259-78. Imaginou-se que também as *kralijce* (vide acima, p. 204) proviessem do âmbito cultural pôntico-iraniano: cf. M. Gušic, citado por Kuret, "Frauenbünde", op. cit., p. 344.

34. Cf. B. Munkácsi, "Alanische Sprachdenkmäler im ungarischen Wortschatze", in *Keleti Szemle*, 5 (1904), pp. 304-29; H. Sköld, *Die ossetischen Lehnwörter im Ungarischen*, Lund e Leipzig, 1924 (que não li); id., "Woher stammen die ossetischen Lehnwörter im Ungarischen?", in *Zeitschrift für Indologie und Iranistik*, 3 (1925), pp. 179-86; J. Harmatta, *Studies in the history and language of the Sarmatians*, Szeged, 1970, p. 62, que faz referência aos estudos de V. Miller e V. I. Abaev.

35. Vejam-se, por exemplo, as relações entre as concepções religiosas dos alanos e as de uma população de língua caucasiana como os suanos, analisados por G. Charachidzé (*La mémoire indo-européenne du Caucase*, Paris, 1987).

36. Para uma orientação inicial, cf. o verbete "Steppe, culture", a cargo de M. Bussagli, in *Enciclopedia universale dell'arte*, XII, Veneza e Roma, 1964, col. 905-44 (com ampla bibliografia); K. Jettmar, *I popoli delle steppe*, trad. it., Milão, 1964. Estudos específicos serão citados paulatinamente.

37. Os exemplos são extraídos de E. C. Bunker, C. B. Chatwin e A. R. Farkas, *"Anymal style" art from East to West*, Nova York, 1970, figs. 69, 89, 40, 11, 139, 142, 143, 144 e respectivas fichas. Embora superado pelos posteriores rumos da pesquisa, o quadro traçado por M. Rostovtzev in *The animal style in south Russia and China*, Princeton, 1929, permanece extraordinariamente sugestivo.

38. Isso confirma as hipóteses lexicológicas de V. Brøndal, "Mots 'scythes' en nordique primitif", in *Acta Philologica Scandinavica*, III (1928), pp. 1 ss.

39. A origem da arte animalista na Sibéria setentrional foi apresentada como hipótese por G. Borovka, *Scythian art*, Londres, 1928, pp. 30 ss., que chegou a falar de "estilo animalista cito-siberiano" (p. 40). Chegou às mesmas conclusões E. H. Minns, "The art of the northern nomads", in *Proceedings of the British Academy*, 1942, pp. 47-93; vide também Hančar, "The Eurasian ani-

mal style", op. cit. e, baseando-se em argumentos estilísticos, O. Sudzuki, "Eastern origin of Scythian art", in *Orient*, 4 (1967), pp. 1-22. Vide agora E. Jacobson, "Siberian roots of the Scythian stag image", in *Journal of Asian History*, 17 (1983), pp. 68-120. K. Jettmar, que no passado sustentara a hipótese médio-oriental (cf. "Ausbreitungsweg und sozialer Hintergrund des eurasiatischen Tierstils", in *Mitteilungen der Anthropologischen Gesselschaft*, Viena, XCII, 1962, pp. 176-91), declarou-se, apoiado em resultados de escavações recentes, a favor de uma origem na Ásia central: cf. E. C. Bunker, in *"Animal style"*, op. cit., p. 13. A questão permanece aberta.

40. Na importância do nexo citas-celtas (já referido in N. Kondakov, J. Tolstoï e S. Reinach, *Antiquités de la Russie méridionale*, Paris, 1891, pp. 330-1, e M. Rostovtzev, *The animal style*, op. cit., p. 65) insistiu Minns, "The art of northern nomads", op. cit., pp. 79 ss. P. Jacobsthal definiu a gênese da arte céltica como um "enigma", relevando algumas inexplicáveis analogias não tanto com a arte cita propriamente dita, mas com a do Altai, da Sibéria, da China (*Early Celtic art*, op. cit., p. 158; vide também pp. 51, 156 ss. e 162). Sobre a insatisfação de Jacobsthal pelo modo com que enfrentara a questão, veja-se o testemunho de C. Hawkes in *Celtic art in ancient Europe. Five protohistoric centuries. Proceedings of the colloquy held in 1972...*, org. por P.-M. Duval e C. Hawkes, Londres, Nova York e San Francisco, 1976, pp. 58-9. Cf. também Bunker, *"Animal style"*, op. cit., pp. 153-5.

41. Cf., respectivamente, T. G. E. Powell, "From Urartu to Gundestrup: the agency of Thracian metal-work", in *The European community in later Prehistory Studies in honour of C. F. C. Hawkes*, org. por J. Boardman, M. A. Brown e T. G. E. Powell, Londres, 1971, pp. 183-210; G. S. Olmsted, *The Gundestrup cauldron*, Bruxelas, 1979, que trata de conectar a lendas celtas a iconografia das cenas representadas no caldeirão.

42. Cf. A. Alföldi, "Die theriomorphe Weltbetrachtung in den hochasiatischen Kulturen", in *Jahrbuch des Deutschen Archäologischen Instituts*, 46 (1931), col. 393-418, especialmente col. 400 ss. Ao valor simbólico dessas representações já se referira F. Fettich, "Die Tierkampfszene in der Nomadenkunst", in *Recueil d'études dediées à la mémoire de N. P. Kondakov*, Praga, 1926, pp. 81-92, especialmente p. 84. O nexo entre xamãs e arte animalista é retomado, de maneira muito pouco crítica, por C. B. Chatwin, "The nomadic alternative", in *"Animal style"*, op. cit., pp. 176-83; mas vide as sóbrias referências de E. C. Bunker, in ib., pp. 13-5.

43. Cf. o belíssimo ensaio de S. Reinach, "La représentation du galop dans l'art ancien et moderne", Paris, 1925 (publicado inicialmente in *Revue Archéologique*, 1900-1); E. C. Bunker, "The anecdotal plaques of the eastern steppe regions", in *Arts of the Eurasian steppelands*, org. por P. Denwood, Londres, 1977, pp. 121-42, principalmente p. 123; I. B. Jaffe (com G. Colombardo), "The flying gallop: East and West", in *The Art Bulletin*, LXV (1983), pp. 183--200 (com novos elementos, sobretudo sobre o retorno do mote ao Ocidente).

44. Esse elemento, demonstrado pelo confronto com as pesquisas fotográficas de E. Muybridge (*Animal locomotion*, Filadélfia, 1872-87), é bastante sublinhado por Reinach.

45. Cf. Reinach, *La représentation*, op. cit., pp. 82-3, sobre a presença de motivos micênicos na arte do Bósforo cimério. Mas vide Charachidzé, *Prométhée*, op. cit., pp. 334-5, sobre os elementos linguísticos que fizeram supor uma homogeneidade entre substrato "egeu" e cultura caucasiana.

46. Cf. M. J. Mellink, "Postscript on nomadic art", in *Dark ages and nomads c. 1000 B.C. Studies in Iranian and Anatolian archaeology*, org. por M. J. Mellink, Istambul, 1964, pp. 63-70, especialmente pp. 67-8 (mas o volume inteiro é importante).

47. Numa série de estudos realizados com extrema prudência, B. Collinder tratou de demonstrar, valendo-se também do cálculo das probabilidades, que as afinidades entre línguas indo-europeias e línguas urálicas não se deviam ao acaso e que, portanto — em plano exclusivamente linguístico —, é legítimo introduzir uma hipótese "indo-urálica": cf. *Indo-Uralisches Sprachgut. Die Urverwandschaft zwischen der Indoeuropäischen und der Uralischen (Finnischugrisch-Samojedischen) Sprach familie*, Upsala, 1934; id., *Sprachverwandschaft und Wahrscheinlichkeit*, org. por B. Wickman, Upsala, 1964. Sobre a história da questão, cf. A. J. Joki, *Uralier und Indogermanen. Die älteren Berührungen zwischen den uralischen und indogermanischen Sprachen*, Helsinque, 1973, pp. 373-4, que, porém, termina por ultrapassar o terreno linguístico, formulando (em bases lexicais que parecem bastante frágeis) hipóteses sobre relações entre populações falantes de línguas urálicas e indo-europeias. Em perspectiva não muito diferente, cf. P. Aalto, "The tripartite ideology and the 'Kalevala'", in *Studies in Finno--Ugric linguistics in honor of Alo Raun*, org. por D. Sinor, Bloomington (Indiana), 1977, pp. 9-23.

48. Cf. Bongard-Levin e Grantovskij, *De la Scythie à l'Inde*, op. cit., que reformulam de modo diferente e menos aventuroso (vide pp. 12-4) uma tese formulada no início do século por Bâl Gangâdhar Tilak. Além de empenhar-se intensamente na luta pela independência nacional indiana (para uma biografia apologética, cf. D. V. Athalye, *The life of Lokamanya Tilak*, Poona, 1921), Tilak escreveu dois livros em que *a*) antecipou em dois milênios (até 4500 a.C.) a data comumente aceita para a composição dos *Veda*, baseando-se em referências astronômicas neles contidos; *b*) sustentou que os antigos árias provinham de uma zona situada nas proximidades do Círculo Polar Ártico, onde haviam habitado no período interglacial (*The Arctic home in the Vedas, being also a new key to the interpretation of many Vedic texts and legends*, Poona e Bombaim, 1903, precedido de *Orion, or researches into the antiquity of the Vedas*, 1893, que não li). Hipótese análoga já fora formulada, de maneira mais vaga, por J. Rhŷs, *Lectures on the origin of growth of religion...*, Londres, 1898, que reelaborava a outra, bem mais mirabolante, de W. F. Warren (*Paradise found. The cradle of the human race at the North Pole*, Londres, 1885, várias vezes reeditado), segundo a qual as regiões

polares na beatífica era interglacial teriam sido o berço de todo o gênero humano. Warren tentava conciliar, contra Darwin, o Antigo Testamento e a ciência — de modo especial, as pesquisas botânicas (inspiradas nas de O. Heer) que colocavam nas regiões árticas o lugar de origem de todas as plantas existentes no globo terrestre. As intervenções sobre a questão se prolongaram por vários anos, como mostra o livreto (baseado no de Tilak) de G. Biedenkapp, *Der Nordpol als Völkerheimat*, Jena, 1906. Mais tarde, a teoria da origem boreal dos indo-europeus foi retomada em ambientes nazistas. Recentemente, foi relançada por J. Haudry, *Les Indo-Européens*, Paris, 1981, pp. 119-21 (que cita Tilak), sobre o qual vide o severo julgamento de B. Sargent, "Penser — et mal penser — les Indo-Européens", in *Annales E. S. C.*, 37 (1982), pp. 669-81, especialmente p. 675. Em todo o caso, é bem antiga a ideia de que a origem da civilização deva localizar-se no Norte, ou seja, que indianos e gregos (numa versão inicial, só os gregos) tivessem herdado seu patrimônio cultural de um povo extremamente civilizado que em tempos remotíssimos teria habitado a Ásia central ou setentrional. Sobre as formulações setecentistas (F. Bailly, C. Dupuis etc.), cf. C. Dionisiotti, "Preistoria del pastore errante", in *Appunti sui moderni*, Bolonha, 1988, pp. 157-77. Bailly, por sua vez (cf. *Histoire de l'astronomie ancienne...*, Paris, 1775, pp. 323 ss.), utilizava para fins diversos a imponente documentação reunida por O. Rudbeck (*Atlantica*, Upsala, 1679-1702, 4 vols.) para provar que a Atlântida estava localizada na Suécia, ou melhor, em Upsala (cf. J. Svenbro, "L'idéologie 'gothisante' et l'*Atlantica* d'Olof Rudbeck", in *Quaderni di Storia*, 11, 1980, pp. 121-56). Um eco de Rudbeck reaparece em Rhŷs, *Lectures*, op. cit., p. 637. Toda a discussão pode ser considerada uma ramificação daquela sobre a Atlântida: cf. P. Vidal-Naquet, "L'Atlantide et les nations", in *Représentations de l'origine*, "Cahiers CRLH-CIRAOI", 4 (1987), pp. 9-28.

49. Cf. Charachdizé, *Promethée*, op. cit., pp. 323 ss.; na p. 340, nota 1, observa-se que tal hipótese é reforçada pelas pesquisas linguísticas de T. Gamkrelidze e V. Ivanov (1984). Note-se que V. Brøndal levantara a hipótese da existência de uma "encruzilhada mundial", para onde teriam afluído elementos culturais e linguísticos da Ásia central e do Egeu, depois difundidos entre as populações ugro-fínicas e os povos da Europa setentrional e central ("Mots 'scythes'", op. cit., p. 22).

50. Vide acima, p. 213 (trata-se, naturalmente, de conclusão provisória, que poderia ser desmentida por pesquisas ulteriores).

51. Cf. o agudo ensaio de Drobin, "Indogermanische Religion und Kultur?", op. cit., que remete às teorias de J. Schleicher sobre a árvore genealógica a elaboração conceitual na qual se baseiam, entre outras, as pesquisas de G. Dumézil (mencionadas na p. 3).

52. Cf. os estudos de B. Collinder citados acima, nota 47.

53. Cf. C. Renfrew, *L'Europa della preistoria*, trad. it., Bari, 1987, pp. 109 ss.; id., "The Great Tradition versus the Great Divide: archaeology as anthropology?", in *American Journal of Archaeology*, 84 (1980), pp. 287-98, especial-

mente p. 293. Essas páginas, com argumentos sutis, serão preferíveis a rompantes de impaciência um tanto sumária, como o adjetivo "sem sentido" (*meaningless*) referido ao conceito de "difusão" (*Approaches to social anthropology*, Cambridge (Mass.), 1984, p. 114).

54. A esse respeito, vide as lúcidas observações de C. Lévi-Strauss, "Le dédoublement de la représentation dans les arts de l'Asie et de l'Amérique", in *Anthropologie structurale*, op. cit., pp. 269-94, especialmente p. 284: *"même si les reconstructions les plus ambitieuses de l'école diffusioniste étaient vérifiées, il y aurait encore un problème essentiel qui se poserait, et qui ne relève pas de l'histoire. Pourquoi un trait culturel, emprunté ou diffusé à travers une longue période historique, s'est il mantenu intact? Car la stabilité n'est pas moins mysterieuse que le changement. [...] Des connexions externes peuvent expliquer la transmission; mais seules des connexions internes peuvent rendre compte de la persistance. Il y a la deux ordres de problèmes entièrement différents, et s'attacher à l'un ne préjuge en rien de la solution qui doit être apportée à l'autre"*. Sobre a questão enfrentada por Lévi-Strauss no ensaio citado (as analogias entre a arte chinesa arcaica e a da costa americana norte-ocidental), intervieram depois, justamente numa perspectiva difusionista, Badner, "The protruding tongue", op. cit., e Heine-Geldern, "A note on relations", op. cit. Este último refere-se a uma comunicação inédita de Lévi-Strauss no 29º Congresso dos Americanistas (1949), ao passo que, estranhamente, não cita "Le dédoublement" (publicado em 1944-5).

2. OSSOS E PELES [pp. 234-93]

1. Cf. C. Lévi-Strauss, *Du miel aux cendres* ("Mythologiques", II"), Paris, 1966, pp. 395 ss. (trad. it.: *Dal miele alle ceneri*, Milão, 1982, pp. 501 ss.).

2. Cf. H. Baldus, "Lendas dos índios tereno", in *Revista do Museu Paulista*, n.s., IV (1950), pp. 217 ss., especialmente 220-1 (trad. alemã in id., *Die Jaguarzwillinge*, Kassel, 1958, pp. 132-5); Lévi-Strauss, *Il crudo e il cotto*, op. cit., pp. 139-40.

3. Id., *Dal miele*, op. cit., p. 506, que retoma quase literalmente uma passagem escrita vinte anos antes (vide acima, nota 54).

4. Cf. Michel de Montaigne, *Essais*, org. por A. Thibaudet, Paris, 1950, pp. 1150 ss. (III, 11: "Des boyteux").

5. Cf. C. Lévi-Strauss, "La structure des mythes", in *Anthropologie structurale*, op. cit., pp. 227-55, especialmente p. 236 (em que se supõe que o mesmo elemento transpareça também no nome de Laio, "maneta"; mas vide adiante). Para outras intervenções de Lévi-Strauss sobre o mesmo tema, também em relação a mitos do tipo "Percival", cf. "Elogio dell'antropologia" (1959), in *Antropologia strutturale due*, op. cit., pp. 56 ss.; "Le Graal en Amériques (1973--4)", in *Paroles données*, op. cit., pp. 129 ss.; por último, em registro quase paradoxal, *La vasaia gelosa*, trad. it., Turim, 1987, pp. 180 ss. O primeiro dos

ensaios citados ("La structure des mythes") teve repercussão duradoura — mas a interpretação do mito de Édipo como tentativa de resolver a contradição entre autoctonia e geração sexual foi unanimemente rechaçada. Sobre as dificuldades deambulatórias dos labdacidas já insistira, em ótica diferente, M. Delcourt, *Oedipe ou la légende du conquérant*, Liège, 1944, pp. 16 ss. (lembrado por Lévi-Strauss); vide também C. Robert, *Oidipus* I, Berlim, 1915, p. 59. Cf., mais recentemente, J.-P. Vernant, "Le tyran boiteux: d'Oedipe à Périandre" (1981), agora in J.-P. Vernant e P. Vidal-Naquet, *Oedipe et ses mythes*. Paris, 1988, pp. 54-86; M. Bettini, "Edipo lo zoppo", in *Edipo. Il teatro greco e la cultura europea*, Roma, 1986, pp. 215 ss.

6. Sobre essa etimologia existe amplo acordo: cf. O. Höfer, "Oidipus", in W. H. Roscher, *Ausführliches Lexikon der griechischen und römischen Mythologie*, III, 1, Hildesheim, 1965 (reimpressão da edição de 1897-1902), col. 700-46, especialmente 740-3. O mesmo vale para Labdaco = "coxo". A etimologia de Laio ("maneta") sugerida duvidosamente por Lévi-Strauss é, ao contrário, inaceitável: Höfer ("Oidipus", op. cit., col. 742) associa "Laio" ("público") a um dos sobrenomes de Hades, "Agesilao" ("aquele que reúne muita gente").

7. Id., ib., col. 741-2.

8. Cf. pelo contrário, nesse sentido, L. Edmunds, "The cults and legends of Oedipus", in *Harvard Studies in Classical Philology*, 85 (1981), pp. 221-38, especialmente p. 233.

9. Cf. D. Comparetti, *Edipo e la mitologia comparata*, Pisa, 1867, pp. 81-2, que observa que Édipo e Melampo são heróis que têm em comum a inteligência. Delcourt, *Oedipe*, op. cit., pp. 166-7, considera a analogia entre os dois nomes "bem obscura". Edmunds, "The cults", op. cit., pp. 230-1, julga inverossímeis as duas etimologias, mas não aprofunda a questão. Sobre Melampo, cf. Wilamowitz-Moellendorff, "Isyllos von Epidauros", op. cit., pp. 177 ss., nota 33; K. Hannell, *Megarische Studien*, Lund, 1934, pp. 101-5; Nilsson, *Geschichte*, op. cit., p. 613, nota 2; J. Schwartz, *Pseudo-Hesiodeia*, Leyden, 1960, pp. 369-77 e 546; J. Löffler, *Die Melampodie*, Meisenheim am Glan, 1963, pp. 30 ss.; P. Walcot, "Cattle raiding, heroic tradition and ritual; the Greek evidence", in *History of Religions*, 18 (1979), pp. 326-51, especialmente pp. 342-3.

10. Cf. P. Kretschmer, *Die griechischen Vaseninschriften*..., Gütersloh, 1894, p. 191, nota 3; id., "Oidipus und Melampus", in *Glotta*, XII (1923), pp. 59-61, seguido de Höfer, "Oidipus", op. cit., col. 741 ss.; de opinião contrária, L. R. Farnell, *Greek hero cults and ideas of immortality*, Oxford, 1921, p. 332, nota. A interpretação ctônica de Édipo fora sugerida por C. Robert.

11. F. Wehrli, "Oidipus", in *Museum Helveticum*, 14(1957), p. 112, sugere um confronto entre Édipo, enquanto solucionador de enigmas, e a disputa entre os dois adivinhos, Calcante e Mopso, descrita no poema perdido *Melampodia*. Observe-se que ambos os nomes (*Melam-pous, Oidi-pous*) aludem a um único pé. Assimetria análoga parece decorrer de epítetos como *argyropeza* (do pé de prata) referido a Tétis (vide adiante, nota 41). Sobre o confronto entre

Édipo e Melampo, vide Bettini, "Edipo lo zoppo", op. cit., p. 231 (que parte de um problema parcialmente similar ao que é colocado nestas páginas, chegando, contudo, a conclusões diversas).

12. O primeiro a notá-lo foi Comparetti, *Edipo*, op. cit., pp. 63 ss., não lembrado por M. P. Nilsson, "Der Oidipusmythos", in *Opuscula selecta*, op. cit., I, pp. 335-48 (como observa L. Edmunds, "The sphinx in the oedipus legend", in *Oedipus: a folklore casebook*, org. por L. Edmunds e A. Dundes, Nova York e Londres, 1981, p. 149). De um Comparetti antecipador de Propp, fala C. Ossola na introdução a E. Tesauro, *Edipo*, Pádua, 1987, pp. 13-4.

13. Às vezes, Édipo é representado enquanto mata a esfinge: cf. Höfer, "Oidipus", op. cit., col. 715 ss. Em ensaio contraditório mas rico de sugestões ("The sphinx", op. cit.), L. Edmunds sustentou que a esfinge constitui um acréscimo posterior — mostrando, na realidade, que nela se fundem o monstro derrotado pelo herói e a rainha prometida como esposa (a qual, nas fábulas do tipo "Turandot", propõe adivinhações aos pretendentes).

14. Cf. V. J. Propp, "Edipo alla luce del folklore" (1944), na coletânea homônima, trad. it., Turim, 1975, pp. 85 ss. (mas vide, no mesmo sentido, Comparetti, *Edipo*, op. cit., e Nilsson, "Der Oidipusmythos", op. cit.). Aqui, deixo de lado a parte mais frágil do ensaio de Propp, ou seja, a tentativa, fortemente influenciada por Frazer, de associar ao tema do parricídio supostos costumes antiquíssimos que teriam regulado a sucessão ao trono.

15. Essas distinções são ignoradas pela perspectiva rigorosamente sincrônica de C. Lévi-Strauss, que considera todas as versões de um mito no mesmo plano, recusando *a priori* toda tentativa de distinguir uma versão *"authentique ou primitive"* (*Anthropologie structurale*, op. cit., p. 240).

16. No primeiro ponto insiste com acuidade J.-P. Vernant, "Ambiguità e rovesciamento. Sulla struttura enigmatica dell'*Edipo re*", in J.-P. Vernant e P. Vidal-Naquet, *Mito e tragedia nell'antica Grecia*, trad. it., Turim, 1976, pp. 100--1; cf. também Edmunds, "The sphinx", op. cit., pp. 18-9. Adivinhações análogas às da esfinge são muito difundidas: cf. A. Aarne, *Vergleichende Rätselforschungen*, II, Helsinque, 1919 ("FF Communications nº 27"), pp. 1 ss.

17. Cf. Vernant, "Ambiguità", op. cit., p. 101. Vide também P. G. Maxwell--Stuart, "Interpretations of the name Oedipus", in *Maia*, 27 (1975), pp. 37-43.

18. Cf. Propp, "Edipo", op. cit., pp. 103-4, que recusa as teses de C. Robert, segundo as quais os pés furados de Édipo teriam sido inventados para explicar o reconhecimento.

19. Cf. Brelich, *Paides e Parthenoi*, op. cit., sobre o qual vide, além de Calame, "Philologie et anthropologie structurale", op. cit., a recensão muito crítica de C. Sourvinou-Inwood in *The Journal of Hellenic Studies*, XCI (1971), pp. 172-8. No geral, cf. L. Gernet, *Anthropologie de la Grèce*, op. cit., pp. 188-90 e *passim*.

20. Valho-me de V. J. Propp, *As raízes históricas das fábulas de magia*, para complementar as conclusões (estranhamente deixadas em estado embrionário)

do ensaio, publicado dois anos antes, sobre Édipo. Como é sabido, em sua pesquisa Propp baseou-se num grupo de contos russos, extraídos da coletânea de Afanassiev; mas tanto a documentação adotada para interpretá-las quanto as conclusões a que chegou tinham pretensões muito mais amplas, até universais.

21. Segundo A. L. Brown, "Eumenides in Greek tragedy", in *The Classical Quarterly*, 34 (1984), pp. 260 ss., especialmente pp. 276 ss., as eumênides do *Édipo em Colona* não seriam nem identificáveis com as erínias nem associadas ao mundo subterrâneo.

22. Cf. Edmunds, "The cults and the legend", op. cit., pp. 229 ss.

23. Cf. Delcourt, *Oedipe*, op. cit., pp. 108-9 e 119 ss., que remete a L. Malten, "Das Pferd im Totenglauben", in *Jahrbuch des Deutschen Archäologischen Instituts*, XXIX (1914), pp. 179-255.

24. Isso é sublinhado também por Edmunds, "The sphinx", op. cit., p. 22, mas que, como veremos, propõe uma solução substancialmente diferente.

25. Para o que segue, cf. o esplêndido ensaio de S. Luria, *"Ton sou huion phrixōn* (Die Oidipussage und Verwandtes)", in *Raccolta di scritti in onore di Felice Ramorino*, Milão, 1927, pp. 289-314 (mas a importância crucial do tema do *enfant fatal* já fora captada por Comparetti, *Edipo*, op. cit.). Sobre Luria, cf. A. Momigliano, *Terzo contributo alla storia degli studi classici e del mondo antico*, II, Roma, 1966, pp. 797 ss. Embora citado com frequência, o texto de Luria teve repercussão bem limitada (cf. Edmunds, "The sphinx", op. cit., pp. 22-3); está orientado por uma perspectiva rigorosamente morfológica, em vários aspectos análoga — inclusive no tipo de notação formalizada — àquela adotada por V. Propp na *Morfologia da fábula* publicada um ano depois, após longa gestação (vide a introdução, datada de 15 de julho de 1927). Também Luria, como Propp, tenta demonstrar, inspirando-se em Goethe, a forma ou até mesmo a redação originária (*Urform, Urredaktion*) do mito, atribuindo-a a uma fase antiquíssima (*Urzeit*) da história da humanidade. Mas o recurso à etnologia, à história das religiões e à psicanálise é excluído de antemão; segundo Luria, a única via imune de círculos viciosos é a oferecida por categorias internas histórico-míticas. Nessa declaração, percebe-se um eco do formalismo (a "pura literalidade") e talvez ainda a presença de Husserl, mediada por seu aluno Gustav Špet, na cultura russa daqueles anos: cf. P. Steiner, *Russian Formalism*, Ithaca (N. Y.), 1984, p. 18, e E. Holenstein, "Jakobson and Husserl: a contribution to the genealogy of structuralism", in *The Human Context*, 7 (1975), pp. 62-3. Observe-se que, de maneira independente, também J.-P. Vernant falou, a propósito da interpretação freudiana de Édipo rei, de "círculo vicioso": cf. "Edipo senza complexo", in Vernant e Vidal-Naquet, *Mito e tragedia*, op. cit., pp. 65-6. No ensaio sobre Édipo (1944) (publicado num clima político e cultural bem diferente), Propp baseou-se nas pesquisas de Luria, o qual citou, de maneira curiosamente incompleta (cf. "Édipo", op. cit., p. 91): "Luria já notou que no folclore as profecias se realizam sempre", frase que remete implicitamente a *"Ton sou huion"*, op. cit., p. 290. Outro ensaio de Luria, "La casa

nel bosco", mencionado in "Édipo", op. cit., p. 136, nota 42, é discutido in *Le radici storiche*, op. cit., pp. 87-8.

26. Cf. Luria, *"Tou sou huion"*, op. cit., p. 292. A difusão dos temas edipianos na Oceania foi sustentada por W. A. Lessa, *Tales from Ulithi atoll: a comparative study in Oceanic folklore*, Berkeley e Los Angeles, 1961, pp. 49-51 e 172-214 (vide *Oedipus: a folklore casebook*, op. cit., pp. 56 ss.); vide também as objeções de R. E. Mitchell, "The Oedipus myth and complex in Oceania with special reference to Truk", in *Asian Folklore Studies*, 27 (1968), pp. 131-45. Observe-se que no mito analisado por W. A. Lessa falta o tema da profecia realizada.

27. Trata-se de uma complementação do mito, referido de forma incompleta (em razão de uma lacuna na tradição manuscrita) por Higino (*Fabulae*, org. por H. J. Rose, Ludguni Batavorum, 1963, nº LX, p. 47; vide também Roscher, *Ausführliches Lexikon*, op. cit., IV, col. 962).

28. Analogias isoladas entre este ou aquele mito compreendido na série e o mito de Édipo já haviam sido sugeridas por Luria (cf. Comparetti, *Edipo*, op. cit., p. 75: Édipo e Télefo), ou independentemente dele, seguindo as indicações de C. Robert: cf. Delcourt, *Oedipe*, op. cit., p. 85 (Édipo e Zeus); F. Dirlmeier, *Il mito di Edipo*, trad. it., Gênova, 1987, pp. 15 ss. (Édipo e Zeus, Édipo e Cronos, Édipo e Telégono). Também o mito de Catreu, rei de Creta — morto, como queria a profecia, pelo próprio filho, Altaimene (Apolodoro, *A biblioteca*, III, 2, 1; Diôdoros Sículo, *Biblioteca histórica*, V, 59, 1-4) —, foi associado ao de Édipo (cf. C. Robert, *Die griechische Heldensage*, I, Berlim, 1920, pp. 371-2) e ao de Teseu (cf. C. Sourvinou-Inwood, *Theseus as son and stepson*, Londres, 1979, pp. 14 ss.). Sobre o mito de Meleagro, vide adiante.

29. Uma versão romena do mito de Édipo termina com um incesto falhado, como no caso de Télefo e sua mãe (cf. Vernant, "Le tyran boiteux", op. cit., pp. 79-86). De Télefo como Édipo "enfraquecido" fala Bettini, "Edipo lo zoppo", op. cit., p. 219.

30. Cf. A. Green, "Thésée et Oedipe. Une interprétation psychoanalytique de la Théséide", in *Il mito greco*, op. cit., pp. 137-89 (mas as conclusões são gratuitas).

31. Cf. J. Schmidt, in Roscher, *Ausfürliches Lexikon*, op. cit., V, col. 275.

32. Cf. O. Gruppe, *Griechische Mythologie und Religionsgeschichte*, Munique, 1906, pp. 1332-3 e nota 4. Os casos negativos são aqueles de Cronos; de Telégono; de Egisto; dos filhos inominados de Tiro e Sísifo. Note-se, porém, que o deus latino Saturno, identificado com Cronos, é muitas vezes representado com uma perna de madeira: E. Panofsky, F. Saxl e R. Klibansky (*Saturn and melancholy*, Londres, 1964, pp. 206-7; trad. it.: Turim, 1983) supõem, sem apresentar provas, que se trate de detalhe derivado de imprecisas fontes orientais, nas quais teria aflorado uma lembrança inconsciente da castração de Cronos. Mas talvez não seja irrelevante o fato de este último ser descrito por Luciano (*Saturnalia*, 7) como a um velho sofrendo de gota (*podagros*). Dos fi-

lhos de Tiro e de Sísifo não se sabe nada. De Telégono, pouquíssimo. Sobre Pélope, vide p. 268. A uma hipertrofia das extremidades (e portanto, em última análise, a uma anomalia deambulatória) parece aludir também o pontapé com o qual Altaimene, assassino involuntário do próprio pai, mata a irmã Apemosyne, violentada por Hermes (Apolodoro, *A biblioteca*, II, 2, 1; vide acima, nota 28).

33. Cf. Apolodoro, *A biblioteca*, I, 6, 3; mas vide também Hesíodo, *Teogonia*, vv. 820 ss. (talvez uma antiga interpolação). Trata-se de reelaborações de mitos hititas (em que, porém, o deus é privado do coração e dos olhos) e hurritas: cf. W. Porzig, "Illujankas und Typhon", in *Kleinasiatischen Forschungen*, I (1930), pp. 379-86; P. Meriggi, "I miti di Kumarpi, il Kronos currico", in *Athenaeum*, 31 (1953), pp. 101-57; F. Vian, "Le mythe de Thypée et le problème de sés origines orientales", in *Éléments orientaux dans la religion grecque ancienne*, org. por F. Vian, Paris, 1960, pp. 17-37; vide também a intervenção de C. Brillante in *Edipo. Il teatro greco*, op. cit., pp. 231-2. A série na qual é aqui inserida a mutilação de Zeus responde, se não erro, às questões propostas por M. Delcourt, *Héphaistos ou la legende du magicien*, Paris, 1957, pp. 122 ss. e 136.

34. Para esta última observação, cf. A. Brelich, *Gli eroi greci*, Roma, 1958, pp. 243-8 e 287-90. Com um anacronismo superficial, a coxeadura de Édipo foi interpretada como um "signo vitimário" (Girard, *Il capro espiatorio*, op. cit., pp. 47, 54 etc.). O fato de que no âmbito cultural indo-europeu, como destaca J. Bremmer ("Medon, the case of the bodily blemished king", in *Perennitas. Studi in onore di Angelo Brelich*, Roma, 1980, pp. 67-76), o rei devesse estar imune às imperfeições físicas repropõe o significado de mitos centrados na situação oposta. A atribuição a Luciano da *Tragodopodagra* é rechaçada por P. Maass, in *Deutsche Literaturzeitung*, 1909, col. 2272-6; hoje, prevalece a tese contrária, já formulada por G. Setti, "La *Tragodopodagra* di Luciano", in *Rivista di Filologia*, XXXVIII (1910), pp. 161-200. Observe-se que, em analogia com os outros mitos do grupo, poderíamos esperar por um Telégono claudicante; ao contrário, na lista da *Tragodopodagra* encontramos Odisseu (vv. 262 ss.) atingido no pé por um aguilhão de arraia. Segundo A. Roemer, "Zur Kritik und Exegese von Homer etc.", in *Abhandlungen der Philosophisch-philologischen Klasse der Königlichen Bayerischen Akademie der Wissenschaften*, 22 (1905), p. 639, nota 1, em outro mito Odisseu morria golpeado no pé por uma flecha de Telégono; mas vide A. Hartmann, *Untersuchungen über die Sagen vom Tod des Odysseus*, Munique, 1917, pp. 161-2. Pelos motivos que serão expostos, não causa espanto que Odisseu, aquele que se dirige ao umbral do Hades para evocar os mortos, tenha uma cicatriz na perna (cf. *Odisseia*, XIX, 386 ss.).

35. Essa interpretação não contradiz o elemento pré-jurídico identificado nas sandálias de Teseu por E. Cassin, *Le semblable et le différent*, Paris, 1987, pp. 298 ss. (que remete a L. Gernet). Sobre as implicações iniciáticas do ciclo de Teseu, cf. Jeanmaire, *Couroi et Courètes*, op. cit., pp. 227 ss., que se utiliza tam-

bém de P. Saintyves [É. Nourry], *Les contes de Perrault et les récits parallèles* (retomado por Propp, *Le radici storiche*, op. cit., p. 96 e passim). "Por que o iniciando claudica? Por que os noviços são 'ferrados'?", indaga M. Riemschneider; mas a simplista identificação do pé a "uma expressão velada da fecundidade" conduziu-a a conclusões absurdas (cf. *Miti pagani e miti cristiani*, trad. it., Milão, 1973, pp. 99 ss.).

36. Sobre Télefo e Pélope, vide adiante. Sobre a esfinge como animal mortuário, cf. Delcourt, *Oedipe*, op. cit., pp. 109 ss.

37. Cf. Gruppe, *Griechische Mythologie*, op. cit., p. 585.

38. Cf. id., ib., pp. 1332-3, sobretudo nota 4, e, de modo geral, os estudos sobre aqueles que têm só um pé calçado, citados mais adiante, nota 48.

39. Cf. J. H. Croon, "The mask of the underworld-daemon. Some remarks on the Perseus-Gorgon story", in *Journal of Hellenic Studies*, 75 (1955), pp. 9 ss., que desenvolve uma indicação de F. Altheim, in *Archiv für Religionswissenschaft*, XXVII (1929), pp. 35 ss. A propósito de Mercúrio "monocrépida" (uma única sandália), cf. K. Schauenburg, *Perseus in der Kunst des Altertums*, Bonn, 1960, p. 13; S. Reinach, *Catalogue illustré du Musée des Antiquités Nationales au Château de Saint-Germain-en-Laye*, II, Paris, 1921, p. 168 (estatueta galo-romana encontrada em St. Séverin, Nièvre).

40. Cf. B. K. Braswell, "Mythological innovation in the *Iliad*", in *The Classical Quarterly*, n.s., XXI (1971), p. 23. Segundo outra profecia (Hesíodo, *Teogonia*, 894-8), o filho de Métis e de Zeus teria tirado a autoridade do pai; por isso, Zeus engoliu Métis.

41. O mito é referido num comentário à *Alexandra* de Licófron (v. 175): cf. U. Pestalozza, *Religione mediterranea*, Milão, 1970 (reedição), p. 96, nota 30. A analogia com o calcanhar de Aquiles (e com outros mitos, a respeito dos quais voltaremos a falar) é sublinhada por V. Pisani, "Ellēnokeltikai", op. cit., pp. 145-8, que a considera "não inteiramente clara".

42. Cf. Dumézil, *Le problème des Centaures*, op. cit., p. 185, nota 3; vide também Cassin, *Le semblable*, op. cit., pp. 301-2, nota 57.

43. Cf. B. Bravo, "Une lettre sur plomb de Berezan. Colonisation et modes de contact dans le Pont", in *Dialogues d'Histoire Ancienne*, I (1974), pp. 111--87, especialmente pp. 136-7 (sobre o verso de Alceu). No geral, cf. H. Hommel, "Der Gott Achilleus", *Sitzungsberichte der Heidelberger Akademie der Wissenschaften*, 1980, I; complementações in id., *Sebasmata*, I, Tübingen, 1983, p. 209; G. Ferrari Pinney, "Achilles lord of Scythia", in *Ancient Greek art and iconography*, Madison, 1983, pp. 127-46. As características mortuárias de Aquiles já haviam sido brilhantemente captadas, em base puramente etimológica, por P. Kretschmer, "Mythische Namen. I: Achill", in *Glotta*, IV (1913), pp. 305-8.

44. Cf. Jeanmaire, *Couroi et Courètes*, op. cit., pp. 297 ss.; id., *Dioniso*, trad. it., Turim, 1972, pp. 385-6; *The Homeric hymn to Demeter*, org. por N. J. Richardson, Oxford, 1974, pp. 231 ss. Observe-se que Apolônio Ródio (*Argo-*

náutica, IV, 868 ss.) narra o mesmo mito colocando Aquiles no lugar de Demófon, Tétis no lugar de Deméter, Peleu no lugar da mãe de Demófon.

45. Cf. W. R. Halliday, "Note on the Homeric hymn to Demeter, 239 ff.", in *The Classical Review*, 25 (1911), pp. 8-11; Dumézil, *Le problème des Centaures*, op. cit., pp. 185-6; C.-M. Edsman, *Ignis divinus*, Lund, 1949, pp. 224-9.

46. A hipótese formulada por Lawson (vide acima, p. 188) é aceita, entre outros, por Dumézil, *Le problème des Centaures*, op. cit., p. 53, e por Gernet, *Anthropologie*, op. cit., p. 170. Convém recordar que o termo *kentauros* talvez seja de origem cita, e que o mito dos centauros talvez reelaborasse a imagem dos nômades a cavalo provenientes das estepes da Ásia central: cf. J. Knobloch, "Der Name der Kentauren", in *Serta Indogermanica. Festschrift für Günter Neumann zum 60, Geburtstag*, org. por J. Tischler, Innsbruck, 1982, pp. 129-31.

47. Cf. L. Mercklin, *Aphrodite Nemesis mit der Sandale*, Dorpart, 1854, que escapou a H. Usenser, "Kallone", in *Rheinisches Museum*, XXIII (1868), pp. 362-3. Sobre a polaridade erótico-funerária implícita no símbolo da sandália única, superficiais anotações de S. Eitrem, *Hermes und die Toten*, Christiania, 1909, pp. 44-5; sobre o nexo Perséfone-Afrodite cf. Zuntz, *Persephone*, op. cit., pp. 174-5. Mas, sobre toda a questão, vide o belo ensaio de W. Fauth, "Aphrodites Pantoffel und die Sandale der Hekate", in *Graz Beiträge*, 12-3 (1985-6), pp. 193-211.

48. A esse respeito, cf. W. Amelung, "Di alcune sculture antiche e di un rito del culto delle divinità soterranee", in *Dissertazioni della Pontificia Accademia Romana di Archeologia*, s. II, IX (1907), pp. 115-35, ainda hoje fundamental; cf. W. Helbig, *Führer durch die öffentlichen Sammlungen klassischer Altertümer in Rom*, II, Tübingen, 1966, pp. 318-9. O ensaio de Amelung deve ser complementado com Gruppe, *Griechische Mythologie*, op. cit., pp. 1332-3, sobretudo nota 4 (publicado um ano antes). Contudo, corrija-se a identificação, proposta por Amelung, da chamada "suplicante Barberini" a Dido; trata-se de Calisto, como demonstrou, excluindo o monossandalismo, J. N. Svoronos ("Explication de la *suppliante* Barberini", in *Journal International d'Archéologie et Numismatique*, XVI, 1914, pp. 255-78). À interpretação ctônica proposta por Amelung (mas que não conseguira explicar o detalhe da sandália única) aderiu W. Deonna, "Essai sur la genèse des monstres dans l'art", in *Revue des Études Grecques*, 28 (1915), pp. 288 ss.; id., "Monokrēpides", in *Revue de l'Histoire des Religions*, 112 (1935), pp. 50-72 (versão ampliada do ensaio precedente), em polêmica com a nota superficial de J. Brunel, "Jason *monokrēpis*" in *Revue Archéologique*, II (1934), pp. 34 ss.; vide também O. Weinrich, in *Archiv für Religionswissenschaft*, XXIII (1925), p. 70; W. Kroll, "Unum exuta pedem — ein volkskundliches Seitensprung", in *Glotta*, XXV (1937), pp. 152-8, inicialmente favorável à interpretação de Amelung, depois contrário. Outras informações no comentário de A. S. Pease ao quarto livro da *Eneida* (Cambridge, Mass., 1935), pp. 432-3. Observações importantes in A. Brelich, "Les

monosandales", in *La Nouvelle Clio*, VII-IX (1955-7), pp. 469-84; vide também P. Vidal-Naquet e P. Lévêque, "Epaminondas pythagoricien ou le problème tactique de la droite et de la gauche", in *Le chasseur noir*, op. cit., pp. 95 ss., especialmente pp. 101-2 e 115 ss. Uma síntese da questão, com ulteriores indicações bibliográficas, in L. Edmunds, "Thucydides on monosandalism (3.22.2)", in *Studies presented to Sterling Dow on his eightieth birthday*, Durban (N. C.), 1984, pp. 71-5 (mas o ensaio é, no plano interpretativo, inconcludente). Sobre o monossandalismo no Oriente Próximo, cf. Cassin, *Le semblable*, op. cit., pp. 67 ss. e 294 ss.

49. Cf. *Servii Grammatici qui feruntur in Vergilii carmina commentarii recensuerunt G. Thilo et H. Hagen*, II, rec. G. Thilo, Leipzig, 1884, p. 183, retomado por Frazer (*The golden bough*, III: *Taboo and the perils of the soul*, Londres, 1911, pp. 311 ss.), a quem, todavia, escapou o ensaio de Amelung.

50. Cf. L. Curtius, *Die Wandmalerei Pompeijs*, Darmstadt, 1960 (reimpressão da edição de 1929), p. 356, retomado por Brelich, "Les monosandales", op. cit. Oportunamente, L. Edmunds ("Thucydides", op. cit., p. 72, nota 14) lembra que também o protagonista de *Guerra e paz*, Pierre Bezuchov, durante a cerimônia de iniciação na maçonaria deve tirar um sapato.

51. Cf. *Euripidis tragoediae*, org. por A. Nauck, III, Leipzig, 1912, nº 534. Sobre a morte dos filhos de Téstio, cf. Ovídio, *Mel.* VIII, pp. 434 ss.

52. Cf. *Aristoteles qui ferebantur librorum fragmentis*, coligido por V. Rose, Leipzig, 1886, nº 74.

53. Não se trata de detalhe secundário: o mito de Meleagro está centrado justamente no contraste entre ligações horizontais (mãe-irmãos) e ligações verticais (mãe-filho), expresso pela contraposição curetes/etólios. Brunel, "Jason monokrēpis", op. cit., recorda um comentário em Píndaro (*Pít.* IV, 75) em que, a propósito de Jasão, citam-se os etólios, que "têm todos uma única sandália, por causa de seu caráter belicoso". Cf. também R. Goossens, "Les Étoliens chaussés d'un seul pied", in *Revue Belge de Philologie et d'Histoire*, 14 (1935), pp. 849-54, que lembra a passagem de Tucídides sobre os plateenses, o qual Brunel deixou escapar. Se li bem, o monossandalismo não aparece nos sarcófagos romanos que representam o mito de Meleagro (além de G. Koch, *Die mythologischen Sarkophage*, VI: *Meleager*, Berlim, 1975, cf. G. Daltrop, *Die Kalydonische Jagd in der Antike*, Hamburgo e Berlim, 1968).

54. Cf. Vidal-Naquet e Lévêque, "Epaminondas pythagoricien", op. cit., pp. 116-7, que remete, sobre Jasão, a "Le chasseur noir et l'origine de l'éphébie athénienne", in *Le chasseur noir*, op. cit., pp. 154-5. Segundo Edmunds, "Thucydides", op. cit., o monossandalismo dos plateenses e o dos hérnicos constituem casos separados.

55. Cf. Píndaro, *Píticas*, IV, 97.

56. Essa formulação (não limitada ao âmbito grego) já fora sugerida por Brelich, "Les monosandales", op. cit., junto com um esboço, não tão convincente, de solução (as personagens com uma única sandália representariam o cosmos

em face do caos). Numa perspectiva menos rigorosa, vide Deonna, "Monokrēpides", op. cit., especialmente p. 69. O convite de Brelich para uma comparação mais ampla é reproposto por Vidal-Naquet e Lévêque, in *Le chasseur noir*, op. cit., p. 102, nota 31. Paralelos celtas, ligados mais ou menos diretamente à passagem a uma dimensão ultraterrena, são citados por P. Mac Cana, "The topos of the single sandal in Irish tradition", in *Celtica*, 10 (1973), pp. 160-6 (com uma bibliografia adicional). Agradeço a Enrica Melossi a indicação.

57. Sobre as relações entre Filoctetes, Télefo (mais dados acima) e Jasão, cf. Gruppe, *Griechische Mythologie*, op. cit., p. 635; L. Radermacher, "Zur Philoktetsage", in *Mélanges H. Grégoire*, I, Paris, 1949, pp. 503-9; C. Kerényi, *Gli dei e gli eroi della Grecia*, trad. it., II, Milão, 1963, p. 320. Analisando textos e documentos do Oriente Próximo, E. Cassin demonstrou o estreito vínculo entre coxeadura e monossandalismo (cf. *Le semblable*, op. cit., pp. 16 ss., 50 ss. e 294 ss.), sublinhando as ligações com uma noção mais geral de assimetria (vide sobretudo p. 84). Para uma conclusão análoga, vide pp. 256-7. Outras implicações simbólicas da pegada ou do pé são assinaladas por W. Speyer, "Die Segenskraft des 'göttlichen' Fusses", in *Romanitas et Christianitas. Studia Iano Henrico Waszink... oblata*, Amsterdã e Londres, 1973, pp. 293-309.

58. Sigo aqui o belo ensaio de P. Vidal-Naquet, "Il 'Filottete' di Sofocle e l'efebia" (in Vernant e Vidal-Naquet, *Mito e tragedia*, op. cit., pp. 145-69), em parte complementando-o com outros estudos do mesmo autor citados acima, nota 48. M. Massenzio, "Anomalie della persona, segregazione e attitudini magiche. Appunti per una lettura del 'Filottete' di Sofocle", in *Magia. Studi di storia delle religioni in memoria di Raffaela Garosi*, Roma, 1976, pp. 177-95, sublinha o estado de sono profundo, "como de quem tenha chegado ao Hades" (v. 861), em que mergulha periodicamente Filoctetes, a quem compara a um "mago" — mas remetendo (p. 185, nota 2) a estudos específicos sobre o xamanismo.

59. A identidade é negada por Wissowa (vide o verbete "Caeculus" in Roscher, *Ausführliches Lexikon*, op. cit., I, col. 844). Por outro lado, cf. W. F. Otto, "Römische 'Sondergötter'", in *Rheinisches Museum*, 64 (1909), pp. 453-4, e, sobretudo, A. Brelich, *Tre variazioni romane sul tema delle origini*, Roma [1955], pp. 9-47, especialmente pp. 34 ss. Outras indicações in A. Alföldi, *Die Struktur des voretruskischen Römerstaates*, Heidelberg, 1974, pp. 184-5 e passim; id., *Römische Frühgeschichte*, Heidelberg, 1976, p. 25, em que a relação entre Caeculus e Vulcano (o etrusco *Velchanos*) é considerada prova da prolongada dominação dos etruscos sobre Roma. Vide agora o rico estudo de J. N. Bremmer e N. M. Horsfall, *Roman myth*, op. cit., pp. 49-62 (mas que não examina o monossandalismo de Caeculus).

60. "*Hunc* [Caeculum] *legio late comitatur agrestis* [...] *Non illis omnibus arma/ Nec clipei currusve sonant; pars maxima glandes/ liventis plumbi spargit, pars spicula gestat/ bina manu, fulvosque lupi de pelle galeros/ tegmen habent capiti; vestigia nuda sinistri/ instituere pedis, crudus tegit altera pero.*" Cf. K. Meuli, "Altrömischer Maskenbrauch", in *Gesammelte Schriften*, op. cit., pp. 269-70, que, porém,

insiste apenas no caráter primitivo do grupo conduzido por Caeculus. O *galerus* correspondia à *kuneē* grega. Sobre o chapéu de Hades, vide acima, p. 171.

61. Vide acima, p. 208-9.

62. A respeito disso tudo, vide A. Brelich, *Tre variazioni*, op. cit. A identidade entre Caeculus e o bandido Cacus foi repetidamente discutida: bibliografia in J. P. Small, *Cacus and Marsyas in Etrusco-Roman legend*, Princeton (N. J.), 1982, p. 33, nota 98 (que expressa um parecer negativo).

63. Cf., antes de mais nada, O. Rank, *Il mito della nascita dell'eroe*, trad. it., Milão, 1987 (a primeira edição surgiu em 1909; reeditado várias vezes com acréscimos); lorde Raglan, *The hero. A study in tradition, myth and drama*, Londres, 1936; G. Binder, *Die Aussetzung des Königskindes. Kyros und Romulus*, Meisenheim am Glan, 1964 (sobre Caeculus, pp. 30-1). Acerca dos dois primeiros estudos, independentes um do outro, vide o agudo ensaio de A. Taylor, "The biographical pattern in traditional narrative", in *Journal of the Folklore Institute*, 1 (1964), pp. 114-29, que introduz na discussão também a *Morfologia da fábula* de Propp (mas ignora, por exemplo, o ensaio de Luria citado). Ao contrário, muito superficial é D. Skeels, "The psychological patterns underlying the morphologies of Propp and Dundes", in *Southern Folklore Quarterly*, 31 (1967), pp. 244-61. A esse respeito, vide agora J. Bremmer e N. M. Horsfall, *Roman myth*, op. cit., pp. 27-30.

64. Isso já era notado por Luciano, que lembrava a esse respeito a história de que Ciro fora criado por uma cadela (*Sobre os sacrifícios*, 5). Vide também, mais amplamente, Cl. Eliano, *Varia historia*, II, 42. Sobre o nexo Édipo-Moisés, vejam-se as conjecturas de S. Levin, "Jocasta and Moses' mother Jochebed", in *Teiresias*, supl. 2 (1979), pp. 49-61; no geral, cf. M. Astour, *Hellenosemitica*, Leiden, 1965, pp. 152-9 e 220-4.

65. Cf. I. Kertész, "Der Telephos-Mythos und der Telephos-Fries", in *Oikumene*, 3 (1982), pp. 203-15, especialmente pp. 208-9.

66. Cf. Apolodoro, *A biblioteca*, I, 9, 8; Binder, *Die Aussetzung*, op. cit., pp. 78 ss., baseado em C. Trieber, "Die Romulussage", in *Rheinisches Museum*, 43 (1888), pp. 569-82 (e cf. Momigliano, *Terzo contributo*, op. cit., p. 62). Vide também Pauly-Wissowa, *Real Encyclopädie*, op. cit., verbete "Romulus", col. 1090.

67. Sobre as infâncias da realeza como modelo mítico para os efebos, cf. Jeanmaire, *Couroi et Courétes*, op. cit., pp. 371 ss. (ao qual remete P. Vidal-Naquet, "Il 'Filottete'", op. cit., p. 157). Sobre o nexo entre a infância de Édipo e os mitos a respeito da infância do herói, cf. Propp, "Edipo", op. cit., pp. 104-5 e 116. Sobre as analogias entre a história de Ciro e a de Kypselos (por sua vez, relacionada à de Édipo: cf. Vernant, "Le tyran boiteux", op. cit.), cf. Wehrli, "Oidipus", op. cit., pp. 113-4, que levanta como hipótese ou a anterioridade da primeira ou a dependência de ambas em relação a um modelo precedente.

68. Um controle sobre as fontes, extremamente dispersas, talvez possa integrar as rápidas referências a defeitos físicos in Rank, *Il mito*, op. cit., p. 99,

e Binder, *Die Aussetzung*, op. cit., p. 15. Este último observa que nos mitos as crianças eram expostas com mais frequência do que na realidade; quanto a isso, vide agora W. V. Harris, "The theoretical possibility of extensive infanticide in the Graeco-Roman world", in *Classical Quartely*, 32 (1982), pp. 114-6, com bibliografia adicional.

69. Discussão superficial in S. Sas, *Der Hinkende als Symbol*, Zurique, 1964, pp. 117-20. Sobre as implicações folclóricas do episódio, cf. E. Meyer, *Die Israeliten und ihre Nachbarstämme*, Halle a. S., 1906, pp. 51 ss. No mesmo sentido, vide H. Gunkel, "Jakob", in *Preussische Jahrbücher*, 176 (1919), pp. 339 ss., especialmente p. 349; id., *Das Märchen im Alten Testament*, Tübingen, 1921, pp. 66 ss., o qual cita uma fábula da Bósnia sobre um homem que luta durante três horas contra um vampiro, até o canto do galo, voltando doente para casa. As implicações etiológicas (proibição de comer o nervo ciático: Gênese 32, 33) sublinhadas por Gunkel não podem exaurir o sentido do conto. Sobre o confronto com 1 Reis 18, 26 (dança claudicante dos profetas de Baal), cf. W. O. E. Oesterley, *The sacred dance. A study in comparative folklore*, Nova York, 1923, pp. 113-4. Outros estudos destacam a complexa estratificação do texto: cf., por exemplo, F. van Trigt, "La signification de la lutte de Jacob près du Yabboq...", in *Oudtestamentische Studien*, XII (1958), pp. 280-309. Uma bibliografia adicional in R. Martin-Achard, "Un exégète devant Genèse 32, 23--33", in *Analyse structurale et exegese biblique*, Neuchâtel, 1971, pp. 41-62. É significativo que no mesmo volume (pp. 27-39), R. Barthes sem dificuldades encontre no relato bíblico as categorias de Propp. Agradeço a Stefano Levi Della Torre, que me antecipou algumas de suas reflexões sobre Jacó.

70. Sérvio (*Commentarii*, op. cit., p. 181) remete o nome de Caeculus às condições de seu nascimento (*"quia oculis minoribus fuit: quam rem frequenter efficit fumus"*). Sobre a conexão estrutural entre herói cego (Orazio Coclite) e herói mutilado na mão (Muzio Scevola), cf., de publicação mais recente, G. Dumézil "'Le borgne' and 'le manchot': the state of the problem", in *Myth in Indo-European Antiquity*, org. por G. J. Larson, Berkeley, 1974, pp. 17-28. Sobre a relação entre Caeculus e Coclite (que tinha uma estátua no Volcanal, o santuário de Vulcano), cf. Brelich, *Tre variazioni*, op. cit., pp. 34 ss. Que eu saiba, nunca se sugeriu uma aproximação entre Caeculus e Édipo.

71. Cf. A. Alföldi, "Königsweihe und Männerbund bei den Achämeniden", in *Heimat und Humanität. Festschrift für Karl Meuli zum 60. Geburstag*, Basileia, 1951, pp. 11-6 (que remete aos estudos sobre os *Männerbünde* de O. Höfler, L. Weiser-Aall etc., sobre os quais vide p. 371, nota 2), seguido por Binder, *Die Aussetzung*, op. cit.; vide também Bremmer, "The 'suodales'", op. cit., pp. 144-6 e passim; outras indicações úteis in A. Napoli, "I rapporti tra Bruzi e Lucani", in *Studi e Materiali di Storia delle Religioni*, XXXVII (1966), pp. 61 ss. (seguido por D. Briquel, "Trois études sur Romulus", in *Recherches sur les religions de l'antiquité classique*, org. por R. Bloch, Genebra, 1980, p. 289).

72. O detalhe, que volta também em Nicolau de Damasco, alude implici-

tamente à *Odisseia*, XI, 287 ss. (sobre a qual vide adiante); cf. W. Pötscher, "Die Oidipus-Gestalt", in *Eranos*, 71 (1973), pp. 23-5. Assim, a perplexidade manifestada por J. Rudhart, "Oedipe et les chevaux", in *Museum Helveticum*, 40 (1983), pp. 131-9, parece fora de propósito.

73. Cf. Gernet, *Anthropologie*, op. cit., pp. 154-71, sobre a expedição noturna de Dólon no campo grego (canto X da *Ilíada*); mas deverão ser tomadas em consideração as observações de A. Schnapp-Gourbeillon, *Lions, héros, masques*. Paris, 1981, pp. 112 ss. Vide, também, H. J. Rose, "Chthonian cattle", in *Numen*, 1 (1954), pp. 3-27; C. Gallini. "Animali e al di là", in *Studi e Materiali di Storia delle Religioni*, XXX (1959), pp. 65 ss., especialmente p. 81; B. Lincoln, "The Indo-European cattle-raiding myth", in *History of Religions*, 16 (1976), pp. 42-65; Walcot, "Cattle raiding", op. cit.; B. Bravo, "Sulan", in *Annali della Scuola Normale Superiore di Pisa*, "Classe di lettere ecc.", III, 10 (1980), pp. 954-8; F. Bader, "Rhapsodies homériques et irlandaises", in *Recherches sur les religions*, op. cit., pp. 9-83.

74. Cf. Burkert, "Heracles and the master of animals", op. cit., pp. 78 ss.

75. Cf. O. Maenchen-Helfen, "Heracles in China", in *Archiv Orientalní*, 7 (1935), pp. 29-34.

76. Cf. Burkert, "Heracles", op. cit., pp. 86-7.

77. Cf. *Édipo rei*, vv. 300-462. Sobre o bastão de Tirésias, cf. Kerényi, *Gli dei*, op. cit., II, p. 102.

78. Sobre Melampo, cf. Nilsson, *Geschichte*, op. cit., pp. 615 ss. Sobre a possibilidade de falar de um xamanismo grego, cf. Meuli, "Scythica", op. cit. E. R. Dodds, *I Greci e l'irrazionale*, op. cit., pp. 159 ss. Mais cauteloso, W. Burkert, "GOES. Zum griechischen Schamanismus", in *Rheinisches Museum*, 105 (1962), pp. 36-55; id., *Weisheit*, op. cit., pp. 123 ss. e passim. Nitidamente crítico, Bremmer, *The early Greek concept*, op. cit. Assumindo posições intermediárias, afins com as de Burkert, está I. P. Couliano, *Esperienze dell'estasi dall'Ellenismo al Medioevo*, trad. it., Bari, 1986, pp. 19 ss. Vale a pena lembrar aqui que o Édipo de Lévi-Strauss foi definido como um "xamã claudicante" por G. Steiner (*After Babel*, Oxford, 1975, p. 29).

79. Cf. Diógenes Laércio, *Vidas dos filósofos*, VIII, 11, e VIII, 69. A interpretação delineada aqui desenvolve aquela sugerida, a propósito de Pitágoras, por W. Burkert (cf. *Weisheit*, op. cit., p. 134, que supõe um nexo com o mito de Dioniso ter nascido da coxa de Zeus, sobre o qual vide adiante, nota 82); id., "Das Proömium des Parmenides und die Katabasis des Pythagoras", in *Phronesis*, XIV (1969), pp. 1-30, no qual se demonstra que as feridas na coxa, frequentemente associadas à Grande Mãe frígio-anatólica, tinham, como o desmembramento simbólico dos xamãs, um valor iniciático. Sobre os componentes xamânicos na figura de Empédocles, cf. as opiniões contrastantes de Dodds, *I Greci*, op. cit., pp. 182 ss., e C. H. Kahn, "Religion and natural philosophie in Empedocles' doctrine of the soul", in *Archiv für Geschichte der Philosophie*, 42 (1960), pp. 30-5. Ver também Couliano, *Esperienze*, op. cit., pp. 26-7.

80. M. Bloch, "Pour une histoire compare des sociétés européennes", in *Mélanges historiques*, I, Paris, 1963, p. 22, assemelhava a comparação a uma "varinha de rabdomante".

81. Nesse ponto, valho-me principalmente da documentação coletada, em perspectiva diferente, por M. Detienne, *Dioniso a cielo aperto*, trad. it., Bari, 1987, pp. 63-81. Vide também J.-P. Vernant, "Le Dionysos masque des *Bacchantes* d'Euripide", in *L'Homme*, XXV (1985), pp. 31-58.

82. Cf. Burkert, *Weisheit*, op. cit., p. 134, nota 245, em que se levanta a hipótese de um significado iniciático, análogo à coxa de ouro de Pitágoras. A interpretação é reiterada in id., *Greek religion*, op. cit., p. 165. Nas *Dionisíacas* (IX, vv. 18-22), Nonos interpreta o nome *Dionysos* como "Zeus coxo", observando que no dialeto de Siracusa *nysos* significa "coxo" (agradeço a Gabriel Sala a indicação).

83. Cf. K. Latte, "Askoliasmos", in *Hermes*, 85 (1957), pp. 385-91 (utilizado também por M. Detienne). Cf. também W. Deonna, *Un divertissement de table "à cloche-pied"*, Bruxelas, 1959, pp. 28-9 e 36-9.

84. Cf. Latte, "Askoliasmos", op. cit., pp. 385-6 (que cita Eliano, *De natura animalium*, 3, 13).

85. Refere-se a essa hipótese H. Diels, "Das Labyrinth", in *Festgabe von Fachgenossen und Freunden A. von Harnack zum siebzigsten Geburtstag...*, Tübingen, 1921, pp. 61-72, especialmente p. 67, nota 2. Vide também U. Wilamowitz-Moellendorff, *Griechische Verskunst*, Berlim, 1921, p. 29, seguido por K. Friis Johansen, *Thésée et la danse à Délos*, København, 1945, p. 12; P. Bruneau, *Recherches sur les cultes de Délos*, Paris, 1970, pp. 29 ss., especialmente p. 31. Cf. também H. von Petrikovits, "Troiaritt und Geranostanz", in *Beiträge zur älteren europäischen Kulturgeschichte, Festschrift für Rudolf Egger*, I, Klagenfurt, 1952, pp. 126-43. Muito material, reunido com escasso rigor, in H. Lucas, *Der Tanz der Kraniche*, Emsdetten, 1971. Pouco convincente a interpretação abrangente de M. Detienne, "La grue et la labyrinthe", in *Mélanges de l'École Française de Rome, Antiquité*, 95 (1983), pp. 541-53.

86. Cf. D. C. Fox, "Labyrinth und Totenreich", in *Paideuma*, I (1940), pp. 381-94. Muito material, sobretudo iconográfico, in H. Kern, *Labirinti*, Milão, 1981.

87. Cf. Jeanmaire, *Dioniso*, op. cit., pp. 46-54; Bremmer, *The early Greek*, op. cit., pp. 108-23; Burkert, *Greek religion*, op. cit., pp. 237-40.

88. Sobre a presença de Dioniso no santuário de Delfos e, de modo geral, sobre as relações entre as duas divindades, cf. Jeanmaire, *Dioniso*, op. cit., pp. 187-98.

89. Cf. Lucas, *Der Tanz*, op. cit., p. 6 e gravura 1.

90. Cf. *I presocratici*, org. por A. Pasquinelli, Turim, 1958, pp. 189-90; vide Jeanmaire, *Dioniso*, op. cit., pp. 46-54. Sobre o tropeçar como presságio de morte na cultura escandinava, cf. B. Almqvist, "The death forebodings of saint Oláfr, king of Norway, and Rögnvaldr Brúsason, earl of Orkney", in *Béaloideas*, 42-4

(1974-6), pp. 1-40 (deficiente). De modo totalmente independente, C. Lévi-Strauss vê no ato de tropeçar o símbolo de um defeito de comunicação ("Mythe et oubli", in *Le regard éloignée*, op. cit., pp. 253 ss., especialmente p. 259).

91. Cf. M. Granet, "Remarques sur le Taoïsme ancien", in *Asia Major*, 2 (1925), pp. 146-51; id., *Danses et légendes de la Chine ancienne*. Paris, 1926, II, pp. 466 ss. e 549 ss.; M. Kaltenmark, "Ling-Pao: note sur un terme du Taoïsme ancien", in *Mélanges publiés par l'Institut des Hautes Études Chinoises*, II, Paris, 1960, pp. 559-88, especialmente pp. 572-3; id., "Les danses sacrées en Chine", in *Les danses sacrées*, Paris, 1963, p. 444; W. Eberhard, *The local cultures of south and east China*, 2ª ed. revista, Leiden, 1968, pp. 72-80, especialmente pp. 74-5. Sobre o hábito de cobrir o rosto durante o rito xamânico, cf. pp. 289 ss.

92. Cf. Granet, *Danses*, op. cit., II, pp. 550, nota 3, 552 ss. e 575-6; Eberhard, *The local cultures*, op. cit., p. 74.

93. Cf. Granet, *Danses*, op. cit., I, pp. 221-2.

94. Heine-Geldern, "Das Tocharerproblem", op. cit., p. 252, reapresentou de modo mais sério uma hipótese difusionista que fora superficialmente formulada por E. A. Armstrong, "The crane dance in East and West", in *Antiquity*, 17 (1943), pp. 71-6. Recentemente, Lévi-Strauss, para explicar algumas analogias entre mitos gregos (o de Midas, por exemplo) e lendas japonesas, sugeriu a eventualidade de uma gênese comum na Ásia central.

95. Cf. Granet, *Danses*, op. cit., I, 326, nota 1, e Kalternmark, "Ling-Pao", op. cit., p. 578; sobre a cerimônia dos Doze Animais, ver acima, pp. 213-4.

96. Cf. J. G. Frazer, *The golden bough*, IX: *The scapegoat*, Nova York, 1935, pp. 324 ss. (com bibliografia), o qual adere à teoria que vê nos doze dias um período intercalar entre ano lunar e ano solar. A. Van Gennep, *Manuel de folklore français contemporain*, I, VII, 1: *Cycle des Douze Jours*, Paris, 1958, pp. 2856 ss., especialmente pp. 2861-2, discute as várias interpretações, considerando unilaterais aquelas centradas no elemento fúnebre, pois incapazes de explicar o caráter festivo (em vez de triste) do ciclo dos doze dias. Uma avaliação tão superficial — que parece ignorar de modo deliberado as características contraditórias geralmente atribuídas aos mortos, ao mesmo tempo portadores de fertilidade e de desgraça — talvez se explique pela desconfiança (usual em Van Gennep) quanto à noção de ambivalência.

97. Ver acima, pp. 170 e 186-7. A analogia entre os dois fenômenos não havia escapado a B. Schmidt, *Das Volksleben der Neugriechen und das hellenische Alterthum*, I, Leipzig, 1871, p. 154, nota 1.

98. Vide os dados acumulados desordenadamente por F. Sokoliček, "Der Hinkende in brauchtümlichen Spiel", in *Festgabe für Otto Höfler zum 65. Geburtstag*, II, Viena, 1968, pp. 423-32. Outro material in R. Stumpfl, *Kultspiele der Germanen als Ursprung des mittelalterlichen Dramas*, Berlim, 1936, pp. 325 ss., que depende bastante das pesquisas de O. Höfler. Cf. também D. Strömbäck, "Cult remnants in Icelandic dramatic dances", in *Arv*, 4 (1948), pp. 139-

-40 (dança do cavalo manco, documentada entre o final do século XVII e o princípio do século XVIII).

99. Poder-se-ia dizer que o erro de Lévi-Strauss ao formular o problema da coxeadura mítica e ritual tenha sido, paradoxalmente, o de inspirar-se mais em Frazer que em si mesmo.

100. A interpretação de Édipo como "deus anual" (*Jahresgott*), formulada por C. Robert, foi prontamente refutada por Nilsson, "Der Oidipusmythos", op. cit.

101. É significativo que a categoria dos ritos de passagem tenha sido descoberta por R. Hertz graças à análise dos ritos de sepultura.

102. Cf. Sas, *Der Hinkende als Symbol*, op. cit. (inspirado explicitamente na psicologia analítica de Jung). De um ponto de vista análogo, mas independente, T. Giani Gallino, *La ferita e il re. Gli archetipi femminili della cultura maschile*, Milão, 1986, pp. 37-46, associa à coxeadura mística as menstruações, com argumentação mais que discutível (vide, por exemplo, p. 43).

103. Cf. R. Needham, "Unilateral figures", in *Reconnaissances*, Toronto, 1980, pp. 17-40, que desenvolve considerações expostas in *Primordial characters*, Charlottesville, 1978 (nas pp. 45-6, uma tentativa não muito convincente de circunscrever as divergências parciais a respeito da impostação de Jung).

104. Cf. E. Neumann, *Die grosse Mutter*, Zurique, 1956. Uma crítica à base empírica dessa noção in P. Y. Ucko, *Anthropomorfic figurines of predynastic Egypt and neolithic Crete...*, Londres, 1968.

105. Cf. Needham, *Reconnaissances*, op. cit., pp. 34 ss.

106. Id., ib. Dentre os estudos citados por Needham, li: D. Zahan, "Colors and body-painting in black Africa: the problem of the 'half man'", in *Diogenes*, 90 (1975), pp. 100-19; A. Szabó, "Der halbe Mensch und der biblische Sündenfall", in *Paideuma*, 2 (1941-3), pp. 95-100; A. E. Jensen, "Die mythische Vorstellung vom halben Menschen", ivi, 5 (1950-4), pp. 23-43. Os dois primeiros são superficiais; o segundo e o terceiro, deformados por uma metafísica eurocêntrica. Outro material in D. J. Ray, *Eskimo masks*, 1967, pp. 16 e 187-8.

107. Cf. A. Castrén, *Nordische Reisen und Forschungen*, trad. alemã, IV, São Petersburgo, 1857, pp. 157-64 (Needham o cita por intermédio de G. Hatt, *Asiatic influences in American folklore*, København, 1949, pp. 87-9). Está longe de ser excluída a possibilidade de que em determinadas culturas a imagem do homem unilateral possa ter um significado diferente. Mas uma interpretação psicanalítica como aquela proposta por J. Galinier ("L'homme sans pied. Métaphores de la castration et imaginaire en Mésoamérique", in *L'Homme*, XXIV, 1984, pp. 41-58) dá pouco relevo, por exemplo, ao fato de que para uma população mexicana como os otomis aqueles que se privam temporariamente de uma perna, antes de transformar-se em mulher e alçar voo em forma de pássaros (pp. 45-6), são justamente os xamãs.

108. Cf. C. Foulon, "Un personnage mystérieux du roman de *Perceval le Gallois*: l'eschacier dans la seconde partie du *Perceval*", in *The legend of Arthur in the Middle Ages. Studies presented to A. H. Diverres*, org. por P. B. Grout et

alii, Cambridge, 1983, pp. 66-75, que combate eficazmente a conjectura de R. S. Loomis, *Arthurian tradition and Chrétien de Troyes*, Nova York, 1949, pp. 443-7, segundo o qual *eschacier* (homem com uma perna só) seria um mal-entendido, introduzido por Chrétien ou por sua fonte, de um originário *eschaquier* (tabuleiro). Na realidade, este último termo constitui uma *lectio facilior*, como indica a sua presença (que Loomis interpreta de modo diferente) em três manuscritos de *Perceval le Gallois*. A conjectura de Loomis é seguida por Riemschneider, *Miti pagani*, op. cit., pp. 34-5. Observe-se que o homem de uma só perna é um mote celta: cf. S. M. Finn, "The *eschacier* in Chrétien's Perceval in the light of medieval art", in *The Modern Language Review*, XLVII (1952), pp. 52-5; P. Mac Cana, *Branwen*, Cardiff, 1958, pp. 39 ss.; J. Le Goff, *Il meraviglioso*, op. cit., p. 126, nota 73. H. Wagner, "Studies in the origins of early civilisation", in *Zeitschrift für Celtische Philologie*, 31 (1970), p. 26, nota 32, propõe decifrar a batalha aérea entre os deuses e os disformes *Fomorians*, descrita no poema *Mag Tured*, tendo por base um mito samoieda (referido por T. Lehtisalo) em que o touro do norte, o qual traz a chuva, luta entre as nuvens contra os demônios que têm uma só mão, uma só perna, um só olho, os quais trazem a seca (a esse respeito, vide a fábula samoieda mencionada acima, nota 107). As implicações xamânicas do homem com a perna de prata são sublinhadas com acuidade por C. Corradi Musi, "Sciamanesimo ugrofinnico", op. cit., p. 60. Sobre o tema da viagem ao outro mundo no romance arturiano, vide acima, pp. 132-3.

109. Completamente desviante a aproximação proposta por A. Szabó ("Der halbe Mensch", op. cit., p. 97) do mito contado por Platão no *Banquete*, em que o amor é descrito como a reunificação de dois indivíduos cortados ao meio.

110. Daí as ambíguas reações suscitadas entre os humanos por outras espécies capazes de se manter em posição ereta, como macacos e ursos. A importância crucial da posição ereta na evolução da espécie humana foi ilustrada por Leroi-Gourhan, *Le geste et la parole. Technique et langage*, Paris, 1964.

111. Cf. Dumézil, *Storie degli Sciti*, op. cit., p. 94. O correspondente de Soslan entre os circassianos — uma espécie de xamã, capaz de todo tipo de transformação — é definido sarcasticamente como "mago das pernas tortas" (ib., p. 271).

112. Pode-se recordar que Benjamin, numa carta a Scholem de 5 de agosto de 1937, disse que desejava "enfrentar com os instrumentos da magia branca" a psicologia de Jung, à qual considerava "uma verdadeira diabrura" (W. Benjamin e G. Scholem, *Teologia e utopia. Carteggio 1933-1940*, trad. it., Turim, 1987, p. 232).

113. Úteis elementos de reflexão sobre tudo isso in J. Fédry, "L'expérience du corps comme structure du langage. Essai sur la langue sàr (Tchad)", in *L'Homme*, XVI (1976), pp. 65-107. No geral, cf. G. R. Cardona, *I sei lati del mondo*, Bari, 1985.

114. Cf. R. Jakobson, "Segno zero", in *Universali linguistici*, org. por F. Ravazzoli, Milão, 1979, pp. 85-95.

115. Recordem-se os estupendos versos de Lucrécio, *De rerum natura*, III, vv. 830 ss.

116. Sobre o nexo entre fábula e o tema épico da viagem do herói ao além-túmulo, cf. L. Radermacher, *Das Jenseits im Mythos der Hellenen*, Boon, 1903, pp. 28-9, nota 2, e passim, e sobretudo K. Meuli, *Odyssee und Argonautika. Untersuchungen zur griechischen Sagengeschichte und zum Epos*, 1921 (reimpressão em Utrecht, 1974), especialmente pp. 22-3, que graças a A. Heusler ("Altnordische Dichtung und Prosa von jung Sigurd", in *Sitzungsberichte der Preussischen Akademie der Wissenschaften*, "phil.-hist. Klasse", 1919, I, p. 163) alcança indiretamente o ensaio de F. von der Leyen citado adiante, nota 119. Sobre a relação entre fábula de magia e mito, vide, além das referências de Propp, *Morfologia*, op. cit., pp. 96, 106-7, as iluminadoras reflexões de W. Benjamin, "Il narratore. Considerazioni sull' opera di Nicola Leskov", in *Angelus novus*, trad. it., Turim, 1962, pp. 253-4.

117. A hipótese, formulada por Propp in *Morfologia*, op. cit., pp. 112-3, de uma conexão histórica entre estrutura do conto de magia e crenças nas peregrinações da alma até o além foi desenvolvida in *Le radici storiche delle fiabe di magia*, op. cit., acentuando as relações com o contexto ritual. Essa mudança de perspectiva talvez deva ser atribuída pelo menos em parte ao clima político em que o livro surgiu. Em todo o caso, as duas obras, embora tão diversas, desde a origem faziam parte de um projeto unitário, como se verifica também nas observações retrospectivas em apêndice a *Morfologia della fiaba* (que inicialmente devia intitular-se *Morfologia della fiaba di magia*), op. cit., pp. 208-10. A propósito de Propp, cf. R. Breymayer, "Vladimir Jakovlevič Propp (1895-1970), Leben, Wirken und Bedeutsamkeit", in *Linguistica Biblica*, 15-6 (abril de 1972), pp. 36-77; I. Levin, "Vladimir Propp: an evaluation on his seventieth birthday", in *Journal of the Folclore Institute*, 4 (1967), pp. 32-49; A. Liberman, introd. a V. Propp, *Theory and history of folklore*, Minneapolis, 1984. A presença de temas iniciáticos em algumas fábulas, amplamente discutida nas *Radici storiche*, já fora proposta como hipótese (numa perspectiva influenciada por uma mitologia solar já então fora de moda) por P. Saintyves [É. Nourry], *Les contes de Perrault et les récits parallèles...*, Paris, 1923, pp. XX, 245 ss. (Pequeno Polegar), 374 ss. (Barba Azul) etc. Propp, que leu e citou esse livro, aparentemente ignorou aquele muito mais importante de H. Siuts, *Jenseits motive in Deutschen Volksmärchen*, Leipzig, 1911, que desenvolvia de maneira original algumas referências de Von der Leyden, "Zur Entstehung des Märchens", op. cit.

118. Cf. Propp, *Morfologia*, op. cit., pp. 107-10, em que não se exclui a possibilidade (obviamente, não demonstrável) de que os dois tipos fossem no início historicamente diferentes.

119. É uma tese de E. B. Tylor, reapresentada com o apoio de farta documentação por Von der Leyen, "Zur Entstehung des Märchens", op. cit. (publi-

cado in *Archiv für das Studium der Neueren Sprachen und Literatur,* 113 (1903), pp. 249-69; 114 (1904), pp. 1-24; 115 (1905), pp. 1-21 e 273-89; 116 (1906), pp. 1-24 e 289-300). Nesse ensaio, bem como numa precedente versão muito mais breve ("Traum und Märchen", in *Der Lotse,* 1901, pp. 382 ss., que não li), o autor menciona a *Interpretação dos sonhos* de Freud, com o qual manteve uma correspondência: cf. *The complete letters of Sigmund Freud to Wilhelm Fliess,* org. por J. Moussaieff Masson, Harvard (Mass.), 1985, pp. 444-6 (carta de 4 de julho de 1901). A tese de Von der Leyen, incitada por ideias expressas por E. Ronde (*Psyche,* Berlim, 1893) e antes ainda por L. Laistner (*Das Rätsel der Sphinx,* 2 v., Berlim, 1889), em parte baseia-se sobre material discutido também neste livro, a começar pela saga do rei Guntram (sobre o qual vide acima, p. 161). A interpretação é muitas vezes redutiva: a imagem da alma como rato, por exemplo, é levada ("Zur Entstehung", op. cit., 1904, p. 6) para a etimologia da palavra "músculo" (*de mus,* rato).

120. Cf. R. Mathieu, "Le songe de Zhao Jianzi. Étude sur les rêves d'ascension céleste et les revés d'esprits dans la Chine ancienne", in *Asiatische Studien — Études Asiatiques,* XXXVII (1983), pp. 119-38.

121. Como Propp, *Morfologia,* op. cit., pp. 23-4.

122. Para um apanhado bibliográfico, cf. o verbete "Cinderella", *Enzyklopädie des Märchens,* op. cit., III, col. 39-57 (org. por R. Wehse). Ponto de partida indispensável continua a ser M. R. Cox, *Cinderella. Three-hundred and forty-five variants,* Londres, 1893 (com introdução de A. Lang), a ser complementada com A. B. Rooth, *The Cinderela cycle,* Lund, 1951. Muito útil a coletânea *Cinderella: a casebook,* org. por A. Dundes, Nova York, 1982: vide, antes de mais nada, o resumo cartográfico de A. B. Rooth, "Tradition areas in Eurasia" (pp. 129-47), e a bibliografia comentada de A. Taylor, "The study of Cinderella cycle", pp. 115-28. Entre as contribuições particulares, cf. E. Cosquin, "Le 'Cendrillon' masculin", in *Revue des Traditions Populaires,* XXXIII (1918), pp. 193-202; D. Kleinmann, "Cendrillon et son pied", in *Cahiers de Littérature Orale,* 4 (1978), pp. 56-88; B. Herrnstein Smith, "Narrative versions, narrative theories", in *Critical Inquiry,* 7 (1980), pp. 213-36.

123. Cf. Propp, *Morfologia,* op. cit., pp. 31 ss. A marca corresponde à função nº XVII (p. 57).

124. Com extraordinária acuidade, H. Usener associou Cinderela à Afrodite escolhida por Paris, sublinhando as características mortuárias das duas figuras ("Kallone", op. cit., pp. 362-3). O. Gruppe, seguindo a pista indicada por Usener, incluiu Cinderela na série que abrange Perseu, Jasão etc. (*Griechische Mythologie,* op. cit., p. 1332, nota 4). No mesmo sentido, cf. também R. Eisler, *Weltenmantel und Himmelszelt,* I, Munique, 1910, p. 166, nota 3. De quanto eu saiba, os estudos posteriores sobre Cinderela ignoraram essa sugestão interpretativa — com uma única possível exceção. Num belíssimo ensaio, Freud reconheceu em Cordélia e em Cinderela duas encarnações da deusa da morte, tendo afinidades com Afrodite funerária ("Il motivo della scelta degli

scrigni", in *Opere*, VII, trad. it., Turim, 1982, pp. 207-18). Um eco indireto da página de Usener talvez tenha chegado a Freud graças aos verbetes do dicionário mitológico de Roscher (mas trata-se de conjectura que ainda deve ser verificada). Em carta a Ferenczi de 7 de julho de 1913, Freud referiu-se às implicações autobiográficas do próprio ensaio (ib., p. 205; Anna, a predileta, era a terceira filha — aquela que no mito ou na fábula anuncia a morte).

125. Assumindo como amostra significativa, embora desequilibrada, as versões da fábula de Cinderela analisadas por Cox (distinguindo-as daquelas tipologicamente afins), resulta que, de um total de 319, aquelas que apresentam o tema da coleta dos ossos do ajudante constituem cerca de um vigésimo (dezesseis).

126. Cf. J. G. Campbell, *Popular tales of the West Highlands*, Edimburgo, 1862, II, pp. 286 ss.; K. Blind, "A fresh Scottisch ashpitel and glass shoe tale", in *Archaeological Review*, III (1889), pp. 24-7; "Arian folk-lore", in *The Calcutta Review*, LI (1870), pp. 119-21 (resume uma versão muito mais longa, publicada in *The Bombay Gazette*, à qual não tive acesso; observa que em outra versão a vaca, por razões religiosas, fora substituída pelo peixe; destaca a analogia com a fábula publicada por Campbell). A. B. Rooth (*The Cinderella cycle*, op. cit., p. 57) afirma que da Índia a versão em que aparecia a vaca passou à Indochina. Trata-se de conjectura não demonstrada: nas versões indochinesas, como nas chinesas, vaca, pássaro e peixe (este último surge na versão mais antiga) se alternam: cf. W. Eberhard, *Typen chinesicher Volksmärchen* ("FF Communications", nº 120), Helsinque, 1937, pp. 52-4; A. Waley, "The Chinese Cinderella story", in *Folk-lore*, 58 (1947), pp. 226-38; Nai-Tung Ting, *The Cinderella cycle in China and Indo-China* ("FF Communications", nº 213), Helsinque, 1974, pp. 47 ss.

127. A bibliografia é muito ampla. Aos estudos acima citados (pp. 310-1, nota 78) acrescentar A. Friedrich, "Die Forschung über das frühzeitiliche-Jägertum", in *Paideuma*, 2 (1941-3), pp. 20-43; id., "Knochen und Skelett in der Vorstellungswelt Nordasiens", in *Wiener Beiträge zur Kulturgeschichte und Linguistik*, 5 (1943), pp. 189-247; H. Nachtigall, "Die kulturhistorische Wurzel des Schamanenskelettierung", in *Zeitschrift für Ethnologie*, 77 (1952), pp. 188--97; Gignoux, "'Corps osseux'", op. cit. Sobre a América setentrional, cf. uma referência de Hertz, "Contribution", op. cit., p. 79. Friedrich, "Die Forschung", op. cit., p. 28, cita dois estudos sobre documentação africana, que permaneceram inacessíveis para mim.

128. Cf. Hertz, "Contribution", op. cit. O nexo com o tema da coleta dos ossos é assinalado por C. Lévi-Strauss, "L'art de déchiffrer les symboles", in *Diogène*, nº 5 (1954), pp. 128-35 (a propósito do livro de Rooth).

129. Cf. V. Propp, "L'albero magico sulla tomba. A proposito dell'origine delle fiabe di magia" (1934), in *Edipo alla luce del folklore*, op. cit., pp. 3-39, que se refere também à presença desse tema em *Cinderela*.

130. Para a China, cf. Waley, "The Chinese Cinderella story", op. cit. As

indicações que seguem, extraídas de Cox, *Cinderella*, op. cit., foram controladas. Vietnã: A. Landes, *Contes et légendes annamites*, Saigon, 1886, nº XXII, pp. 52-7; G. Dumoutier, "Contes populaires Tonkinois. Une Cendrillon annamite", in *Archivio per lo Studio delle Tradizioni Popolari*, XII (1893), pp. 386-91 (a história se passa no tempo do último rei Hung, século IV a.C.); Índia (Calcutá): "Aryan folk-lore", op. cit.; Rússia: A. N. Afanassiev, *Antiche fiabe russe*, trad. it., Turim, 1953, pp. 515-7 ("Miudinha relaxada"); Sérvia: *Serbian folklore*, org. por W. Denton, Londres, 1874, pp. 59-66; V. Karajich, *Serbian folk-tales*, Berlim, 1854, nº XXXII; Sicília: G. Pitré, *Fiabe, novelle e racconti popolari siciliani*, I, Palermo, 1870, pp. 366-7; Sardenha (Nuoro): P. E. Guarnerio, "Primo saggio di novelle popolari sarde", in *Archivio per lo Studio delle Tradizioni Popolari*, II (1883), pp. 31-4; Provença (Mentone): J. B. Andrews, *Contes ligures*. Paris, 1892, pp. 3-7; Bretanha: P. Sébillot, *Contes populaires de la Haute-Bretagne*, I, Paris, 1880, pp. 15-22, mas em que a sepultura não é acompanhada da coleta dos ossos; cf., ao contrário, ib., "La petite brebiette blanche", pp. 331-2; Lorena: E. Cosquin, *Contes populaires de Lorraine*, I, pp. 246-7 (aqui, falta o episódio do sapatinho perdido); Escócia (Glasgow): Blind, "A fresh Scottish ashpitel", op. cit., (West Highlands): Campbell, *Popular tales*, op. cit. Vide também Saintyves, *Les contes*, op. cit., pp. 142-51.

131. Por meio de uma argumentação diferente, A. B. Rooth (*The Cinderella cycle*, op. cit.) chega a conclusões análogas. Ela distingue dois enredos: *A*) a madrasta faz as crianças passarem fome, sendo elas alimentadas às escondidas por um animal ajudante, quando este é morto, as crianças reúnem seus ossos, queimam-nos, colocam as cinzas num vaso no qual nasce uma planta que as alimenta (numa versão alternativa, as crianças encontram objetos preciosos nas vísceras do animal); *B*) um objeto perdido e encontrado por acaso (no geral, uma pantufa) põe o herói na pista da heroína. O enredo *AB*, que corresponde ao conto de Cinderela, é anterior às duas tramas separadas (esse ponto não é bem entendido por A. Dundes, introdução a *Cinderella: a casebook*, op. cit.). Convém sublinhar que essa cronologia relativa, reconstruída por via morfológica, não coincide com a cronologia absoluta dos testemunhos: a mais antiga versão de *B* (a história, referida por Estrabão, da águia que voa de Naucrátis a Mênfis, lançando no colo do jovem rei a pantufa da cortesã Ródope) precede em cerca de oitocentos anos a mais antiga versão de *AB*, redigida por Tuang Ch'eng-Shih (800-53). Esse texto chinês, associado à fábula de Cinderela coligida pelo folclorista japonês K. Minakata (1911), foi traduzido pela primeira vez numa língua ocidental por R. D. Jameson, que negou claramente as implicações rituais do tema da coleta dos ossos ("Cinderella in China", in *Three lectures on Chinese folklore*, Pequim (Beijing) [1932], pp. 45-85, especialmente p. 61, nota). Para um resumo cartográfico dos vários motivos, cf. Rooth, "Tradition areas in Eurasia", op. cit. (especialmente p. 137, série o, mapas A e B).

132. Vide acima, p. 156-7.

133. Cf. J. Henninger, "Zum Verbot des Knochenzerbrechens bei den

Semiten", in *Studi orientalistici in onore di Giorgio Levi Della Vida*, Roma, 1956, I, pp. 448-58, retomado e ampliado in id., "Neuere Forschungen", op. cit.

134. Cf. em primeiro lugar, sobre os costumes siberianos, V. Propp, "L'albero magico", op. cit. (utilizado também por Bertolotti, "Le ossa" cit.), e U. Harva (Holmberg), *Les représentations*, op. cit., pp. 298-307. Ver também Mannhardt, *Germanische Mythen*, op. cit., p. 58, que associa o mito de Thor a uma saga do Vorarlberg; Röhrich, "Le monde surnaturel", op. cit., pp. 25 ss., textos nº 13 (Alpe de la Vallée), nºs 14-5 (Tirol); Dirr, "Der kaukasische Wild- und Jagdgott", op. cit., p. 140; K. Meuli, "Griechische Opferbräuche", in *Gesammelte Schriften*, op. cit., p. 235, nota 5; Paproth, *Studien*, op. cit., p. 36 (sobre os ainos). De pouca ajuda é R. Bilz, "Tiertöter-Skrupulantismus. Betrachungen über das Tier als Entelechial-Doppelgänger des Menschen", in *Jahrbuch für Psychologie und Psychoterapie*, 3 (1955), pp. 226-44.

135. Foi assinalada por Campbell, *Popular tales*, op. cit.; mais recentemente, foi retomada por L. Schmidt, "Der 'Herr der Tiere' in einigen Sagenlandschaften Europas und Eurasiens", in *Anthropos*, 47 (1952), p. 522. Cf. S. Thompson, *Motifindex of folk literatura*, Copenhague, (1955 ss.); E 32 ("Resuscitated eaten animal"); E 32, 3 ("Dismembered pigs come alive again if only bones are preserved"); E 33 ("Resuscitation with missing member").

136. Cf. Gervásio de Tilbury, "Otia imperialia", in *Scriptores rerum Brunsvicensium*, org. por G. G. Leibniz, I, Hannover, 1707, p. 1003.

137. Em algumas versões balcânicas, os ossos miraculosos são os da mãe da heroína, morta pelas irmãs e devorada (num caso, após ter sido transformada em vaca): cf. Cox, *Cinderella*, op. cit., nºs 31, 53, 54 e 124. O tema surge também na Grécia: cf. M. Xanthakou, *Cendrillon et les soeurs cannibales*. Paris, 1988 (muito fraco).

138. Cf. Lévi-Strauss, *Anthropologie structurale*, op. cit., p. 250.

139. Cf. Cox, *Cinderella*, op. cit., pp. 416 ss. Também a vaca dos chifres de ouro da fábula sarda pede à heroína que seus ossos sejam enrolados num lenço (Guarnerio, "Primo saggio", op. cit., p. 33).

140. É sugerido por P. P. Bourboulis, in *Cinderella: a casebook*, op. cit., pp. 99 ss.

141. A esse respeito, cf. Waley, "The Chinese Cinderella", op. cit. Numa versão chinesa (século VIII d.C.) da fábula das moças-cisnes, apresentada pelo próprio Waley, inspira-se o ensaio (que destaca intensamente os traços xamânicos) de A. T. Hatto, "The swan-maiden: a folk-tale of north-Eurasian origin?", in *Essays*, op. cit., pp. 267-97. A descoberta da semelhança entre a versão buriata e a versão chinesa dessa fábula remonta a U. Harva (Holmberg), *Les représentations*, op. cit., pp. 318-9.

142. Vide acima, p. 236-7. Para uma análise limitada aos elementos edipianos da fábula de Cinderela, vide o ensaio, muito superficial, de D. Pace, "Lévi-Strauss and the analysis of folktales", in *Cinderella: a casebook*, op. cit., pp. 246-58 (a referência a Lévi-Strauss é inteiramente abusiva).

143. Correspondem, respectivamente, aos números 510 A e 510 B da classificação de Aarne-Thompson (cf. S. Thompson, *The types of the folktale*, Helsinque, 1951). Sua afinidade tipológica já fora assinalada por Cox, *Cinderella*, op. cit.

144. Sobre a versão russa, coletada por Afanassiev, de *Pele de asno*, cf. W. S. Ralston, "Cinderella", in *Cinderella: a casebook*, op. cit., pp. 44-5.

145. Cf. A. Dundes, "'To love my father all': a psychoanalytic study of the folktale source of King Lear", in *Cinderella: a casebook*, op. cit., pp. 230 ss.

146. Cf. Paproth, *Studien*, op. cit., pp. 25 ss. (na p. 36, nota 57, refuta com o exemplo já citado sobre os ainosa a afirmativa de Schmidt, "Der 'Herr der Tiere'", op. cit., segundo o qual o motivo do osso ausente não se encontraria na Ásia oriental ou norte-oriental).

147. Cf., além de Rooth, "Tradition areas", op. cit., p. 137, série o, mapas A e B; Bascom, "Cinderella in Africa", in *Cinderella: a casebook*, op. cit., pp. 148-68; D. Paulme, "Cendrillon en Afrique", *Critique*, 37 (1980), pp. 288-302. A definição de *Cinderela* como fábula exclusivamente indo-europeia, proposta por Propp ("L'albero magico", op. cit., p. 36), deve ser corrigida tendo por base os ensaios acima citados. C. Lévi-Strauss ("L'art de déchiffer", op. cit.) criticou Rooth por este não ter incluído as versões norte-americanas (nas quais Cinderela é um homem); porém, conforme o esquema elaborado por Lévi-Strauss (*Anthropologie structurale*, op. cit., pp. 250-1), elas não incluem o tema do sapatinho.

148. Cf. R. Andree, "Scapulimantia", in *Boas anniversary volume*, Nova York, 1906, pp. 143-65; mais material no verbete "Scapulimantie" in *Handwörterbuch des deutschen Aberglaubens*, op. cit., VIII, Berlim e Leipzig, 1936-7, col. 125-40; ver também R. Needham, introdução a A. M. Hocart, *Kings and councillors*, Chicago, 1970 (1ª ed.: 1936), pp. LXXIII ss. Uma referência indireta à importância atribuída pelos judeus à costela na divisão da comida sacrifical está in Gênese 48, 22.

149. Cf. Andree, "Scapulimantia", op. cit.

150. Nessa distinção insistiu eficazmente L. de Heusch, "Possession et chamanisme", in *Pourquoi l'épouser? et autres essais*, Paris, 1971, pp. 226-44; mais tarde, reformulou-a acentuando, de maneira nem sempre convincente, a continuidade entre os dois fenômenos ("La folie des dieux et la raison des hommes", in ib., pp. 245-85). A maior dificuldade, para quem encontra nítida distinção, ou até contraposição, entre xamanismo e possessão, é constituída pela fase do transe dramático (que, na sessão xamânica, acompanha o transe cataléptico), durante o qual o xamã representa animais diversos, perdendo aparentemente a própria identidade para assumir outra (cf. Lot-Falck, "Le chamanisme", op. cit., p. 8; vide também Eliade, *Shamanism*, op. cit., pp. 85, 93, 99 etc.). Note-se que nos fenômenos analisados antes — *benandanti*, *táltos* etc. — o transe dramático está inteiramente ausente; portanto, nem sequer se propõe uma contiguidade com formas de possessão.

151. Para o nexo com o xamanismo, vide Friedrich, "Knochen", op. cit., pp. 207 ss.; Nachtigall, "Die kulturhistorische", op. cit.; K. Jettmar, "Megalithsystem und Jagdritual bei den Dard-Völkern", in *Tribus*, 9 (1960), pp. 121-34; Gignoux, "'Corps osseux'", op. cit. Mais cauteloso, Eliade, *Shamanism*, op. cit., pp. 160-5. Também Meuli, *Die Baumbestattung*, op. cit., pp. 1112-3, fala, a propósito de Pélope, de "nexo tipológico" com o xamanismo.

152. Sobre as implicações locais do culto de Aquiles na ilha de Leuca, cf. M. Rostovzev, *Skythen und der Bosporus*, I, Berlim, 1931, p. 4 (mas que pensava na cultura trácia).

153. Cf. Burkert, *Homo necans*, op. cit., pp. 80-5.

154. Sobre a difusão desses temas, vide os ótimos ensaios de L. Schmidt, "Pelops und die Haselhexe", in *Laos*, 1 (1951), pp. 67 ss.; id., "Der 'Herr der Tiere'", op. cit., pp. 509-38. Mais genérica, a referência de Burkert, *Homo necans*, op. cit., p. 85.

155. Vide acima, p. 238-40.

156. Burkert, *Homo necans*, op. cit., p. 84, refere-se à "estranha" conexão entre Pélope e o carneiro degolado em sua honra.

157. Sobre Tântalo e Licáon, cf. Burkert, *Homo necans*, op. cit., p. 73 ss., que menciona a hipótese de um influxo recíproco entre os dois mitos (sobre seu parentesco, cf. o texto anterior de H. D. Müller, *Mythologie der griechischen Stämme*, I, Göttingen, 1857, pp. 110 ss.). A respeito das conotações sacrificais da antropofagia de Licáon, cf. Detienne, *Dioniso*, op. cit., pp. 159-60, nota 38.

158. Cf. J.-P. Vernant, "À la table des hommes. Mythe de fondation du sacrifice chez Hésiode", in Detienne e Vernant, *La cuisine*, op. cit., pp. 37-132.

159. Essa linha de pesquisa foi iniciada por A. Thomsen, "Der Trug des Prometheus", op. cit. (reelaboração de um ensaio publicado em dinamarquês em 1907). Decorrências importantes no ensaio de Meuli "Griechische Opferbräuche", in *Gesammelte Schriften*, op. cit., pp. 907-1021. Outras indicações in A. Seppilli, *Alla ricerca del senso perduto*, Palermo, 1986, pp. 61 ss. Ao contrário, parece mais discutível a tentativa feita por Meuli (com repercussões in Burkert, *Homo necans*, op. cit.) de projetar na Pré-história o rito da coleta dos ossos: vide adiante, nota 219. Para outras objeções a Meuli, cf. Detienne (acima, p. 34); P. Vidal-Naquet, "Caccia e sacrificio nell'*Orestea*", in *Mito e tragedia*, op. cit., p. 124; G. S. Kirk, "Some methodological pitfalls in the study of ancient Greek sacrifice (in particular)", in *Le sacrifice dans l'antiquité*, org. por J. Rudhardt e O. Reverdin, Genebra, 1980, pp. 41 ss.

160. Cf. Charachidzé, *Prométhée*, op. cit., pp. 333 ss.

161. Cf. M. N. Pogrebova, "Les Scythes en Transcaucasie", in *Dialogues d'Histoire Ancienne*, 10 (1984), pp. 269-84.

162. G. Charachidzé anuncia (*Prométhée*, op. cit., p. 335, nota 3) um ensaio — de quanto eu saiba, ainda não publicado — em que uma passagem dos poemas *Argonáutica* de Apolônio Ródio (IV, 463-81) será interpretada à luz dos mitos georgianos e ritos abkhazes sobre o tema do desmembramento (as sugestões interpre-

tativas de M. Delcourt, "Le partage du corps royal", in *Studi e Materiali di Storia delle Religioni*, 34, 1963, pp. 3-25, e H. S. Versnel, "A note on the maschalismos of Apsyrtos" in *Mnemosyne*, 26, 1973, pp. 62-3, não parecem muito convincentes). Não parece prevista uma discussão sobre a disputa entre Prometeu e Zeus a propósito da instituição do sacrifício (tema quase de todo ausente do livro de Charachidzé). Sobre a difusão da lenda de Amirani, cf. *Prométhée*, op. cit., pp. 14-6.

163. Cf. Vernant, "A la table des hommes", op. cit., p. 45, nota; vide também uma referência de J. Rudhardt, "Les mythes grecs relatifs a l'instauration du sacrifice: les rôles corrélatifs de Prométhée et de son fils Deucalion", in *Museum Helveticum*, 27 (1970), p. 5, nota 13.

164. Hesíodo, *Teogonia*, vv. 538-9.

165. Heródoto, *As histórias*. Sobre Heródoto IV, 59-62, cf. F. Hartog, "Le boeuf 'autocuiseur' et les boissons d'Arès", in Detienne e Vernant, *La cuisine*, op. cit., pp. 251-69.

166. Cf. K. Neumann, *Die Hellenen im Skythenlande*, I, Berlim, 1885, pp. 263-4, que cita uma longa passagem do relato de viagem publicado em meados do século XVIII por J. G. Gmelin. A importância do livro de Neumann não se exaure na tese da origem mongólica dos citas, que se pode aceitar ou rechaçar (como o faz implicitamente, a propósito de outra passagem, Dumézil, *Légendes*, op. cit., pp. 161-2). Os elos culturais indicados por Neumann fazem dele um antecipador de Meuli (que aparentemente o utilizou muito pouco).

167. Cf. Hartog, "Le boeuf", op. cit., p. 264.

168. Para alguns confrontos culinários, cf. o comentário de M. L. West à *Teogonia*, Oxford, 1978, p. 319.

169. Em outra vertente, Hartog, "Le boeuf", op. cit., pp. 262-3: "*Sans doute Prométhée recouvre-t-il les chairs et les entrailles lourdes de graisse du ventre du boeuf, mais il s'agit d'une action de tromperie: donner à la part en fait la meilleur un aspect immangeable* [...]". Na mesma linha interpretativa, mas com algumas laudas mais, também se move Vernant: "*Décrivant les modalités du sacrifice chez les Scythes, Hérodote nous apporte des informations qui, plus encare peut-être que sur les moeurs de ce peuple, nous éclairent sur l'imaginaire grec concernante la* gastér [...]" (ib., p. 93).

170. A esse respeito, sigo a introdução de J.-P. Vernant a M. Detienne, "I giardini di Adone" (1972), agora in *Mito e società*, op. cit., pp. 135-72, especialmente pp. 166-9.

171. Sobre tudo isso, cf. M. L. West, *The Orphic poems*, Oxford, 1983, pp. 1-26.

172. Cf. Jeanmaire, *Dioniso*, op. cit., pp. 371-89; M. Detienne, "Il Dioniso orfico e il bollito arrosto", in *Dioniso*, op. cit., pp. 123-64; West, *The Orphic poems*, op. cit., pp. 140-75, no qual, entre outras coisas, se sustenta (pp. 164-6) que constitui uma irrupção neoplatônica tardia o tema da origem do gênero humano a partir dos titãs assassinos. Segundo Detienne, *Dioniso*, op. cit., pp. 143 ss., pelo contrário, isso é parte integrante do mito órfico.

173. Cf. os testemunhos apresentados por A.-F. Laurens, "L'enfant entre l'épée et le chaudron. Contribution à une lecture iconographique", in *Dialogues d'Histoire Ancienne*, 10 (1984), pp. 203-52, especialmente pp. 228 ss.

174. Cf. Jeanmaire, *Dioniso*, op. cit., pp. 385 ss., que menciona também Demófon e Aquiles. Sobre Pélias como duplo de Pélope, cf. Gruppe, *Griechische Mythologie*, op. cit., I, p. 145. Sobre o confronto entre Pélope e Dioniso criança, cf. Gernet, *Anthropologie*, op. cit., pp. 75-6.

175. Sobre esse ponto está centrada a interpretação de Detienne, "Il Dioniso orfico" (cf. especialmente p. 139). Sobre a questão de um modo geral, vide também Burkert, *Homo necans*, op. cit., p. 237, nota 29.

176. Esta última versão, transmitida por Filodemo de Gadara e por Diôdoros, foi negligenciada propositalmente por M. Detienne ("Il Dioniso orfico", op. cit., p. 144). Vide, contudo, Jeanmaire, *Dioniso*, op. cit., p. 381.

177. De passagem, podemos lembrar que O. Rudbeck (sobre o qual vide p. 400, nota 48) associou às ressurreições do bode por obra de Thor a de Dioniso por obra de Deméter, numa lista de mitos hiperbóreos difundidos entre outras populações: cf. *Atlantica*, op. cit., II, p. 30.

178. Cf. Jeanmaire, *Dioniso*, op. cit., pp. 87-9; Hartog, *Le miroir*, op. cit., pp. 81 ss.

179. Cf. West, *The Orphic poems*, op. cit., pp. 17-9; id., "The Orphics of Olbia", in *Zeitschrift für Papyrologie und Epigraphik*, 45 (1982), pp. 17-29, que analisa três tabuletas. No *recto* da primeira (a discutida acima), lê-se: "*bios — thanatos — bios — alētheia — A —* [dois sinais em forma de zigue-zague] — *Dionisos-orphikoi*"; nas pp. 21-2, é justificada a leitura das duas últimas letras da palavra *orphikoi*. No *recto* da segunda: "*eirēnē — polemos — alētheia — pseudos — Dio* [nisos] — [um sinal em forma de zigue-zague]— *A*" (Paz — guerra — verdade — engano — Dioniso — A). No *recto* da terceira: "*Dio*[*nisos*] — *alētheia* — [...]*ia — psychē — A* (Dioniso — verdade — ? — alma — A). West faz notar que quem redigiu a primeira tabuleta esforçou-se por escrever os três termos *bios — thanatos — bios* na mesma linha, sem corte, evidentemente para destacar que se tratava de uma única sequência. A relação entre essa sequência ternária e as cópias contrapostas pelas duas tabuletas não é clara.

180. Cf. Detienne, "Il Dioniso orfico", op. cit., p. 131 e nota 35.

181. Detienne (ib., p. 139) tem opinião contrária.

182. Plutarco, *De esu carnium*, I, p. 996.

183. Cf. West, *The Orphic poems*, op. cit., pp. 143-50. Por essa linha interpretativa se encaminhara Jeanmaire, *Dioniso*, op. cit.; vide também a recensão de Gernet, *Anthropologie*, op. cit., p. 89, que sublinha a presença de elementos xamânicos na figura de Dioniso.

184. Cf. Dumézil, *Storie degli Sciti*, op. cit., pp. 348-54.

185. Sobre essa distinção, além dos ensaios de L. de Heusch citados acima (nota 150), vide, mais especificamente, Dodds, *I Greci*, op. cit., p. 177; Couliano, *Esperienze*, op. cit., pp. 15-7; H. Jeanmaire intui a importância da recusa

dos súditos de Silas (*Dioniso*, op. cit., p. 98), mas não aprofunda a questão do xamanismo cita. Também as páginas de F. Hartog sobre o episódio de Silas (*Le miroir*, op. cit., pp. 82-102) estão viciadas pela falta de discussão da interpretação de Heródoto, IV, 73-5, dada por Meuli (vide p. 392, nota 4).

186. Vide acima, p. 220-2.

187. De quanto eu saiba, o primeiro a associar à viagem aos infernos de Orfeu o êxtase dos xamãs (lapões, nesse caso) foi Rudbeck: cf. *Atlantica*, op. cit., III, p. 434.

188. Cf. Burkert, *Greek religion*, op. cit., p. 296, que fala de "revolução".

189. Desenvolvo uma indicação contida em bela página de L. Gernet (*Anthropologie*, op. cit., pp. 68-9). Para um quadro geral, cf. Burkert, *Greek religion*, op. cit., pp. 290 ss. Sempre precioso é Dodds, *The Greek and the irrational*, op. cit.

190. Cf. acima, p. 251-2.

191. Sobre tudo isso, cf. Charachidzé, *Prométhée*, op. cit., pp. 238-40.

192. Id., ib., pp. 249 ss.

193. Id., ib., pp. 260-9. Mas vide também o herói osseta Soslan (acima, p. 257).

194. Id., ib., pp. 251-2.

195. Cf. *Ventisette fiabe raccolte nel Mantovano*, org. por G. Barolvi, Milão, 1976, pp. 466-73 (narradora: Alda Pezzini Ottoni, que nas pp. 463-5 narra a história de sua vida). Agradeço a Maurizio Bertolotti ter-me indicado, no interior desse belo volume, a fábula de *Sbadilon*.

196. Id., ib., p. 473 (corrigi um descuido material na transcrição).

197. Id., ib., p. 469; vide G. Barozzi, "Esperienze di un ricercatore di fiabe", in ib., p. 22 (que usa uma transcrição ligeiramente diferente).

198. Cf. Charachidzé, *Prométhée*, op. cit., especialmente o resumo na p. 287; no ciclo caucasiano, muitas vezes se encontra não uma águia mas um cão alado. Pode-se notar que os trabalhos de Sbadilon são, como os de Amirani, baseados exclusivamente na força física. Prometeu, "aquele que prevê", possui características bem diferentes.

199. Id., ib., pp. 33-4 (em que se destaca, acertadamente, a nuance iniciática do episódio). Também Ambri, o gigante nem morto nem vivo, tem uma perna inerte (pp. 50 ss.).

200. Id., ib., pp. 46-7.

201. Aqui, toca-se um traço mítico profundo a ser associado ao isomorfismo entre os dois bandos que lutam nas batalhas extáticas pela fertilidade: vide p. 286.

202. Ao contrário, Charachidzé, *Prométhée*, op. cit., p. 269. A anomalia deambulatória de Prometeu foi intuída (mas fundamentada de modo mais que discutível) por C. A. P. Ruck, *Mushrooms and philosophers*, in R. G. Wasson et alii, *Persephone's quest*, New Haven e Londres, 1986, pp. 151-77, tendo por base Aristófanes, *Pássaros*, 1553-64. Na p. 174, são identificadas as características xamânicas da coxeadura no âmbito grego.

203. Imaginou-se que a esta última hipótese não fosse estranha a atmosfera político-ideológica dos anos 1940 e 1950, na qual foi formulada. À primeira hipótese refere-se também S. Piggott, na introdução a E. D. Phillips, *The royal bordes. Nomad peoples of the steppes*, Londres, 1965, recordando os elementos pastorais presentes nas mais antigas sagas celtas.

204. Sobre a *baba-jaga*, cf. Propp, *Le radici storiche*, op. cit., pp. 323-9. As outras figuras fundiram-se na tradição folclórica: cf. Lebeuf, "Conjectures sur la Reine Pedauque", in *Histoire de l'Académie Royale des Inscriptions et Belles-Lettres*, XXIII (1756), pp. 227-35; K. Simrock, *Bertha die Spinnerin*, Frankfurt a. M., 1853; W. Hertz, "Die Rätsel der Königin von Saba", in *Zeitschrift für deutsches Alterthum*, XXVII (1883), pp. 1-33, especialmente pp. 23-4; no geral, A. Chastel, "La légende de la reine de Saba", reeditado com adendos in *Fables, formes, figures*, Paris, 1978, I, pp. 53 ss. (a exata referência a Édipo está na p. 79). Sobre a persistência do tema em âmbito folclórico, cf. C. e D. Abry, "Des Parques aux fées et autres êtres sauvages...", in *Le Monde Alpin e Rhodanien*, 10 (1982), p. 258. Note-se que nos textos medievais franceses *Berthe aux granas pieds* (identificada com a mãe de Carlos Magno) tem dois pés disformes; nos *Reali di Francia* (V, 1), apenas um. Este último detalhe deriva de fonte desconhecida, certamente mais próxima da tradição folclórica (de acordo com P. Rajna, *Ricerche intorno ai Reali di Francia*, Bolonha, 1972, pp. 238-9, que, porém, põe em dúvida, erradamente, a associação Berthe-Perchta). Vide também o verbete "Fuss" in *Handwörterbuch des deutschen Aberglaubens*, III, Berlim e Leipzig, 1930-1, col. 225-6.

205. Cf. J. Haekel, "Idolkult und Dualsystem bei den Ugriern (zum Problem des eurasiatischen Totemismus)", in *Archiv für Völkerkunde*, I (1946), pp. 95-163, especialmente pp. 123 ss., citado em parte também por A. Alföldi, *Die Struktur*, op. cit., pp. 146-7, junto a um ensaio de B. Munkácsi (que não li).

206. Cf. Alföldi, *Die Struktur*, op. cit., pp. 141-6; vide o comentário anterior de J. G. Frazer aos *Fastos*, Londres, 1929, II, p. 365. Vide também J. Hubaux, "Comment Furius Camillus s'empara de Véius", in *Académie Royale de Belgique. Bulletin de la Classe de Lettres etc.*, 5ᵉ s., 38 (1952), pp. 610-22; e, do mesmo autor, *Rome et Veies*, Paris, 1958, pp. 221 ss., especialmente pp. 279 ss.

207. O primeiro a associá-los foi A. Alföldi (*Die Struktur*, op. cit., pp. 141-6). Nesse livro singular (dedicado a K. Meuli e a M. Rostovzev, Alföldi reelabora, e mais vezes justapõe, pesquisas realizadas num período de cinquenta anos. Sugestões muito penetrantes se misturam a ideias envelhecidas e insustentáveis (como, por exemplo, o nexo entre ideologia tripartida e sociedades matriarcais, ideologia bipartida e sociedades patriarcais). Vide a resenha, muito áspera, de A. Momigliano, que, pelo contrário, definira como "esplêndido estudo" uma versão preliminar (cf. *Sesto contributo alla storia degli studi classici e del mondo antico*, Roma, 1980, II, pp. 682-5, a propósito de *Die Struktur*; *Quarto contributo...*, Roma, 1969, pp. 629-31, a propósito de A. Alföldi, *Die trojanischen Urahnen der Römer*, Basileia, 1957).

208. Alföldi, *Die Struktur*, op. cit., p. 146, fala um tanto vagamente de "analogias institucionais" que emergiriam do confronto entre os dois mitos; trata-se, evidentemente, de uma alusão ao tema da monarquia dual (pp. 151-62). Mais adiante, identifica no mundo indo-iraniano um possível ponto de contato entre estepes eurasiáticas e Mediterrâneo (p. 161), ao passo que não fala dos citas; com mais frequência, evoca implicitamente a hipótese de uma gênese comum, a qual explicaria as semelhanças entre as sociedades da Ásia central e a antiga sociedade romana. Tal hipótese parece remeter às migrações, também elas hipotéticas, que teriam ocorrido do Oriente para o Ocidente antes do primeiro milênio a.C. (cf. p. 393, nota 6). Observe-se que Alföldi, mesmo remetendo genericamente a *Le cru et le cuit* de Lévi-Strauss, parece ignorar as discussões dos etnólogos entre os sistemas dualistas. Vide as observações críticas de J. Poucet, "Un héritage eurasien dans la Rome préétrusque?", in *L'Antiquité Classique*, 44 (1975), pp. 645-51, e R. Werner, in *Gymnasium*, 83 (1976), pp. 228-38.

209. Sobre a troca generalizada, cf. Lévi-Strauss, *Les structures élémentaires de la parenté*, Paris, 1949, pp. 486-7 e passim; sobre a contraposição entre "ossos" e "carne", observada na Índia, Tibete, China, Mongólia e Sibéria, cf. pp. 459-502. Imaginou-se que entre esses países tivessem existido no passado fortes ligações culturais (ib., pp. 462-3). É possível que elas se estendessem muito mais rumo ao ocidente, visto que entre os ossetas distinguem-se parentescos "do mesmo osso" (*ju staeg*) e parentescos "do mesmo sangue" (*ju tug*): cf. Vernadsky, "The Eurasian nomads", op. cit., p. 405, mas que não explica o significado desses termos. Pode-se recordar que também uma prática como a escapulimancia, que atribui aos ossos um significado cultural preciso, é particularmente difundida na Ásia central (vide acima, nota 148). Talvez o gracejo de R. Needham, *"if scapulimancy, why not perscriptive alliance?"*, que supõe também no segundo caso uma difusão histórica (introd. a A. M. Hocart, *Kings*, op. cit., p. LXXXV) seja menos paradoxal do que parece.

210. Sobre a ausência de exogamia no Lácio, contra a opinião expressa por Alföldi, ver Momigliano, *Sesto contributo*, op. cit., p. 684.

211. Cf. Lévi-Strauss, *Les structures*, op. cit., pp. 87-8, que retomo quase ao pé da letra.

212. Cf. J. Needham, introdução a Hocart, *Kings*, op. cit., pp. LXXXIV-LXXXVIII. A tese estrutural foi formulada com exemplar clareza por Hocart (pp. 262-89).

213. Aqui, faço uma paráfrase sub-reptícia de uma página muito densa de C. Lévi-Strauss (*Les structures*, op. cit., p. 175), em candente discussão com Frazer. A conclusão ecoa em texto bem mais recente (*L'homme nu*, op. cit., pp. 539-40). Note-se que Hocart já sublinhara que a interação explica a dicotomia social, e não vice-versa (*Kings*, op. cit., pp. 289-90). In *Paroles données*, op. cit., Lévi-Strauss sintetizou a discussão sobre os sistemas dualistas (pp. 262-7) referindo-se ao "pensamento já estruturalista de Hocart" (p. 263).

214. Em relação ao precedente, ver o belíssimo ensaio de K. Pomian, "Collezione", in *Enciclopedia Einaudi*, 3, Turim, 1978, pp. 330-64.

215. Cf. J. Piaget, *La construction du réel chez l'enfant*, Neuchâtel, 1950, pp. 36 ss.; id., *La formation du symbole chez l'enfant*, Neuchâtel, 1945. Uma possível convergência entre tais resultados e a perspectiva psicanalítica emerge, se não me engano, das densíssimas páginas de Freud intituladas *A negação* (1925), nas quais se lê, entre outras coisas: "O originário eu-prazer quer [...] introjetar em si todo o bem, rejeitar de si todo o mal. O que é mal, o que é estranho ao eu, o que se encontra no exterior, de início é para ele idêntico. [...] Reconhece-se [...] como condição para o instaurar-se da prova de realidade o fato de que tenham sido perdidos objetos que algum dia haviam levado a uma satisfação real" (cito da tradução publicada in *Il Corpo*, 1, 1965, pp. 1-4). A propósito desse texto, ver J. Hyppolite, "Commento parlato sulla *Verneinung* di Freud", in J. Lacan, *Scritti*, trad. it., Turim, 1974, II, pp. 885-93.

216. O menino era um sobrinho de Freud: cf. "Al di là del principio del piacere", in *Opere*, IX, trad. it., Turim, 1977, pp. 200-3, em que o episódio é apresentado como exemplo da coação a repetir uma situação desagradável. Que o gesto se originasse de uma "pulsão de apropriação que se torna independente do fato de a recordação em si ser agradável ou não" era, segundo Freud, uma hipótese menos provável. E. De Martino desenvolveu-a propondo implicitamente uma releitura da noção de "perda da presença" formulada em *Il mondo magico* (cf. *Furore simbolo valore*, Milão, 1962, pp. 20-2).

217. A distinção entre *coisas* e *semióforos* proposta por Pomian é certamente válida no plano conceitual, mas não exclui a existência de casos intermediários — sobretudo numa fase anterior à produção de objetos que têm como único escopo o de significar.

218. [J. Potocki], *Essai sur l'histoire universelle et recherches sur celle de la Sarmatie*, Varsóvia, 1789, p. 89: *"ainsi le pilote qui sonde à des grandes profondeurs et voit sa corde filer jusqu'à la dernière brasse, n'en conclua point qu'il a trouvé le fond, mais qu'il ne doit point espérer de l'atteindre"*.

219. A prudência de A. Leroi-Gourhan, *Les religions de la pré-histoire*. Paris, 1976, pp. 15 ss., tem repercussões, num plano mais específico, em L. R. Binford, *Bones. Ancient men and modern myths*, Nova York, 1981, pp. 35 ss. (sobre a dificuldade de demonstrar a intervenção humana nos montes de ossos quebrados de animais que remontam ao Paleolítico). No geral, ver H.-G. Bandi, "Zur Frage eines Bärenoder Opferkultes im ausgehenden Altpaläolithikum der alpinen Zonen", in *Helvetia Antiqua* (*Festschrift Emil Vogt*), Zurique, 1966, pp. 1-8.

220. *"Animals came from over the horizon. They belonged there and here. Likewise they were mortal and immortal. An animal's blood flowed like human blood, but its species was undying and each lion was Lion, each ox was Ox. This — maybe the first existential dualism — was reflected in the treatment of animals. They were subjected and worshipped, bred and sacrificed."* (J. Berger, *About looking*, Nova

York, 1980, pp. 4-5; segue-se uma passagem sobre a ambivalência demonstrada pelos camponeses em relação aos animais).

221. Cf. Lévi-Strauss, "Le Père Nöel supplicié", op. cit.; vide p. 383, nota 11.

222. Vide acima, p. 382.

223. Cf. G. Dumézil, *La religione romana*, op. cit., pp. 224 ss. Insustentável a interpretação de R. Schilling, "Romulus l'élu et Rémus le réprouvé", in *Revue des Études Latines*, 38 (1960), pp. 182-99, segundo o qual o comportamento de Remo constituiria um sacrilégio que, nas intenções de Ovídio, o colocaria em má situação, justificando sua morte.

224. Cf. L. Delaby, "Mourir pour vivre avec les ours", in "L'ours, l'autre de l'homme", *Études Mongoles*, 11 (1980), pp. 17-45, especialmente pp. 28 ss.

225. Cf. as observações de Propp, *Le radici storiche*, op. cit., pp. 11 ss. e 120 ss. Outro material é apresentado, numa perspectiva de história religiosa comparada, por Gallini, *Animali e al di là*, op. cit.

226. Cf. M. Marconi, "Usi funerari nella Colchide Circea", in *Rendiconti del R. Istituto Lombardo di Scienze e Lettere*, LXXXVI (1942-3), pp. 309 ss. À bibliografia citada acrescentar J. Jankó, in E. de Zichy, *Voyages au Caucase et en Asie centrale*, Budapeste, 1897, I, pp. 72-3, sobre o costume dos ossetas de pendurar os homens mortos costurados em couros de boi ou de búfalo. Sobre os iacutes, cf. J.-P. Roux, *La mort chez les peuples altaïques anciens et médiévaux*, Paris, 1963, p. 138. Em sua discussão com V. I. Abaev (cf. nota 228), G. Dumézil comenta também a passagem de Apolônio Ródio, mas sem ter em conta esses estudos (*Storie degli Sciti*, op. cit., p. 274).

227. Cf. H. Nachtigall, "Die erhöhte Bestattung in Nord- und Hochasien", *Anthropos*, 48 (1953), pp. 44-70; vide também Propp, *Le radici storiche*, op. cit., pp. 363-9; Meuli, *Die Baumbestattung*, op. cit.; Roux, *La mort*, op. cit., pp. 137 ss. Uma apresentação dos dados africanos está in P. M. Küsters, "Das Grab der Afrikaner", in *Anthropos*, 16-17 (1921-2), pp. 927-33.

228. Cf. V. I. Abaev, "Le cheval de Troie. Parallèles Caucasiens", in *Annales E. S. C.*, 18 (1963), pp. 1041 ss., que enfatiza o elemento xamânico; Dumézil, *Storie degli Sciti*, op. cit., pp. 268-77, que o nega. (Uma nova intervenção de Dumézil, "Encore la peau de boeuf", in *La courtisane*, op. cit., pp. 139-46, toca um ponto marginal.) O ritual de ressurreição baseado na coleta dos ossos, ignorado por ambos os estudiosos, de um lado dá plena razão a Abaev e, de outro, põe em relevo a importância da passagem de Apolônio Ródio (III, 200-9) já lembrada por Dumézil. Mais genérica é a menção de Abaev aos disfarces animalescos dos caçadores eurasiáticos (sobre a difusão desses disfarces para além do estreito de Bering desde o Paleolítico, cf. B. Anell, "Animal hunting disguises among the North American Indians", in *Lapponica*, org. por A. Furumark et alii, Lund, 1964, pp. 1-34). Que o costume descrito por Apolônio tivesse como fim a ressurreição do defunto já fora sublinhado por S. Ferri, "Kirke I Kirke II Kirke III. Mitologia lessicale o psicologia 'medieva-

le'?", in *Letterature comparate, problemi e metodo. Studi in onore di Ettore Paratore*, I, Bolonha, 1981, pp. 57-66, especialmente p. 60; vide também id., "Problemi e documenti archeologici II (XI). Stele daunie — una nuova figurazione di Erinni", in *Accademia dei Lincei. Rendiconti della Classe di Scienze Morali*, s. VIII (1971), fase. 5-6, pp. 341 ss.

229. Cf. J. Hnefill Aðalsteinsson, *Under the cloak. The acceptance of Christianity in Iceland...*, Upsala, 1978, pp. 80-123 (só a segunda versão do *Islendigabók* foi conservada). A hipótese, discutida por J. Lindow (*Ethnologia Scandinavica*, 1979, pp. 178-9), segundo a qual a meditação sob o manto não teria passado de uma encenação é dificilmente controlável; em todo caso não nega a interpretação exposta acima.

230. Cf. H. R. Ellis (depois Ellis Davidson), *The road to Hel*, Cambridge, 1943, p. 126; P. Buchholz, *Schamanistique Züge in der altisländischen Ueberlieferung*, Bamberg, 1968; H. R. Ellis Davidson, "Hostile magic in the Iceland sagas", in *The witch figure*, org. por V. Newall, Londres, 1973, pp. 20-41.

231. Cf. Ellis Davidson, "Hostile magic", op. cit., p. 32; D. Strömbäck, "The concept of the soul in the Nordic tradition", in *Arv*, 31 (1975), pp. 5-22, que remete a seu fundamental estudo *Sejd* (1935); Hnefill Aðalsteinsson, *Under the cloak*, op. cit., pp. 119-21.

232. Vide acima, pp. 189-90.

233. Cf. Ellis Davidson, "Hostile magic", op. cit., p. 37, que remete a E. Holtved, "Eskimo shamanism", in *Studies in shamanism*, op. cit., p. 26.

234. Cf. R. Hakluyt, *The principal navigations, voyages, traffiques and discoveries of the English nation...*, I, Londres, 1599, pp. 283-5. A passagem, assinalada por T. Lehtisalo (*Entwurf einer Mythologie*, op. cit., pp. 157-8), é comentada por J. Balázs, "Ueber die Ekstase des ungarischen Schamanen", in *Glaubenswelt*, op. cit., pp. 70 ss.

235. Cf. M. Bartels, "Isländischer Brauch und Volksglaube in Bezug auf die Nachkommenschaft", in *Zeitschrift für Ethnologie*, 32 (1900), pp. 70-1.

236. Cf. Boyer, *Le monde*, op. cit., pp. 39 ss. Ainda úteis M. Rieger, "Ueber den nordischen Fylgienglauben", in *Zeitschrift für Deutsches Altertum und Deutsche Litteratur*, 42 (1898), pp. 277-90; W. Henzen, *Ueber die Träume in der altnordischen Sagalitteratur*, Leipzig, 1890, pp. 34 ss. Outra bibliografia in E. Mundal, *Fylgjemotiva i norrøn litteratur*, Oslo, 1974. Sobre as sagas de um modo geral, vide a útil resenha de J. L. Byock, "Saga form, oral Prehistory, and the Icelandic social context", in *New Literary History*, XVI (1984), pp. 153-73. À *fylgia* como antecedente histórico da "segunda visão", refere-se W.-E. Peuckert, "Der zweite Leib", in *Niederdeutsche Zeitschrift für Volkskunde*, 16 (1938), pp. 174-97, criticando a perspectiva exclusivamente psicológica de K. Schmëing: vide, deste último, "'Zweites Gesicht' und 'Zweiter Leib'", ivi, 19 (1941), pp. 85-7 (ao passo que não li *Das Zweite Gesicht in Niederdeutschland*, Leipzig, 1937).

237. Cf. Belmont, *Les signes*, op. cit., pp. 52 ss., e G. Chiesa Isnardi, "Il

lupo mannaro come superuomo", in *Il superuomo*, org. por E. Zolla, III, Florença, 1973, pp. 33 ss., que dependem de De Vries, *Altgermanische Religionsgeschichte*, op. cit., pp. 222 ss. (mas vide, publicado anteriormente, E. Mogk, *Germanische Mythologie*, Leipzig, 1907, pp. 42-3). Vide agora Boyer, *Le monde*, op. cit., pp. 39 ss.

238. Cf. Güntert, *Ueber altisländische*, op. cit.; Dumézil, *Heur et malheur du guerrier*, op. cit.

239. Cf. Lehtisalo, *Entwurf*, op. cit., p. 114. Também entre os cunas do Panamá, os *nele* (videntes) são aqueles que nascem com o pelico (*kurkin*, "cabelo"): cf. C. Severi, "The invisible path. Ritual representation of suffering in Cuna traditional thought", in *RES, Anthropology and Aesthetics*, 14 (outono de 1987), p. 71.

240. Cf. C.-H. Tilhagen, "The conception of the nightmare in Sweden", in *Humaniora. Essays in literature — folklore — bibliography honoring Archer Taylor on his seventieth birthday*, org. por W. D. Hand e G. O. Arlt, Locust Valley (N. Y.), 1960, pp. 316-29; vide também Jakobson-Szeftel, "The Vseslav Epos", op. cit., p. 61, nota 30.

241. A passagem é citada no início do livro de N. Belmont (*Les signes*, op. cit., p. 19), que, contudo, não se detém sobre esse ponto. Uma referência à analogia entre cueiros e sudário está in W. Deonna, "Les thèmes symboliques de la légende de Pero et de Micon", in *Latomus*, 15 (1956), p. 495.

242. Cf. S. Reinach, "Le voile de l'oblation", in *Cultes, mythes*, op. cit., I, pp. 298 ss. No geral, vide H. Freier, *Caput velare*, Tübingen, 1963.

243. Cf. J. Heurgon, "Le *Ver sacrum* romain de 217", in *Latomus*, 15 (1956), pp. 137-58. *"Perductos in adultam aetatem velabant atque ita extra fines suos exigebant"*, lê-se numa passagem de Verrio Flacco referida por Festo: cf. Ferri, "Kirke I", op. cit., p. 59 (mas o apelo ao orfismo parece gratuito).

244. Cf. Bartels, "Isländscher Brauch", op. cit., pp. 70-1; J. Hoops, "Das Verhüllen des Haupts bei Toten, ein algelsächsisch-nordischer Brauch", in *Englische Studien*, 54 (1920), pp. 19-23.

245. Cf. Delcourt, *Héphaistos*, op. cit., pp. 128-9, que desenvolve uma indicação de H. Güntert, "Der arische Weltkönig und Heiland" (que não li). Sobre *pilleus, galerus* etc. e suas implicações, cf. K. Meuli, "Altromischer Maskenbrauch", in *Gesammelte Schriften*, op. cit., II, pp. 268-70. Uma referência à importância desses temas em relação ao nascimento com o pelico está in Belmont, *Les signes*, op. cit., p. 195. Controverso é o caso de Telésforo, a pequena figura encapuzada, talvez de origem celta, muitas vezes representado junto a Asclépio: sobre as várias interpretações (demônio fálico ou funerário, gênio protetor do sono), cf. W. Deonna, *De Télesphore au "moine bourru". Dieux, génies et démons encapuchonnés*, Bruxelas, 1955.

246. Cf. *I benandanti*, op. cit., p. 226.

247. "No mundo terreno não é possível reter-me, pois vivo tão bem entre os mortos quanto entre os não nascidos", lê-se sobre o túmulo de Paul

Klee (é uma passagem dos seus *Diários*): cf. F. Klee, *Vita e opera di Paul Klee*, trad. it., Turim, 1971, p. 82. Refere-se ao além como "reino dos mortos e dos embriões" G. Lüling (*Die Wiederentdeckung des Propheten Muhammad*, Erlangen, 1981, pp. 297 ss.), que, analisando o significado simbólico do manto de Maomé, também comparado ao pelico, chega por vias diversas a conclusões semelhantes às formuladas aqui (agradeço calorosamente a D. Metzler ter-me indicado essas páginas). Um confronto com o êxtase xamânico é proposto explicitamente por J. R. Porter, "Muhammad's journey to Heaven", in *Numen*, XXI (1974), pp. 64-80.

248. Cf. Güntert, *Kalypso*, op. cit. (douto e inteligentíssimo livro).

249. Cf. Saxo Grammaticus, *Gesta Danorum*, org. por L. Olrik e H. Raeder, I, Hauniae, 1931, p. 30 (I, 8, 14); sobre a possível derivação dessa página de modelos noruegueses ou islandeses, ib., pp. XXIV-XXV (vide o comentário anterior de P. E. Müller, Hauniae, 1858, pp. 65-6). A presença de temas odínicos na descrição do além, junto a recordações de autores latinos (de Virgílio a Marciano Capela), é sublinhada por P. Herrmann, *Die Heldensagen des Saxo Grammaticus*, II, Leipzig, 1922, pp. 102-3; no mesmo sentido, vide Dumézil, *Du mythe au roman*, op. cit., p. 107, nota 1. As implicações xamânicas da viagem subterrânea de Hadingus foram reconhecidas por A. Closs, "Die Religion des Semmonenstammes", in *Wiener Beiträge zur Kulturgeschichte und Linguistik*, IV (1936), p. 667.

250. Cf. Saxo Grammaticus, *Gesta Danorum*, op. cit., I, 37: ver Riemschneider, *Miti pagani*, op. cit., p. 47 (mas a interpretação de conjunto é insustentável).

251. Cf. Balázs, "Ueber die Ekstase", op. cit., pp. 56 ss.; Viski, *Volksbrauch der Ungarn*, op. cit., pp. 15 ss. Sobre a possibilidade de ter acesso nesse âmbito a um estrato pré-indo-europeu, vide, no geral, Güntert, *Kalypso*, op. cit., pp. 44-54.

252. Cf. Meuli, "Altrömischer Maskenbrauch", op. cit., p. 268 (e, de modo geral, "Die deutschen Masken", in *Gesammelte Schriften*, op. cit., I, pp. 69 ss., e "Schweizer Masken und Maskenbräuche", I, pp. 177 ss.); F. Altheim, *Terra Mater*, Giessen, 1931, pp. 48-65; P. Toschi, *Le origini del teatro italiano*, Turim, 1976, pp. 169-72; sobre *masca* e *talamasca*, L. Lazzerini, "Arlechino, le mosche, le streghe e le origini del teatro popolare", in *Studi Mediolatini e Volgari*, XXV (1977), pp. 141-4 (mas todo o ensaio, pp. 93-155, é riquíssimo de pistas e indicações). Nesse contexto, também se pode inserir, provavelmente, o capuz do bando de Arlequim, sobre o qual cf. Schmitt, *Religione*, op. cit., pp. 226-7. As teses de um nexo obrigatório entre mascaradas e organizações dualistas é refutada por A. Kroeber e C. Holt, " Masks and moieties as a culture complex", in *Journal of the Royal Anthropological Institute*, 50 (1920), pp. 452-60; mas uma convergência significativa de tais fenômenos (duplamente significativa, à luz das considerações feitas acima) parece inegável. Nesse caso, é preciso dar razão, no essencial, a W. Schmidt (ib., pp. 553 ss.).

253. Cf. I. Matte Blanco, *L'inconscio come insiemi infiniti* (1975), trad. it., Turim, 1981, p. 201. Essa obra responde indiretamente ao pedido, feito por J.-P. Vernant "aos linguistas, aos lógicos, aos matemáticos", de fornecer ao mitólogo "o instrumento que lhe falta: o modelo estrutural de uma lógica que não seja aquela binária do sim ou não, de uma lógica diferente da lógica do *lógos*" ("Ragioni del mito", in *Mito e società*, op. cit., p. 250). Uma tentativa de aplicação das pesquisas de Matte Blanco foi feita por B. Bucher, "Ensembles infinis et histoire-mythe. Inconscient structural et inconscient psychoanalytique", in *L'Homme*, XXI (1981), pp. 5-26. O trecho de Vernant citado acima é colocado em epígrafe no ensaio de J. Derrida, "Chôra", in *Poikilia*, op. cit., pp. 265-96.
254. Cf. Lévi-Strauss, *La vasaia*, op. cit., pp. 169 ss.
255. Cf. id., *L'homme nu*, op. cit., pp. 581-2; "*s'il s'agit d'une application particulière d'un procédé tout à la fois fondamental et archaïque, on peut concevoir qu'il se soit perpétué, non par l'observation consciente des règles, mais par conformisme inconscient à une* structure *mytique intuitivement perçue d'aprés des modeles antérieures élaborés dans les mêmes conditions*" (substitui *poétique* por *mythique*). Lévi-Strauss está falando de uma dificuldade levantada por F. de Saussure em relação à própria teoria sobre a importância dos anagramas na poesia antiga: a falta de testemunhos explícitos de teóricos ou poetas sobre seu uso.
256. Segundo Matte Blanco, *L'inconscio*, op. cit., pp. 44-5 e passim, no sistema inconsciente age um princípio na base do qual todas as relações são tratadas como simétricas: por exemplo, o pai gera o filho; portanto, o filho gera o pai. Na observação clínica, todavia, tal princípio é aplicado sempre em medida limitada: "*o princípio de simetria desaparece em certos pontos e, como um potente ácido, dissolve toda lógica ao alcance da mão, isto é, no território em que é aplicado. O resto da estrutura lógica permanece, porém, intacto*" (p. 62, o itálico está no texto; a observação poderia ser estendida ao mito). A análise do modo de ser simétrico (mas Bucher propõe falar de "tendência simetrizante": "Ensembles", op. cit., p. 21) permite descrever, embora em termos necessariamente inadequados, o funcionamento do sistema inconsciente. Sobre a metáfora, cf. R. Jakobson ("Due aspetti del linguaggio e due tipi di afasia", in *Saggi di linguistica generale*, op. cit., pp. 22-45), que reencontra a contraposição entre polo metafórico e polo metonímico (abrangendo a sinédoque) também nos sonhos, remetendo a Freud (p. 44). Na *Interpretação dos sonhos* Freud cita em certo momento (trad. it., p. 319) o exemplo de um escritor que, pensando durante o estado semiconsciente em corrigir uma passagem claudicante de um texto seu, vê a si próprio no ato de aplainar um pedaço de madeira. Lévi-Strauss discute essa página, observando: "a metáfora consiste numa operação regressiva executada pelo pensamento selvagem, que anula momentaneamente as sinédoques por meio das quais opera o pensamento domesticado" (*La vasaia*, op. cit., p. 177, que — como bem notou o próprio Lévi-Strauss — retoma a conclusão de *O cru e o cozido* [1964]). A convergência com a passagem de

Matte Blanco citada acima me parece digna de nota. Cumpre recordar o ensaio de B. Bucher publicado em *L'Homme* ("Ensembles", op. cit.). Nele, as teorias de Matte Blanco são apresentadas como uma via para superar a rígida contraposição, formulada por Lévi-Strauss, entre o inconsciente expresso no pensamento mítico e o inconsciente individual da psicanálise.

257. Poderiam ter ocorrido contatos no Paleolítico que não tenham deixado vestígios documentais, como observou várias vezes C. Lévi-Strauss, quando se propuseram questões do gênero: cf., por exemplo, *Paroles données*, op. cit., p. 134. As respostas negativas da história (cf. *Le dédoublement*, op. cit., p. 273: *"Si l'histoire, sollicitée sans trêve (et qu'il faut solliciter d'abord), répond non..."*) não podem jamais ser absolutas.

CONCLUSÃO [pp. 294-311]

1. Cf. N. S. Troubeckoj, *L'Europa e l'umanità*, trad. it., Turim, 1982.
2. Vide acima, pp. 154, 209-12 e passim.
3. Cf. M. Bonnet, "Traditions orales des vallées vaudoises du Piemont", in *Revue des Traditions Populaires*, XXVII (1912), pp. 219-21; J. Jalla, *Légendes et traditions populaires des vallées vaudoises*, 2ª ed. aumentada, Torre Pellice, 1926, pp. 38--9, em que o zangão (*galabroun*) é chamado *masc*, "bruxa" (ambos os textos me foram indicados e transmitidos por Daniele Tron, a quem agradeço efusivamente). Sobre Guntram, vide acima, p. 161. Um confronto com fenômenos xamânicos aflora várias vezes in R. Christinger e W. Bourgeaud, *Mythologie de la Suisse ancienne*, Genebra, 1963; no prefácio, E. Lot-Falck sublinha (p. 11) que a Suíça constitui verdadeira encruzilhada entre várias civilizações.
4. Tratava-se da variedade depois denominada, por antonomásia, *Pasteurella pestis medievalis*: cf. Le Roy Ladurie, "Un concept: l'unification microbienne", op. cit., pp. 50 ss.
5. Cf. Giorgetta, "Un Pestalozzi", op. cit.
6. Cf. id., "Documenti sull'Inquisizione a Morbegno nella prima metá del secolo XV", in *Bollettino della Società Storica Valtellinese*, XXXIII (1980), pp. 59--83, especialmente pp. 81 ss.: as duas mulheres, "*malleficiatrices et in fide defficientes...*", teriam confessado espontaneamente "*a diabolo fore seductas el longo tempore in heretica pravitate extitisse et-diabolicis suasionibus et serviciis obedivisse una cum certa mulierum quantitate eundo coram quadam appellata domina ludi, qui demon est, et cum ea certis nocturnis horis conversationem habuisse et in eius societate perseverasse, nonnulla commitendo que manifestam sapiunt heresim*, que pro presenti non veniunt publicanda [...]" (o destaque é meu).
7. Cf. *Monumenta conciliorum generalium saeculi decimi quinti, Concilium Basileense*, III, 1, Vindobonae, 1886, p. 483. Vide também J. Gill, *Il concilio di Firenze*, trad. it., Florença, 1967, pp. 377-8.
8. Nesse ponto insiste, com razão, P. Paravy, "Faire croire. Quelques hy-

pothèses de recherche basées sur l'étude des procès de sorcellerie en Dauphiné au XVe siècle", in *Faire croire*, Roma, 1981, p. 124.

9. Dados bibliográficos no verbete "Albizzeschi, Bernardino degli", in *Dizionario biografico degli italiani* (org. por R. Manselli). Dentre as publicações recentes, vide especialmente *Bernardino predicatore nella società del suo tempo* ("Convegni del Centro di studi sulla spiritualità medievale", XVI), Todi, 1976.

10. Cf. Lazzerini, "Arlecchino", op. cit., p. 100 (trata-se da tradução latina da transcrição de um ouvinte, o paduano Daniele de Purziliis). A expressão *"andare in corso"*, corsear, já se encontra in Boccaccio (*Decameron*, jornada VIII, novela 9): cf. Bonomo, *Caccia*, op. cit., pp. 59 ss.

11. Cf. são Bernardino de Siena, *Le prediche volgari. Predicazione del 1425 in Siena*, org. por C. Cannarozzi o.f.m., I, Florença, 1958, pp. 3, 5 e 55-66.

12. Cf. B. de Gaiffier, "Le mémoire d'André Biglia sur la prédication de Saint Bernardin de Sienne", in *Analecta Bollandiana*, LIII (1935), pp. 308-58. Que o interrogatório de Bernardino tenha ocorrido em 1427 e não em 1426 foi demonstrado de modo convincente por E. Longpré, "S. Bernardin de Sienne et le nom de Jésus", in *Archivum Franciscanum Historicum*, XXVIII (1935), pp. 460 ss. Mas todo o ensaio é importante: cf. ib., pp. 443-76; XXIX (1936), pp. 142-68 e 443-77; XXX (1937), pp. 170-92. É verdade que, tendo por base o depoimento prestado por Leonardo Benvoglienti num dos processos de canonização de Bernardino, foi proposto antecipar esse evento para o ano precedente (1426): cf. D. Pacetti, "La predicazione di San Bernardino in Toscana...", in *Archivum Franciscanum Historicum*, XXXIII (1940), pp. 299-300, e, com mais decisão, C. Piana, "I processi di canonizzazione...", ivi, XLIV (1951), pp. 397-8, notas 3 e 4, e p. 420, nota 2; no mesmo sentido, vide agora a deficiente *Enciclopedia Bernardiniana*, IV, L'Aquila, 1985, p. XVIII (org. por M. Bertagna). Mas Benvoglienti (que falava, em 1448, de eventos ocorridos vinte anos antes) disse simplesmente ter assistido aos sermões romanos de 1426 (conhecidos também por outra via: cf. Longpré, "S. Bernardin", op. cit., 1935, p. 460). As razões adotadas por Longpré para situar em 1427 em vez de em 1426 o interrogatório de Bernardino não são postas em xeque pelo testemunho de Benvoglienti, pois a referência nelas contida a "algumas bruxas" (*nonnullas sortilegas*) levadas à fogueira por Bernardino em Roma e Perugia refere-se certamente, ao menos no primeiro caso (a referência a Perugia não é verificável), a 1427: vide adiante, nota 15.

13. Cf. Longpré, "S. Bernardin", op. cit., 1936, pp. 148-9, nota 6: Bernardino pregou em São Pedro durante oitenta dias.

14. Cf. são Bernardino de Siena, *Le prediche volgari*, org. por P. Bargellini, Roma, 1936, pp. 784 ss. (o volume reproduz o texto dos sermões sienenses do verão de 1427 segundo a edição de L. Banchi, 1884). A importância dessa e de outras passagens do mesmo sermão foi destacada por Miccoli, "La storia religiosa", op. cit., pp. 814-5.

15. Cf. S. Infessura, *Diario della città di Roma*, org. por O. Tommasini,

Roma, 1890, p. 25, em que o acontecimento é datado em 8 de julho (talvez deva ser corrigido para 28 de julho) de 1424. O manuscrito no qual Muratori baseou sua edição ao *Diario* indica outra data, 28 de junho; mas naqueles dias, conforme notou E. Longpré ("S. Bernardin", op. cit., 1935, pp. 460-1, nota 5), Bernardino estava em Siena. Mas a referência ao ano de 1424 também tem grande probabilidade de ser fruto de um descuido cronológico — um dos tantos que permeiam o *Diario* (cf. O. Tommasini, "Il diario di Stefano Infessura...", in *Archivio della Società Romana di Storia Patria*, XI, 1888, pp. 541 ss.). A bruxa Finicella pode de fato ser identificada com uma das duas anônimas feiticeiras romanas mencionadas por Bernardino num sermão do verão de 1427, durante brusca digressão não precedida por indicações temporais ("Quero dizer-vos aquilo que em Roma se fez...": cf. são Bernardino, *Le prediche*, op. cit., p. 784); por isso, é verossímil que se refira a eventos bem recentes. Parece lógico corrigir o ano de 1424 para 1427; o de 1426 parece que deve ser excluído porque entre junho e julho daquele ano Bernardino, que pregara em Roma desde o princípio de abril, foi para Montefalco e Spoleto (cf. Longpré, "S. Bernardin", op. cit., pp. 460-1, nota 5). Observe-se que M. Miglio, após ter elogiado (com razão) o ensaio de Longpré, acompanha a cronologia proposta por C. Piana, corrigindo sem hesitação a data de Infessura de 1424 para 1426; mas depois, contraditoriamente, cita uma passagem dos sermões sieneses do verão de 1427, declarando ter sido feitos "alguns meses depois" dos eventos romanos, ao passo que por coerência deveria escrever "um ano depois" ("Il pontificato e S. Bernardino", in *Atti del convegno storico Bernardiniano...*, Teramo, 1982, pp. 237-49, em particular pp. 238-9).

16. Cf. são Bernardino, *Le prediche*, op. cit., p. 785.

17. Cf. De Gaiffier, "Le mémoire", op. cit., p. 318: *"Aut unde magos, ariolos, praestigiatores reprehendimus et dampnamus, nisi quod quibusdam caracteribus fide adhibita, demonum responsa atque auxilia eliciunt? Totumque hoc genus sacrilegii est, pro rebus figuras amplecti"*. Cf. R. Fubini, "Poggio Bracciolini e S. Bernardino...", in *Atti del convegno*, op. cit., p. 157, a propósito de G. Miccoli, "Bernardino predicatore..." no volume homônimo, op. cit., nota 9. Sobre a data do pequeno tratado de Biglia, acompanho Longpré, "S. Bernardin", op. cit., 1936, pp. 147-8.

18. Vide acima, p. 113-5.

19. Cf. Infessura, *Diario*, op. cit., p. 25 (na data de 21 de julho; em outros manuscritos, 21 de junho).

20. Cf. s. Bernardino, *Le prediche*, op. cit., pp. 607-8 (nas p. 1140-1, notas 33 e 35, Bargellini retoma a interpretação errada sugerida pelo editor precedente, L. Banchi, que entende *barlotto* como sinônimo de "cérebro estúpido", sugerindo uma hibridação, também ela certamente infundada, com os *barbetti* valdenses). O texto é assinalado também por Cohn, *Europe's*, op. cit., pp. 49--50, o qual, porém, não destaca as referências à zona em que emergira o sabá.

Mais adiante, Cohn supõe (pp. 50-4), com argumentos convincentes, que tenha sido Bernardino quem comunicou a Giovanni da Capestrano, o feroz perseguidor de hereges e judeus (mais tarde canonizado), as histórias sobre os rituais do barrilote, depois extorquidas dos *fraticelli* em 1466, em Roma (senão também em 1449, em Fabriano).

21. Vide acima, pp. 86-7.

22. Cf. são Bernardino, *Le prediche*, op. cit., pp. 785 ss.: "E diziam que com isso [porções de unguento] se ungiam, e assim como estavam untadas parecia-lhes ser gatas, e não era verdade; mas que o corpo delas não mudava de forma, mas elas achavam que sim etc.". Segue-se (p. 786) uma chamada ao *Canon episcopi*.

23. Id., ib., p. 788.

24. A sentença foi publicada várias vezes: vide a última, D. Mammoli, *Processo alla strega Matteuccia di Francesco. 20 marzo 1428*, Todi, 1983 (especialmente pp. 16, 18, 20, 30 e 32).

25. Cf. Lazzerini, "Arlechino", op. cit., p. 101, que remete a são Bernardino de Siena, *Opera omnia*. I, "ad Claras Aquas", Florença, 1950, p. 117; para a datação — entre 1429 e 1436 —, cf. pp. XVIII-XIX.

26. Vide acima, p. 92.

27. Além de Mammoli, *Processo*, op. cit., cf. Longpré, "S. Bernardin", op. cit., 1935, p. 458.

28. Cf. Lévi-Strauss, "Le Père Noël supplicié" (trad. it., op. cit., p. 262).

29. Cf. Charachidzé, *Le système*, op. cit., pp. 369 ss., especialmente pp. 398-9.

30. Cf. Duvernoy, *Le registre de Jacques Fournier*, op. cit., p. 135: *"Dixit etiam quod mortui, prout audivit ab aliquibus ex eis, vellent quod omnes homines et mulieres viventes esse mortui"*. Vide também acima, p. 16.

31. Cf. R. Hertz, "Sulle rappresentazioni collettive", op. cit.

32. Cf. R. Riegler, "Caprimulgus und Verwandtes", in *Wörter und Sachen*, VII (1912), pp. 136-43, que capta muito bem as implicações gerais do tema mas se detém na identificação do estrato da feitiçaria. C. Lévi-Strauss refere-se de passagem às conotações fúnebres do noitibó na Europa, concentrando-se depois naquelas, em parte análogas, que o noitibó adquire na América meridional (*La vasaia*, op. cit., pp. 33-5) e na América setentrional (ib., pp. 55 ss.). Sobre o nexo animais-mortos (vide acima, p. 285), no geral, cf. R. Riegler, "Lo zoomorfismo nelle tradizioni popolari", in *Quaderni di Semantica*, 11 (1981), pp. 305 ss. Vide também M. Alinei, "Barbagianni, 'zio Giovanni' e altri animali-parenti: origine totemica degli zoonimi parentelari", ivi, pp. 363--85, especialmente p. 371 (rico de materiais e observações, embora a formulação rigidamente totemista deixe margem a dúvidas).

33. Sobre a alma como pássaro, borboleta etc., a bibliografia é muito vasta. Limito-me a alguns títulos: G. Weicher, *Der Seelenvogel in der alten Litteratur und Kunst*, Leipzig, 1902; O. Tobler, *Die Epiphanie der Seele in deutscher*

Volkssage, Kiel, 1911; O. Waser, "Über die äussere Erscheinung der Seele in den Vorstellungen der Völker, zumal der alten Griechen", in *Archiv für Religionswissenschaft*, 16 (1913), pp. 336-88; Güntert, *Kalypso*, op. cit., pp. 215 ss.; M. Haavio, "Der Seelenvogel", in "Essais folkloriques", *Studia Fennica*, 8 (1959), pp. 61-81; M. Bettini, *Antropologia e cultura romana*, Roma, 1986, pp. 205 ss. Sobre a impossibilidade de identificar na *strix* um pássaro noturno específico, cf. F. Capponi, "Avifauna e magia", in *Latomus*, XL (1981), pp. 301-4. Menos convincente é S. G. Oliphant, "The story of the strix: ancient", in *Transactions and Proceedings of the American Philological Association*, XLIV (1913), pp. 133-49; id., "The story of the strix: Isidorus and the glossographers", ivi, XLV (1914), pp. 44-63, que pensa mais no morcego. Para outras indicações, cf. A. Scobie, "Strigiform witches in Roman and other cultures", in *Fabula*, 19 (1978), pp. 74-101; Alinei, "Barbagianni", op. cit., pp. 379-80.

34. Cf. acima, p. 225. De Ovídio, vide também *Ars amandi*, I, 8, 13 ss.; I, 14, 40 (sobre a rufiã Dipsas que se transforma em pássaro); *Fastos*, 6, 131 ss. Nesta última passagem, F. Bömer (*Die Fasten*, op. cit., II, pp. 244-5) vê uma concessão de Ovídio às crenças populares.

35. Cf. Gervásio de Tilbury, *Otia*, op. cit., pp. 987 ss. Um fragmento de João Damasceno (séculos VII-VIII) in *Opera omnia*, org. por M. Lequien, Paris, 1712, I, p. 473, citado por Tartarotti, *Apologia*, op. cit., p. 160, já falava de mulheres (chamadas *stryngai* ou *gheloudes*) que, segundo as crenças populares, voam ao redor das casas, entram através de portas trancadas e despedaçam nos berços os recém-nascidos.

36. Cf. A. Lecoq de la Marche, *Anecdotes historiques... tirés du recueil inédit d'Étienne de Bourbon*, Paris, 1877, pp. 319 ss. Ver Schmitt, *Religione*, op. cit., pp. 212-3.

37. Um caso completamente anômalo talvez seja o da Islândia, onde, se os dados contidos num velho estudo (O. Davidson, "Islandische Zauberzeichen und Zauberbücher", in *Zeitschrift des Vereins für Volkskunde*, 13, 1903, p. 151) foram exatos, entre 1554 e 1720 foram levados a cabo 125 processos de feitiçaria: só nove acusados eram mulheres. Bem diferente é o panorama que emerge dos registros do Santo Ofício friulano: num período de dois séculos (1596--1785), o número de homens e mulheres acusados de praticar artes mágicas é quase igual (386 e 391), como se verifica na tabela elaborada por E. W. Monter e J. Tedeschi, "Toward a statistical profile of the Italian Inquisition. Sixteenth and seventeenth centuries", in *The Inquisition in early modern Europe*, org. por G. Henningsen e J. Tedeschi, Dekalb (Ill.), 1986, p. 135. Discordâncias emergem também se são examinados os condenados à morte por feitiçaria. No Pays de Vaud, no período 1581-1620, foram 970: 325 (34,2%) eram homens; 624 (65,8%), mulheres (em 21 casos faltam os dados) (cf. P. Kamper, "La chasse aux sorciers et aux sorcières dans le Pays de Vaud", in *Revue Historique Vaudoise*, 1982, pp. 21-33). Na Alemanha sul-ocidental, os episódios de perseguição maciça à feitiçaria resultaram, entre 1561 e 1684, na condenação à morte de 1050

mulheres e 328 homens (cf. Midelfort, *Witch-hunting*, op. cit., pp. 180-1); mas dos processos de Würzburg (1627-9) emerge um quadro mais complexo (ib., pp. 172 ss.). Anular esses contrastes (escolhidos quase ao acaso) para tentar generalizações em escala europeia parece pouco útil.

38. Vide p. 434, nota 247.

39. Sobre *charretani*, cf. B. Migliorini, "I cerretani e Cerreto", in *Romance Philology*, 7 (1953-4), pp. 60-4, que registra o diferente significado das atestações quatrocentistas (a primeira é de 1477, pouco anterior ao processo que estamos analisando) em relação às do século seguinte, quando o termo tomou o significado de "medicastro" ou "saltimbanco".

40. Cambridge University Library, ms. Dd. 3. 26 (H6), f. IX: "*et corum lege consueverunt adorare* [canc.: *quandam ydolam*] *quoddam ydolum vocatum Bacum et Bacon* [canc.: *et fade consueverunt facere*] *et etiam Sibillam et Fadas. Et quod illi Bacon et Fade consueverunt facere dictas congregationes in quibus nullus habetur respectus de filia ad pairem nec de commatre prout tamen habetur extra dictam sinagogam* [...]". Sobre esses processos, cf. Cohn, *Europe's*, op. cit., pp. 40-1, que se detém só na presença de Baco, confirmando o fato de que se trataria de confissões inteiramente extorquidas ou falsificadas pelos juízes. E. Cameron, *The reformation of the heretics. The Waldenses of the Alps (1480-1580)*, Oxford, 1984, após sublinhar (de maneira talvez demasiado rígida) que se trata de *fraticelli* e não de valdenses (p. 15), faz também uma lista dos outros ídolos, falando de "*perplexing admissions*" (p. 112; vide também o índice, na entrada "Jacopo, Pietro di"); não se detém nos elementos autodenegridores. A hipótese de que esses interrogatórios tivessem sido manipulados pelos juízes já fora formulada por M. Vulson. *De la puissance du Pape*, Genebra, 1635, p. 207 (vide E. Cameron, *The reformation*, op. cit., p. 236).

41. A respeito de Sibila, vide acima pp. 134 ss.

42. O processo contra o *benandante* Olivo Caldo (*I benandanti*, op. cit., pp. 193-7) mostra de maneira exemplar os efeitos de uma atitude cética dos juízes em relação às confissões sobre o sabá.

43. Cf. P. Camporesi, *Il pane selvaggio*, Bolonha, 1980, pp. 123 ss. Outras indicações in Duerr, *Traumzeit*, op. cit., pp. 165-73.

44. Desenvolvo aqui um ponto de vista formulado em *I benandanti*, op. cit., pp. 26-30.

45. Cf. G. Barger, *Ergot and ergotism*, Londres, 1931. O nexo entre ergotismo gangrenoso e centeio espigado, identificado pela primeira vez por volta de 1630, difundiu-se lentamente. Vide o relato de J. K. Brunner, "De granis secalis degeneribus venetatis", in *Miscellanea curiosa sive ephemeridum medico--physicarum Germanicarum Academiae Caesareo-Leopoldinae naturae curiosorum decuriae III*, II, Leipzig, 1695, pp. 348-9: encontrando-se na Floresta Negra, deparara com um caso de ergotismo gangrenoso sem conseguir identificar sua causa, a qual, ao contrário, parecera evidente ao médico local. Não está claro a que se deve a diferença entre ergotismo gangrenoso e ergotismo con-

vulsivo: cf. V. A. Bauer, *Das Antonius-Feuer im Kunst und Medizin*, Basileia, 1973 (com prefácio de A. Hofmann).

46. L. R. Caporael propôs a hipótese de que os fenômenos patológicos verificados em Salem, em 1692, e então interpretados como casos de possessão diabólica, fossem na realidade episódios de ergotismo convulsivo ("Ergotism: the satan loosed in Salem?", in *Science*, v. 192, n° 4234, 2 de abril de 1976). Têm opinião contrária, com argumentos convincentes, N. P. Spanon e J. Gottlieb ("Ergotism and the Salem village witch trials", ivi, v. 194, n° 4272, 24 de dezembro de 1976). A hipótese de Caporael foi reformulada num contexto europeu por Naama Zahavi, em tese defendida na Hebrew University de Jerusalém, sendo orientador o prof. Michael Heyd. Agradeço à doutora Zahavi ter-me permitido ler amplo resumo de seu trabalho, que sugeriu indiretamente a pista para essas páginas.

47. Cf. Barger, *Ergot*, op. cit., p. 7, observa que a dose, equivalente a cerca de 0,5 grama tomado várias vezes, equivale àquela ainda em uso.

48. Cf. J. Bauhinus e J. H. Cherlerus, *Historia plantarum universalis*, II, Ebroduni, 1651, p. 417.

49. Cf. Barger, *Ergot*, op. cit., p. 10, nota; A. Hofmann, *Die Mutterkorn-Alkaloide*, Stuttgart, 1964, p. 11; Mannhardt, *Mythologische Forschungen*, op. cit., pp. 314-5.

50. Cf. *De morto spasmodico populari hactenus in patria sua grassante... praeside... Christiano Vatero... exponet Joannes Gotofredus Andreas*, Wittenberg, 1723, pp. 6, 8 e 26.

51. É o próprio descobridor, A. Hofmann, a falar disso in R. G. Wasson et alii, *The road to Eleusis*, Nova York e Londres, 1978, pp. 25 ss. Hofmann verificou em si mesmo os efeitos alucinógenos do ácido lisérgico.

52. A. Hofmann (ib., pp. 33 ss.) menciona como exemplo a *Claviceps paspali*, que cresce sobre a erva *Paspalum distichum*. O centeio é o mais recente dentre os cereais cultivados pelo homem: na idade proto-histórica, era desconhecido na China, no Japão e no Egito, ao passo que era cultivado por eslavos, germânicos e celtas (cf. O. Janicke, *Die Bezeichnungen des Roggens in den romanischen Sprachen*, Tübingen, 1967, p. 7).

53. Mas não é a opinião, um tanto apressada, de I. P. Couliano, *Eros e magia nel Rinascimento*, trad. it., Milão, 1987, p. 380. O químico A. Hofmann demonstra, na observação citada logo depois, maior sensibilidade histórica.

54. Cf. A. Hofmann, in Wasson, *The road*, op. cit., p. 26. Outros exemplos in Camporesi, *Il pane*, op. cit., pp. 120 ss.

55. Cf. W. Mannhardt, *Roggenwolf und Roggenhund. Beitrag zur germanischen Sittenkunde*, Dantzig, 1886², pp. 23-4 e passim. Conforme o mito, também as harpias ofereciam o seio aos lactantes para envenená-los. A identificação entre o "lobo do centeio" e o centeio espigado foi proposta, com base nos dados recolhidos por Mannhardt e M. R. Gerstein, "Germanic Warg: the outlaw as werewolf?", in *Myth in Indo-european Antiquity*, op. cit., pp. 131-56, especial-

mente pp. 147-8 (a ser acrescentado aos textos acima citados, p. 319). Uma rica coleta de materiais é apresentada no verbete "Korndämonen", in *Handwörterbuch des deutschen Aberglaubens*, V, Berlim e Leipzig, 1932-3, col. 249-314.

56. Curiosamente, H. P. Duerr liquida-as como banais (*Traumzeit*, op. cit., p. 173, nota 25).

57. A proposta foi apresentada por Gerstein, "Germanic Warg", op. cit., pp. 150-5. A autora parece ignorar o eventual nexo extralinguístico constituído pelas potencialidades alucinógenas do *ergot*; contudo, percebe que a demonstração, no plano linguístico, não é atingida (*"whatever the exact linguistic relationships may be"*, p. 155). À mesma conclusão — ainda que não excluindo a possibilidade de um nexo cancelado por um tabu linguístico não demonstrável — chegou o prof. Riccardo Ambrosini, em algumas cartas de outubro de 1982; agradeço-lhe calorosamente a paciência com que respondeu às minhas perguntas.

58. Cf. S. Wikander, *Der arische Männerbund, Studien zur indo-iranischen Sprach- und Religionsgeschichte*, Lund, 1938, pp. 64 ss., que remete também às pesquisas de O. Höfler citadas (p. 371, nota 2). Vide também M. Eliade, "Les Daces — loups", in *Numen*, 6 (1959), p. 22. Mas vide H. Kothe, "Der Skythenbegriff bei Herodot", in *Klio*, 51 (1969), pp. 77 ss.

59. A esse respeito, cf. R. G. Wasson, *Soma: divine mushroom of immortality*, s.l.n.d. (mas Verona, 1968); nas pp. 95-147, um ensaio de W. Doniger O'Flaherty, "The post-Vedic history of the soma plant". A identificação de Soma e *Amanita muscaria* foi rechaçada, entre outros, pelo estudioso do sânscrito J. Brough; mas sua discussão com Wasson toca temas estranhos a esse livro. No geral, cf. C. Lévi-Strauss, "Les champignons dans la culture", in *L'Homme*, X (1970), pp. 5-16 (muito favorável).

60. Cf. Wasson, *Soma*, op. cit., pp. 164 ss. (essa parte é baseada em pesquisas de B. Munkácsi, T. Lehtisalo, J. Balázs, parcialmente traduzidas em apêndice, pp. 305 ss.

61. Cf. R. L. Turner, *A comparative dictionary of the Indo-Aryan languages*, Oxford, 1966, n°s 7643 e 7647, retomado por Wasson, *Soma*, op. cit., p. 169, nota, que acrescenta como conjectura o possível nexo com a raiz *"poŋ"*, Vide também Joki, *Uralier*, op. cit., pp. 300-1.

62. Cf. Wasson, *Soma*, op. cit., p. 189. E, com mais ênfase, in *Persephone's quest*, op. cit., pp. 80-1.

63. Cf. J. Hubschmid, "Romanisch-germanische Wortprobleme: franz. *bouter* und it. *butare*", in *Zeitschrift für Romanische Philologie*, 78 (1962), pp. 111--26, especialmente pp. 122 ss.

64. Critério "fútil porque dá sempre certo. [...] Essa concepção deve ser substituída pela de 'pertinência cultural'": M. Alinei, "Rospo aruuspice, rospo antenato", in *Quaderni di Semantica*, VIII (1987), pp. 265-96, especialmente p. 294. No mesmo ensaio, são apresentados registros iconográficos sobre o sapo como "pé" ou "casco". A respeito do sapo-"sandália" etc., cf. H. Plomteux,

"Les dénominations des batraciens anoures en Italie: le carpaud", in *Quaderni di Semantica*, III (1982), pp. 203-300, especialmente pp. 245-53.

65. Wasson, *Soma*, op. cit., p. 189, observa que o diabo é *le bot* (o coxo) por antonomásia; não recorre ao sânscrito *pangú* (sobre o qual, cf. acima, nota 61). Para *crapaudin*, cf. ib., pp. 10, 35 etc.

66. Cf. C. Joret, *Essai sur le patois normand du Bessin*..., Paris, 1881, p. 75. Na França do século XVI, *pain de crapault* era uma expressão genérica para indicar os cogumelos selvagens: cf. Wasson, *Soma*, op. cit., pp. 186-7.

67. Cf. O. Penzig, *Flora popolare italiana*, I, Gênova, 1924, pp. 231 e 467 (esta e outras indicações me foram gentilmente entregues pelo prof. Tullio Telmon).

68. Wasson, *Soma*, op. cit., p. 193.

69. Id., ib., pp. 185 ss.

70. Cf. Plomteux, "Les dénominations", op. cit., pp. 287-90 (*fada* em Mântua etc.); Alinei, "Rospo aruspice", op. cit., p. 289.

71. Cf. id., ib., pp. 265 ss., que remete, para as implicações xamânicas do sapo numa cultura específica, ao ensaio bastante confuso de A. B. Kennedy, "Ecce bufo: the toad in nature and in Olmec iconography", in *Current Anthropology*, 23 (1982), pp. 273-90 (trad. it. in *Quaderni di Semantica*, VIII, 1987, pp. 229-63).

72. Cf. Duerr, *Traumzeit*, op. cit., p. 166; Kennedy, "Ecce bufo", op. cit., pp. 250 ss.

73. Sua ausência nos processos de bruxaria europeia é sublinhada por Wasson, *Soma*, op. cit., p. 176.

74. Cf. Penzig, *Flora popolare*, op. cit., p. 27.

75. Cf. acima p. 99-100.

76. Cf. Lévi-Strauss, "Les champignons", op. cit., p. 15.

77. Cf. *Malleorum*, op. cit., I, p. 718: "Postremo de utre bibit supradicto: *quo facto, statim se in interioribus sentit imaginem nostrae artis concipere et retinere, ac principales ritus hujus sectae*".

78. Cf. Benjamin, *Il narratore*, op. cit., p. 246: "Da morte ele [o narrador] obtém sua autoridade" (mas convém ler todo o ensaio. Nele também se inspira, provavelmente, G. Swift, *Waterland*, Londres, 1983, p. 47, que li após ter escrito essas páginas).

ÍNDICE DE NOMES

Aalto, P., 400
Aarne, A., 404, 424
Abaev, V. I., 395, 432
Abrahamse, D. de F., 336
Abry, C., 429
Abry, D., 429
Abundia, 17, 114, 122, 128-9
Acrísio, 238
Adagwa, 264
Adeline, G., 102, 339
Adémar de Chabannes, 96, 337
Adrasteia, 145, 224
Afanassiev, A. N., 405, 422, 424
Afrodite, 409, 420
Afrodite Nêmesis, 243
Agassa, B., 325
Agassa, Guillaume, 60-4, 68, 75, 77, 83, 93, 103
Agesilao, 403
Agimet, 83
Agnesina, 362
Agostinho, santo, 95, 159, 215, 336-7, 384
Alasia de Garzo, 99
Albe, E., 324, 330-1
Albertos, M. L., 360
Albizzeschi, Bernardino degli, *ver* Bernadino de Siena
Alceu, 242, 267, 408
Aldrada, 365
Aleo, 240
Alessi, G., 356
Alexandre V, papa, 86, 90, 334
Alfayti, Yaco, 73
Alföldi, A., 360, 393, 399, 411, 413, 429

Alföldi, G., 350
Alinei, M., 440
Allacci, Leone, 186-7, 242
Almqvist, B., 415
Alphandéry, P., 322, 331
Altaimene, 406
Alteia, 248
Altheim, F., 408
Alvino, A., 374
Aly, W., 357
Amadeu de Savoia, *ver* Félix V
Amadeu VI de Savoia, 82
Amaltea, 143
Amati, G., 338
Ambri, 428
Amelung, W., 409
Amicedich, 66
Amilhati, B., 325
Amirani, 231, 269, 275-6, 278-9, 426, 428
Anchel, R., 327
Andrea da Barberino, 134
Andreas, J. G., 306
Andree, R., 372, 424
Andrews, J. B., 422
Anell, B., 432
Angiolillo, S., 359
Anglo, S., 368
Anjou, Filipe d', 65
Ankarloo, B., 354
Antonino, santo, 348
Antonio da Settimo, frei, 100
Antonio de Saluzzo, frei, 110
Antoniou, A., 359
Apemosyne, 407

Apolo, 140, 145, 221, 225, 252
Apolodoro, 406-7, 412
Apolônio Ródio, 143, 287, 408, 425, 432
Aquiles, 33, 240-3, 245, 248, 251, 267, 272, 408-9, 425, 427
Arada, 126, 204-6
Arão, 66
Arato, 143
Arbesmann, R., 384
Arbman, E., 378
Arcas, 143-4
Ariadne, 251
Arias, P. E., 356
Ari, o Sábio, 288
Aristeu de Proconeso, 221, 225, 274, 394
Aristófanes, 144, 428
Aristóteles, 244, 248
Arlt, G. O., 434
Armstrong, E. A., 416
Arnóbio, 271
Arrigoni, G., 358
Artamonow, M., 392
Artemidoro, 153
Ártemis, 122, 144-7, 149-51, 157, 224
Ártemis Agrotera, 224
Ártemis Braurônia, 146-8
Ártemis Kaliste, 144, 146-8
Ártemis Órtia, 151
Ártio, 146-9, 224, 360
Artoviros, 148
Artur, 123, 132-3, 352, 354-5
Asclépio, 434
Astério de Amaseia, 196-8
Astour, M., 412
Astruc, C., 337
Atenas, 250, 380
Athalye, D. V., 400
Atreu, 238
Attimis, T. de, 106
Aubrey, J., 343
Aucher, J.-B., 336

Audisio, G., 338
Augeia, 238
Augé, M., 317
Auger, Amalrico, 321
Auger, bispo, 340
Aura, P. de, 70
Avalle, D. S., 319
Aveneriis, François de, 70
Avienus, 357
Aymeric, senhor de Narbone, 79
Azarpay, G., 393

Baal, 413
Bachofen, J. J., 360
Bachrach, B., 397
Bachtin, M., 317
Bäckman, L., 366, 368
Baco, 442
Bader, F., 414
Badner, M., 366, 402
Baer, F., 331
Baetke, W., 346
Bailly, F., 401
Balavigny, 83, 93
Balázs, J., 393, 433, 444
Baldinger, K., 355
Baldus, H., 402
Baluze, E., 321-3
Bananias, 65-8, 75, 326
Banchi, L., 438
Bandi, H.-G., 431
Bandini, Marco, 202, 204-5, 213, 386
Banti, L., 356
Barber, M., 321-2, 325, 327, 331
Barclay, R. S., 344
Bardinet, L., 326
Bargellini, P., 438
Barger, G., 442
Baron, F., 373-4
Baron, S. W., 327-8, 331-2
Barozzi, G., 428
Barruel, A., 26
Bartels, M., 341, 433-4

Bartha, András, 176
Barthes, Roland, 392, 413
Bartolomea del Papo, 152
Baruch, 322
Baruffaldi, Girolamo, Jr., 347
Bascom, W., 424
Basili, Florida, 185
Battisti, C., 347
Bauer, V. A., 443
Bauhinus, J., 443
Bausinger, H., 387
Bautier, R. H., 337
Bazin, H., 366
Bech, Giovanni, 99
Beck, A. C. M., 349
Becker, J., 357
Beda, o Venerável, 129
Beitl, K., 366
Belmont, N., 373
Beltramino da Cernuscullo, frei, 110, 112
Bendis, 145, 224, 359
Benedito XII, papa, 58, 77; *ver também* Fournier, J.
Beneš, B., 370, 397
Benezeit, André, 79, 81
Benjamin, W., 418, 445
Bennet, E. L., 361
Benoît, F., 347
Bensozia, 109, 119, 224
Benveniste, E., 37, 43, 320, 380
Benvoglienti, L., 438
Berchta, 345
Berchtholda, 124, 345
Berecinzia, 347
Berger, J., 431
Bériac, F., 321
Bernardino de Siena, 43, 295, 302, 438, 440
Bernardo Rategno (Bernardo da Como), 89, 117, 335, 343
Berta do Pé Grande, 280
Bertagna, M., 438

Berthiaume, G., 367
Bertolotti, M., 316, 320, 364, 367, 423, 428
Bertrand, J.-B., 334
Beschi, L., 358
Bettini, M., 403
Bever, E. W. M., 354
Bezezia, 340
Bezuchov, Pierre, 410
Bharati, A., 386
Bickel, E., 357
Bickermann, E., 336
Bieberstein, J. R. von, 316
Biedenkapp, G., 401
Biedermann, F. von, 355
Biget, J.-L., 325
Biglia, Andrea, 296-7
Billia la Castagna, 99, 310
Bilz, R., 423
Binder, G., 412
Binford, L. R., 431
Binz, C., 342, 362, 373
Biondo, F., 337
Biraben, J.-N., 332
Birkhan, H., 352, 371
Black, G. F., 372
Blanco Freijeiro, A., 363-4
Blazy, L., 330
Bleichsteiner, R., 341, 383, 389, 396
Blind, K., 421
Bloch, M., 415
Bloch, R., 413
Blok, A., 386
Blum, E., 380
Blumenkranz, B., 321, 328, 331
Blum, E., 380
Blum, R., 380
Boardman, J., 399
Boccaccio, G., 438
Bodde, D., 390
Bodin, Jean, 369
Bodrogi, T., 377
Boeckh, A., 356

449

Bogatyrëv, P. G., 319
Bois, G., 323
B[oisliste], A. de, 326
Boissieu, A. de, 357
Boissonade, J. F., 336
Boll, F., 379
Bolton, J. D. P., 394
Bömer, F., 397
Bona Dea, 344
Bonfante, G., 361
Bongard-Levin, G. M., 393-4, 400
Bonnet, M., 437
Bonomo, G., 340-1, 343, 348, 353-4, 438
Borderie, H. de la, 385
Borgeaud, W., 393
Bormans, S., 322
Borovka, G., 398
Borst, A., 334
Bošković-Stulli, M., 375, 377, 379
Bouquet, dom M., 321-2, 331
Bourboulis, P. P., 423
Boureau, A., 324
Bourgeois, A., 328
Bourgin, G., 337
Bovet, R., 347
Boyer, R., 381
Brachat, P., 339
Braque, G., 318
Braswell, B. K., 408
Bravo, B., 319, 408, 414
Brelich, A., 33, 319, 356, 358, 388, 396, 404, 407, 409-10, 412-3
Bremmer, Jan, 312, 344, 358, 370, 375, 383-4, 388, 392, 394, 396, 407, 411, 413, 415
Breull, D., 134
Breymayer, R., 419
Briggs, K. M., 344
Brillante, C., 407
Briquel, D., 413
Brody, S. N., 331
Brogsitter, K. O., 352

Bromwich, R., 352-4
Brøndai, V., 398, 401
Brough, J., 444
Brown, A. C. L., 351
Brown, A. L., 405
Brown, E. A. R., 324-5
Brown, M. A., 399
Brugger, E., 350
Brugnoli, G., 383
Bruiningk, H. von, 370, 373
Bruneau, P., 415
Brunel, J., 409
Brunner, J. K., 442
Bucher, B., 436
Buchholz, P., 433
Bühler, T., 375
Buhociu, O., 385-8
Bukharin, Nicolau, 326
Buní, C., 137
Bunker, E. C., 398-9
Burcardo de Worms, 107, 130, 171, 199, 340, 374
Burke, Peter, 382
Burkert, W., 34, 318, 358, 361, 366, 372, 394, 414, 425, 427
Burkhart, D., 376
Burn, A. R., 351
Burton, George, 347
Bury, J. B., 350
Bussagli, M., 398
Buvignier, C., 328
Buxton, R., 374
Byock, J. L., 433

Caco, 282
Cacus, 412
Caduff, G., 388
Caeculus, 244-6, 411, 413
Calame, C., 319, 404
Calcante, 403
Caldo, Olivo, 442
Calímaco, 143
Calisto, 143-4, 357-8, 409

Callate, Agnes, 192
Calogierà, 342
Caluwé, J. de, 352
Cameron, A., 351
Cameron, E., 442
Campbell, J. G., 421-2
Campeggi, C., 346
Camporesi, P., 442-3
Cannarozzi, 438
Cantemir, D., 205, 387
Caporael, L. R., 443
Capponi, F., 441
Cardano, Girolamo, 304, 368
Cardini, F., 371
Cardona, G. R., 418
Carlos IV, rei da França, 71
Carlos Magno, 429
Carlos, o Belo, 50
Carozzi, C., 345
Carrington, D., 379
Cassin, E., 407
Cassirer, Ernst, 391
Castiglione, Giuseppe, 230
Castrén, A., 417
Caterina della Libra de Carano, 151
Catilina, 94
Catreu, 406
Çelebi, E., 180, 186, 378
Certeau, M. de, 392
César, Caio Júlio, 290
Cesário de Arles, 198-200, 384
Chabrand, J.-A., 339
Chadwick, N. K., 351
Chambers, E. K., 384
Chambry, E., 355
Chang-yang, 252
Chantraine, P., 357, 361, 367
Charachidzé, G., 389, 394-5, 398, 400, 425, 428, 440
Chastel, A., 312
Chatwin, C. B., 398-9
Chavanon, J., 337
Cherlerus, J. H., 443

Cherniss, H., 351
Chevalier, J., 335
Chiampel (Chiampellus), Durich, 209, 389
Chirassi (depois Chirassi Colombo), I., 348, 355, 359, 396
Chonrad von Winterthur, 85
Chrétien de Troyes, 256, 320
Chrétien, H., 326-7, 329
Christiansen, R. T., 381
Christidis, T., 362
Christinger, R., 437
Christou, C., 359, 362
Christsonday, 117
Ciaceri, E., 356
Cibele, 127, 140-1, 347, 356
Cícero, Marco Túlio, 140
Ciliano, são, 127
Cinderela, 259, 262, 264-7, 420-1, 423
Circe, 139, 239
Ciro, 247
Clark, S., 314
Claudiano, 131, 350
Claus, A., 359, 360
Clemen, O., 373
Clemente de Alexandria, 271
Clemente VI, papa, 82, 333
Clifford, J., 342
Closs, A., 390, 394, 435
Cohn, B. S., 439, 442
Cohn, N., 18-9, 23, 314-6, 329, 335-7, 339, 343
Collinder, B., 400-1
Colombardo, G., 399
Comparetti, D., 350, 403-6
Compayré, C., 322
Contessia, 295
Conway, R. S., 361
Cordélia, 420
Core, 157
Corominas, J., 339
Corradi Musi, C., 352, 418

451

Cosquin, E., 420, 422
Costa de Beauregard, C. A. M., 333-4
Couliano, I. P., 414, 427, 443
Cox, M. R., 421-4
Cozzando, L., 346
Craveri, M., 350
Crémiseux, A., 332
Crise, 245
Cristo, *ver* Jesus
Cristoforo da Luino, frei, 294
Cronos, 131, 142, 238-9, 406
Croon, J. H., 408
Cross, P. R., 388
Cumont, F., 383
Curtius, L., 410
Cusano, Niccolò, 113-6, 127, 148-9, 152, 297, 342
Czaplicka, M. Z., 367

Daltrop, G., 410
Dalyell, J., 344
Dânae, 239
Daremberg, C., 374
Darwin, Charles, 401
Dásio, são, 196, 383, 385
Datema, C., 382
Davi, 67
Davidson, O., 441
Davis, N. Z., 385, 388, 392
Dayas Quinone, 79
Del Bello, P., 376
Delcourt, M., 403, 405-8, 426, 434
Delisle, L., 321
Della Porta, Giambattista, 304, 368, 369
De Martino, E., 318, 381, 391, 431
Deméter, 147, 157, 242-3, 268, 272, 427
Deméter Phigalia, 359
Demófon, 242, 248, 272, 409, 427
Denton, W., 422
Denwood, P., 399
Deonna, W., 344, 362, 375, 396, 409, 411, 415, 434

Derrida, J., 436
De Simone, C., 361
Despoina, 157, 367
Detienne, M., 34-7, 318-20, 367, 415, 425-6
Dev, 276, 279
Devic, C., 322
Diana, 17-8, 23, 28-9, 107, 109-10, 112-4, 116, 119, 123-4, 126-9, 134, 149, 157-8, 160, 162, 173, 204, 210, 223-4, 287, 299, 340, 345, 349, 365, 367, 386
Dido, 244, 409
Diels, H., 415
Dietrich, B. C., 367
Dietrich von Bern, 123, 345
Dietschy, H., 388
Di Gesaro, P., 363
Dillon, M., 351
Dilthey, K., 348
Dimock, J. F., 374
Diocleciano, 357
Diocles de Pepareto, 247
Diôdoros Sículo, 140-1, 143, 224, 355-7, 406
Diógenes Laércio, 414
Dionisiotti, C., 401
Dioniso, 272, 318, 392, 414-5, 426-7
Dioniso Baqueios, 273
Dioniso Leneu, 251
Dioniso *Sphaleotas*, 275
Diószegi, V., 376, 378, 380-1, 389
Dirlmeier, F., 406
Dirr, A., 365, 423
Dobrusky, V., 356
Dodds, E. R., 392, 414, 427
Dognon, P., 330
Dölger, F. J., 336
Döllinger, I. von, 337-8
Domenatta, Caterina, 186
Domenega, 295
Dömötör, T., 376, 382
Doniger O'Flaherty, W., 444

Dönner, A., 341
Dottin, G., 351
Douglas, M., 313
Dowden, K., 392
Drettas, G., 453
Drever, Jonet, 344
Drews, R., 394
Dreyfus, A., 329-30
Driessen, H., 386
Drobin, U., 397
Duby, G., 353
Du Cange, 340-1, 347
Ducat, J., 388
Duerrholder, G., 326
Duerr, H. P., 316, 442, 444-5
Dumézil, G., 369, 371, 377, 383-4, 388, 391-2, 394-7, 401, 408-9, 413, 418, 426-7, 432, 435
Dumoutier, G., 422
Duncan, T., 320
Dundes, A., 404
Duplès-Augier, H., 321
Dupront, A., 322
Duraffour, A., 339
Durand, J.-L., 367
Durand, U., 341
Durham, M. E., 386
Durkheim, Émile, 391
Duval, P.-M., 399
Duvernoy, J., 322, 325, 330, 340, 343--4, 354, 440

Eberhard, W., 416, 421
Ebermann, O., 341
Ebert, M., 350
Eckermann, P., 355
Eckhart (Ekhart), 134, 160, 194
Édipo, 34, 235-9, 241, 246-50, 254, 265-6, 268, 280, 403-5, 407, 412, 414, 417, 429
Edmunds, L., 403-5, 410
Edsman, C.-M., 376, 409
Egger, R., 348

Egisto, 238, 240, 406
Ehelolf, H., 391
Ehrismann, G., 352
Ehrle, F., 337
Eisler, R., 372, 374, 420
Eitrem, S., 409
Eliade, Mircea, 29, 36, 316-8, 379--80, 385-6, 389-90, 394, 424
Eliano, Cláudio, 412, 415
Elias, 66, 178, 179
Ellinger, P., 388
Ellis (depois Ellis Davidson), H. R., 433
Elwert, W. T., 347
Empédocles, 251, 414
Enders, C., 355
Endter, A., 345-6
Eneias, 244
Enódia, 348
Enômao, 239, 268
Enoque, 66
Ephraïm, M., 334
Epifânio de Salamina, 337
Épona, 347-9, 384
Era, 128
Erec, 352
Erínias, 237, 405
Erler, A., 375
Esaú, 283
Esfinge, 236-9, 248, 404, 408
Espérandieu, E., 357
Essen, L. van der, 364
Esterhazy, M., 330
Estêvão de Bourbon, 301
Estrabão, 153, 249, 395, 422
Eugênio IV, papa, 295
Eumênides, 405
Eurípides, 146, 237, 244, 248-9
Eutrópio, 249
Evans-Pritchard, E., 12

Fábio Pintor, 247
fábios, 281

Fadas (Fatae), 117-9, 126, 130, 133, 135, 137-9, 141, 157, 204, 206, 294, 300
Faider-Feytmans, G., 349, 360
Fail, Noël du, 385
Farkas, A. R., 398
Farnell, L. R., 403
Fatos, Simuel, 73-4
Fauno, 281
Faure, P., 359
Fauth, W., 355
Fay, H. M., 323
Fazekas, J., 376
Febvre, Lucien, 40, 320
Fédry, 418
Félix V, papa, 295
Fênix, 143
Ferenczi, S., 421
Ferrari Pinney, G., 408
Ferri, S., 364, 432, 434
Fertand Spanhol, 60, 62
Festo, 391, 434
Fettich, F., 399
Filargis, P., *ver* Alexandre V
Filipe de Valois, conde d'Anjou (depois Felipe VI, rei da França), 49-50, 55, 65-6, 68, 70-1, 326-7, 330
Filodemo de Gadara, 427
Filotete, 245-6, 411-2
Finicella, 297, 439
Finley, M. I., 319, 355, 361
Finn, S. M., 418
Firmico Materno, 271
Flacco, Verrio, 434
Flacelière, R., 355
Flávio Josefo, 55, 323
Fleck, J., 369
Fleischer, R., 366
Fochsa, G., 385
Foix, V., 378
Fortuna, 114
Foucault, Michel, 321

Fougeyron, Ponce, 86, 90, 298, 334
Foulon, C., 417
Fournier, Jacques, 58, 61-2, 71, 77, 103, 106, 313, 322, 330-1
Fox, D. C., 415
Francescato, G., 351
Francisco de Assis, são, 56
Franz, A., 341
Franz, R., 357
Frazer, J. G., 20, 31, 383, 390-1, 397, 404, 410, 416-7, 429-30
Freier, H., 434
Freixas, A., 350
Freud, Sigmund, 316, 378, 391, 420, 431, 436
Freymond, E., 354
Fridrich, S., 368
Friedberg, E., 340, 348
Friedrich, A., 421, 425
Friedrich, J., 339
Friis Johansen, K., 415
Fritzner, J., 368
Fründ, Johann, 92, 299
Fubini, R., 439
Furumark, A., 432

Gahs, A., 365
Gaidoz, H., 347, 364
Gaiffier, B. de, 438-9
Galinier, J., 417
Gallini, C., 414-2
Gallus, S., 393
Galosna, Antonio, 98-100, 102, 310
Galton, F., 378
Gamkrelidze, T., 401
García y Bellido, A., 363-4
Garsoïan, N., 336
Gasparini, E., 385, 388
Gasparo, 191
Gatiev, B., 377
Gaufridus de Dimegneyo, 328
Gautier, P., 336
Gauvain, 256

Geertz, H., 15-6, 314
Gélis, Arnaud, 106, 119, 122, 135, 300
Gellner, E., 323
Gelzer, T., 360, 383
Génicot, L., 345
Gennep, A. van, 324, 383, 387, 390-1, 416
Gentili, B., 318
Georgiev, V. J., 358
Geraldo Cambrense, 171
Gérard de Frachet, 51, 322
Gérard-Rousseau, M., 361
Géraud, H., 76, 322
Gerião, 249
Géricault, T., 230
Germano, são, 114, 119, 154, 156, 264, 342, 366
Gernet, L., 374, 404, 407, 409, 414, 427
Gerstein, M. R., 443
Gervásio de Tilbury, 264, 301, 355, 423, 441
Giani Gallino, T., 417
Gibbons, B., 349
Gignoux, P., 394, 421, 425
Gill, J., 437
Gimbutas, M., 373, 394
Ginzburg, C., 316, 324
Ginzburg, Marussa, 378
Giorgetta, G., 341, 437
Giovanni, 277
Giovanni da San Vittore, 51, 53, 322-3
Girard, R., 334
Giulio d'Assisi, 106
Glaserin, Dilge, 192
Gmelin, J. G., 426
Gočeva, Z., 359
Goethe, J. W., 45, 161, 317, 355, 405
Goldman, B., 396
Gonnet, G., 338
Goossens, R., 410

Gorgó, 150-1
Gottlieb, J., 443
Götze, A., 391
Gouillard, J., 337
Gowdie, Isabel, 117, 343
Graciano, 109
Graf, A., 351, 355
Graham, A. J., 394
Grambo, R., 369, 375, 380-1
Granet, Marcel, 390, 395, 416
Granfield, P., 336
Grantovskij, E. A., 393-4, 400
Grass, N., 342
Graumann, C. F., 316
Graus, F., 334
Grayzel, S., 327-8
Green, A., 406
Gregório de Tours, 127, 347
Gregório Magno, 87
Gregório XIII, papa, 235
Greyerz, Peter von, 87-9, 100, 310
Griaznov, M. P., 393
Grimm, Jakob, 21, 30, 161-3, 338, 348-9, 351, 354, 365, 369-71
Grimm, W., 336
Grisward, J. H., 378, 397
Groat, P. B., 352
Gross, H., 322
Gruppe, O., 33, 406, 409, 420
Guarnerio, P. E., 422-3
Guenée, 328
Guérard, B. E. C., 337
Guerchberg, S., 332-3
Guerreau-Jalabert, A., 353
Guerrini, P., 347
Gugitz, G., 389
Gui, Bernard, 48, 53, 64, 321, 325
Guibert de Nogent, 97, 337
Guibert, L., 324
Guichard, bispo de Troyes, 76
Guilherme de Auvergne, 114, 122, 129, 349
Guilherme de Villers, 364

Guillaume de Lorris, 344, 370
Guillaume de Machaut, 334
Guillaume de Nangis, 51-2, 75, 322
Guillaume Normanh, 60, 62
Gulmini, 336
Gunda, B., 376
Gunkel, H., 413
Güntert, H., 349, 388, 434-5, 441
Guntram, 161-2, 294, 369-70, 420
Gurević, A. J., 340-1, 345
Gušic, M., 398
Guthrie, W. K. C., 359

Haavio, M., 441
Habonde, 116, 119, 122, 157, 199, 346, 349, 370
Hades, 171, 246, 252, 290, 374, 403, 412
Hadingus, 291, 435
Haekel, J., 396, 429
Haerecura, 127, 349
Hagenbach, K. R., 382
Hahl, L., 355
Hakluyt, R., 433
Halliday, W. R., 409
Hallowell, A. I., 366
Hamayon, R., 367
Hančar, F., 393, 398
Hand, W. D., 434
Hanika, J., 341, 363, 371-2
Hannell, K., 403
Hansen, J., 312, 335, 339
Harf-Lancner, L., 349, 372
Harmatta, J., 398
Harrison, J., 388, 391
Harris, W. V., 413
Hartmann, A., 407
Hartog, F., 316, 392, 426-8
Harva (Holmberg), U., 367, 381, 395, 423
Haselriederin, Katherina, 363
Hatt, G., 417
Hatto, A. T., 392, 423

Haudry, J., 401
Haug, W., 351
Hauser, Hans, 354
Haverkamp, A., 334-5
Hawkes, C. F. C., 399
Hazlitt, W. C., 344
Hécate, 122, 151, 244, 344, 362
Heer, O., 401
Hefesto, 241, 275-6, 278-9
Heiligendorff, W., 349
Heine-Geldern, 366, 393, 402, 416
Heine, Heinrich, 351, 369
Hein, W., 389
Helbig, W., 409
Helias, 69
Helike, 143
Hellequin, 208; *ver também* Herlechinus
Henrichs, A., 336, 358
Hentze, C., 390
Henzen, W., 367
Hera, 127, 364
Heráclito, 252
Hércules, 282
Herlechinus, 123, 304
Hermannus Livonus, *ver* Witekind, Hermann
Hermes, 240-1, 254, 367, 407, 415
Herodes, 77, 247, 332, 456
Herodíade, 23, 107, 109-10, 112-3, 119, 126, 128, 152, 204, 210, 224, 296, 365; *ver também* Herodias, Herodíades, Herodiana, Heroyda, Irodiana)
Herodíades, 134
Herodiana, 109, 128, 149, 362
Herodias, 345
Heródoto, 145, 165, 170-1, 208, 219, 221, 224-5, 249, 251, 270, 274, 373, 392, 394, 396, 426, 428
Herolt, Johannes, 123-4, 126, 345
Heroyda, 295
Herrmann, P., 435

Herrnstein Smith, B., 420
Hertz, R., 324, 374, 417, 440
Hertz, W., 362, 372, 421, 429
Hesíodo, 268-70, 351, 407-8, 426
Heubeck, A., 362
Heurgon, J., 434
Heusch, L. de, 424, 427
Heusler, A., 419
Hibbard Loomis, L., 351, 370
Higino, 406
Hilde, 365
Hilscher, P. C., 160, 194-6, 198, 369, 382
Hipodâmia, 239, 268
Hnefill Aðalsteinsson, J., 433
Hobsbawm, Eric J., 382
Hocart, A. M., 424, 430
Hoddinott, R. F., 395
Hoeniger, R., 333-4
Hoepffner, E., 334
Hoffmann-Krayer, E., 388
Höfler, O., 346, 352, 371, 374-5, 382, 387, 391, 413, 416, 444
Hofmann, A., 443
Holda, 17-8, 23, 107, 109, 135, 160, 197, 287, 341, 346, 353, 365; *ver também* Hilde, Holle, Holt, Hulda
Holenstein, E., 405
Holle, 135
Holt, 135, 435
Holtved, E., 433
Ho-lu, 253
Homero, 37, 242
Hommel, H., 408
Honnorat, S. J., 313
Hoops, J., 434
Hoppál, M., 367
Horagalles, 156
Horsfall, N. M., 375, 383, 388, 411
Horváth, T., 393
Hubaux, J., 429
Hubert, H., 348

Hübschmann, H., 377
Hubschmid, J., 444
Hulda, 114, 345
Hull, D. L., 320
Hultkrantz, Å., 366, 368, 380-1
Husserl, 405
Hvarfner, H., 381
Hyppolite, J., 431

Íficlo, 250
Ihm, M., 349, 355, 357
Ilos, 362
Infessura, 438-9
Irodeasa, 204-6, 210, 212, 386
Irodiada, 126
Israel, 66, 248
Itkonen, T. I., 373, 381
Ivanov, V. V., 319, 401

Jacó, 248, 283, 286, 413
Jacobson, E., 399
Jacobsthal, P., 364, 392, 399
Jacoby, M., 375
Jacopo da Varazze, 114, 119, 154
Jakobson, Roman, 39-40, 318-20, 372, 380, 405, 419, 434, 436
Jalla, J., 437
Jameson, R. D., 422
James, R. O., 374
Janicke, O., 443
Jankó, 432
Jasão, 238, 240-1, 243, 245-6, 248, 254, 268, 272, 287, 410, 420
Jauss, H. R., 392
Jean de Meun, 344, 370
Jean de Preis, dito de Outremeuse, 51-2, 322
Jean d'Outremeuse, *ver* Jean de Preis, dito de Outremeuse
Jean l'Archevêque, 71
Jeanmaire, H., 388, 407-8, 415, 426-7
Jensen, A. E., 417
Jesi, F., 391

457

Jessen, E. J., 366
Jesus, 55, 61-2, 88-90, 94, 112-3, 115, 117-8, 130, 146, 218, 220, 247, 263, 296-7, 367, 438
Jettmar, K., 393-4, 398-9, 425
Joana da Provença, 79
Joana d'Arc, 118
Joana de Navarra, 76
João de Capistrano, são, 440
João IV de Ojun, 95, 97, 337
João XXII, papa, 65, 68, 76-7, 325, 327, 332
Jobstin, Anna, 363
Jocasta, 239, 412
Jodab de Abdon, 66
Jodogne, O., 352
Johansons, A., 371
Johnson, Richard, 289
Johnson, S. E., 361
Joki, A. J., 400, 444
Jolles, A., 317
Joret, C., 445
Jost, M., 367
Joubert, Laurent, 290
Jourdain, 61
Jung, Carl Gustav, 34, 36, 318, 390, 417-8
Jungmann, J. A., 336
Jüstinger von Königshofen, 92
Justiniano, 350
Justino, 94

Kahil, L. G., 359, 367
Kahn, C. H., 414
Kallenićenko, Semjon, 193
Kaltenmark, M., 416
Kalypso, 291
Kamper, P., 441
Karajich, V., 422
Karsten, R., 366
Karystios, 252
Katzarova, R., 385
Kauffman, F., 341

Kennedy, A. B., 445
Kerényi, C., 411, 414
Kern, H., 415
Kershaw, J., 323
Kertész, I., 412
Keysler, J. G., 161, 349, 369
Khazanov, A. M., 393
Kieckhefer, R., 17-8, 22, 314, 317
King, A., 348
Kingdon, R. M., 315
Kirby, E. T., 390
Kirk, G. S., 318, 425
Kirk, R., 344
Klaniczay, G., 376-7, 380-1
Klapper, J., 341, 345, 353, 362
Klaproth, Julius, 178, 377
Klee, P., 434
Kleinmann, D., 420
Klein, V., 377
Klenke, M. A., 351
Klibansky, R., 406
Kligman, G., 385-7
Knirk, J. E., 375
Knobloch, J., 409
Knuchel, E. F., 379
Koch, F., 355
Koch, G., 410
Koch, J., 342
Kodolányi, 376
Köhler, E., 353
Kohn, R., 328
Ko Hong, 252
Kolendo, J., 344
Koleva, T. A., 387
Kondakov, N., 399
Koppers, W., 365
Körner, T., 377
Kornmann, Heinrich, 135
Kothe, H., 393-4, 444
Kovács, Z., 382
Krader, L., 381
Krahe, H., 361
Krappe, A. H., 341, 345, 355

Kraus, T., 348, 362
Kretschmar, F., 374
Kretschmer, P., 358, 361, 367, 403, 408
Kretzenbacher, L., 371, 375
Kriegel, M., 324
Kroeber, A., 435
Krogmann, W., 371
Krüger, E., 347
Kübler, H., 371
Kuhn, A., 387
Kukahn, E., 363-4
Küppers, G. A., 386
Kuret, N., 341, 387, 398
Kurze, D., 338
Küsters, P. M., 432
Kynosura, 143
Kypselos, 412

Laager, J., 358
Labdaco, 403, 459
Lacan, J., 431
Laio, 235-6, 238-9, 249, 402
Laistner, L., 420
Lambert, M., 337-8
Lamothe-Langon, E. L., 339
Lamotte, P., 379
Lancelot, 133
Lancre, P. de, 158-9, 162, 368-9
Landes, A., 422
Landucci Gattinoni, F., 349
Lang, A., 420
Langlois, C.-V., 325, 327-8
Langlotz, E., 364
Langmuir, G. I., 323, 328
Lanhers, Y., 343
Lanternari, V., 391
L'Archevêque, Jean, senhor de Parthenay, 51, 64
Larenaudie, M.-J., 323
Larner, C., 24, 27, 315, 317, 343
Larson, G. J., 413
Latham, M. W., 344

Latte, K., 415
Laurens, A.-F., 427
Lavergne, G., 322, 324
Lawson, J. C., 379, 409
Lazard, L., 325
Lazzari, F., 344
Lazzerini, L., 435, 438, 440
Leach, E., 324, 391
Leão, 67
Lebeuf, J., 429
Le Braz, A., 351
Lecoq de la Marche, A., 441
Leem, K., 366
Lefebvre, Georges, 331
Leglay, M., 349
Le Goff, J., 312, 316-7, 324, 331, 345, 353, 355, 387, 418
Lehtisalo, T., 381, 418, 433-4, 444
Lehugeur, P., 325
Leibniz, G. G., 423
Leibundgut, A., 360-1
Le Prevost, A., 321
Lepschy, G. C., 319
Lequien, M., 441
Lercheimer, Augustin, *ver* Witekind, Hermann
Leroi-Gourhan, A., 317, 395, 418, 431
Le Roux, F., 351
Le Roy Ladurie, E., 312, 315, 320, 330, 332, 340, 343, 370, 437
Lesky, A., 391
Lesourd, D., 348, 386
Lessa, W. A., 406
Leubuscher, R., 380
Lévêque, P., 357, 359, 410
Lévi, J., 312
Levin, I., 419
Levin, S., 412
Lévi-Strauss, Claude, 34, 36, 38, 40-1, 317-8, 320, 353, 366, 382-3, 388, 390-1, 402, 414, 416-7, 421, 423, 430, 432, 436, 440, 444-5

459

Lévy, E., 367
Leyen, F. von der, 362, 370, 419-20
Liberman, A., 419
Liborio, M., 320
Licáon, 143-4, 169, 268, 425
Lichtermutt, Ita, 192
Licínia Sabinila, 146
Licófron, 408
Liebenau, T. von, 335
Liermann, H., 342
Limborch, P. à, 325
Lincoln, B., 350, 414
Lindow, J., 433
Lindskog, B., 372
Linduff, K. M., 348
Lipenius, 382
Lipen (Lipenius), M., 195-6, 460
Litsas, F. K., 386
Little, L. K., 323
Lixfeld, H., 369
Lloyd-Jones, H., 359
Loeb, J., 327, 334
Löffler, J., 403
Löhmann, O., 353
Loliano, 94
Lombardo de Fraguliati, 110
Longpré, E., 438
Lonicer, A., 305
Loomis, R. S., 351-2, 355, 418
Lopes de Meneses, A., 332
Lormea, Lorenzo, 102
Losonczy, A. M., 376, 379
Lot, F., 352
Lot-Falck, E., 380-1, 424, 437
Loth, J., 349-50
Lotman, J. M., 39
Lovecy, I., 352
Luard, H. R., 331
Lucas, H., 415
Lucas, H. S., 323
Luciano de Samosata, 240, 406, 412
Lucibello, 299
Lucifello, 112

Lúcifer, 101, 299
Lucrécio, 419
Ludovico, senhor do Pays de Vaud, 82
Luís IX, rei da França, 56
Lüling, G., 435
Luria, S., 30, 405

Maass, E., 349
Maass, P., 407
Mab, 129
Mac Cana, P., 411, 418
Mac Culloch, E., 374
Macculloch, J. A., 343
Macfarlane, A., 12-4, 20, 29, 313-4, 317
Macróbio, 244, 344
Mãe dos deuses, 142
Maenchen-Helfen, O., 394, 414
Mães de Engyon, 141-3, 145, 224, 356
Mãe Terra, 142
Maffei, Scipione, 369
Maggiulli, G., 358
Maggi, Vincenzo, 346
Magnen, R., 348
Magno (Magnus), Olao, 158, 162, 172, 192, 370, 375, 382
Maiolati, Francesco, 337
Majorel, Pierre, 70
Malet, C., 323-4, 333
Malinowski, Bronislaw, 391
Malitz, J., 355
Malten, L., 405
Malthesius, J., 345
Mammoli, D., 440
Mamson, 83
Man, Andrew, 117-8
Manetão, 55
Mannhardt, W., 345, 364, 423, 443
Mann, J., 365
Manselli, R., 332, 438
Mansi, G. D., 326
Mansionario, G., 342
Manteyer, G. de, 324, 331

Maomé, 435
Maracco, Jacopo, 106
Maranda, P., 382
Marazzi, U., 380
Marcadé, J., 367
Marcelo, 139
Marciano Capela, 435
Marconi, M., 355, 432
Marcus, G. F., 342
Margherita dell'Agnola, dita Tommasina, 151
Margherita, dita a Vanzina, 152
Margherita, dita Tessadrella, 151-2
Maria, mãe de Jesus, 101
Maria Panzona, 119, 168
Marinatos, S., 358
Martène, E., 341
Martin-Achard, R., 369
Martin, B., 334
Martinho V, papa, 296
Martino da Presbitero, 99-100
Marx, Karl, 40, 320
Massenzio, M., 411
Mathieu, R., 390, 420
Matociis, G. de, 113; *ver também* Mansionario
Matrae, 129
Matres, 129-30, 147, 171, 224, 349, 355; *ver também* Matrae, matronas
Matrona, 137, 148
matronas (*Matronae*), 129-30, 133, 138, 141, 147-8, 157, 161, 199, 212, 349-50, 355-6, 369
Matte Blanco, I., 436-7
Matteuccia di Francesco, 298-9
Mauritz, H. D., 353
Maximiano, 357
Máximo de Tiro, 221
Máximo de Turim, 127, 198
Maxwell-Stuart, P. G., 404
May, W. H., 332
Mc Cartney, E. S., 362

McGowan, M. M., 368
Medeia, 139, 241, 244, 272
Megas, G. A., 379
Meillet, A., 360-1
Meisen, K., 345-6, 369
Melampo, 236, 250-1, 403-4, 414
Melantone, F., 170, 373
Meleagro, 244-5, 248, 406, 410
Mellink, M. J., 400
Mengarda, mulher de Arnaldo de Pomeriis, 343
Menichino da Latisana, 181, 378
Mercklin, L., 409
Mercúrio, 408
Meriggi, B., 373, 380, 407
Merker, P., 352
Merlingen, W., 358
Merlo, G. G., 338-9
Meslin, M., 383-4
Métis, 408
Meuli, K., 30, 34, 37, 371, 383-4, 387-8, 392, 394-6, 411, 413, 419, 423, 425-6, 428-9, 432, 434-5
Meyer, E., 413
Meyer, E. H., 348
Meyer-Matheis, A., 370
Miccoli, G., 321, 438-9
Michelet, Jules, 329, 368
Michel, F., 323
Michels, A. K., 347
Midas, 416
Middleton, J., 381
Midelfort, H. C. E., 23, 313, 315-6, 442
Miglio, M., 439
Migliorini, B., 442
Migne, 337, 340, 374, 382
Miller, V., 377, 398
Minakata, K., 422
Minicis, G. de, 356
Minns, E. H., 394, 398
Minotauro, 239, 251
Minúcio Felício, 94

461

Mistoudin, 385
Mitchell, R. E., 406
Möbius, H., 360
Mochua Cuanus, são, 364
Mócsy, A., 350
Modron, 133
Moduco, Battista, 106, 291
Moebius, F. T., 375
Mogk, E., 384, 434
Moisés, 66, 247, 412
Molinier, A., 322, 330
Mollat, G., 321, 327, 331
Momigliano, A., 312-3, 317, 323, 355, 392, 405, 412, 429-30
Montaigne, Michel de, 234-5, 402
Montepaone, C., 359
Monter, E. W., 313, 316, 441
Montfaucon, B. de, 329, 340
Moon, W. G., 359
Moore, R. I., 323-4, 331
Mopso, 403
Morard, N., 328
Morgain la fée, 133; *ver também* Morgana
Morgana, 133, 138-9, 142, 355, 357
Morrígan, 133, 139
mos-chum, 281, 286
Moscovici, S., 316
Motzki, H., 390
Moulinas, R., 327
Mounin, G., 319
Moussaieff Masson, 420
Mücke, G., 351, 369
Mühl, M., 355
Mulinen, W.-F. de, 334
Müller-Bergström, W., 388
Müller, H. D., 425
Müller, P. E., 435
Multedo, R., 379-80
Mundal, E., 433
Munkácsi, B., 398, 429, 444
Münster, Sebastian, 336, 345, 347, 389

Münzer, F., 355
Muraro, L., 316, 341, 346
Muratori, L. A., 160, 439
Murray, M. A., 13, 19-22, 315, 343, 377
Musès, C., 354
Muster, W., 389
Musti, D., 358
Mutzenbecher, A., 347
Muybridge, E., 400
Muzio Scevola, 413

Nachtigall, H., 421, 425, 432
Nai-Tung Ting, 421
Napoli, A., 413
Narsete, 350
Nauck, A., 410
Needham, R., 34, 318, 379-80, 417, 424, 430
Neleu, 247
Nênio, 154
Neoptólemo, 245-6
Neumann, E., 417
Neumann, K., 426
Neustadt, E., 357, 359-60
Niccoli, Ottavia, 341, 345
Niccolò da Cusa, *ver* Cusano
Nícias, 139-42
Nicolau de Damasco, 413
Nicolini, G., 363-4
Nider, Johannes, 87-90, 92, 100-1, 114, 166, 295, 310, 334-5
Niebuhr, B. G., 393
Niger, 142
Nilsson, M. P., 30, 349-50, 357-8, 360, 367, 382, 384-6, 403-4, 414, 417
Nivardus, 365
Nölle, W., 394
Noll, R., 350
Nolting-Hauff, I., 353
Nora, P., 329
Nordmann, A., 333

Nourry, É., 408, 419
Nyberg, H. S., 394

Oaks, L. S., 348
Obelkevich, J., 314
Odin, 123, 162, 209, 290, 350, 369-70, 395
Odisseu, *ver* Ulisses
Oesterley, W. O. E., 413
Ohlmarks, Å., 381
Oikonomides, A. N., 379
Olender, M., 329
Oliphant, S. G., 441
Olmsted, G. S., 399
Olrik, Å., 366
Oppolzer, T. von, 326
Orazio Coclite, 413
Orderico Vitale, 321
Orfeu, 271, 273-4, 428
Oriente (Horiente), 18, 29, 37, 110-3, 116-7, 119, 122, 124, 138, 150, 154, 156-7, 263-4, 266, 287, 344
Ortutay, G., 377
Oseias, 67
Ossola, C., 404
Otto, W. F., 411
Ovídio, 225, 281-2, 286, 301, 397, 410, 432, 441
Ozouf, M., 382

Pace, B., 356
Pace, D., 423
Paione, G., 318
Pais, D., 377
Pales-Gobilliard, A., 322
Palmer, L. R., 358
Panaghia Arkoudiotissa, 145
Pandora, 269
Panfilo, F., 338
Panfo, 358
Panizza, A., 353, 362-3
Panofsky, E., 406
Pão (Deus Pão), 346

Paolino Veneto, o.f.m, 323
Paproth, H. J., 365, 423-4
Paravy, P., 335, 437
Paris, G., 352
Paris, M., 75, 331
Parrot, R., 344
Pascal, C. B., 347, 349-50
Pascali, B., 302
Pasquinelli, A., 415
Patrício, são, 135
Pátroclo, 242
Patzig, H., 351
Paul de Saint-Père de Chartres, 96, 337
Paulme, D., 424
Paulo de Samosata, 95
Paulo Diácono, 161, 294
Pauly, 356-7, 359, 412
Pausânias, 143-5, 151, 157, 171, 208, 358-9, 367, 373
Pearl, J. L., 316
Pédauque, 280
Pedro de Herenthals, 321
Pedro III, rei da Catalunha, 79
Pegna, Francesco, 335, 343
Péleas, 238, 240, 247, 272, 427
Peleu, 409
Pélope, 158, 239, 267-8, 272, 407-8, 425, 427
Pelopia, 239
Penélope, 239
Penzig, O., 445
Perchta, 17-8, 109, 124, 210, 214, 280, 287, 341, 346, 363, 429
Percival, 133, 402
Perez, Diego, 73-4
Pernier, L., 360
Perrault, C., 262
Perséfone, 241, 409
Perseu, 238-41, 254, 268, 290, 408, 420
Pestalozza, U., 408
Pestalozzi, B., 295

Petrikovits, H. von, 415
Petrônio, 171, 374
Pettazzoni, R., 359
Pettersson, O., 366
Peucer, Gaspar, 158, 162, 169-70, 189, 368, 370, 373, 375, 380
Peuckert, W. E., 371, 374-5, 433
Pezzini Ottoni, A., 428
Pfister, F., 356
Pharaildis, santa, 155, 364-5
Philadelpheus, A., 358, 360
Philippson, E. A., 349-50
Phillips, E. D., 394, 429
Piaget, Jean, 431
Piana, C., 438-9
Piccaluga, G., 374
Pico, G. F., 378
Pierina de Bugatis, 110-3, 117, 119, 124, 154
Pietro da Berna, *ver* Greyerz, Peter von
Pietro de Bripio, 110
Pietro di Jacopo, 302-3
Pietro, frei, *ver* Zwicker
Pi-fang, 252
Piggott, S., 369-70, 429
Pinário, 282
Píndaro, 246, 248, 410
Piniès, M.-P., 340
Pisani, V., 361, 408
Pitágoras, 141, 250, 271, 273, 275, 414-5
Pitcairn, R., 343
Pitré, G., 354, 422
Platão, 274, 418
Plessipo, 245
Plínio, o Velho, 171-2, 221, 362, 373
Plomteux, H., 444
Plutarco, 131, 139-40, 247, 251, 274, 351, 355, 362, 427
Pócs, E., 356
Poggioli, R., 373
Pogrebova, M. N., 425

Poliakov, L., 316, 323, 329, 332
Polomé, E. C., 397
Pomian, K., 431
Pomorska, K., 319
Pompeu, 290
Popov, D., 359
por-chum, 281
Porter, J. R., 435
Porzig, W., 407
Poseidon, 247
Posidônio de Apameia, 139-41, 395
Posnansky, H., 359
Potitio, 282
Potocki, J., 392, 431
Pötscher, W., 414
Pouillon, J., 382
Powell, T. G. E., 399
Praetorius, J., 160, 195, 369, 382
Preller, L., 366
Presedo Velo, F., 363-4
Prodinger, 341
Proito, 238
Prometeu, 231, 268-71, 275-6, 278-9, 286, 426, 428
Propp, V., 30, 32, 317, 353, 362, 370, 374, 385, 387, 404-5, 408, 412, 419, 421, 423-4, 429, 432
Prosperi, A., 320
Prous Boneta, 77, 332
Prudhomme, A., 326, 333
Psello, Miguel, 95, 336
Puchner, W., 387
Puech, H. C., 336
Pugliese- Carratelli, G., 356
Pulgram, E., 397
Purziliis, D. de, 438
Putorti, N., 356

Quintílios, 281
Quirino, 286
Quíron, 242-3, 246

Rabb, T. K., 319
Radermacher, L., 370, 411, 419
Raeder, H., 435
Raglan, lorde, 412
Rajna, P., 429
Ralston, W. R. S., 424
Ramus, Jonas, 350
Ranger, T., 382
Ranke, K., 385
Ränk, G., 366
Rank, O., 412
Raphaël, F., 341
Rapp, L., 363
Rategno, Bernardo, *ver* Bernardo da Como
Ravazzoli, F., 419
Ravis-Giordani, G., 379-80
Ray, D. J., 417
Raynaldus, O., 333
Regino de Prüm, 106-8, 113, 128, 149
Reia, 141-2, 239, 272
Reinach, S., 347-8, 357-8, 360, 362, 374, 399, 408, 434
Reiss, E., 354
Remedios, M. dos, 333
Remo, 281, 432
Renfrew, C., 401
Reverdin, O., 425
Reymond, M., 339
Rhŷs, J., 400
Ricci, S. de, 350
Richardson, 408
Richella, 114-6, 119, 122, 128, 134, 148-9, 152, 157, 199, 224, 287
Rieger, M., 433
Riegler, R., 440
Riemschneider, M., 408, 418, 435
Rivel, Marc, 58, 60
Rivière-Chalan, V. R., 322, 324, 327
Robert, C., 366, 403-4, 406, 417
Robert, L., 348
Robert, U., 323
Roberts, S. F., 324, 328

Robin Hood, 387
Rocco da Bedano, 335
Rochas d'Aiglun, 339
Rochas, V. de, 323
Rodolfo de Bibraco, frei, 353
Roemer, A., 407
Rohde, E., 37, 374, 391
Róheim, G., 376, 378, 380
Rohlfs, G., 384
Röhrich, L., 365, 369, 423
Rômulo, 246-7, 249, 281, 286
Rooth, A. B., 420-2, 424
Rosaldo, R., 342
Roscher, W. H., 30, 374, 380, 391, 403, 406, 411, 421
Rose, E., 20, 386
Rose, H. J., 406, 414
Rosenfeld, H., 372
Ross, A., 347
Ross, L., 356
Rossi, Francesco de, 346-7
Rossi, I., 319
Rossi, M. M., 344
Rostovzev (Rostovtzev, Rostovtzeff), M., 392, 396, 398, 425, 429
Rotari, 291
Rothberg, R. J., 319
Roux, J.-P., 432
Ruck, C. A. P., 428
Rudbeck, O., 350, 401, 427-8
Rudenko, S. I., 393
Rudhardt, J., 425
Rudolph, K., 346
Ruggero da Casale, frei, 110, 112
Ruinart, T., 347
Rupert, L., 326, 329
Rupp, H., 371
Rushton, L., 386
Russell, J. B., 23, 314, 315, 338, 340
Ruto, 156
Ružičić, G. 372

Sabinus, Georg, 396

Sade, A. F., 345
Sadoch, 67
Safo, 358
Saglio, E., 374
Saintyves, P., ver Nourry, É.
Sale, W., 358, 360
Salimbeni, F., 351
Salmoneu, 238
Salmony, A., 366
Salomão, 67, 280
Salviano, V., 95
Sánchez Ruipérez, M., 361
Sandor, A. I., 351
Sandy, G. N., 336
Sansão, 69-70
Santaéra, E., 138, 354
Sargent, B., 401
Säs, S., 413, 417
Satanás, 102, 113-4, 159, 295
Satia, 114, 128, 199
Saturno, 406
Saussure, 38-9, 319, 436
Sauval, H., 327, 329
Saxl, F., 406
Saxo Grammaticus, 291, 435
Sayers, W., 372
Sbadilon, 276-8, 428
Scalera McClintock, G., 344, 363
Scavius, 89
Schauenburg, K., 408
Scheer, E., 351
Scheffer, J., 370
Schenda, R., 372
Schieler, K., 334
Schilling, R., 432
Schleicher, J., 401
Schmëing, K., 433
Schmidt, B., 379, 416
Schmidt, J., 406
Schmidt, L., 34, 364, 389, 423, 425
Schmidt, W., 365, 435
Schmitt, J.-C., 320, 324, 331, 335, 346, 385, 387, 435, 441

Schnapp-Gourbeillon, A., 414
Scholem, G., 372, 418
Schöne, A., 369
Schreckenberg, H., 323
Schreiber, H., 349
Schroeder, D., 380
Schubart, W., 391
Schubert, G. H. von, 380
Schulin, E., 334
Schulte, J., 317
Schuster, M., 374
Schwartz, J., 403
Scobie, A., 441
Scott Littleton, C., 397
Sébillot, P., 422
Selene, 348
Seligmann, S., 362
Senn, H. A., 379
Seppilli, A., 425
Sergi, G., 338
Sérvio, 244, 413
Setti, G., 407
Settis Frugoni, C., 351
Severi, C., 434
Sfameni Gasparro, G., 355-6
Shakespeare, William, 349
Shatzmiller, J., 324, 332
Sheh-Hsien, 265
Shiering, W., 360
Sibila, 117, 134, 137, 151, 303, 442
Sibillia, 110-3, 119, 124
Sieber, F., 345
Sieg, G., 388
Silas, 273-4, 428
Simpson, J., 368
Simrock, K., 429
Singer, S., 352, 354, 362
Sinor, D., 400
Sísifo, 238, 406, 466
Siuts, H., 375, 419
Skeels, D., 412
Skeistan, 164
Sköld, H., 398

Slawik, A., 391
Small, J. P., 412
Smet, J.-J. de, 333
Snorri Sturlusson, 154, 162
Sócrates, 290
Söderhjelm, W., 353
Sófocles, 235, 237, 239, 245, 247, 250
Sokoliček, F., 416
Sósia, 242
Soslan, 181, 222, 257, 288, 378, 395, 418, 428
Soubiran, J., 357
Sourvinou (depois Sourvinou-Inwood), C., 358, 361, 404, 406
Sozan, M., 376
Spanon, N. P., 443
Špet, G., 405
Speyer, W., 336, 411
Spina, B., 362
Sprecht (Perchta), 363
Stagl, J., 384
Stähelin, F., 360
Stammler, W., 352
Starobinski, J., 319
Staub, F., 338
Steinberg, A., 334
Steiner, A., 376
Steiner, G., 414
Steiner, P., 405
Stewart, C. T., 372
Stiglitz, R., 358, 367
Stinton, T. C. W., 359
Stone, L., 314
Storm, G., 381
Strangfeld, G. J., 342
Straubergs, K., 373
Strauch, E., 375
Strömbäck, D., 369, 382, 416, 433
Stubbs, 230
Studer, E., 371
Stumpfl, R., 416
Stussi, Alfredo, 313
Sudzuki, O., 399

Suessy, T. F., 320
Surdis, L. de, 298
Svenbro, J., 401
Svoronos, J. N., 409
Swift, G., 445
Sydow, C. W. von, 364
Syrdon, 181
Szabó, A., 417
Szeftel, M., 372, 434
Szentléleky, T., 350
Szepessy, T., 336

Tácito, 208, 246
Taeger, F., 397
Tallgren, A., 393
Tannhäuser (Tonhauser), 134
Tântalo, 268, 425
Taranis, 364
Tartarotti, Girolamo, 160, 342, 369, 441
Taylor, A., 412, 420, 434
Taylor, C. H., 325
Tedeschi, J., 441
Télefo, 238-40, 247-8, 251, 406, 408, 411
Telégono, 238-9, 406-7
Telêmaco, 239
Telésforo, 434
Teodorico de Verona, 345
Teodoro, são, 207, 387
Tertuliano, 94, 246
Teseu, 238-41, 247, 251, 406-7
Téstio, 244-5, 410
Tétis, 241-2, 403, 409
Teutares, 249
Thevenot, E., 347-8, 350
Thibaudet, A., 402
Thiess, 29, 164-8, 170, 172, 174, 181--2, 184, 190, 372, 389
Thilo, G., 410
Tholosan, Claude, 92, 335
Thomas, A. C., 397
Thomasius, C., 160

467

Thomas, Keith, 10, 13-6, 20, 29, 312--5, 317
Thompson, E. A., 350
Thompson, E. P., 15, 314, 388
Thompson, S., 423-4
Thomsen, A., 366, 425
Thor, 154, 156, 263-4, 288, 364, 366, 423, 427
Thorgeir, 288
Thorstein, 368
Tifeu, 240
Tilak, B. G., 400-1
Tilhagen, C.-H., 434
Timeu, 140-1
Tirésias, 250, 414
Tiro, 238, 247, 406
Tischler, J., 409
Tissot, P., 343
titãs, 271-2, 274, 426
Tobler, L., 338
Tobler, O., 440
Toffolo di Buri, 189
Tolstoï, J., 399
Tommasini, G. F., 174, 376
Tommasini, O., 438
Tommaso da Cantimpré, 364
Toschi, P., 435
Tosseu, 245
Trachtenberg, J., 314, 323-4, 326
Trebbi, 376
Trevor-Roper, H. R., 11-3, 313
Trieber, C., 412
Trigt, F. van, 413
Troiani, L., 323
Troubeckoj (Trubetzkoy), N. S., 397, 437
Tschudi, Gilg, 209-10, 389, 391
Tuang Ch'eng-Shih, 265, 422
Tucídides, 244-6, 410
Turner, R. L., 444
Turner, V., 324
Twinges von Königshoven, J., 334

Tylor, E. B., 419
Tzetzes, 131, 351

Uazilla, *ver* Elias
Ucko, P. Y., 417
Ulisses, 131, 238, 245, 291, 350
Unholde, 123
Unruh, G. C. von, 375
Urano, 238
Urechia, V. A., 386
Usener, H., 356, 384, 391, 420
Usque, S., 333
Utley, F. L., 352

Vaillant, A., 336
Vaissète, dom J., 322
Vajda, L., 380-1
Valbonnais, J.-P., 333
Valdo (ou Valdês), P., 98
Vallentin du Cheylard, R., 357
Valois, N., 325, 331
Valquírias, 346
Varagnac, A., 383
Varga, M., 376
Varty, K., 352
Vassallo, Giovanni, 354
Vasteenberghe, E., 342
Velchanos, 411
Venturi, F., 369
Vênus, 134, 353
Verdena, Giuliano, 150
Verelde, 365
Verga, E., 341
Vernadsky, G., 380, 393, 397, 430
Vernant, J.-P., 34, 36-8, 312, 318-20, 360, 362, 367, 403-6, 412, 415, 425-6, 436
Versnel, H. S., 426
Veselovskij (Wesseiofsky), A., 345, 348, 365, 387
Viallaneix, P., 329
Vian, F., 407

Viard, J., 326, 331
Vicente de Beauvais, 74-5, 87, 114, 119, 122
Vidal, J.-M., 324-5, 327, 329-30, 332, 340
Vidal-Naquet, P., 353, 388, 401, 403--5, 410, 412, 425
Villanueva, J., 332
Vincent, 331
Virgílio, 244, 435
Viski, K., 385, 435
Voigt, E., 365
Völker, M., 353
Vries, J. de, 345-8, 366, 369-70, 434
Vseslav de Polock, 167
Vseslavević, Volch, 167, 373
Vŭia, R., 386-7
Vulcano, 246, 411, 413
Vulson, M., 442

Wace, A. J. B., 385
Wadding, L., 334
Wadge, R., 397
Wagner, H., 418
Walbank, M. B., 359
Walcot, P., 403, 414
Waley, A., 421
Walter, E., 346
Waltzing, J.-P., 336
Warren, W. F., 400
Waser, O., 441
Wasserschleben, F. W. H., 340
Wasson, R. G., 428, 443
Watson, W., 393
Webster, G., 349
Wehrli, F., 403, 412
Wehse, R., 420
Weicker, G., 440
Weinrich, O., 409
Weiser (depois Weiser-Aall, L., 345, 367, 371, 413
Welcker, F., G., 351, 356

Wendel, C., 357
Weniger, L., 388
Werner, R., 430
West, M. L., 426
Whatmough, J., 361
Wickersheimer, E., 332-3
Wickman, B., 400
Wierschin, M., 352
Wiesner, J., 393
Wikander, S., 444
Wilamowitz-Moellendorff, U. von, 356-7, 366, 403, 415
Wilken, *ver* Witekind, Hermann
Willets, R. F., 359
Windekens, A. J. van, 361
Winklerin, Juliane, 363
Wissowa, G., 341, 357, 359, 411
Witekind, Hermann, 168-70, 172, 373
Witkowski, G., 369
Witte, H., 334
Wittgenstein, Ludwig, 31-2, 317, 375, 378, 392, 397
Wolf, J. W., 364
Wolfram, G., 334
Wolfram, R., 385-7
Wolters, P., 367
Wotan (Wodan), 123-4, 290, 346
Wright, T., 351
Wu, 253
Wunschilburg, Thomas, frei, 353

Xanthakou, M., 423

Yoyotte, J., 323
Yu, o Grande, 252-3

Zabim, 66
Zagreu, 271
Zahan, D., 417
Zahavi, Naama, 443
Zečević, S., 385

469

Zeitler, J., 355
Zeus, 142-5, 169, 224, 238-41, 251, 269-70, 272, 278, 388, 406, 408, 414, 426
Zguta, R., 382
Zichy, E. de 432
Ziegeler, W., 342

Zînelor, Doamna, 126, 204-6, 210, 348
Zolla, E., 434
Zoroastro, 221
Zuan delle Piatte, 134
Zuntz, G., 356-7, 364, 409
Zupitza, E., 361
Zwicker, Peter, 101, 338

ÍNDICE DE LUGARES

Abdon, 66
Aberdeen, 117-8, 343
Afortunadas, ilhas, 131
África, 95, 165, 238, 256, 262, 266-7, 283, 285, 288
Agde, 108
Agen, 58
Agyrion, 140
Akrotiri, 145
Albânia, 200
Albi, 58
Alemanha, 85, 123, 146, 159, 306, 309
Alexandria, 94
Allan, 142
Alpe de la Vallée, 294
Alpes, 27, 85, 89-90, 93, 98, 101, 103-4, 118, 135, 151, 263, 298-9, 306
Alsácia, 341
Altai, 220, 393
Amaseia, 196
Amazônia, 234, 256
América, 234-5, 258, 262, 283, 285, 300, 310
América setentrional, 262, 266-7, 421, 440
Amiens, 71
Anauros, 241
Ancira, 107, 348
Andezeno, 99
Angiò (região), 65
Aosta, 86
Apúlia, 83
Aquileia, 185-6
Aquitânia, 52-3, 55
Aragão, 73

Arcádia, 143, 145, 157, 169, 171, 225
Ariège, 43, 109, 119, 123, 173, 212, 370
Arkoudia, 145
Armênia, 68
Armórica, 131, 397
Arras, 328
Ártico, mar, 238
Artois, 328
Ásia, 34, 165, 213, 223, 228, 230, 255, 262, 265, 283, 294
Ásia central, 197, 200, 220-3, 228, 250, 267, 270-1, 279-80, 282-3, 287-8, 294
Ásia Menor, 95, 142, 145, 197, 200, 223
Ásia sul-oriental, 238
Atenas, 145, 224, 250, 252
Atlântico, oceano, 197, 228
Atlântida, 401
Auldern (Auldearne), 117, 343
Austrália, 283
Áustria, 210
Autun, 347
Avignon, 65, 79, 81-2, 86-7, 326, 333
Ay, 66
Azor, 66

Babilônia, 61-3, 74-5
Báltico, mar, 226
Banato, 204
Barcelona, 79
Basileia, 85, 87, 192, 209, 295
Baviera, 210
Baza, 153
Beatos, ilha dos, 131
Beócia, 153

Bering, estreito de, 262, 267, 432
Berna, 88-9, 100, 146, 335
Bidarida, 327
Bitburg, 146
Blankenburg, 87, 335
Blocksberg, 160
Boêmia, 324
Bordeaux, 62
Borgonha, 328
Bornéu, 255-6
Bósnia, 98, 175
Brabante, 154, 364
Brandemburgo, 101, 252
Brauron, 144, 224
Brescia, 346
Breslau, 85, 149, 324
Bressanone, 113, 148, 297
Bretanha, 56, 131-3, 263, 350
Briançon, 92, 103
Britânia, 129, 131, 154
Brítia, 130-1
Bulgária, 196, 200-1, 206, 209, 262

Caen, 58
Cahors, 58, 76, 324
Calábria, 83
Calcídica, 225
Calcutá, 422
Cálidon, 248
Califórnia, 256
Camàro, 141
Canadá, 255
Canavese, 117
Capadócia, 196, 198, 200
Carcassone, 53-5, 57-8, 71-2, 77, 79--81, 85, 328, 330
Caríntia, 349
Cárpatos, 201, 213, 227
Cartago, 95
Cáspio, mar, 280
Castellar, 153
Castelnau de Montmirail, 58
Catalunha, 79

Cáucaso, 155, 178, 181, 211, 214, 220, 227, 231, 262, 264, 269, 275-8, 287, 300
Ceram, ilha de, 256
Cerreto, 303
Cerro de los Santos, 153
Cesole nel Mantovano, 277
Chalon-sur-Saône, 328
Chambéry, 82, 90
Ch'angsha (Hunan), 155, 366
Château-Ville-Vieille, 387
Chieri, 98
Chillon, 83
China, 155, 220, 228, 234, 250, 252, 254, 262, 265-6, 309, 366, 390, 398, 414, 416, 421, 430, 443
Chinon, 52, 64, 322
Chipre, 68, 141, 262
Circeia, 287
Cíteron, 237
Cítia, 223, 225, 249
Cividale, 106
Cizico, 143
Clairvaux, 102
Cnossos, 144
Colona, 239
Colônia, 123
Colonia Claudia Savaria, 130
Cólquida, 287
Como, 89, 100, 112, 117
Concórdia, 185-6
Condado Venassino, 86
Condom, 48
Conserans (Couserans), 109, 119, 126, 340
Constantinopla, 78
Cornualha, 351
Córsega, 472
Creta, 141-3, 145, 148, 188, 230, 240, 251, 356, 406
Creteia, 143
Crimeia, 227
Croácia, 174-5

Dalmácia, 175, 262, 290, 472
Damasco, 243
Danúbio, 223, 226
Dawnie-hills, 117
Delfinado, 19, 81-2, 86, 90, 92, 98-9, 103, 127, 135, 142, 302, 333
Delfos, 251, 415
Delos, 251-2
Digne, 79
Dinamarca, 159
Dnieper, 231
Dniester, 223
Dobrúgia, 223
Driskoli, 202
Duboka, 203
Dubrovnik, 175
Dugi Otok, 175
Durostorum, 196, 202, 385

Edimburgo, 393
Éfeso, 114, 127, 149, 151, 362
Egeu, 238-41
Egito, 55, 94, 247, 266, 443
Elche, 153
Eleusis, 245
Engyon, 139-3, 145, 147, 224, 356
Erfurt, 85, 194
Escandinávia, 123
Esclavônia, 98
Escócia, 117, 119, 126, 262-3, 302, 343, 422
Espanha, 123, 146
Essex, 12-4
Estige, 241-2
Estíria, 101
Estocolmo, 354
Estrasburgo, 83, 85, 91, 123
Estremadura, 153
Etna, 251
Eulenburg, 324
Eurásia, 156, 266-7, 285, 308, 395
Europa, 9-10, 13-4, 19-20, 23, 26-9, 44, 50, 55, 57, 93, 117, 130, 137, 160, 192, 195, 197, 200, 204, 223, 226, 228, 234, 238, 253, 262, 280, 300, 302, 305-6, 310
Evian, 83, 87

Fassa, vale de, 113-6, 119, 122, 134, 148-9, 152, 342
Ferrara, 117, 151, 333, 346-7
Fié allo Sciliar, 152
Fiemme, vale de, 117, 119, 134, 151, 152-3
Finlândia, 263
Flandres, 53, 154, 328
Florença, 99, 295
Forcalquier, 79
França, 48-50, 52, 54, 58, 60, 64-6, 68, 71-4, 76, 80, 82, 87, 98, 123, 126, 129, 200, 309-10, 322, 326, 328, 373
Francônia, 127, 194, 324
Frankfurt, 85, 194-8
Friburgo, 102, 339
Frísia, 289, 351
Friul, 22, 28, 31, 118, 132, 166, 173, 174, 176, 186, 203, 212, 214, 290, 302, 344, 351, 381

Gaillac, 58
Gália, 228
Gália Cisalpina, 127, 349
Galícia, 226
Gand, 155, 365
Genebra, 86
Geórgia, 211, 269
Gerona, 79
Glasgow, 422
Gótia, 159
Granada, 51, 53, 60-3, 66-70, 75, 329
Grande e Pequeno São Bernardo, 98
Grasse, 80
Grécia, 151, 153, 230, 237, 251, 254, 276, 306, 364

473

Grenoble, 81
Gundestrup, 228

Hades, 171, 241, 246, 252, 290, 374
Hadingus, 291
Hannover, 305, 321-2
Hebron, 66
Hedderheim, 146
Heidelberg, 168
Helesponto, 221
Helgoland, 131
Henniviers, 92, 299
Hérens, 92, 299
Hesse, 134
Holanda, 126
Huerta, 146
Hungria, 201, 223, 226, 279
Hyères, 78

Ilanz, 209
Île-de-France, 256
Ilion, 362
Índia, 262, 366, 421-2, 430
Indochina, 421
Inglaterra, 14-5, 17, 51-2, 123, 129, 363, 397
Irlanda, 119, 154, 159, 171, 226, 374, 395, 397
Islândia, 288-90, 441
Ístria, 127, 174-5, 186
Itália, 129, 291, 303, 308-9

Jaboc, rio, 248
Japão, 214, 443
Jericó, 66
Jerusalém, 66, 68, 75
Jordão, rio, 151
Josafá, prado de, 181
Jutlândia, 131

Kola, 264
Kiev, 167, 193
Kynosura (cidade de), 145

La Baume, 79
Labourd, 158, 162
Lácio, 249, 282, 286, 430
Languedoc, 322
Lanzo, vale de, 99
Lapônia, 155-6, 158, 160, 190, 223, 262, 279, 289, 373, 381
La Tène, 135
Lausanne, 72, 88, 328
Leith, 126
Leman, lago, 83, 90, 136
Lemnos, 245
Lenitini, 140
Lestang, 60
Leuca, 242, 305
Leventina, vale, 335
Limoges, 58, 71, 76
Limors, 133
Lindau, 368
Lituânia, 172
Livônia, 28-9, 37, 118, 159-60, 164, 168, 170-2, 226
Lombardia, 98, 110, 263
Lorena, 263, 422
Löschental, 208
Lucerna, 92, 299
Lugnitz, 209
Lykosura, 367
Lyon, 87, 95, 99

Macedônia, 200-1, 203, 254
Mâcon, 70, 75, 329
Madagascar, 238
Magna Grécia, 153
Mainz, 85
Manchúria, 395
Manosque, 79
Mântua, 150
Marciac, 56
Marcianópolis, 202
Mármara, mar de, 143, 221
Marrakesh, 266
Marrocos, 266

Mediterrâneo, mar, 145, 224, 234-5, 247, 266, 281, 430
Mênfis, 422
Mentone, 422
Mésia, 122
Mésia inferior, 196, 202
Messina, 78, 138, 141
Metaponto, 221
Metz, 328
Micenas, 230
Milão, 18, 86, 110
Mísia, 251
Módena, 117, 313, 346
Módica, 138, 141
Moldávia, 202
Molucas, 256
Momiano, 186
Mônaco, 100
Moncenisio, 98
Monginevro, 98
Mongólia, 220, 430
Mongólia interior, 228
Montauban, 58
Montreux, 83
Morávia, 226
Moray Firth, 117
Muri, 146

Narbone, 79-81
Naucrátis, 422
Negro, mar, 196, 202, 218-20, 222-4, 231, 242, 272, 279-80, 392, 394
Neuchâtel, lago de, 135
Nièvre, 408
Nogaret, 56
Norcia, 134
Normandia, 71, 309
Noruega, 159
Novae, 122
Novara, 129
Nuoro, 422
Nuremberg, 197, 345

Oceania, 406
Oceano, 130-1
Olbia, 242, 272-4
Olímpia, 268
Olimpo, 143, 275
Órcadas, 344
Orléans, 71, 95-6, 100, 337

Pádua, 296, 346, 404
Países Baixos, 341
Palatinado, 127
Palatinado Renano, 146
Palazzolo Acreide, 356
Palermo, 137
Pamiers, 58, 60-1, 68, 103, 106, 322
Panamá, 434
Paris, 53-4, 66, 70-1, 75, 325
Parthenay, 51, 64, 71, 326
Pavia, 346
Pazyryk, 220
Pečora, 289
Pellene (Pallene), 151, 225
Peloponeso, 143, 147, 187, 202
Pérgamo, 247
Périgord, 53
Perm, 280
Pérsia, 230
Perth, Burg of, 343
Perugia, 99
Pherai, 348
Picardie, 74
Piemonte, 98, 99
Pireneus, 73, 79, 106, 158, 310, 316
Pisa, 86
Poitiers, 49, 64
Poitou, 71
Pomerânia, 101, 339
Preneste, 244-6
Proconeso, 221, 274
Propontide, 143
Provença, 78-9, 81, 98, 263, 328, 422
Prüm, 106, 113, 128, 149
Prússia, 172

475

Pujols, 62
Pylos, 144, 147

Quios, ilha de, 186-7, 202, 242

Ragusa, 137
Renânia, 126
Reno, 129
Riez, 78
Rivuhelos, 73
Rodez, 58, 324, 328
Roma, 43, 97, 99, 196, 215, 243, 247, 281, 296-7, 299, 439
Romênia, 126, 184, 201, 204, 210, 226, 352
Roussas, 127-8
Rússia, 167, 224, 262, 290, 366, 394

Sabá, 280
Saint-Denis, 51, 74, 75, 322
Saladinovo, 141, 224
Sardenha, 263, 422
Savardun, 62
Savoia, 82, 90, 92, 98, 102-3, 295
Scahstel le mort, 133
Selinunte, 364
Semeren, 66
Serpentes, ilha das, 242
Serrion, 73
Sérvia, 99, 162, 167, 201, 204, 262, 422
Shetland, 344
Sibéria, 155, 158, 191, 228, 256, 280, 290
Sibila, monte da, 134
Sicília, 78, 137, 138-41, 147-8, 153, 262
Siena, 296
Sigüenza, 146
Silésia, 226, 306
Silístria, 196
Simmenthal, 87
Sinai, 66
Sion, 92
Slobozia, 387

Soccia, 185
Soissons, 97
Spalato, 264
St. Moritz, 83
Stockstadt, 146
St. Séverin, 408
Suábia, 194
Sudeste asiático, 238
Suíça, 127, 354, 437
Suíça francesa, 135
Szombathely, 130

Tabor, 66
Tarantásia, 86
Tbilissi, 211
Tebas, 235
Teruel, 73-5
Tessália, 200, 202, 236, 348
Thonon, 83
Tibete, 430
Tirol, 210, 263
Todi, 298
Toledo, 83
Tomis, 202
Toulon, 78
Toulouse, 58, 60-2, 71, 77, 126, 329
Touraine, 65
Tours, 52, 57, 64, 71, 325
Trácia, 95, 141, 225-6, 228, 274
Transcaucásia, 269
Trentino, 153, 347
Trèves, 109, 127-8
Tritão, lago, 225
Troia, 245, 251
Troina, 139
Troppau, 324
Troyes, 76
Túnis, 69, 75, 329

Ucrânia, 201, 309
Úmbria, 302
Unzent, 62
Upsala, 172, 368, 401

Urais, 281, 395
Uzerche, 58, 76

Valais, 90, 92-3, 98, 106, 122, 136, 166, 173, 192, 212, 334
Valência, 346
Vaud, 333
Vaux-en-Bugey, 103
Velvendos, 203
Veneza, 83
Venusberg, 135
Vercelli, 129
Verona, 113

Vevey, 83
Vicomercato, 110
Viena, 342
Vietnã, 262, 422
Villeneuve, 83
Vitry-le-François, 52
Vizille, 81
Vorarlberg, 423

West Highlands, 422
Worms, 107

Zurique, 360

Carlo Ginzburg (Turim, 1939) lecionou por duas décadas história moderna na Universidade da Califórnia (Los Angeles) e ministrou cursos do Instituto de Estudos Avançados de Princeton e na Universidade de Bolonha. Dele, a Companhia das Letras publicou *O queijo e os vermes: O cotidiano e as ideias de um moleiro perseguido pela Inquisição*; *Mitos, emblemas, sinais: Morfologia e história*; *Olhos de madeira: Nove reflexões sobre a distância*; *Relações de força: História, retórica, prova* (2002); *Nenhuma ilha é uma ilha: Quatro visões da literatura inglesa* (2004) e *O fio e os rastros: Verdadeiro, falso, fictício* (2007).

1ª edição Companhia das Letras [1991]
2ª edição Companhia das Letras [2001] 2 reimpressões
1ª edição Companhia de Bolso [2012] 2 reimpressões

Esta obra foi composta pela Verba Editorial
em Janson Text e impressa pela Gráfica Bartira
em ofsete sobre papel Pólen Natural da Suzano S.A.

A marca FSC® é a garantia de que a madeira utilizada na fabricação do
papel deste livro provém de florestas que foram gerenciadas de maneira
ambientalmente correta, socialmente justa e economicamente viável,
além de outras fontes de origem controlada.